D1689840

Peter Knauer

DER GLAUBE KOMMT VOM HÖREN

Ökumenische Fundamentaltheologie

Vierte Auflage

Bamberg
1984

CIP-Kurztitelaufnahme der Deutschen Bibliothek

Knauer, Peter:
Der Glaube kommt vom Hören: Ökumenische
Fundamentaltheologie / Peter Knauer. -
4. Aufl., 6. Tsd. - Bamberg: Schadel, 1984.
(1. Aufl.: Graz; Wien; Köln: Styria, 1978.)

IMPRIMI POTEST

Coloniae, 14.6.1982
Rolf. D. Pfahl SJ
Praep. Prov. Germ. Sept.

ISBN 3-922210-26-0
Schadel-Verlag, Bamberg 1984

Alle Rechte vorbehalten.
Nachdruck oder Vervielfältigung, auch auszugsweise,
in allen Formen wie Offset, Mikrofilm, Mikrofiche,
Mikrocard, Xerographie oder andere verboten.

Printed in W.-Germany.

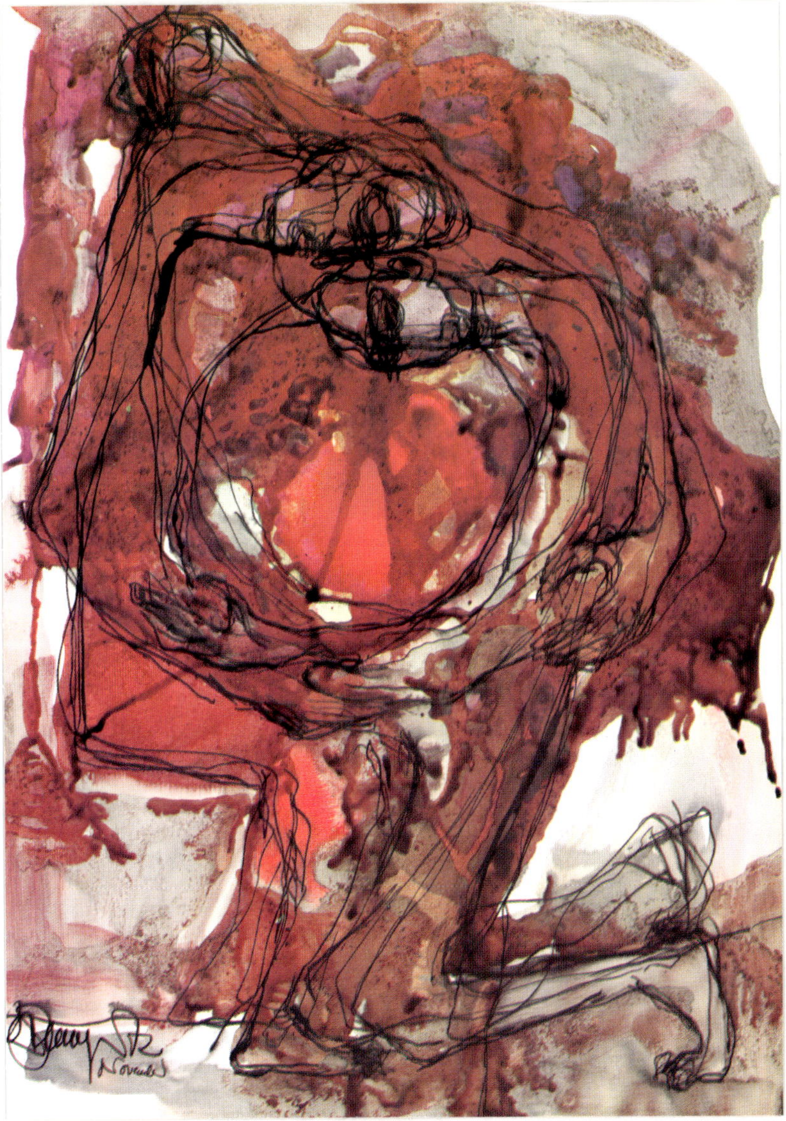

INHALTSVERZEICHNIS

Vorwort — 11

Abkürzungen — 13

EINLEITUNG: BEGRIFF UND METHODE
EINER ÖKUMENISCHEN FUNDAMENTALTHEOLOGIE — 15

ERSTER HAUPTTEIL:
DER INHALT DER CHRISTLICHEN BOTSCHAFT — 20

1	Die Bedeutung des Wortes "Gott"	23
1.1	Der Begriff der Geschöpflichkeit	27
1.2	Aufweis der Geschöpflichkeit	38
1.3	Weitere Entfaltung des Begriffs der Geschöpflichkeit	52
2	Die Bedeutung von "Wort Gottes"	71
2.1	"Gesetz" als Wort Gottes im "uneigentlichen" Sinn	77
2.2	"Evangelium" als Wort Gottes im "eigentlichen" Sinn	92
2.2.1	Das trinitarische Gottesverständnis	93
2.2.2	Die Menschwerdung des Sohnes	105
2.2.3	Die Mitteilung des Heiligen Geistes	122
3	Der auf das "Wort Gottes" gerichtete "Glaube"	126
3.1	Der "anonyme Glaube"	126
3.2	Der "christliche Glaube"	129
3.2.1	Zur Begriffsbestimmung von "Glauben"	130
3.2.2	Der Glaube als Handeln Gottes am Menschen	133
3.2.3	Der Glaube als des Menschen eigener Glaube	149
3.2.4	Das Gebet als Vollzug des Glaubens	158
3.2.5	Das Handeln des Menschen aus Glauben	163
4	Ergebnis: Gott – Wort – Glaube	166
4.1	Die Vollmacht der christlichen Botschaft	167
4.2	Die Unfehlbarkeit des Glaubens	169
4.3	Die Übereinstimmung aller Glaubenden im Glauben	173

ZWEITER HAUPTTEIL:
DIE STRUKTUREN DER WEITERGABE
DER CHRISTLICHEN BOTSCHAFT 181

1	**Die Begegnungsweise der christlichen Botschaft**	181
1.1	Die christliche Botschaft als "Zeugnis"	183
1.2	Die "Sakramentalität" der christlichen Botschaft	192
2	**Die Normen für die Begegnung mit dem "Wort Gottes"**	204
2.1	Die "Heilige Schrift"	207
2.1.1	Die Unterscheidung von "Altem" und "Neuem Testament"	208
2.1.2	Die Autorität der Heiligen Schrift: ihre "Inspiration" und ihre "Irrtumslosigkeit"	217
2.1.3	Der "Kanon" der Heiligen Schrift	224
2.2	Die "Überlieferung"	231
2.2.1	Das Verhältnis von Schrift und Überlieferung	232
2.2.2	"Schrift und Überlieferung" oder "die Schrift allein"?	236
2.3	Das "lebendige Lehramt"	241
2.3.1	Das "gemeinsame" und das "besondere Lehramt"	241
2.3.2	Die "ordentliche" und die "außerordentliche" Wahrnehmung des "besonderen Lehramts"	248
2.3.3	Die Autorität des "besonderen Lehramts" "in Dingen des Glaubens und der Sitten"	252
2.3.4	Luthers Infragestellung des "besonderen Lehramts"	270
3	**Ergebnis: Gegen ein positivistisches Mißverständnis der Normen des christlichen Glaubens**	274

DRITTER HAUPTTEIL:
DIE VERANTWORTBARKEIT DER GLAUBENSZUSTIMMUNG
ZUR CHRISTLICHEN BOTSCHAFT 278

1	**Die Voraussetzungen des Glaubens**	279
1.1	Das "Wort Gottes" als Voraussetzung des Glaubens	281
1.2	Der Mensch als Voraussetzung des Glaubens	283
2	**Die Glaubwürdigkeit der Glaubensverkündigung**	287
2.1	Die Alternative von Glaube und Unglaube	288
2.2	Die verschiedene Verstehbarkeit der Glaubensverkündigung im voraus zur Glaubenszustimmung und in der Glaubenszustimmung selbst	292

2.3	Glaubensbegründung durch "Weissagungen" und "Wunder"	300
2.4	Der Ausschluß von Rationalismus und Fideismus	314
3	**Das Verhältnis der Glaubenszustimmung zu anderen Lebensvollzügen**	322
3.1	Glaube und Denken	322
3.1.1	Das allgemeine Verhältnis von Glaube und Vernunft	322
3.1.2	Das Verhältnis von Glaube und Wissenschaft: Theologie	328
3.2	Glaube und Machtausübung	334
4	**Ergebnis: Die Kirchlichkeit dieses Glaubensverständnisses**	338

ZUSAMMENFASSENDE THESEN	345
Verzeichnis von Rezensionen	357
Verzeichnis der Bibelstellen	359
Verzeichnis der Denzingerstellen (DS)	361
Verzeichnis der Texte des II. Vatikanums	362
Namenregister	363
Sachregister	367

VORWORT

Dieses theologische Lehrbuch soll über den christlichen Glauben in unserer Zeit Rechenschaft geben. Es handelt sich um einen "Grundkurs" im Sinn des Vorschlages von **Karl Rahner**, Schriften zur Theologie VI, Einsiedeln-Zürich-Köln 1965, 149ff. Gegenüber Rahners eigenem Grundkurs (Freiburg-Basel-Wien 1976) sucht der vorliegende Entwurf die Worthaftigkeit der Offenbarung stärker zur Geltung zu bringen. In vielfacher Hinsicht bin ich dafür dem Werk Gerhard Ebelings verpflichtet.

Als theologischer Grundkurs hat das Buch den Charakter einer abstrakt bleibenden bloßen "Grammatik" für die Sprache des Glaubens. Es weist von sich weg auf die Fülle der Glaubensüberlieferung selbst, die mit gegenwärtiger Erfahrung in Beziehung gesetzt werden will. Dazu ist es notwendig, in der Gemeinschaft der Glaubenden mit der Heiligen Schrift vertraut zu werden.

Mit Hilfe der Kategorien einer neu entfalteten relationalen Ontologie will dieses Buch ausgehend von der katholischen Lehre zwischen den verschiedenen theologischen Sprachen dolmetschen lehren und so der Verständigung vor allem zwischen katholischer und reformatorischer, insbesondere lutherischer Theologie dienen. Ich meine, zeigen zu können, daß die vermeintlichen Glaubensdifferenzen auf bloßen Sprachdifferenzen beruhen. Nur fundamental werden auch die Anliegen der Ostkirchen aufgenommen durch die Rückführung des Glaubens auf seine trinitarisch-inkarnatorisch-pneumatologische Struktur und durch die Hinweise zum Thema der Communio in der "Übereinstimmung aller Glaubenden im Glauben".

Nach den einzelnen Abschnitten stehen Verständnisfragen zur Selbstkontrolle für den Studierenden. Auch die zusammenfassenden Thesen am Schluß des Buches sollen eine kritische Auseinandersetzung mit der dargestellten Sicht erleichtern.

Die vorliegende überarbeitete zweite Auflage enthält eine Reihe von Klärungen, die sich bei der Verwendung des Buches im theologischen Unterricht als wünschenswert ergaben. In Fußnoten wird auch auf die wesentlichen Anfragen eingegangen, die in den bisherigen Rezensionen gestellt wurden.

Dem Verlag Styria (Graz-Wien-Köln) danke ich für die Betreuung der ersten Auflage (1978) dieses Buches. Die erste Auflage ist seit 1981 vergriffen. Leider wären die Kosten des erforderlichen Neusatzes für die zweite Auflage so hoch gewesen, daß das Buch für Studenten kaum mehr erschwinglich wäre. Ich habe mir deshalb die

Verlagsrechte zurückgeben lassen und lege einen Privatdruck nur zum Gebrauch der Hörer vor. Er wird vom Schreibmaschinenmanuskript im Foto-Offset-Verfahren hergestellt.

Für vielfache Hilfe danke ich Stephan Schmitt, Noel Whitcomb, Klaus W. Hälbig, Michael Maßmann, Friedhelm Mennekes und Horst Nising.

Besonderer Dank gilt allen, die die Entstehung dieser Fundamentaltheologie in Vorlesungen und Seminaren an der Philosophisch-Theologischen Hochschule Sankt Georgen in Frankfurt am Main seit 1969 mit kritischem Interesse und mancher Ermutigung begleitet haben.

Das dieser Auflage beigegebene Bild von Roland P. Litzenburger (Der barmherzige Vater 1972 / Richtet nicht, so werdet auch ihr nicht gerichtet. Luk. 6,37) ist mir ein Bild für die Liebe des Vaters zum Sohn im Heiligen Geist und für die Gemeinschaft der Glaubenden.

Frankfurt am Main, Ostern 1982.

Peter Knauer S.J.

Seit der dritten Auflage (1983) ist dieses Buch auch wieder dem Buchhandel zugänglich. Für die dritte und vierte Auflage wurden im wesentlichen nur Druckfehler verbessert.

Frankfurt am Main, Pfingsten 1984.

ABKÜRZUNGEN

ZEITSCHRIFTEN, SAMMELWERKE, HANDBÜCHER

AAS	Acta Apostolicae Sedis (Roma)
AHC	Annuarium historiae conciliorum (Paderborn)
AHSJ	Archivum historicum Societatis Jesu (Roma)
ADCOV.P	Acta et Documenta Concilio Oecumenico Vaticano II apparando, Series II (Praeparatoria) (Roma)
ASSCOV	Acta Synodalia Sacrosancti Concilii Oecumenici Vaticani II (Roma)
Bijdr.	Bijdragen (Nijmegen)
BiLe	Bibel und Leben (Düsseldorf)
BSLK	Die Bekenntnisschriften der Evangelisch-Lutherischen Kirche, hrsg. v. Deutschen Evangelischen Kirchenausschuß (Göttingen ^{3}1956)
Cath(M)	Catholica (Münster)
CChr.SL	Corpus Christianorum. Series Latina (Turnhout)
CIC	Codex Iuris Canonici
CivCatt	La Civiltà Cattolica (Roma)
Conc(D)	Concilium, Internationale Zeitschrift für Theologie (Einsiedeln)
CT	Concilium Tridentinum, Diariorum, Actorum, Epistularum, Tractatuum nova Collectio, edidit Societas Goerresiana (Freiburg 1901ff)
DBS	Dictionnaire de la Bible, Supplément (Paris)
DS	**H. Denzinger, A. Schönmetzer**, Enchiridion Symbolorum, Definitionum et Declarationum de rebus fidei et morum (Barcelona ^{33}1965)
DtPfrBl	Deutsches Pfarrerblatt (Stuttgart)
EK	Evangelische Kommentare (Stuttgart)
EnchB	Enchiridion biblicum - Documenta ecclesiastica Sacram Scripturam spectantia (Roma ^{4}1961)
EThL	Ephemerides Theologicae Lovanienses (Leuven)
EvTh	Evangelische Theologie (München)
FZPhTh	Freiburger Zeitschrift für Philosophie und Theologie (Freiburg / Schweiz)
GuL	Geist und Leben (Würzburg)
HerKorr	Herder-Korrespondenz (Freiburg)
HThR	The Harvard Theological Revue (Cambridge, Mass.)
JES	Journal of Ecumenical Studies (Philadelphia)
KuD	Kerygma und Dogma (Göttingen)
KuM	Kerygma und Mythos, hrsg. v. Hans Werner Bartsch (Hamburg-Volksdorf)
LebZeug	Lebendiges Zeugnis (Paderborn)
LThK^2	Lexikon für Theologie und Kirche, 2. Auflage (Freiburg 1957ff)
Mansi	**J. D. Mansi**, Sacrorum conciliorum nova et amplissima collectio, Neudr. u. Forts. hrsg. v. L. Petit u. J. B. Martin (Paris 1899ff)
MHSJ	Monumenta historica Societatis Jesu (Madrid, Roma)
MThZ	Münchener Theologische Zeitschrift (München)
MySal	Mysterium Salutis, Grundriß einer heilsgeschichtlichen Dogmatik, hrsg. v. J. Feiner u. M. Löhrer (Einsiedeln 1965ff)
NRTh	Nouvelle Revue Théologique (Tournai)
NTS	New Testament Studies (Cambridge)

Orient.	Orientierung (Zürich)
PG	Patrologiae cursus completus, Series graeca, accurante J. P. Migne (Paris 1857ff)
PhJ	Philosophisches Jahrbuch der Görres-Gesellschaft (Freiburg-München)
PL	Patrologiae cursus completus, Series latina, accurante J. P. Migne (Paris 1844ff)
PRMCL	Periodica de re morali, canonica, liturgica (Roma)
RevSR	Revue des Sciences Religieuses (Strassbourg)
RGG³	Die Religion in Geschichte und Gegenwart, 3. Auflage (Tübingen 1957ff)
RSR	Recherches de Science Religieuse (Paris)
RTL	Revue Théologique de Louvain (Louvain-la-Neuve)
Sal.	Salesianum (Torino)
Schol	Scholastik (Freiburg)
SHAW.PH	Sitzungsberichte der Heidelberger Akademie der Wissenschaften, Philosophisch-Historische Klasse (Heidelberg)
SM(D)	Sacramentum Mundi, Theologisches Lexikon für die Praxis (Freiburg 1967ff)
StZ	Stimmen der Zeit (Freiburg)
TGA	theologie der gegenwart (Frankfurt)
ThAk	Theologische Akademie (Frankfurt)
ThGl	Theologie und Glaube (Paderborn)
ThLZ	Theologische Literaturzeitung (Leipzig)
ThPh	Theologie und Philosophie (Freiburg)
ThPr	Theologia Practica (Hamburg)
ThQ	Theologische Quartalschrift (Tübingen)
ThRv	Theologische Revue (Münster)
TS	Theological Studies (Woodstock, Md.)
TTh	Tijdschrift voor Theologie (Nijmegen)
TThZ	Trierer Theologische Zeitschrift (Trier)
WA	**M. Luther,** Werke, Kritische Gesamtausgabe ("Weimarer Ausgabe") (Weimar 1883ff)
WA.DB	- dasselbe, Deutsche Bibel
ZEE	Zeitschrift für evangelische Ethik (Gütersloh)
ZKTh	Zeitschrift für Katholische Theologie (Wien)
ZThK	Zeitschrift für Theologie und Kirche (Tübingen)
ZZ	Zwischen den Zeiten (München)

TEXTE DES I. UND II. VATIKANUMS

AA	Dekret über das Laienapostolat (Apostolicam Actuositatem)
DF	Dogmatische Konstitution "Dei Filius" über den kath. Glauben
DH	Erklärung über die Religionsfreiheit (Dignitatis humanae)
DV	Dogmatische Konstitution über die göttl.Offenbarung (Dei Verbum)
GS	Pastoralkonstitution über die Kirche in der Welt von heute (Gaudium et spes)
LG	Dogmatische Konstitution über die Kirche (Lumen gentium)
NA	Erklärung über das Verhältnis der Kirche zu den nichtchristlichen Religionen (Nostra aetate)
PA	Erste dogmatische Konstitution "Pastor aeternus" über die Kirche Christi
UR	Dekret über den Ökumenismus (Unitatis redintegratio)

Einleitung:
Begriff und Methode
einer Ökumenischen Fundamentaltheologie

1. Glauben im Sinn der christlichen Botschaft bedeutet: zu Jesus Christus gehören und von seinem Heiligen Geist erfüllt sein (vgl. Hebr 3,14 und 6,4). Dieser Glaube will an jedermann weitergegeben werden (vgl. Mt 28,19; Apg 4,20; Röm 10,10). Deshalb gehört zum Glauben die Bereitschaft, über ihn Rechenschaft zu geben (vgl. 1 Petr 3,15). Wenn es aber überhaupt möglich ist, den christlichen Glauben zu verantworten, dann muß dies auch in wissenschaftlicher Weise geschehen können.

Unter "Theologie" ist das Bemühen zu verstehen, den christlichen Glauben wissenschaftlich zu verantworten. In methodisch geordneter Weise soll er im Zusammenhang mit dem gesamten Wirklichkeitsbewußtsein bedacht werden. Zur Wissenschaftlichkeit der Theologie gehört vor allem, daß sie sich den Anfragen und Einwänden anderer Wissenschaften auf deren eigenem Feld stellt. Ziel wissenschaftlicher Verantwortung des Glaubens ist es, einer klareren Verkündigung zu dienen. Den einzelnen Gläubigen soll nicht von den Theologen die eigene Verantwortung des Glaubens abgenommen werden, wohl aber sollen ihnen Umwege und Mißverständnisse erspart werden.

"Fundamentaltheologie" fragt nach dem Fundament des christlichen Glaubens. Worum geht es beim Glauben im Grunde? Wie verhalten sich Glaubensinhalt und Glaubensakt zueinander, d. h. was macht es für das Verständnis des Glaubensinhaltes aus, daß er als wahr nur in einer vom Heiligen Geist getragenen Erkenntnis erfaßt werden kann? Welcher Art ist die Gewißheit des Glaubens, und worauf gründet er sie? Was setzt der Glaube als seinen Anknüpfungspunkt im Menschen voraus? Welche Voraussetzungen des Glaubens sind nur innerhalb des Glaubens selbst zugänglich, und welche können auch außerhalb des Glaubens erkannt werden? Welche vermeintlichen Selbstverständlichkeiten erschweren das Verständnis des Glaubens, und mit welchen Argumenten ist ihnen zu begegnen? Worin bestehen weiter die Auswirkungen des Glaubens auf das menschliche Verhalten? Und wie kann schließlich der Glaube nicht nur gegenüber bereits Glaubenden, sondern vor jedermann verantwortet werden? Wie ist also Glaube von Aberglauben zu unterscheiden? Woran ist umgekehrt zu erkennen, daß etwas keinen Glauben verdient? In einem weiteren Reflexionsgang fragt Fundamentaltheologie auch nach der Theologie im ganzen und nach dem Verhältnis ihrer einzelnen Fächer zueinander. Worin besteht die Einheit der Theologie, und welcher Art ist ihre Wissenschaftlichkeit?

Die Christenheit erscheint im Verständnis des Glaubens gespalten. Diese Tatsache steht einer für jedermann verständlichen Verantwortung des Glaubens hindernd entgegen. Es ist deshalb notwendig, auch diesen Verstehensdifferenzen auf den Grund zu gehen. Es soll nicht an die Stelle der verschiedenen Sprachen desselben Glaubens eine einzige Sprache treten, sondern es ist nur zu zeigen, wie die verschiedenen Sprachen des Glaubens ineinander zu übersetzen sind. Allerdings kann man sich dafür nicht auf einen neutralen Standpunkt jenseits der Verschiedenheiten stellen. Die jeweilige Glaubensgemeinschaft gehört selbst zu dem Glauben, der zu verantworten ist.

Im Folgenden soll eine "ökumenische Fundamentaltheologie" aus katholischer Sicht vorgelegt werden. Nach dem offiziellen Verständnis der katholischen Kirche besteht zwischen allen, die an Jesus Christus glauben, eine "wahre Verbindung im Heiligen Geist" (1). Damit scheint eine bereits bestehende Einheit aller Glaubenden ausgesagt zu sein, die durch die Verständigungsbemühung nicht überboten werden kann, sondern nur ausdrücklich nachzuvollziehen ist. Deshalb wird eine katholische Fundamentaltheologie bereit sein müssen, von anderen Theologien zu lernen (2). Sie wird wesentlich ökumenisch sein und der Verständigung mit den anderen christlichen Kirchen zu dienen suchen.

In der Tat hat das Wort "katholisch" dem Wortsinn nach dieselbe Bedeutung wie "ökumenisch (= den bewohnten Erdkreis betreffend)". Es bedeutet "das Ganze betreffend", "allumfassend", "allgemein". Deshalb ist das Wort "katholisch" nicht nur als faktische Selbstbezeichnung unserer Kirche, sondern als Normbegriff für sie zu verstehen: Der Anspruch einer Kirche auf "Katholizität" ist durch eine allgemeinverständliche und allgemeinverbindliche, also jedermann angehende Verkündigung einzulösen. Es muß deutlich werden, daß der christliche Glaube nicht nur aus partikulären Gründen wie Kultur- und Rassenzugehörigkeit notwendig ist, sosehr er auch für jede einzelne Kultur als sie betreffend aussagbar sein muß. Welche Bedeutung kommt dem christlichen Glauben für das Menschsein des Menschen und damit für jeden Menschen zu?

2. Die Methode der Fundamentaltheologie ist von der Sache des christlichen Glaubens selbst her zu bestimmen. Auf seiten der Vernunft wird nur vorausgesetzt, daß **keine logischen Widersprüche** zugelassen werden dürfen. Denn die Zulassung logischer Widersprüche in irgendeinem Bereich ließe das Denken insgesamt der Beliebigkeit und Willkür anheimfallen (3).

---

1 II. Vatikanum, LG 15.

2 Vgl. II. Vatikanum, UR 4,9.

3 Aus einem logischen Widerspruch folgt jede beliebige Aussage; denn "A und Nicht-A impliziert B" ergibt sich aufgrund der logischen Kontrapositionsregel aus "Nicht-A und Nicht-B impliziert Nicht-A". Vgl. **Paul Lorenzen**, Formale Logik, Berlin 1970, 37. Sehr anschau-

Die christliche Botschaft versteht sich selbst als göttliche Offenbarung und damit als das letzte Wort über alle Wirklichkeit. Deshalb wollen Glaubensaussagen immer in einem **unüberbietbaren** Sinn verstanden werden. Sie lassen weder Abschwächung noch weitere Steigerung zu. Die einzelnen Glaubensaussagen verhalten sich daher auch nicht additiv ergänzend zueinander, sondern wollen immer als Entfaltung ein und derselben Grundwirklichkeit, nämlich der Selbstmitteilung Gottes verstanden werden.

Doch wie läßt sich die unverfälschte christliche Botschaft und ihr wirklicher Sinn erheben? Formal ist für die Christlichkeit von Glaubensaussagen ihre Bindung an ihren historischen Ursprung konstitutiv. Dementsprechend lautet für den christlichen Glauben ein umfassender Grund-Satz, dem man nicht genug nachdenken kann: "Der Glaube kommt vom Hören, das Hören aber vom Wort Christi" (Röm 10,17). Wenn man die Begriffe "**Glauben**" und "**Hören**" in diesem Satz **aufeinanderzu** interpretiert, gewinnt er seine kritische Bedeutung, die es erlaubt, eventuelle Verfälschungen und Mißverständnisse auszufiltern.

Auf der einen Seite kann im christlichen Sinn nichts geglaubt werden, wofür man nicht darauf angewiesen ist, es von anderen Menschen gesagt zu bekommen. Dinge, auf die man von sich aus verfällt, kommen als Glaubensgegenstand nicht in Frage. Man kann den christlichen Glauben nur aus einer Überlieferung empfangen, die aller eigenen Initiative bereits vorgegeben ist.

Anderseits kann aber für christliches Glauben auch nur eine solche Überlieferung verbindlich sein, deren Wahrheit jedenfalls anders als im Glauben nicht zugänglich ist. Überlieferungen, denen man auch anders als in der Weise des Glaubens gerecht werden kann, scheiden als Glaubehsgegenstand aus. Als christlicher Glaubensgegenstand kommt nur das in Frage, was man außerhalb des Glaubens weder begründen noch widerlegen kann und demgegenüber man auch nicht mit nachweisbarem Recht definitiv unentschieden bleiben kann. Ein wirklicher Glaubensgegenstand darf zwar nicht auf dem Feld der Vernunft entscheidbar sein; aber es muß mit Vernunftargumenten bestritten werden können, daß man ihn deshalb für überhaupt unentscheidbar halten dürfe.

Durch das Filter dieser gegenseitigen Zuordnung von Glauben und Hören gelangt nur die unverfälschte christliche Botschaft. Sie führt selbst dieses Kriterium mit sich und läßt sich dadurch rein erhalten. Damit kann ein häufig anzutreffender Einwand beantwortet werden: Das Christentum begegne in so verschiedenen und zum Teil gegensätzlichen Formen und unter den Theologen selbst bestehe solche Uneinigkeit, daß sich der Laie in dem Wirrwar ohnehin nicht zurechtfinden könne. Muß man also erst die kompliziertesten historischen Untersuchungen durchgeführt haben, um den wirklichen Sinn der Bibel oder der Konzilsaussagen ausmachen zu können? Solche Untersuchungen würden nur die Richtigkeit des genannten Kriteriums

---

lich ist die Darstellung von **Theodor G. Bucher**, Das Prinzip der Widerspruchsfreiheit als Grenze der Toleranz, in: ZKTh 99 (1977) 385-416.

bestätigen, das eine unmittelbare Identifizierung der christlichen Botschaft und ihres genauen Sinns erlaubt.

Zwar wird in der katholischen Lehre und Theologie beansprucht, es komme dem kirchlichen Lehramt zu, die Glaubensverkündigung rein zu erhalten. Aber dann muß angebbar sein, welchem Kriterium die Inhaber des Lehramts dabei folgen. Es kommt letztlich kein anderes als das genannte Kriterium in Frage. Sogar die Existenz des Lehramts selbst muß auf dieses Kriterium zurückgeführt werden können.

Inhaltlich sind die Aussagen der christlichen Botschaft immer die Entfaltung einer einzigen Grundwirklichkeit, nämlich der Selbstmitteilung Gottes in dem mitmenschlichen Wort der Weitergabe des Glaubens: **Der christliche Glaube ist das Anteilhaben am Gottesverhältnis Jesu.** An Jesus Christus als den Sohn Gottes glauben heißt, sich aufgrund seines Wortes von Gott mit der Liebe angenommen zu wissen, in der Gott ihm von Ewigkeit her zugewandt ist und die an nichts Geschöpflichem ihr Maß hat, sondern als die Liebe des Vaters zum Sohn der Heilige Geist ist. Der Glaube als das Erfülltsein von diesem Heiligen Geist entmachtet die Angst des Menschen um sich selbst, die sonst immer wieder der Grund aller Unmenschlichkeit ist.

In der Ausführung soll in dieser Reihenfolge vorangegangen werden: Zuerst soll der **Inhalt** der christlichen Botschaft, dann ihre **Weitergabe** und schließlich ihre **Annahme** im Glauben dargestellt werden. Doch handelt es sich in diesen drei Hauptteilen der Untersuchung nicht um drei von einander trennbare Sachverhalte. Bereits der Inhalt der christlichen Botschaft erläutert, worin ihre Weitergabe zur Annahme im Glauben besteht: Die Weitergabe des Glaubens ist die Mitteilung des Heiligen Geistes, und die glaubende Annahme der Botschaft ist das Erfülltsein vom Heiligen Geist. Dies gilt wenigstens dann, wenn der Glaubensbegriff in seinem erfülltesten Sinn als die auf dem Wort Gottes gründende Hingabe an Gott verstanden wird. So geht es bereits im **ersten Hauptteil**, der den Inhalt der christlichen Botschaft darstellt, um das Zueinander von Gott, Wort Gottes und Glauben.

Im **zweiten Hauptteil** ist dann die Weitergabe des Glaubens unter der besonderen Rücksicht zu behandeln, daß sie durch die gegenseitige Zuordnung von Schrift, Überlieferung und Lehramt bestimmt wird. Die Strukturen der Weitergabe des Glaubens sind also aus dem Wesen des Glaubens selbst zu entfalten.

Der **dritte Hauptteil** untersucht die Annahme des Glaubens unter der besonderen Rücksicht ihrer Verantwortbarkeit vor der Vernunft. Die Frage nach der Vernunftgemäßheit des christlichen Glaubens kann erst beantwortet werden, nachdem zuvor dargestellt worden ist, worum es in diesem Glauben selbst geht und auf welche Weise man ihm begegnet ist.

Insgesamt ist eine solche Fundamentaltheologie nur so etwas wie eine Grammatik für die Sprache des Glaubens. Sie bietet gleichsam einen Schlüssel, mit dem man sich dann der ganzen Breite der christlichen Überlieferung selbst zuwenden und sie sachgemäß verstehen kann. Die eigentliche Aufgabe besteht darin, mit allen Weisen des Wortes Gottes vertraut zu werden.

FRAGEN

1. Warum ist eine Verantwortung des Glaubens nicht nur gegenüber bereits Glaubenden, sondern auch vor der Vernunft notwendig?
2. Was ist unter "Theologie" zu verstehen, und wie verhält sie sich zu den anderen Wissenschaften?
3. Welche Grundfragen stellt die Fundamentaltheologie?
4. Was bedeutet das Wort "katholisch" als Normbegriff?
5. Welches Denkgesetz wird von der Fundamentaltheologie vorausgesetzt, und mit welchem Recht?
6. Was bedeutet es, Glaubensaussagen als unüberbietbar auszulegen?
7. Wie wird die gegenseitige Zuordnung von Glauben und Hören zum Kriterium, um die wirkliche christliche Botschaft von eventuellen Verfälschungen zu unterscheiden?
8. Welche Grundwirklichkeit wird in allen Glaubensaussagen entfaltet?
9. Welcher Zusammenhang besteht zwischen dem Inhalt, der Weitergabe und der Annahme der christlichen Botschaft?
10. Warum beginnen wir mit einer Darstellung des Inhalts der christlichen Botschaft?

Erster Hauptteil:
Der Inhalt der christlichen Botschaft

Grundproblem des menschlichen Lebens und Zusammenlebens ist, daß Menschen immer wieder unmenschlich werden. Dieses den Menschen bedrohende Böse hat die Struktur von Mord und seiner Verschleierung durch Lüge (vgl. Joh 8,44). Die Wurzel egoistischen und verantwortungslosen Verhaltens, in dem man letztlich "über Leichen zu gehen" bereit ist, ist diejenige **Angst** des Menschen um sich selbst, die in seiner Verwundbarkeit und Vergänglichkeit, in seiner Todesverfallenheit (vgl. Hebr 2,15) begründet ist. Diese Angst des Menschen um sich kann solange latent bleiben, als er sich nicht unmittelbar in dem bedroht fühlt, woraus er lebt. Sie gewinnt aber gerade dadurch Macht über ihn, daß er sich um jeden Preis abzusichern sucht (4). Denn so gerät er in Rivalität mit anderen Menschen, gegen die er sich erst recht sichern muß (5). Dies geschieht

---

4   Vgl. **Rudolf Bultmann**, Neues Testament und Mythologie, in: KuM I, 1951, 28f: "Das Sichtbare, Verfügbare ist vergänglich, und deshalb ist, wer von ihm her lebt, der Vergänglichkeit, dem Tode verfallen. Wer aus dem Verfügbaren lebt, der begibt sich in die Abhängigkeit von ihm. Das zeigt sich schon daran, daß jeder, indem er sich mittels des Verfügbaren sichern will, mit dem anderen zusammengerät, sich auch gegen ihn sichern oder sich seiner versichern muß. So entstehen einerseits Neid und Zorn, Eifersucht und Streit usw., andrerseits Vertrag und Konvention, geläufige Urteile und Maßstäbe. Und aus allem erwächst eine Atmosphäre, die jeden immer schon umfängt und die sein Urteil leitet, der jeder immer wieder ihr Recht gibt, und die jeder aufs neue mitkonstituiert. Daraus erwächst auch die Knechtschaft der Angst (Rm. 8,15), die auf den Menschen lastet. Es ist die Angst, in der jeder an sich und dem Seinen festhalten will in dem geheimen Gefühl, daß ihm alles, auch sein eigenes Leben, entgleitet." - Vgl. auch das umfassende Werk von **Eugen Drewermann**, Strukturen des Bösen - Die jahwistische Urgeschichte in exegetischer, psychoanalytischer und philosophischer Sicht, 3 Bände, Paderborn 1977/78. Die These dieses Werkes ist, daß "der Mensch in seinem Geist an sich selbst erkranken muß, wenn er nicht im Glauben an Gott die Angst seines Daseins überwindet" (3. Bd., LXIV).

5   **Carl Friedrich v. Weizsäcker**, Der Garten des Menschlichen - Beiträge zur geschichtlichen Anthropologie, München-Wien 1977, 128f, weist darauf hin, daß gegenüber jeder Bedrohung durch Naturkräfte begrenzte Abwehrmittel genügen; nur im Verhältnis der Menschen zu-

oft in "direkter" oder auch in "struktureller" Gewaltanwendung (6). Strukturelle Gewalt wird gewöhnlich mit dem Mittel aufrechterhalten, daß die Mächtigen andere Menschen zu Werkzeugen ihrer Unmenschlichkeit machen, indem sie sie bei ihrer Angst um sich packen. Diktaturen sind Kettenreaktionen der Erpressung. Aus der Gewalt aller gegen alle scheint es in ihrem eigenen Rahmen nur den Ausweg zu geben, daß sich die Aggressionen aller auf irgendein zufälliges Opfer entladen, dem man dann alle Schlechtigkeit zuschreibt (7).

Die christliche Botschaft beansprucht demgegenüber, eine **Gewißheit** mitzuteilen, die stärker als alle Angst des Menschen um sich selbst ist. Sie will also den Menschen zu wahrer Menschlichkeit befreien. Dafür beruft sie sich darauf, "Wort Gottes" zu sein. "Wort Gottes" bedeutet nach der christlichen Botschaft das Angesprochenwerden des Menschen durch Gott in dem mitmenschlichen Wort der Weitergabe des Glaubens. Dieses Wort verkündet dem Menschen eine Leben und Sterben überdauernde Gemeinschaft mit Gott, und es will selbst bereits als die Verwirklichung dieser Gemeinschaft verstanden sein. Wer im Vertrauen auf dieses Wort lebt, läßt sich in seinem Verhalten nicht mehr letztlich von der Angst, um sich selber leiten. Er wird vielmehr mit allen seinen Möglichkeiten dem Wohl der Menschen zu dienen suchen.

Doch wer ist "Gott", wenn sein "Wort" die Macht haben soll, die Angst des Menschen um sich selbst zu überwinden? Muß er dann nicht in schlechthin allem, was geschieht, mächtig sein, so daß keine andere Macht gegen ihn ankommt (vgl. 2 Makk 7,28-29)? Aber wenn von vornherein alles gänzlich von Gott abhängig sein soll, wie kann dann überhaupt noch sinnvoll von einem besonderen Handeln Gottes an der Welt und von einem "Wort Gottes" die Rede sein?

---

einander steigern sich Bedrohung und Abwehr gegenseitig ohne Grenzen. Man kann sich die Richtigkeit dieses Hinweises am gegenwärtigen Wettrüsten vor Augen führen. In "Rüstung und Abrüstung im Atomzeitalter - Ein Handbuch", hrsg. v. Stockholm International Peace Research Institute (SIPRI), Reinbek bei Hamburg 1977, 16, wird die Sprengkraft der in aller Welt auf Lager gehaltenen Atomsprengköpfe auf 50 000 Megatonnen Trinitrotoluol (TNT) geschätzt, also auf ca. 15 Tonnen pro Kopf der Erdbevölkerung.

6 Vgl. **Johan Galtung**, Strukturelle Gewalt - Beiträge zur Friedens- und Konfliktforschung, Reinbek bei Hamburg 1975. Unter "struktureller Gewalt" ist die Aufrechterhaltung von sozialer Ungerechtigkeit zu verstehen.

7 Diesen in allen Gesellschaftsstrukturen verborgenen bzw. verdrängten "Sündenbockmechanismus" beschreibt **René Girard** in: La violence et le sacré, Paris 1972, und in: Des choses cachées depuis la fondation du monde, Paris 1978. Nach seiner Auffassung besteht die offenbarende Bedeutung der jüdisch-christlichen Überlieferung in der Aufdeckung dieses Mechanismus, der dadurch seiner Wirksamkeit beraubt wird, daß der Mensch mit seiner eigenen Bosheit konfrontiert wird. Die bisher einzige größere Darstellung dieses Ansatzes im deutschen Sprachraum ist die von **Raymund Schwager**, Brauchen wir einen Sündenbock? Gewalt und Erlösung in den biblischen Schriften, München 1978; vgl. meine Rezension in: ThPh 53 (1978) 564-566.

Muß dann nicht "Wort Gottes" im Unterschied zum Geschaffensein des von Gott Verschiedenen als göttliche Selbstmitteilung verstanden werden? Und wie wird dieses Wort Gottes als solches erkannt? Muß es nicht sein Kriterium daran finden, daß es als Selbstmitteilung Gottes allein einem Glauben zugänglich ist, der ebenfalls als Selbstmitteilung Gottes verstanden werden muß? Diese Fragen sollen uns im ersten Hauptteil unserer Untersuchung leiten.

Wir beginnen mit der ersten Frage nach der Bedeutung des Wortes "Gott". Bereits hier ist davon auszugehen, daß wir alle faktisch schon längst mit der christlichen Botschaft konfrontiert worden sind (8). Für jeden, der sich überhaupt mit der christlichen Botschaft befaßt, ist das Konfrontiertsein mit ihr bereits vorgegeben. Man muß sie nicht erst von weither suchen (vgl. Röm 10,6-8). Dies ist von großer methodischer Wichtigkeit für eine sachgemäße Theologie. Das Wort "Gott" wird von uns nicht ursprünglich aus irgendwelchen Grunderfahrungen wie der Suche nach "Sinn" gewonnen, sondern begegnet uns in seinem Gebrauch durch die christliche Botschaft. Unsere Fragestellung kommt überhaupt erst durch die Begegnung mit dieser Botschaft in Gang. Wir fragen also nach der Bedeutung des Wortes "Gott" erst im Zusammenhang der christlichen Botschaft, die

---

8   Durch diesen Ausgangspunkt unterscheidet sich unser Vorangehen von dem **Karl Rahners**, Hörer des Wortes - Zur Grundlegung einer Religionsphilosophie, München 1941. Dort soll am Anfang offen bleiben, "ob und in welchem Sinn der Mensch so etwas wie ein 'Gehör' für die möglicherweise ergehende Offenbarung Gottes in sich entdecken könne, **bevor** er tatsächlich so etwas gehört hat und **dadurch** weiß, daß er hören kann" (17). In der zweiten, von **Johann B. Metz** neubearbeiteten Auflage dieses Werkes, München 1963, macht eine Fußnote zu dieser Stelle auf das Problem aufmerksam: "Wollte [...] diese Untersuchung das Hörenkönnen der Offenbarung vollständig analysieren, müßte sie (auch als 'philosophische') sowohl das (in einer 'Erfahrung der Gnade' gegebene) 'übernatürliche Existential' als auch das faktische Betroffensein durch die geschichtliche Offenbarung bedenken. Tatsächlich aber beschränkt sie sich auf die Transzendentalität des menschlichen Geistes als Ausgangspunkt, freilich so, daß sich diese Transzendentalität, wenigstens anfänglich, ihrer eigenen Abstraktheit überführt und sich selbst deshalb ständig in die konkrete Geschichte verweist" (23). Zu fragen ist u. E., wie das "übernatürliche Existential", das mit dem "In Christus" unseres Geschaffenseins zu identifizieren ist, philosophischer Erkenntnis zugänglich sein soll. - Der gleiche Unterschied besteht auch gegenüber dem Ansatz von **Maurice Blondel**, L'Action (1893) - Essai d'une critique de la vie et d'une science de la pratique, Paris ²1950 (dt.: Die Aktion [1893] - Versuch einer Kritik des Lebens und einer Wissenschaft der Praktik, München 1965). Dort wird die Idee einer übernatürlichen Offenbarung als im voraus zu deren geschichtlichem Ergehen aus einer "initiative interne" des Menschen hervorgehend dargestellt (397). Richtig daran ist, daß es für eine Offenbarung eine vorgängige Entsprechung ("une convenance préalable", 388) im Menschen geben muß. Aber diese bleibt solange verborgen, bis man tatsächlich in der Geschichte mit einer Botschaft konfrontiert wird, die sich als "Wort Gottes" im Sinn seiner Selbstmitteilung verstehen läßt.

von sich behauptet, "Wort Gottes" zu sein. Noch unabhängig davon, ob diese Behauptung als wahr angenommen werden kann, fragen wir zunächst, was die christliche Botschaft unter "Gott" verstanden wissen will. Für sich allein genommen wird die Bedeutung des Wortes "Gott" noch keineswegs wohltuend sein. Sie wird es erst, wenn es im "Wort Gottes" um unsere Gemeinschaft mit Gott gehen wird. Zunächst jedoch wird die Bedeutung des Wortes "Gott" sogar den schwerstwiegenden Einwand gegen die Rede von einem "Wort Gottes" bilden. Die folgenden Darlegungen zur Bedeutung des Wortes "Gott" machen den wahrscheinlich schwierigsten Teil dieses Buches aus, weil zunächst viele vermeintliche Selbstverständlichkeiten unseres (frommen?) Denkens in Frage gestellt werden müssen. Aber es werden dadurch die Verstehensvoraussetzungen für alle Glaubensaussagen gewonnen.

FRAGEN

1. Auf welches Grundproblem des Menschseins beansprucht die christliche Botschaft, sich zu beziehen?
2. Wodurch behauptet die christliche Botschaft, die Angst des Menschen um sich selbst entmachten zu können?
3. Welcher Vorbegriff von "Gott" ergibt sich, wenn Gemeinschaft mit ihm die Macht haben soll, die Angst des Menschen um sich selbst zu überwinden?
4. Warum geht die vorliegende Fundamentaltheologie davon aus, daß wir schon längst mit der christlichen Botschaft konfrontiert worden sind?

1 DIE BEDEUTUNG DES WORTES "GOTT"

Wer sich auf "Wort Gottes" beruft, muß die Bedeutung des Wortes "Gott" angeben können (9). Sie muß auch für den Nichtglaubenden

---

9 **Norbert Copray** stellt in seiner Kurzbesprechung in Publik-Forum (17.11.1978, S. 21) die Frage, ob es zulässig sei, "christliche Theologie so achristlich einsetzen zu lassen. **Zum Gottsein Gottes für uns gehört** eben - nach christlichem Glauben - **seine für die Welt konstitutive Beziehung auf die Welt.** Die Rede von der Liebe, dem Geschenk, der Hingabe Gottes ist nirgends - auch philosophisch - hintergehbar." Zu antworten ist, daß bereits die Frage nach der Bedeutung des Wortes "Gott" von uns nur im Zusammenhang der vorausgesetzten Begegnung mit der christlichen Botschaft gestellt wird. Die Wahrheit der Glaubensaussagen wird allerdings nur erfaßt, wenn man sich zugleich zu der Vernunfteinsicht führen läßt, daß keine geschöpfliche Qualität als solche zur Begründung einer Gemeinschaft mit Gott ausreichen kann. Das ist nicht der Versuch, die Rede von der Liebe Gottes zu "hintergehen", sondern gerade deren Nicht-Hin-

verständlich sein und etwas mit seiner Erfahrung zu tun haben. Doch der ausdrückliche Gebrauch des Wortes "Gott" ist erst im Zusammenhang mit der Rede von "Wort Gottes" und damit um des Glaubens willen notwendig. Beim Gebrauch des Wortes "Gott" will aber auch das Gebot bedacht sein: "Du sollst den Namen des Herrn, deines Gottes, nicht mißbrauchen" (Ex 20,7).

Nach katholischer Lehre ist Gott "der eine, wahre und lebendige Schöpfer und Herr des Himmels und der Erde, allmächtig, ewig, unermeßlich, unbegreiflich, unendlich in Erkennen und Wollen und jeder Vollkommenheit. Weil er eine einzige, für sich bestehende, ganz und gar einfache und unveränderliche Geistwirklichkeit ist, ist von ihm auszusagen: Er ist wirklich und wesenhaft von der Welt verschieden, in sich und aus sich überaus selig und über alles unaussprechlich erhaben, was außer ihm ist und gedacht werden kann" (10). Wir geben diesen Text hier zunächst nur zur Kenntnis als katholische Lehre, ohne bereits mit seiner Berechtigung und Wahrheit argumentieren zu können. Es soll nur analysiert werden, was der Text behauptet und welche Verstehensprobleme sich dann stellen.

Der zitierte Text will einen **Gottesbegriff** bieten. Er erklärt jedoch gleichzeitig Gott als **"unbegreiflich"** (11). Die Frage, die sich sofort stellt, ist: Wie läßt sich ein Gottesbegriff mit einer angeblichen Unbegreiflichkeit Gottes vereinbaren (12)?

---

tergehbarkeit herauszustellen. – **Hans Waldenfels** brachte in einer Vorausbesprechung in: Bücher der Gegenwart (Herbst 1977) die entgegengesetzte Kritik: Anstatt den Menschen theologisch dort abzuholen, wo er in unterschiedlicher Weise lebt, werde er hier zu unvermittelt mit einem bestimmten Schöpfungsbegriff konfrontiert. Eine kurzgefaßte Rechenschaft über den christlichen Glauben scheint mir jedoch zu erfordern, daß man einem Gesprächspartner von vornherein sagt, worauf man hinaus will und welche Aussagen seiner Prüfung ausgesetzt werden sollen.

10   I. Vatikanum, DF I, DS 3001.

11   In der Tradition wurde die Lehre von der "Unbegreiflichkeit" Gottes vor allem von den kappadozischen Vätern Basileios, Gregor von Nazianz und Gregor von Nyssa in ihren Kontroversen mit dem Arianer Eunomios entfaltet.

12   Vgl. den Schlußsatz bei **Ludwig Wittgenstein**, Tractatus Logico-philosophicus, London ³1960, 188: "Wovon man nicht sprechen kann, darüber muß man schweigen." – Gegen die Rede von einer "Unbegreiflichkeit" oder "Nicht-Objektivierbarkeit" Gottes formuliert **Hans Albert**, Traktat über kritische Vernunft, Tübingen, 3., erw. Aufl. 1975, 119, den Einwand: "Der Verfechter einer solchen These kann hinfort unbefangen und ungestört weiter über Gott reden, weil er offenbar über das Begriffliche hinaus ist, aber er verbindet mit dieser Rede keine Behauptungen, die auch nur eine Spur von Gehalt haben." – Von theologischer Seite schreibt **Leo Scheffczyk**, Art. "Gott", SM(D) II, 491, zum Problem der Vereinbarkeit von Gottesbegriff und Unbegreiflichkeit Gottes: "Daß der Mensch überhaupt von G. [= Gott] sprechen soll, der nach den Aussagen der Offenbarung wie nach den Erfahrungen der tiefsten religiösen Geister der Menschheit gerade der Unaussprechliche, der Nicht-Gegenständliche

Eine naheliegende Antwort wäre: Man kann Gott nur teilweise und unvollkommen begreifen. Die Behauptung seiner "Unbegreiflichkeit" wäre also abzuschwächen. Aber diese Antwort widerspricht der anderen Behauptung, Gott sei ganz und gar einfach und habe keine Teile. Deshalb suchen wir die Antwort lieber in der umgekehrten Richtung. Ist es möglich, einen unüberbietbar richtigen Gottesbegriff mit einer unüberbietbaren Unbegreiflichkeit Gottes zu verbinden? Der zitierte Text des kirchlichen Lehramts bietet selber diese Möglichkeit an. Die Bedeutung des Wortes "Gott" wird in ihm durch den Vergleich mit allem, "was außer Gott ist und gedacht werden kann", erläutert. **Alle von Gott verschiedene Wirklichkeit wird als geschöpflich verstanden.**

Unter Berufung auf Röm 1,20 erklärt das I. Vatikanum deshalb: "Gott, der Ursprung und das Ziel aller Dinge, kann mit dem natürlichen Licht der menschlichen Vernunft aus den geschaffenen Dingen mit Gewißheit erkannt werden" (13).

Ein Gottesbegriff müßte nach dieser Lehre mit der Anerkennung unserer eigenen **Geschöpflichkeit** gegeben sein: Man begreift von Gott immer nur das von ihm Verschiedene, das auf ihn verweist. Gott selbst fällt dann unter keinen Begriff, sondern bleibt tatsächlich unbegreiflich. Man kann nur hinweisend über ihn reden. Aber gerade so würde es sich um vollkommen richtige Rede und um wahre Gotteserkenntnis handeln (man darf also nicht "Unbegreiflichkeit" mit "Unerkennbarkeit" verwechseln).

Wir müssen uns dabei jedoch der Frage stellen, ob es tatsächlich möglich ist, etwas als auf Gott hinweisend zu erkennen, ohne zuvor einen Begriff von Gott selbst zu haben, unter den er in seinem An-Sich fällt. Denn jeder Begriff, unter den Gott selbst fiele, soll ja mit der Behauptung von der "Unbegreiflichkeit" Gottes ausgeschlossen bleiben.

Im Folgenden soll zunächst dargestellt werden, was in der christlichen Botschaft unter der mit der natürlichen Vernunft zu erkennenden "Geschöpflichkeit" zu verstehen ist. Dieser Begriff stellt allerdings nur eine Abstraktion aus einem umfassenderen und dann in seiner Wahrheit nur noch dem Glauben zugänglichen Geschöpflichkeitsverständnis dar, in dem es um unser "In Christus"-Geschaffensein geht und von dem erst später bei der Erläuterung von "Wort Gottes" die Rede sein wird (I, 3.2.2). Erst in einem zweiten Schritt untersuchen wir, ob jene "Geschöpflichkeit" tatsächlich mit der natürlichen Vernunft erkannt und bewiesen werden kann. Das müßte der Fall sein, wenn "Geschöpflichkeit" mit der Existenz der Welt

---

und Nicht-Objektivierbare ist, bedeutet zunächst eigentlich eine 'unmögliche Aufgabe'. Anderseits muß der Mensch sich dieser Aufgabe unterziehen, weil die in seiner Existenz mitgesetzte Frage nach G., die zugleich auch die Fraglichkeit des menschlichen Daseins ausmacht, nicht durch Schweigen übergangen werden kann." Wie Unmöglichkeit und Möglichkeit vereinbar sein sollen, wird hier nicht gesagt.

13 DS 3004.

identisch ist. Sodann soll der sich daraus ergebende bloß hinweisende, also analoge Gottesbegriff noch näher entfaltet werden.

Unsere Überlegungen zum Begriff der "Geschöpflichkeit" werden sehr abstrakt erscheinen. Doch ist diese Abstraktheit sachgemäß. Denn Gemeinschaft mit Gott ist erst vom "Wort Gottes" zu erwarten. Natürliche Gotteserkenntnis dagegen reicht letztlich nur so weit, einzusehen, daß Gemeinschaft mit Gott durchaus keine triviale Selbstverständlichkeit ist. Natürliche Gotteserkenntnis läßt nur erfassen, daß Gott "in unzugänglichem Licht wohnt" und ihn "kein Mensch gesehen hat noch sehen kann" (1 Tim 6,16).

FRAGEN

1. In welchem Kontext ist die Bedeutung des Wortes "Gott" zu erläutern?
2. Folgt bereits aus der Rede von "Wort Gottes", daß es sich um tatsächliches "Wort Gottes" handelt?
3. Welches Problem für die Rede von "Gott" entsteht aus der traditionellen Behauptung, daß Gott "unbegreiflich" sei?
4. Warum genügt als Antwort auf dieses Problem nicht, daß man Gott nur "teilweise" begreifen könne?
5. Worin muß wahre Gotteserkenntnis bestehen, wenn dabei die Unbegreiflichkeit Gottes gewahrt bleiben soll?
6. Wie verhält sich natürliche Gotteserkenntnis zur Frage nach der Möglichkeit einer Gemeinschaft des Menschen mit Gott?

1.1 Der Begriff der "Geschöpflichkeit"

In der biblischen Tradition wird das Verhältnis aller weltlichen Wirklichkeit zu Gott als das einer schlechthinnigen und unüberbietbaren Abhängigkeit bestimmt. Dies ist nicht nur die Aussage der sogenannten "Schöpfungsberichte" (Gen 1,1 - 2,4a; 2,4b-25). Einprägsame Beispiele für die gleiche Denkweise, die im übrigen die ganze Bibel durchzieht, sind auch: Ps 139; Weish 13,1-9; Sir 43. Von besonderer Anschaulichkeit ist das Jesuswort Mt 10,29f: "Sind nicht zwei Sperlinge feil für ein paar Pfennige? Und dennoch fällt nicht einer von ihnen zur Erde ohne euren Vater. Bei euch aber sind sogar alle Haare eures Hauptes gezählt."

In biblischer Sicht umfaßt diese schlechthinnige Abhängigkeit nicht nur alles Schöne und Gute in der Welt, sondern auch Leid und Sinnlosigkeit: "Ich erschaffe das Licht und erschaffe das Dunkel, ich bewirke das Heil und bewirke das Unheil. Ich bin der Herr, der das alles vollbringt." (Jes 45,7) Selbst die frei gewollte Sünde und der Widerwille gegen Gott vermögen sich dieser unterschiedslos alles umfassenden, schlechthinnigen Abhängigkeit nicht zu entziehen: "Gott erbarmt sich, wessen er will; und er verhärtet, wen er will." (Röm 9,18; vgl. Jes 6,9f) So ist nach biblischem Verständnis überhaupt nur dann wirklich von Gott die Rede, wenn damit gemeint ist, daß schlechthin alles mit ihm zu tun hat. Eine solche schlechthinnige Abhängigkeit wäre ein Sachverhalt, der ausschließlich Gott gegenüber besteht (14).

In der theologischen Reflexion wird diese von der biblischen Tradition behauptete schlechthinnige Abhängigkeit mit dem Begriff des "Geschaffenseins aus dem Nichts" (vgl. 2 Makk 7,28) bezeichnet. Von überhaupt aller weltlichen Wirklichkeit gelte, sie sei "aus dem Nichts geschaffen" (15). Auch wenn gelegentlich nur von "Geschaffensein" die Rede ist, ist immer "aus dem Nichts Geschaffensein" gemeint.

Bereits der Ausdruck "aus dem Nichts" ist mit einer Verstehensschwierigkeit belastet. Bedeutet er, daß man sich einen der Schöpfung zeitlich vorausgehenden Zustand des "Nichts" vorstellen soll? Aber dies hieße, sich "nichts" vorzustellen. Wir können dieser Verstehensschwierigkeit jedoch dadurch entgehen, daß wir den Ausdruck "aus dem Nichts" durch den Ausdruck **"restlos"** ersetzen. Daß etwas "aus dem Nichts" oder "restlos" geschaffen sei, bedeutet dann: In allem, worin es sich vom Nichts unterscheidet, also schlechthin in jeder Hinsicht, in der es überhaupt ist, ist es geschaffen (16). "Restlos" meint dabei die ganze konkrete Eigenwirklichkeit der jeweiligen Sache. Könnte man das Geschaffensein einer Sache wegstreichen, bliebe von ihr selber nichts mehr übrig.

Aber auch der Ausdruck "Geschaffensein" bietet noch immer Verstehensschwierigkeiten. Gewöhnlich verbindet man mit ihm die Vorstellung von einem "Hergestellt-" oder "Hervorgebrachtwerden" (17) oder gar von einem "Hervorgehen aus ..." oder einem "Herausfließen" (18). Oder man meint, von einer "Wirkung", dem Geschaffenen,

---

14   In der hebräischen Bibel ist allein Gott Subjekt des Verbs "bara' [schaffen]" in seiner aktiven Bedeutung. Vgl. **Gerhard Lisowski**, Konkordanz zum hebräischen Alten Testament, Stuttgart ²1958, 280.

15   Vgl. IV. Laterankonzil (1215), DS 800; Konzil von Florenz (1442), DS 1333; I. Vatikanum (1870), DS 3025.

16   Das I. Vatikanum erläutert den Ausdruck "aus dem Nichts" durch "seiner ganzen Wirklichkeit nach [secundum totam suam substantiam]": DS 3025.

17   Vgl. **Thomas v. Aquin**, S. th. I q65 a4 c: "Schöpfung ist das Hervorbringen [productio] einer Sache ihrer ganzen Wirklichkeit nach."

18   Vgl. ebd. I q45 a1 c: "Das Hervorgehen [emanatio] des ganzen Seienden von einer umfassenden Ursache, die Gott ist, [...] bezeichnen wir mit dem Namen 'Schöpfung'." - Sehr ausgeprägt findet sich eine solche Vorstellung bei **Heinrich Beck**, Der Akt-Charakter des Seins - Eine spekulative Weiterführung der Seinslehre Thomas v. Aquins aus einer Anregung durch das dialektische Prinzip Hegels, München 1965, 267: "Nachdem das Endliche ideell in Gott hervorgetreten ist (und Gott sich frei zur Schöpfung entschlossen hat), 'zieht' Gott aus dem unendlichen Meer seiner personalen Realität eine gewisse endliche Fülle heraus und durch die ideelle Vorprägung des endlichen Seins (als deren innere Möglichkeit) hindurch und 'schiebt' sie im Fortgang zur Bonität 'wirkursächlich' aus sich heraus und macht sie in sich selbst notwendig (in ihrer nun endlichen Ge-

auf dessen "Ursache", schließen zu können (19). Doch alle derartigen Vorstellungen sind unzureichend (20). Strenggenommen setzen sie voraus, man könne mit dem Denken Gott und Welt übergreifen. Dann bleibt aber die Unbegreiflichkeit Gottes, die in der Tradition immer gelehrt worden ist, nicht wirklich gewahrt.

Eine andere Verstehensschwierigkeit für den Begriff des Geschaffenseins rührt daher, daß man ihn häufig mit der Vorstellung von einem "Urknall" verbindet. Jedenfalls schränkt man den Schöpfungsbegriff auf den Anfang der Welt ein (21). Er ist dann durch den Begriff der "Erhaltung" zu ergänzen. Für sich allein reicht dieser eingeschränkte Schöpfungsbegriff nicht mehr aus, um eine schlechthinnige Abhängigkeit des Geschaffenen von Gott auszusagen, die alle Zeitmomente mitumfaßt. Deshalb ist die Bildung eines solchen eingeschränkten Schöpfungsbegriffs nicht sachgemäß.

Wir versuchen im Folgenden, dem biblischen Schöpfungsverständnis durch eine radikalere Begriffsbestimmung gerecht zu werden. Und zwar verstehen wir "Geschaffensein" als ein restloses Bezogensein auf ein solches anderes, das allein durch die Restlosigkeit des Bezogenseins auf es überhaupt bestimmt werden kann. "Geschaffensein" bedeutet also ein **"restloses Bezogensein auf ... / in restloser Verschiedenheit von ..."**. Das Woraufhin dieser Beziehung nennen wir "Gott": Er ist also der, **"ohne den nichts ist"**. In diesem Sinn unseres "Geschaffenseins aus dem Nichts" wirkt Gott nicht nur alles, sondern auch alles allein. Diese Begriffsbestimmung von "Geschaffensein aus dem Nichts", die für das Verständnis aller Glaubensaussagen entscheidend ist, bedarf einer ausführlicheren Erläuterung.

Allgemein bedeutet "Bezogensein auf ... / in Verschiedenheit von ..." die Weise, wie eine Wirklichkeit mit einer von ihr verschieden bleibenden anderen verbunden ist (22).

Zunächst ist denkbar, daß zwei Wirklichkeiten dadurch miteinander verbunden sind, daß sie zumindest partiell miteinander identisch sind, sozusagen einander überschneiden:

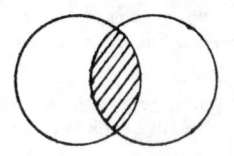

---

stalt)." Wie bleibt in solcher Rede die Unbegreiflichkeit Gottes gewahrt?

19 Vgl. Thomas v. Aquin, S. th. I q2 a2 c.

20 Vgl. bereits **Antonin D. Sertillanges**, L'idée de création et ses retentissements en philosophie, Paris 1945, 43-46.

21 Vgl. **Thomas v. Aquin**, S. th. I q45 a3 ad3: "Es ist nicht notwendig zu sagen, das Geschaffene werde, solange es ist, geschaffen; denn Geschaffenwerden meint beim Verhältnis des Geschaffenen zum Schöpfer eine gewisse Neuheit oder einen Beginn."

Das wäre das Modell einer Zusammengehörigkeit, für deren Beschreibung man ohne den Relationsbegriff auskäme. Sobald es aber um eine Einheit voneinander gänzlich verschieden bleibender Wirklichkeiten gehen soll, muß dafür der Begriff des "Bezogenseins", der "Relation" eingeführt werden. Zum Beispiel drückt das Wort "mein", für eine vom "Ich" verschiedene Sache gebraucht, das Bezogensein dieser Sache auf das "Ich" aus. Ohne das "Ich" gibt es kein "mein". Das Bezogensein ist also dadurch definiert, daß es ohne sein Woraufhin nicht sein kann (23). Damit ist nicht notwendig eine Bewegung oder ein Streben auf ein Ziel hin gemeint.

"Verschiedenheit" zweier Wirklichkeiten besagt, daß die eine nicht die andere ist, daß man sie also nicht miteinander identifizieren kann. Voneinander verschiedene Wirklichkeiten können nur durch ein Bezogensein aufeinander eine Einheit bilden. Der Begriff der "Einheit" darf dabei nicht mit dem der Identität verwechselt

---

22 **Aristoteles**, Kategorien, c. 7, 8a, 31f, definiert "Relation" als "dasjenige, dessen Sein damit identisch ist, daß es sich irgendwie zu etwas verhält".

23 In scholastischer Ausdrucksweise: Wir verstehen den Begriff des "Bezogenseins [esse ad ...; relatio]" so, daß das Bezogensein als solches durch sein Woraufhin [terminus ad quem] konstituiert wird. "Real" ist eine Beziehung dann, wenn ihr Woraufhin als solches real ist; es genügt also nicht, daß das Woraufhin der Beziehung unter anderer Hinsicht real ist, aber als Woraufhin nur gedacht wird. Nur "begrifflich [relatio rationis]" ist eine Relation, wenn ihr Woraufhin als solches nur gedacht ist. Eine bloß begriffliche Beziehung ist jedoch dann "real begründet [relatio rationis cum fundamento in re]", wenn ihr eine reale Beziehung wenigstens in der umgekehrten Richtung zugrunde liegt. Bei dem so bestimmten Relationsbegriff bleibt es offen, in welchem Verhältnis eine Relation zu ihrem Träger [terminus a quo] und zu ihrem Woraufhin [terminus ad quem] steht. Es ist nicht ausgeschlossen, daß sie teilweise oder ganz mit ihrem Träger in eins fällt; letzteres wäre bei einem "restlosen Bezogensein" gegeben. Und im Fall eines "Bezogenseins auf ..." ohne "Verschiedenheit von ..." wäre die Relation mit ihrem Woraufhin identisch; ein Beispiel dafür ist das Selbstbewußtsein als Beziehung einer Wirklichkeit auf sich selbst. - Die Möglichkeit solcher scholastischen Ausdrucksweise sollte nicht darüber hinwegtäuschen, daß der hier vorgelegte Relationsbegriff ein völlig anderer als der von **Thomas v. Aquin** ist (vgl. insbesondere S. th. I q 28 a1 c). Für Thomas setzt eine Relation nichts in ihrem Subjekt. Er schließt die Möglichkeit einer realen Relation einer Wirklichkeit auf sich selbst aus (ebd. I q42 a1 ad4). Die Relation des Geschaffenen auf Gott scheint er als zum Sein des Geschaffenen wie ein Akzidens hinzukommend zu verstehen (ebd. I q45 a3 ad3). Für ihn ist noch in der Trinitätslehre die Relation das "geringste Seiende [ens minimum]" (1 Sent. d26 q2 a2 ad2). Nach **A. Krempel**, La doctrine de la relation chez saint Thomas - Exposé historique et systématique, Paris 1952, kennt Thomas überhaupt keine transzendentale Relation. Auch **Antonin D. Sertillanges**, o. c. (Anm. 20), 47, meint im Anschluß an Thomas, die Relation des Geschaffenen auf Gott müsse zum Geschaffenen hinzukommen.

werden. Er bedeutet das Zusammengehören von Wirklichkeiten, die voneinander verschieden bleiben:

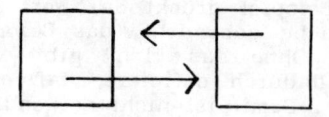

Eine "Einheit" im Sinn von wenigstens materialer "Identität" besteht allenfalls zwischen dem unmittelbaren Träger einer Beziehung und dieser selbst (24).

An sich ist "Bezogensein auf ..." auch ohne reale "Verschiedenheit von ..." möglich. Es handelt sich dann um das Bezogensein einer Wirklichkeit auf sich selbst, wie es etwa im Selbstbewußtsein gegeben ist. Als Bewußtsein "von einem Ich" oder "von sich selbst" hat es die Struktur eines Bezogenseins auf dieses "Ich" oder auf "sich selbst". Es ist aber gleichzeitig mit dem Woraufhin des Bezogenseins identisch (25):

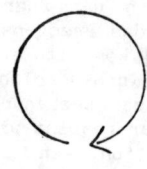

Umgekehrt ist auch eine solche Verschiedenheit zweier Wirklichkeiten möglich, daß sie, wenigstens unter bestimmter Hinsicht, nichts miteinander zu tun haben und somit in keinem Bezug zueinander stehen:

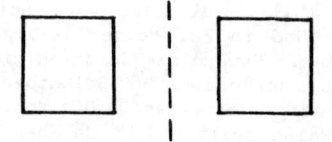

---

24 Ich halte es für fraglich, ob der Unterschied zwischen diesen beiden Begriffen von "Einheit" mit dem Begriffsinstrumentar Hegelscher Philosophie logisch befriedigend aussagbar ist; vgl. **Georg Wilhelm Friedrich Hegel,** Enzyklopädie der philosophischen Wissenschaften, in: **ders.,** Sämtliche Werke, Jubiläumsausgabe in zwanzig Bänden, hrsg. v. Hermann Glockner, Band VI, Stuttgart 1927, 69-76.

25 Es kann in diesem Zusammenhang davon abgesehen werden, daß die wissende Selbstbeziehung, die in der Reflexion vorliegt, kein Grundsachverhalt ist. Sie scheint ein "selbstloses Bewußtsein von

In unserem Begriff des "Bezogenseins auf ... / in Verschiedenheit von ..." ist jedoch das "Bezogensein auf ..." von vornherein als von dem Woraufhin der Beziehung verschieden gedacht: Das eine ist nicht das andere, aber beide gehören doch zusammen. Alltagssprachlich wird ein solches Zusammengehören voneinander verschiedener Wirklichkeiten gewöhnlich mit dem Wort "Haben" ausgedrückt. Jemand "hat" einen Freund, oder er "hat" einen Gedanken, aber er ist weder mit seinem Freund noch mit seinem Gedanken identisch.

Gegenüber dem bisher erläuterten allgemeinen Begriff des Bezogenseins auf ... / in Verschiedenheit von ..." bedeutet nun Geschöpflichkeit ein "**restloses** Bezogensein auf ... / in **restloser** Verschiedenheit von ...". Mit "restlos" ist dabei die jeweilige ganze konkrete Wirklichkeit dessen gemeint, was als geschaffen behauptet wird. Man muß also von dieser konkreten Wirklichkeit selber ausgehen. Durch seine "Restlosigkeit" ist dieses Bezogensein von allen anderen Weisen der Beziehung unterschieden und in sich bestimmt. Das Bezogensein kommt hier also nicht zu seinem Träger nur hinzu:

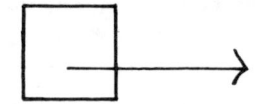

Dieser geht vielmehr selbst völlig in dem Bezogensein auf:

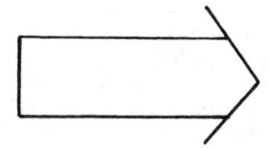

Könnte man in diesem Fall das Bezogensein aufheben, dann bliebe auch von seinem Träger nichts mehr übrig (26).

Selbst" vorauszusetzen, so daß man von einem letzten Sich-selbst-Entzogensein des Menschen sprechen muß; vgl. **Dieter Henrich**, Selbstbewußtsein - Kritische Einleitung in eine Theorie, in: Hermeneutik und Dialektik I, hrsg. v. Rüdiger Bubner u. a., Tübingen 1970, 257-284. Geschöpfliches Selbstbewußtsein kann kein schlechthinniges sein.

26   Scholastisch gesprochen wäre Geschöpflichkeit nicht nur eine bloße "transzendentale Relation", wie sie zwischen Seinsprinzipien [entia quibus]" wie Akt und Potenz besteht. Denn solche Seinsprinzipien sind zwar jeweils mit ihrer Relation auf das Komplementärprinzip material identisch, gehen aber nicht restlos in dieser Relation auf. Geschöpflichkeit wäre vielmehr geradezu als "relatio subsistens" zu bezeichnen. - **Thomas v. Aquin** hat gemeint, der Begriff der "relatio subsistens" könne nur in der Trinitätslehre vorkommen (vgl. S. th. I q39 a1 ad1). Das Anliegen, das er mit dieser Auffas-

Gleichzeitig bleibt aber dieses "restlose Bezogensein auf ..." restlos von dem Woraufhin der Beziehung verschieden:

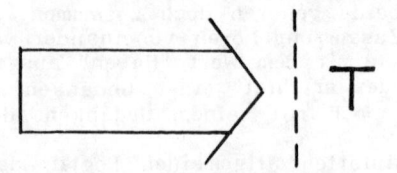

⟹   T

"Restlose Verschiedenheit von ..." besagt, daß in keiner Hinsicht eine Identität des sich Beziehenden mit dem Woraufhin der Beziehung besteht. In keiner Hinsicht kann gesagt werden, daß das eine das andere sei.

"Geschöpflichkeit" ist also ein solches Bezogensein, das gerade als restloses nicht im Gegensatz dazu steht, daß die sich beziehende Wirklichkeit restlos vom Woraufhin der Beziehung verschieden bleibt. Aber gerade als vom Woraufhin der Beziehung restlos verschieden bleibende Wirklichkeit kann das sich Beziehende schlechthin nicht

---

sung vertritt, wird weiter unten in den Ausführungen zur Trinitätslehre (2.2.1) auf andere Weise zu wahren sein. - Helmut Ogiermann, Sein zu Gott - Die philosophische Gottesfrage, München-Salzburg 1974, 212, wendet ein, das Sein der Welt könne nicht in ihrer Relation zu Gott aufgehen: "Jede reale Relation (das 'esse ad') verlangt etwas, worin sie ist, etwas, was sie als seiend konstituiert (ein 'esse in'); und dieses sie gleichsam Habende, Tragende, muß im Falle der geschaffenen Welt das der Welt eigene Sein sein, sonst wäre es das göttliche (die Welt hätte als Relation zu Gott ihr formelles Insein im göttlichen Sein), was man sicherlich nicht wahrhaben möchte." Ich sehe jedoch die Relation des Geschaffenen auf Gott als mit ihrem Träger, dem Geschaffenen, völlig identisch an. Diese Auffassung findet sich im Ansatz bereits bei **Duns Scotus**, Ordinatio 2 d2 n261 (Opera omnia, ed. C. Balić, Band VII, Vatikanstadt 1973, 129): "Dasjenige, von dem gilt, daß es im eigentlichen Sinn einem anderen so innewohnt, daß dieses ohne es nicht widerspruchsfrei sein kann, ist mit ihm real identisch. Die Relation auf Gott ist aber im eigentlichen Sinn im Stein, und er kann ohne sie nicht widerspruchsfrei sein. Deshalb ist diese Relation mit dem Stein real identisch." - Es geht hier um den Gegensatz zwischen der in der abendländischen Denktradition vorherrschenden "Substanzmetaphysik" und einer "relationalen Ontologie". Substanzmetaphysik sieht das substanzhafte In-sich-Sein als die grundlegende Wirklichkeit an und kann Relation nur als der Substanz nachgeordnet und auf ihr aufbauend, als bloße Funktion der Substanz, denken. In einer relationalen Ontologie dagegen wird von der Möglichkeit einer sogar der Substanz noch vorgeordneten Relation ausgegangen: Der Welt und allem einzelnen Seienden in ihr kommt Eigenwirklichkeit und In-sich-Sein nur aufgrund ihres Bezogenseins auf Gott zu, und nicht umgekehrt. Damit ist auch auf den Einwand geantwortet, den **Christopher Frey** in seiner Rezension in: EK 12 (1979) 426f erhebt, ich gebrauche einen überzogenen Beziehungsbegriff, der in die Nähe des bloß funktionalen Denkens unserer Zeit rücke.

ohne sein Woraufhin sein (27). Das "restlose Bezogensein auf ..." und das "restlose Verschiedensein von ..." sind untereinander keine Gegensätze, als würde etwa durch das "restlose Bezogensein auf ..." das "restlose Verschiedensein von ..." abgeschwächt oder gar aufgehoben (28).

Bereits im voraus zu einem Beweis der so verstandenen Geschöpflichkeit seien einige Aspekte entfaltet, die in ihrem Begriff mitgegeben sind. Als "restloses Bezogensein auf ... / in restloser Verschiedenheit von ..." umfaßt Geschöpflichkeit **alle** weltliche Wirklichkeit. Und es handelt sich um ein **unmittelbares** und **einseitiges** Bezogensein.

Ist auch nur eine Wirklichkeit in der Welt geschöpflich, dann auch alle anderen Wirklichkeiten, mit denen sie in Beziehungen steht, in denen sie nicht restlos aufgeht. Denn anderenfalls ginge auch jene einzelne Wirklichkeit nicht restlos in ihrem Bezogensein auf; ihre Beziehungen zu anderen Wirklichkeiten wären davon ausgenommen. Ist also irgendeine Wirklichkeit in der Welt geschöpflich, dann alles andere in der Welt auch. Ist ein Teil geschaffen, dann auch das Ganze, von dem es ein Teil ist. Wenn also ein Beweis der Geschöpflichkeit wird geführt werden können, dann wird er zugleich von jeder einzelnen weltlichen Wirklichkeit und von allen zusammen gelten müssen.

Ein "restloses Bezogensein auf ... / in restloser Verschiedenheit von ..." bedeutet weiter ein unmittelbares Bezogensein. Weltliche Wirklichkeiten mögen untereinander in den verschiedensten Weisen zusammenhängen. Aber einzeln und zusammen gehen sie in einem restlosen Bezogensein auf. Es gibt zwischen ihnen und dem Worauf-

---

27 Nach **Karl Rahner**, Schriften zur Theologie I, Einsiedeln-Zürich-Köln ³1958, 183, ist dies eine wenigstens faktisch von keiner außerchristlichen Philosophie erreichte Grundeinsicht in den Schöpfungsbegriff: "Die radikale Abhängigkeit von ihm [Gott] wächst nicht in umgekehrter, sondern in gleicher Proportion mit einem wahrhaftigen Selbstand vor ihm." Wenn man diesen Ansatz zu Ende denkt, wird man den Selbstand des Geschöpfes und seine Abhängigkeit von Gott miteinander identifizieren.

28 **Raymund Schwager** wendet in seiner Rezension in: ZKTh 100 (1978) 646 -650 ein, "restloses Bezogensein" müsse restlose Identität mit dem Woraufhin des Bezogenseins bedeuten; der Begriff eines "restlosen Bezogenseins auf ... / in restloser Verschiedenheit von ..." sei also in sich widersprüchlich (647). Der Einwand setzt zu Unrecht voraus, eine Einheit von Verschiedenem könne nur in zumindest partieller Identität bestehen und dies sei mit dem Begriff des Bezogenseins gemeint. Oben wurde jedoch der Begriff des Bezogenseins in einer ganz anderen Bedeutung eingeführt, nämlich um das Zusammengehören von überhaupt nicht miteinander identischen Wirklichkeiten zu beschreiben. Auch wenn Schwager unter Berufung auf Kant einwendet, daß sich Schöpfung und geschaffene Freiheit nicht zusammendenken lassen, ist übersehen, daß wir den Schöpfungsbegriff anders als Kant eingeführt haben, nämlich als einseitige Relation des Geschaffenen auf Gott.

hin ihres restlosen Bezogenseins keine Zwischenglieder (29). Geschöpflichkeit besteht ausschließlich Gott gegenüber. Man kann höchstens sagen, daß die einzelnen Wirklichkeiten in der Welt neben ihrer unmittelbaren Abhängigkeit auch noch einmal aufgrund ihrer Beziehungen zu anderen Wirklichkeiten mittelbar von dem Woraufhin ihres restlosen Bezogenseins abhängen.

Ein "restloses Bezogensein auf ... / in restloser Verschiedenheit von ..." ist ferner bereits seinem Begriff nach ein nur einseitiges Bezogensein. Denn wenn eine Wirklichkeit in ihrem Bezogensein auf ein von ihr verschiedenes Woraufhin vollkommen aufgeht, kann sie nicht darüber hinaus das bestimmende Woraufhin einer Beziehung jenes anderen auf sie sein. Denn dies stünde im Widerspruch zur Restlosigkeit des Bezogenseins (30).

---

29 Obwohl **Thomas v. Aquin** in seiner "via secunda" eines Gottesbeweises (S. th. I q2 a3) das entgegengesetzte Mißverständnis nicht ausdrücklich ausschließt, ist auch er selbstverständlich davon überzeugt, daß kein Geschöpf ein anderes aus dem Nichts schaffen kann (ebd. I q45 a5). - **Hermann Volk**, Art. "Schöpfung. III. Systematisch", HThG II, 508f, wendet sich gegen das "in mancher Hinsicht naive Weltbild des alt- und neutestamentlichen Frommen, welcher die Welt ohne viele kreatürliche Zwischenursachen vielfach in unmittelbarer Abhängigkeit von Gott dachte". Gemeint ist dabei wohl eine unmittelbare Abhängigkeit ähnlicher Art, wie sie zwischen weltlichen Sachverhalten untereinander bestehen kann. Die Abhängigkeit von Gott unterscheidet sich aber davon nicht durch Mittelbarkeit, sondern durch ihre Restlosigkeit.

30 **Helmut Ogiermann**, o. c. (Anm. 26), 212, argumentiert gegen meine Auffassung von der Einseitigkeit der Relation des Geschaffenen auf Gott: "Wenn man aber reale Relation einfach dadurch definiert, daß ihr terminus real ist, dann läßt sich nicht gut begreifen, warum Gott keine reale Relation zur Welt haben könne, denn die Welt besitzt Eigensein und Eigenwirken, gerade das ist ihr geschenkt." Es genügt aber nach meiner Begriffsbestimmung der Relation nicht, daß die Welt real sei, um sie auch **als** Terminus einer Beziehung Gottes auf sie real sein zu lassen (s. o. Anm. 23). Dazu wäre es notwendig, daß die angebliche Beziehung Gottes auf die Welt durch die Welt als Terminus konstituiert wird. Dies ist aber aufgrund der Restlosigkeit der Relation der Welt auf Gott ausgeschlossen. - Für die Denkmöglichkeit einer realen Beziehung Gottes auf die Welt plädiert auch **Walter Kern**, Art. "Gott-Welt-Verhältnis", SM(D) II, 525: Er möchte eine solche reale Relation Gottes auf die Welt annehmen, daß die Wirklichkeit der Welt "sich nur konsekutiv - nicht konstitutiv - zu der wirklichen Beziehung Gottes zur (so!) wirklichen Welt verhält". Aber fordert nicht der Begriff der Beziehung, daß sie durch ihren Terminus konstituiert wird? Und wie bleibt bei dieser Vorstellung die Unbegreiflichkeit Gottes gewahrt? Ich vermag für diese "Denkmöglichkeit" keine hermeneutische Grundlage zu sehen. Wenn man sich von der Vorstellung nicht lösen kann oder will, daß der Relation der Welt auf Gott eine reale Relation Gottes auf die Welt zu entsprechen habe, wird man sich fragen lassen müssen, ob diese Relation Gottes auf die Welt geschaffen oder ungeschaffen sein soll. Im ersten Fall wäre diese Relation selber bereits Welt und wäre damit das von Gott restlos Verschiedene und gerade nicht

Diesem Gesichtspunkt der Einseitigkeit der realen Relation des Geschaffenen auf Gott kommt für unsere spätere Frage nach der Verstehbarkeit von "Wort Gottes" entscheidende Bedeutung zu. Auf den ersten Blick handelt es sich jedoch um den größten Einwand gegen die Rede von einem "Wort Gottes", das ja eine reale Relation Gottes auf die Welt besagen würde. Wer an der Verstehbarkeit der Rede von "Wort Gottes" interessiert ist, könnte deshalb versucht sein, den Einwand von vornherein abzuweisen, ohne überhaupt auf ihn einzugehen. Unsere spätere Untersuchung wird jedoch zeigen, daß gerade durch eine solche Tabuisierung ein sachgemäßes Verständnis von "Wort Gottes" verhindert würde.

Durch die Restlosigkeit und damit Einseitigkeit des Bezogenseins unterscheidet sich Geschöpflichkeit von jeder bloß innerweltlichen Beziehung geschaffener Wirklichkeiten untereinander. Die Beziehungen geschaffener Wirklichkeiten untereinander sind niemals restlos mit diesen Wirklichkeiten selbst identisch. Deshalb bedeuten diese Beziehungen immer eine wechselseitige Abhängigkeit. Die Beziehung der Welt auf Gott ist jedoch eine schlechthinnige und eben deshalb einseitige Abhängigkeit (31). Dagegen würde die Vorstellung von einer Wechselwirkung zwischen Gott und Welt Gott zu einem Bestandteil eines übergreifenden Gesamtsystems machen und dadurch mit einem Stück Weltwirklichkeit verwechseln.

Wo Dinge in Wechselwirkung stehen, wie dies innerweltlich grundsätzlich der Fall ist, sind sie jeweils um so weniger eigen-

---

ein Bezogensein Gottes. Im zweiten Fall wäre diese Relation Gott selbst. Dann ist aber eine darüber hinausgehende übernatürliche Gemeinschaft mit Gott, um die es doch in der christlichen Botschaft geht, nicht mehr sinnvoll aussagbar.

31 Besonders klar ist dies herausgearbeitet worden von **Friedrich Schleiermacher**, Der christliche Glaube nach den Grundsätzen der evangelischen Kirche im Zusammenhange dargestellt, I, Berlin ²1830, § 4 (in der Ausgabe von Martin Redeker, I, Berlin 1960, 23-34). Er versteht unter "Welt" den Bereich der Wechselwirkung des jeweiligen Subjekts mit den mitgesetzten anderen, so daß Freiheits- und Abhängigkeitserfahrung sich gegenseitig beschränken. Für beides ist jedoch nach Schleiermacher eine schlechthinnige Abhängigkeit im Sein die Möglichkeitsbedingung. Vgl. auch **Gerhard Ebeling**, Schlechthinniges Abhängigkeitsgefühl als Gottesbewußtsein, in: **ders.**, Wort und Glaube III, Tübingen 1975, 116-134. - **Waldemar Molinski** wendet in seiner Rezension in: ThPh 54 (1979) 108-111 ein, der Begriff einer "schlechthinnigen Abhängigkeit" bringe zum Begriff eines "restlosen Bezogenseins auf ... / in restloser Verschiedenheit von ..." noch das besondere Moment einer "Kausalität" oder "Begründung" hinzu, stelle also eine nähere Spezifizierung dar (109). Darauf ist zu antworten, daß von Gott als "Ursache" oder "Grund" alles Wirklichen legitim nur so die Rede sein kann, daß dies völlig gleichbedeutend mit der Anerkennung unseres "restlosen Bezogenseins auf ... / in restloser Verschiedenheit von ..." ist und nichts darüber hinaus besagt. Denn es handelt sich um eine Relation, die als "restlose" per definitionem bereits voll spezifiziert ist und keine weiteren Determinierungen zuläßt. Es kann nicht bei ein und derselben Wirklichkeit verschiedene Weisen restlosen Bezogenseins geben.

ständig, je mehr sie von anderen abhängig sind, und umgekehrt. Sie können dabei aber nie ihre Eigenständigkeit ganz verlieren noch anderseits überhaupt ohne Abhängigkeit sein. In innerweltlichen Verhältnissen sind also Eigenständigkeit und Abhängigkeit einander umgekehrt proportional, aber keines von beiden kann ganz ohne das andere sein. Bei der restlosen und einseitigen Beziehung der Welt auf Gott, die wir Geschöpflichkeit nennen, ist es dagegen paradoxerweise die geschöpfliche Eigenständigkeit selbst, die restlos abhängig ist. Sie ist also der Abhängigkeit nicht umgekehrt, sondern direkt proportional. Je gefüllter die restlose Abhängigkeit eines Geschöpfes von Gott ist, um so größere Eigenständigkeit kommt diesem Geschöpf zu. Ein Mensch ist ungleich eigenständiger als ein Stein. Die Abhängigkeit von Gott beraubt das Geschöpf nicht seiner Eigenständigkeit, sondern verleiht ihm diese überhaupt erst.

Auf Grund des bisher erläuterten Begriffs von Geschöpflichkeit wäre Gott, sollte solche Geschöpflichkeit als real bestehend beweisbar sein, als der zu bestimmen, in Bezogensein auf den alle weltliche Wirklichkeit restlos aufgeht. In einem solchen Gottesbegriff begreift man von Gott immer nur das von ihm Verschiedene, das in seiner ganzen Eigenwirklichkeit restlos auf ihn verweist (32). Wir wissen nicht erst, wer Gott ist, um danach sagen zu können, daß er es sei, der auch die Welt geschaffen habe. Denn dann müßte man einen Begriff von Gott in seinem An-Sich besitzen, und er wäre nicht mehr unbegreiflich. Wenn also Geschöpflichkeit "restloses Bezogensein auf .../ in restloser Verschiedenheit von ..." ist, dann ist Gott das nur durch die Restlosigkeit der Beziehung bestimmbare Woraufhin dieser Beziehung (33).

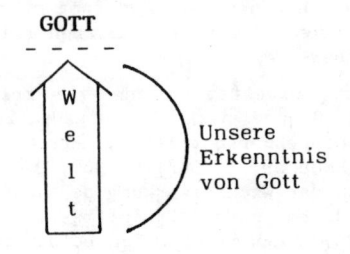

GOTT

```
  ┌ ─ ─ ┐
  │  W  │
  │  e  │  ) Unsere
  │  l  │    Erkenntnis
  │  t  │    von Gott
  └─────┘
```

---

32 Vgl. ähnlich auch **Thomas v. Aquin**, S. c. g. I, 30: "Wir können nämlich von Gott nicht begreifen, was er ist, sondern was er nicht ist und wie anderes sich auf ihn bezieht."

33 Auch zu diesem sprachanalytischen Neuansatz vgl. bereits **Friedrich Schleiermacher**, o. c. (Anm. 31). In den von Redeker in der Neuausgabe veröffentlichten Marginalien Schleiermachers zu seinem Handexemplar der zweiten Auflage heißt es: "Das Wort 'Gott' wird hier dargestellt als in unserem Sprachgebiet [der Theologie] nichts anderes bedeutend, als das in dem ursprünglichen, schlechthinnigen Abhängigkeitsgefühl Mitgesetzte. Danach müssen sich auch alle näheren Bestimmungen erst hieraus entwickeln. [...] Die gewöhnliche Ansicht ist die umgekehrte, daß das Abhängigkeitsgefühl erst entstehe aus dem anderwärts her gegebenen Wissen um Gott. Dies ist aber falsch" (28f).

In einem solchen Gottesbegriff, der in der Anerkennung unserer Geschöpflichkeit besteht, bleibt die Unbegreiflichkeit Gottes voll gewahrt. Dennoch wird es möglich, über die Bedeutung des Wortes "Gott" genaue Rechenschaft zu geben.

Wenn Gott als der zu bestimmen ist, **"ohne den nichts ist"**, dann heißt das, daß man von der geschichtlich erfahrenen, wirklichen Welt ausgehen muß, um überhaupt von Gott reden zu können. Man kann nicht umgekehrt aus der Rede von Gott irgendwelche neuen Aussagen über die Welt ableiten. Deshalb wird in diesem Verständnis von Geschöpflichkeit die naturwissenschaftliche Erforschung der Welt vollkommen freigesetzt. Zum Beispiel braucht man sich nicht aus theologischen Gründen der Evolutionslehre zu verschließen, sondern auch die Evolution fiele unter den Begriff der Geschöpflichkeit. Und die biblischen Schöpfungsberichte (Gen 1,1 - 2,4a; 2,4b-25) lassen sich wieder ganz wörtlich verstehen. Wir könnten heute ebensolche Berichte schreiben, indem wir alles das aufzählten, was in unserer Erfahrung vorkommt, und es auf seine Abhängigkeit von Gott zurückführten (34).

FRAGEN

1. Wie wird in der biblischen Tradition das Verhältnis aller weltlichen Wirklichkeit zu Gott aufgefaßt?
2. Was bedeutet "Geschaffensein aus dem Nichts"? Was bedeutet es, wenn nur von "Geschaffensein" die Rede ist? Durch welche andere Formulierung kann "aus dem Nichts" wiedergegeben werden?
3. Warum sind Vorstellungen von Schöpfung im Sinn von Hergestelltwerden oder Herausfließen oder Bewirktwerden fragwürdig?
4. Warum ist es unsachgemäß, den Begriff des Geschaffenwerdens auf die Entstehung einer Wirklichkeit einzuschränken?
5. Durch welchen Begriff läßt sich Geschöpflichkeit am radikalsten aussagen?
6. Aus welchem Sachverhalt in der Erfahrung wird der Begriff des "Bezogenseins auf ... / in Verschiedenheit von ..." gewonnen?
7. Wodurch unterscheidet sich das Bezogensein weltlicher Wirklichkeiten aufeinander in ihrer Verschiedenheit voneinander von ihrem Bezogensein auf Gott in Verschiedenheit von ihm? Wie läßt sich dann das Wort "Gott" definieren, ohne daß es in der Definition selbst wiederkehrt?
8. Warum umfaßt Geschöpflichkeit alle weltliche Wirklichkeit, und warum ist sie als unmittelbares und einseitiges Bezogensein zu verstehen?
9. Inwiefern stellt die Rede von der Einseitigkeit des Bezogenseins der Welt auf Gott zunächst einen Einwand gegen die Rede von einem "Wort Gottes" dar?
10. Wie bleibt in dem aus der Anerkennung unserer eigenen Geschöpflichkeit gewonnenen Gottesbegriff die Unbegreiflichkeit Gottes gewahrt?

---

34 Vgl. **Hans Lubsczyk,** Wortschöpfung und Tatschöpfung, in: BiLe 6 (1965) 191-206.

1.2 Aufweis der Geschöpflichkeit

Bisher haben wir nur die Bedeutung des Begriffs "Geschöpflichkeit" in der biblischen Tradition erläutert. Nun ist zu fragen, ob die so verstandene Geschöpflichkeit jeder weltlichen Wirklichkeit als real bestehend in philosophischer Argumentation nachweisbar ist. Ist alle weltliche Wirklichkeit ein "restloses Bezogensein auf ... / in restloser Verschiedenheit von ..."?

Wir sagen ausdrücklich "die so verstandene Geschöpflichkeit". Denn ihr Sinn unterscheidet sich nach der bisherigen Darlegung fundamental von den ungenügenden Vorstellungen, die man gewöhnlich mit diesem Begriff verbindet. Man darf nicht im nachhinein in diese gewohnten, aber falschen Vorstellungen zurückverfallen. Darin bestünde das Haupthindernis für das Verständnis unseres Beweises. Unser Gottesbeweis durch den Beweis unserer Geschöpflichkeit führt nicht zu jenem sogenannten "höchsten Wesen", das, einem Riesenengel vergleichbar, nur ein ins Unendliche projiziertes Stück Welt ist, aber nichts mit dem Gott der biblischen Tradition zu tun hat. Es sei auch ausdrücklich beansprucht, daß Geschöpflichkeit wirklich im strengen Sinn bewiesen werden kann, was jedoch nicht im Sinn einer Immunisierung gegen Rückfragen gemeint ist. Unser Beweis unterscheidet sich grundlegend, wie noch gezeigt werden soll, von allen traditionellen Gottesbeweisen. Er setzt bereits beim Problem des Vorverständnisses von Wirklichkeit ein. Geschöpflichkeit soll im Folgenden dadurch als real bestehend nachgewiesen werden, daß ihre Leugnung, nämlich die Behauptung, die Welt sei nicht geschaffen, als in sich widersprüchlich aufgewiesen wird. Wir versuchen also zu zeigen, daß in jeder Anerkennung weltlicher Wirklichkeit die Anerkennung ihrer Geschöpflichkeit logisch enthalten ist (35).

Diesen folgenden Überlegungen kommt ein hoher Schwierigkeitsgrad zu. Zum Glauben an das "Wort Gottes" wird es nicht notwendig sein, den Beweis der Geschöpflichkeit positiv nachvollziehen zu können; sonst hätte ja bisher niemand glauben können. An sich genügt es, daß man die Behauptung der Geschöpflichkeit, wie sie bereits

---

35 Wenn ein solcher Beweis gelingt, fällt er nicht unter das "Münchhausen-Trilemma", das **Hans Albert**, o. c. (Anm. 12), 13, gegen die verschiedenen Formen eines Begründungsdenkens einwendet. Es entsteht weder ein infiniter Regreß noch ein logischer Zirkel noch ein willkürlicher Abbruch des Verfahrens. Vom Nichtwiderspruchsprinzip gilt auch nach Hans Albert, daß man es "nicht beseitigen kann, ohne die äußerst unangenehme Konsequenz, daß dann beliebige Behauptungen möglich werden" (ebd., 43). Wir verstehen Geschöpflichkeit nicht als einen zur Wirklichkeit der Welt hinzukommenden Gehalt, sondern als damit identisch. Allerdings bedarf es zur Einsicht in diese Identität einer logischen Vermittlung: Man muß nach dem in der Leugnung von Geschöpflichkeit enthaltenen logischen Widerspruch - im Sinn Alberts formuliert - "aktiv suchen" (vgl. ebd.); dem kann man sich jedoch durchaus durch willkürliche Selbstimmunisierung entziehen.

erläutert worden ist, nicht widerlegen kann. Vom Glauben her ist nur die prinzipielle Möglichkeit eines Beweises der Geschöpflichkeit, nicht unbedingt seine tatsächliche Durchführung zu fordern (36).

Unser Beweis der Geschöpflichkeit aller weltlichen Wirklichkeit geht in zwei Schritten voran. Zunächst ist zu zeigen, daß jede Beschreibung weltlicher Wirklichkeit ein **Widerspruchsproblem** (37) stellt. Ein Widerspruchsproblem entsteht, wenn bei der Beschreibung von Erfahrung ein Zugleich von einander ausschließenden Gegensätzen ausgesagt werden muß. Damit entsteht die Frage, wie sich eine solche Beschreibung der Wirklichkeit von einer logisch widersprüchlichen und damit falschen Beschreibung unterscheiden läßt. Solange man diesen Unterschied nicht angeben kann, wird man der Wirklichkeit noch nicht gerecht. Ein eigentlicher Widerspruch wäre gegeben, wenn die Gegensätze als schlechthin unter derselben Hinsicht zugleich bestehend ausgesagt würden. Ein eigentlicher Widerspruch läge ebenfalls vor, wenn die Gegensätze als unter verschiedenen und sich dabei wiederum gegenseitig ausschließenden Hinsichten bestehend ausgesagt würden. Um einen solchen Widerspruch zu vermeiden, ist es also notwendig, für die Gegensätze in ihrem Zugleich zwei verschiedene Hinsichten anzugeben, die sich jedoch nicht wiederum ausschließen. Dementsprechend ist im zweiten Schritt unseres Beweises zu zeigen, daß sich das Widerspruchsproblem, das jede Beschreibung weltlicher Wirklichkeit stellt, nur durch die Behauptung von deren Geschöpflichkeit von einem logischen Widerspruch unterscheiden und damit als Widerspruchsproblem **beantworten** läßt. Nur in der Behauptung von Geschöpflichkeit als "restlosem Bezogensein auf ... / in restloser Verschiedenheit von ..." sind die gesuchten verschiedenen Hinsichten gegeben, die sich nicht wiederum ausschließen. Erst sie ermöglichen es, die widerspruchsproblematische Wirklichkeit endgültig sachgemäß auszusagen.

Ausgangspunkt für den ersten Schritt sollen Sachverhalte sein, in denen alle weltliche Wirklichkeit übereinkommt (38). Als solche Sachverhalte bieten sich an: **Veränderung**, die Weise unseres **Erken-**

---

36 Vgl. I. Vatikanum, DS 3004 und 3026.

37 Es handelt sich dabei um den logischen Aspekt dessen, was **Wilhelm Weischedel**, Der Gott der Philosophen - Grundlegung einer philosophischen Theologie im Zeitalter des Nihilismus, II, Darmstadt 1972, 203 und öfter, die "Erfahrung der radikalen Fraglichkeit" genannt hat. Radikale Fraglichkeit läßt sich nicht dadurch relativieren, daß man auch sie noch einmal in Frage stellt; dadurch wird sie vielmehr nur noch deutlicher erfaßt.

38 Es muß um so universale Sachverhalte gehen, daß sie normalerweise gar nicht als problematisch auffallen. Vgl. **Ludwig Wittgenstein**, Philosophische Untersuchungen, § 129, in: **ders.**, Schriften I, Frankfurt am Main 1960, 346: "Die für uns wichtigsten Aspekte der Dinge sind durch ihre Einfachheit und Alltäglichkeit verborgen. (Man kann es nicht bemerken, - weil man es immer vor Augen hat.) Die eigentlichen Grundlagen seiner Forschung fallen dem Menschen gar nicht auf. Es sei denn, daß ihm **dies** einmal aufgefallen ist. - Und das heißt: das, was, einmal gesehen, das Auffallendste und Stärkste ist, fällt uns nicht auf."

nens der Welt, **Endlichkeit**. Weil von Gott nur dann wirklich die Rede ist, wenn unterschiedslos alles als auf ihn verweisend erkannt wird, gehen wir absichtlich nicht von partikulären Sachverhalten aus wie z.B. der Frage nach den Möglichkeitsbedingungen höher organisierten Lebens oder des aktuellen Vollzugs von Mitmenschlichkeit. Man müßte diese partikulären Sachverhalte zunächst auf jene Grundsachverhalte zurückführen.

Veränderung bedeutet ein Mittleres zwischen Identität und Nichtidentität. Ein Mensch verändert sich: Ein und derselbe Mensch wechselt seine Eigenschaften, indem er etwa älter wird und neue Erfahrungen macht. Er wird dadurch nicht zu einem völlig anderen Menschen, sondern er bleibt derselbe. Anderseits bleibt er sich nicht vollkommen gleich. Die neuen Eigenschaften betreffen ihn in seinem Selbstsein. Zur Beschreibung solcher Veränderung reicht es nicht aus, etwa zwischen einem sich gleichbleibenden Subjekt und seinen wechselnden Eigenschaften zu unterscheiden; man muß zugleich auch die Zusammengehörigkeit beider bedenken. Es ist das sich angeblich gleichbleibende Subjekt selbst, das die wechselnden Eigenschaften hat und sich eben dadurch mitverändert. Es verändert sich vielleicht nur in seinem Bezug zu den jeweils wechselnden Eigenschaften, aber es ist selbst mit diesem jeweiligen Bezug materialidentisch. Die Beschreibung von Veränderung führt deshalb zu Aussagen von der Struktur: "Dasselbe ist dasselbe und doch nicht dasselbe." Es handelt sich um ein Zugleich einander ausschließender Gegensätze. Eine solche Einheit von Gegensätzen, von Identität und Nichtidentität, stellt ein Widerspruchsproblem.

Solche Veränderung ist in der Selbsterfahrung gegeben, z.B. im Sprechen eines Satzes. Veränderung scheint aber überhaupt von aller weltlichen Wirklichkeit ausgesagt werden zu müssen. Denn alle weltliche Wirklichkeit unterliegt in ihrem Selbstsein zumindest dem Ablauf der Zeit. Wie kann ein und dasselbe zu verschiedenen Zeiten sein? Wird es nicht durch die Verschiedenheit der Zeit bis in seine Selbigkeit hinein betroffen?

Als zweites Grundbeispiel für Gegensatzeinheit sei die Weise unserer **Erkenntnis** weltlicher Wirklichkeit genannt. In jedem Bewußtseinsakt besteht eine Einheit von Vollzug und Gehalt. Sie läßt sich nicht als nachträgliche Verbindung unabhängig voneinander bestehender Größen verstehen. Ein Bewußtseinsgegenstand kann nur als Moment an einem Bewußtseinsakt Bewußtseinsgegenstand sein. Umgekehrt ist auch kein Bewußtseinsakt denkbar ohne einen Bewußtseinsgegenstand. Als real bestehend ist der Bewußtseins**gegenstand** unabhängig vom Bewußtsein; als **Bewußtseins**gegenstand ist er jedoch abhängig vom Bewußtsein. Nun aber ist der Bewußtseins**gegenstand** als solcher mit dem **Bewußtseins**gegenstand als solchem identisch und somit zugleich vom Bewußtsein unabhängig und gerade darin abhängig. Wie läßt sich dieser Sachverhalt in seiner Beschreibung von einem eigentlichen Widerspruch unterscheiden?

Als drittes Grundbeispiel einer Gegensatzeinheit in jeder weltlichen Wirklichkeit sei deren innere **Endlichkeit** angeführt. Endlichkeit bedeutet ein Zugleich von Sein und Nichtsein in gegenseitiger Durchdringung. Das Sein jeder weltlichen Wirklichkeit ist innerlich begrenzt. Ein solches Zugleich von Sein und Nichtsein läßt sich nicht aufspalten in reines Sein, also Sein ohne Nichtsein, und reines Nichtsein, also Nichtsein ohne Sein. Dementsprechend kommt weltlicher Wirklichkeit weder schlechthinnige Notwendigkeit noch schlechthinnige Nichtnotwendigkeit zu. Es kann sich immer nur um eine nichtnotwendige Notwendigkeit handeln (39). Diese stellt als solche ein Widerspruchsproblem.

Die Widerspruchsproblematik, die sich bei jeder Beschreibung von weltlicher Wirklichkeit als einem Zugleich von Gegensätzen ergibt, findet ihren formalen Ausdruck auch im **Nichtwiderspruchsprinzip** selbst. Das logische Nichtwiderspruchsprinzip, das sich auf Aussagen bezieht, lautet: "Es ist unmöglich, daß eine Aussage und ihre Leugnung in bezug auf dasselbe zugleich wahr seien" (40). Das entsprechende ontologische Nichtwiderspruchsprinzip in bezug auf die Wirklichkeit selbst besagt: "Es ist unmöglich, daß dasselbe demselben und unter derselben Hinsicht zugleich zukomme und nicht zukomme" (41). Als Aussage stellt eine Leugnung des ontologischen Nichtwiderspruchsprinzips zugleich auch einen Verstoß gegen das logische Nichtwiderspruchsprinzip dar. Und eine Leugnung des logischen Nichtwiderspruchsprinzips hebt sich selbst auf, weil dann auch das Gegenteil dieser Leugnung wahr ist.

Nach dem Nichtwiderspruchsprinzip gilt: Insofern ein Seiendes ist, kann es nicht zugleich und unter derselben Hinsicht nicht sein. Das "insofern ein Seiendes ist" soll die Notwendigkeit des Seienden einschränken und seiner Veränderbarkeit Rechnung tragen. Nun muß aber das "insofern ein Seiendes ist", insofern es verwirklicht ist, selbst als notwendig ausgesagt werden. Wie kann es dann doch zugleich der Veränderbarkeit unterliegen und damit nichtnotwendig sein? So stellt auch das Nichtwiderspruchsprinzip selbst ein Widerspruchsproblem.

In allen genannten Grundbeispielen ergibt sich ein Zugleichbestehen kontradiktorischer Gegensätze: Identität und Nichtidentität, Unabhängigkeit und Abhängigkeit, Sein und Nichtsein oder Notwen-

---

39 Vgl. **Thomas v. Aquin**, S. th. I q86 a3 c: "Die kontingenten Dinge können in zweierlei Weise betrachtet werden: einmal, insofern sie kontingent sind, zum anderen, insofern an ihnen etwas an Notwendigkeit zu finden ist. Nichts ist nämlich so kontingent, daß es nicht etwas Notwendiges an sich hat. So ist der Sachverhalt, daß Sokrates läuft, zwar in sich kontingent. Aber das Verhältnis des Laufens zur Bewegung ist notwendig; denn es ist notwendig, daß sich Sokrates bewegt, wenn er läuft." Es gibt also keine reine Nichtnotwendigkeit. Ein Beweis der Geschöpflichkeit läßt sich nicht aus reiner Kontingenz führen, sondern immer nur aus einem Zugleich von Notwendigkeit und Nichtnotwendigkeit.

40 **Aristoteles**, Metaphysik, Γ 6, 1011b, 15-17.

41 Ebd., 3, 1005b, 19f. - Von marxistischer Seite kommentiert **Georg Klaus**, Moderne Logik - Abriß der formalen Logik, Berlin 1970, 51: "Weil **in der Wirklichkeit** kein Tatbestand zu ein und derselben Zeit und in derselben Beziehung ein und dieselbe Eigenschaft besitzen und zugleich nicht besitzen kann, deswegen muß unser Denken, wenn es die Wirklichkeit richtig widerspiegeln will, logisch widerspruchsfrei sein."

digkeit und Nichtnotwendigkeit. Es entsteht die Frage, wie ein solches Zugleich von Gegensätzen mit der Anerkennung des Nichtwiderspruchsprinzips vereinbar ist, wie es also ohne logischen Widerspruch beschrieben werden kann (42). Denn erst wenn dies gelingt, kann man mit Recht beanspruchen, der Wirklichkeit in der Beschreibung von ihr zu entsprechen.

Hier setzt nun der zweite Schritt unseres Beweises der Geschöpflichkeit ein. Das Nichtwiderspruchsprinzip besagt, daß einander ausschließende Gegensätze weder unter der gleichen Hinsicht zugleich bestehen können noch unter verschiedenen, aber einander ausschließenden Hinsichten (43). Wenn sie dennoch aufgrund der Wirklichkeitserfahrung als zugleich bestehend ausgesagt werden müs-

---

42 In der marxistischen Philosophie wird ein solches Zugleich-Bestehen von Gegensätzen als "dialektischer Widerspruch" bezeichnet und als Grunddatum der Wirklichkeit angesehen. Unter einem solchen dialektischen oder inneren Widerspruch "ist ein solches Wechselverhältnis zwischen den gegensätzlichen Seiten eines Gegenstandes zu verstehen, bei dem diese einander voraussetzen, bedingen und gleichzeitig negieren, einander ausschließen. Im Rahmen des Ganzen kann die eine Seite des Widerspruchs nicht ohne die andere existieren. Gleichzeitig aber negieren die beiden Seiten einander infolge ihres gegensätzlichen Charakters" (Grundlagen der marxistischen Philosophie, nach der 2. überarbeiteten und ergänzten russischen Ausgabe, Berlin 1964, 234). Es bleibt aber das Problem, wie sich dies anders denn logisch widersprüchlich beschreiben läßt. Die Antwort von **Georg Klaus**, a. a. O. (Anm. 41), daß bei einem dialektischen Widerspruch die Gegensätze demselben nur "in **verschiedener** Beziehung und zu **verschiedenen** Zeiten" zukommen, reicht nicht aus, um das Zugleich-Bestehen und die gegenseitige Durchdringung der Gegensätze darzustellen. Wie kann überhaupt etwas wirklich dasselbe und dennoch zu verschiedenen Zeiten sein?

43 **Rupert Lay**, Grundzüge einer komplexen Wissenschaftstheorie I, Frankfurt am Main 1971, 201-203, weist unter Berufung auf die Theoreme von K. Gödel und A. Church auf eine eingeschränkte Tragfähigkeit des Nichtwiderspruchsprinzips hin. Vereinfacht dargestellt dürfte es sich darum handeln, daß man bei logisch unentscheidbaren Sätzen nicht aufgrund des Nichtwiderspruchsprinzips zu der Behauptung berechtigt ist, sie seien aber "an sich" entweder wahr oder falsch und könnten nur eines von beidem sein; umgekehrt können Aussagen wahr sein, ohne innerhalb des Systems, in dem sie aufgestellt werden, beweisbar zu sein. Diese Sachverhalte stellen jedoch keinen Einwand gegen unsere Anwendung des Nichtwiderspruchsprinzips zum Beweis der Geschöpflichkeit dar. Hier wird nämlich das Nichtwiderspruchsprinzip auf vorgefundene Wirklichkeit und nicht auf unentscheidbare Sätze angewandt. Die genannten Sachverhalte sind jedoch sogar eine Voraussetzung für unsere späteren Überlegungen über die Bedeutung der "Nichtausweisbarkeit" des Glaubens (III, 2.1). Vgl. auch **Wolfgang Stegmüller**, Unvollständigkeit und Unentscheidbarkeit - Die metamathematischen Resultate von Gödel, Church, Kleene, Rosser und ihre erkenntnistheoretische Bedeutung, zweite, berichtigte Auflage, Wien-New York 1970. - **Johannes Heinrichs**, Reflexion als soziales System, Bonn 1976, 34f, möchte die Geltung des aristotelischen Nichtwiderspruchsprinzips auf das gegenständliche Denken ein-

sen, dann muß es auch möglich sein, dafür **zwei verschiedene Hinsichten anzugeben, die sich aber nicht wiederum ausschließen dürfen.**

Wir verwenden also im folgenden das Nichtwiderspruchsprinzip nicht in einer nur statischen, sondern in einer dynamischen Weise. In seiner bloß statischen Anwendung fordert das Nichtwiderspruchsprinzip: Wo von ein und derselben Wirklichkeit kontradiktorisch entgegengesetzte Aussagen zugleich und unter derselben Hinsicht aufgestellt werden, muß eine der beiden Aussagen als falsch ausgeschieden werden (44). Diese statische Anwendung des Nichtwiderspruchsprinzips bezieht sich auf Fälle wie: Es kann nicht am selben Ort und nach derselben Meßmethode zugleich 16.00 Uhr und nicht 16.00 Uhr, sondern 15.00 Uhr sein; nur eine der beiden Aussagen kann wahr sein. Zugleich 16.00 Uhr und 15.00 Uhr kann es nur so sein, daß z.B. die eine Aussage für Berlin und die andere für London gilt. Bei Widerspruchsproblemen dieser Art handelt es sich noch nicht unmittelbar um das Einander-Durchdringen von Gegensätzen, das der Ausgangspunkt unseres Beweises der Geschöpflichkeit ist; aber auch sie setzen das Einander-Durchdringen von Gegensätzen voraus.

Es ist jedoch auch eine dynamische Anwendung des Nichtwiderspruchsprinzips möglich: Wenn die Wirklichkeit selbst dazu nötigt, von ihr ein Zugleich-Bestehen kontradiktorischer Gegensätze auszusagen, dann muß es möglich sein, dafür die Einheit verschiedener Hinsichten anzugeben. Es muß sich um **verschiedene** Hinsichten handeln, weil sie das Zugleich-Bestehen von **Gegensätzen** erklären sollen. Sie dürfen aber einander nicht wiederum ausschließen, sondern müssen eine **Einheit** bilden, um das **Zugleich-Bestehen** der Gegensätze zu erklären.

---

geschränkt wissen. Im Anschluß an Hegels dialektische Logik meint er, das Nichtwiderspruchsprinzip sei auf die Selbstbezüglichkeit des Selbstbewußtseins nicht anwendbar, weil es nicht zulasse, das erkennende und das erkannte Ich als miteinander identisch auszusagen. Heinrichs verwechselt dabei den Gegensatz von "erkennend" und "erkannt" mit einem logischen Gegensatz nach dem Nichtwiderspruchsprinzip; ein solcher müßte jedoch entweder "erkennend" und "nicht erkennend" oder aber "erkannt" und "nicht erkannt" lauten. Die universale Geltung des Nichtwiderspruchsprinzips wird also von Heinrichs nicht widerlegt.

44 Die Kritik der sog. "Frankfurter Schule" am Nichtwiderspruchsprinzip als oberstem Prinzip des Denkens scheint sich mit Recht auf die Einschränkung des Prinzips auf seinen statischen Gebrauch zu beziehen. Vgl. **Theodor W.** Adorno, Negative Dialektik, Gesammelte Schriften VI, hrsg. v. Rolf Tiedemann, Frankfurt am Main 1973, 155: "Erfahrung verwehrt, was immer an Widersprechendem auftrete, in der Einheit des Bewußtseins zu schlichten." Es entspräche der eigentlichen Intention der negativen Dialektik, zu unterscheiden zwischen dem Widerspruchsproblem, das alle weltliche Wirklichkeit stellt, und dem existentiellen Selbstwiderspruch des Menschen, der jene Widerspruchsproblematik nicht wahrhaben will, sondern meint, sie in seinem statischen Herrschaftsdenken aufheben zu können, und sie gerade dadurch unheilvoll werden läßt.

In der dynamischen Anwendung des Nichtwiderspruchsprinzips müssen die verschiedenen Hinsichten, die sich dennoch nicht ausschließen, ausdrücklich gesucht werden. Das Nichtwiderspruchsprinzip bringt also einen Denkprozeß in Gang. Erst wenn die erforderten Hinsichten angegeben werden können, kann die Beschreibung der Gegensatzeinheit beanspruchen, sachgemäß zu sein. Denn erst dann ist sie definitiv von einer logisch widersprüchlichen und damit falschen und unsinnigen Beschreibung unterschieden.

Wie geschieht nun diese dynamische Anwendung des Nichtwiderspruchsprinzips auf die bereits aufgewiesene Widerspruchsproblematik weltlicher Wirklichkeit? **Innerhalb** dieser widerspruchsproblematischen Sachverhalte selbst **für sich allein** genommen lassen sich die verschiedenen Hinsichten, die sich dennoch nicht ausschließen, nicht finden. Hier hat vielmehr alles an dem Widerspruchsproblem teil. Etwa in dem Sich-Verändernden gelingt es nicht, Identität und Nichtidentität voneinander abzulösen. Wie bei der Teilung eines Magneten bleibt jedes Einzelstück wiederum zweipolig. Die gesuchten Hinsichten sind aber auch nicht **rein außerhalb** des widerspruchsproblematischen Sachverhaltes zu finden. Denn dann könnten sie das in diesem Sachverhalt selbst bestehende Widerspruchsproblem nicht beantworten. Es bleibt also nur übrig, die Hinsichten doch innerhalb des widerspruchsproblematischen Sachverhaltes selbst zu suchen, aber nicht in ihm für sich allein genommen, sondern insofern er in sich selbst als ein **restloses Bezogensein** auf ein von ihm **restlos Verschiedenes** zu verstehen wäre. Der widerspruchsproblematische Sachverhalt müßte restlos in diesem seinem Bezogensein auf das restlos von ihm Verschiedene aufgehen. Denn wäre er nicht schlechthin mit diesem seinem Bezogensein identisch, dann entstünde nur von neuem das Problem eines Zugleich von Identität und Nichtidentität, von dem wir ausgegangen sind.

Durch die Aussage, daß ein widerspruchsproblematischer Sachverhalt ein "restloses Bezogensein auf ... / in restloser Verschiedenheit von ..." ist, läßt sich seine Beschreibung tatsächlich von einem logischen Widerspruch und damit von einer falschen und unsinnigen Redeweise unterscheiden. Denn es handelt sich um zwei Hinsichten, die sich nicht ausschließen, sondern problemlos eine Einheit bilden und damit das Zugleich der Gegensätze erklären können.

Die Hinsichten sind zunächst voneinander verschieden. "Restloses Bezogensein auf ..." besagt von seinem Begriff her noch nicht "restlose Verschiedenheit von ...". "Bezogensein auf ..." ist auch ohne "Verschiedenheit von ..." denkbar, und umgekehrt impliziert "Verschiedenheit von ..." nicht notwendig "Bezogensein auf ...". Trotz ihrer Verschiedenheit voneinander schließen diese beiden Hinsichten einander jedoch in keiner Weise aus. Es steht dem nichts entgegen, daß eine Wirklichkeit sich in der Weise restlos auf eine andere bezieht, daß sie von dieser restlos verschieden bleibt; und sie kann in der Weise von der anderen restlos verschieden sein, daß sie sich ganz und gar auf sie bezieht und ohne sie in keiner Weise sein kann.

Ein "restloses Bezogensein auf ... / in restloser Verschiedenheit von ..." stellt also als solches kein neues Widerspruchsproblem. Durch die Angabe dieser beiden Hinsichten in ihrer Verschiedenheit und in ihrer Einheit wird aber das ursprüngliche Widerspruchsproblem beantwortet. Weltlicher Wirklichkeit kommt Identität, Eigenständigkeit, Sein und Notwendigkeit zu, insofern sie ein "restloses Bezogensein auf ..." ist. Die Identität ist aber von Nichtidentität, die Eigenständigkeit von Abhängigkeit, das Sein von Nichtsein und die Notwendigkeit von Nichtnotwendigkeit durchdrungen, insofern die betreffende Wirklichkeit gerade in ihrem "restlosen Bezogensein auf ..." ein "restloses Verschiedensein von ..." ist. Ganz genau gesprochen kann man nicht getrennt die Identität weltlicher Wirklichkeit ihrem "restlosen Bezogensein auf ..." und die Nichtidentität ihrem "restlosen Verschiedensein von ..." zuordnen, sondern muß immer beide Sachverhalte in ihrem Zugleich sehen: Die **Identität** in der Nichtidentität ist im **"restlosen Bezogensein auf ... / in restloser Verschiedenheit von ..."** begründet, während die **Nichtidentität** in der Identität im **"restlosen Verschiedensein von ... / in restlosem Bezogensein auf ..."** begründet ist.

Da nur die Angabe dieser beiden Hinsichten es erlaubt, die in der Wirklichkeit vorgefundenen Gegensatzeinheiten so zu beschreiben, daß dabei kein logischer Widerspruch entsteht, ist bewiesen, daß solche Gegensatzeinheiten ein "restloses Bezogensein auf ... / in restloser Verschiedenheit von ..." sind. Sie sind also "geschöpflich"; denn nichts anderes meint dieser Begriff.

Bestätigt wird auch, daß dieses "restlose Bezogensein auf ... / in restloser Verschiedenheit von ..." eine einseitige Relation ist. Wäre nämlich der Terminus des Bezogenseins seinerseits so auf die Welt bezogen, daß die Welt der konstitutive Terminus für diese Beziehung auf sie wäre, dann stellte die Rede von "Gott" das gleiche Widerspruchsproblem, das bereits die Rede von weltlicher Wirklichkeit stellt. Nur die Anerkennung eines einseitigen und erst so auch "restlosen" Bezogenseins auf ... / in "restloser" Verschiedenheit von ... beantwortet das ursprüngliche Widerspruchsproblem.

Unser **Beweis der Geschöpflichkeit** weltlicher Wirklichkeit läßt sich nunmehr in seinen beiden Schritten so zusammenfassen: **Jede weltliche Wirklichkeit stellt ein Zugleich von Gegensätzen (Sein und Nichtsein, Identität und Nichtidentität, Notwendigkeit und Nichtnotwendigkeit) dar. Zum Beispiel bedeutet Veränderung, daß dasselbe zugleich dasselbe und doch nicht dasselbe ist. Die Beschreibung eines solchen Sachverhalts läßt sich von einem kontradiktorischen Widerspruch und damit von einer falschen Beschreibung nur unterscheiden, wenn man für das Zugleich der Gegensätze zwei verschiedene Hinsichten angeben kann, die sich nicht wiederum ausschließen. Solche Hinsichten finden sich nur im Begriff eines "restlosen Bezogenseins auf ... / in restloser Verschiedenheit von ...".**

Es sei ausdrücklich darauf hingewiesen, daß in diesem Argument die Welt nicht durch Gott, sondern durch ihr Bezogensein auf Gott, nämlich durch ihre Geschöpflichkeit erklärt wird (45). Der Satz, die Welt werde durch ihr Bezogensein auf Gott in Verschiedenheit von

---

45 Deshalb trifft die Kritik **Immanuel Kant**s an den herkömmlichen Gottesbeweisen (vor allem in: Kritik der reinen Vernunft, B [2. Aufl. Riga 1787] 611-670) unser von ihnen völlig verschiedenes Vorgehen

ihm erklärt, läßt sich, wenn man genau sprechen will, nicht in den Satz umformen, die Welt werde durch Gott erklärt. Denn dann müßten Geschöpflichkeit und Gott dasselbe sein. Der zweite Satz ist also falsch (46). Er widerspricht auch der Unbegreiflichkeit Gottes, denn man verstünde dann Gott als den "Schlußstein" eines metaphysischen Systems (47).

Unserem Beweis der Geschöpflichkeit kommt in dem folgenden Sinn nicht nur in seinem Gehalt, sondern auch in seinem Vollzug Denknotwendigkeit zu. Außerhalb der wenigstens impliziten Anerkennung der Geschöpflichkeit der Welt läßt sich keine weltliche Wirklichkeit endgültig ohne logischen Widerspruch beschreiben. Ausdrücklich wird diese Anerkennung allerdings erst im Kontext der Rede von "Wort Gottes"; denn erst dann wird es notwendig, ausdrücklich zu wissen, wer "Gott" ist.

Unser Beweis ist ein eigentlicher Vernunftbeweis. Geschöpflichkeit kann als solche nicht geglaubt werden, sondern muß dem Wissen zugänglich sein. Sie hat ja ihr Maß ("restlos") ganz und gar an der

---

nicht; vgl. auch die zusammenfassende Darstellung von **Wilhelm Weischedel**, o. c. (Anm. 37), I, Darmstadt 1971, 191-213. - **Ludwig Wittgensteins** Rede von der "Verhexung des Verstandes mit den Mitteln unserer Sprache", o. c. (Anm. 38), § 109, in: **ders.**, Schriften I, 342) ist u. a. auf die von Kant zur Sprache gebrachten Antinomien zu beziehen. Sie entstehen alle dadurch, daß der Unterschied zwischen einer Erklärung der Welt durch Gott und einer Erklärung der Welt durch ihr Bezogensein auf Gott in Verschiedenheit von ihm nicht beachtet und bedacht wird.

46 Von seiten des dialektischen Materialismus wird gegen die Gotteslehre eingewandt: "Die Materie bedarf [...] zu ihrer Bewegung und Entwicklung nicht eines äußeren (göttlichen) Anstoßes, sondern ist als **Selbst**bewegung zu verstehen, deren treibende Kraft die Entstehung, Entwicklung und Lösung objektiver Widersprüche ist" (**Georg Klaus - Manfred Buhr**, Art. "Widerspruch", Marxistisch-leninistisches Wörterbuch der Philosophie III, Hamburg 1972, 1164, Sp. 2). In der Tat kann man Gott nicht als Urheber eines "äußeren Anstoßes" einführen und damit zum Teil eines Gesamtsystems machen. Vielmehr kommt der Welt Selbstbewegung zu. Aber gerade diese Selbstbewegung läßt sich nur als geschöpflich verstehen. Vgl. auch **Karl Rahner**, Die Einheit von Geist und Materie im christlichen Glaubensverständnis, in: **ders.**, Schriften zur Theologie VI, Einsiedeln-Zürich-Köln ²1968, 185-214.

47 Als Beispiel für eine solche Auffassung: **Fernand Van Steenberghen**, Dieu caché - Comment savons-nous que Dieu existe?, Leuven ²1966 (dt.: Ein verborgener Gott - Wie wissen wir, daß Gott existiert?, Paderborn 1966). Er meint, es stehe der Metaphysik zu, uns zu sagen, "si l'Etre transcendant trouve place dans la synthèse métaphysique" (194), "ob das transzendentale [gemeint ist: transzendente!] Sein [...] in der metaphysischen Synthese Platz findet" (144). Damit wird Gott als Teil einer umfassenderen Gesamtwirklichkeit verstanden, anstatt die gesamte Wirklichkeit überhaupt als seine Schöpfung anzusehen. Vgl. im einzelnen meine Rezension dieses Buches in: ThRv 64 (1968) 418-421.

Welt und ist deshalb an ihr ablesbar (48). Wir verstehen diesen Beweis als einen solchen im strengen Sinn, der durch den Ausschluß des Gegenteils geschieht. Es handelt sich also nicht nur um einen sogenannten "Aufweis" durch angeblich aufdeckende Behauptung. Auf der anderen Seite bedeutet "Beweis" für uns nicht, daß die bewiesene Behauptung von da an jeglicher weiteren Prüfung zu entziehen sei; wir haben lediglich die Hoffnung, daß sie sich auch in jeder Prüfung bewähren werde. Unser Beweis wäre nur widerlegbar, wenn man entweder zeigen könnte, daß weltliche Wirklichkeit kein Zugleich von einander ausschließenden Gegensätzen darstellt, oder wenn es gelänge, das Zugleich von Gegensätzen anders als in der wenigstens impliziten Anerkennung seiner schlechthinnigen Abhängigkeit logisch widerspruchsfrei zu beschreiben.

Gegen diesen Beweis sind verschiedene Einwände denkbar. Ein erster Einwand bestreitet, daß etwa bei der Beschreibung von Veränderung überhaupt ein Widerspruchsproblem auftritt. Veränderung lasse sich als dichte Aufeinanderfolge von jeweils mit sich selbst völlig identischen (also nicht widerspruchsproblematischen), gleichsam punktuellen Sachverhalten beschreiben, die sich nur voneinander immer um eine Kleinigkeit unterscheiden und miteinander in einem Entstehungszusammenhang stehen bzw. miteinander auf "derselben" Zeitlinie liegen (sogenanne "Genidentität"), ähnlich wie die Einzelwerte einer mathematischen Funktion auf ein und derselben Kurve liegen. Darauf läßt sich antworten: Bereits unsere Selbsterfahrung widerlegt eine solche Deutung von Veränderung. Zum Beispiel läßt sich das Sprechen eines Satzes mit seinem die Aufeinanderfolge von Zeitmomenten transzendierenden **einen** Sinn nicht in eine bloße Folge voneinander verschiedener und mit sich selbst jeweils völlig identischer Zeitmomente auf derselben Zeitlinie auflösen. Erst recht läßt sich die Identität ein und desselben Menschen, wie er sie in seiner Verantwortung erfährt, nicht so verstehen. Im übrigen würde aber auch die Identität einer in Einzelpunkte zerfallenden Kurve ein Widerspruchsproblem stellen: Wie kann es für **ein und dieselbe** Kurve **verschiedene** Werte geben?

Gegen den Beweis könnte man weiter einwenden wollen: Daß im Denken bei der Beschreibung weltlicher Wirklichkeit eine Widerspruchsproblematik auftritt, liegt nur an der Unangemessenheit des

---

48 Wir vertreten also die Möglichkeit einer "natürlichen Theologie", einer Gotteserkenntnis durch die natürliche Vernunft, sobald sie mit der christlichen Botschaft konfrontiert ist. Es wird für diese Gotteserkenntnis noch nicht mit dem Glauben argumentiert. Allerdings kann solche "natürliche Theologie" für sich allein auch keine Gemeinschaft mit Gott begründen, sondern zeigt umgekehrt, daß der Mensch von sich aus keine Gemeinschaft mit Gott haben kann. Diese "natürliche Theologie" erlangt erst im Zusammenhang mit dem geglaubten "Wort Gottes" positive Bedeutung. Sie macht also Aussagen über den Menschen, "die dann zwar nur für den Glaubenden als eindeutig wohltuende Sätze identifizierbar sind, aber dennoch auch von Nichtglaubenden, also auch remoto Christo und remota fide, als wahre Sätze über den Menschen anerkannt werden müssen" (**Eberhard Jüngel**, Zur Freiheit eines Christenmenschen - Eine Erinnerung an Luthers Schrift, München 1978,26).

Denkens, und man kann nicht daraus auf die Wirklichkeit selber schließen. Darauf ist zu antworten: In der Tat entspricht das Denken, solange in ihm eine unbeantwortete Widerspruchsproblematik besteht, noch nicht endgültig der Wirklichkeit selbst. Die unbeantwortete Widerspruchsproblematik ist gewissermaßen das rote Warnlicht, das auf eine mangelnde Entsprechung zwischen Denken und Wirklichkeit hinweist. Eine volle Entsprechung des Denkens zur Wirklichkeit ist erst dann erreicht, wenn die Widerspruchsproblematik durch die Angabe der verschiedenen Hinsichten, die sich nicht wiederum ausschließen, beantwortet ist. Der Beweis der Geschöpflichkeit der Welt dient also gerade dazu, eine Übereinstimmung des Denkens mit der Wirklichkeit zu erzielen. Man könnte den obigen Einwand nur aufrechterhalten, indem man überhaupt die Möglichkeit sachgemäßen Denkens leugnet; aber eine solche Leugnung leugnet dann auch ihre eigene Sachgemäßheit und hebt sich damit selbst auf.

Ein anderer vorstellbarer Einwand wäre: Angenommen, weltliche Wirklichkeit müsse tatsächlich als "restloses Bezogensein auf ... / in restloser Verschiedenheit von ..." ausgesagt werden. Wäre es nicht noch immer möglich, daß dann das Woraufhin dieses Bezogenseins einfach "nichts" ist? Zu antworten ist: Ein Bezogensein auf "nichts" wäre in Wirklichkeit "gar kein" Bezogensein. Wenn also überhaupt ein wirkliches Bezogensein ausgesagt werden muß, dann muß auch das Woraufhin dieses Bezogenseins als "Wirklichkeit" ausgesagt werden. Es wird allerdings (unten 1.3) noch weiter zu bedenken sein, was es für die Wirklichkeit dieses Woraufhin ausmacht, daß es auf keine andere Weise als durch die Anerkennung des restlosen Bezogenseins auf es in restlosem Verschiedensein von ihm überhaupt erkannt werden kann, sich also in sich selbst jedem Begreifen entzieht.

Wie verhält sich unser Beweis zu den **herkömmlichen** sogenannten **Gottesbeweisen**? Diese lassen sich in zwei Grundarten aufteilen. Man versucht, entweder von der Welt auf Gott zu schließen oder aus dem Gottesbegriff selbst die Notwendigkeit der Existenz Gottes herzuleiten.

Mit der ersten Grundart hat unser Beweis die Wirklichkeit der Welt als Ausgangspunkt gemeinsam. Er macht jedoch deutlich, daß man nicht von der Welt auf Gott, sondern immer nur auf ihre Geschöpflichkeit schließen kann. Denn wir haben keine Welt und Gott übergreifenden Denkprinzipien. Nicht einmal das Nichtwiderspruchsprinzip kann als ein Gott und Welt umfassendes Prinzip angesehen werden, denn auch der Seinsbegriff übergreift nicht Gott, sondern kann ihm gegenüber nur hinweisend gebraucht werden.

Des weiteren setzt unsere Argumentation im Vergleich zur ersten Grundart der herkömmlichen Gottesbeweise logisch früher an. Diese Gottesbeweise verwenden ein vorausgesetztes Prinzip vom zureichenden Grund. Wir versuchen jedoch, dieses Prinzip selbst ursprünglich zu gewinnen. Gegenüber der Forderung nach einem "Grund" ist zunächst zu fragen, was denn in rechter Metaphysik überhaupt unter einem "Grund" zu verstehen sei. Warum bedarf etwas eines "Grundes"? Häufig scheint man unter dem "Grund" eines Sachverhaltes dasjenige zu verstehen, woraus sich der Sachverhalt ableiten läßt (49). Aber der Forderung nach einem solchen "Grund" kommt keinerlei einsehbare Notwendigkeit zu.

Wir verstehen unter dem "Grund" oder den "Bedingungen der Möglichkeit" eines Sachverhaltes dasjenige, durch dessen Angabe sich die Beschreibung eines Sachverhaltes von einem logischen Widerspruch unterscheiden läßt. Es bedarf also überhaupt nur dann der Angabe eines "Grundes" oder der Namhaftmachung von "Möglichkeitsbedingungen", wenn sich zunächst bei der Beschreibung eines Sachverhaltes ein Widerspruchsproblem ergibt. Das metaphysische Prinzip vom zureichenden Grund folgt also für uns erst aus der Anwendung des Nichtwiderspruchsprinzips auf die Wirklichkeit der Erfahrung (50). Die Rede von Gott als "Ursache" ist dann als hinweisende Sprechweise abgeleitet aus der Einsicht in das eigene "restlose Bezogensein auf ... / in restloser Verschiedenheit von ...". So ist als "Grund" für die Wirklichkeit der Welt ihre Geschöpflichkeit zu nennen, die ihrerseits keiner weiteren Erklärung bedarf, weil sie kein Widerspruchsproblem mehr stellt.

Dabei muß allerdings die Reihenfolge im Denken gewahrt bleiben. Die konkrete Wirklichkeit der Welt ist als "restloses Bezogensein auf ... / in restloser Verschiedenheit von ..." zu bestimmen. Man kann nicht umgekehrt aus dem Begriff eines "restlosen Bezogenseins auf ... / in restloser Verschiedenheit von ..." ableiten, um was für eine konkrete Wirklichkeit es sich handelt. Es ist also nicht möglich, aus dem Begriff der Geschöpflichkeit irgend etwas über die Welt herzuleiten; man kann immer nur weltliche Wirklichkeit, von der man ausgehen muß, auf ihre Geschöpflichkeit zurückführen. Der Begriff "restlos" wird nur dann sinnvoll gebraucht, wenn man von der vorgefundenen und festzustellenden Realität ausgeht.

Eine Variante der ersten Grundart der herkömmlichen Gottesbeweise besteht darin, die Existenz Gottes zu postulieren, damit die Welt als "sinnvoll" angesehen werden könne. Das Anliegen dieser Argumentationsweise wird von uns dadurch aufgenommen, daß wir aufweisen, daß die Leugnung der Geschöpflichkeit der Welt zu einem logischen Widerspruch führt. Doch bedeutet die Anerkennung der Geschöpflichkeit der Welt nicht ohne weiteres, daß man alles Geschehen in der Welt als sinnvoll ansehen kann. Es kann dadurch auch alles in Frage gestellt werden, was man sich selbst als plausiblen "Sinn" der Wirklichkeit zurechtgelegt hat (vgl. Lk 12,19f). Zunächst

---

49 Zum Beispiel bedeutet nach **Johann Gottlieb Fichte**, Erste Einleitung in die Wissenschaftslehre, Sämtliche Werke I, hrsg. v. H. H. Fichte, Leipzig o. J., 424, die Aufgabe, den "Grund eines Zufälligen" zu suchen: "etwas Anderes aufzuweisen, aus dessen Bestimmtheit sich einsehen lasse, warum das begründete, unter den mannigfaltigen Bestimmungen, die ihm zukommen könnten, gerade diese habe, welche es hat."

50 Deshalb stellt sich für uns nicht das Problem einer anderweitigen Rechtfertigung der apriorischen Synthesis des Prinzips vom zureichenden Grund; vgl. **Immanuel Kant**, Kritik der reinen Vernunft, B (2. Aufl. Riga 1787) 18-24.

ist Welt gerade deshalb als geschöpflich anzuerkennen, weil sie ein problematisches Zugleich von Sinn und Sinnlosigkeit ist, das sich nur als "restloses Bezogensein auf ... / in restloser Verschiedenheit von ..." wenigstens ohne logischen Widerspruch aussagen läßt. Weiter ist zu bedenken, daß man auch Gott nicht ohne weiteres mit dem "Sinn" identifizieren kann. "Sinn" ist ähnlich wie "Sein" ein Begriff, unter den geschöpfliche Wirklichkeit fällt, und der Gott gegenüber nur hinweisend gebraucht werden kann (51). Zum rechten Verständnis der Sinnfrage und zu ihrer Beantwortung kommt es erst im Licht des Wortes Gottes, das die Wirklichkeit der Welt nicht nur als Hinweis auf Gott, sondern als Gleichnis der Gemeinschaft mit Gott erfassen läßt und dazu instand setzt, zur Vergänglichkeit der Welt anders als in der Weise der Verdrängung oder der Verzweiflung Stellung zu nehmen (52).

Eine weitere Variante der ersten Grundart von Gottesbeweisen stellt der Versuch dar, Gott als "Erklärung" für die Unbedingtheit des sittlichen Anspruchs einzuführen. Es gibt keinen übergeordneten Anspruch und keine entgegenstehenden Verhältnisse, die den sittlichen Anspruch, sich menschlich und nicht unmenschlich zu verhalten, entkräften könnten (53). Diese Unbedingtheit des sittlichen Anspruchs stellt in der Tat einen Verstehenszugang zur Bedeutung des Wortes "Gott" dar, auf den wir bei der Erläuterung der Bedeutung von "Wort Gottes" zurückkommen werden (unten 2.1). In Wirklichkeit beruht aber dieser Verstehenszugang gerade darauf, daß man den sittlichen Anspruch, sich menschlich und nicht unmenschlich zu verhalten, in seiner Unbedingtheit letztlich nicht "erklären" oder in einer höheren Synthese "einordnen" und damit gegebenenfalls "wegerklären" kann (54). Aber auch der sittliche Anspruch, den die

---

51   Das ist gegen den Versuch von **Wolfgang Beinert**, Wenn Gott zu Wort kommt - Einführung in die Theologie, Freiburg-Basel-Wien 1978, einzuwenden. Dort wird Gott als der "absolute Sinn" (102) oder das "Umgreifende aller Wirklichkeit" (107) eingeführt und offenbar mit dem "unbegrenzten Sein" identifiziert, das den Horizont jedes begrenzten Seins bildet. Aber dieser Horizont gehört noch immer auf die Seite des Geschaffenen und ist nicht Gott.

52   Vgl. die kritischen Anfragen **Gerhard Ebelings** zum Gebrauch des Begriffs "Sinn" bei **Wolfhart Pannenberg** in ihrem in: ZThK 70 (1973) 448-473 veröffentlichten Briefwechsel (vor allem 466-469). - **Raymund Schwager** scheint mir in seiner Rezension in: ZKTh 100 (1978) 646-650 die Absicht zuzuschreiben, bereits durch die Angabe der beiden Hinsichten des Begriffs der Geschöpflichkeit auch auf die Frage nach dem Sinn des Leids und des Bösen antworten zu wollen (648). Der Begriff der Geschöpflichkeit besagt aber lediglich die definitive Anerkennung der Realität dieser so problemvollen Welt; er gibt noch keine Antwort auf die durch sie gestellten existentiellen Fragen.

53   Vgl. **Wilfried Joest**, Fundamentaltheologie - Theologische Grundlagen- und Methodenprobleme, Stuttgart u. a. 1974, 53.

54   Vgl. Ex 2,11 - 3,6. In der Geschichte vom brennenden, aber nicht verbrennenden Dornbusch (ebd. 3,1-6) wird in einem Bild die zuvor berichtete Erfahrung des Mose gedeutet: In seinem Eintreten für Menschen, denen Unrecht geschieht, steht er unter einem Anspruch,

Wirklichkeit selbst an den Menschen stellt, kann nur deshalb als
Gottes Anspruch an ihn ausgesagt werden, weil die Wirklichkeit als
solche Gottes Schöpfung ist.

Mit der zweiten Grundart der herkömmlichen Gottesbeweise, dem
sogenannten "ontologischen Gottesbeweis", hat unser Beweis der Geschöpflichkeit formal gemeinsam, daß er nur eine logische Implikation ausdrücklich macht. Der ontologische Gottesbeweis sucht aus
dem Begriff Gottes als der unüberbietbaren Wirklichkeit die Existenz
Gottes zu folgern. Dagegen ist einzuwenden: Wir haben gar keinen
solchen Begriff von Gott, daß Gott darunter fiele und dieser Begriff
dann zu weiteren Schlußfolgerungen verwandt werden könnte. Deshalb kann man nicht vom Begriff Gottes auf seine Existenz schließen, sondern nur von der Existenz der Welt auf ihren sachgemäßen
Begriff als geschöpflich. Dabei verwenden wir aber wie der ontologische Gottesbeweis als grundlegendes Denkprinzip allein das Nichtwiderspruchsprinzip, allerdings in seinem dynamischen Gebrauch.

---

der sich entgegen dem ersten Anschein durch nichts erklären und damit wegerklären läßt. Nacheinander werden verschiedene Hypothesen,
die sein Handeln vorwegerklären könnten, durch die Tatsachen widerlegt: Sein Handeln läßt sich nicht durch die Zugehörigkeit zum Hof
des Pharao und die entsprechende Erziehung im Sinn der herrschenden Schicht erklären (2,11-12); aber auch nicht durch die vielleicht noch stärkeren Bande der Volkszugehörigkeit und Blutsverwandtschaft (2,13-15); schließlich nicht durch aus negativer Erfahrung gewonnene Nützlichkeitserwägungen (2,16-17). Der unbedingte
Anspruch des Gewissens wird so zum Verstehenszugang für die Bedeutung der überlieferten Rede vom "Gott Abrahams, Isaaks und Jakobs"
(3,6). - Es ist außerordentlich wichtig, daß man nicht den Versuch
macht, umgekehrt aus dem Gottesbegriff die Unbedingtheit des sittlichen Anspruchs herzuleiten, als unterliege man im voraus zum Gottesgedanken keiner wirklichen sittlichen Verpflichtung. Vgl. dazu
die scharfe Kritik von **Wilhelm Herrmann**, Religion und Sittlichkeit,
in: ders., Schriften zur Grundlegung der Theologie I, hrsg. v. Peter Fischer-Appelt, München 1966, 265: "Die Sittlichkeit ist in
ihrer Wurzel vergiftet, sobald ein Gedanke, der allerdings jedem
frommen Menschen heilig ist, zum Grund der sittlichen Überzeugung
gemacht wird, nämlich der Gedanke, daß das sittliche Gebot das Gebot Gottes ist. Ohne diesen Gedanken wollen wir Christen freilich
nicht leben. Sehen wir aber wirklich in ihm den Grund unserer sittlichen Überzeugung, so haben wir überhaupt keine sittliche Überzeugung. Unsere Überzeugung hat dann vielmehr einen doppelten Inhalt,
der mit Sittlichkeit gar nichts zu schaffen hat, sondern ein Ausdruck tiefer Unsittlichkeit sein kann. Wir sind dann erstens erfüllt von dem Gedanken, daß wir uns vor einem allmächtigen Willen
beugen müssen, und haben zweitens die Vorstellung, daß uns gesagt
werde, was dieser Wille uns gebiete. Das erstere kann ein Gedanke
der Feigheit sein, das zweite ein Gedanke des Selbstbetrugs. So haben sich aber Millionen von Menschen, die wahrhaft sittlich und
fromm zu sein meinen, innerlich eingerichtet." Die Anerkennung Gottes darf nicht als der Erkenntnisgrund des sittlichen Anspruchs der
Wirklichkeit ausgegeben werden; vielmehr ist die Anerkennung des
sittlichen Anspruchs, unter dem man ohnehin steht, der Erkenntnisgrund für die Anerkennung Gottes.

Wir nehmen also von beiden Grundarten der herkömmlichen Gottesbeweise jeweils ein entscheidendes Moment auf: einerseits die wirkliche Welt als Ausgangspunkt, anderseits als Methode die bloße Entfaltung einer logischen Implikation. Wir vermeiden es auf diese Weise, Gott selbst zum Gegenstand eines Schlusses zu machen und damit seiner Unbegreiflichkeit zu widersprechen.

FRAGEN

1. Muß man, um glauben zu können, einen Beweis der Geschöpflichkeit eingesehen haben?
2. Aus welchen beiden Schritten besteht unser Aufweis der Geschöpflichkeit?
3. Was ist unter einem "Widerspruchsproblem" im Unterschied zu einem eigentlichen logischen Widerspruch zu verstehen?
4. Welche Beispiele lassen sich für die Widerspruchsproblematik aller weltlichen Wirklichkeit nennen?
5. Welche Notwendigkeit kommt dem Nichtwiderspruchsprinzip zu?
6. Worin besteht die "dynamische" Anwendung des Nichtwiderspruchsprinzips im Unterschied zur "statischen"?
7. Warum wird ein Zugleich kontradiktorischer Gegensätze durch die Hinsichten "Bezogensein auf ... / in Verschiedenheit von ..." nur unter der Bedingung erklärt, daß es sich um ein "**restloses** Bezogensein auf ... / in **restloser** Verschiedenheit von ..." handelt?
8. Was ist an der Formulierung falsch, die Welt werde durch Gott erklärt?
9. Warum kann Geschöpflichkeit als solche nur Vernunftwahrheit und nicht Glaubenswahrheit sein?
10. Was hat unser Geschöpflichkeitsbeweis mit den beiden Grundarten der herkömmlichen sogenannten Gottesbeweise jeweils gemeinsam, und wodurch unterscheidet er sich von ihnen?
11. Unter welcher Bedingung ist die metaphysische Frage nach dem "Grund" einer Wirklichkeit sinnvoll? Wie läßt sich das Prinzip vom zureichenden Grund auf das Nichtwiderspruchsprinzip in seiner Anwendung auf weltliche Erfahrung zurückführen?
12. Warum kann man weltliche Erfahrung immer nur auf ihre Geschöpflichkeit zurückführen, nicht aber daraus herleiten?
13. Welcher Zusammenhang besteht zwischen der Erfahrung des unbedingten sittlichen Anspruchs und der Rede von "Gott"?

1.3 Weitere Entfaltung des Begriffs der Geschöpflichkeit

Nach dem bisher Gesagten kann die Bedeutung des Wortes "Gott" nur aus der Anerkennung unserer eigenen Geschöpflichkeit gewonnen werden. Geschöpflichkeit wird allein in dem erläuterten Verständnis adäquat ausgesagt. Andere herkömmliche Aussageweisen verhalten sich dazu ähnlich wie Schwarzweißwiedergaben zu Farbaufnahmen. Man kann von einer Farbaufnahme einen Schwarzweißabzug herstellen, aber nicht umgekehrt von einer Schwarzweißaufnahme einen farbigen Abzug. Das hier vorgelegte Verständnis von Geschöpflichkeit stellt - so meinen wir - nicht nur ein mögliches Verständnis neben anderen dar, sondern liegt anderen Verstehensweisen voraus, weil es sich der gegenüber einer bloßen Substanzontologie sachgemäßeren Kategorien einer relationalen Ontologie bedient.

Alle Wirklichkeit der Welt als "restloses Bezogensein auf ... / in restloser Verschiedenheit von ..." anzusehen, bedeutet einen adäquaten Gottesbegriff. Daß Gott in unüberbietbarem Sinn der ist, "ohne den nichts ist", ist eine ganz und gar richtige Aussage, die keiner nachträglichen Korrektur bedarf. Die Rede von "Gott" hat also einen genauen, an unserer eigenen Wirklichkeit verifizierbaren Sinn. Von Gott ist aber auch nur dann wirklich die Rede, wenn man sich selbst und alle Wirklichkeit überhaupt als restlos von ihm abhängig versteht (55). Die Anerkennung der eigenen Geschöpflichkeit bedeutet zwar, nur von sich selbst zu reden, aber gerade nicht in dem Sinn des Sich-selbst-Genügens. Die eigene Wirklichkeit wird erst dann voll erkannt und verstanden, wenn sie als restlos in Relation auf ein anderes aufgehend verstanden wird, das nur durch die Anerkennung der Restlosigkeit der Relation bestimmt werden kann.

Dieser aus der Anerkennung der eigenen Geschöpflichkeit gewonnene Gottesbegriff ist zugleich der gefüllteste und der leerste. Er ist der gefüllteste Gottesbegriff, weil alle Wirklichkeit überhaupt und damit die ganze unableitbare Buntheit der Welt in diesem Begriff vorkommt, indem sie als auf Gott weisend verstanden wird. Zugleich aber ist dieser Begriff der leerste Begriff. Denn von Gott wird in diesem Begriff immer nur das von ihm Verschiedene begriffen, das auf ihn verweist. Es handelt sich um einen Begriff, unter den Gott nicht fällt, sondern der nur auf Gott hinzuweisen vermag. Gott selbst bleibt unbegreiflich und wird hinweisend gerade als solcher erkannt.

Im Folgenden soll zunächst ausführlicher dargestellt werden, inwiefern diese Gotteserkenntnis, die allein in der Anerkennung unserer eigenen Geschöpflichkeit besteht, doch wirkliche Gotteserkenntnis ist. Dann soll diese Sicht gegen verschiedene andere Auffassungen abgegrenzt werden.

Wir hatten Geschöpflichkeit als restloses Bezogensein auf eine solche andere Wirklichkeit verstanden, **die allein durch die Restlosigkeit des Bezogenseins auf sie überhaupt bestimmt werden kann.** Dies ermöglicht ein "hinweisendes" oder "symbolisches", in der Tra-

---

55 Das ist auch der genaue Sinn von **Rudolf Bultmanns** berühmtem Satz: "Es zeigt sich also: will man von Gott reden, so muß man offenbar **von sich selbst reden**" (Welchen Sinn hat es, von Gott zu reden?, in: ders., Glauben und Verstehen I, Tübingen 1933, 28). Vgl. auch **Karl Rahner**, Art. "Schöpfungslehre", Herders Theologisches Taschenlexikon VI, Freiburg-Basel-Wien 1973, 352: "Wir sagen gerade, wer und was Gott ist, indem wir sagen, daß wir Geschöpfe sind." - Gegenüber relationalem Denken unzutreffend ist die Auffassung von **Paul M. van Buren**, Reden von Gott in der Sprache der Welt - Zur säkularen Bedeutung des Evangeliums, Zürich 1965, 83: "Wenn Aussagen über Gott 'erschöpfend und restlos' als Aussagen über den Menschen interpretiert werden müssen, können sie nicht sinnvolle Aussagen über Gott sein."

dition als "**analog**" bezeichnetes Sprechen über Gott (56). Dem "analogen" Sprechen über Gott liegt das "direkte" Sprechen des Menschen über seine eigene Geschöpflichkeit zugrunde.

Dieses "analoge" Sprechen über Gott geschieht in den drei einander einschließenden Erkenntnisweisen der "Bejahung", der "Verneinung" und des "Überstiegs" (57). Diese drei Erkenntnisweisen lassen sich aus dem Begriff eines "restlosen Bezogenseins auf ... / in restloser Verschiedenheit von ..." ableiten.

Weltliche Wirklichkeit ist zunächst aufgrund ihres "restlosen Bezogenseins auf ..." dem Woraufhin dieses Bezogenseins **ähnlich**. Von der Wirklichkeit, Identität, Notwendigkeit und Vollkommenheit des Geschaffenen her kann man hinweisend von Gott Über-Wirklichkeit, Über-Identität, Über-Notwendigkeit und Über-Vollkommenheit aussagen. Darin besteht der "**bejahende Erkenntnisweg [via affirmativa]**" der traditionellen Gotteslehre. Mit dem jeweils vorangestellten "Über" soll ausgedrückt werden, daß Wirklichkeit, Identität, Notwendigkeit

---

56 Unter "Analogie" ist zunächst zu verstehen, daß "alles Seiende schlechthin im Sein übereinkommt, sich zugleich aber im Sein wesentlich unterscheidet, jedoch nicht durch Merkmale, die v. außen z. Sein hinzutreten, sondern, da sie selbst Seiendes sind, einer Selbstauslegung des Seins entspringen" (**Emerich Coreth**, Art. "Analogia entis [Analogie] I. Begriff", LThK² I, 468). Dieser m. E. innerweltliche Sachverhalt eines umgreifenden und doch in sich differenzierten Seinsbegriffs stellt noch einmal eine Form der alle weltliche Wirklichkeit umfassenden Widerspruchsproblematik dar, aus der man auf die Geschöpflichkeit der Welt schließen kann. Von dieser innerweltlichen, wechselseitigen Analogie ist jedoch die einseitige Analogie der Welt Gott gegenüber so zu unterscheiden (als "einmalige Redeweise sui generis", ebd. 469), daß sie nicht mit einem Anwendungsfall von ihr verwechselt werden kann (wie der gleiche Artikel zunächst insinuiert hatte, ebd. 469). Die Analogie der Welt Gott gegenüber beruht nicht mehr auf einer übergreifenden Einheit des Seinsbegriffs, sondern darauf, daß die Welt in einem restlosen Bezogensein auf ein restlos von ihr Verschiedenes aufgeht, das nur durch die Restlosigkeit des Bezogenseins auf es überhaupt bestimmt werden kann. - **Erich Przywara**, Analogia Entis - Metaphysik - I Prinzip, München 1932, scheint mit seinem "In-über" die Immanenz Gottes (kraft unseres restlosen Bezogenseins auf ihn) und seine Transzendenz (aufgrund unseres restlosen Verschiedenseins von ihm) in letztlich nicht relationalen, sondern räumlichen Kategorien auszudrücken und damit der Analogie gerade nicht gerecht zu werden; vgl. zur Kritik auch **Lourencino Bruno Puntel**, Analogie und Geschichtlichkeit I - Philosophiegeschichtlich. Kritischer Versuch über das Grundproblem der Metaphysik, Freiburg-Basel-Wien 1969, 533 -552. Für die dort betonte Geschichtlichkeit des Seins ist unser Begriff der Einseitigkeit der Relation des Geschaffenen auf Gott, die es nicht erlaubt, das Geschaffene zu "deduzieren", das metaphysische Pendant.

57 Zur Terminologie vgl. **Thomas v. Aquin**, Quaestiones disputatae, De potentia q7 a5 ad2 im Anschluß an **Ps.-Dionysios Areopagita**, z. B. De mystica theologia, cap. I, § 2 (PG 3, 1000B).

und Vollkommenheit Gott "erst recht" zukommen müssen, jedoch so, daß es nicht um eine bloße Steigerung, sondern um ein unüberbietbares Maß geht. Deshalb kann man Gott diese Begriffe nur "hinweisend" zuschreiben. Das An-Sich Gottes fällt nicht unter solche Begriffe. Auch die Aussage, daß Gott "existiert", ist nur hinweisender Art (58). Es ist also zu bestreiten, daß es einen Gott und Welt übergreifenden Seinsbegriff gibt, der legitim gebildet werden könnte. Also nicht:

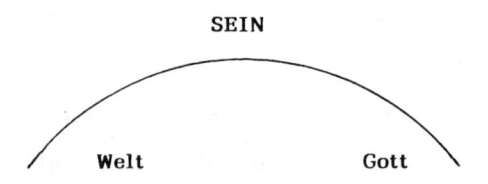

```
            SEIN
         ⌒⌒⌒⌒⌒
       /             \
     Welt           Gott
```

Vielmehr übergreift unser Seinsbegriff nur die Welt. Gott ist nicht selbst ein Teil der Wirklichkeit im ganzen. Alles, was "unter" unseren Begriff von Wirklichkeit fällt, ist als geschaffen anzusehen. Die Unterscheidung zwischen Gott und Welt ist letztlich fundamentaler als der Seinsbegriff; sie ist ihm ontisch vor- und nicht nachgeordnet. Eben deshalb kann "Sein" und "Wirklichkeit" in bezug auf Gott nur noch hinweisend, "analog" ausgesagt werden:

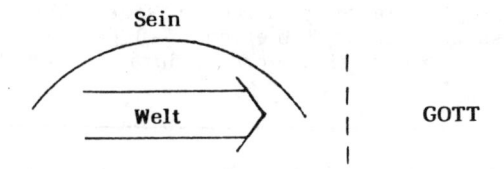

```
       Sein             |
     ⌒⌒⌒⌒              |
    /       →  →  →    |   GOTT
   Welt      →          |
                        |
```

Es handelt sich bei diesem Hinweisen strenggenommen auch nicht um ein "Transzendieren" oder "Überschreiten" der Endlichkeit der Welt, als sei die Erkenntnis von etwas als endlich und begrenzt bereits ein Überschreiten dieser Grenze. Denn das Verhältnis der Welt zu Gott ist nicht das des Aneinander-Angrenzens zweier Räume, sondern sie ist in sich selbst reines Bezogensein auf Gott. So ist sogar der in gewisser Weise "unendliche" Horizont des Seins, in dem ein Seiendes überhaupt erst als Seiendes erfaßt werden kann, noch

---

58   Vgl. **Thomas v. Aquin**, S. th. I q3 a4 ad2: "Von 'Sein' spricht man in doppeltem Sinn. In der einen Weise bedeutet es den Seinsakt; in der anderen Weise bedeutet es die Zusammensetzung in einem Satz, den der menschliche Geist bildet, indem er ein Prädikat mit einem Subjekt verbindet. Wenn man also 'Sein' im ersten Sinn faßt, können wir weder das Sein noch das Wesen Gottes erkennen, sondern nur im zweiten Sinn. Wir wissen nämlich, daß dieser Satz, den wir in bezug auf Gott bilden, indem wir sagen 'Gott ist', wahr ist; und zwar wissen wir dies aus dem von ihm Gewirkten."

immer geschaffen. Er verweist auf Gott, ohne mit ihm identisch zu sein (59).

Wenn man also Gott als das "absolute, schlechthinnige Sein" bezeichnen will, dann darf man den bloß hinweisenden Charakter solcher Rede nicht nachträglich wieder vergessen. Man würde sonst Gott mit einem ins Unendliche vergrößerten Stück Welt verwechseln. Man kann also nicht die eigene Geschöpflichkeit gleichsam nur als Absprungsbrett einer Gotteserkenntnis verstehen, das man sozusagen hinter sich lassen kann, sobald man zu Gott gelangt ist. Von Gott ist nur solange überhaupt wirklich die Rede, als die Anerkennung der eigenen Geschöpflichkeit der bleibende Ausgangspunkt ist, den man nicht hinter sich lassen kann.

Der "bejahende Erkenntnisweg" erlaubt es auch, aufgrund unseres eigenen Personseins von Gott hinweisend Über-Personalität auszusagen. Allerdings ist damit allein noch nicht die Möglichkeit gegeben, Gott als "Du" anzureden und ihn in dieser Anrede auch zu erreichen. Denn Gemeinschaft mit Gott ist erst durch Gottes Zuwendung zu uns in seinem Wort, also in unserem Hineingenommensein in das Verhältnis des Sohnes zum Vater, nämlich im Heiligen Geist möglich. Aber selbst davon wird nur hinweisend die Rede sein können.

Dem "bejahenden Erkenntnisweg" kommt grundlegende Bedeutung für die beiden anderen Erkenntniswege zu. Nur aufgrund des Bezogenseins der Welt auf Gott ist überhaupt Rede von Gott möglich. Man kann also nicht mit dem zweiten Erkenntnisweg und seiner negativen Aussage, daß Gott "der ganz Andere" sei, beginnen (60). Der "bejahende Erkenntnisweg" erlaubt positive Aussagen über Gott, so sehr sie bloß "hinweisend", "analog" bleiben. Daß positive Aussagen über Gott möglich sind, ergibt sich gerade daraus, daß die Welt

---

59 In der Theologie **Karl Rahners** scheint mir der Unterschied zwischen dem unendlichen Horizont des Seins, der in Wirklichkeit noch immer geschaffen ist, und Gott nicht geklärt; vgl. z. B. Schriften zur Theologie X, Zürich-Einsiedeln-Köln 1972, 37.

60 Diesen Gesichtspunkt hat bereits **Friedrich Schleiermacher**, o. c. (Anm. 31), § 50, vor allem S. 285 (in der Ausgabe von Martin Redeker, I, Berlin 1960, 259) betont. Es ist ihm dagegen nicht gelungen, die beiden anderen Erkenntniswege in ihrer Verschiedenheit voneinander zu erfassen, obwohl sein relationaler Grundansatz dazu die Möglichkeit geboten hätte. - Angesichts der vorausgehenden ausführlichen Erläuterung von Geschöpflichkeit verwundert die Kritik von **Christofer Frey** in seiner Rezension in: EK 12 (1979) 426f: "mit Gott, dem 'ganz anderen' (wäre die erstarrte Formel nicht einmal aufzuschlüsseln?) läßt sich Fundamentaltheologie nicht beginnen" (426). Der Rezensent schreibt mir auch prompt die Auffassung zu, daß Gott "nur die einseitige Relation (von ihm zur Welt) zuläßt"; ähnlich abwegig schreibt **Bruno Hidber** in seiner Rezension in TGA 24 (1981) 61, daß es nach meiner Auffassung "von der geschaffenen Welt keinen realen Bezug zu Gott gebe". In Wirklichkeit wurde die Bedeutung des Wortes "Gott" überhaupt erst aus dem ausdrücklich nachgewiesenen Bezug der Welt auf ihn definiert.

sich "restlos" auf ihn bezieht und ihm in diesem Sinn "ähnlich" sein muß (61).

Der zweite Erkenntnisweg ist der "**verneinende [via negativa]**". Während der Ausgangspunkt des "bejahenden Erkenntnisweges" die - wenn auch nur relative - Vollkommenheit der Welt war, ist Ausgangspunkt des "verneinenden Erkenntnisweges" die innere Begrenztheit dieser Vollkommenheit, die Negativität der Welt. Alle Positivität der Welt ist von vornherein von einer Negativität durchdrungen. Diese Negativität ist nur so möglich, daß die Welt gerade in ihrem "restlosen Bezogensein auf ..." zugleich "restloses Verschiedensein von ..." ist. Sie ist deshalb in ihrer Ähnlichkeit dem Woraufhin ihres Bezogenseins zugleich **unähnlich**. Weil die Welt nur so auf Gott bezogen ist, daß sie von ihm verschieden ist, ist ihre Bezogenheit auf ihn keine Gottgleichheit, sondern nur ein Ähnlichsein. Diese Ähnlichkeit ist als solche zugleich Unähnlichkeit. Ähnlichkeit und Unähnlichkeit verteilen sich dabei nicht auf verschiedene Realitäten am Geschaffenen, wie es in seinem Verhältnis zu anderen weltlichen Sachverhalten wäre, sondern betreffen jeweils die ganze Realität des Geschaffenen. Der "verneinende Erkenntnisweg" erlaubt es, von der als endlich und veränderlich erfahrenen Welt her hinweisend von Gott Über-Un-Endlichkeit und Über-Un-Veränderlichkeit auszusagen. Das "Über" soll ausdrücken, daß es sich bei Gott nicht um die "schlechte" Unendlichkeit etwa grenzenlosen Raums oder um die starre, tote Unveränderlichkeit eines Steines handeln kann, sondern daß es um unendliche Vollkommenheit geht, die alles Begreifen übersteigt.

Wegen der Negativität von Endlichkeit und Veränderlichkeit kann man nicht umgekehrt auch auf sie den "bejahenden Erkenntnisweg" anwenden, um etwa von Gott "Über-Endlichkeit" und "Über-Veränderlichkeit" auszusagen. Die negativen Aspekte der Welt beruhen ja auf ihrer Verschiedenheit von Gott und lassen deshalb nur den "verneinenden Erkenntnisweg" zu.

Auch hier ist wieder ausdrücklich zu beachten, daß die im "verneinenden Erkenntnisweg" gewonnenen Aussagen über Gott nur "hinweisend" sind. Denn sonst verwechselt man die bereits der Welt selbst bei all ihrer Endlichkeit zukommende Unendlichkeit und die ihr in ihrer Nichtnotwendigkeit zukommende Notwendigkeit mit der Über-Unendlichkeit und Über-Notwendigkeit Gottes. Ein solcher Gott wäre wiederum nur eine Projektion weltlicher Wirklichkeit ins Unermeßliche.

Sowohl vom "bejahenden" wie vom "verneinenden Erkenntnisweg" gilt, daß die so entstehenden Aussagen über Gott nur "hinweisend", nur "analog" sind. Dies wird im dritten Erkenntnisweg, dem des "**Überstiegs [via eminentiae]**", noch einmal eigens gesagt. Weil nämlich das Bezogensein weltlicher Wirklichkeit auf Gott als restloses notwendig einseitig ist, besteht auch die Ähnlichkeit der Welt Gott

---

61 Dies ist zu erwidern auf **Erich Schrofners** Kritik in seiner Rezension in: Domschule Würzburg, 4/78, hier werde "in Abgrenzung von den traditionellen Gottesbeweisen die analoge Gotteserkenntnis auf bloße Unähnlichkeit reduziert".

gegenüber nur in dieser einen Richtung. Die Welt ist Gott ähnlich und unähnlich zugleich. Von Gott aber ist deshalb hinweisend auszusagen, daß er der Welt nur unähnlich ist. Auch wenn man Gott hinweisend "die absolute, unendliche Fülle des Seins und der Vollkommenheit" nennen kann, ist dies wie nichts gegenüber ihm selbst. So mündet alles Reden über Gott in Verstummen.

Nur in dieser relationalen Sicht von Analogie, wonach die Analogie der Welt Gott gegenüber einseitig ist, läßt sich der "Weg des Überstiegs" von den beiden anderen Erkenntniswegen abheben und zugleich als in ihnen impliziert erfassen; und erst so wird die traditionelle Analogielehre völlig konsistent. Wäre dagegen die Beziehung zwischen Gott und Welt wie die weltlicher Wirklichkeiten untereinander wechselseitig, dann müßte der "Weg des Überstiegs" und damit im Grunde die ganze eigentliche Analogielehre entfallen (62).

Nur wenn die Analogie der Welt Gott gegenüber streng einseitig ist, wird es ferner möglich, die Rede von Gott nicht nur von einer bloßen, also nur gedachten, sondern überhaupt von jeder Projektion zu unterscheiden. Eine Projektion wäre notwendig auch ihrerseits der Welt ähnlich (63).

---

62 Vgl. **Augustinus**, Confessiones XI, 4, 6 (PL 32, 811): "Du also, Herr, hast sie [Himmel und Erde] erschaffen, der du schön bist – denn sie sind schön; der du gut bist – denn sie sind gut; der du bist – denn sie sind [= dreimal 'via affirmativa']. Doch sind sie nicht in der Weise schön und sind nicht in der Weise gut und nicht in der Weise sind sie, wie du, ihr Schöpfer [= dreimal 'via negativa'], mit dem verglichen sie weder schön sind noch gut sind noch sind [= dreimal 'via eminentiae']." Vgl. die hochbedeutsame Analogieformel des IV. Laterankonzils (DS 806): "Zwischen Schöpfer und Geschöpf läßt sich keine Ähnlichkeit feststellen, ohne daß eine noch größere Unähnlichkeit festzustellen wäre." Die noch größere Unähnlichkeit ist darin begründet, daß die Ähnlichkeit der Welt Gott gegenüber einseitig ist; dies nicht anerkennen zu wollen, sondern Gott zum Bestandteil eines übergreifenden Systems zu machen, ist sozusagen die Erbsünde des spekulativen Denkens. Vgl. auch **Thomas v. Aquin**, S. th. I q4 a3 ad4: "Mag man auch in gewisser Hinsicht zugeben können, daß das Geschöpf Gott ähnlich ist, so ist doch auf keine Weise zuzugeben, daß Gott dem Geschöpf ähnlich sei. Denn [...] eine gegenseitige Ähnlichkeit kann nur bei dem angenommen werden, was der gleichen Ordnung zugehört [...]." – Das Anliegen von **Karl Barth**, Die Kirchliche Dogmatik III,2, Zollikon-Zürich 1948, 262, in seiner Bekämpfung der Lehre von der "analogia entis" läßt sich gerade in der rechtverstandenen Analogielehre weit besser als in seiner Sicht wahren. Auch ihm geht es letztlich nur um die Unbegreiflichkeit und Unverfügbarkeit Gottes; doch muß auch deren Behauptung noch immer vor der Vernunft verantwortet, d. h. von einer beliebigen Behauptung unterschieden werden.

63 Gegenüber dem Projektionsvorwurf an die Adresse der christlichen Gotteslehre genügt es nicht, mit **Hans Küng**, Existiert Gott? Antwort auf die Gottesfrage der Neuzeit, München 1978, 243, zu antworten, daß dem projizierenden Wunsch nach Gott durchaus ein wirklicher Gott entsprechen könne. Ein "Gott", der sich überhaupt als mensch-

```
      Welt  <--->  Gottes-
                   projek-
                   tion
```

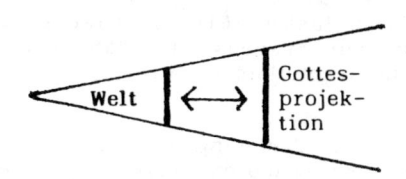

Sodann wird deutlicher als in der philosophischen Tradition, daß die Analogie der Welt Gott gegenüber sich nicht erst nachträglich aus einem zuvor ohne Anwendung analogen Denkens geführten Gottesbeweis ergibt. Sie ist vielmehr selbst der eigentliche Gegenstand des Beweises der Geschöpflichkeit der Welt: Die Welt wird als eine Wirklichkeit verstanden, die auf Gott hinweist. Eine erst nachträglich eingeführte Analogielehre käme zu spät. Der Mangel der herkömmlichen sogenannten Gottesbeweise besteht gerade darin, daß in ihnen die Analogie noch nicht bedacht wird; sie bleiben deshalb in einer nachträglich nicht mehr heilbaren Weise logisch fehlerhaft.

Daß man in den drei Erkenntniswegen von Gott immer nur "hinweisend" sprechen kann, bedeutet, daß die so in bezug auf Gott gebrauchten Begriffe "logische Endbegriffe" - diese Bezeichnung sei für sie vorgeschlagen - sind. Sie stammen zwar aus logischer Argumentation, lassen sich aber nicht zu weiterer logischer Argumentation verwenden, indem man aus ihnen etwa zu folgern versucht, was Gott zulassen kann oder was nicht. Folgerungen können nur aus solchen Sachverhalten gezogen werden, die selbst "unter" unsere Begriffe fallen. Wo dagegen nur hinweisende, analoge Rede möglich ist, lassen sich aus den so erreichten Aussagen keine weiteren Folgerungen ziehen. Das ist gerade das Eigentümliche analoger Rede.

Vielleicht ist aus dieser Erläuterung der Analogielehre und ihrer Begründung aus der Relationalität der Welt auch noch einmal deutlich geworden, daß in der Anerkennung unserer Geschöpflichkeit die Existenz des Schöpfers nicht analytisch und damit unanalog enthalten ist. Die Aussage, daß Gott "existiert", kann nur als analoge Aussage gewonnen werden. Anderenfalls müßte es möglich sein, in irgendeinem logischen Verfahren den Satz "Die Welt wird durch ihr Bezogensein auf Gott erklärt" in den Satz "Die Welt wird durch Gott erklärt" umzuwandeln. Dies würde jedoch zu einem logischen Widerspruch führen, nämlich zur Behauptung der Identität von Geschöpflichkeit und Gott. So bleibt es dabei, daß von Gottes An-Sich nur eine analoge Erkenntnis möglich ist und er nicht "unter" unsere Begriffe fallen kann.

Die Analogielehre, wie sie sich in den drei Erkenntnisweisen in deren innerer Zusammengehörigkeit entfaltet, dient somit dem systematischen Ausschluß jeden Systems, in dem man sich vermeintlich über Gott und Welt stellen könnte. Jeder legitime Gottesbegriff bleibt auf die Anerkennung unserer eigenen Geschöpflichkeit zurückgeworfen

---

liche Projektion verstehen ließe, wäre auch als unabhängig von der Projektion in der Wirklichkeit existierend doch nicht der in der christlichen Botschaft gemeinte Gott, sondern ein Götze, ein Stück vergötterter Welt.

und kann diese nicht hinter sich lassen (64). Gleichwohl hat analoges Sprechen nichts mit einer nur "vagen" oder "annähernden" Redeweise zu tun, sondern ist unüberbietbar genau.

Weiter soll nun der in der Anerkennung der eigenen Geschöpflichkeit gewonnene Gottesbegriff mit anderen Auffassungen verglichen werden. Er steht nicht nur in Gegensatz zu Atheismus, Pantheismus und Deismus, sondern auch zu einem verbreiteten Verständnis des philosophischen Theismus. Er nimmt jedoch den Wahrheitskern aller dieser Auffassungen auf. Der gemeinsame Fehler dieser verschiedenen Auffassungen besteht in ihrer Verkennung der einseitigen Analogie der Welt Gott gegenüber. Sie denken Gott fälschlich wie eine ins Unendliche gesteigerte weltliche Wirklichkeit, und sei es als eine jenseitige Welt, und lehnen diese dann zu Recht ab (Atheismus) oder behaupten umgekehrt ihre Existenz zu Unrecht (Pantheismus, Deismus, Theismus).

Wenn alle Wirklichkeit überhaupt "restloses Bezogensein auf ... / in restloser Verschiedenheit von ..." ist, dann läßt sich Gott weder mit einem Teil noch mit dem Ganzen der Wirklichkeit identifizieren. Es ist dann gerade in der Geschöpflichkeit der Welt begründet, daß Gott nicht als ein Einzelfaktor in der Welt vorkommen kann (65). Es ist in philosophischer Betrachtung nicht möglich, einzelne Sachverhalte in besonderer Weise auf Gott zurückzuführen. Denn die restlose Abhängigkeit von Gott muß unterschiedslos von allem gerade in seiner jeweils unterschiedlichen Eigenart ausgesagt werden. Die restlose Abhängigkeit eines Menschen von Gott ist als die eines Men-

---

64 Dies ist auf den Sinnlosigkeitsverdacht zu antworten, den **Max Bense**, Warum man Atheist sein muß, in: Club Voltaire, Jahrbuch für kritische Aufklärung I, hrsg. v. Gerhard Szczesny, München ²1964, 66-71, in geradezu klassischer Weise formuliert hat: "Es läßt sich zeigen, daß Aussagen über Gott von der Art 'Gott ist höchstes Wesen' oder 'Gott ist transzendent' nicht das Geringste mehr aussagen als etwa 'X ist pektabel'. In einer solchen Aussage wird von einem unbestimmten Etwas (X) ein unbestimmtes Prädikat (ist pektabel) ausgesagt" (68). Das von Bense abgelehnte "metaphysisch postulierte, Denkbarkeit und Erfahrbarkeit übersteigende höchste Wesen, von dem diese Welt in einer formulierbaren Weise abhängen soll" (vgl. ebd.), ein "transzendentes, produktives, anderes Sein" (ebd.), wäre ein Gott, den man im voraus zur Erkenntnis der eigenen Geschöpflichkeit unanalog erkannt haben müßte, um von ihm die eigene Geschöpflichkeit abzuleiten. Von einem solchen Gott kann tatsächlich nicht sinnvoll die Rede sein.

65 Darauf bezieht sich die häufig zitierte Bemerkung von **Dietrich Bonhoeffer**, Widerstand und Ergebung, hrsg. v. Eberhard Bethge, München-Hamburg ⁶1970, 177f: "Und wir können nicht redlich sein, ohne zu erkennen, daß wir in der Welt leben müssen - 'etsi deus non daretur'. Und eben dies erkennen wir - vor Gott! Gott selbst zwingt uns zu dieser Erkenntnis. So führt uns unser Mündigwerden zu einer wahrhaftigen Erkenntnis unserer Lage vor Gott. Gott gibt uns zu wissen, daß wir leben müssen, als solche, die mit dem Leben ohne Gott fertig werden. Der Gott, der mit uns ist, ist der Gott, der uns verläßt (Markus 15,34)! Der Gott, der uns in der Welt leben

schen eine andere als die restlose Abhängigkeit eines Steines. Aber es handelt sich in beiden Fällen um jeweils restlose und damit unüberbietbare Abhängigkeit. Von hier aus wird der übliche "Wunder"-Begriff, die welthafte Vorstellung von einem "besonderen Eingreifen" Gottes in seine Welt, überaus fragwürdig. Alles ist ja längst vollkommen und unüberbietbar in seiner Hand. Wir werden den "Wunder"-Begriff christlich neu verstehen müssen im Sinn einer in weltlicher Wirklichkeit geschehenden Selbstmitteilung Gottes.

Zunächst aber bedeutet Welterfahrung als Erfahrung der eigenen Geschöpflichkeit, die ja immer nur das von Gott Verschiedene ist, das nur auf ihn verweist, eine Gotteserfahrung in der Weise der "Abwesenheit" oder der "Verborgenheit" (66). Man erfährt immer nur die Welt. Außerhalb des auf das "Wort Gottes" gerichteten Glaubens erfährt man auch in sogenannten "Gotteserfahrungen" und sonstigen "Erleuchtungen" in Wirklichkeit immer nur die Tiefe des eigenen Seins, die gerade nicht Gott ist, wohl aber ohne ihn nicht sein kann.

Diese für das konstatierende Erkennen auch innerhalb des Glaubens erhalten bleibende Erfahrung der "Abwesenheit" Gottes macht den Wahrheitskern des **Atheismus** aus (67). Zu Recht wird von ihm

---

läßt ohne die Arbeitshypothese Gott, ist der Gott, vor dem wir dauernd stehen. Vor und mit Gott leben wir ohne Gott." "Vor Gott" bedeutet dabei die Geschöpflichkeit des Menschen; "ohne Gott" meint die gerade in der restlosen Abhängigkeit alles Wirklichen von Gott begründete Tatsache, daß Gott nicht als ein Seiendes neben anderen erfahren werden kann; "mit Gott" bezieht sich auf das geglaubte Wort Gottes, das den Menschen die Weltwirklichkeit aushalten läßt. - Mit dieser vor Gott gegebenen Erfahrung der "Abwesenheit" Gottes ist also etwas völlig anderes gemeint, als was z. B. **Walter Kasper**, Möglichkeiten der Gotteserfahrung heute, in: GuL 42 (1969) 330, beschreibt: "Das Wort Gott ist für viele heute zu einer nichtssagenden Vokabel geworden, welche die Wirklichkeit, in der sie leben, nicht mehr trifft und in ihrem Erfahrungskontext keinen Ort mehr findet. Wir alle machen in der Gegenwart diese Erfahrung der Abwesenheit Gottes." In diesem anderen Sinn verstanden ist "Abwesenheit" Gottes nur eine durch Bemühung um ein besseres Verständnis überwindbare Zeiterscheinung. Die eigene Geschöpflichkeit kann aber nur vermeintlich nicht erfahren werden.

66 Vgl. **Eberhard Jüngel**, Quae supra nos, nihil ad nos - Eine Kurzformel der Lehre vom verborgenen Gott - im Anschluß an Luther interpretiert, in: EvTh 32 (1972) 197-240. In seinem Buch Gott als Geheimnis der Welt - Zur Begründung der Theologie des Gekreuzigten im Streit zwischen Theismus und Atheismus, Tübingen 1977, warnt Jüngel mit Recht davor, die Lehre vom "verborgenen Gott" als eine die Offenbarung übersteigende und sie relativierende Lehre zu verstehen; tatsächlich ist es vielmehr umgekehrt die Offenbarung, die als die umfassendere Aussage erst die Wirklichkeit des verborgenen Gottes aushalten läßt. Vgl. meine Rezension zu Jüngels Buch in: ThPh 53 (1978) 285-288.

67 **Erich Schrofner** bemängelt in seiner Rezension in: Domschule Würzburg 4/78, daß sich meine Auseinandersetzung mit dem Atheimus auf die

ein falsches Gottesbild abgelehnt, nämlich die Vorstellung von einem "höchsten Wesen", das zu innerweltlicher Kausalität in Konkurrenz tritt und sich in ein umfassenderes System einordnen läßt (68). Der Irrtum des Atheismus besteht jedoch in der Meinung, damit sei überhaupt jedes Gottesverständnis erledigt, also auch das genuine biblische.

Im übrigen wird erst das "Wort Gottes" den Menschen befähigen, die sonstige Gotteserfahrung im Modus der "Abwesenheit" wirklich zu ertragen, ohne zu selbstgemachten Götzen zu fliehen. Außerhalb des Glaubens an das "Wort Gottes" ist der Mensch ständig in der Gefahr, das von Gott Verschiedene mit ihm zu verwechseln.

Der **Pantheismus** meint, das All oder das Sein überhaupt mit Gott identifizieren zu können. Ein Wahrheitsmoment des Pantheismus besteht darin, daß nach dem rechtverstandenen Schöpfungsbegriff in der Tat alle Wirklichkeit mit Gott zu tun hat. Aber ein solches "Mit-Gott-zu-tun-Haben" ist nicht Gott. Gerade in seinem "restlosen Bezogensein auf ..." bleibt alles, was unter unseren Begriff von Wirklichkeit fällt, von dem Woraufhin dieser Bezogenheit schlechterdings verschieden. Es gibt keine Identität von Gott und Welt, weder Gottes mit der Welt noch der Welt mit Gott (69).

---

wenigen Zeilen dieses Abschnitts beschränke. In Wirklichkeit setzt sich die gesamte Darlegung der Bedeutung des Wortes "Gott" mit dem Atheismus auseinander.

68 Vgl. II. Vatikanum, GS 19,2: "Andere machen sich ein solches Bild von Gott, daß jenes Gebilde, das sie ablehnen, keineswegs der Gott des Evangeliums ist." - Ein Beispiel für ein solches Mißverständnis bieten die folgenden Ausführungen von **Gerhard Szczesny**, Die Zukunft des Unglaubens - Zeitgemäße Betrachtungen eines Nichtchristen, München 1958, 162: "Das echte Wunder, das heißt, die offensichtliche Aufhebung der naturgesetzlichen Kausalverknüpfungen, wäre allein ein Existenznachweis des christlichen Gottes. Bisher sind solche Wunder aber nur denen begegnet, die daran glauben wollten. Die Erfahrungen aller anderen Menschen dagegen ergeben übereinstimmend, daß der Kausalnexus bisher weder irgendwann und irgendwo durchbrochen worden ist, noch daß er durchbrochen werden könnte. Gott kann bestenfalls als ein Gott gedacht werden, der gezwungen ist, die Welt, nachdem er sie eingerichtet, nun nach den ihr eigentümlichen Gesetzen ablaufen zu lassen." Vgl. weiter unten unsere Ausführungen zum von diesen Vorstellungen völlig verschiedenen christlichen Wunderbegriff (III, 2.3).

69 Daß die Welt ganz und gar mit Gott zu tun hat und dennoch in keiner Weise mit ihm identisch ist, läßt sich nur mit Hilfe des erläuterten Relationsbegriffs adäquat aussagen. Fragwürdig erscheint demgegenüber die Redeweise von einer "absoluten Identität-Differenz von Endlichem und Unendlichem, Bedingtem und Unbedingtem, Welt und Gott" (so **Jörg Splett** und **Lourencino Bruno Puntel**, Art. "Analogia entis", SM[D] I, 131). Zwar besteht innerhalb des Geschaffenen eine "Identität-Differenz" (= Gegensatzeinheit) von Sein und Nichtsein, Notwendigkeit und Nichtnotwendigkeit, Endlichkeit und Unendlichkeit, aber immer sind die beiden Pole in ihrer Einheit geschöpflich; es handelt sich also gerade nicht um eine Identität-Differenz

In denjenigen herkömmlichen Gottesbeweisen, die von der Wirklichkeit der Welt ausgehen, wird häufig zuerst von Bedingtem auf Unbedingtes geschlossen (70). Erst in einem zweiten Schritt will man darlegen, daß dieses Unbedingte vom Ganzen der Welt verschieden sei. Dies ist zu spät. In unserem Beweis der Geschöpflichkeit kann das Bezogensein der Welt auf Gott nur gleichzeitig mit ihrem restlosen Verschiedensein von ihm aufgewiesen werden: Das weltliche Zugleich von Gegensätzen kann nur durch die gleichzeitige Angabe dieser beiden Hinsichten endgültig anders als logisch widersprüchlich beschrieben werden.

Der **Deismus** geht von der Vorstellung aus, Gott habe die Welt geschaffen und in Gang gesetzt, wie man ein Uhrwerk aufzieht. Es läuft von da an selbständig ab und bedarf keines weiteren Eingreifens. Worin besteht der Wahrheitskern dieser Auffassung? Bei einem restlosen Bezogensein aller Wirklichkeit auf Gott scheint es tatsächlich sinnlos zu werden, von einem "besonderen Eingreifen" Gottes in die Welt zu reden; es sei denn, man meint damit wie der christliche Glaube die Selbstmitteilung Gottes. Denn eine restlose Abhängigkeit läßt gar keine Steigerung mehr zu.

Die vermeintlich fromme Vorstellung von der Möglichkeit eines "besonderen Eingreifens" Gottes in die Welt verkennt, daß alles von vornherein und in jedem Augenblick bereits unüberbietbar in seiner Hand ist und gerade so, wie es tatsächlich geschieht, völlig von ihm abhängig ist. Es wäre ein fundamentales Mißverständnis, Geschöpflichkeit nur als einen allgemeinen Zustand zu verstehen, in-

---

zwischen Gott und Welt. - Ähnliche Vorbehalte wären gegenüber einigen Formulierungen von **Karl Rahner** anzumelden: "Denn wenn Gott selbst die Differenz setzt, setzt er das Gesetzte von sich ab, nicht aber sich vom Gesetzten" (Schriften zur Theologie IX, Einsiedeln-Zürich-Köln 1970, 321f). Rahner bestimmt die Bedeutung des Wortes "Gott" dadurch, daß jeder geistige Vollzug "vom alles übersteigenden Vorgriff auf das Ganze, das eines und das namenloses Geheimnis ist", lebt (ebd. 171). Auch hier scheint die Nichtidentität Gottes mit dem Ganzen der Wirklichkeit nicht deutlich gewahrt zu werden. Unseres Erachtens ist auch der umfassendste "Horizont" aller geistigen Vollzüge noch immer geschöpflich.

70 Vgl. z. B. **Karl-Heinz Weger**, Vom Elend des kritischen Rationalismus - Kritische Auseinandersetzung über die Frage der Erkennbarkeit Gottes bei Hans Albert, Regensburg 1981, 46f: "Ich kann mich der Einsicht nicht versagen, daß, wenn überhaupt etwas existiert, auch ein Absolutes existieren muß [...]. Natürlich ist diese mir evidente Einsicht in die Notwendigkeit einer absoluten Wirklichkeit noch kein Beweis der Existenz Gottes, denn so sehr es eine absolute, in ihrem Dasein nicht mehr hinterfragbare Wirklichkeit geben muß, so ist damit noch nicht gesagt, wer oder was diese Wirklichkeit ist. [...] Auf der Seinsebene ist das Vorhandensein einer absoluten Wirklichkeit unbestreitbar, wobei diese absolute Wirklichkeit auch 'die Welt als ganze' sein könnte - was immer das bedeuten mag!" Es wird in diesem Fehlschluß wohl übersehen, daß bereits alle geschöpfliche Wirklichkeit nur als ein Zugleich von Notwendigkeit und Nichtnotwendigkeit zu existieren vermag.

nerhalb dessen dann noch weitergehende Abhängigkeiten von Gott denkbar wären. Damit würde man die Restlosigkeit der Abhängigkeit des Geschaffenen von Gott verkennen.

Wenn es also ein "besonderes Eingreifen" Gottes in die Welt im Sinn einer zusätzlichen Abhängigkeit einzelner Sachverhalte von Gott nicht gibt und nicht geben kann, so liegt dies dennoch nicht daran, daß sich Gott von der Welt zurückgezogen und sie sich selber überlassen hätte. Es ist vielmehr gerade umgekehrt in ihrer von vornherein und jederzeit bestehenden restlosen und damit unüberbietbaren Abhängigkeit von ihm begründet.

Im einzelnen beruht das deistische Mißverständnis wohl auch auf einer falschen Interpretation der herkömmlichen Rede von Schöpfung als "zeitlichem Anfang" der Welt. Der Deismus grenzt Schöpfung auf einen solchen Anfang der Welt ein. In Wirklichkeit besagt aber die Rede vom zeitlichen Anfang der Welt nur, daß auch die Zeit selbst auf die Seite des Geschaffenen gehört und nicht Gott und Welt übergreift (71). In diesem Sinn wäre auch eine physikalisch gesehen seit je existierende Welt oder z.B. eine Welt, deren Ordnung sich als das Ergebnis von Zufall darstellen ließe (72), gerade so noch

---

71 Es ist also zu leugnen, daß die Welt Gott "gleichewig" sei (vgl. DS 410). Auch ein Seit-je-Bestehen der Welt in einem Auseinander von Zeitmomenten wäre nicht die Ewigkeit Gottes, sondern wäre im obigen Sinn ein "zeitlicher Anfang". - **Walter Kern**, Zur theologischen Auslegung des Schöpfungsglaubens (MySal II, 525), meint, einen zeitlichen Anfang der Welt im physikalischen Sinn damit begründen zu können, daß sich die Welt sonst nicht (heils-)geschichtlich verstehen lasse: "mit einer solchen Gerichtetheit auf Endgültigkeit ist eine Anfanglosigkeit der Weltzeit doch wohl schlechthin unvereinbar." Aber der Geschichtlichkeit der Welt wird bereits dadurch Rechnung getragen, daß man die Welt wegen ihrer bloß einseitigen Beziehung auf Gott nicht aus irgendwelchen Prinzipien deduzieren kann. Dann läßt sich die Meinung, in einer seit je bestehenden Welt könne nur das Stets-Gültige, das Beständig-Bleibende Bedeutung haben, nicht mehr einsichtig machen. - **Thomas v. Aquin**, De aeternitate mundi contra murmurantes, hält einen zeitlichen Anfang im physikalischen Sinn für philosophisch nicht beweisbar, sieht ihn jedoch als Offenbarungsgegebenheit an. Man wird aber den Offenbarungsgegebenheiten auch schon dann gerecht, wenn man die Rede vom "zeitlichen Anfang" der Welt nicht physikalisch, sondern in dem Sinn versteht, daß auch die Zeit geschaffen ist. Ob die Welt im physikalischen Sinn einen Anfang hat oder nicht, ist theologisch völlig gleichgültig, denn sie ist in beiden Fällen geschaffen; und in der Offenbarung geht es allein um Gottes Selbstmitteilung an uns.

72 Vgl. zu einer solchen Hypothese **Jacques Monod**, Zufall und Notwendigkeit - Philosophische Fragen der modernen Biologie, München 1970. Unabhängig davon, wie diese Hypothese naturwissenschaftlich zu beurteilen ist, stellt sie keinen echten Einwand gegen die Geschöpflichkeit aller weltlichen Wirklichkeit dar. **Johannes Haas**, Art. "Monod", Religionskritik von der Aufklärung bis zur Gegenwart - Autoren-Lexikon von der Aufklärung bis zur Gegenwart, hrsg. v. Karl-Heinz Weger, Freiburg-Basel-Wien 1979, 241, beruft sich dage-

immer geschaffen. Geschöpflichkeit ist keine Alternative zu anderen naturwissenschaftlichen Möglichkeiten der Welterklärung. Vielmehr fällt jede nur denkbare naturwissenschaftliche Welterklärung noch immer unter den Begriff der Geschöpflichkeit, solange die Welt als dialektische Einheit von Gegensätzen verstanden werden muß. Insbesondere kann der Begriff der Geschöpflichkeit auch nicht als Gegensatz zur eigenen technischen Produktivität des Menschen verstanden werden. Selbst jedes Werk unserer Technik ist doch Gott gegenüber ein restloses Bezogensein auf ihn in restloser Verschiedenheit von ihm. Es ist in diesem Sinn "aus dem Nichts geschaffen", obwohl es aus einer Fabrik kommt und aus vorgegebenen Materialien zusammengesetzt worden ist. Gerade so gilt von ihm, daß es "in allem, worin es sich vom Nichts unterscheidet", nämlich restlos in jeder Hinsicht, unter der es überhaupt ist, von Gott abhängig ist.

Als die eigentlich christliche Position gilt gemeinhin, wenn auch zu Unrecht, der **Theismus**. In ihm wird das Verhältnis von Gott und Welt so bestimmt, daß Gott jederzeit kausal in die Welt eingreifen kann. Aber auch diese Vorstellung verkennt noch immer, daß alles von vornherein und jederzeit restlos und damit unüberbietbar von Gott abhängig ist. Auch diese Vorstellung von einem jederzeit möglichen Eingreifen Gottes geht noch immer von der semi-deistischen Voraussetzung aus, die Welt gehe sonst ihren eigenen Lauf. Die vollkommene Abhängigkeit der Welt von Gott wird aber nur dann in der rechten Weise anerkannt, wenn man nicht nur dies oder jenes, sondern unterschiedslos alles als restlos von Gott abhängig ansieht. Anstatt mit einem "besonderen Eingreifen" Gottes zu rechnen, wissen wir von vornherein alles vollkommen "in seinem Griff". Unter der "Allmacht" Gottes ist nicht die bloße Möglichkeit seines Eingreifens zu verstehen, also was er nach unserer Phantasie alles tun "könnte", wenn er nur wollte, sondern daß er in schlechthin allem, was tatsächlich geschieht, der Mächtige ist.

Dagegen ist es ein Mißverständnis, wenn man die Allmacht Gottes gegen die Behauptung der Einseitigkeit der realen Relation des Geschaffenen auf Gott auszuspielen sucht. Man sagt dann etwa, man könne es doch Gott nicht "verbieten", sich seinerseits real auf die Welt zu beziehen. Denn ein solches "Verbot" schiene eine Einschränkung seiner göttlichen Souveränität zu bedeuten. In Wirklichkeit liefe aber gerade diese Auffassung darauf hinaus, das Geschaffensein der Welt aus dem Nichts zu leugnen und aus Gott ein Seiendes neben anderen zu machen. Die Welt wäre nicht mehr ein restloses Bezogensein auf Gott, wenn sie darüber hinaus konstitutiver Termi-

---

gen auf die allgemeine "Erfahrung, daß die häufigste und einleuchtendste Ursache von planmäßigen (teleonomen) Strukturen und Leistungen, wenn diese aufgrund der vorliegenden Bedingungen als im höchsten Grade unwahrscheinlich erscheinen, das Eingreifen eines in bewußter Absicht und planmäßig handelnden intelligenten Wesens ist. In diesem Sinne spricht die so unvorstellbar geringe Apriori-Wahrscheinlichkeit bei der Entstehung der Proteine und Evolution für das Wirken eines mit höchster Intelligenz handelnden Wesens, eines 'Schöpfers'." Gott wird hier zum Bestandteil eines übergreifenden Systems und zur bloßen Alternative zu anderen konkurrierenden Erklärungsmodellen degradiert.

nus einer Beziehung Gottes auf sie sein könnte. Gott und Welt wären damit in ein beide übergreifendes System integriert. Gott wäre nur noch Teil eines umfassenderen Ganzen. Seine Allmacht wäre nur ins Unendliche gesteigerte geschöpfliche Macht. Er wäre durch eine solche Relation auf die Welt selbst der gleichen Veränderlichkeit unterworfen, aufgrund deren wir die Welt als geschöpflich ansehen mußten.

Man mag dem weiter entgegenhalten, daß doch die Anerkennung der Welt als geschöpflich besage, daß Gott ihr Schöpfer ist. Es müsse also eine "Einwirkung" Gottes auf die Welt geben. Darauf ist zu antworten, daß das einzige reale Fundament für eine solche Redeweise darin besteht, daß die Welt in ihrem Bezogensein auf Gott in Verschiedenheit von ihm restlos aufgeht. In dieser Aussage ist eine Beziehung Gottes auf die Welt nur als eine **"begriffliche Beziehung [relatio rationis cum fundamento in re]"** impliziert, also als eine Beziehung zwischen unseren Begriffen. Daß die Welt Gottes Schöpfung ist, setzt keinen Unterschied in Gott, sondern ist mit der Existenz der Welt identisch (73). Allerdings ist selbst diese Aussage, daß Schöpfung keinen Unterschied in Gott setze, eine Gott gegenüber nur hinweisende Aussage.

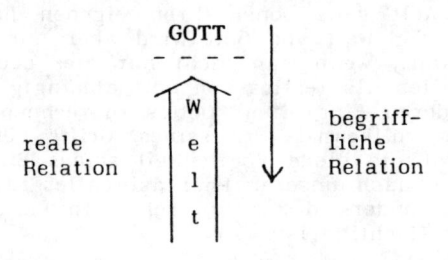

```
                    GOTT    |
                    ----    |
                     W      |
                            |      begriff-
       reale         e      |      liche
       Relation             ↓      Relation
                     l
                     t
```

Ein anderer Einwand könnte lauten, die Annahme einer solchen Unveränderlichkeit Gottes bedeute einen Rückfall in die ungeschicht-

---

73 Vgl. **Thomas v. Aquin**, S. th. I q13 a7 c: "Gott steht außerhalb der gesamten Ordnung des Geschaffenen. Alle Geschöpfe sind auf ihn hingeordnet, und nicht umgekehrt. Deshalb ist klar, daß sich die Geschöpfe real auf Gott selbst beziehen. Aber in Gott gibt es keine reale Beziehung von ihm auf die Geschöpfe, sondern nur eine begriffliche Beziehung auf der Grundlage dessen, daß sich die Geschöpfe auf ihn beziehen. Deshalb hindert nichts daran, von der Zeit her derartige Namen, die eine Beziehung auf das Geschaffene implizieren, von Gott auszusagen: nicht als verändere er sich selbst in irgendeiner Weise, sondern weil sich das Geschaffene verändert." - Vgl. bereits **Augustinus**, De Trinitate 5, XVI, 17 (CChr. SL 50; 227,64-71): "Wenn also Gott zeitlich als etwas benannt zu werden beginnt, als was er zuvor nicht benannt wurde, so ist klar, daß er nur bezugsweise benannt wird; und zwar nicht nach einer Eigenschaft Gottes, die zu ihm hinzugekommen wäre, sondern lediglich nach einer Eigenschaft dessen, auf das hin Gott bezugsweise benannt zu werden beginnt. Wenn der Gerechte beginnt, Freund Gottes zu sein, so verändert sich er. Fern sei aber, daß Gott jemanden in

lich denkende griechische Metaphysik und widerspreche dem biblischen Denken, das doch ein geschichtliches Handeln Gottes in der Welt bekenne. Dieser Einwand träfe zu, wenn Gott tatsächlich "unter" den Begriff des "Unveränderlichen" fiele und nicht auch dieser Begriff ihm gegenüber nur hinweisend gebraucht werden könnte. Dann handelte es sich in der Tat um griechische Metaphysik mit ihrem Begriff des "unbewegten Bewegers" (74). Wir argumentieren jedoch für die Einseitigkeit der Relation des Geschaffenen auf Gott nicht mit der Unveränderlichkeit Gottes. Vielmehr sprechen wir umgekehrt nur deshalb hinweisend von der Unveränderlichkeit Gottes, weil sich allein bei einem restlosen und damit einseitigen Bezogensein der Welt auf Gott in restloser Verschiedenheit von ihm das Widerspruchsproblem beantworten läßt, das alle weltliche Wirklichkeit stellt.

Was ferner den vermeintlichen Gegensatz dieser Auffassung zum biblischen Denken angeht (75), werden wir darauf ausführlich zurückkommen, wenn wir nach der Verstehbarkeit von "Offenbarung" oder "Wort Gottes" fragen (unten I.2). Für jetzt sei nur daran erinnert, daß die hinweisende Rede von der Unveränderlichkeit Gottes auch biblisch begründet ist (vgl. z.B. Ps 102,27f und Jak 1,17).

Vom rechtverstandenen Begriff der Geschöpflichkeit her lassen sich nun auch einige herkömmliche Schwierigkeiten in der Gotteslehre auflösen. Sie betreffen die Freiheit Gottes, die Freiheit des Menschen und die Vereinbarkeit des Leidens in der Welt mit der Allmacht Gottes.

Gerade aus der Einseitigkeit der Relation des Geschaffenen auf Gott ergibt sich auch die hinweisende Aussage von der schlechthinnigen Freiheit Gottes. Man kann nur von der Welt auf ihre Abhängigkeit von Gott schließen, nicht aber umgekehrt gewissermaßen von Gott auf die Welt. Einer solchen Herleitung der Welt aus Gott geht mit dem Fehlen einer realen Relation Gottes auf die Welt, für die die Welt der konstitutive Terminus wäre, jede ontologische Grundlage ab. Zwar kann die Welt nicht ohne Gott existieren; und natürlich könnten wir ohne die Welt und damit ohne unsere eigene Existenz keine Aussagen über Gott machen. Aber gerade so müssen wir hinweisend von Gott aussagen, daß er - philosophisch gesehen - auch ohne die Welt und ohne uns sein kann.

---

zeitlicher Weise liebte, sozusagen mit einer neuen Liebe, die zuvor nicht in ihm gewesen wäre. Denn bei ihm ist das Vergangene nicht vergangen und das Zukünftige bereits geschehen." - In scholastischer Terminologie werden die von der Welt her zeitlich bestimmten Aussagen über Gott wie, daß er die Welt geschaffen habe, als "denominationes ab extrinseco [Benennungen von außen her]" bezeichnet; vgl. **Walter Brugger**, Theologia naturalis, Barcelona ²1964, 303-307; **ders.**, Summe einer philosophischen Gotteslehre, München 1979, 330-332. In unserer Sicht sind überhaupt alle Benennungen Gottes letztlich dieser Art.

74   Vgl. **Aristoteles**, Metaphysik, Λ 7, 1072b, 7.

75   Vgl. **Hans Küng**, Menschwerdung Gottes - Eine Einführung in Hegels theologisches Denken als Prolegomena zu einer künftigen Christologie, Freiburg-Basel-Wien 1970, 637-646.

Aber wird nicht durch die Anerkennung einer restlosen Abhängigkeit des Menschen von Gott die menschliche Freiheit aufgehoben? Auch hier besteht die Antwort, die eigentlich das Problem gar nicht erst aufkommen läßt, im Hinweis auf die Einseitigkeit der Relation des Geschaffenen auf Gott. Die restlose Abhängigkeit des Menschen von Gott wäre nur dann mit der Freiheit des Menschen nicht vereinbar, wenn man aus dem Gottesbegriff **herleiten** könnte, was in der Welt geschieht. Man kann aber nur umgekehrt von der Wirklichkeit der Welt her, in der man sich als frei und selbständig handelnd erfährt, auf die Geschöpflichkeit der Welt und der eigenen Freiheit und ihrer einzelnen Akte schließen. Auch unsere freiesten Akte stellen ein Zugleich von Gegensätzen dar und können deshalb nur als geschöpflich existieren. Weil man nichts von Gott herleiten kann, ist jeder philosophische "Determinismus" ausgeschlossen. Aber die menschliche Freiheit ist keineswegs ein innerhalb einer nur allgemeinen Abhängigkeit von Gott verbleibender "Spielraum", den Gott gewissermaßen "respektierte". In einer solchen Vorstellung wäre Gott wieder wie ein weltliches Seiendes gedacht, das zu anderen Seienden in Konkurrenz tritt. Vielmehr hängt auch das freie Handeln des Menschen restlos von Gott ab.

In der Scholastik wurde scharfsinnig diskutiert, wie man sich ein "Mitwirken" Gottes mit dem Geschöpf vorstellen soll und vor allem wie die göttliche Ursächlichkeit mit der menschlichen Freiheit zusammengehen kann (76). Die verschiedenen Lösungsversuche gingen von der falschen Voraussetzung aus, es sei möglich, ein Gott und Welt übergreifendes Denksystem zu entwickeln. Sie ließen den bloß hinweisenden, analogen Charakter jeglicher Rede über Gott außer acht. Daraus entstand eine von vornherein widersprüchliche Fragestellung, für die es natürlich keine sinnvolle Antwort geben kann. Man kann nur die Fragestellung selbst als nicht sinnvoll aus den Angeln heben (77). Es ist bereits völlig unsinnig, von einem "Mitwirken Gottes [concursus divinus]" mit dem Geschöpf zu reden, weil alles von Gott Verschiedene restlos Gottes Werk ist und er somit als

---

76 Es entstand auf der einen Seite das sog. bañezianisch-thomistische System, wonach der Mensch in seinem freien Handeln gleichwohl durch eine "seinsmäßige Vorherbewegung [praemotio physica]" prädeterminiert sei; vgl. **Domingo Bañez**, Comentarios inéditos a la prima secundae de santo Tomás, III, De gratia Dei (qq 109-114), hrsg. v. Vicente Beltrán de Heredia, Madrid 1948. Nach dem molinistischen System dagegen hat Gott ein "mittleres Wissen [scientia media]" zwischen der Erkenntnis des bloß Möglichen und der des Tatsächlichen: Er erkennt auch das, was bei der eventuellen Verwirklichung bestimmter Bedingungen der Fall wäre. Gott sieht angeblich in der "scientia media" voraus, wie sich ein Mensch in verschiedenen Situationen aufgrund der ihm eigenen Freiheit verschieden entscheiden würde, und versetzt ihn dann in eine bestimmte von diesen Situationen; vgl. **Luis de Molina**, Liberi arbitrii cum gratiae donis, divina praescientia, providentia, praedestinatione et reprobatione Concordia, hrsg. v. Johannes Rabeneck, Oña-Madrid 1953.

77 Vgl. bereits **Walter Brugger**, Theologia Naturalis, Barcelona ^{2}1964, 322-333; **ders.**, Summe einer philosophischen Gotteslehre, München 1979, 348-359.

Schöpfer alles allein wirkt. Für das Wirken Gottes und das Handeln des Menschen gibt es keinen gemeinsamen, übergreifenden Begriff.

So kommt auch das sogenannte **Theodizeeproblem** in ein neues Licht. Dieses Problem besteht in der Frage, wie das Leid in der Welt mit der Allmacht eines guten Gottes zu vereinbaren ist. Die herkömmlichen Versuche einer Antwort laufen gewöhnlich auf die Unterscheidung zwischen dem "Willen" Gottes und seiner bloßen "Zulassung" hinaus, als sei nicht auch das von Gott angeblich nur Zugelassene restlos und unüberbietbar von ihm abhängig (78). In Wirklichkeit handelt es sich auch hier um eine von vornherein falsche Fragestellung. Gott wird ja von Anfang an hinweisend als der definiert, der genau das zuläßt und will, was wirklich geschieht. Ohne ihn kann nichts von alldem sein. Dann kann man nicht die weltliche Wirklichkeit nachträglich gegen den aus ihr gewonnenen Gottesbegriff ausspielen. Das Theodizeeproblem geht als spekulatives Problem wieder von der falschen Voraussetzung aus, daß es eine Gott und Welt übergreifende Wirklichkeit gibt und daß man von Gott auf die Welt zurückschließen kann (79).

---

78 Bereits nach dem alttestamentlichen Gottesverständnis verweist auch jede negative Erfahrung der Welt noch immer auf Gott. Ein besonders deutliches Beispiel für die letzte alttestamentliche Antwort auf das Theodizeeproblem stellt Jer 45 dar: Man kann erst dann wirklich menschlich leben, wenn man sich nicht mehr der Illusion hingibt, bestimmen zu dürfen, was Gott zulassen kann und was nicht. Auf diesen Text ist **Dietrich Bonhoeffer**, o. c. (Anm. 65), immer wieder zurückgekommen (48f, 115, 132, 149f, 183). - Vgl. ferner **Martin Luther**, De servo arbitrio (1525), WA 18; 712,19-28: "Es bleibt noch, daß jemand vielleicht fragt, warum Gott nicht mit der Bewegung seiner Allmacht aufhört, durch die der Wille der Bösen bewegt wird, weiterhin schlecht zu sein und noch schlechter zu werden. Zu antworten ist: Dies hieße wünschen, daß Gott um der Bösen willen aufhöre, Gott zu sein. Denn man wünscht dann, daß seine Macht und sein Wirken aufhört und er also aufhört, gut zu sein, damit jene nicht noch schlechter werden. Aber warum ändert Gott nicht zugleich die bösen Willen, die er bewegt? Dies gehört zum Geheimnis seiner Majestät, wo seine Urteile unbegreiflich sind. Und es kommt uns nicht zu, darüber zu fragen, sondern wir haben diese Geheimnisse anzubeten. Wenn aber Fleisch und Blut hier Anstoß nehmen und murren, so mögen sie nur murren. Sie werden nichts erreichen: Gott wird sich deshalb nicht ändern." - Zur logischen Inkonsistenz der üblichen Unterscheidung zwischen "Willen" Gottes und seiner bloßen "Zulassung" vgl. auch **Karl Rahner**, Schriften zur Theologie X, Zürich-Einsiedeln-Köln 1972, 152-156.

79 **Wilfried Joest**, o. c. (Anm. 53), 235, erklärt: "Es ist aber mit der Möglichkeit zu rechnen, daß aus einem Gefüge von Aussagen, von denen jede für sich um der 'Sache' der Theologie willen berechtigt und notwendig ist, logische **Folgerungen** abgeleitet werden können, die, **wenn** sie gezogen werden, zu einer dieser Aussagen in logischen Widerspruch treten würden. Solche Folgerungen wären dann gerade nicht zu ziehen, sondern zu unterlassen." Diese Antwort ist sachlich richtig, bedarf aber der Begründung daraus, daß die hinweisenden Aussagen über Gott logische Endbegriffe sind, aus denen man tatsächlich nicht logisch legitim Weiteres folgern kann. Die Analo-

Der berechtigte Kern des Theodizeeproblems liegt nicht auf spekulativer Ebene, sondern in einer existentiellen Frage (80): Wie kann der Mensch die eigene Endlichkeit aushalten und bestehen? Sollte es das letzte Wort über den Menschen sein, daß Welterfahrung eine Gotteserfahrung im Modus der "Abwesenheit" ist? Würde dies nicht dasselbe bedeuten, wie dem "Zorn Gottes" (vgl. Röm 1,18) ausgeliefert zu sein, nämlich keine Gemeinschaft mit ihm haben zu können? Wie kann man in der Wirklichkeit der Welt so leben, daß man das Glück nicht vergöttert und im Unglück nicht verzweifelt? Die Bedeutung des Wortes "Gott" für sich allein genommen ist noch keine Antwort auf diese Fragen. Von der Weltwirklichkeit aus gesehen gilt nur, daß Gott **unterschiedslos** über Böse und Gute seine Sonne scheinen und über Gerechte und Ungerechte regnen läßt (Mt 5, 45). Zu einer wohltuenden Aussage wird dies erst durch das "Wort Gottes" (81), das das Geschehen der Gemeinschaft mit dem ist, der in allem mächtig ist.

FRAGEN

1. Warum kann der aus der Anerkennung unserer eigenen Geschöpflichkeit gewonnene Gottesbegriff als adäquat bezeichnet werden? Inwiefern ist er zugleich der gefüllteste und der leerste Gottesbegriff?
2. Wie können die Erkenntnisweisen der "Bejahung", der "Verneinung" und des "Überstiegs" aus dem Begriff von Geschöpflichkeit als "restlosem Bezogensein auf ... / in restloser Verschiedenheit von ..." abgeleitet werden?
3. Ist es möglich, aufgrund der eigenen Geschöpflichkeit Gott als personal zu erkennen?
4. Was ist unter der Analogie weltlicher Wirklichkeiten untereinander zu verstehen, und warum muß im Gegensatz dazu die Analo-

---

gie der Welt Gott gegenüber ist einseitig; man kann deshalb nicht in der umgekehrten Richtung sachgemäß denken. Hier wird nicht ein **Denkverbot** aufgestellt, sondern eine **Unmöglichkeit** aufgewiesen.

80 Vgl. **Karl Rahner**, Schriften zur Theologie VI, Einsiedeln-Zürich-Köln ²1968, 262f: "Aber wenn der Mensch von heute eher an der Qual seines Daseins, seiner Finsternis und Vergeblichkeit leidet als an seiner Schuld und eher zu fragen geneigt ist, wie Gott diese Situation vor dem gequälten Menschen rechtfertige, als daß der Mensch frage, wie er vor Gott bestehen könne, so ist damit doch gerade ein gemeinsames Anliegen aller christlichen Bekenntnisse genannt: denn **alle** Christen haben zu bekennen, daß der Mensch ein Sünder ist und von Gottes Gnade allein gerechtfertigt wird. **Alle** Christen haben also die Aufgabe, sich zu fragen, **wie** sie diese fundamentale Aufgabe gegenüber dem Geist der Zeit erfüllen können."

81 Diese Unterscheidung ist ein Grundanliegen der Theologie **Martin Luthers**. Vgl. z. B. ders., Daß diese Wort Christi "Das ist mein Leib" noch feststehen (1527), WA 23; 151,13-15 (in neuhochdeutscher Übertragung): Es ist "ein anderes [...], wenn Gott da ist, und wenn er dir da ist. Dann aber ist er dir da, wenn er sein Wort dazu tut und bindet sich damit an und spricht: Hier sollst du mich finden."

gie der Welt Gott gegenüber als einseitige Analogie verstanden werden?
5. In welchem Verhältnis steht der Seinsbegriff zu Gott? Wie werden "Sein" und "Wirklichkeit" von Gott ausgesagt?
6. Wodurch unterscheidet sich rechtes Reden von "Gott" von einer menschlichen Selbstprojektion?
7. In welchem Sinn sind in bezug auf Gott gebrauchte Begriffe "logische Endbegriffe"?
8. Worin besteht das jeweilige Wahrheitsmoment und worin der Fehler in Atheismus, Pantheismus, Deismus und Theismus?
9. Welches Problem stellt die Rede von einem "besonderen Eingreifen" Gottes in die Welt?
10. Welche Einwände gibt es gegen die Rede von der Einseitigkeit der realen Relation des Geschaffenen auf Gott, und wie ist darauf zu antworten?
11. Wie wird in der Lehre von der restlosen Abhängigkeit des Geschaffenen von Gott sowohl die Freiheit Gottes wie die des Geschöpfes gewahrt?
12. Wie stellt sich diese Lehre zu der Frage, wie man das Leid in der Welt mit der Allmacht Gottes vereinbaren kann?

2 DIE BEDEUTUNG VON "WORT GOTTES"

Wir hatten bereits die Frage nach der Bedeutung des Wortes "Gott" nur deshalb gestellt, weil dieses Wort im Zusammenhang der überlieferten Rede von "Wort Gottes" vorkommt. Doch entgegen der Erwartung, die man gewöhnlich mit "natürlicher Gotteserkenntnis" verbindet, stellt die Bedeutung des Wortes "Gott", wie sie sich aus der Anerkennung unserer Geschöpflichkeit ergibt, zunächst den stärksten Einwand dar, den man überhaupt gegen die Rede von einem "Wort Gottes" erheben kann (82).

---

82 Bereits bei **Thomas v. Aquin**, S. th. I q1 a1 o1, ist die Möglichkeit angedeutet, daß natürliche Gotteserkenntnis zunächst zum Einwand gegen Offenbarung werden kann und jedenfalls nicht ohne weiteres die positive Funktion eines Fundaments hat, auf dem die Offenbarung aufbauen kann. Eher legt sich das Bild von einem dunklen Hintergrund nahe, von dem sich die Helligkeit der Offenbarung erst richtig abhebt. - **Pietro Selvatico** äußert in seiner Rezension in: FZPhTh 25 (1978) 497-500 das Bedenken, in dem vorliegenden Gesamtansatz seien vor allem einige Fragen "überspielt" worden, die man mit dem Stichwort "natürliche Theologie" zusammenfassen könnte (499). Die gesamten bisherigen Überlegungen sind jedoch genau diesen Fragen gewidmet (vgl. auch unten III.). Wird nicht vielmehr umgekehrt in der üblichen Behandlung "natürlicher Theologie" das hermeneutisch entscheidende Problem, daß sie ein Einwand gegen die Rede von "Wort Gottes" sein könnte und jedenfalls Offenbarung nicht mehr als banal selbstverständliche Möglichkeit erscheinen läßt, vollkommen "überspielt"?

"Wort Gottes" scheint ein Angesprochenwerden des Menschen durch Gott und damit eine reale Beziehung Gottes auf den Menschen bedeuten zu müssen. Eine reale Beziehung Gottes auf ein Geschöpf erscheint aber vom Begriff der Geschöpflichkeit als einer restlosen und damit einseitigen Beziehung des Geschöpfes auf Gott ausgeschlossen.

Bereits in der scholastischen Philosophie ist die Einseitigkeit der realen Relation des Geschaffenen auf Gott gewöhnlich gelehrt worden, um spekulativ die Absolutheit und Unveränderlichkeit Gottes wahren zu können. Man hat sich jedoch kaum die weitere Frage gestellt, wie dann noch eine göttliche Offenbarung oder eine Gemeinschaft von Menschen mit Gott ausgesagt werden kann. Wie kann bei der Einseitigkeit der realen Relation des Geschaffenen auf Gott noch von einem "Bund" Gottes mit den Menschen die Rede sein? Solche Einwände, die ja im Grunde alles in Frage stellen, werden gewöhnlich verdrängt. Möglicherweise liegt dieses verdrängte Problem auch der evangelisch-katholischen Verstehensdifferenz zugrunde. Die Luther zugeschriebene Frage "Wie kriege ich einen gnädigen Gott?" ist weder individualistisch noch psychologisch gemeint, sondern wird erst verständlich, wenn man erfaßt, daß Gemeinschaft von Menschen mit Gott nicht trivial selbstverständlich ist. Keine geschöpfliche Qualität kann jemals dazu ausreichen, die Einseitigkeit der Relation des Geschaffenen auf Gott zu überwinden und Gemeinschaft mit ihm zu gewähren.

Aber nicht nur die Bedeutung des Wortes "Gott" stellt einen Einwand gegen die Rede von "Wort Gottes" dar. Auch die Bedeutung von "Wort" sträubt sich gegen die Zusammenstellung mit dem Wort "Gott" zu "Wort Gottes". Ist nicht "Wort" seinem Begriff nach von vornherein menschliches Wort, gesprochen von einem Menschen zum anderen? Wie kann ein solches von Anfang an menschliches Wort gleichwohl als "Wort Gottes" verstanden werden? Setzt dann nicht die Rede von "Wort Gottes", um überhaupt sinnvoll zu sein, eine "Menschwerdung" Gottes voraus? Aber wie kann eine Menschwerdung Gottes ausgesagt werden, ohne gerade dadurch das Gottsein Gottes aufzuheben? Würde Gott damit nicht doch der Geschichtlichkeit und Veränderlichkeit unterworfen?

Die herkömmliche Fundamentaltheologie hat sich, soweit ich sehe, dieser Problematik nicht gestellt. Sie scheint den Begriff einer göttlichen Offenbarung oder eines "Wortes Gottes" für im Grunde problemlos anzusehen. Daß eine göttliche Offenbarung nicht unmöglich sei, folgt für sie aus der Allmacht Gottes: Warum sollte Gott sich nicht auch in besonderer Weise offenbaren können? Für die herkömmliche Fundamentaltheologie kommt es nur noch darauf an, den Nachweis zu führen, daß eine solche Offenbarung auch tatsächlich ergangen ist (83). Denn gerade weil der Begriff einer "göttlichen Of-

---

83 Zur Problemlosigkeit des Offenbarungsbegriffs in der herkömmlichen Auffassung vgl. das Standardwerk von **Albert Lang,** Fundamentaltheologie I, München ⁴1967: Gott ist "seinem Werk huldvoll verbunden, weil es das Werk seiner schenkenden Liebe ist. Es hieße klein von Gott denken, wollte man annehmen, daß er mit der Schöpfung der Welt und der ihr immanenten Ordnung sich voll verausgabt hätte. Und es

fenbarung" problemlos scheint, könnte leicht jedermann kommen und seine Behauptungen als göttliche Offenbarung ausgeben. Man braucht also Kriterien. Der Betreffende muß sich z.B. durch Wunder als in göttlichem Auftrag sprechend ausweisen können. Um einen Offenbarungsanspruch als berechtigt annehmen zu können, muß sein göttlicher Ursprung nachgewiesen werden. Theologen, die sich auf solche Versuche einer vermeintlich rationalen Hinführung zum Glauben bereits festgelegt haben, werden deshalb die Lehre von der Einseitigkeit der realen Relation des Geschaffenen auf Gott und deshalb von einer völligen Unselbstverständlichkeit von Offenbarung als unerträglich ansehen müssen. Denn sie stellt alles in Frage, worauf sie mühsam ihre Glaubenssicherheit aufgebaut haben.

Demgegenüber ist für unseren fundamentaltheologischen Ansatz die Einsicht entscheidend, daß die Begriffe "Wort Gottes" oder "göttliche Offenbarung" oder "göttliches Heilshandeln" zunächst alles andere als problemlos möglich sind (84). Wer sich auf "Wort Gottes"

---

wäre vermessen, wollte man seiner Liebe Schranken setzen und ihr gegenüber Vorbehalte machen. Der Mensch muß den Mut haben und die Demut, sich von Gott überwältigen zu lassen und in seine Kühnheiten einzustimmen" (84). Die entscheidende Aufgabe der Fundamentaltheologie ist es dann, im voraus zur Glaubenszustimmung den Nachweis zu führen, daß die christliche Botschaft wirklich von Gott stammt (32). - Ganz ähnlich der Ansatz von **Adolf Kolping**, Fundamentaltheologie I, Münster 1968: "Glaube als begründete und willentliche Übernahme von **Fremd**einsicht ist eine allgemeine und unentbehrliche Form menschlichen Wissenserwerbs. Damit jemand Wissen auf dem Wege über die willentliche Übernahme von Fremdeinsicht gewinnt, muß er auf dem Wege über die **Eigen**einsicht die Gewißheit besitzen, daß der Redende **glaubwürdig** ist. Nur dann kann er sich dessen Wort anvertrauen. Unter der Glaubwürdigkeit verstehen wir bekanntlich dies, daß der Redende **sachlich befähigt** ist, uns Wahrheit mitzuteilen, und daß er in sittlicher Verantwortlichkeit dazu **auch gewillt ist**" (283). Die Glaubwürdigkeit Gottes wird dabei als konkreter Anwendungsfall dieses allgemeinen Prinzips angesehen (290). Die Gewißheit von der Tatsache der Offenbarung muß dann mit den natürlichen Verstandeskräften zu gewinnen sein (296).

84 Grundsätzlich zu widersprechen ist deshalb einer Auffassung wie der folgenden von **Wilhelm Keilbach**, Natürliche Gotteserkenntnis und vernunftgemäße Glaubensbegründung, in: Unwandelbares im Wandel der Zeit (I), hrsg. v. Hans Pfeil, Aschaffenburg 1976, 128: "Wenn ich nämlich weiß, daß es Gott gibt, Gott als transzendenten personhaften Schöpfer, dann ist unschwer einzusehen, daß ich mit der Möglichkeit der Selbstmitteilung (d. h. Offenbarung) Gottes rechnen muß, daß ich mich also grundsätzlich auf den möglichen Anruf Gottes einzustellen und auf das tatsächlich ergangene Wort Gottes einzulassen habe." Hier wird der "Wort Gottes"-Begriff zu einer vom Menschen selbst entworfenen Möglichkeit verharmlost. Mit einer solchen vorschnellen Harmonisierung verbaut man genau das, wozu man den Zugang schaffen will. Vgl. die treffenden Hinweise zum Begriff der "Möglichkeit" bei **Dietrich Bonhoeffer**, Die Frage nach dem Menschen in der gegenwärtigen Philosophie und Theologie, in: **ders.**, Gesammelte Schriften III, hrsg. v. Eberhard Bethge, München 1960, 62-84 (vor allem 78-81): "**Der Begriff der Möglichkeit hat in der Theolo-**

beruft, scheint sich auf etwas Unmögliches zu berufen. Deshalb verdient nur ein solcher Offenbarungsanspruch weitere Beachtung, der auf diese seine Infragestellung antworten kann (85). Wie läßt sich der Begriff "Wort Gottes" überhaupt verstehen? Wir werden zu zeigen haben, wie faktisch allein die christliche Botschaft eine solche Frage beantwortet. Der Inhalt der christlichen Botschaft, nämlich ihre Rede von Gott als Vater, Sohn und Heiligem Geist, von der Menschwerdung des Sohnes und von der Sendung des Heiligen Geistes in die Herzen der Gläubigen hat keine andere Bedeutung als die, zu erläutern, wie man sie tatsächlich als "Wort Gottes", als unser "Angesprochenwerden durch Gott" und damit als unsere Gemeinschaft mit Gott verstehen kann. Im übrigen wird man auch die als einseitige Relation auf Gott verstandene Geschöpflichkeit erst aushalten können, wenn man in der christlichen Botschaft erfahren hat, daß Gott uns mit einer Liebe liebt, die deshalb nicht an uns selbst oder gar unserer Leistung ihr Maß zu haben braucht, weil sie im voraus dazu die Liebe des Vaters zum Sohn ist.

Die christliche Botschaft knüpft an den in der jüdischen Religion vorgegebenen "Wort Gottes"-Begriff an und ist deshalb zunächst zu einer Klärung genötigt. Sie unterscheidet zwischen "Wort Gottes" im - wie man es nennen könnte - "uneigentlichen", indirekten (vgl. Gal 3,19) und im "eigentlichen", direkten Sinn.

Im "uneigentlichen" Sinn ist "Wort Gottes" alles das, was man aus der geschaffenen Welt als solcher über Gott erkennen kann, also die sogenannte natürliche Gotteserkenntnis. Sie wurde der Sache nach bereits im vorangehenden Kapitel (I,1) dargestellt. "Wort Gottes" heißt diese Erkenntnis, weil die den Menschen in seinem Gewis-

---

gie und damit in der theologischen Anthropologie kein Recht" (78). "Der Begriff der Möglichkeit schließt den Semipelagianismus ein" (79). Semipelagianismus bestünde darin, dem bloßen Geschöpf die Fähigkeit zuzuschreiben, von sich aus die Offenbarung, das Angebot der Gnade, zu erwarten. - N. Schreurs schreibt in seiner Rezension in: TTh 19 (1979) 201-202, in meinem Ansatz werde die christliche Botschaft **ohne weiteres** als feststehende (Offenbarungs-)Gegebenheit vorausgesetzt (201). Zwar beziehe ich mich tatsächlich auf eine durchaus feststehende christliche Überlieferung mit ihrem trinitarisch-christologisch-pneumatologischen Gottesverständnis. Aber dafür wurde das Kriterium der gegenseitigen Zuordnung von Glauben und Hören angegeben. Jeder Offenbarungsanspruch ist im übrigen daran prüfbar, ob er auf das Problem der Nicht-Selbstverständlichkeit von Offenbarung eingehen kann.

85 Diese eigentlich entscheidende Fragestellung, die das Kriterium für Offenbarung darstellt, fehlt auch in den sehr verdienstvollen moderneren katholischen Arbeiten über den Offenbarungsbegriff, selbst wenn sie das Geschehen von Offenbarung in etwa als Glaubensgeheimnis ansehen wollen. Vgl. z. B. **René Latourelle**, Théologie de la Révélation, Montréal 1963; **Heinrich Fries**, Die Offenbarung, in: MySal I, 159-238; **Hans Waldenfels**, Offenbarung - Das zweite Vatikanische Konzil auf dem Hintergrund der neueren Theologie, München 1969. Eine kritische Rezension der neueren Offenbarungstheologien bietet **Peter Eicher**, Offenbarung - Prinzip neuzeitlicher Theologie, München 1977.

sen beanspruchende Welt die von Gott geschaffene Welt ist. "**Wort Gottes**" kann diese Erkenntnis deshalb heißen, weil sie einen sittlichen und damit unbedingten **Anspruch** an den Menschen stellt. In reformatorischer Theologie wird dieser Anspruch sachgemäß als "Gesetz" bezeichnet. Die Wirklichkeit selbst begegnet dem Menschen als das, was ihn im Gewissen beansprucht, und hat in diesem Sinn an das Verstehen appellierenden Wortcharakter. Der Mensch soll der Welt als Welt gerecht werden, anstatt sie zu vergöttern und dann an ihr irgendwann einmal verzweifeln zu müssen, wenn ihm das genommen wird, worauf er sein Vertrauen gesetzt hatte. Wir werden diesen Aspekt der natürlichen Gotteserkenntnis in der Form einer Fundamentalethik noch näher entfalten (unten 2.1).

Doch wird das "Gesetz" nur im "uneigentlichen" Sinn als "Wort Gottes" bezeichnet, weil es als solches noch keine Gemeinschaft mit Gott verleiht. Es liegt noch ganz im Rahmen der Einseitigkeit der realen Relation des Geschaffenen auf Gott. Auch ist zu bestreiten, daß das Gesetz einer besonderen göttlichen Offenbarung bedürfe. Es wird vielmehr durch die Vernunft aus der Welt selber erkannt. "Wort Gottes" in diesem Sinn stellt deshalb auch noch nicht das eigentliche Verstehensproblem, das in der Behauptung einer besonderen Offenbarung gegeben ist.

Unter "Wort Gottes" im "eigentlichen" Sinn versteht die christliche Botschaft die Selbstmitteilung Gottes in mitmenschlichem Wort. Erst hier entsteht das erwähnte Verstehensproblem, wie ein über die restlose Abhängigkeit des Geschaffenen von Gott hinausgehendes besonderes Verhältnis zu Gott überhaupt soll ausgesagt werden können (86). In diesem "eigentlichen Wort Gottes" geht es um die Gemeinschaft des Menschen mit Gott (vgl. 1 Joh 1,3; 2 Kor 13,13), die als solche übernatürlich ist.

Das von Gott in mitmenschlichem Wort Angesprochenwerden ist selbst das Geschehen der Gemeinschaft mit Gott. Deshalb ist der Begriff "Wort Gottes" im "eigentlichen" Sinn so zu verstehen, daß er das Ganze des göttlichen Heilshandelns umfaßt und die ganze Wirklichkeit des Menschen betrifft. Er wird also zum theologischen Schlüsselbegriff. Das "Wort Gottes" ist nicht durch irgendein anderweitiges göttliches Handeln noch zu ergänzen, sondern es bewirkt selbst, was es sagt. Das "Heil" besteht geradezu darin, "zugesprochen" zu werden (vgl. Hebr 2,3). So ist "Wort Gottes" auch nicht nur Reden **über** Gottes Liebe zu den Menschen, sondern es ist selbst der Vollzug dieser Liebe, also "Wortgeschehen" (87).

---

86 **Henricus Schillebeeckx** scheint in seinem gesamten theologischen Werk dieses Problem von Anfang an nicht zu sehen bzw. eine falsche Alternative zu stellen: "Das Gottesgeheimnis, mit dem die Theologie zu tun hat, ist kein Super-Geheimnis gegenüber dem Gottesgeheimnis, auf das die Metaphysik hinausläuft; als ob die **ratio Deitatis** [der Aspekt des Gottseins, der das Formalobjekt der Theologie ist] noch ein Stockwerk weiter läge als Gott, betrachtet als Seinswert" (De sacramentele heilseconomie - Theologische bezinning op S. Thomas' sacramentenleer in het licht van de traditie en van de hedendaagse sacramentsproblematiek, Bilthoven 1952, 8).

87 Dies ist einer der tragenden Begriffe der Theologie **Gerhard Ebe**-

Reformatorisch wird dieses "eigentliche Wort Gottes" als "Evangelium" bezeichnet. Erst das "Evangelium", Gottes "gute" Botschaft, ermöglicht es dem Menschen, das "Gesetz" nicht nur äußerlich, sondern in Wahrheit zu erfüllen. Denn das "Evangelium" entmachtet diejenige Angst des Menschen um sich selbst, die ihn sonst immer wieder daran hindert, dem Anspruch der Wirklichkeit gerecht zu werden (88). Dann hat aber das "Evangelium" im "Gesetz" seinen Verstehenshintergrund und damit seinen Anknüpfungspunkt im Menschen (89). Ohne die Rückkopplung an das "Gesetz" würde das "Evangelium" weltlos und sinnlos. Wir müssen also im Folgenden den Begriff "Wort Gottes" sowohl im "uneigentlichen" wie im "eigentlichen" Sinn erläutern.

FRAGEN

1. Warum stellt sowohl die Bedeutung des Wortes "Gott" wie die von "Wort" zunächst einen Einwand gegen die Rede von "Wort Gottes" dar?
2. Was ist unter "Wort Gottes" im "uneigentlichen" und im "eigentlichen" Sinn bzw. unter "Gesetz" und "Evangelium" zu verstehen? Wie hängt damit der Unterschied zwischen "natürlicher" und "übernatürlicher" Gotteserkenntnis zusammen?
3. Warum erfordert das "Evangelium" die Bezugnahme auf das "Gesetz"?
4. Wie verhält sich der Begriff "Wort Gottes" zu dem von einem "Heilshandeln" Gottes? Was ist unter "Wortgeschehen" zu verstehen?

---

lings. Er stellt ihn einer bloßen Signifikationshermeneutik entgegen, für die das Wort nur das Zeichen für eine von ihm getrennte Sache sein könnte. Vgl. z. B. Erwägungen zum evangelischen Sakramentsverständnis, in: ders., Wort Gottes und Tradition, Göttingen 1964, 220.

88 W. **Behnk** stellt in seiner Rezension in: ZEE 24 (1980) 157-159 die Frage, wo in der folgenden Fundamentalethik "die ethische Relevanz des Christusglaubens mit seinen **positiven**, schöpferischen Strukturen (und nicht nur negativ-abgrenzenden Verdikten) bleibt" (158). Zu antworten ist, daß die positive Bedeutung des Glaubens genau damit ausgesagt werden soll, daß er den Menschen aus der Macht der Angst um sich selber befreit. Denn diese ist sonst die Ursache aller Unmenschlichkeit. So befreit der Glaube den Menschen zu vernünftigem Handeln in der selbstlosen Hingabe für andere.

89 Auf katholischer Seite schreibt **Gottlieb Söhngen**, Gesetz und Evangelium - Ihre analoge Einheit: theologisch - philosophisch - staatsbürgerlich, Freiburg-München 1957, 1: "Das Verhältnis von Gesetz und Evangelium erörtern heißt in die Mitte des Christentums gehen und nach dem Wesen des Christentums fragen." In diesem Buch finden sich auch Angaben zur katholischen Überlieferung der Begriffsbildung "Gesetz und Evangelium".

2.1 "Gesetz" als Wort Gottes im "uneigentlichen" Sinn

Bereits unsere Überlegungen zur Geschöpflichkeit der Welt standen unausgesprochen unter der Voraussetzung eines sittlichen Anspruchs: Der Mensch soll in seinem Denken bei der Wahrheit bleiben, anstatt seiner eigenen Willkür zu verfallen. Logische Widersprüche dürfen deshalb nicht zugelassen werden, weil sie das Denken der Beliebigkeit ausliefern und in der Konsequenz zu seiner Selbstaufhebung führen.

In seiner weiteren Entfaltung besteht dieser sittliche Anspruch in der Forderung, der Welt in ihrer Geschöpflichkeit gerecht zu werden, anstatt sie zu vergöttern. Man vergöttert weltliche Wirklichkeit, wenn man sich um jeden Preis an sie klammert. Die Möglichkeit, Welt zu vergöttern und damit ihrer Faszination zu erliegen, ist gerade darin begründet, daß die Welt als Gottes Schöpfung Gott ähnlich ist (90). Wer der Faszination der Welt erliegt, ist unfrei. Man kann ihn mit dem erpressen, woran er sein Herz um jeden Preis hängt (91). Für den einen mag dies seine Karriere sein, für einen anderen ein geliebter Mensch, für einen dritten Reichtum usw. Wer darüber Macht hat, ist in der Lage, dem Angst zu machen, für den solche Güter der Sinn seines Lebens sind. Das rechte Verhalten

---

90 In seinem Großen Katechismus (1529) bestimmt **Martin Luther**, WA 30,1; 132,31 - 136,31, bei seiner Auslegung des ersten Gebots das "Den rechten Gott Haben" als Alternative dazu, sein Vertrauen auf irgend etwas Geschöpfliches zu setzen. Deshalb ist das in allen Geboten eigentlich Gebotene die Erfüllung des ersten Gebots. Sie geschieht allein in demjenigen Glauben, dessen Gegenstand nicht außerhalb des Glaubens verfügbar ist, sondern nur geglaubt werden kann. - In ähnlicher Weise versteht **Ignatius v. Loyola**, Geistliche Übungen, Nr. 23, die Anerkennung Gottes als "Indifferenz" gegenüber den Gütern der Welt. Damit ist das Gegenteil von Weltvergötterung bzw. von Verzweiflung an der Welt gemeint. Es gilt, alles als "Gaben von oben" (Nr. 237) zu verstehen, anstatt irgend etwas mit Gott zu verwechseln. - Zum Begriff der "Faszination" vgl. **Heribert Mühlen**, Entsakralisierung, Paderborn 1971, vor allem 1-176.

91 Eine wichtige Voraussetzung für die vor allem lateinamerikanische "Theologie der Befreiung" besteht in der Einsicht, daß nicht nur die Unterdrückten, sondern auch die Unterdrücker selbst zu befreien sind. Vgl. **Gustavo Gutiérrez**, Theologie der Befreiung, München 1973, 259-267; **Segundo Galilea**, Salvación de los pecadores y liberación de los pobres según el Evangelio, in: Mensaje 23 (1974) 416-421. Man beruft sich dafür oft auf **Paulo Freire**, Pädagogik der Unterdrückten, Reinbek bei Hamburg 1973, 45: "Für die Unterdrücker ist das einzig Wertvolle, mehr zu haben - immer mehr, selbst um den Preis, daß die Unterdrückten wenig oder gar nichts haben. Für sie ist **Sein** gleich **Haben**, und Sein bedeutet für sie, die Klasse der 'Habenden' zu sein." Vgl. auch **Erich Fromm**, Haben oder Sein - Die seelischen Grundlagen einer neuen Gesellschaft, Stuttgart 1976, sowie **Jürgen Moltmann**, Die Befreiung der Unterdrücker, in: EvTh 38 (1978) 527-538.

gegenüber den Gütern der Welt wird dann darin bestehen, nicht um jeden Preis an ihnen zu hängen (92), sondern sie jeweils nur für den ihnen angemessenen Preis zu erstreben. Doch wie erkennt man diesen angemessenen Preis? Wie erkennt man, ob ein Handeln der Wirklichkeit gerecht wird oder nicht? An welchen Sachverhalten muß sich das Gewissen orientieren?

Noch im voraus zu aller sittlichen Beurteilung gilt zunächst, daß man in überhaupt jeder Handlung, also in jeder auf Erkenntnis und Entscheidung beruhenden Tätigkeit, notwendig einen Wert anstrebt oder einen Unwert zu vermeiden sucht. **Jede Handlung hat einen Wert als ihren "Grund".** Man kann nur im Hinblick auf einen Wert überhaupt handeln. Um überhaupt etwas wollen zu können, muß man es in irgendeiner Hinsicht als Wert ansehen können. So läßt sich auch gegenläufig ein Wert als die Hinsicht definieren, unter der es möglich ist, etwas zu wollen (93). Ein Unwert oder Schaden dagegen ist die Hinsicht, unter der man etwas zu vermeiden suchen kann.

Die **Einheit** einer Handlung im Unterschied zu ihren Teilvollzügen oder zu anderen Handlungen kommt dadurch zustande, daß sie als ganze durch einen Wert motiviert ist, der zu ihrer Setzung ausreicht und zu seiner Verwirklichung keine weiteren Vollzüge erfordert. Zum Beispiel ist der Kauf einer Fahrkarte zum Zweck einer Reise in ethischer Betrachtung keine eigene Handlung, sondern nur der Teilvollzug einer umfassenderen Handlung. Die Reise im ganzen stellt durch die Einheit ihrer Motivation eine einzige ethische Handlung dar.

Wie man nun in überhaupt jeder Handlung einen Wert anstrebt, so gilt weiter, daß man auch **in überhaupt jeder Handlung für die Erreichung des Wertes einen Preis zahlen oder einen Nachteil in Kauf nehmen muß**, und sei es nur die durch die Handlung bewirkte Ermüdung oder daß man gehindert ist, andere Werte gleichzeitig zu verwirklichen. So wird in jeder menschlichen Handlung unter irgendeiner Hinsicht ein Schaden oder Unwert zugelassen oder verursacht.

---

92 An dieser Stelle liegt vielleicht der Hauptansatzpunkt für ein Gespräch zwischen Christentum und Buddhismus, dessen Grundanliegen sich gerade in unserer "negativen Theologie" voll wahren lassen. Vgl. die sympathische Darstellung dieser Anliegen bei **Hajime Nakamura**, Die Grundlehren des Buddhismus, in: Buddhismus der Gegenwart, hrsg. v. Heinrich Dumoulin, Freiburg u. a. 1970, 9-34. Vgl. auch **Heinrich Dumoulin**, Begegnung mit dem Buddhismus - Eine Einführung, Freiburg 1978.

93 In scholastischer Terminologie: Mit "Wert" ist hier dasjenige Gutsein gemeint, das dem Seienden als solchem zukommt und von dem gilt: "Ens et bonum convertuntur". Man kann es als "bonum physicum" oder "bonum onticum" bezeichnen. Das moralisch Gute verstehen wir dann nicht als einen besonderen Sektor des ontisch Guten, sondern als eine besondere Weise, sich auf das ontisch Gute zu beziehen. Vgl. die wichtigen Texte von **Thomas v. Aquin**, S. th. I II q1 a3 ad3 und q18 a6 c.

Moralisch schlecht kann eine Handlung nur aufgrund des in ihr wissentlich oder voraussehbar oder auch nur vermeintlich verursachten oder zugelassenen Schadens werden. Aber nicht jede Zulassung oder Verursachung eines Schadens macht die Handlung tatsächlich moralisch schlecht. Entsprechend reicht umgekehrt die bloße Tatsache, daß man in überhaupt jeder Handlung unvermeidlich einen Wert anstrebt, nicht dazu aus, die Handlung zu einer sittlich richtigen zu bestimmen. Aber wenn eine Handlung sittlich richtig ist, dann wird sie es wegen des in ihr angestrebten Wertes sein.

Wodurch also wird die sittliche Qualifikation einer Handlung bestimmt? Offenbar durch die Weise, **wie** die Handlung den in ihr angestrebten Wert zu verwirklichen sucht (94). Die Handlung kann dem in ihr angestrebten Wert entweder wirklich entsprechen oder aber ihn letztlich untergraben. Letzteres ist der Fall, wenn man kurzfristig oder in partikulärer Hinsicht ein Mehr des angestrebten Wertes um den Preis erreicht, den gleichen Wert auf die Dauer und im ganzen zu zerstören. Man treibt zum Beispiel um des Gewinnes willen Raubbau an den Quellen des Gewinns (95). Oder jemand erreicht für sich selbst einen Vorteil um den Preis, den gleichen Vorteil für die Allgemeinheit um so mehr zu behindern. Auf die Dauer und im ganzen gesehen sind solche Handlungen "**kontraproduktiv**". Der angestrebte Wert ist dann kein "entsprechender Grund", der den gleichzeitig zugelassenen oder verursachten Schaden rechtfertigen könnte. Vielmehr besteht ein Widerspruch zwischen der Handlung und ihrem "Grund". Insoweit man um diese "Kontraproduktivität" der Handlung weiß oder wissen kann, ist die Handlung als sittlich verwerflich zu bezeichnen (96). Sie ist dann "immer und in jedem Fall

---

94 Bereits **Aristoteles** bestimmt in der Nikomachischen Ethik, Lib. II, Cap. 5-9, 1106a,14 - 1109b,26, das richtige Verhalten als eine ihrerseits "extreme" Mitte zwischen den Extremen eines Zuviel oder Zuwenig an Einsatz. So sei Tapferkeit die Mitte zwischen Tollkühnheit und Feigheit. Aristoteles vermag dabei jedoch seine Beobachtung nicht zu erklären, daß das rechte Verhalten doch immer eine größere Nähe zu dem einen Extrem habe; so liege die Tapferkeit näher zur Tollkühnheit als zur Feigheit. Eine Erklärung dafür findet sich erst, wenn man auch vom anderen Extrem her nach einer Benennung für das rechte Verhalten sucht; man findet: Vorsicht. Dann ergibt sich: Tapferkeit ist nur zusammen mit Vorsicht keine Tollkühnheit; Vorsicht ist nur zusammen mit Tapferkeit keine Feigheit. Das rechte Verhalten hat die Struktur, ein "Möglichst viel" an Gewinn zu einem von daher bestimmten "Möglichst wenig" an Verlust zu erstreben. Diese Struktur eines Viererschemas läßt sich auf alle Verhaltensweisen anwenden (etwa: nicht geizig noch verschwenderisch, sondern großzügig und sparsam; nicht gleichgültig noch fanatisch, sondern eifrig und maßvoll; weder töricht noch schlau, sondern klug und lauter).

95 Ein anschauliches Beispiel bei **C. Dietrich Dörner**, Psychologisches Experiment: Wie Menschen eine Welt verbessern wollten ... und sie dabei zerstörten, in: bild der wissenschaft 1975, Heft 2, 48-53.

96 Vgl. ausführlicher: **Peter Knauer**, Fundamentalethik: Teleologische als deontologische Normenbegründung, in: ThPh 55 (1980) 321-360; frühere diesbezügliche Publikationen: La détermination du bien et

[semper et pro semper]", also "schlechterdings [simpliciter]" oder "in sich [in se, intrinsecus]" schlecht (97).

du mal moral par le principe du double effet, in: NRTh 87 (1965) 356-376; The Principle of the Double Effect, in: Theology Digest 15 (1967) 100-105; Das rechtverstandene Prinzip von der Doppelwirkung als Grundnorm jeder Gewissensentscheidung, in: ThGl 15 (1967) 107-133; The Hermeneutic Function of the Principle of Double Effect, in: Natural Law Forum 12 (1967) 132-162 (wiederabgedruckt in: Readings in Moral Theology No. 1, hrsg. v. Charles E. Curran und Richard A. McCormick, New York u. a. 1979, 1-39); El principio del "doble efecto" como norma universal de la moral, in: selecciones de teología 7 (1968) 265-273; Überlegungen zur moraltheologischen Prinzipienlehre der Enzyklika "Humanae vitae", in: ThPh 45 (1970) 60-74. Stellungnahmen zu diesem Ansatz in zeitlicher Reihenfolge, soweit sie mir bekannt geworden sind: **Richard A. McCormick**, Notes on Moral Theology, in: TS 26 (1965) 603-608; **Charles Robert**, La situation de "conflit" - Un thème dangereux de la théologie morale d'aujourd'hui, in: RSR 44 (1970) 194-197; **Germain Grisez**, Abortion: the Myths, the Realities, and the Arguments, New York-Cleveland 1970, 330-335; **Richard A. McCormick**, Notes on Moral Theology, in: TS 32 (1971) 86-89, 92-95; **Josef Fuchs**, Der Absolutheitscharakter sittlicher Handlungsnormen, in: Testimonium veritati, hrsg. v. Hans Wolter, Frankfurt am Main 1971, 211-240 (vor allem 230-234); **G. Blandino**, Il principio fondamentale dell'etica, in: Rassegna di teologia, Suppl. n. 5 (1972) [104] und [108]; **Louis Janssens**, Ontic Evil and Moral Evil, in: Louvain Studies 5 (1972) 115-156 (143); **John R. Connery**, Morality of Consequences: a critical appraisal, in: TS 34 (1973) 396-414; **Frans Dingjan**, Die Beschränktheit jedes sittlichen Handelns - Die Rolle der Epikie und Diskretion, in: ThGl 63 (1973) 288-308 (eine Weiterführung und zugleich Rückbindung meines Ansatzes an patristische Themen); **Bruno Schüller**, Neuere Beiträge zum Thema "Begründung sittlicher Normen", in: Theologische Berichte IV, hrsg. v. Josef Pfammatter und Franz Furger, Zürich-Einsiedeln-Köln 1974, 109-181 (vor allem 112, 126, 138f, 154, 157, 160-164); **Karl Hörmann**, Die Bedeutung der konkreten Wirklichkeit für das sittliche Tun nach Thomas von Aquin, in: Theologisch-Praktische Quartalschrift 123 (1975) 125-128; **Mark Attard**, Compromise in Morality, Rom 1976, 249-266 (vgl. auch 292, 295f, 306) (ein erster Diskussionsbericht); **Richard A. McCormick**, Das Prinzip der Doppelwirkung einer Handlung, in: Conc(D) 12 (1976) 662-670 (vor allem 663f); **Franz Scholz**, Wege, Umwege und Auswege der Moraltheologie, München 1976 (vor allem 83, 110, 123f); **Charles E. Curran**, Der Utilitarismus und die heutige Moraltheologie - Stand der Diskussion, in: Conc(D) 12 (1976) 671-681 (vor allem 677); **Helmut Weber**, Der Kompromiß in der Moral - Zu seiner theologischen Bestimmung und Bewertung, in: TThZ 86 (1977) 99-118 (vor allem 108-116); **Franz Böckle**, Fundamentalmoral, München 1977, 312-314; **Tadeusz Styczeń**, Czy etyka jest logika chcenia?, in: Roczniki Filozoficzne 25 (1977) 97-127; **Wilhelm Ernst**, Zur Begründung christlicher Sittlichkeit, in: Dienst der Vermittlung, hrsg. v. dems. u. a., Leipzig 1977, 417-443 (vor allem 434-437); **Léon Cornerotte**, Loi morale, valeurs humaines et situations de conflit, in: NRTh 100 (1978) 502-532 (vor allem 502, 511-532); **Franz Scholz**, Grundfragen der Moraltheologie in neuer Sicht, in: TGA 21 (1978) 152-160 (Auseinandersetzung mit der Darstellung im vorliegenden Buch); **Richard A.**

Umgekehrt ist die Zulassung oder Verursachung eines Schadens immer dann gerechtfertigt, wenn dies gerade um des ihm entgegengesetzten Wertes willen auf die Dauer und im ganzen notwendig ist. Dann ist dieser Wert ein "entsprechender Grund" für die Zulassung oder Verursachung des Schadens. Ein "entsprechender Grund" ist wohlgemerkt nicht dasselbe wie ein "wichtiger" oder "ernster" Grund. Gemeint ist vielmehr die objektive "Entsprechung" zwischen der Handlung und ihrem Grund.

In der moralischen Beurteilung einer Handlung geht es also darum, sie im Horizont der gesamten überschaubaren Wirklichkeit und nicht nur unter partikulärer Hinsicht, etwa unter dem Aspekt der Selbstverwirklichung, zu betrachten. Der entscheidende Gesichtspunkt ist das "auf die Dauer und im ganzen". Und der angestrebte Wert ist ebenfalls nicht nur als Wert "für mich" oder "für diese oder jene bestimmte Person", sondern universal, als Wert überhaupt zu betrachten. Für die ethische Analyse, ob eine Handlung "kontraproduktiv" ist oder nicht, muß der in ihr angestrebte Wert zunächst universal formuliert werden, z.B. nicht "mein Reichtum", sondern "Reichtum". Der jeweils angestrebte Wert ist also im ganzen zu fördern. Denn nur wenn man in diesem Sinn "nicht auf die Person schaut", handelt man so, wie es der Würde der jeweils betroffenen Personen entspricht (98). Unter "wahrer Liebe" ist nicht "beliebige gegenseitige Nachsichtigkeit und Wunscherfüllung" zu verstehen (99). Im Unterschied zu Gruppenegoismus oder "Affenliebe" wird wahre Liebe dem anderen Menschen im Horizont der Gesamtwirklichkeit ge-

---

McCormick, Notes on Moral Theology, in: TS 42 (1981) 85-90; **John R. Connery**, Catholic Ethics: Has the Norm for Rule-Making Changed?, in: TS 42 (1981) 232-250; **Harald Oberhem**, Teleologische Normenbegründung? - Kritische Anmerkungen zu einem moraltheologischen Programm, in: ThGl 71 (1981) 290-316 (vor allem 297f, 303); **J. G. Ziegler**, Ärztliche Ethik (Organverpflanzung) - Anfragen an die Moraltheologie, in: ThGl 71 (1981) 317-340 (334); **Lisa Sowle Cahill**, Teleology, Utilitarianism, and Christian Ethics, in: TS 42 (1981) 601-629 (607f, 610, 619-621, 625).

97 Dies wird in vielen zustimmenden oder auch kritischen Stellungnahmen zu meinem Ansatz übersehen. - Es ist übrigens möglich, den Ausdruck "in sich schlecht [intrinsecus malum]" etwas anders als oben zu gebrauchen. Er wird oben mit "moralisch schlecht" gleichgesetzt und steht in Gegensatz zu einem bloß vormoralischen Übel. Häufig wird er jedoch als Gegensatz zu etwas nur aufgrund eines Autoritätsspruchs Verbotenem gebraucht. Aber soll die Übertretung des Gebots einer Autorität überhaupt **moralisch** schlecht sein, dann müßte nachgewiesen werden, daß der Ungehorsam gegen diese Autorität in unserem oben genannten Sinn "in sich schlecht" ist.

98 **Immanuel Kant**s kategorischer Imperativ: "Handle so, daß die Maxime deines Willens jederzeit als Princip einer allgemeinen Gesetzgebung dienen könne" (Kritik der praktischen Vernunft, § 7, in: Kant's gesammelte Schriften, hrsg. v. der Königlich Preußischen Akademie der Wissenschaften, Band V, Berlin 1913, 30) findet in unserer Forderung der "Nicht-Kontraproduktivität auf die Dauer und im ganzen" sein eigentliches Kriterium.

99 Gegen diese Verwechslung vgl. **Wilfried Joest**, o. c. (Anm. 53), 127.

recht. "Gesamtwirklichkeit" ist hier nicht nur faktisch, sondern prinzipiell gemeint. Selbst die ganze heute lebende Menschheit ist gegenüber der Menschheit überhaupt bloß partikulär. Ein vermeintlich aus universaler Liebe motiviertes Handeln zugunsten der gesamten heutigen Menschheit, bei dem jedoch die Lebenschancen einer künftigen Menschheit vertan würden, wäre noch immer Gruppenegoismus. So besteht unmoralisches Verhalten darin, auf die Dauer und im ganzen den jeweils angestrebten Wert von dessen eigenem Zusammenhang und seinen Möglichkeitsbedingungen zu lösen. Das grundlegende Moralprinzip lautet also: **Handle so, daß du nicht gerade den Wert, den du jeweils suchst, auf die Dauer und im ganzen zerstörst.**

Dieser Satz läßt sich nicht auf die Forderung zurückführen, man solle von verschiedenen Werten den jeweils höheren wählen. Er besagt vielmehr, man solle, welchen Wert auch immer man wählt, unter den verschiedenen Weisen, ihn zu verwirklichen, diejenige wählen, in der er auf die Dauer und im ganzen bestmöglich verwirklicht wird. "Bestmöglich" bedeutet: in möglichst hohem Maß und in Abhängigkeit davon unter möglichst geringem Verlust an anderen Werten. Welchen Wert man wählt, ist freigestellt, solange nur die Handlung nicht "kontraproduktiv" wird. Es kann allerdings sein, daß die Erreichung eines bestimmten Wertes Voraussetzung für die Verwirklichung eines anderen ist. Dann würde der Versuch, die Voraussetzung zu überspringen, "kontraproduktiv" sein.

In bezug auf die Gestaltung einer Straßenverkehrsordnung steht es dem Politiker frei, welchen Wert er anstreben will: die Sicherheit oder die Freizügigkeit. Aber den Wert, den er wählt, muß er so anstreben, daß er ihn nicht letzten Endes doch wieder untergräbt. Die Freizügigkeit des Verkehrs ist aber als Wert untergraben, wenn man nicht einigermaßen sicher sein kann, überhaupt an sein Fahrtziel zu gelangen. Wenn man umgekehrt den Wert Verkehrssicherheit wählt, darf man nicht den Verkehr so drosseln, daß die wirtschaftlichen Bedingungen für das Leben nicht mehr gewährleistet sind. Dann würden zwar weniger Menschen an Verkehrsunfällen sterben, aber vielleicht um so mehr an Armut und Hunger. Einen Wert "auf die Dauer und im ganzen" fördern heißt also, ihn nicht isolieren, sondern zusammen mit seinen Möglichkeitsbedingungen sehen. Wenn in der antiken Sage König Midas den Wunsch erfüllt bekam, alles, was er berühre, solle zu Gold werden, dann handelte es sich nicht um die Optimierung des Wertes Reichtum, sondern um seine Zerstörung, also um ein in unserem Sinn "kontraproduktives" Geschehen.

Auf die Frage, warum man nicht "kontraproduktiv" handeln soll, wissen wir allerdings keine andere Antwort als eben den Hinweis darauf, daß die Gesamtbilanz solchen Handelns negativ und damit lebenzerstörend ist. Wem diese Antwort nicht genügt, dem sei die Gegenfrage gestellt, was er mehr verlangt, um überzeugt zu werden. Der sittliche Anspruch an den Menschen entsteht unseres Erachtens nicht erst aufgrund einer Argumentation, sondern ist als grundsätzlich bereits gegeben schon in der bloßen Frage "Warum **soll** ich etwas tun?" impliziert, wenn mit "Sollen" ein unbedingter Anspruch gemeint ist.

Ob eine Handlung dem von ihr angestrebten Wert wirklich entspricht oder aber ihm widerspricht, ist nicht a priori ableitbar, sondern man ist für diese Erkenntnis auf Erfahrung angewiesen. Die in einer Handlung angelegten realen Folgen können andere sein als die ursprünglich erwarteten und erhofftcn. Die Folgen einer Handlung können negative Rückkopplungseffekte haben. Es ist stets möglich, daß eine zunächst für richtig gehaltene Handlung sich in einem weiteren Zusammenhang doch als "kontraproduktiv" erweist. Von da an stünde die Schlechtigkeit der betreffenden Handlung definitiv fest. Umgekehrt kann die Richtigkeit einer Handlung nie so definitiv ausgemacht werden, daß man sich um unerwartete Handlungsfolgen nicht mehr zu kümmern hätte. Es handelt sich also um ein "offenes Prinzip" und nicht um eine Formel, die voraussetzte, man könne die Gesamtwirklichkeit jemals völlig in den Griff bekommen (100).

Als Beispiel: Nach der Erfindung des Insektenvertilgungsmittels DDT hat man ganze Länder von Malaria befreien können und dadurch zunächst die menschliche Gesundheit sehr gefördert. Erst viele Jahre später wurde erkannt, daß DDT in der Natur kaum abgebaut wird und dadurch, daß es in den Nahrungsmittelkreislauf gerät, auf die Dauer sogar zu einer Gefahr für den Menschen selbst werden kann. Man darf also DDT nicht mehr wahllos weiterverwenden. So ist man überhaupt für verantwortliches Handeln auf eine ständige Kontrolle der realen Folgen des bisherigen Handelns angewiesen. Deshalb empfiehlt sich vor allem in Bereichen, wo die Folgen des Handelns noch kaum überschaubar sind, eine "Strategie der kleinen Schritte" (101).

Wir vertreten also eine "Verantwortungs-" und nicht eine bloße "Gesinnungsethik" (102). Es genügt nicht, sich auf seinen "guten Willen" zu berufen; jedenfalls ist der Wille erst dann "gut", wenn er sich an der Realität orientiert. Anderseits ist eine "Verantwortungsethik" nicht mit einer "Erfolgsethik" (103) zu verwechseln. In

---

100 Von einer solchen bleibenden Fraglichkeit des menschlichen Handelns geht auch **Wilhelm Weischedel**, Skeptische Ethik, Frankfurt am Main 1976, aus. Dieses Werk entfaltet die entsprechenden menschlichen Grundhaltungen.

101 Die gleiche Forderung wird von **Hans Albert**, Plädoyer für kritischen Rationalismus, München ³1973, 69-75, aus der Fehlbarkeit der menschlichen Vernunft einerseits und aus der Knappheit der Mittel anderseits begründet.

102 Vgl. **Albert Camus**, Die Pest (dt. v. Guido G. Meister, Sammlung: Nobelpreis für Literatur), Düsseldorf 1958, 194: "Das Böse in der Welt rührt fast immer von der Unwissenheit her, und der gute Wille kann so viel Schaden anrichten wie die Bosheit, wenn er nicht aufgeklärt ist [...] und es gibt keine wahre Güte noch Liebe ohne die größtmögliche Hellsichtigkeit."

103 Zu den Begriffen "Gesinnungs-", "Verantwortungs-" und "Erfolgsethik" vgl. **Max Weber**, Der Sinn der "Wertfreiheit" der soziologischen und ökonomischen Wissenschaften, in: **ders.**, Gesammelte Aufsätze zur Wissenschaftslehre, 2. Aufl., hrsg. v. Johannes Winckelmann, Tübingen 1951, 491 und 500f. Dort scheinen jedoch die beiden letzten Begriffe miteinander identifiziert zu werden, weil der Sachverhalt einer durchaus auch wissenschaftlich aufweisbaren "Kon-

der "Verantwortungsethik" geht es um die in der Handlung selbst angelegten Folgen im Unterschied zu solchen tatsächlichen Folgen, die nicht in der Handlung selbst begründet sind. Wenn z.B. der Versuch eines Diebstahls nicht zum Erfolg führt, weil die Polizei dazwischenkommt, so ist die Handlung dennoch aufgrund der in ihr angelegten Folgen schlecht, obwohl diese faktisch gar nicht eintreten. Umgekehrt ist z.B. Vertrauen darauf angelegt, Gemeinschaft zu stiften. Aber das Vertrauen, das ich einem anderen Menschen entgegenbringe, kann von ihm mißbraucht werden. Doch ein solches Scheitern an der Freiheit eines anderen ist etwas ganz anderes als der Selbstwiderspruch einer "kontraproduktiven", also sittlich schlechten Handlung.

Mit diesem Moralprinzip kann man auch der Tatsache gerecht werden, daß die Handlungen des einzelnen gewöhnlich mit denen anderer verflochten sind und man deshalb oft zu Kompromissen genötigt ist. Jemand will etwa bei der Fahrt auf der Autobahn den vollen Sicherheitsabstand einhalten. Durch die mangelnde Verkehrsdisziplin anderer läuft er dabei jedoch Gefahr, daß sich ständig andere Autos dazwischenschieben. Dadurch entsteht immer wieder die Situation eines entschieden zu geringen Abstandes. Dem kann man zunächst nur dadurch entgehen, daß man mit großer Vorsicht von vornherein in etwas geringerem Abstand fährt. Es bedarf gesamtgesellschaftlicher Maßnahmen durch die dafür bestehenden oder zu schaffenden Organe, um dem Mißstand abzuhelfen.

Ein anderes Beispiel: Im vergangenen Jahrhundert hätte man von einem einzelnen Unternehmer kaum verlangen können, den Arbeitern den abstrakt genommen ideal gerechten Lohn zu zahlen. Er wäre sofort von seiner Konkurrenz erdrückt worden. Allerdings konnte man von ihm fordern, nicht seinerseits durch noch geringere Löhne die Konkurrenz in der Preisgestaltung zu unterbieten, sondern innerhalb des ihm verbleibenden Spielraums möglichst gute Löhne zu zahlen. Die eigentliche Aufgabe besteht in solchen Fällen in gesamtgesellschaftlich wirksamen Vorkehrungen der Gesetzgebung sowie ihrer Durchsetzung (104).

---

traproduktivität auf die Dauer und im ganzen" nicht bedacht wird. Vom Gesichtspunkt dieser "Kontraproduktivität" her wäre es wohl auch möglich, das Dilemma von formaler und materialer Ethik zu überwinden, den Ausgangspunkt für **Max Scheler**, Der Formalismus in der Ethik und die materiale Wertethik - Neuer Versuch zur Grundlegung eines ethischen Personalismus, 4. Aufl., hrsg. v. Maria Scheler, Bern 1954. Mit Hilfe unseres Prinzips wird das Sollen als mit dem Sein gegeben verstanden, und zwar nicht nur seinem Inhalt nach (**was** gesollt ist), sondern auch nach seinem Anspruch (**daß** es gesollt) ist. Es gibt für den Menschen nicht die Möglichkeit, sich in eine Situation im voraus zum Sittlich-Beanspruchtsein hineinzuversetzen, in der man ihm den sittlichen Anspruch erst noch begründen müßte. - Zum Begriff der "Verantwortungsethik" vgl. auch **Hans Jonas**, Das Prinzip Verantwortung - Versuch einer Ethik für die technologische Zivilisation, Frankfurt am Main 1979.

104 Vgl. **Traugott Koch**, Selbstregulation des Politischen? - Von der Notwendigkeit kollektiver Handlungsziele, in: StZ 101 (1976) 105-116.

Ein besonders schwieriges Problem stellt die moralische Beurteilung freiwilliger (nicht z.B. aus psychischer Krankheit resultierender) Selbsttötung, welche nicht der Erhaltung des Lebens anderer dient. Kann man für die Unzulässigkeit solcher Selbsttötung, die dann Selbstmord wäre, ganz in derselben Weise argumentieren, wie bei anderen Handlungen innerhalb des Lebens? Wäre solche Selbsttötung zulässig, dann schiene die Anwendbarkeit des Moralprinzips selbst und damit die Unterscheidung zwischen "sittlich zulässig" und "verwerflich" aufgehoben. Genau dies ist der Grund für die Unzulässigkeit einer solchen Handlung.

Unser Moralprinzip erlaubt es, die Grundbegriffe der herkömmlichen Ethik in stimmiger Weise gegeneinander abzugrenzen, und trägt dadurch zu einer Begriffsklärung bei.

Ob eine Handlung dem von ihr angestrebten Wert innerlich entspricht oder ihm letztlich widerspricht, ist ein objektiver, an der Wirklichkeit selbst abzulesender Sachverhalt, der von allem Wunschdenken unabhängig ist. Dies ist die einzig sinnvolle Bedeutung der Berufung auf ein "natürliches Sittengesetz", also auf Forderungen, die sich aus der "Natur" der jeweiligen Sache ergeben (105). "Natur" ist hier der Gegensatz zu bloßer menschlicher Setzung. Zum Beispiel ist es bloße Setzung, daß man im Straßenverkehr rechts fährt. Aber bereits aus der "Natur" des Straßenverkehrs ist gefordert, daß zur Vermeidung von Unfällen überhaupt eine Regelung getroffen werde. In diesem Sinne haben also auch künstliche, erst durch das Verhalten des Menschen entstehende Sachverhalte ihre "Natur". Eine sittliche Verbindlichkeit menschlicher Setzung kann nur durch ihre Rückbindung an "natürliches" Sittengesetz zustande kommen. Jedenfalls hat unser Moralprinzip nichts mit einem ethischen Relativismus zu tun; ob ein Handeln die Struktur des "Raubbaus" hat und damit "kontraproduktiv" ist, hängt nicht vom subjektiven Belieben des Handelnden ab, sondern ist vollkommen objektiv.

Weiter erlaubt unser Moralprinzip eine Antwort auf die Frage nach dem Unterschied zwischen den "unwandelbaren" und den "wandelbaren" sittlichen Normen. Das Grundprinzip selbst ist "unwandelbar": Eine als "kontraproduktiv" erkennbare Handlung kann nicht sittlich richtig sein. Gleichzeitig ist aber die Möglichkeit eines Wandels von Einzelvorschriften begründet. Angenommen, es gibt gegen eine bestimmte Krankheit nur ein Medikament mit einer Reihe unerwünschter Nebenfolgen. Seine Anwendung kann dennoch verpflichtend sein, wenn sich allein so das Gesamtbefinden des Patienten bessern läßt. Sobald aber unter sonst gleichen Bedingungen ein Heilmittel mit weniger ungünstigen Folgen zur Verfügung steht, ist es nicht mehr erlaubt, das bisherige Medikament weiterzuverwenden. Das Moralprinzip, den jeweils angestrebten Wert auf die Dauer und im ganzen optimal zu verwirklichen, verpflichtet zur Suche nach dem Fortschritt. Aber dieser wahre Fortschritt besteht gerade nicht in der Mißachtung der "Grenzen des Wachstums" (106).

---

105 Vgl. **Pierre Antoine**, Conscience et loi naturelle, in: Etudes 317 (1963) 162-183; es handelt sich um eine der besten Darstellungen zum Begriff des "natürlichen Sittengesetzes".

106 Vgl. **Dennis L. Meadows** u. a., Die Grenzen des Wachstums - Bericht

Das Moralprinzip ist sogar auf den Akt der Normenfindung selbst anzuwenden. Zur moralischen Urteilsbildung steht gewöhnlich nicht beliebig viel Zeit zur Verfügung. Wenn ein Unfallverletzter zum Arzt gebracht wird, kann dieser nicht viel Zeit darauf verwenden, erst aus den Lehrbüchern die abstrakt gesehen bestmögliche Therapie herauszusuchen. Häufig läßt sich eine Maßnahme innerhalb der zur Verfügung stehenden kurzen Zeit nur mit mehr oder minder großer Wahrscheinlichkeit als sachgemäß bestimmen. Die Maßnahme deshalb aufzuschieben, kann zu nichtwiedergutzumachenden Verlusten führen. Die Suche nach voller Gewißheit in bezug auf die objektive Sachgemäßheit einer Handlung kann "kontraproduktiv" sein. Dies ist die Einsicht des sogenannten "Probabilismus".

Die herkömmliche scholastische Ethik nennt drei Bestimmungsstükke ["fontes moralitatis"] für die sittliche Bewertung einer Handlung: Erstens das "Handlungsziel [finis operis]", auch "Gegenstand [obiectum]" der Handlung genannt; zweitens das "Ziel des Handelnden [finis operantis]"; drittens die "Umstände [circumstantiae]".

Das "Handlungsziel" ist entweder, wenn der die Handlung motivierende Wert in einer ihm auf die Dauer und im ganzen entsprechenden Weise angestrebt wird, dieser Wert selbst, und dann ist die Handlung sittlich richtig; oder aber, wenn die Handlung dem sie motivierenden Wert letztlich widerspricht und ihn untergräbt, die auf die Dauer und im ganzen geschehende Zerstörung eben dieses Wertes, und dann ist die Handlung sittlich schlecht. Die nicht durch einen "entsprechenden" Grund gerechtfertigte Zulassung oder Verursachung eines Schadens ist im moralischen Sinn immer "direkt" gewollt, selbst wenn man psychologisch gesehen davon sosehr wie möglich abstrahiert. Z.B. beabsichtigt ein Dieb psychologisch gesehen nur seine eigene Bereicherung. Daß er einen anderen Menschen schädigt, verdrängt er weitgehend aus seinem Bewußtsein. Dennoch ist moralisch gesehen gerade diese Schädigung das, was seine Absicht bestimmt und im moralischen Sinn "direkt" gewollt ist. Umgekehrt ist die durch einen "entsprechenden" Grund gerechtfertige Zulassung oder Verursachung eines Schadens dann im moralischen Sinn nur "indirekt" gewollt, so deutlich sie auch im Bewußtsein stehen mag. So ist eine medizinisch notwendige Amputation moralisch betrachtet ein heilender Eingriff und keineswegs eine sittlich unerlaubte Verstümmelung; dabei ist aber die psychologische Aufmerksamkeit der Ärzte nur auf die Wegnahme eines Körpergliedes gerichtet. Diese Beispiele zeigen, wie wichtig die in der herkömmlichen Ethik meist vernachlässigte Unterscheidung zwischen der "Absicht" im psychologischen und im moralischen Sinn ist; gewöhnlich werden deshalb auch die Begriffe "direkt" und "indirekt" völlig falsch verstanden.

Das "Ziel des Handelnden" ist nichts anderes als das "Handlungsziel" einer zweiten Handlung, auf die eine erste, die bereits für sich ausreichend motiviert ist und dadurch eine eigene Handlung darstellt, zusätzlich hingeordnet wird.

---

des Club of Rome zur Lage der Menschheit, Stuttgart 1972; ders. u. a., Wachstum bis zur Katastrophe? Pro und Contra zum Weltmodell, hrsg. v. Horst E. Richter, Stuttgart 1974.

```
   ┌─→ 1. Handlung ────────→ 2. Handlung
   │   (Handlungsziel 1)      (Handlungsziel 2)
   │                         ↙
   └── Ziel des Handelnden = Handlungsziel 2
```

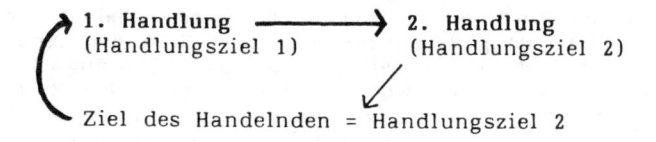

Ist die zweite Handlung sittlich schlecht, dann bewirkt sie auch die Unsittlichkeit der auf sie hingeordneten ersten Handlung, selbst wenn diese für sich allein genommen sittlich richtig gewesen wäre. Die Maxime, daß "der gute Zweck nicht die schlechten Mittel heiligt" besagt umgekehrt, daß eine gute zweite Handlung eine auf sie hingeordnete schlechte erste Handlung nicht nachträglich heilen kann. Vorausgesetzt ist bei dieser Maxime allerdings, daß das Mittel für sich eine eigene Handlung darstellt, die als solche bereits schlecht ist, weil sie dem in ihr selbst angestrebten Wert widerspricht. Die Maxime schließt jedoch nicht aus, daß die Zulassung oder Verursachung eines Schadens sogar die Voraussetzung für die Erreichung des entgegengesetzten Wertes sein kann und darin dann den sie rechtfertigenden "entsprechenden" Grund hat. Das "Mittel" ist in einem solchen Fall keine eigene Handlung, sondern nur der Teilvollzug einer einzigen umfassenderen Handlung; und es ist dann vor allem auch kein moralisch schlechtes Mittel.

Wenn eine bestimmte Handlung nicht auf eine zweite Handlung hingeordnet ist, hat es dagegen keinen Sinn, von einem besonderen "Ziel des Handelnden" neben dem "Handlungsziel" zu sprechen. Das "Ziel des Handelnden" geht dann nicht etwa im "Handlungsziel" auf, sondern es gibt gar kein eigenes "Ziel des Handelnden". Dies ergibt sich wenigstens dann, wenn die herkömmliche Aufzählung der drei "fontes moralitatis", wie sie es beansprucht, vollständig sein soll. Eines der drei Bestimmungsstücke für die sittliche Bewertung einer Handlung muß sich dann mit deren Hinordnung auf eine weitere Handlung identifizieren lassen.

Unter den **"Umständen"** einer Handlung, die ebenfalls deren sittliche Bewertung beeinflussen sollen, sind am sinnvollsten quantitative Bestimmungen zu verstehen. Es macht einen moralischen Unterschied, wie groß der Wert eines gestohlenen Gutes ist. Zu den "Umständen" gehört auch, mit wie großer Gewißheit eine Handlungsfolge vorausgesehen wird. Andere "erschwerende Umstände" bedeuten in Wirklichkeit eine Veränderung des "Handlungsziels" selbst.

Im ganzen führt die hier vorgestellte Sicht des Moralprinzips und die entsprechende Definition der "fontes moralitatis" für bestimmte Grenzsituationen zu einem anderen Ergebnis als die neuscholastische Moral. Eine Handlung kann nämlich nur dadurch moralisch schlecht werden, daß in ihr ein physischer Schaden "direkt" zugelassen oder verursacht wird. Die Zulassung oder Verursachung eines Schadens ist aber nur dann "direkt", wenn sie nicht um des entgegengesetzten Gutes willen geschieht, wenn also ihr "Grund" kein "entsprechender" ist. Durch einen "entsprechenden" Grund, d. h. wenn die Handlung nicht die Struktur des "Raubbaus" hat, wird die Zulassung oder Verursachung eines Schadens jedoch im moralischen Sinn "indirekt", mag sie auch physisch oder psychologisch gesehen noch so "unmittelbar" sein.

Die Neuscholastik hat die Begriffe "direkt" und "indirekt", die in der Moral einen moralischen Sinn haben müssen, mit "unmittelbar" und "mittelbar" im physischen oder psychologischen Sinn verwechselt. Sie meinte, es sei bei einer ektopischen Empfängnis unerlaubt, den Fötus zu töten, um wenigstens das Leben der Mutter zu retten, anstatt Mutter und Kind zugrunde gehen zu lassen. In Wirklichkeit ist aber nur eine im moralischen Sinn "direkte", d. h. nicht im Schutz von Leben begründete Tötung Mord. Nur eine nicht um der Heilung willen geschehende Amputation ist eine "direkte" Amputation und damit unerlaubte Verstümmelung. Nur eine nicht letztlich in der Verantwortung für ein mögliches Kind begründete Verhinderung einer Empfängnis ist im moralischen Sinn "direkte" Verhinderung einer Empfängnis und damit unerlaubte Empfängnisverhütung. Aber umgekehrt muß eine physisch und psychologisch "unmittelbare" Verhinderung einer Empfängnis durchaus nicht notwendig im moralischen Sinn "direkt" sein; das ist sie vielmehr nur, wenn die Handlung dem in ihr angestrebten Wert auf die Dauer und im ganzen widerspricht, dieser also kein "entsprechender" Grund ist.

Es könnte der Einwand erhoben werden, daß es doch Handlungen gebe, die unabhängig von ihrer Begründung von vornherein objektiv schlecht sind. In Wirklichkeit handelt es sich auch in diesen Fällen nicht um physische, sondern um moralische Objektivität: daß nämlich Handlungen nur deshalb, weil sie dem in ihnen angestrebten Wert letztlich widersprechen, also "kontraproduktiv" sind, objektiv moralisch schlecht sein können.

Diese ganzen bisherigen Überlegungen zur Frage nach dem "Gesetz" mögen bereits gezeigt haben, daß die Erkenntnis des sittlich Gesollten eine Sache der Vernunft und nicht des Glaubens ist. Es geht in der Ethik um "Zweckrationalität" (107), jedoch - und das ist entscheidend - unter der Hinsicht des "Auf die Dauer und im ganzen". Zur Erkenntnis des "Gesetzes" bedarf es nicht der Argumentation mit einer besonderen göttlichen Offenbarung. Es wäre auch wegen der Einseitigkeit der realen Relation des Geschaffenen auf Gott gar nicht verstehbar, wie das Sittengesetz durch eine besondere göttliche Offenbarung mitgeteilt werden könnte. Auch sittliche Gebote der Bibel werden deshalb keine andere Autorität haben als die der dem Menschen von Gott gegebenen Vernunft, aber ihn gerade so auf Gott verweisen.

Als "Wort Gottes" im "uneigentlichen" Sinn stellt das "Gesetz" jedoch den Anknüpfungspunkt für das "Wort Gottes" im "eigentlichen"

---

107 Vgl. zu diesem Begriff **Max Weber**, Über einige Kategorien der verstehenden Soziologie, in: ders., o. c. (Anm. 103), 427-474. Weber versteht "Zweckrationalität" in dem Sinn, daß man nur auf die vordergründige Eignung eines Mittels zur Erreichung eines Ziels achtet, und fragt gar nicht danach, ob die Entsprechung des Mittels zum angestrebten Ziel auch "auf die Dauer und im ganzen" besteht. Umgekehrt definiert er "Wertrationalität" (ebd. 552) als ein Handeln ohne Rücksicht auf die vorauszusehenden Folgen rein aufgrund von Geboten oder Forderungen, die der Handelnde an sich gestellt glaubt. Dem eigentlich sittlichen Anspruch wird dagegen erst unsere obige Formulierung gerecht.

Sinn dar. Einerseits setzt das "Evangelium" die Erkenntnis des "Gesetzes" voraus; anderseits kommt das "Gesetz" ohne das "Evangelium" nicht zu seiner vollen Erfüllung. Das "Evangelium" setzt das "Gesetz" schon deshalb voraus, weil der Mensch nur unter der Bedingung von einer Botschaft verbindlich ansprechbar ist, daß er die Verweigerung einer Auseinandersetzung mit ihr als unverantwortlich erkennen kann.

Überhaupt könnte man ohne eine zumindest anfängliche Erkenntnis des "Gesetzes" gar nicht erfassen, wozu das "Evangelium" gut sein soll. Das hindert nicht, daß es erst durch das "Evangelium" auch zu einer vertieften Erkenntnis des "Gesetzes" kommt, das sonst gewöhnlich wenigstens partiell verdrängt bleibt. Aber könnte man das "Gesetz" ganz verdrängen und könnte somit ein Mensch völlig gewissenlos werden, dann fände auch das "Evangelium" keinen Anknüpfungspunkt mehr. Der Mensch ist jedoch "auf jeden Fall in dem Sinne in der Wahrheit, wie dies die Voraussetzung dafür ist, daß er die Wahrheit in Lüge verwandelt" (108).

Doch kommt auch das "Gesetz" nicht ohne das "Evangelium" zur Erfüllung. Das ganze "Gesetz" läßt sich in der Forderung zusammenfassen, sich menschlich anstatt unmenschlich zu verhalten, also nicht den eigenen Vorteil zum um so größeren Schaden anderer zu suchen. Eine solche Forderung ist aber mit ihrer bloßen Aufstellung noch nicht erfüllt. Obwohl diese Forderung im Inneren des Menschen selbst aufsteigt und seiner eigenen Einsicht zugänglich ist, bleibt sie doch wie eine von außen kommende Forderung, die ihre Erfüllung nicht bereits mit sich bringt. Sie überläßt den Menschen seinen eigenen Kräften. Er wird immer wieder durch seine Angst um sich selbst gehindert werden, zu tun, was das "Gesetz" der Wirklichkeit von ihm fordert.

Auch reicht die einzelne sittlich richtige Tat noch nicht zur wirklichen Erfüllung des "Gesetzes" aus. Zwar kann man jemandem, solange sein Handeln nicht "kontraproduktiv" ist, keinen sittlichen Vorwurf machen. Doch genügt solche sittliche Richtigkeit einer Handlung noch nicht zu ihrer eigentlichen Gutheit vor Gott (vgl. Mt 7,11 mit 7,18). Hinter solcher bloßen sittlichen Richtigkeit kann sich noch immer die Gottlosigkeit des Versuchs der Selbstrechtfertigung verbergen (vgl. die neutestamentlichen Hinweise auf eine nur vermeintliche Frömmigkeit, z.B. Mt 6,2.5.16; 23,13-36; Lk 16,15; 18, 9-14). Unter anderen äußeren Umständen würde man dann auch in einer manifest egoistischen Weise handeln.

Zur eigentlichen sittlichen Gutheit vor Gott ist vielmehr ein Grundverständnis erforderlich, aus dem heraus man nicht nur dann sittlich richtig handelt, wenn dieses Handeln auch im kurzfristigen eigenen Interesse liegt, da man vielleicht sonst bestraft würde oder einen anderen Schaden erlitte. Sittlich gut vor Gott ist das Handeln erst, wenn es aus einer solchen Selbstlosigkeit hervorgeht, in der man auch unter völlig veränderten Umständen und auch bei Nachteil

---

108 **Gerhard Ebeling**, Einführung in theologische Sprachlehre, Tübingen 1971, 216. Diese nachdenkenswerte Formulierung besagt, daß eine schlechthinnige Pervertierung des Menschen unmöglich ist.

für sich daran festhielte, einem anderen Menschen kein Unrecht zu tun. Es müßte sich also um eine Haltung handeln, die über die einzelne Handlung hinaus grundsätzlicher Art wäre (109). Zu einer solchen Haltung aber bedarf es der Entmachtung der Angst des Menschen um sich selbst durch das "Evangelium".

Wir haben als die Wurzel allen unverantwortlichen Handelns die "Angst des Menschen um sich selbst" bezeichnet, die auf dem Fehlen des Glaubens beruht. Man könnte einwenden, daß als Grund für Unmenschlichkeit doch auch Hybris, Vermessenheit in Frage kommen. Aber auch dies ist nur eine Form zwanghaften Sich-selber-Sicherns um jeden Preis. Und genau dies meinen wir mit "Angst um sich selbst". Bereits im biblischen Bericht vom Sündenfall (Gen 3) muß die eigentliche Sünde in dem glaubenslosen Gottesverständnis gesehen werden, das nur die angstgeleitete Alternative von Kuschen oder Aufbegehren zuläßt (vgl. auch Lk 15,11-32). Das Gottesverständnis des Glaubens ermöglicht ein anderes "Wie-Gott-Sein" (vgl. Mt 5,48), das in der selbstlosen Zuwendung zum anderen Menschen besteht.

Die eigentliche sittliche Gutheit einer Handlung vor Gott hängt also mit dem Befreitsein durch den Glauben zusammen. Sie ist jedoch

---

109 Man kann sich diesen Unterschied an der alttestamentlichen Geschichte vom Weinberg des Nabot (1 Kön 21) klarmachen. Zunächst ist der König Achab bereit, Nabot jeden gewünschten Kaufpreis für seinen Weinberg zu zahlen oder ihm einen anderen, besseren zum Tausch zu geben. Wäre der Handel zustande gekommen, dann hätte man Achab als das Modell eines guten und gerechten Königs ansehen können. Für Nabot ist aber der Weinberg keine "Ware"; denn er ist ihm heilig als das Erbe von seinen Vätern. Achab kehrt zornig heim. Von der Königin befragt, vermag er nur zu sagen, daß Nabot den Weinberg nicht hergeben will; aber er vermag von sich aus nicht, auch dessen Begründung wiederzugeben. Das Ziel läßt sich auch mit anderen Mitteln erreichen. Mit der indirekten Billigung des Königs unternimmt die Königin eine politische Erpressungskampagne und läßt Nabot aufgrund falschen Zeugnisses zum Tode verurteilen. So erweist der reale Verlauf der Dinge, daß Achabs Herz von Anfang an böse ist. - Ich unterscheide zwischen "bloß sittlich richtig" und "sittlich gut" in einem etwas anderen Sinn als **Bruno Schüller**, Die Begründung sittlicher Urteile - Typen ethischer Argumentation in der katholischen Moraltheologie, Düsseldorf 1973, 102-111. Dort wird als "sittlich gut" dasjenige Handeln bestimmt, das man subjektiv, wenn auch möglicherweise irrtümlich, für "sittlich richtig", nämlich der objektiven Norm entsprechend ansieht. Ich würde auch das "subjektiv sittlich richtige" Handeln nur dann "gut" nennen, wenn man nicht nur faktisch, sondern grundsätzlich der erkannten Norm zu folgen bereit ist. Aber diese Bereitschaft ist der eindeutigen Selbstbeurteilung entzogen. Meine Unterscheidung zwischen "bloß sittlich Richtigem" und "sittlich Gutem" entspricht in etwa der Kants zwischen "bloßer Legalität", der faktischen Übereinstimmung mit dem Gesetz, und eigentlicher "Moralität", der Übereinstimmung mit dem Gesetz um des Gesetzes willen (vgl. **Immanuel Kant**, Die Metaphysik der Sitten, in: Kant's gesammelte Schriften, hrsg. v. der Königlich-Preußischen Akademie der Wissenschaften, Band VI, Berlin 1914, 214).

der definitiven Selbstbeurteilung durch den Handelnden entzogen (110). Dies ist kein Mangel, sondern eine heilsame Entlastung. Wer könnte im Blick auf seine eigene Gläubigkeit mit letzter Gewißheit und mit Recht sagen, er werde tatsächlich gegenüber jeder Bedrohung standhalten, auch wenn man ihm das Leben nehmen will? Die Gewißheit des Glaubens wird darin bestehen, nicht die eigene Gläubigkeit, sondern das geglaubte "Wort Gottes", das "Evangelium" als die Ermöglichung wirklichen Standhaltens anzusehen (111). Allein im geglaubten "Wort Gottes" ist die Macht gegeben, die der Angst des Menschen um sich selbst gewachsen ist.

Für das Verständnis der christlichen Botschaft hängt alles an der rechten Unterscheidung und Inbeziehungsetzung von "Gesetz" und "Evangelium". Es wird alles verdorben, wenn man das "Evangelium" als zusätzliches "Gesetz", als moralische Forderung interpretiert. Dies abzulehnen bedeutet keineswegs, die Christusbotschaft vom Handeln zu "trennen". Es geht ja gerade darum, ihre unabdingbare Bedeutung für das Handeln zu erfassen: Sie entmachtet die Angst des Menschen um sich selbst, die sonst am rechten Handeln hindert (112).

---

110 Vgl. Konzil von Trient (1545-1563), DS 1534.

111 Vgl. die Weise, wie sich Thomas More in einem Dialog mit seiner Tochter Margaret Rechenschaft darüber gibt, worauf er sich angesichts der Todesdrohung verlassen will: "Mistrust him, Meg, will I not, though I feel me faint. Yea, and though I should feel my fear even at a point to overthrow me too, yet shall I remember how Saint Peter with a blast of wind began to sink for his faint faith, and shall do as he did, call upon Christ and pray him to help. And then I trust he shall set his holy hand unto me, and in the stormy seas hold me up from drowning. Yea, and if he suffer me to play Saint Peter further, and to fall full to the ground, and swear and forswear too (which our Lord for his tender passion keep me from, and let me loose if it so fall, and never win thereby): yet after shall I trust that his goodness will cast upon me his tender piteous eye, as he did upon Saint Peter, and make me stand up again, and confess the truth of my conscience afresh, and abide the shame and the harm here of my own fault. And finally, Marget, this wot I very well, that without my fault he will not let me be lost" (The Workes of Sir **Thomas More**, wrytten in the English tonge, London 1557, aus den Seiten 1434-1443, zitiert in modernisierter Schreibweise nach **R. W. Chambers**, Thomas More, Michigan 1958, 312f; vgl. dt. Thomas More - Ein Staatsmann Heinrichs des Achten, München-Kempten 1946, 389f).

112 **Rudolf Bultmann**, Zum Problem der Entmythologisierung, in: KuM II, 1952, 203f spricht von einer durch den Glauben ermöglichten "Angstbereitschaft", in der man aus Glauben die Freiheit besitzt, sich angstmachenden Situationen zu stellen; in der Tat wird der Christ u. U. gerade um seines Glaubens willen erst recht bedroht. Der Glaube nimmt ihm nicht die Angst, sondern ist eine Gewißheit, die noch stärker als die noch so wachsende Angst ist. - Deutlichere Unterscheidung zwischen "Gesetz" und "Evangelium" wäre ein Postulat an die "Theologie der Befreiung"; vgl. zur Information **Miguel Manzanera**, Die Theologie der Befreiung in Lateinamerika und ihre Hermeneutik, in: ThAk, Band 12, hrsg. v. Johannes Beutler und Otto Semmelroth, Frankfurt am Main 1975, 52-78.

FRAGEN

1. Welcher Zusammenhang besteht zwischen Geschöpflichkeit und sittlichem Anspruch?
2. Wodurch kommt die Einheit einer Handlung zustande?
3. Was ist ein vorsittlicher "Wert"?
4. Wodurch wird die sittliche Richtigkeit oder Falschheit einer Handlung bestimmt?
5. Was ist unter "Kontraproduktivität" auf die Dauer und im ganzen zu verstehen?
6. Warum muß für die ethische Analyse einer Handlung der angestrebte Wert universal, also ohne partikuläre Eingrenzung formuliert werden?
7. Wann ist eine Handlung "in sich schlecht"?
8. Worin besteht der Unterschied zwischen einer "Verantwortungsethik" von einer "Gesinnungsethik" einerseits und einer "Erfolgsethik" anderseits?
9. Worin besteht das "unwandelbare Naturgesetz" in der Moral? Welche Bedeutung hat hier der "Natur"-Begriff?
10. Was ist unter dem "Handlungsziel", dem "Ziel des Handelnden" und den "Umständen" als Bestimmungsstücken für die sittliche Bewertung einer Handlung zu verstehen?
11. Wie bleibt in dieser Sicht gewahrt, daß das gute Ziel nicht das schlechte Mittel heiligt?
12. Inwiefern bleibt das Sittengesetz, obwohl es in der eigenen Einsicht des Menschen begründet ist, wie eine von außen kommende Forderung an den Menschen?
13. Worin besteht der Unterschied zwischen bloß sittlich richtigem und eigentlich vor Gott gutem Handeln?
14. Inwiefern bleibt die eigentliche Gutheit einer Handlung der definitiven Selbstbeurteilung durch den Menschen entzogen?
15. Welche Bedeutung hat das "Evangelium" für das "Gesetz"?

2.2 "Evangelium" als Wort Gottes im "eigentlichen" Sinn.

Die christliche Botschaft beruft sich für ihre Rede von einem "Wort Gottes" im "eigentlichen" Sinn auf den Menschen Jesus von Nazaret, den sie als den "Sohn Gottes" bekennt. Er ist für sie "zugleich der Mittler und die Fülle der ganzen Offenbarung" (113). Dieser Satz faßt die folgenden Überlegungen über "Wort Gottes" im "eigentlichen" Sinn zusammen.

---

113 II. Vatikanum, DV 2. - **Christofer Frey** erhebt aufgrund dieses Satzes in seiner Rezension dieser Fundamentaltheologie in: EK 12 (1979) 426-427 den Einwand: "Das sola fide kommt sogar zur Geltung, weniger das solus Christus als dessen Sicherung" (426). Dieser Einwand ist mir unverständlich. Daß Christus "der Mittler und die Fülle der Offenbarung" sei, ist doch gerade ein Ausdruck für das "solus Christus"; daß Gott in menschlichem Wort begegne, wird erst aufgrund der Menschwerdung des Sohnes als endgültig sinnvolle Aussage erkannt.

Das Bekenntnis zur Gottessohnschaft Jesu bedeutet ein trinitarisches Gottesverständnis. Damit will die christliche Botschaft auf die Frage antworten, wie die Rede von einem "Wort Gottes" im "eigentlichen" Sinn mit der Bedeutung des Wortes "Gott", wie sie sich aus der Geschöpflichkeit der Welt ergibt, vereinbart werden kann. **Eine reale Relation Gottes auf die Welt läßt sich nur dann aussagen, wenn sie im voraus dazu als Relation Gottes auf Gott, des Vaters zum Sohn, besteht (114). Diese Relation ist der Heilige Geist.** Außerhalb des trinitarischen Verständnisses würde die Rede von einer realen Beziehung Gottes auf die Welt Gott mit der Welt vermischen und zu einem Teil eines übergreifenden Gesamtsystems machen.

Mit der Aussage, daß der Sohn Gottes als Mensch begegnet, antwortet die christliche Verkündigung auf die weitere Frage, wie die Rede von "Wort Gottes" mit der Bedeutung von "Wort" als von vornherein mitmenschlichem Wort zu vereinbaren ist. Außerhalb dieses inkarnatorischen Verständisses wäre die Rede von einer Gemeinschaft von Menschen mit Gott nicht von einer bloßen menschlichen Illusion zu unterscheiden.

So soll der Inhalt des "Wortes Gottes" erläutern, wie es überhaupt als "Wort Gottes", als unser Angesprochenwerden durch Gott und damit als unsere Gemeinschaft mit Gott verstanden werden kann. Der Begriff "Wort Gottes" in diesem "eigentlichen" Sinn ist nur sinnvoll, wenn es selber die sich offenbarende Mitteilung des Heiligen Geistes ist.

2.2.1 Das trinitarische Gottesverständnis

In der christlichen Verkündigung geht es letztlich um nichts anderes als die Gemeinschaft des Menschen mit Gott. Gott ist dem Menschen in einer Liebe zugewandt, die nicht am Menschen und überhaupt an nichts Geschaffenem ihr Maß hat. Sie ist vielmehr ursprünglich die Liebe Gottes zu Gott, des Vaters zum Sohn (115). Die Welt ist für diese Liebe nicht der sie bestimmende, sie als Relation konstituierende Terminus. Nach der christlichen Verkündigung besteht diese Liebe vielmehr "vor Grundlegung der Welt" (vgl. Joh 17, 24; Eph 1,4; 1 Petr 1,20) als der Heilige Geist. Um eine reale Beziehung Gottes auf die Welt aussagen zu können, für die die Welt gleichwohl nicht der sie als Beziehung konstituierende Terminus ist,

---

114 Vgl. zu einer solchen relationalen Sicht auch **Eberhard Jüngel**, Gottes Sein ist im Werden - Verantwortliche Rede vom Sein Gottes bei Karl Barth, Tübingen ²1967; ähnlich **Hans-Martin Barth**, Theorie des Redens von Gott, Göttingen 1972, vor allem 95-98, 177-180.

115 **Bruno Hidber** versteht dies in seiner Rezension in: TGA 24 (1981) 61 in dem Sinn, daß "Gott von Ewigkeit her sich selber liebt". Es handelt sich jedoch nicht um eine "Selbstliebe", sondern um die Liebe zwischen voneinander unüberbietbar verschiedenen Personen. In dieser Hinsicht ist auch die beiläufige Formulierung des I. Vatikanums, DS 3025, Gott habe nicht mit der Notwendigkeit geschaffen, mit der er "sich selbst liebt", eher problematisch.

bedarf es des trinitarischen Gottesverständnisses, dessen Wahrheit keiner anderen Erkenntnis als der des Glaubens allein zugänglich ist. Es geht dabei um unser eigenes Verhältnis zu Gott und damit um die Möglichkeit der Anrede Gottes, des Zugangs zu Gott "im Geist der Sohnschaft, in dem wir rufen: 'Abba, Vater'" (Röm 8,16) (116). In diesem Sinn ist christlicher Glaube mit der Haltung des Gebets identisch, und alle Theologie hat dem zu dienen (117).

Zunächst ist darzustellen, was es für den Menschen in der Welt bedeuten soll, sich aufgrund der ihm begegnenden christlichen Botschaft von Gott mit einer Liebe geliebt zu wissen, in der Gott von Ewigkeit her Gott zugewandt ist. Sodann ist das zugrundeliegende trinitarische Gottesverständnis selbst zu entfalten.

Dem Verständnis steht scheinbar entgegen, daß eine solche Liebe Gottes zu uns, die an nichts Geschöpflichem ihr Maß hat, sondern die Liebe Gottes zu Gott, des Vaters zum Sohn ist, genauso unbegreiflich sein muß wie Gott selbst. Es handelt sich gegenüber der Unbegreiflichkeit Gottes, auf die sich die natürliche Gotteserkenntnis bezog, noch einmal um Unbegreiflichkeit. Diese doppelte Unbegreiflichkeit entspricht dem doppelten Geschenkcharakter der Gemeinschaft mit Gott gegenüber unserem Geschaffensein als solchem, das in ih-

---

116 Vgl. die Trinitätsmystik bei **Ignatius v. Loyola**, Das Geistliche Tagebuch, hrsg. v. Adolf Haas und Peter Knauer, Freiburg-Basel-Wien 1961, 170, wonach der Zugang zu Gott darin besteht, dem Sohn zugesellt zu werden; dazu auch **Theodor Baumann**, Die Berichte über die Vision des heiligen Ignatius bei La Storta, in: AHSJ 27 (1958) 181-208 und **Peter Knauer**, Ignatius von Loyola - Gott finden in allen Dingen, in: Zeugen christlicher Gotteserfahrung, hrsg. v. Josef Sudbrack, Mainz 1981. Vgl. auch **Juan de la Cruz**, Cántico Espiritual (B), Canción 38,3 und 39,3: "Das Verlangen der Seele ist die Gleichheit der Liebe mit Gott [...]. Denn wer liebt, kann nicht zufrieden sein, wenn er nicht verspürt, daß er liebt, wie er geliebt wird. [...] In der Mitteilung des Heiligen Geistes wird Gott der Seele diese Fähigkeit geben. [...] In seinem göttlichen Hauch erhebt Gott die Seele hoch hinauf und erfüllt sie und befähigt sie in Gott zu dem gleichen Liebeshauch, den der Vater im Sohn und der Sohn im Vater haucht; dies ist derselbe Heilige Geist, den Gott der Seele bei dieser Umwandlung im Vater und im Sohn zuhaucht, um sie mit sich zu verbinden. [...] Und dieser Hauch des Heiligen Geistes in der Seele, mit dem Gott sie in sich umwandelt, ist für sie von so hoher und erlesener und tiefer Freude, daß man es mit keiner sterblichen Zunge sagen kann und der menschliche Verstand als solcher nichts davon erfaßt." Diese Beschreibung der mystischen Erfahrung entspricht der Wirklichkeit des Glaubens bereits in dieser Welt; vgl. **Karl Vladimir Truhlar**, Christuserfahrung, Rom 1964.

117 Vgl. **Johannes Heinrichs**, Das ideologiekritische Gewicht der Lehre vom anonymen Christen, in: Christentum innerhalb und außerhalb der Kirche, hrsg. v. Elmar Klinger, Freiburg-Basel-Wien 1976, 55: "Eine Theologie, die nicht **existentielle Hermeneutik des Gebetes** und daher selbst noch in objektivierender Sprache Gebet ist (wie man etwa über eine anwesende Person zu einem Dritten spricht), muß als ideologisch bezeichnet werden, mag sie auch inhaltlich noch so richtig sein."

rem Licht bereits nicht nur als Gegebenheit, sondern als Geschenk erfahren wird. Wenn es also keine Begriffe gibt, "unter" die Gott fällt, dann erst recht keine solchen, unter die Gottes Liebe zum Menschen fallen könnte. Wie läßt sich dann überhaupt sinnvoll davon reden?

Wir hatten bereits die Bedeutung des Wortes "Gott" nur von der Geschöpflichkeit der Welt her "hinweisend", "analog" bestimmen können. Ähnlich muß nun auch die Bedeutung der Rede von einer "Liebe Gottes" zum Menschen und damit von einer Gemeinschaft des Menschen mit Gott "hinweisend" durch ein neues Selbst- und Weltverständnis des Menschen dargestellt werden. Dabei werden die drei Erkenntnisweisen der natürlichen Gotteslehre in neuem Licht wiederaufgenommen (118). Auch in der übernatürlichen Gotteserkenntnis bleibt es bei der Wahrung der einseitigen Analogie. Wenn für natürliche Gotteserkenntnis Gott unbegreiflich und damit "Geheimnis" ist, so ist seine Selbstmitteilung für den Glauben noch einmal "Geheimnis". Aber in beiden Fällen bedeutet "Geheimnis" nicht das Unsagbare, sondern einen worthaften Sachverhalt. Natürliche Gotteserkenntnis wahrt in verstehbarer Weise die Unbegreiflichkeit Gottes. Erst recht sind Glaubensgeheimnisse auf ihre Verkündigung aus (119).

Sich von Gott aufgrund seines Wortes geliebt zu wissen, bedeutet zunächst, jede gute Erfahrung und insbesondere solche personaler Art als Gleichnis für diese in sich selbst alles Begreifen übersteigende Gemeinschaft mit Gott zu verstehen (120). Wer sich im Glauben von Gott geliebt weiß, hat Freude an allem Guten in der Welt. Jede endliche Erfüllung, Friede, Verständigung, Gemeinschaft, Schönheit und Gelingen, wird im Glauben zum Bild der Gemeinschaft mit Gott (121). Man kann überhaupt nur in solchen Bildern über die im Glauben gemeinte Wirklichkeit reden. Wir brauchen uns kein zusätz-

---

118 Vgl. **Christian Link**, Die Welt als Gleichnis - Studien zum Problem der natürlichen Theologie, München 1976.

119 Nach **Eberhard Jüngel**, Gott als Geheimnis der Welt - Zur Begründung der Theologie des Gekreuzigten im Streit zwischen Theismus und Atheismus, Tübingen 1977, 341, ist dem negativen Begriff von Geheimnis als dem Unaussprechlichen vom Neuen Testament her ein Geheimnisbegriff entgegenzusetzen, wonach Geheimnis das ist, was auf jeden Fall gesagt werden muß.

120 Ein solches Verständnis von Glauben fügt sich nicht in die angebliche Funktion der Reduktion und Selektion von Komplexität, die nach **Niklas Luhmann** der Religion zukommt (vgl. **ders.**, Religiöse Dogmatik und gesellschaftliche Evolution, in: Karl Wilhelm Dahm u. a., Religion - System und Sozialisation, Darmstadt-Neuwied 1972, 15-132). Vielmehr geht es gerade um eine neue, aus der Macht der Angst um uns selbst befreite Offenheit für Komplexität. Man hat es nicht mehr nötig, nach einer absoluten Weltformel zu suchen.

121 Vgl. **Friedrich Hölderlin**: "O daß das Herz mir nie altere, daß der Freuden, daß der Gedanken, der Lebenszeichen keines mir unwert werde ..., denn alle brauchet das Herz, damit es Unaussprechliches nenne" (zitiert bei **Gerhard Ebeling**, Einführung in theologische Sprachlehre, Tübingen 1971, XV). - Es sei gestattet, das Gemeinte

liches Phantasiebild vom Himmel zu machen, sondern können bereits alles Gute und Schöne der wirklichen Welt als Bild des Himmels verstehen, der in sich selbst unter keinen Begriff und keine Vorstellung fällt. Diese Sicht entspricht im Glauben als der übernatürlichen Gotteserkenntnis dem Erkenntnisweg der "Bejahung" in der natürlichen Gotteserkenntnis.

Dem Weg der **"Verneinung"** entspricht im Glauben, daß Endlichkeit und Vergänglichkeit aller guten Erfahrung nicht aufheben können, daß diese Erfahrung Gleichnis der Gemeinschaft mit Gott ist. Daß alle endliche Erfüllung vorübergeht, ist kein Einwand dagegen, daß man für sie bleibend dankbar sein kann. Außerhalb des Glaubens würde das Umgekehrte gelten. Endlichkeit, Vergänglichkeit und Tod wären so das letzte Wort über die Welt, daß keine gute Erfahrung einen Einwand gegen sie darstellte.

Dem Weg des **"Überstiegs"** entspricht es, alle gute Erfahrung zwar wirklich als Gleichnis der Gemeinschaft mit Gott, aber auch nur als Gleichnis dafür zu verstehen. Das Gleichnis der Gemeinschaft mit Gott ist weder mit dieser selbst zu verwechseln, noch hat die Gemeinschaft mit Gott an ihrem Gleichnis ihr Maß. Sie kann deshalb nicht an ihrem Gleichnis abgelesen werden (122). Sich von Gott mit der Liebe geliebt zu wissen, in der Gott Gott zugewandt ist, bedeutet also im Gegensatz zu Weltvergötterung oder Verzweif-

---

an einem alltäglichen Beispiel zu erläutern. Ich erlebte einmal, wie in einem Krankenhaus ein vier- oder fünfjähriges Kind zu einer Operation gebracht wurde. Es wurde von seiner Mutter bis zum Eingang des Operationssaals begleitet, und dort sprachen sie noch ein wenig miteinander. Das letzte Wort des Jungen zu ihr war: "Du, Mutti, der liebe Gott ist doch immer bei mir?" Das schien nicht zu bedeuten, daß die Operation deshalb gelingen werde, sondern: Was auch immer geschieht, ich bleibe in Gottes Hand. Hinter der Form der Rückfrage verbirgt sich, daß es sich um eine Gewißheit handelt, die das Kind nicht aus sich selbst hat, sondern die ihm zuvor durch ein Wort mitgeteilt worden ist und deren es sich nur so vergewissern kann, daß es sie sich erneut sagen läßt. Man ist für solchen Glauben darauf angewiesen, ihn gesagt zu bekommen. Der Junge gebrauchte in seiner Frage ein Gleichnis, nämlich die Erfahrung, die er gemacht hat, wenn seine Mutter bei ihm war. Diese Erfahrung ist endlich und vergänglich; dennoch wird sie im Glauben zum Bild für eine unendliche und unvergängliche Wirklichkeit und so erst in ihrer wahren Bedeutung erfaßt. Letztlich geht es in der ganzen christlichen Botschaft um nichts anderes als um diese Gewißheit der Gemeinschaft mit Gott, zu deren voller Verstehbarkeit es der Berufung auf Jesus Christus bedarf. Die Theologie hat keinen anderen Glauben zu verantworten als diesen, zu dem selbst unmündige Kinder fähig sind.

122 Vgl. **Wilfried Joest**, o. c. (Anm. 53), 54f: Wird die Zusage der Gemeinschaft mit Gott ernstgenommen, "dann kann sie nicht auf die Zuwendung, die wir als Menschen einander zu geben vermögen, reduziert werden. Denn ihre Tragkraft geht dann nicht auf im Maß dessen, was Menschen, Gesellschaft und Verhältnisse uns geben und in uns entbinden können, und sie geht nicht unter in dem Maß dessen, was Menschen, Gesellschaft und Verhältnisse uns entziehen und in uns zerstören können."

lung an der Welt, sich an allem Guten in der Welt freuen zu können, ohne sich um jeden Preis daran zu klammern, und umgekehrt, daß man auch im Leid standhalten kann (123).

Daß Gottes Liebe zu uns an nichts Geschöpflichem ihr Maß hat, ist der Gegensatz zu der Vorstellung, sie werde etwa je nach der Leistung des Menschen größer oder geringer. In einer solchen falschen Vorstellung könnte man sich auf Gott nicht mehr als auf sich selbst verlassen.

Der Grundeinsicht, daß Gottes Liebe an nichts Geschaffenem ihr Maß haben kann, widerspricht nicht die Lehre des Konzils von Trient, wonach ein jeder seine eigene Gerechtigkeit erlange nach dem Maß, das der Heilige Geist den einzelnen verleiht, wie er will (vgl. 1 Kor 12,11), und "nach der eigenen Bereitschaft und Mitwirkung eines jeden" (124). Es wäre ein schlimmes Mißverständnis,

---

123 Dies scheint mir auch die Bedeutung des "Gott in allen Dingen Findens" bei **Ignatius v. Loyola** zu sein; vgl. den in seinem Auftrag von Juan de Polanco geschriebenen Brief an Antonio Brandao vom 1.6. 1551 über das Gebet der Ordensstudenten: "In Anbetracht des Ziels des Studiums, weswegen die Studierenden keine langen Meditationen halten können, können sie sich [...] darin üben, die Gegenwart unseres Herrn in allen Dingen zu suchen, etwa im Umgang mit jemandem, im Gehen, Sehen, Schmecken, Hören, Verstehen und in allem, was wir tun; denn es ist wahr, daß seine göttliche Majestät durch Gegenwart, Macht und Wesenheit in allen Dingen ist. Und diese Weise zu meditieren, indem man Gott unseren Herrn in allen Dingen findet, ist doch leichter, als uns zu den abstrakteren göttlichen Dingen zu erheben, indem wir uns mühsam ihnen gegenwärtig machen. Und diese gute Übung wird, indem sie uns darauf einstellt, große Heimsuchungen des Herrn verursachen, mögen sie auch in einem kurzen Gebet sein" (MHSJ, Epistolae et Instructiones 3, 510). Vgl. ähnlich auch **Martin Luther** im Galaterbriefkommentar (1535), WA 40,2; 30,3: "In Christus wird alles geistlich." – **Christofer Frey** kritisiert in seiner Besprechung dieser Fundamentaltheologie in: EK 12 (1979) 426-427: "Eschatologie hat die Fundamente dieses Entwurfs kaum berührt" (427). Den obigen Hinweisen, wie die Welterfahrung angesichts des Todes sich dem Glauben anders als dem Unglauben darstellt, kommt jedoch für unseren gesamten Ansatz entscheidende Bedeutung zu; vgl. ferner weiter unten Abschnitt I, 3.2.2.

124 Dekret über die Rechtfertigung, Kap. 7, DS 1529. Zwischen katholischer und evangelischer Theologie besteht hier ein sprachlicher Unterschied. Evangelische Theologie würde den auf das Wort Gottes gerichteten Glauben, der durchaus als des Menschen eigener Glaube verstandenen wird, nicht als "Mitwirkung [cooperatio]" bezeichnen; denn der Glaube hat nicht die Struktur eines "Werkes [opus]", des Machens, sondern ist ein Empfangen. Die Schrift spricht von einer "Mitwirkung" des Menschen mit Gott nur so, daß der Mensch in auf die Welt gerichteten Werken Gottes Werkzeug wird (vgl. 1 Kor 3,9). Von einer "Mitwirkung" spricht deshalb auch Luther erst da, wo es um auf die eigene irdische Existenz oder auf die Mitmenschen gerichtete Tätigkeiten geht. Wenn man den eigenen Leib in Zucht nimmt, anderen Menschen gute Werke tut und vor allem ihnen in der Glaubensverkündigung Gottes Geist weitergibt, dann wirkt man mit

darin eine Einschränkung der Rechtfertigungsgnade sehen zu wollen. Von wirklicher "Bereitschaft und Mitwirkung" gegenüber der Gnade kann überhaupt nur dann die Rede sein, wenn man damit nicht einschränkt, was von Gott zu erwarten ist, sondern gerade umgekehrt radikal und ohne Einschränkung das von Gott erwartet, was er allein geben kann. Diese Bereitschaft und Mitwirkung ist mit dem Glauben identisch und hat nicht die Struktur einer Leistung. Es ist nicht möglich, Gott nur eingeschränkt oder geteilt zu dienen (vgl. Mk 12,28-34; Mt 6,24; Gal 1,10) (125). Wohl kann es sein, daß sich der ungeteilte, notwendig radikale Glaube noch bis in alle Fasern der Existenz eines Menschen durchsetzen muß; und dieser Prozeß dauert an, solange wir leben (126).

Ähnlich will das Wort "Mit dem Maß, mit dem ihr meßt, wird auch euch gemessen werden" (Mt 7,2) nicht etwa die Liebe Gottes zum Menschen einschränken und von Bedingungen abhängig machen. Es bedeutet vielmehr, daß man Gottes Liebe überhaupt nur so annehmen kann, daß man dann selbst anderen gegenüber zu grenzenlosem Verzeihen bereit ist (vgl. Mt 18,21-35). Dies vermag man nur aufgrund dessen, daß man selber von Gott grenzenlose Verzeihung empfängt.

Anderseits besagt die Tatsache, daß im Glauben die je eigene Erfahrung zum Gleichnis dieser Gemeinschaft mit Gott wird, daß die Liebe Gottes den einzelnen selbst in unüberbietbarer Weise persönlich betrifft und in ihrer vollen Bedeutung für ihn selbst nur von ihm selbst ausgesagt werden kann (vgl. Offb 2,17). Daß Gott allen Menschen in der einen ewigen Liebe zugewandt ist, in der er als Vater den Sohn liebt, nämlich im Heiligen Geist, bedeutet deshalb nicht eine Art "Einerleiheit"; vor diesem Mißverständnis bewahrt, daß man von Gottes Liebe immer nur "hinweisend", in Gleichnissen aus der je eigenen Erfahrung sprechen kann.

Doch handelt es sich zugleich um den Gegensatz zu der Vorstellung, daß Gottes Liebe zum Menschen ihr Maß an dessen Wohlbefinden hätte. Dies würde bedeuten, daß Gott im Glück nahe und im Unglück fern wäre. Die christliche Botschaft lehrt vielmehr, auch im

---

Gott mit, wird zum Werkzeug oder Durchgang für Gottes Handeln an seinen Geschöpfen. Vgl. **Martin Luther**, De servo arbitrio (1525), WA 18; 753,12 - 754,17. Vgl. auch **Martin Seils**, Der Gedanke vom Zusammenwirken Gottes und des Menschen in Luthers Theologie, Gütersloh 1962.

125 In 1 Kor 7,33f ist mit der geteilten Existenz des Verheirateten nicht etwa die christliche Ehe gemeint, wie sie in 7,29 beschrieben wird, sondern die Haltung desjenigen, der den Partner absolut setzt. Ein solcher ist nicht zwischen Gott und dem Partner geteilt, was gar nicht möglich ist, sondern er ist in sich gespalten und dient Gott überhaupt nicht.

126 Vgl. dazu **Thomas v. Aquin**, S. th. I II q 113 a 7: Die Rechtfertigungsgnade ist nicht quantifizierbar. Vgl. auch **Martin Luther**, Die dritte Disputation gegen die Antinomer (1538), WA 39,1; 563,2-3: "Der Glaube kann schwach sein, nicht aber ungewiß und zweifelhaft; das ist himmelweit voneinander verschieden."

Leid dessen gewiß zu sein, daß man durch keine Macht der Welt
von der Gemeinschaft mit Gott getrennt werden kann. Das Leid wird
also nicht spekulativ "erklärt", sondern man stellt sich ihm im
Glauben anders als in Verzweiflung.

Was bedeutet es also, sich im Glauben von Gott verläßlich geliebt zu wissen? Außerhalb des Glaubens - sei er christlich oder
noch anonym - betrachtet erscheint die Welt letztlich als ein Bild
der Hölle. Das letzte Wort über alle Wirklichkeit hätten dann Vergänglichkeit und Tod (127). Kein irdisches Glück und keine Erfüllung kämen dagegen an. Im Glauben als der Gemeinschaft des Menschen mit Gott gesehen wird dagegen dieselbe Welt zu einem Gleichnis des Himmels. Alle gute Erfahrung in der Welt wird zum "Material", um "hinweisend" von der Gemeinschaft mit Gott zu sprechen;
und die Endlichkeit und Vergänglichkeit dieser guten Erfahrung ist
kein Einwand dagegen, sondern hindert nur daran, das Gleichnis
mit der Gemeinschaft mit Gott selbst zu verwechseln. Der Glaube ermöglicht bleibende, dankbare Freude an der Welt, ohne daß man
sich an irgend etwas in der Welt anklammern muß (128). So bedeutet also das Geborgensein in der Liebe Gottes, daß man in dieser
Welt nicht mehr aus der Angst um sich lebt. Erst dieser Glaube ermöglicht wahrhaft gute Werke, in denen man nicht mehr das eigene
Heil sucht, sondern dem Nächsten und der Wirklichkeit gerecht werden kann.

Dieses vom "Wort Gottes" erwirkte Verständnis ist der Ausgangspunkt für die nur als "hinweisende" mögliche Rede von der Dreifaltigkeit Gottes. Gemeinschaft mit Gott kann endgültig verstehbar nur
als Hineingenommensein des Menschen in die Liebe Gottes zu einem
göttlichen Gegenüber, des Vaters zum Sohn, ausgesagt werden. Das
ist das tragende Glaubensgeheimnis. "Glaubensgeheimnis" besagt,
daß es sich mit irdischen Gründen weder in seiner Wirklichkeit noch
in seiner Möglichkeit beweisen oder widerlegen läßt, sondern **in seiner Wahrheit nur dem Glauben selbst zugänglich** ist und deshalb
verkündet werden muß (vgl. Joh 15,15). Bei einem Glaubensgeheimnis kann auch nur das als **möglich** erkannt werden, was zugleich
als **wirklich** erkannt wird. Möglichkeit und Wirklichkeit fallen hier
in eins und werden auch nur in ein und demselben Glaubensakt erkannt. Dagegen hat "Glaubensgeheimnis" nichts mit logischen
Schwierigkeiten zu tun. Wir versuchen deshalb, im Folgenden das
Geheimnis der Dreifaltigkeit Gottes so auszusagen, daß dabei keine
logischen Schwierigkeiten entstehen.

Die katholische Kirche lehrt in bezug auf die **Dreifaltigkeit Gottes**: "Alles, was der Vater ist oder hat, hat er nicht von einem anderen, sondern aus sich; und er ist Ursprung ohne Ursprung. Alles,
was der Sohn ist oder hat, hat er vom Vater; und er ist Ursprung
von einem Ursprung her. Alles, was der Heilige Geist ist oder hat,

---

127 Vgl. **Johannes Sløk**, Teologiens elendighet, København 1979, und meine Rezension in: ThPh 55 (1980) 612f.

128 Zum je verschiedenen Gleichnischarakter der Welt außerhalb und innerhalb des Glaubens vgl. **Martin Luther**, z. B. WA 4; 381,23 und WA
3; 49,6f; ähnlich auch **Ignatius v. Loyola**, Geistliche Übungen, Nr.
58-60 und 234-237.

hat er zugleich vom Vater und vom Sohn; aber der Vater und der Sohn sind nicht zwei Ursprünge des Heiligen Geistes, sondern ein einziger Ursprung, so wie der Vater und der Sohn und der Heilige Geist nicht drei Ursprünge der Schöpfung sind, sondern ein einziger Ursprung" (129). So "sind diese drei Personen ein einziger Gott und nicht drei Götter; denn die drei besitzen **eine Wirklichkeit**, **eine Wesenheit**, **eine Natur**, **eine Gottheit**, **eine** Unermeßlichkeit, **eine** Ewigkeit, und alles ist eins, wo dem nicht ein Gegensatz im Bezogensein entgegensteht [ubi non obviat relationis oppositio]" (130).

Vater, Sohn und Geist sind also der eine Gott; doch ist dieser eine Gott drei Personen, die nicht miteinander identisch sind, sondern sich durch ihr Verhältnis zueinander voneinander unterscheiden. Wie läßt sich diese Aussage von der Dreipersönlichkeit Gottes mit seiner Einzigkeit vereinbaren? Auf diese Frage, die insbesondere von der jüdischen Religion und dem Islam an den christlichen Glauben gestellt wird, soll im Folgenden geantwortet werden.

Wir hatten Geschaffensein als "restloses Bezogensein auf ... / in restloser Verschiedenheit von ..." bestimmt. Dieser Relationsbegriff ist offenbar nicht geeignet, das Verhältnis der göttlichen Personen zueinander zu bezeichnen. Er kann nur das Verhältnis des Geschöpfes zu Gott bezeichnen. Man kann jedoch in der Lehre von der Dreipersönlichkeit Gottes davon ausgehen, daß mit "Person" der Selbstbesitz einer Wirklichkeit gemeint ist, das Bezogensein einer Wirklichkeit auf sich selbst im Sinne des Sich-selbst-Gehörens. Es würde sich dabei um eine Beziehung handeln, die von ihrem Woraufhin nicht real verschieden ist. Dann kann die Dreifaltigkeit Gottes als **drei untereinander verschieden vermittelte Relationen der einen göttlichen Wirklichkeit auf sich selbst** ausgesagt werden. Die erste Relation ist unvermittelt, die zweite wird durch die erste vermittelt, die dritte ist durch die erste und zweite zugleich vermittelt.

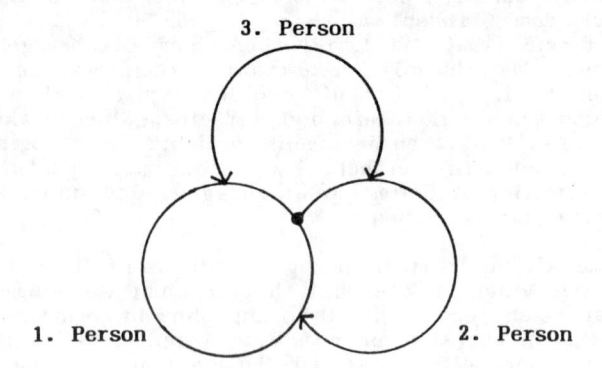

3. Person

1. Person   2. Person

---

129 Konzil von Florenz, Dekret für die Jakobiten (1442), DS 1331. Der abschließende Vergleich damit, daß Vater, Sohn und Geist nur **ein** Ursprung der Schöpfung sind, ist der Sache nach gleichbedeutend damit, daß Geschaffensein als solches die einseitige Beziehung des Geschaffenen auf Gott meint; deshalb kann man aus dem Geschaffenen als solchen nicht erkennen, daß Gott dreifaltig ist.

130 Ebd., DS 1330.

Wir sprechen von der ersten Person in Gott als von einer durch keine andere vermittelten ersten Relation eines göttlichen Selbstbesitzes. Ihr geht also keine andere Person voraus, und sie ist somit ohne Ursprung. Die zweite Person ist ein zweiter Selbstbesitz der gleichen göttlichen Wirklichkeit. Sie unterscheidet sich von der ersten gerade dadurch, daß sie diese voraussetzt und durch sie vermittelt wird. Die dritte Person, der Heilige Geist, ist als der dritte Selbstbesitz durch die beiden ersten gemeinsam vermittelt (131).

Diese drei hinsichtlich ihrer Vermittlung voneinander unüberbietbar verschiedenen Relationen der einen göttlichen Wirklichkeit auf sich selbst sind in dem Sinn "subsistente" Relationen, daß sie nicht nur mit ihrem Träger, nämlich der göttlichen Wirklichkeit selbst, identisch sind, sondern auch mit ihrem Terminus, der gleichen göttlichen Wirklichkeit (132).

Gegenüber den hier mit den Personen selbst gleichgesetzten drei Relationen göttlichen Selbstbesitzes unterscheidet die herkömmliche Trinitätstheologie vier innertrinitarische Relationen, nämlich das Verhältnis des Vaters zum Sohn (**Zeugen**), das des Sohnes zum Vater (**Gezeugtwerden**), das des Vaters und des Sohnes gemeinsam zum Heiligen Geist (**Hauchen**) und das des Heiligen Geistes zum Vater und zum Sohn (**Gehauchtwerden**). Es handelt sich bei dieser Redeweise von den "vier Relationen" um einen abgeleiteten, uneigentlichen Relationsbegriff. Hier werden die Verhältnisse zwischen den drei untereinander verschieden vermittelten eigentlichen Relationen göttlichen Selbstbesitzes noch einmal als "Relationen" bezeichnet, ähnlich wie wenn man das Verhältnis einer Relation zu ihrem Terminus noch einmal "Relation" nennt:

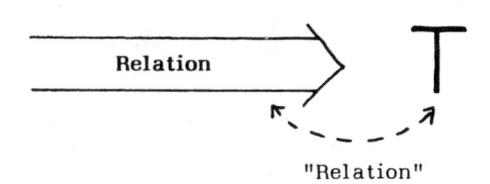

"Relation"

Die Rede der herkömmlichen Trinitätstheologie von den "vier Relationen" läßt sich also auf die verschiedenen Verhältnisse der drei Relationen göttlichen Selbstbesitzes zueinander zurückführen:

---

131 Dieses "Ineinandergehen" der göttlichen Personen wird traditionell als "Perichorese" oder "circumincessio" bezeichnet.

132 In der Schöpfungslehre hatten wir die Relation des Geschaffenen auf Gott ebenfalls als "subsistent" bezeichnet, weil auch hier der Träger der Relation mit dieser selbst identisch ist. Im Unterschied dazu sind die subsistenten Relationen der göttlichen Wirklichkeit auch mit ihrem Woraufhin identisch.

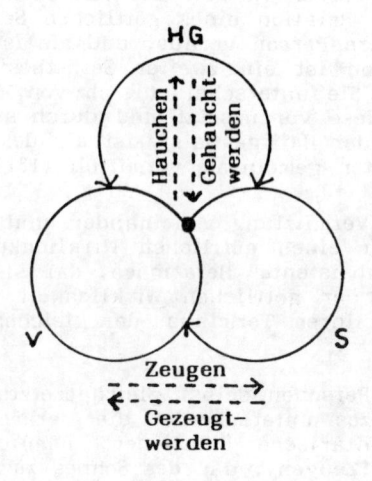

Der erste göttliche Selbstbesitz, dem niemand vorausgeht und der deshalb "ursprunglos" heißt, vermittelt ("zeugt") den zweiten Selbstbesitz; dieser wird also durch den ersten vermittelt ("wird gezeugt"). Der erste und zweite Selbstbesitz zusammen vermitteln ("hauchen") den dritten; der dritte wird vom ersten und zweiten zugleich vermittelt ("wird gehaucht").

Erst durch die Rückführung dieser vier Verhältnisse auf die drei untereinander verschieden vermittelten Relationen der einen göttlichen Wirklichkeit auf sich selbst läßt sich die Trinitätslehre so formulieren, daß sie nicht mehr mit logischen Schwierigkeiten verwechselt werden kann.

Die Folge der Personen, Vater – Sohn – Heiliger Geist, kann mit der Folge der Personworte "ich – du – wir" verglichen werden (133). Das Wort "ich" ist anfanghaft, wenn auch noch nicht unter jeder Hinsicht, für sich allein verständlich, ohne daß man die beiden anderen Personworte voraussetzen müßte. Das entspricht der Lehraussage, daß der Vater "ursprunglos", "ungezeugt" (134) ist. Ihm geht keine andere göttliche Person vorauf. Das Wort "du" kann dagegen nur von einem "ich" her gesagt werden. So kann vom Sohn als einer zweiten göttlichen Person nur so die Rede sein, daß auch von der ersten göttlichen Person als dem Vater die Rede ist. Das Wort "wir" wiederum meint die Gemeinsamkeit von "ich" und "du" und setzt also

---

133 Vgl. **Heribert Mühlen**, Der Heilige Geist als Person – Beitrag zur Frage nach der dem Heiligen Geiste eigentümlichen Funktion in der Trinität, bei der Inkarnation und im Gnadenbund, Münster 1963. Mit Recht hält Mühlen den von **Augustinus** überkommenen Vergleich mit dem Zueinander der Seelenkräfte für weniger geeignet (vgl. ebd. 3f); denn in der Unterscheidung von "Natur" und "Person" gehören Verstand und Wille zur "Natur".

134 Vgl. z. B. IV. (633) und VI. (638) Konzil von Toledo, DS 485 und 490.

beide in ihrer Einheit voraus. Dem entspricht es, daß vom Heiligen Geist als dem göttlichen Wir in Person zu reden ist: Er ist die gegenseitige Liebe zwischen Vater und Sohn. Auch der Heilige Geist ist als ein eigener Selbstbesitz der einen göttlichen Wirklichkeit Person. Erst im "wir" werden "ich" und "du" voll erkannt. So werden auch die Person des Vaters und die des Sohnes erst voll erkannt, wo sie als der eine Ursprung des Heiligen Geistes offenbar werden. Wie aber die Reihenfolge der Personworte kein zeitliches Nacheinander und auch keinen Unterschied im Rang bedeutet, so steht auch die Folge der Personen in Gott nicht ihrem gleichen Gottsein entgegen.

In dieser Sicht ist gewahrt, daß nur ein einziger Gott ist und daß dieser Gott doch in der realen Unterschiedenheit der Personen als Vater, als Sohn und als Heiliger Geist subsistiert. Die drei Weisen des Selbstbesitzes der einen göttlichen Wirklichkeit unterscheiden sich real voneinander. Dadurch ist der sogenannte "Modalismus" ausgeschlossen, wonach es sich nur um verschiedene Namen für ein und dieselbe Person handeln würde (135). Weil es aber ein und dieselbe göttliche Wirklichkeit ist, die sich in den drei voneinander real verschiedenen Weisen selbst besitzt, bleibt auch umgekehrt die Gefahr einer Dreigötterlehre (Tritheismus) ausgeschlossen (136). Es ist auch nicht mehr zu sehen, daß zwischen der Einzigkeit der einen göttlichen Wirklichkeit und der Dreiheit der Personen ein logischer Gegensatz bestünde, der Denkschwierigkeiten aufgäbe.

Allerdings ist eine solche Lehre von der Dreifaltigkeit als solcher ("immanente Trinität") sinnvoll und notwendig nur, um die Selbstmitteilung Gottes an uns ("ökonomische Trinität") als das aussagen zu können, was sie ist: Gottes Liebe zur Welt hat nicht an der Welt selber ihr Maß. Gott wird nicht erst durch die Offenbarung dreifaltig, sondern die Offenbarung besteht darin, uns Anteil an seinem dreifaltigen Leben zu geben, so daß "die Menschen durch Christus, das fleischgewordene Wort, im Heiligen Geist Zugang zum Vater haben" (137). Wer sich in dieser Weise von Gott angenommen weiß, ist dessen gewiß, daß ihn weder Leben noch Tod noch irgendeine Macht der Welt aus der Gemeinschaft mit Gott herausreißen kann (vgl. Röm 8,31-39).

So antwortet das trinitarische Gottesverständnis der christlichen Botschaft auf die Frage, wie eine reale Relation Gottes auf die Welt ausgesagt werden kann, obwohl es vom Schöpfungsbegriff her unmöglich ist, daß die Welt zum konstitutiven Terminus für eine solche Relation wird. Außerhalb eines trinitarischen Gottesverständnisses kann eine Gemeinschaft des Menschen mit Gott nicht endgültig sinnvoll ausgesagt werden. Ein Angesprochenwerden des Menschen durch Gott läßt sich nur dann als reale Beziehung Gottes auf den Men-

---

135 Vgl. die kirchlichen Verurteilungen der Lehre des Sabellios: DS 154, 284, 451, 519, 1332.

136 Vgl. die diesbezüglichen Befürchtungen gegenüber dem üblichen Verständnis, die **Karl Rahner**, Art. "Trinitätstheologie", SM(D) IV, 1029, äußert. Unser Personbegriff steht gleichwohl in einer gewissen Entsprechung zum allgemeinen Sprachgebrauch.

137 II. Vatikanum, DV 2.

schen verstehen, wenn diese im voraus dazu eine ewige Beziehung Gottes auf Gott, nämlich des Vaters zum Sohn, ist. Wir haben Gemeinschaft mit Gott nur vom Sohn her im Heiligen Geist. Hingegen würde keine bloß geschöpfliche Qualität jemals ausreichen, um Gemeinschaft mit Gott zu begründen (138). Deshalb stellt das Dogma von der Dreifaltigkeit Gottes die Grundlage des christlichen Glaubens dar (139). Nur in diesem Verständnis widerspricht die Rede von "Wort Gottes" nicht bereits der Bedeutung des Wortes "Gott". Erst das trinitarische Gottesverständnis erlaubt es, die Behauptung einer Selbstmitteilung Gottes an sein Geschöpf mit der Anerkennung seiner schlechthinnigen Transzendenz, Absolutheit und Einzigkeit zu vereinbaren.

Dies ist unseres Erachtens auch die Antwort des christlichen Glaubens auf die Infragestellung durch den jüdischen Monotheismus und den Islam. Die Rede von einer göttlichen Offenbarung kann mit der Transzendenz Gottes nur zusammengehen, wenn Gott dreifaltig ist im Sinn eines dreifachen Selbstbesitzes des einen und einzigen Gottseins. Eine Beziehung Gottes auf die Welt auszusagen, welche nicht zuvor eine Beziehung Gottes auf Gott, des Vaters zum Sohn, wäre, würde der Gottheit Gottes widersprechen.

FRAGEN

1. Was bedeutet die Aussage, daß Jesus "zugleich der Mittler und die Fülle der ganzen Offenbarung" sei?
2. Warum läßt sich eine reale Relation Gottes auf die Welt nur in einem trinitarischen Gottesverständnis endgültig sinnvoll aussagen?
3. Was bedeutet "Gemeinschaft mit Gott" Neues über die Erkenntnis der eigenen Geschöpflichkeit hinaus?
4. Wie lassen sich die drei Wege natürlicher Gotteserkenntnis (Be-

---

138 Dies ist das Hauptargument der frühen Kirche gegen die Häresie des Arianismus, in der der christliche Glaube in hellenistisches Denken eingeebnet wird. Der Arianismus meint, den Monotheismus nur dadurch wahren zu können, daß er sowohl den Sohn wie den Heiligen Geist als bloße Geschöpfe ansieht. Vgl. z. B. die Antwort des **Athanasios von Alexandreia**, Epistulae IV ad Serapionem, 1, 24 (PG 26, 585BC): "Wenn aber der Heilige Geist ein Geschöpf wäre, dann könnten wir nicht in ihm Gemeinschaft mit Gott haben, sondern wir würden mit einem Geschöpf verbunden, blieben aber der göttlichen Natur fremd, da wir in keiner Weise an ihr Anteil hätten. Da wir nun aber Christi teilhaftig und Gottes teilhaftig genannt werden, erweist sich, daß das Siegel und das Salbung in uns nicht von der Natur der gewordenen Dinge ist, sondern von der des Sohnes, der uns durch den Heiligen Geist in ihm mit dem Vater verbindet."

139 **Hans Küng**, Christ sein, München-Zürich 1974, kann ohne die traditionelle Trinitätslehre auskommen, weil für ihn Geschichte von vornherein problemlos ein "Wechselgeschehen zwischen Gott und seinem Volk" (287) ist; vgl. 346, 464ff. Nur läßt sich dies dann nicht mehr von Mythologie unterscheiden.

jahung, Verneinung, Überstieg) in der übernatürlichen Gotteserkenntnis des Glaubens wieder aufnehmen?
5. Warum kann nach der christlichen Verkündigung Gottes Liebe zum Menschen nicht an dessen Leistung und überhaupt an keiner geschöpflichen Qualität ihr Maß haben?
6. Wie bleibt dennoch gewahrt, daß Gottes eine Liebe jeden Menschen in seiner ganz persönlichen Eigenart betrifft?
7. Worin besteht die menschliche Bereitschaft und das Eingehen auf die Gnade? Warum dient man nur dann wirklich Gott, wenn man ihm ganz und ungeteilt dient?
8. Wie antwortet die christliche Verkündigung auf das Problem des Leids?
9. Inwiefern ist die gleiche Welt außerhalb des Glaubens betrachtet ein Bild der Hölle, im Glauben aber ein Bild des Himmels?
10. Wodurch unterscheidet sich der Begriff "Glaubensgeheimnis" vom Begriff "logische Schwierigkeit"?
11. Was ist in der Trinitätslehre unter "Person" zu verstehen?
12. Wie läßt sich die Verschiedenheit der göttlichen Personen voneinander mit der Einzigkeit Gottes vereinbaren, ohne daß dabei logische Schwierigkeiten entstehen?
13. Wie verhält sich die herkömmliche Rede von den "vier Relationen" in Gott zu der unseren von den drei Relationen des göttlichen Selbstbesitzes, nämlich den drei göttlichen Personen?
14. Wie läßt sich die Rede von den drei göttlichen Personen mit der Folge der Personworte "ich - du - wir" vergleichen?
15. Wie kann die Trinitätslehre so ausgesagt werden, daß ihre Bedeutung für den Glaubenden, nämlich für sein Verhältnis zu Gott, zur Sprache kommt?
16. Warum ist die Trinitätslehre notwendig, um eine göttliche Offenbarung mit der schlechthinnigen Absolutheit Gottes zu vereinbaren? Wie geschieht dadurch dem Anliegen des jüdischen Monotheismus und des Islams Gerechtigkeit?

2.2.2 Die Menschwerdung des Sohnes

Die Rede von "Wort Gottes" steht noch immer der Bedeutung von "Wort" entgegen. "Wort" ist zwischenmenschliche Kommunikation. Der Begriff "Wort Gottes im eigentlichen Sinn" würde also besagen, daß wir in von vornherein mitmenschlichem Wort von Gott angesprochen werden. Es kann sich nicht um eine erst nachträgliche und dann sicher unzulängliche Übersetzung eines göttlichen Wortes in menschliches Wort handeln. Der Begriff "Wort Gottes" ist vielmehr so zu verstehen, daß in menschlichem Wort genau das gesagt wird, was Gott uns Menschen zu sagen hat (140). Aber wie kann eine Selbst-

---

140 Eine andere Sicht vertritt **Heinrich Bacht**, Vom Lehramt der Kirche und in der Kirche, in: Cath(M) 25 (1971) 147f: "Göttliche Wahrheit gibt es, solange unser Pilgerstand andauert, nie in chemischer Reinheit, sondern immer nur eingeschmolzen in die Schlacke menschlicher Aussageweise. Die Unterscheidung zwischen Aussageinhalt, um den es eigentlich geht, und Aussagemedium, das immer notwendig hinter dem eigentlich Gemeinten zurückbleibt, ist somit grundlegend

mitteilung Gottes in menschlichem Wort geschehen? Die christliche Botschaft antwortet auf diese Frage, indem sie sich auf die Menschwerdung des Sohnes Gottes beruft.

Die christliche Botschaft sagt das Angesprochenwerden durch Gott und damit die Gemeinschaft mit Gott als das Anteilhaben am Gottesverhältnis Jesu aus. Mit dem "Gottesverhältnis Jesu" ist nicht nur psychologisch das von Jesus gelebte liebende Verhältnis zum Vater gemeint, sondern ontologisch der Heilige Geist selbst als seine reale Beziehung zum Vater. An Jesus als den Sohn Gottes glauben bedeutet deshalb, sich aufgrund seines Wortes von Gott mit der Liebe angenommen zu wissen, in der Gott ihm als seinem eigenen Gegenüber von Ewigkeit her zugewandt ist. Von der Gottessohnschaft Jesu ist also überhaupt erst dann sachgemäß die Rede, wenn es dabei um unser eigenes Verhältnis zu Gott geht, wie es allein durch sein Wort für den Glauben offenbar wird. Dieses Sich-von-Gott-geliebt-Wissen impliziert das Bekenntnis, daß Jesus als der Ursprung dieses Verständnisses selbst der Sohn Gottes ist: Er ist der, durch den allein andere Menschen Zugang zu Gott gewinnen. Damit wird Jesus Christus nicht gleichsam haushoch über die anderen Menschen gestellt, sondern sie werden auf seine Stufe hinaufgenommen (vgl. Joh 10,31-39).

Doch wie läßt sich eine **Menschwerdung Gottes** verstehen, ohne daß dadurch doch wieder eine reale Relation Gottes auf ein Geschöpf behauptet werden müßte, für die das Geschöpf der konstitutive Terminus wäre (141)?

---

für Glauben und Theologie." In meiner Sicht besteht zwischen der göttlichen Wahrheit und der menschlichen Aussageweise ein analoges Verhältnis wie zwischen der Gottessohnschaft und dem Menschsein Jesu, und dieses Verhältnis ist nicht dem des Erzes zur Schlacke vergleichbar. Daß das Gemeinte unausschöpflich ist, bedeutet nicht, daß die Aussage hinter dem Gemeinten zurückbleibt. Wohl mag die Aussage als "analog" angesehen werden, was aber gerade ihre Würde ausmacht.

141 In der scholastischen Theologie entspricht dieser Frage die Problematik des Axioms, alles Handeln "nach außen" sei den göttlichen Personen strikt gemeinsam (vgl. **Thomas v. Aquin**, S. th. III q23 a2 c), weil Vater, Sohn und Heiliger Geist ein einziger Ursprung des Geschaffenen sind (vgl. DS 1331); dies sind andere Formulierungen dafür, daß die Relation des Geschaffenen auf Gott einseitig ist und keine Gemeinschaft mit den göttlichen Personen als solchen begründen kann. Nach **Karl Rahner**, Art. "Trinitätstheologie", SM(D) IV, 1023, wurde die heilsgeschichtliche Bedeutung der Trinität "durch das Prinzip der einen Tätigkeit des einen Gottes nach außen in Christologie und Gnadentheologie so zurückgedrängt, daß nicht mehr sehr deutlich bleibt, daß und warum die christliche Existenz in ihrem Vollzug selbst etwas mit der Trinität zu tun hat". Die Antwort scheint mir in der Richtung zu liegen, die bereits **Gérard Philips**, Le Saint-Esprit en nous, in: EThL 24 (1948) 134, angegeben hat: "Es werden dies für die göttlichen Personen keine bloßen Relationen **nach außen** sein, denn die Gnade läßt uns zugleich wirklich **ad intra Dei** [in das Innen Gottes] eintreten. Genau dies ist der Unterschied zwischen der rein natürlichen Ordnung und der Erhöhung,

Wir werden im Folgenden sehr wohl von einer **realen** Relation Gottes auf den Menschen Jesus sprechen, aber so, daß der **konstitutive Terminus** dieser Relation **nicht das Geschöpf**, das Menschsein Jesu, **sondern Gott selbst** ist. Es ist die Relation eines göttlichen Selbstbesitzes von Ewigkeit her, in die der Mensch Jesus vom Beginn seiner geschöpflichen Existenz an aufgenommen wird. Die menschliche Natur Jesu ist also nur sekundärer, nicht konstitutiver Terminus dieser Relation. Aber es handelt sich wirklich um eine reale Relation, und zwar nicht von geschaffener, sondern von göttlicher Realität.

Die kirchliche Lehre über die Menschwerdung des Sohnes Gottes findet ihren treffendsten Ausdruck im christologischen Dogma des Konzils von Chalkedon im Jahr 451:

"Indem wir den heiligen Vätern folgen, lehren wir alle übereinstimmend, unseren Herrn Jesus Christus als ein und denselben Sohn zu bekennen: Er ist vollkommen als derselbe im Gottsein und vollkommen als derselbe im Menschsein; wahrhaft Gott und als derselbe wahrhaft Mensch aus Vernunftseele und Leib; gleichen Wesens mit dem Vater dem Gottsein nach und als derselbe gleichen Wesens mit uns dem Menschsein nach, in allem uns gleich mit Ausnahme von Sünde; vor aller Zeit aus dem Vater gezeugt dem Gottsein nach, als derselbe in den Letzten Tagen jedoch um unseret- und unseres Heiles willen aus der Jungfrau Maria, der Gottesgebärerin, dem Menschsein nach. Er wird erkannt als ein und derselbe Christus, Sohn, Herr, Einziggeborene in zwei Naturen **ohne Vermischung, ohne Veränderung, ohne Teilung, ohne Trennung** [ἀσυγχύτως, ἀτρέπτως, ἀδιαιρέτως, ἀχωρίστως = inconfuse, immutabiliter, indivise, inseparabiliter]: In keiner Weise wird die Unterschiedenheit der Naturen durch die Einung aufgehoben; vielmehr bleibt die Eigenart einer jeden Natur bewahrt und kommt zusammen zu einer Person und Hypostase. Er ist nicht in zwei Personen gespalten oder geteilt, sondern ein und derselbe Sohn, Einziggeborene, Gott, Logos, Herr Jesus Christus, wie einst die Propheten über ihn und Jesus Christus selbst uns überliefert hat" (142).

Jesus Christus wird also als eine einzige Person in den zwei Naturen des Menschseins und des Gottseins ausgesagt. Diese beiden Naturen bestehen in unüberbietbarer Weise "unvermischt" und "ungetrennt" zusammen. Sie bleiben in ihrer Verbindung miteinander "unverändert" sie selbst; und gerade so ist ihre Verbindung "unauflöslich" und "unteilbar".

Für theologisches Verstehen überhaupt hängt alles davon ab, die genaue Bedeutung dieser Begriffe zu erfassen. Nicht nur in der

---

die uns mit Gott verbindet, **wie er in sich selbst ist.**" Die übernatürliche Erhöhung ist also als nur im Glauben erkennbares Hineingenommensein in ein innergöttliches Verhältnis zu verstehen. Dieser Ansatz überbietet wohl auch die Überlegungen von **Heribert Mühlen**, Person und Appropriation - Zum Verständnis des Axioms: In Deo omnia sunt unum, ubi non obviat relationis oppositio, in: MThZ 16 (1965) 37-57.

142 Konzil von Chalkedon (451), DS 301f.

Christologie, sondern in allen theologischen Aussagen über das Verhältnis von Gott und Welt ist darauf zu achten, daß man "unterscheiden" nicht mit "trennen" und "verbinden" nicht mit "vermischen" verwechselt. Ein klares Verständnis läßt sich nur in der Anwendung des Relationsbegriffs erreichen. Ohne den Relationsbegriff kann eine Einheit voneinander verschiedener Wirklichkeiten nur so gedacht werden, daß sie sich wenigstens partiell überschneiden und damit aufhören, vollkommen voneinander verschieden zu sein. Auch läßt sich ohne den Relationsbegriff außer "Trennung" und "Vermischung" keine dritte Möglichkeit benennen. Anders ist es, wenn der Relationsbegriff eingeführt wird. Er besagt, daß eine Wirklichkeit auf eine andere bezogen und so mit ihr verbunden ist. Indem sich zwei Wirklichkeiten aufeinander beziehen, sind sie miteinander verbunden und bilden in diesem Sinn eine Einheit, ohne ihre vollkommene Verschiedenheit voneinander aufzugeben.

Was ergibt sich bei einer Anwendung der Kategorie der Relation auf die "Zwei-Naturen-Lehre" des Konzils von Chalkedon? Zunächst bedeutet in der "Zwei-Naturen-Lehre" das Wort "zwei" nicht die Zusammenzählbarkeit zweier gleichartiger Sachverhalte, sondern nur die schlechthinnige Unterschiedenheit von Gottsein und Menschsein. Für "unvermischt" kann man auch sagen "voneinander unterschieden". Menschsein und Gottsein ist nicht dasselbe. Zwischen ihnen besteht keine Identität. Es ist auch nicht möglich, beides unter ein und denselben Seinsbegriff zusammenzufassen.

"Ungetrennt" besagt, daß Gottsein und Menschsein in Christus nicht isoliert voneinander bestehen, sondern durch eine Beziehung des einen auf das andere miteinander "verbunden" sind. Für "ungetrennt" kann man also "miteinander verbunden" sagen. Man bezeichnet diese Verbindung zwischen Gottsein und Menschsein in Christus als "hypostatische Union", nämlich als eine durch die göttliche Person [ὑπόστασις] selbst geschehende Einigung. Die Relation der göttlichen Wirklichkeit auf den Menschen Jesus ist die zweite göttliche Person selbst (143).

---

143 Die herkömmliche katholische Dogmatik scheint den Relationsbegriff in dem von uns vorgelegten und bereits im Dogma von Chalkedon implizierten Verständnis kaum zu kennen. Deshalb bleiben in ihr die Begriffe "ungetrennt" und "unvermischt" gewöhnlich uninterpretiert. Man vermag über ihre innere Zusammengehörigkeit keine Rechenschaft zu geben. Sie werden als zueinander extrem gegensätzliche Grenzmarken angesehen, während sich das positiv Gemeinte der klaren Aussage zu entziehen scheine und in diesem Sinn für ein "Geheimnis" gehalten wird. Vgl. **Alois Grillmeier**, Jesus der Christus im Glauben der Kirche, Band 1: Von der Apostolischen Zeit bis zum Konzil von Chalcedon (451), Freiburg-Basel-Wien 1979: "'Unvermischt' - 'ungetrennt' stellen die zwei extremen Pole der christologischen Spannung dar." **Karl Rahner**, Grundkurs des Glaubens, Freiburg-Basel-Wien 1976, 281, erläutert die beiden Begriffe so: "Diese hypostatische Union läßt die reale Verschiedenheit der beiden 'Naturen' der einen göttlichen Hypostase des Logos bestehen; diese werden nicht in eine dritte 'Natur' vermischt, sondern bestehen 'ungetrennt' (vom Logos) und 'unvermischt' (unter sich)." Ebd., 284: "Das chalkedonische adiairétōs (ungetrennt), das dieses 'ist' [daß Jesus Gott 'ist'] aussagen will (DS 302), sagt es so aus, daß das asynchýtōs (unver-

Weil die Relation des Gottseins auf das Menschsein Jesu dieser göttliche Selbstbesitz ist und diese Relation somit nicht am Menschsein Jesu ihr Maß hat, gilt, daß das Gottsein und das Menschsein dabei "unverändert" sie selbst bleiben. Werden geschöpfliche Wirklichkeiten untereinander in geschöpflicher Weise verbunden, dann werden sie dadurch jeweils auch in sich selbst verändert. Das "unverändert" weist also darauf hin, daß sich hier nicht geschöpfliche, sondern göttliche Wirklichkeit mit geschöpflicher verbindet.

Nicht nur die Möglichkeit einer "Trennung", sondern auch die einer "Teilung" wird ausgeschlossen. Weil die das Menschsein mit dem Gottsein verbindende Relation der göttliche Selbstbesitz ist, in den die menschliche Natur Jesu mit ihrem menschlichen Selbstbesitz hineingeschaffen ist, kann die Verbindung nicht aufgehoben werden.

Wie der Geheimnischarakter der Dreifaltigkeit Gottes (144), so besteht auch der der "hypostatischen Union" keineswegs in der angeblichen Schwierigkeit, Einheit und Unterschiedenheit miteinander zu vereinbaren (145). Die "hypostatische Union" ist vielmehr allein

---

mischt) der gleichen Formel nicht zur Aussage kommt und somit die Aussage immer 'monophysitisch', d. h. als eine Subjekt und Prädikat schlechthin identifizierende Formel, verstanden zu werden droht." Rahner sucht dann nach dem "Einheitspunkt" (ebd., 285) der hypostatischen Union. In der Tat läßt sich ohne den eigentlichen Relationsbegriff eine Einheit von Verschiedenem nur noch entweder als Überschneidung oder wenigstens als Berührung von aneinander angrenzenden Wirklichkeiten verstehen. Das Aufeinander-Bezogensein von Wirklichkeiten, die voneinander verschieden bleiben, ist jedoch nicht nach dem Modell des Aneinander-Angrenzens von zwei Räumen zu denken. Unseres Erachtens stehen die Begriffe "unvermischt" und "ungetrennt" in überhaupt keiner wie auch immer gearteten "Spannung" zueinander; es geht in ihnen um denselben Sachverhalt, nämlich die unterscheidende In-Beziehung-Setzung von göttlicher und menschlicher Wirklichkeit in Jesus Christus. - Angesichts der Aussage, daß die Relation der göttlichen Wirklichkeit auf den Menschen Jesus in dem Selbstbesitz der zweiten göttlichen Person besteht (so daß der konstitutive Terminus dieser Relation das Gottsein ist), verwundert es, daß mir **Heinrich Petri** in seiner Rezension in: ThGl 69 (1979) 95-100 die Auffassung zuschreibt, auch für die Menschwerdung sei keine reale Relation Gottes auf den Menschen Jesus anzunehmen (99).

144 Auch in der Trinitätslehre ist übrigens das Verhältnis der Personen zueinander als "unvermischt" und "ungetrennt", also als "voneinander verschieden" und gerade so "aufeinander bezogen" zu bestimmen (vgl. DS 531).

145 Vgl. z. B. **Walter Kasper**, Jesus der Christus, Mainz 1974, 283: "Es ist offenkundig, daß hinter der ständigen, bis heute nicht zur Ruhe gekommenen dialektischen Bewegung in der gesamten Dogmen- und Theologiegeschichte zwischen der Betonung der Einheit und der Betonung der Unterschiedenheit von Gottheit und Menschheit ein ungeklärtes und vielleicht unklärbares Problem steht: das Problem der Vermittlung zwischen Gott und Mensch." In einer relationalen Ontologie, die sich der chalkedonensischen Kategorien "unterscheidender In-Beziehung-Setzung" bedient, läßt sich diese Vermittlung völlig pro-

deshalb Geheimnis, weil man sowohl ihre Tatsächlichkeit wie ihre bloße Möglichkeit nur im Glauben erkennen kann. Um von ihr zu erfahren, ist man auf eine Verkündigung angewiesen, der man anders als im Glauben nicht gerecht werden kann. Man kann ihre Möglichkeit nicht mit irdischen Gründen beweisen; denn dazu müßte man die Behauptung ihrer Unmöglichkeit als in sich widersprüchlich aufweisen. Natürlich kann man bei einem Glaubensgeheimnis, wenn es sich wirklich um ein solches handelt, erst recht nicht seine Unmöglichkeit beweisen: Es gelingt nicht, ihm einen logischen Widerspruch nachzuweisen. Doch eine Unmöglichkeit nicht beweisen zu können, ist logisch noch keineswegs dasselbe wie der Aufweis der Möglichkeit (146). Es gelingt ferner nicht, gegenüber einer Glaubensaussage definitiv zu begründen, daß man legitimerweise unentschieden bleiben könne.

Tatsächlich läßt sich unter Voraussetzung unseres bereits in der Trinitätslehre erläuterten Personbegriffs eine "hypostatische Union" logisch problemlos aussagen. "Menschwerdung Gottes" bedeutet, daß der Mensch Jesus in dem, was seinen menschlichen Selbstbesitz begründet, in seiner gesamten irdischen Existenz in ihrer ganzen Erstreckung vom ersten Augenblick an in den göttlichen Selbstbesitz aufgenommen ist, der die zweite göttliche Person ist.

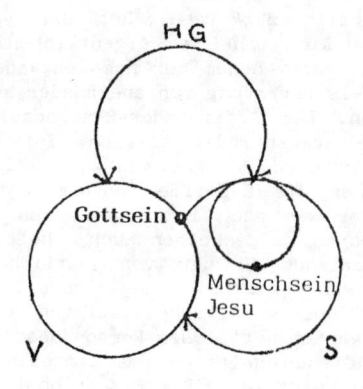

blemlos aussagen. Handelte es sich wirklich um ein "unklärbares Problem", so würde damit überhaupt alle Theologie sinnlos.

146 Diese beiden Sachverhalte werden sehr häufig zumindest in der Ausdrucksweise miteinander verwechselt; vgl. z. B. **Walter Kasper**, o. c. (Anm. 145), 293: "Was wir anthropologisch aufweisen können, ist etwas rein Negatives: Die Vermittlung, wie sie in Jesus Christus geschehen ist, stellt keinen Widerspruch zum Wesen des Menschen dar [...]." In genauer Sprechweise wäre zu sagen: "Man kann nicht nachweisen, daß die Vermittlung einen Widerspruch darstellt." Denn "nicht nachweisen, daß ..." ist logisch etwas ganz anderes als "nachweisen, daß nicht ...". Vgl. zu diesem häufig vernachlässigten Unterschied bereits **Vladimir Richter**, Logik und Geheimnis, in: Gott in Welt, Band I, hrsg. v. Johann B. Metz u. a., Freiburg-Basel-Wien 1964, 188-206.

Die "Menschwerdung" des Sohnes ist also nicht mit Empfängnis und Geburt abgeschlossen, sondern umfaßt sein ganzes Leben bis zum Tod am Kreuz; und angesichts seines Todes ist sie mit seiner Auferstehung gleichbedeutend, dem bleibenden Aufgehobensein dieses wirklichen menschlichen Lebens in Gott (vgl. die Erhöhungschristologie von Röm 1,4). Die Wirklichkeit eines solchen Aufgenommenseins in einen göttlichen Selbstbesitz kann nicht am Menschsein Jesu abgelesen, sondern nur gegen den Anschein auf sein Wort hin geglaubt werden.

Die Relation der göttlichen Wirklichkeit auf den Menschen Jesus ist also die Relation eines göttlichen Selbstbesitzes, deren konstitutiver Terminus nicht der Mensch Jesus, sondern von Ewigkeit her die Wirklichkeit des Gottseins selbst ist. Weil diese Relation des göttlichen Selbstbesitzes nicht erst in der Verbindung von Gottsein und Menschsein zustande kommt, bleiben beide in ihrer Eigenwirklichkeit bestehen. Die göttliche Wirklichkeit bleibt unverändert, weil zu ihr keine neue Relation hinzukommen muß. Aber auch die geschöpfliche Wirklichkeit des Menschen Jesus bleibt, abgesehen von der Tatsache, daß sie in einen göttlichen Selbstbesitz "hineingeschaffen" (147) ist, in sich, nämlich in ihrem geschöpflichen Eigenbestand, ganz und gar unverändert.

In diesem Verständnis besteht das Personsein Jesu in seiner Gottessohnschaft. Dennoch bleibt auch seine menschliche Personalität voll gewahrt. Wir unterscheiden also in der folgenden Weise zwischen "Person" und "Personalität": Menschliche "Personalität" ist durch das gegeben, was den menschlichen Selbstbesitz begründet, wie er sich in den Akten des Selbstbewußtseins und der Selbstverfügung manifestiert (148). "Person" dagegen wird erst dadurch konstituiert, daß dieser Grundselbstbesitz einer Geistnatur in sich selbst abgeschlossen ist. Da der Mensch Jesus in seinem menschlichen Selbstbesitz in einen göttlichen Selbstbesitz aufgenommen ist, macht erst dieser göttliche Selbstbesitz seine "Person" aus. Es handelt sich also nicht um eine Verbindung zweier voneinander verschiedener "Personen" (149).

Weil die Relation des göttlichen Selbstbesitzes nicht am Menschsein Jesu ihren konstitutiven Terminus hat, kann sie auch nicht an seinem Menschsein abgelesen werden (150). Man kann sie nur auf

---

147 Vgl. die Formel Leos I.: "Unsere Menschennatur ist nicht so aufgenommen worden, daß sie zuerst geschaffen und dann aufgenommen worden ist, sondern indem sie im Aufgenommenwerden selbst geschaffen wurde [ipsa adsumptione crearetur]" (DS 298). Mit "unserer Menschennatur" ist hier eigentlich nur die individuelle Menschennatur Jesu gemeint, die aber der aller Menschen gleich ist und deshalb Träger eines alle Menschen verbindenden Wortes sein kann.

148 Vgl. **Johannes B. Lotz**, Person und Ontologie, in: Schol 38 (1963) 334-360.

149 Vgl. die Verurteilung des sog. Nestorianismus durch das Konzil von Ephesus (431), DS 250-263.

150 Das scheint mir der Sinn von **Rudolf Bultmanns** Formulierung zu sein,

sein Wort hin glauben. Dementsprechend lehrt das Konzil von Chalkedon gemäß der Schrift: Jesus ist "in allem uns gleich außer der Sünde" (151). Darin allein wirkt sich seine Gottessohnschaft auf sein Menschsein aus: Wir begegnen in ihm einem Menschen, bei dem zwischen seinem Menschsein und seinem Verhalten keine Kluft besteht. Er ist der Mensch, der sich nicht unmenschlich verhält und der durch das von ihm ausgehende Gottesverständnis auch andere Menschen von ihrer Unmenschlichkeit befreien kann. Alle sonstige Überwindung der Sünde ist an Jesus gebunden.

Dagegen erscheint es nach dem Dogma von Chalkedon als unzulässig, Jesus, insofern er historisch zugänglich ist, "übermenschliche Fähigkeiten" zuzuschreiben (152). Eine solche - leider verbrei-

---

daß für den Glauben nur das "Daß" der historischen Existenz Jesu notwendig sei (**ders.**, Das Verhältnis der urchristlichen Christusbotschaft zum historischen Jesus, in: SHAW.PH, Jahrgang 1960, 3. Abhandlung, 9). Allerdings muß es dann gerade auch nach Bultmann möglich sein, die historische Existenz Jesu so weit zu erforschen, daß man "jenes im Kerygma behauptete Daß gegenüber einer etwaigen Skepsis an der Historizität Jesu bestätigen und auch bis zu einem gewissen Grade mit einiger Wahrscheinlichkeit illustrieren kann" (ebd., 14). Obwohl nämlich das Kerygma nicht im historischen Interesse von Jesus spricht, sondern um Gottes und des Glaubens willen, muß es an der Wahrung der Möglichkeit interessiert sein, auch im historischen Interesse von Jesus zu sprechen. Denn daß dies möglich ist, ist eine unumgängliche Bedingung für den Glauben; ohne den historischen Jesus gibt es auch kein Anteilhaben an seinem Gottesverhältnis. Nur reicht die historische Beschäftigung mit dem historischen Jesus niemals aus, um tatsächlich selber an seinem Gottesverhältnis Anteil zu erlangen; dazu bedarf es vielmehr der gegenwärtigen Wirklichkeit Jesu in der Weitergabe des Glaubens.

151 DS 301; vgl. Hebr 4,15.

152 Vgl. dazu **Gerhard Ebeling**, Die Frage nach dem historischen Jesus und das Problem der Christologie, in: ders., Wort und Glaube I, 300 -318: "[...] unter dem historischen Gesichtspunkt kommt - anscheinend im Widerspruch zum christologischen Dogma - Jesus als bloßer Mensch in Betracht, ohne daß etwa Raum ausgespart bliebe für andersartige Aussagen. Und unter dem dogmatischen Gesichtspunkt kann man nicht etwa nachträglich die historischen Aussagen verändern. Es bleibt nur die Wahl, entweder die dogmatischen Aussagen zu reduzieren auf das, was über Jesus historisch aussagbar ist, oder aber die dogmatischen Aussagen so zu interpretieren, daß sie zu den historischen nicht in Konkurrenz treten. Im letzteren Fall kann es gar nicht ausbleiben, daß der historische Jesus eine eminent kritische Funktion ausübt gegenüber der traditionellen Gestalt der Christologie. Denn das 'vere homo' muß nun so verstanden werden, daß es sich in den Grenzen des Historischen (und das heißt zugleich des Historisch Möglichen) hält. Und das 'vere Deus' muß so verstanden werden, daß es das eben bestimmte Verständnis des 'vere homo' nicht aufhebt" (304f). Zu den Grenzen des historisch Möglichen gehört, daß eine monophysitische Vermischung von Gott und Welt apriori ausgeschlossen ist; deshalb ist z. B. der Tod "die Grenze historischer Aussagen. Im übrigen kann das neuzeitliche Geschichtsverständnis

tete - Meinung liefe auf die Behauptung einer Vermischung von Gottsein und Menschsein in Jesus hinaus (153). Dann wäre Jesus

auch nicht dem historischen Jesus gegenüber eine Ausnahme machen" (ebd., 304).

153 Bultmanns "Entmythologisierung" ist - was seine Gegner zumeist nicht einmal merken - eigentlich eine Kampfparole gegen solchen Monophysitismus, worin man Gottsein und Menschsein unter das gleiche Wirklichkeitsverständnis, einen Gott und Welt übergreifenden Seinsbegriff, subsumiert und somit vermischt. "Mythologisch" ist für Bultmann "diejenige Vorstellungsweise, in der das Unweltliche, Göttliche als Weltliches, Menschliches, das Jenseitige als Diesseitiges erscheint, in der z. B. Gottes Jenseitigkeit als räumliche Ferne gedacht wird" (**Rudolf Bultmann**, Neues Testament und Mythologie, in: KuM I, 1951, 22). "Entmythologisierung" bedeutet dann, monophysitisch-mythologisch klingende Aussagen auf ihren nicht-mythologischen Sinn hin zu interpretieren: Wo Jesus übermenschliche Fähigkeiten wie z. B. der Wandel auf dem See zugeschrieben werden, handelt es sich nicht um einen in sich historischen Sachverhalt, sondern um eine Symbolaussage, allerdings gerade in bezug auf den historischen Jesus. Solche Symbolaussagen sind mit dem Goldhintergrund mittelalterlicher Buchmalereien vergleichbar. Sie drücken wie der Goldhintergrund nicht historische, sondern göttliche Wirklichkeit aus, die zwar auf historische bezogen, aber nicht mit ihr vermischt ist. Bultmann steht ganz auf dem Boden des rechtverstandenen Dogmas von Chalkedon. Er bezeichnet die Einheit von göttlicher und geschaffener Wirklichkeit in Jesus im Unterschied zu einer "direkten" als "paradoxe Identität, die nur gegen den Schein jeweils geglaubt werden kann" (**ders.**, Zum Problem der Entmythologisierung, in: KuM II, 1952, 197). "Paradoxe Identität" entspricht dem chalkedonensischen "unvermischt" und "ungetrennt", während die Behauptung einer "direkten Identität", die dann am Geschaffenen ablesbar wäre, auf eine Vermischung von Gott und Welt hinausliefe. Gerade die mit dieser "paradoxen Identität" gegebene "Nichtausweisbarkeit" der Glaubensaussagen, die als solche nicht geglaubt wird, sondern nachweisbar ist, "sichert" nach Bultmann "die christliche Verkündigung vor dem Vorwurf, Mythologie zu sein" (**ders.**, Neues Testament und Mythologie, in: KuM I, 1951, 48); deshalb wird Bultmann weder vom Vorwurf des Fideismus noch der Immunisierungsstrategie getroffen. Die von Bultmann mit Recht behauptete "paradoxe Identität" von göttlicher und menschlicher Wirklichkeit und damit die Rede von einem Offenbarungshandeln Gottes dürfte nach seiner Auffassung nur dann keinen "mythologischen Rest" implizieren (vgl. **ders.**, ebd., 48), wenn von der göttlichen Wirklichkeit mit Begriffen gesprochen wird, die in einer lediglich einseitigen Analogie zu ihr stehen (vgl. **ders.**, Zum Problem der Entmythologisierung, in: KuM II, 1952, 196) anstatt in einer wechselseitigen, in der die göttliche Wirklichkeit nur als gesteigerte weltliche gedacht wäre. - Im übrigen gilt grundsätzlich von allen Glaubensaussagen, daß sie in bezug auf weltliche Wirklichkeit etwas behaupten, was einzig und allein gegen den Schein geglaubt werden kann. Das ist der Sinn eines berühmten Satzes von **Ignatius v. Loyola**, Geistliche Übungen, Nr. 365: "Wir müssen immer festhalten, um in allem das Rechte zu treffen: Von dem Weißen, das ich **sehe, glauben,** daß es schwarz ist, wenn die hierarchische Kirche es so bestimmt, indem wir glauben, daß zwischen

nicht mehr "in allem uns gleich außer der Sünde", sondern er würde sich auch in manchem anderen von uns unterscheiden.

Gegenüber einem solchen kritischen Gebrauch der Formel "in allem uns gleich außer der Sünde" wird man häufig dem naheliegenden Einwand begegnen: Natürlich war Jesus in seinem Menschsein uns gleich, aber da er außerdem auch Gott war, mußte er mehr können als andere Menschen. Dieser Einwand verkennt, daß die Formel ja bereits die Auswirkung des Gottseins Jesu auf sein Menschsein aussagt. Eben daß er Gott ist, wirkt sich auf sein Menschsein in nichts anderem aus als darin, daß er nicht mehr aus der Angst um sich selbst lebt und auch andere Menschen aus ihrer Angst um sich selbst erlöst. Das gesamte Erlösungshandeln Jesu ist in dem "außer der Sünde" bereits enthalten (154).

Die Formel "in allem uns gleich außer der Sünde" würde jedoch auch dann ihrer kritischen Bedeutung und damit ihres Sinnes beraubt, wenn man sonstige übermenschliche Fähigkeiten mit der Unsündlichkeit Jesu identisch setzte und sie ihm damit doch wieder zuschriebe. Man würde etwa meinen, ein sündenloser Mensch könne jederzeit die Gesetze der physikalischen Schwerkraft für sich außer Kraft setzen. Man würde also sagen: Wer weiß, zu was allem ein Mensch fähig wäre, wenn er keine Sünde hätte. Es geht in der Formel vielmehr darum, angesichts der menschlichen Ohnmacht Jesu sein wahres Gottsein zu erfassen.

Der Formel kommt somit fundamentale hermeneutische Bedeutung für alle anderen Aussagen über Jesus zu. Wie ist beispielsweise der Glaubenssatz von der Jungfrauengeburt Jesu zu verstehen? Einen Hinweis gibt das Johannesevangelium, indem es von überhaupt jedem an Jesus Glaubenden aussagt, daß er "nicht aus dem Blut und nicht aus dem Willen des Fleisches und nicht aus dem Willen des Mannes, sondern aus Gott geboren" sei (Joh 1,13). Wir kommen später darauf zurück, was sich aus dem Dogma von Chalkedon allgemein über die glaubensgemäße Interpretation sonstiger biblischer Wunderberichte ergibt (III, 2.3).

Um die Menschwerdung Gottes in Jesus Christus auszusagen, genügt es nicht, von seinem wahren Gottsein und Menschsein zu reden. Es ist vielmehr ausdrücklich zu bedenken, daß Jesus allein in der Weise der Sohnschaft Gott ist und damit auf Gott den Vater verweist. Und dies wiederum wird in seiner Bedeutung erst dann erfaßt, wenn man bedenkt, daß er "für uns und um unseres Heiles

---

Christus unserem Herrn, dem Bräutigam, und der Kirche, seiner Braut, der gleiche Geist ist, der uns leitet und lenkt zum Heil unserer Seelen. Denn durch den gleichen Geist und unseren Herrn, der die Zehn Gebote gegeben hat, wird gelenkt und geleitet unsere Heilige Mutter Kirche" (Geistliche Übungen und erläuternde Texte, übersetzt und erklärt v. Peter Knauer, Leipzig bzw. Graz-Wien-Köln 1978, 152).

154 Vgl. die eindringende Darstellung bei **Gerhard Ebeling**, Dogmatik des christlichen Glaubens II, Tübingen 1979, 177-191.

willen" (155) gekommen ist. Die Gottessohnschaft Jesu wird erst dann in dem Sinn verstanden, in dem sie besteht, wenn man erfaßt, daß die Liebe Gottes zu allen Menschen diejenige Liebe ist, in der er ihm als seinem eigenen Sohn von Ewigkeit her zugewandt ist. Die Botschaft Jesu ist unser Hineingenommensein in sein Verhältnis zu Gott.

Das ganze Leben Jesu war das Zeugnis für dieses Wort. Jesus hat dieses Zeugnis durch seinen Tod besiegelt. Jesus wurde um derer willen, die an ihn glaubten, hingerichtet (vgl. Joh 15,13; 18,8). Denn wer an ihn glaubte, lebte nicht mehr aus der Angst um sich selbst und ließ sich von keiner Macht der Welt mehr dazu erpressen, anderen als Werkzeug der Unmenschlichkeit zu dienen. Damit wurden die überkommenen Herrschaftsstrukturen in Frage gestellt. Die Reaktion der Herrschenden war, Jesus als den Urheber einer solchen Infragestellung zu beseitigen (156). Jesus wäre gescheitert, und seine Botschaft hätte sich als nichtig erwiesen, wenn die Todesdrohung ihn davon abgebracht hätte, zu seinen Freunden und zu seiner Botschaft zu stehen. Jesus wurde wegen seines Lebens gekreuzigt, das darin aufging, andere zum Glauben zu rufen. Sein Tod ist deshalb als ein "Martyrium" zu unseren Gunsten zu verstehen (vgl. 1 Tim 6,13; Offb 1,5; 3,14). Und weil das Heil anderer Menschen daran hängt, sich von seinem Zeugnis überzeugen zu lassen, ist dieser Tod als "Sühnetod" (vgl. Röm 3,25; 1 Joh 2,2; 4,10; Hebr 2,17) zu bezeichnen: Er ermöglicht ihnen eine Gemeinschaft mit Gott, zu der sie nicht von sich aus fähig wären. Heilsereignis ist gleichwohl nicht dieser Tod für sich allein genommen, sondern das durch diesen Tod besiegelte Leben Jesu.

Jesu Tod hat zugleich im folgenden Sinn eine offenbarende Bedeutung: Jesus hat auf den Vorwurf, er esse mit Zöllnern und Sündern, geantwortet: "Nicht die Gesunden bedürfen des Arztes, sondern die Kranken; ich bin nicht gekommen, Gerechte zu berufen, sondern Sünder" (Mk 2,16f). Darin, wie die "Gerechten" ihn, den Schuldlosen, ausstoßen, erweist sich, wie sehr auch sie Kranke und Sünder sind.

Jesu Tod am Kreuz erscheint Nichtglaubenden als "Torheit" (vgl. 1 Kor 1,23). Kann man ihn vor der Vernunft rechtfertigen, oder handelt es sich um Unvernunft? In der aszetischen Tradition hat man zuweilen gemeint, Jesus dadurch nachahmen zu können, daß man sich selbst irgendein Leid zufügt. Dabei hat man verkannt, daß das Kreuz im Erleiden von Unrecht durch andere besteht. Hat Jesus den Tod gesucht? In Wirklichkeit hat er sich so verhalten, daß die angemessene Antwort darauf die Annahme der Gemeinschaft mit ihm und damit der Glaube gewesen wäre. Alle wahre Liebe geht darauf aus, gegenseitige Gemeinschaft zu begründen. Es geht nicht darum, statt des Ich nur das Du zu suchen, sondern es soll das Wir ermöglicht

---

155 DS 301; vgl. das Konstantinopolitanische Glaubensbekenntnis, DS 150.

156 Von Jesus her gewinnt Ex 33,20 einen völlig neuen Sinn: "Kein Mensch kann Gott sehen und am Leben bleiben." Jeder Glaubende übernimmt Jesu Haltung zum Tod.

werden. Dieses Ziel stellt auch die denkbar höchste innerweltliche Erfüllung dar. Doch wer dafür den ersten Schritt tut, ohne den das Ziel nicht erreichbar ist, der begibt sich damit in die Wehrlosigkeit. Er ist wehrlos dagegen, daß seine "Vorleistung" gegen ihn mißbraucht wird (vgl. 1 Petr 2,20-23). Die Kreuzigung ist die Antwort des Unrechts auf das Angebot einer nicht auf Egoismus gegründeten Gemeinschaft. Sich freiwillig in die Wehrlosigkeit begeben kann nur, wer sich der Geborgenheit in Gott gewiß ist (vgl. Joh 8, 16.29; 16,32).

In der christlichen Botschaft wird der Tod Jesu als ein "Opfer" bezeichnet. Der religionsgeschichtliche Opferbegriff besagt, daß Menschen Gott etwas darbringen. Jesus bringt sich dem Vater dar (vgl. Eph 5,2), indem er in allem dem Willen des Vaters entspricht. Doch besteht der Wille des Vaters gerade darin, daß Jesus sein Leben für andere Menschen einsetzt. So kommt es hier zu einer völligen Umkehrung des religionsgeschichtlichen Opferbegriffs. Es ist in Wahrheit Gott, der seinen Sohn für uns Menschen dahingibt, ihn uns opfert (vgl. Röm 8,32) (157). Am Opfer Jesu Anteilhaben heißt deshalb, in seiner Hingabe für andere Menschen leben. Damit ist nicht nur eine moralische Nachahmung gemeint, sondern das Leben aus der gleichen Grundwirklichkeit, daß man sich von Gott in verläßlicher Weise geliebt weiß.

In seinem Tod hat sich das Zeugnis Jesu vollendet. Deshalb ist sein Tod der Beginn seiner Verherrlichung. Denn in seinem Tod erweist sich, daß der Tod gegen die Gemeinschaft mit Gott keine Macht hat. Jesu Tod im Licht seiner Botschaft und damit im Glauben als dem Erfülltsein vom Heiligen Geist zu verstehen (vgl. Lk 24,26), heißt zu bekennen, daß er lebt. Das Bekenntnis zu seiner Gottessohnschaft angesichts seines Todes besagt das Bekenntnis zu seiner Auferstehung. Es besagt, daß der irdische Jesus Gottes Sohn war und **ist**. Aber nach dem Gottesverständnis Jesu kann Gemeinschaft mit Gott und damit Auferstehung nur geglaubt werden und läßt sich nicht unter Vorstellungskategorien fassen (vgl. Mk 12,18-27).

Die Leiblichkeit seiner Auferstehung besteht zunächst darin, daß **der irdische, leibliche Jesus** der in Gott für immer uns gegenwärtige Grund unseres Heils ist. Dem entspricht die christliche Gebetserfahrung: Im Gebet zum Kind in der Krippe oder zum Mann am Kreuz hat man es nicht nur mit der eigenen Vorstellung von etwas Vergangenem zu tun, sondern man begegnet durch die Verkündigung und die Sakramente und in ihnen ihm selbst (158). Nur die Weise,

---

157 Zu dieser christlichen Umkehrung des religionsgeschichtlichen Opferbegriffs vgl. **Gerhard Ebeling**, Das Priestertum in protestantischer Sicht, in: **ders.**, Wort Gottes und Tradition, Göttingen 1964, 183-196, vor allem ab 189.

158 Das ist der richtige Sinn von **Rudolf Bultmanns** Formulierung, daß "Jesus [!] ins Kerygma auferstanden" sei: o. c. (Anm. 150), 27. Vgl. auch **Wilhelm Herrmann**, Die Gewißheit des Glaubens und die Freiheit der Theologie, Freiburg ²1889, 41: "Den erhöhten Christus **erfahren** wir nicht, sondern wir sind seiner Einwirkungen in dem Glauben gewiß, den wir durch die Erfahrungen mit dem geschichtlichen Christus gewinnen. Darin zeigt sich ja gerade die erlösende

dem irdischen Jesus zu begegnen, ist nach seinem Tod eine andere geworden. Die vielen Zeitmomente seines irdischen Lebens erscheinen nun wie in eins zusammengefaßt (159). In ihnen allen ist nun für den Glauben sein Verhältnis zu Gott als das erkennbar, woran wir im Glauben Anteil haben. Wenn während des irdischen Lebens Jesu das Reich Gottes nur "nahe" war (vgl. Mt 4,17; Lk 10,9, sowie in anderer Terminologie Joh 7,39), so ist es im Glauben an ihn als den Auferstandenen nunmehr tatsächlich angebrochen (160). In dieser Sicht ist die sogenannte "Naherwartung" Jesu (vgl. Lk 9,27; 21,31) in der Wiederbegegnung mit ihm als dem Auferstandenen erfüllt (vgl. auch Lk 22,69 und Apg 7,55). Daß Menschen im Glauben an Jesus Christus sich von keiner Macht der Welt mehr imponieren lassen, ist das offenbare Gekommensein der Herrschaft Gottes, des "Reiches Gottes".

Weiter besteht die Leiblichkeit der Auferstehung darin, daß der Auferstandene selbst in der Verkündigung und in den Sakramenten **in Raum und Zeit** zur Erscheinung kommt. Seine Gegenwart besteht hier nicht nur in unserem eigenen Bewußtsein, sondern manifestiert sich in einem raum-zeitlichen Sachverhalt außerhalb unser. Denn die Verkündigung redet nicht nur über Christus, sondern überliefert mit der Anteilhabe an seinem Verhältnis zu Gott wirklich ihn selbst. Ebenso ist in den Sakramenten Jesus selbst der Handelnde (161).

Auch wenn die Jünger bei verschlossenen Türen versammelt sind, ist in der Feier der Eucharistie Jesus selbst mitten unter ihnen (vgl. Joh 20,19.26); und dies ist noch heute so. Wie die Apostel können auch heute Christen von sich sagen, sie seien für alle Welt die vorherbestimmten Zeugen des Auferstandenen: "Nach seiner Auferstehung von den Toten haben wir mit ihm gegessen und getrunken" (Apg 10,41). Wenn der Auferstandene im Lukasevangelium sagt: "Rührt mich an und seht, daß ein Geist nicht Fleisch und Bein hat, wie ihr es an mir seht" (Lk 24,39), so soll damit anschaulich gemacht werden, wie unüberbietbar real die Begegnung mit Christus im Wort und im Sakrament ist. Wenn Thomas den Herrn "sieht" (Joh 20,29), handelt es sich um das gleiche "Sehen", das uns noch heute

---

Kraft Christi, daß das, was wir an seiner uns zugänglichen Erscheinung **erfahren**, die Glaubenszuversicht in uns entstehen läßt, daß er als der Erhöhte herrscht und auf uns wirkt." Zu den Erfahrungen mit dem geschichtlichen Christus gehört das Konfrontiertsein mit der heutigen Verkündigung von ihm.

159 Vgl. Ignatius v. Loyola, Geistliche Übungen, Nr. 116. - In ähnlichem Sinn **Eberhard Jüngels** Redeweise vom Tod Jesu als dem "eschatologischen Integral seiner irdischen Existenz" aufgrund der Identifikation der Macht der Gottesherrschaft mit der Ohnmacht dieses Menschen, in: Unterwegs zur Sache, München 1972, 133.

160 Vgl. **Eberhard Jüngel**, Jesu Wort und Jesus als Wort Gottes, in: o. c. (Anm. 159), 126-144.

161 Die Sakramente sind "Handlungen Christi selbst": vgl. Pius XII., Enzyklika "Mediator Dei", DS 3845. In der Tradition vgl. bereits **Augustinus**, In Joannis evangelium tractatus 5,15 (PL 35,1424): "Die Judas getauft hat, hat Christus getauft."

in der Eucharistiefeier gegeben wird, wenn es heißt: "Seht das Lamm Gottes". Darauf deutet hin, daß die Thomasperikope offenbar die wöchentliche Versammlung der Urgemeinde beschreibt ("wiederum nach acht Tagen", Joh 20,26). Die Seitenwunde, die Jesus dem Thomas zeigt, ist im Johannesevangelium das Symbol für den Ursprung der Sakramente (vgl. Joh 19,34) (162).

Die ursprünglichen Erscheinungen des Auferstandenen gegenüber den ersten Zeugen unterscheiden sich von seinem heutigen Zur-Erscheinung-Kommen nur dadurch, daß sie den **wiedererkennen** konnten, den sie schon vor seinem Tod gekannt hatten (vgl. Apg 1,21f). Diese Erfahrung ist natürlich für spätere Generationen nicht wiederholbar (vgl. 1 Petr 1,8).

Die Zeit der ursprünglichen Auferstehungserfahrungen wird von Lukas als die Zeit der vierzig Tage bis zur Himmelfahrt stilisiert (163). Doch gilt nach dieser Zeit bis heute: "Siehe, ich bin bei euch alle Tage bis ans Ende der Welt" (Mt 28,20). Dies ist die Weise seiner Wiederkunft (vgl. Apg 1,11). Die Himmelfahrt selbst wird im Johannesevangelium offenbar so verstanden, daß Jesus die Prozession aller Glaubenden zum Vater anführt; auch hier glauben wir also etwas uns selbst Betreffendes. Jesus sagt zu Maria Magdalena: "Halte mich nicht fest; denn ich bin noch nicht zum Vater hinaufgegangen. Aber geh zu meinen Brüdern und sage ihnen: Ich gehe hinauf zu meinem Vater und eurem Vater und meinem Gott und eurem Gott" (Joh 20,17). Man könnte diese Stelle, in der Jesus seine Jünger zum erstenmal als seine "Brüder" im Sinn ihrer Anteilhabe an seinem Verhältnis zu Gott bezeichnet (vgl. Hebr 2,12; Ps 22,23), so umschreiben: "Du brauchst mich nicht festzuhalten, denn ich gehe nicht ohne euch, die ihr an meinem Verhältnis zum Vater teilhabt."

Man fragt häufig, wie denn nach dem Tod Jesu der Glaube an seine Auferstehung habe zustande kommen können (164). Es wird ein

---

162 Zum sakramentalen Verständnis der Erscheinungen des Auferstandenen vgl. **Medard Kehl**, Eucharistie und Auferstehung - Zur Deutung der Ostererscheinungen beim Mahl, in: GuL 43 (1970) 90-125.

163 Vgl. **Pierre Benoit**, Art. "Ascension", Vocabulaire de théologie biblique, hrsg. v. Xavier Léon-Dufour u. a., Paris ²1971, 87-92.

164 Vgl. **Rudolf Pesch**, Zur Entstehung des Glaubens an die Auferstehung Jesu - Ein Vorschlag zur Diskussion, in: ThQ 153 (1973) 201-228, sowie die sich daran anschließende Diskussion mit Beiträgen von **Walter Kasper** (229-241), **Karl Hermann Schelkle** (242-243), **Peter Stuhlmacher** (244-251), **Martin Hengel** (252-269) und noch einmal **Rudolf Pesch** (270-283); ferner **Hans Küng**, Zur Entstehung des Auferstehungsglaubens - Versuch einer systematischen Klärung, in: ThQ 154 (1974) 103-117; **Anton Vögtle** und **Rudolf Pesch**, Wie kam es zum Osterglauben?, Düsseldorf 1975. Einen zusammenfassenden Bericht von der Diskussion bietet **Jacob Kremer**, Entstehung und Inhalt des Osterglaubens - Zur neuesten Diskussion, in: ThRv 72 (1976) 1-14. Sehr wichtig erscheint mir der Beitrag von **Hansjürgen Verweyen**, Die Ostererscheinungen in fundamentaltheologischer Sicht, in: ZKTh 103 (1981) 426-445. Nach Verweyens Auffassung ist der Osterglaube durch die Erfahrung der Jünger mit Leben und Tod des irdischen Jesus hin-

dem "subjektiven" Glauben der Jünger vorgegebenes "objektives" Auferstehungsereignis gefordert, das allein "erklären" könne, warum die Jünger nach anfänglicher Verzweiflung, Flucht und Zerstreuung zu Bekennern der Auferstehung wurden. Die in dieser Fragestellung gebrauchten Kategorien "subjektiv", "objektiv" und "erklären" sind insofern unangemessen, als der Glaube zwar ein neues Selbstverständis bedeutet, das aber gerade nicht "subjektiv" ist, sondern "vom Hören" kommt; das geglaubte Wort ist zwar im voraus dazu, daß man es glaubt, wahr, aber diese Wahrheit ist insofern nicht "objektiv" im Sinn von "gegenständlich vorzeigbar", als sie nur im Glauben zugänglich ist; und schließlich läßt sich der Auferstehungsglaube als Gottes Handeln an den Menschen auch nicht in einem weltanschaulichen Sinn "erklären". Berechtigt an der Frage ist dennoch, daß angegeben werden muß, welches Begegnungsgeschehen den Glauben auslöst. Ich sehe dieses Ereignis in der aufgrund der Erfahrung mit dem vorösterlichen Jesus und seiner Botschaft offenbar andauernden (vgl. Lk 22,31-32.61-62) Gemeinschaft von Jüngern gegeben. Solche Gemeinschaft ist die der Frauen am Grab, der Emmausjünger, des Petrus und Johannes und der versammelten Elf. Sie erfahren sich in dieser Gemeinschaft als zueinander in dem **Verhältnis stehend, in dem sie zu Jesus standen** (vgl. exemplarisch und grundlegend **Joh 19,25-34**, wo die Entstehung von Kirche aus dem von Jesus überlieferten Geist dargestellt wird). Ihre Gemeinschaft miteinander ist solcherart, daß es nicht gelingt, ihr anders als im Glauben an die Auferstehung Jesu gerecht zu werden. Denn "wo zwei oder drei in meinem Namen versammelt sind, da bin ich mitten unter ihnen" (Mt 18,20; vgl. Lk 24,13-35). Das Zum-Glauben-Kommen der Jünger läßt sich positiv nur als Handeln Gottes an ihnen verstehen und entzieht sich jeder anderen Erklärung (165). Jedenfalls aber hat gerade so der Glaube an die Auferstehung letztlich an dem Anhalt, was durch den irdischen Jesus selbst zur Sprache gekommen ist. Doch kommt es nach dem Tod Jesu nicht durch bloße Reflexion auf sein Leben im Licht seiner Botschaft zum Glauben an ihn als den Auferstandenen, sondern durch das Widerfahrnis von Gemeinschaft um Jesu willen, also durch ein wirkliches Ereignis in der sinnenhaften Geschichte. Das ist auch heute noch die Weise, wie man zum Glauben an Jesus als den Auferstandenen kommt. Der Grund dieser Gemeinschaft und damit auch des Auferstehungsglaubens ist der allein diesem Glauben zugängliche Auferstandene selbst.

---

reichend begründet. Dem stimme ich unter Voraussetzung der von Verweyen betonten Unterscheidung zwischen dem "historischen" und dem "irdischen" Jesus vollkommen zu. Unter dem "historischen" Jesus ist Jesus unter der Hinsicht zu verstehen, daß man historisch feststellen kann, welche Behauptungen von ihm ausgingen; unter dem "irdischen" Jesus ist der gleiche Jesus zu verstehen, insofern seine Behauptungen wahr waren und im Glauben als wahr erfaßt werden konnten. Dem so verstandenen "irdischen" Jesus kann man jedoch heute nur durch die Vermittlung der Glaubensgemeinschaft begegnen.

165 **Erich Schrofner** sieht in seiner Rezension in: Domschule Würzburg 4/78 in einem Handeln Gottes an den Jüngern eine bloß "psychologische" Erklärung des Osterglaubens, die theologisch nicht befriedigen könne. Unter diesem "Handeln Gottes" ist aber die vom Auferstandenen ausgehende Sendung des Heiligen Geistes zu verstehen, der die Menschen in einer neuen Weise mit Christus und mit dem Vater und untereinander verbindet.

Es ist nicht möglich, zum Glauben an Jesus Christus als den Auferstandenen zu kommen, indem man die kirchliche Gemeinschaft, in der er verkündet wird, überspringt und sich dem historischen Jesus vermeintlich unmittelbar zuwendet. Die Glaubensverkündigung kann zwar nur dann das Anteilhaben am Gottesverhältnis Jesu vermitteln, wenn dieser Jesus wirklich ein historischer Mensch war und als solcher auch der historischen Forschung zugänglich ist. Aber die historische Forschung vermag nicht positiv den Glauben zu erwecken. Ihre Möglichkeit ist nur notwendige, aber nicht hinreichende Bedingung. Für die Weckung des Glaubens bedarf es vielmehr gegenwärtiger Glaubensgemeinschaft (166).

Wenn Jesus Christus in der Verkündigung und in den Sakramenten und überhaupt in der kirchlichen Gemeinschaft, die sein "Leib" ist, als Lebender begegnet, dann hat es keinen Sinn, ihn bei den Toten zu suchen (vgl. Lk 24,5). Diese Einsicht begründet die Rede vom "leeren Grab" (167). Es wäre dagegen ein Mißverständnis, wollte man sich die Auferstehung Jesu als einen auch außerhalb des Glaubens konstatierbaren physischen Vorgang denken. Bei der Kreuzigung sagten die Hohenpriester und die Schriftgelehrten: "Er steige jetzt vom Kreuz, und wir werden an ihn glauben!" (Mt 27,42). In der gleichen Geisteshaltung hätten sie vor dem versiegelten Grab sagen können: "Wenn du der Sohn Gottes bist, komm doch heraus aus dem Grab!" Soll man sich die Auferstehung Jesu so denken, daß sie zu dieser Vorstellung paßt? Meines Erachtens ist die Rede vom "leeren Grab", das von "Engeln" gedeutet wird, eine höchst sachgemäße Veranschaulichung nicht eines Gedankens, sondern einer Wirklichkeit, die allein dem Glauben zugänglich ist, nämlich der Gegenwart des Lebenden in unserer Mitte.

Wir sind hier für das Verständnis von Auferstehung vor eine Entscheidungsfrage gestellt. Reichen uns die Verkündigung und die Sakramente und damit die kirchliche Gemeinschaft als Unterpfand der realen Begegnung mit dem Auferstandenen aus? Verstehen wir die Eucharistie als die wirkliche, unüberbietbare "leibliche" Gegenwart Christi? Oder ist uns dies alles nicht "real" genug (168)? Wä-

---

166 Dieses Grundanliegen auch der katholischen Lehre vertritt **Rudolf Bultmann**, o. c. (Anm. 150): Das Christus-Kerygma fordert "den Glauben an den in ihm präsenten Jesus, der nicht nur, wie der historische Jesus das Heil verheißen, sondern der es schon gebracht hat" (25). Deshalb "gibt es keinen Glauben an Christus, der nicht zugleich Glaube an die Kirche als Trägerin des Kerygmas wäre, d. h. in der dogmatische Terminologie: an den Heiligen Geist" (26).

167 Vgl. die wichtigen Artikel von **Max Brändle**, Zum urchristlichen Verständnis der Auferstehung Jesu, in: Orient. 31 (1967) 65-71; Mußte das Grab Jesu leer sein?, in: ebd., 108-112; Die synoptischen Grabeserzählungen, in: ebd., 179-184.

168 Nicht nachvollziehbar ist für mich eine Auffassung wie die von **Albert Lang**, o. c. (Anm. 83), 273, vertretene: "Die reale Gegenwart des Auferstandenen war [...] nicht **nach Art der irdischen Körper bemerkbar und wirksam**; sie konnte nur durch besondere, in außernatürlicher Weise bewirkte Ausstrahlungen im Bereich des Sichtbaren und Hörbaren sich anzeigen." Indem wir die Verkündigung und die Sa-

re Christus nicht in dem Sinn auferstanden, daß noch wir heute ihm in der Verkündigung und in den Sakramenten wirklich begegnen, dann wäre der Glaube nichtig, und wir wären noch in unseren Sünden (vgl. 1 Kor 15,17). Dagegen liefe die Rede von seiner Auferstehung in einem anderen Sinn letztlich auf eine mythologische Vermischung von Gott und Welt und damit auf die Leugnung der Glaubenswirklichkeit der Auferstehung hinaus.

Vom Verständnis der Auferstehung Jesu her ist auch von seiner Präexistenz als Sohn Gottes und als Christus ausdrücklich zu sprechen. Mit der "Präexistenz" als **Sohn Gottes** ist gemeint, daß das Gottsein Jesu in der Weise des zweiten göttlichen Selbstbesitzes von Ewigkeit her besteht. Mit der "Präexistenz" als **Christus** ist gemeint, daß die Welt von ihrem Anfang an in das Gegenüber des Sohnes zum Vater hineingeschaffen ist. Denn in der Menschwerdung des Sohnes wird nichts anderes offenbar, als daß die Welt von Anfang an von Gott mit der Liebe geliebt wird, in der er seinem Sohn zugewandt ist. Umgekehrt wäre die Welt nicht wirklich von Anfang an in die Liebe des Vaters zum Sohn aufgenommen, wenn dies nicht die Notwendigkeit einer Menschwerdung des Sohnes implizierte. Denn Liebe will dem Geliebten offenbar werden. Daß Gott die Welt mit der Liebe annimmt, in der er seinem Sohn zugewandt ist, kann aber auch nur in einer Menschwerdung des Sohnes zu glauben dargeboten und so offenbar werden. Darin ist die Menschwerdung des Sohnes begründet.

FRAGEN

1. Inwiefern schließt der "Wort Gottes"-Begriff zu seiner Verstehbarkeit die Berufung auf eine Menschwerdung Gottes ein?
2. Wie wird bei der Rede von einer Menschwerdung Gottes die Behauptung vermieden, daß es also doch eine reale Relation Gottes auf ein Geschöpf gebe, für die das Geschöpf der sie als Relation konstituierende Terminus wäre?
3. Was bedeuten die Begriffe "unvermischt" und "ungetrennt", und warum stellen sie für relationales Denken keine unvereinbaren Gegensätze mehr dar?
4. Worin besteht der "Geheimnis"-Charakter der "hypostatischen Union"?
5. Wie verhält sich das Personsein Jesu zu seiner menschlichen "Personalität"?
6. Welche kritische Bedeutung hat die chalkedonensische Formulierung, Jesus sei "in allem uns gleich außer der Sünde"? Worin allein wirkt sich das Gottsein Jesu auf sein Menschsein aus?

---

kramente als die Erscheinungsweisen des Auferstandenen verstehen, entgehen wir der Absurdität solcher spiritistisch konzipierter "Ausstrahlungen". In bezug auf die Realität der Erscheinungen entsteht für uns auch nicht das Problem, auf das Lang, ebd., 272f, antwortet: "Die Apostel waren gesunde, nüchterne Männer aus dem Volk, die durch ihre Tätigkeit in der frischen Luft am See nicht für subjektive Halluzinationen empfänglich waren."

7. Warum muß das Gottsein Jesu in der Weise der Sohnschaft ausgesagt werden, und was bedeutet es, daß es nur im Glauben sachgemäß ausgesagt werden kann?
8. Warum hat Jesus einen gewaltsamen Tod am Kreuz erlitten? In welchem Zusammenhang steht sein Tod damit, daß er Anhänger hatte?
9. Welche Bedeutung hat der Opferbegriff in seiner Anwendung auf Leben und Tod Jesu?
10. Inwiefern ist der Glaube an die Auferstehung Jesu gleichbedeutend mit dem Glauben an seine Gottessohnschaft?
11. Was bedeutet "leibliche" Auferstehung in bezug auf den irdischen Jesus selbst und in bezug auf unsere Weise, seine Gegenwart zu erfahren?
12. Welches Geschehen in Raum und Zeit muß bestehen, damit man von einer "Erscheinung" des Auferstandenen sprechen kann? Was wird "gesehen", und was wird in bezug auf das Gesehene "geglaubt"?
13. Wodurch unterscheidet sich die Erfahrung der ursprünglichen Zeugen mit dem Auferstandenen von unserer heutigen Erfahrung mit ihm?
14. Warum ist die über den Tod Jesu hinaus um seinetwillen weiterbestehende Gemeinschaft von Jüngern Voraussetzung für ihre Glaubenserfahrung von der Auferstehung?
15. Inwiefern bietet die Rede vom "leeren Grab" ein sachgemäßes Bild für die in der Verkündigung und in den Sakramenten geschehende wirkliche Begegnung mit dem Auferstandenen?
16. Worauf bezieht sich die Rede von der "Himmelfahrt" und von der "Wiederkunft" Christi, wenn es dabei um Glaubensaussagen gehen soll?
17. Welche Entscheidungsfrage stellt sich vom Verständnis der Eucharistie her für das Verständnis von Auferstehung?
18. Was ist unter der "Präexistenz" Jesu als "Sohn Gottes" und als "Christus" zu verstehen?
19. Inwiefern impliziert die Präexistenz Jesu als Christus die Notwendigkeit der Menschwerdung des Sohnes Gottes und umgekehrt?

2.2.3 Die Mitteilung des Heiligen Geistes

Durch ihr trinitarisches Gottesverständnis hatte die christliche Botschaft auf den Einwand geantwortet, der sich aus der Bedeutung des Wortes "Gott" gegen die Rede von einem "Wort Gottes" zu ergeben schien. In der Berufung auf die Menschwerdung des Sohnes antwortet sie auf den Einwand, der sich aus der Bedeutung von "Wort" als zwischenmenschlicher Kommunikation gegen die Rede von "Wort Gottes" ergibt. Mit diesen beiden Antworten ist im Grunde auch schon die Frage danach beantwortet, was denn im "Wort Gottes" gesagt wird. Der Inhalt des "Wortes Gottes" erläutert nur das Geschehen von "Wort Gottes": Ein Angesprochenwerden des Menschen durch Gott und damit Gemeinschaft des Menschen mit Gott ist nur aussagbar als Hineingenommenwerden des Menschen in eine Relation Gottes auf Gott, des Vaters zum Sohn. Diese Relation der Liebe zwischen dem Vater und dem Sohn ist der Heilige Geist. "Wort Gottes" ist deshalb die Mitteilung des Heiligen Geistes. Es ist das "Wort Gottes" selbst, von dem her seine Annahme im Glauben als das Erfülltsein vom Heiligen

Geist zu verstehen ist. Und es wird auch verständlich, warum es zur Mitteilung des Heiligen Geistes des Wortes bedarf: Ontologisch gilt, daß Gottes Liebe zum Menschen nicht am Menschen selbst und an überhaupt nichts Geschaffenem ihr Maß hat. Deshalb gilt erkenntnismäßig: Man kann diese Liebe Gottes weder an den eigenen inneren Zuständen noch an sonst etwas Geschaffenem ablesen. Sie bleibt am Geschaffenen als solchem verborgen, solange sie nicht im Wort dazugesagt wird. Wo sie aber verkündet wird, da bringt sie ein neues Verständnis aller geschaffenen Wirklichkeit mit sich.

Zum Verständnis von "Wort Gottes" muß also auch vom Heiligen Geist die Rede sein. Deshalb spricht die Heilige Schrift nicht nur von einer "Sendung" des Sohnes, die in der Menschwerdung geschieht, sondern auch von der "Sendung" des Heiligen Geistes. Er verbindet Menschen mit Christus und dem Vater und untereinander. "Als die Fülle der Zeit kam, sandte Gott seinen Sohn, geboren aus einer Frau, dem Gesetz unterstellt, damit er die dem Gesetz Unterstellten loskaufe. So sollten wir die Einsetzung in die Sohnschaft empfangen. Weil ihr aber Söhne seid, sandte Gott den Geist seines Sohnes in unsere Herzen, der da ruft: Abba, Vater. Also bist du nicht mehr Sklave, sondern Sohn; wenn aber Sohn, dann auch Erbe durch Gott" (Gal 4,4-7). In der in diesem Text angesprochenen Sendung des Heiligen Geistes haben auch die dogmatischen Aussagen über Maria, die Mutter Jesu Christi, und über die Kirche ihren Ursprung:

Der Heilige Geist ist die Liebe, mit der der Vater seinen Sohn zu uns sendet. Deshalb ist im trinitarisch aufgebauten Glaubensbekenntnis schon bei der Menschwerdung des Sohnes vom Heiligen Geist die Rede. Als die Liebe, mit der der Vater seinen Sohn zu uns sendet, erweist sich der Heilige Geist an Maria (169). Sie ist die "in Hinblick auf" die Menschwerdung des Sohnes Erlöste (170). Darin haben alle mariologischen Glaubensaussagen ihre Wurzel. Aber in der Heilsgeschichte geschieht jede Erwählung eines einzelnen immer nur zur Ermöglichung einer unüberbietbaren Gemeinschaft aller mit Gott. Der Heilige Geist ist sodann die vom Sohn zum Vater zurückkehrende, antwortende Liebe, in die alle Glaubenden einstimmen. So hört Gott in unserem Beten die Stimme seines Sohnes. Deshalb erreicht unser Gebet Gott. Hierin sind alle Glaubensaussagen über das Geheimnis der Kirche begründet.

Das Geheimnis der Kirche ist mit dem der Menschwerdung des Sohnes zu vergleichen. Das II. Vatikanum lehrt: "Die mit hierarchischen Organen ausgestattete Gesellschaft und der geheimnisvolle Leib Christi, die sichtbare Versammlung und die geistliche Gemeinschaft, die irdische Kirche und die mit himmlischen Gaben beschenkte Kirche sind nicht als zwei getrennte Wirklichkeiten zu betrachten, sondern bilden eine einzige vieleinheitliche Wirklichkeit, die aus einem

---

169 Darin ist es begründet, daß die Kirche Maria unter den Titel "Fürsprecherin", "Helferin", "Beistand" anruft (vgl. II. Vatikanum, LG 62,1). Es handelt sich um Übersetzungen von παράκλητος, das ursprünglich, insbesondere im Johannesevangelium, den Heiligen Geist bezeichnet.

170 Vgl. die Definition der "Unbefleckten Empfängnis" Mariens, DS 2803.

menschlichen und einem göttlichen Element zusammenwächst. Deshalb ist die Kirche in einer nicht unbedeutenden Analogie dem Geheimnis des fleischgewordenen Wortes ähnlich. Wie nämlich die angenommene Menschennatur dem göttlichen Wort als lebendiges Heilsorgan unlöslich verbunden ist und ihm dient, so dient auf nicht unähnliche Weise das gesellschaftliche Gefüge der Kirche dem Geist Christi, der es belebt, zum Wachstum seines Leibes" (171).

In der Menschwerdung ist eine einzelne menschliche Natur, die des Menschen Jesus, in dem, was ihren menschlichen Selbstbesitz begründet, aufgenommen in den Selbstbesitz der zweiten göttlichen Person. Dem entspricht im Geheimnis der Kirche das Verhältnis des Heiligen Geistes zu einer Vielheit von Personen. So wie er in Gott die Liebe zwischen dem Vater und dem Sohn ist und damit das Personen miteinander verbindende "Wir" in Person, so eint er in der Kirche Menschen mit Christus und untereinander und ist ihr Verhältnis zum Vater. Hier wird nicht der jeweilige Selbstbesitz der einzelnen Menschen in einen göttlichen Selbstbesitz aufgenommen, sondern die Beziehung von Menschen zueinander. Das menschliche "Wir" wird vom göttlichen "Wir", dem Heiligen Geist, getragen. Und zwar ist die Kirche die Gemeinschaft derer, die von Jesus her glauben und bekennen, daß überhaupt jede wahre Gemeinschaft vom Geist Gottes getragen wird und darin einen Sinn hat, der Leben und Tod überdauert.

So finden die herkömmlichen dogmatischen Grundformeln über die Dreifaltigkeit Gottes und die Menschwerdung des Sohnes ihren Abschluß in einer Formel über die "Kirchewerdung" des Heiligen Geistes. Die trinitarische Grundformel lautet: **"Drei Personen in einer Natur."** Ein und dieselbe Wirklichkeit Gottes besitzt sich selbst in drei untereinander verschieden vermittelten Weisen. Die christologische Formel heißt: Jesus Christus ist **"eine Person in zwei Naturen"**, denn er ist als ein und derselbe Sohn Gottes wahrer Gott und wahrer Mensch, beides unvermischt und ungetrennt. In Entsprechung dazu kann die pneumatologische Formel lauten: Der Heilige Geist ist **"eine Person in vielen Personen"** (172). Er ist derselbe im Vater und im Sohn, aber auch in Christus und in den Christen. Denn Jesus Christus hat seine Kirche dadurch gegründet, "daß er seinen Geist mitgeteilt hat und so seine Brüder, die er aus allen Völkern zusammenrief, in geheimnisvoller Weise gleichsam zu seinem Leib machte" (173). Deshalb wohnt der Heilige Geist "als der eine und gleiche im Haupt und in den Gliedern" (174).

Von dieser pneumatologischen Formel her lassen sich die in der Heiligen Schrift gebrauchten Bilder für die Kirche gerade in ihrer Verschiedenheit einheitlich verstehen (vgl. z.B. 1 Kor 12,12-30; 1

---

171 II. Vatikanum, LG 8,1.

172 Vgl. zu dieser Formel **Heribert Mühlen**, Una Mystica Persona – Die Kirche als das Mysterium der Identität des Heiligen Geistes in Christus und den Christen: Eine Person in vielen Personen, München-Paderborn-Wien ³1968.

173 II. Vatikanum, LG 7,1.

174 Ebd., 7,7.

Petr 2,9-10; 2 Kor 11,2 und Eph 1,22). Die Kirche ist "**Leib Christi**", weil es der **eine** Heilige Geist ist, der die Vielen wie die Glieder in einem Leib miteinander verbindet und so das Ganze beseelt. Die Kirche ist "**Volk Gottes**", weil es die **Vielen** sind, die der eine Heilige Geist miteinander verbindet, ohne ihre personale Eigenverantwortlichkeit aufzuheben. Die Kirche wird "**Braut Christi**" genannt und steht Christus als ihrem Haupt gegenüber, weil der eine Heilige Geist **anders in Christus** als in seinem Ursprung und **anders in den Christen** ist, denen er von Christus mitgeteilt wird.

Alle weiteren dogmatischen Aussagen müssen sich auf die genannten drei Grunddogmen der Dreifaltigkeit, der Menschwerdung des Sohnes und der Geisterfülltheit der Kirche zurückführen lassen. Sie können keine Ergänzung zu den Grunddogmen darstellen, sondern immer nur deren Sinn entfalten. Und diese drei Grunddogmen ihrerseits sind darauf zurückzuführen, daß das "Evangelium", das "Wort Gottes im eigentlichen Sinn", in der Anteilgabe am Gottesverhältnis Jesu besteht. Denn dieses läßt sich nur in einem trinitarisch-inkarnatorisch-pneumatologischen Gottesverständnis aussagen: Es geht um unser Hineingenommensein in das Verhältnis des Sohnes zum Vater, also um unser Erfülltsein vom Heiligen Geist, das nur durch die Menschwerdung des Sohnes offenbar werden kann.

Vom "Gesetz" unterscheidet sich das "Evangelium" gerade dadurch, daß es als "Wort Gottes" nur so erkannt werden kann, daß man es als "Wort Gottes" annimmt. Wo es als "Wort Gottes" erkannt wird, begegnet es nicht als eine unerfüllte Forderung, die den Menschen seiner eigenen Kraft überläßt, sondern man entspricht ihm bereits. Zwar muß das "Evangelium" jedem Menschen von anderen verkündet werden. Man findet es nicht durch Versenkung in das eigene Innere. Aber wo sich jemand das "Evangelium" gesagt sein läßt, da bestimmt es ihn in seinem innersten Wesen als einen Menschen, der sich von Gott verläßlich geliebt weiß, und entmachtet seine Angst um sich selbst. Es bringt die Erfüllung dessen, was es fordert, nämlich sich von Gott angesprochen zu verstehen und so zu glauben, bereits mit sich und befähigt den Menschen, auch das "Gesetz" zu erfüllen.

FRAGEN

1. Inwiefern sind "Wort Gottes" und Mitteilung des Heiligen Geistes dasselbe?
2. Warum kann man ähnlich wie von einer Sendung des Sohnes auch von einer Sendung des Heiligen Geistes sprechen?
3. Wie lassen sich sowohl Mariologie wie Ekklesiologie auf die Lehre vom Heiligen Geist zurückführen?
4. Welche drei dogmatischen Grundformeln gibt es?
5. Wie lassen sich aus der pneumatologischen Formel die verschiedenen Bilder für die Kirche ("Leib Christi", "Volk Gottes", "Braut Christi") begründen?
6. Worin unterscheidet sich die Forderung des "Evangeliums" von der des "Gesetzes" in bezug auf ihre Erfüllung?

3 DER AUF DAS "WORT GOTTES" GERICHTETE "GLAUBE"

Der Unterscheidung zwischen "Gesetz" als "Wort Gottes im uneigentlichen Sinn" und "Evangelium" als "Wort Gottes im eigentlichen Sinn" entspricht die Unterscheidung zwischen "anonymem" und ausdrücklich "christlichem Glauben" (175).

3.1 Der "anonyme Glaube"

"Anonymer Glaube" besteht in der Sicht der christlichen Botschaft überall da, wo Menschen bereits im voraus zum ausdrücklichen Glauben an Jesus Christus ihrem Gewissen folgen. Die christliche Botschaft sieht darin ein von der Gnade Gottes getragenes Geschehen (vgl. Joh 3,21). Dementsprechend lehrt auch das II. Vatikanum: "Wer nämlich das Evangelium Christi und seine Kirche ohne Schuld nicht kennt, Gott aber aus ehrlichem Herzen sucht, seinen im Anruf des Gewissens erkannten Willen unter dem Einfluß der Gnade in der Tat zu erfüllen trachtet, kann das ewige Heil erlangen." Dies gilt auch für diejenigen, "die ohne Schuld noch nicht zur ausdrücklichen Anerkennung Gottes gekommen sind, jedoch, nicht ohne die göttliche Gnade, ein rechtes Leben zu führen sich bemühen" (176).

Das "Gesetz" ist der sittliche und damit unbedingte Anspruch an den Menschen, sich nicht unmenschlich, sondern menschlich zu verhalten. Dieses "Gesetz" wird nicht bereits durch faktisch sittlich richtiges Handeln in einzelnen Werken erfüllt, etwa durch ein von Polizeiaufsicht bewirktes ehrliches Geschäftsgebaren. Es wird nur durch sittlich gutes Handeln erfüllt, nämlich aus einer Haltung, in der man nicht nur faktisch, sondern grundsätzlich sittlich richtig handeln will (177). Strenggenommen erfüllen nicht die Werke das "Gesetz", sondern die Erfüllung des "Gesetzes" tut die rechten Werke. Solch sittlich gutes Handeln wird ursprünglich durch die Liebe ermöglicht, die man von anderen erfahren hat.

"Anonymer Glaube" kann die Erfüllung des "Gesetzes" deshalb heißen, weil sie als die Menschlichkeit des Menschen eine solche Of-

---

175 Ich ziehe den Begriff "anonymer Glaube" dem **Karl Rahner**s vom "anonymen Christentum" (z. B. ders., Schriften zur Theologie IX, Einsiedeln-Zürich-Köln 1970, 500f) vor, um deutlicher herauszustellen, daß die Christlichkeit dieses anonymen Glaubens außerhalb der historischen Konfrontation mit der ausdrücklichen christlichen Botschaft schlechterdings verborgen bleiben muß.

176 II. Vatikanum, LG 16.

177 Vgl. z. B. die sokratische Maxime "Lieber Unrecht leiden als Unrecht tun" (**Platon**, Gorgias, 469c).

fenheit für andere Menschen ist, daß man nicht von sich aus bestimmt, wie weit diese Offenheit letztlich geht. "Anonymer Glaube" ist ein **dialogisches Selbstverständnis** des Menschen (178). Es besteht darin, daß man nicht ausschließt, überhaupt erst von anderen Men-

---

178 Dem entspricht es, wenn in den "Geistlichen Übungen" von **Ignatius v. Loyola** dem inhaltlich durch Glaubensaussagen bestimmten "Fundament" (Nr. 23) das folgende "Praesupponendum", sozusagen das "Fundament des Fundaments", vorangeht (Nr. 22): "Damit sowohl der, der die geistlichen Übungen gibt, wie der, der sie empfängt, mehr Hilfe und Nutzen haben, ist vorauszusetzen, daß jeder gute Christ bereitwilliger sein muß, die Aussage des Nächsten zu retten, als sie zu verurteilen; und wenn er sie nicht retten kann, erkundige er sich, wie jener sie versteht, und versteht jener sie schlecht, so verbessere er ihn mit Liebe; und wenn das nicht genügt, suche er alle angebrachten Mittel, damit jener, indem er sie gut versteht, sich rette." Diese Maxime, die eigentlich nicht nur für "gute Christen", sondern überhaupt für alle Menschen gilt, wird in den dann folgenden Übungen durch die Konfrontation mit der Botschaft Jesu inhaltlich näher bestimmt. Wie ein Kommentar dazu erscheint es, wenn **Jürgen Habermas**, Der Universalitätsanspruch der Hermeneutik, in: Hermeneutik und Dialektik - Aufsätze I, hrsg. v. Rüdiger Bubner u. a., Tübingen 1979, 99f, schreibt: "Wenn Sinnverstehen nicht [...] gegenüber der Idee der Wahrheit indifferent bleiben soll, müssen wir mit dem Begriff einer Wahrheit, die sich an der idealisierten, in unbegrenzter und herrschaftsfreier Kommunikation erzielten Übereinstimmung bemißt, zugleich die Strukturen eines Zusammenlebens in zwangloser Kommunikation vorwegnehmen. Wahrheit ist der eigentümliche Zwang zu zwangloser universaler Anerkennung; diese aber ist gebunden an eine ideale Sprechsituation, und das heißt Lebensform, in der zwanglose universale Verständigung möglich ist. Insofern muß sich kritisches Sinnverstehen die formale Antizipation richtigen Lebens zumuten. [...] Die Idee der Wahrheit, die sich am wahren Konsensus bemißt, impliziert die des wahren Lebens. Wir können auch sagen: sie schließt die Idee der Mündigkeit ein. Erst die formale Vorwegnahme des idealisierten Gesprächs als einer in Zukunft zu realisierenden Lebensform garantiert das letzte tragende kontrafaktische Einverständnis, das uns vorgängig verbindet und an dem jedes faktische Einverständnis, wenn es ein falsches ist, als falsches Bewußtsein kritisiert werden kann." Das ganze Problem ist nur, ob sich eine solche Vorwegnahme gelungener Kommunikation als die eigene Leistung des Menschen verstehen läßt oder ob sie auf einer Selbstlosigkeit beruht, zu der niemand von sich aus fähig ist und die deshalb nur als Gnade verstanden werden kann, für die man noch einmal darauf angewiesen ist, sie mitgeteilt zu bekommen. Hierzu sehr gut **Eberhard Jüngel**, Gelegentliche Thesen zum Problem der natürlichen Theologie, in: **ders.**, Entsprechungen: Gott - Wahrheit - Mensch, München 1980, 250 (These 7.5): "Weil Gott in jedem Ereignis wahrer Liebe verborgen anwesend ist, weil also in jedem Ereignis menschlicher Liebe der **unbedingt Verläßliche** anwesend ist, gibt es ein wohlbegründetes Grund-Vertrauen in dieser Welt, das ohne die Erfahrung von Liebe nicht möglich wäre. Insofern ist die Identität von Gott und Liebe der Grund von **Vertrauen** überhaupt, während die **Offenbarung** der Identität von Gott und Liebe der Grund des **Glaubens als wahren Gottvertrauens** ist."

schen das Letztentscheidende über das eigene Leben zu erfahren. Der Gegensatz dazu ist "Unglaube" als ein monologisches Selbstverständnis, worin man sich von einem anderen Menschen nichts sagen lassen will, als was man ohnehin auch von sich aus wissen könnte. Ein schlechthin monologisches Selbstverständnis wäre auch schlechthin heillos, weil ein solcher Mensch nicht mehr ansprechbar wäre. Das dialogische Selbstverständnis, in dem ein vom Hören kommender Glaube möglich wird, kommt seinerseits vom Hören, von mitmenschlicher Kommunikation. Es ist mit dem "Urvertrauen" (179) identisch, das nur dadurch entstehen kann, daß ein Mensch wenigstens ein Minimum an Liebe erfährt. Aber inwiefern solche Liebe mit Gott zu tun hat und vom Heiligen Geist erfüllt ist, bleibt an ihr selbst verborgen, solange nicht das Wort der christlichen Verkündigung hinzukommt.

Wie weit das dialogische Selbstverständnis, das in der Sprachlichkeit des Menschen angelegt ist, in Wahrheit gehen kann, kommt erst dann an den Tag, wenn man mit dem "Wort Gottes im eigentlichen Sinn" konfrontiert wird. Man erfährt dann aus dem Wort anderer Menschen, daß die eigene Offenheit so weit reicht, in diesem Wort Gott selbst zu empfangen. Erst das "Wort Gottes im eigentlichen Sinn" macht offenbar, was bereits der "anonyme Glaube" in Wahrheit ist: Die scheinbar leere Offenheit des "anonymen Glaubens" ist eine von vornherein von Gott erfüllte Offenheit. Deshalb bringt erst das "Wort Gottes im eigentlichen Sinn" den "anonymen Glauben" ganz zu sich selbst, während er sonst immer nur ansatzweise besteht und sich nicht aus sich selbst in seiner eigenen Wirklichkeit erfassen kann. So wird auch erst in der Begegnung mit dem eigentlichen "Wort Gottes" offenbar, ob es sich überhaupt um "anonymen Glauben" gehandelt hat. Anderseits ist der "christliche Glaube" nichts anderes als die endgültige Darstellung dessen, was bereits im "anonymen Glauben", wenn auch nur "anonym" und damit "verborgen", gegeben ist. Im "christlichen Glauben", der sich ausdrücklich auf Jesus Christus als den Sohn Gottes beruft, wird "anonymer Glaube" verstehbar und als Glaube universal verkündbar, während er sonst in seiner Berechtigung problematisch bleibt. So ist "anonymer Glaube", wo er auch nur im Ansatz vorhanden ist, das dem christlichen Glauben gemäße Vorverständnis. Dieses Vorverständnis besteht darin, sich selbst so zu verstehen, daß man sich das eigene gute Handeln nicht selber als Leistung zuschreibt, sondern es als ein Beschenktwerden erfährt.

---

179 Zum Begriff des "Urvertrauens" vgl. **Gerhard Szczesny**, Worauf ist Verlaß?, in: HerKorr 27 (1973) 402-404. Es handelt sich um ein Referat, das Szczesny als Nichtchrist auf dem 15. evangelischen Kirchentag 1973 zu halten eingeladen wurde. - Vgl. auch **Karl Rahner**, Bietet die Kirche letzte Gewißheiten?, in: **ders.**, Schriften zur Theologie X, Zürich-Einsiedeln-Köln 1972, 288-290, ferner **Siegfried Scharrer**, Theologische Kritik der Vernunft, Tübingen 1977: Jeder Vernunftgebrauch setzt ein Grundvertrauen voraus.

FRAGEN

1. In welchem Zusammenhang steht "anonymer Glaube" mit dem Begriff des "Gesetzes"?
2. Worin besteht die eigentliche Erfüllung des "Gesetzes"?
3. Inwiefern hängt auch der "anonyme Glaube" wie der christliche Glaube selbst an zwischenmenschlicher Kommunikation?
4. In welchem Sinn ist "Glaube" ein "dialogisches Selbstverständnis"? Was wäre demgegenüber ein "monologisches Selbstverständnis"?
5. Warum kann "anonymer Glaube" nicht von selbst, also ohne der christlichen Verkündigung begegnet zu sein, in den ausdrücklichen "christlichen Glauben" übergehen?

3.2 Der "christliche Glaube"

Das "Evangelium", das allein als "Wort Gottes im eigentlichen Sinn" verständlich ist, verkündet den auf es gerichteten "Glauben" als das Anteilhaben am Gottesverhältnis Jesu und damit als das Erfülltsein vom Heiligen Geist. Denn nach seinem eigenen Anspruch wird es als "Wort Gottes" nur in dem Glauben erkannt, der im Heiligen Geist geschieht: "Niemand kann sagen: Der Herr ist Jesus, außer im Heiligen Geist" (1 Kor 12,3). Der durch das "Wort Gottes" vermittelte Glaubensinhalt [fides quae] erläutert den Glaubensakt [fides qua] (180). Nur dieser bestimmte Inhalt ist solcherart, daß er in einem Glauben geglaubt werden kann, der als das Erfülltsein vom Heiligen Geist verstehbar ist. Zugleich ist aber auch nur ein als das Erfülltsein vom Heiligen Geist verstehbarer Glaubensakt solcherart, daß er dem in der christlichen Botschaft dargebotenen Glaubensinhalt gerecht werden kann. Es handelt sich also beim christlichen Glauben um einen solchen Vertrauensglauben, der auch

---

180 Vgl. **Karl Rahner**, Der Glaube des Christen und die Lehre der Kirche, in: **ders.**, Schriften zur Theologie X, Zürich-Einsiedeln-Köln 1972, 278: "Fides quae und fides qua (Glaubensinhalt und Glaubensvorgang) sind in ihrer Ursprünglichkeit identisch, weil die fundamental geglaubte Wirklichkeit, die Selbstmitteilung Gottes an den Menschen, der Heilige Geist auch das Prinzip des Glaubens selbst, seine tragende Kraft und seine Bewegung ist." Ähnlich bereits **Rudolf Bultmann**, Zur Frage der Christologie, in: **ders.**, Glauben und Verstehen I, Tübingen 1933, 88: "Die fides qua creditur **ist** das, was sie ist, nur in Beziehung zu ihrem Gegenstand, der fides quae creditur." Zugleich gilt, "daß die einzig mögliche Zugangsart zur fides quae creditur die fides qua creditur ist" (ebd., 87). Sehr gut kommentiert dies **Maurice Boutin**, Relationalität als Verstehensprinzip bei Rudolf Bultmann, München 1974, 160: "Das neue bzw. gläubige Sich-Verstehen des Menschen (das **Daß** des Glaubens) ist allein im **Was** des Glaubens als dem **Daß** der göttlichen Offenbarungstat begründet." Hier ist klar erfaßt, daß der geoffenbarte Glaubensinhalt in der Erläuterung des Geschehens der Offenbarung besteht, das nur so verstehbar wird.

zu sagen vermag, worauf er vertraut, und gegenüber Einwänden Rechenschaft geben kann, mit welchem Recht er vertraut. Man kann hier "Vertrauensglauben" und "Daß-Glauben" nicht mehr als gegensätzliche Alternativen oder als zueinander zu addierende Größen verstehen (181). Im christlichen Glauben wird der Glaubensakt in seinem Gegenstandsbezug, allerdings auch nur so, selbst zum Glaubensgegenstand. Wir glauben, daß an das Wort Gottes glauben das Erfülltsein vom Heiligen Geist ist. Nur in einem trinitarischen und inkarnatorischen Gottesverständnis kann der Glaubensakt so verstanden werden.

Voraussetzung für das Verständnis solcher Behauptungen ist die bereits erläuterte Einsicht, daß ein Angesprochenwerden des Menschen durch Gott keine triviale Selbstverständlichkeit ist, sondern aufgrund der Einseitigkeit der realen Relation des Geschaffenen auf Gott zunächst geradezu als unmöglich erscheinen muß. Auf diese Schwierigkeit kann nur die christliche Botschaft antworten. Sie verkündet das Glaubensgeheimnis, daß Gott in eine solche reale Relation zu uns Menschen tritt, die in ihm von Ewigkeit her als die Liebe zwischen dem Vater und dem Sohn besteht und deshalb nicht von irdischer, sondern von göttlicher Realität ist. Dieses Glaubensgeheimnis ist zwar selbst nicht logisch schwierig, aber es kann nur verständlich werden als Antwort auf eine Schwierigkeit. Wird die Schwierigkeit nicht gesehen, dann kann man natürlich auch die Bedeutung der Antwort nicht erfassen. Was den hier vorgetragenen Ansatz von dem der klassischen Fundamentaltheologie unterscheidet, ist die Einsicht in die Nichtselbstverständlichkeit von Offenbarung. Der Begriff einer Offenbarung ist nicht so trivial selbstverständlich, daß man nur noch zu fragen hätte, ob denn eine "Offenbarung" auch tatsächlich geschehen sei.

Wie ist in dieser Sicht der Glaubensbegriff des näheren zu bestimmen? Inwiefern ist der durch das "Wort Gottes" bewirkte "Glaube" **Gottes** Handeln am Menschen und damit Gnade? Inwiefern ist er aber zugleich wirklich des **Menschen** eigener Glaube? Wie verhalten sich ferner Glaube und Gebet zueinander? Welche Bedeutung hat dieser Glaube für das menschliche Handeln?

3.2.1   Zur Begriffsbestimmung von "Glauben"

In der scholastischen Theologie wird das Wort "Glauben" im Sinn des Glaubensaktes in verschiedenen Bedeutungen gebraucht. Sie unterscheidet zwischen "credere Deum [glauben, daß Gott existiert]", "credere Deo [Gott das glauben, was er offenbart]" und "credere in Deum [in der Weise der Selbsthingabe an Gott glauben]" (182). Nur

---

181 Vgl. zu dieser Problematik **Martin Buber**, Zwei Glaubensweisen, in: ders., Werke I, München-Heidelberg 1962, 651-782. Im rechten Verständnis des christlichen Glaubens ist der dort namhaft gemachte Gegensatz von "Daß-" und "Vertrauensglaube" überwunden.

182 Vgl. **Thomas v. Aquin**, S. th. II II q2 a2 c. - Zu der Unterscheidung dieser Begriffe, die sich auf Augustinus und Faustus von Reji zurückführen läßt, vgl. **Christine Mohrmann**, Credere in Deum - Sur

in der letzten Bedeutung hat das Wort "Glauben" seinen vollen, umfassenden Sinn. Die beiden ersten Bedeutungen dagegen meinen Aspekte am Glauben, die für sich allein nicht ausreichen, um den Menschen in das rechte Verhältnis zu Gott zu bringen; ja, sie wären für sich allein betrachtet, abgesehen von ihrer Tendenz auf den vollen Glauben, in sich inkonsistent.

"Credere Deum" bedeutet soviel wie die ausdrückliche Überzeugung, "daß es Gott gibt". Solange es sich nur um eine theoretische Überzeugung handelt, schließt sie die praktische Gottesleugnung in der Weise der Weltvergötterung bzw. der Verzweiflung an der Welt nicht aus. Eigentlich verdient diese Überzeugung auch nicht den Namen "Glauben", denn es handelt sich dabei um "natürliche Gotteserkenntnis", die als solche eine Sache der Vernunft und nicht des Glaubens ist.

"Credere Deo" ist das feste Für-wahr-Halten der christlichen Botschaft als von Gott geoffenbart. Aber in diesem Begriff wird noch davon abstrahiert, ob man die christliche Botschaft wirklich in ihrer Bedeutung für einen selbst erfaßt hat. Im Grunde wird dabei der "Wort Gottes"-Begriff zu Unrecht als problemlos vorausgesetzt. Man geht von dem Vorverständnis aus, daß Gott Beliebiges offenbaren könnte. Solange man sich nur in dieser Weise an die christliche Botschaft anschließt, noch ohne in ihr ein neues Selbstverständnis zu finden, spricht die Scholastik von einer bloßen "fides informis [Glaube, der noch nicht von der Liebe durchformt ist]". Für sich allein ist dieser Glaube ein "müßiger, toter Glaube" (183) und kann dann auch noch nicht im eigentlichen Sinn als "göttliche, eingegossene Tugend [virtus divina, infusa]" gelten (184). Zwar ist es bereits Gnade, überhaupt mit der christlichen Botschaft konfrontiert zu sein, aber die nur in der Weise des "credere Deo" angenommene Botschaft verbleibt gewissermaßen im ungeöffneten Briefumschlag. Dies ist vermutlich die am meisten verbreitete Weise, mit der christlichen Botschaft umzugehen.

"Lebendig" ist der Glaube nur als "fides caritate formata [von der Liebe durchformter Glaube]". In diesem Sinn versteht die Scholastik das **credere in Deum**. Es ist der Glaube, in dem man sich so von Gott geliebt weiß, daß man nicht mehr aus der Angst um sich selbst lebt, sondern in der Liebe zum Nächsten. Dieser Glaube ist ein solches festes Für-wahr-Halten der christlichen Botschaft, daß man ihre volle Bedeutung für das eigene Selbst erfaßt hat. Als ein Sich-von-Gott-geliebt-Wissen, nämlich mit der Liebe, in der Gott seinem Sohn zugewandt ist, ist dieser Glaube ein neues, endgültiges Selbstverständnis des Menschen von Gott her.

Wenn nun in kirchlichen Lehrdokumenten vom "Glauben" die Rede ist, muß man immer genau zusehen, in welchem der genannten Sinne das Wort gebraucht wird.

---

l'interprétation théologique d'un fait de langue, in: Mélanges Joseph de Ghellinck, S.J., I, Gembloux 1951, 277-285.

183 Vgl. Konzil von Trient, Dekret über die Rechtfertigung, DS 1531. Die Rede von einem "toten" Glauben schließt an Jak 2,17 an.

184 Vgl. **Thomas v. Aquin**, S. th. I II q71 a4 c.

In den alten liturgischen Texten ist das Wort "Glauben" gewöhnlich im umfassenden Sinn des "credere in Deum" zu verstehen. Etwa bei der Tauffeier wird von altersher der Täufling gefragt: "Was begehrst du von der Kirche?" Die Antwort lautet: "Den Glauben." Auf die weitere Frage "Was gewährt dir der Glaube?" heißt die Antwort: "Das ewige Leben." Der Begriff "Glaube" meint hier die Gesamtheit der zu glaubenden Heilsgüter, die die Kirche vermittelt, den Glaubensinhalt und den Glaubensakt in einem. Die gleiche umfassende Bedeutung hat das Wort in dem Gebet vor dem Friedensgruß in der Messe: "Herr Jesus Christus, schau nicht auf unsere Sünden, sondern auf den Glauben deiner Kirche und schenke ihr nach deinem Willen Einheit und Frieden." Der "Glaube der Kirche" ist das Anteilhaben am Gottesverhältnis Jesu. Dieser Glaube ist immer "fides caritate formata" (185). Die Liebe zu Gott kommt zu diesem Glauben nicht wie etwas Zusätzliches hinzu, sondern sie ist mit ihm identisch. Dieser Glaube ist selbst die liebende Antwort auf Gottes gutes Wort an uns. Denn die Liebe zu Gott besteht gerade darin, Gott in seiner Liebe zu uns dadurch ganz anzuerkennen, daß man sich vollkommen auf ihn verläßt und sich in seinem Handeln nicht mehr von der Angst um sich selbst treiben läßt.

Auch in der Heiligen Schrift selbst ist das Wort "Glauben" gewöhnlich in diesem vollen Sinn zu verstehen (186). So wird in Hebr 11,1 der Glaube bestimmt als "Feststehen in dem, was man erhofft, überzeugt sein von Dingen, die man nicht sieht", und es heißt, daß man ohne solchen Glauben Gott nicht gefallen könne: "Wer zu Gott hintreten will, muß glauben, daß er ist und daß er denen, die ihn suchen, ihren Lohn geben wird" (11,6), nämlich sich selbst schenkt. Man verläßt sich im Glauben auf den sich selbst mitteilenden Gott, auf eine Liebe Gottes, die an nichts "Sichtbarem", nämlich an nichts Geschaffenem (vgl. 11,3), ihr Maß hat.

In stärker der scholastischen Theologie verhafteten Texten ist jedoch vom "Glauben" häufig in jenem eingeschränkten und unklaren Sinn die Rede, der auf das bloße "credere Deo" abzielt. So lehrt z. B. das Konzil von Trient: "Wenn jemand sagt, daß man beim Verlust der Gnade durch die Sünde immer auch den Glauben verliere; oder daß der zurückbleibende Glaube kein wirklicher Glaube sei, wiewohl er nicht lebendig ist; oder daß derjenige, der den Glauben ohne die Liebe hat, kein Christ sei, so sei er im Bann" (187). Das Anliegen des Konzils in dieser Lehre ist: Auch der von der Liebe durchformte Glaube kann sich auf nichts anderes beziehen als auf die christliche Botschaft, mit der man es bereits in der "fides informis" zu tun hat. Es ist also entscheidend für das Heil, sich an diese Botschaft zu halten.

---

185   Vgl. Thomas v. Aquin, S. th. II II q1 a9 ad3.

186   Nur scheinbar stellt der Kontext von Jak 2,17 eine Ausnahme dar. Die ironische Formulierung, daß zu einem Glauben ohne Werke auch die Dämonen fähig seien, führt nicht einen verkürzten oder intellektualisierten Glaubensbegriff ein, sondern warnt gerade vor einem solchen Mißverständnis.

187   Dekret über die Rechtfertigung, Kanon 28, DS 1578.

Dieser Konzilstext ist gegen reformatorische Theologie gerichtet. Man verstößt aber gegen die Konzilslehre nur dann, wenn man unter Zugrundelegung des eingeschränkten Glaubensbegriffs im Sinn eines bloßen "credere Deo" behauptet, daß der Glaube allein rechtfertige bzw. daß mit dem Gnadenstand auch der Glaube verlorengehe. Wenn man jedoch von vornherein von einem anderen Glaubensbegriff ausgeht, nämlich vom "credere in Deum", dann ist es durchaus wahr, daß man mit dem Gnadenstand auch den Glauben, das Sich-von-Gott-geliebt-Wissen, verliert. Die Verwendung eines solchen anderen Glaubensbegriffs widerspricht der Konzilslehre nicht. Da die reformatorische Lehre von diesem anderen Glaubensbegriff ausgeht, wofür sie sich auf den überwiegenden Sprachgebrauch der Heiligen Schrift berufen kann, wird sie von der Verurteilung durch das Konzil nicht wirklich getroffen (188).

Um der ökumenischen Verständigung zu dienen, gebrauchen wir im Folgenden den Begriff "Glauben" im Sinn des "credere in Deum". Unter Voraussetzung dieses Glaubensbegriffs ist der reformatorische Satz wahr, daß "der Glaube allein rechtfertigt". Denn allein das "credere in Deum" ist das rechte Verhältnis zu Gott; und allein aus diesem Glauben tut man solche Werke, in denen man vor Gott der Welt und den Mitmenschen gerecht wird.

FRAGEN

1. In welchem Verhältnis stehen Glaubensinhalt und Glaubensakt zueinander?
2. Warum ist man nur dann für den Glaubensakt auf diesen bestimmten Inhalt angewiesen, wenn eine Gemeinschaft des Menschen mit Gott keine triviale Selbstverständlichkeit ist?
3. Was ist unter "credere Deum", "credere Deo" und "credere in Deum" zu verstehen? Welche dieser Glaubensweisen ist mit dem "Glauben der Kirche" gemeint?
4. Was versteht die Tradition unter "fides informis" und unter "fides caritate formata"?
5. Wie verhalten sich der reformatorische und der tridentinische Glaubensbegriff zueinander?

3.2.2 Der Glaube als Handeln Gottes am Menschen

Die christliche Botschaft erklärt den Glauben als "Gnade". Die Annahme des "Wortes Gottes" im Glauben ist dem Menschen nicht aus eigener Kraft, nämlich kraft seiner Geschöpflichkeit als solcher, möglich. Ein Haupttext für diese kirchliche Lehre ist der in der Gnadentheologie immer wieder zitierte Kanon des II. Konzils von

---

188 Vgl. Confessio Augustana (in: BSLK, 75-83a); vgl. auch **Vinzenz Pfnür**, Anerkennung der Confessio Augustana durch die katholische Kirche?, in: Internationale katholische Zeitschrift "Communio" 4 (1975) 298-307.

Orange (Concilium Arausicanum II, im Jahre 529): "Wenn jemand behauptet, die göttliche Barmherzigkeit werde uns zuteil, indem wir ohne die Gnade Gottes glauben, wollen, verlangen, versuchen, uns bemühen, beten, wachen, eifern, bitten, suchen und anklopfen; und wenn er nicht bekennt, daß es durch die Eingießung und Eingebung des Heiligen Geistes in uns geschieht, daß wir überhaupt glauben und wollen und all dies so zu tun vermögen, wie es sein soll; und wenn er zur Demut oder zum menschlichen Gehorsam die Hilfe der Gnade nur hinzukommen läßt und nicht anerkennt, daß es bereits Geschenk der Gnade ist, daß wir überhaupt gehorsam und demütig sein können: so widerspricht er dem Apostel, der sagt: 'Was hast du, das du nicht empfangen hättest?' (1 Kor 4,7) und 'Durch die Gnade Gottes bin ich, was ich bin' (1 Kor 15,10)" (189).

Nach dieser Lehre ist die **Annahme göttlicher Gnade** und damit auch des "Wortes Gottes" als "Wort Gottes" **nur kraft bereits empfangener Gnade überhaupt möglich**. Jedes auf die Gnade Gottes, also auf die Gemeinschaft mit Gott ausgerichtete Tun des Menschen ist selbst bereits von der Gemeinschaft mit Gott getragen. Aber wie kann dann ein Mensch außerhalb der Gnade die erste Gnade empfangen (190)? Anstatt den Versuch zu machen, dieses Problem zu lösen, bestreiten wir seine Voraussetzung, nämlich daß es tatsächlich einen Menschen schlechthin außerhalb der Gnade Gottes gebe. Nach der christlichen Verkündigung ist überhaupt alle Wirklichkeit unaufhebbar "in Christus" geschaffen und damit hineingenommen in die ewige Liebe des Vaters zum Sohn. In diesem Sinn ist es eine universale Glaubensaussage, daß "der Geist des Herrn den Erdkreis erfüllt" (Weish 1,7). Allerdings ist dabei der natürlichen Vernunft als solcher nur die einseitige Relation der Welt auf Gott erkennbar; daß die Welt vom ersten Augenblick ihrer Existenz an in die ewige Relation der Liebe zwischen dem Vater und dem Sohn aufgenommen ist, welche der Heilige Geist ist, wird nur durch das vom menschgewordenen Sohn ausgehende Wort allein für den Glauben offenbar:

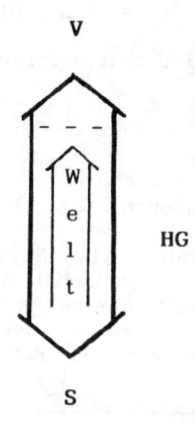

```
        V
        ▲
       ╱ ╲
      ╱───╲
      │ ▲ │
      │ W │
      │ e │
      │ l │  HG
      │ t │
      │ ▼ │
      ╲───╱
       ╲ ╱
        ▼
        S
```

---

189 Kanon 6, DS 376.

190 Das Problem formuliert **Johannes Heinrichs**, Ideologie oder Frei-

Die entgegengesetzte Meinung, es könne eine Situation geben, in der der Mensch noch nicht (oder nicht mehr) in der Gnade Gottes stehe und diese erst (oder erst wieder) empfangen müsse, liefe auf die in dem obigen Text des II. Konzils von Orange verurteilte Häresie des Pelagianismus hinaus. Denn dann müßte der Mensch diese erste Gnade aus eigener Kraft aufgrund seiner bloßen Geschöpflichkeit als solcher annehmen können. Eine bloß geschöpfliche Qualität würde also ausreichen, die Gnade, die Gemeinschaft mit Gott zu erlangen.

In Wirklichkeit beruht die Situation der Sünde, in der man sich von der Angst um sich selbst leiten läßt und deshalb egoistisch und damit unmenschlich handelt, auf dem **Wahn**, nicht in der Gnade Gottes zu stehen, sondern letztlich auf sich allein gestellt zu sein (191). Es ist das Ziel der christlichen Botschaft, durch die Mitteilung von Glauben diesen folgenschweren Wahn aufzudecken und dadurch zu entmachten. "Gott hat seine Liebe zu uns darin erwiesen, daß Christus für uns gestorben ist, als wir noch Sünder waren" (Röm 5,8).

Das "In Christus"-Geschaffensein ist nicht am Geschaffensein als solchem ablesbar (192). Denn das Geschöpf selber kann niemals als solches das Maß der Liebe Gottes zu ihm sein. Diese Liebe kann ihr

---

heitslehre?, in: ThPh 49 (1974) 431: "[...] man sagt: Alles freie Wirken des Menschen sei 'noch einmal' von der Gnade Gottes getragen. Dieses 'noch einmal und noch einmal' kann dazu führen, daß die menschliche Freiheit in der nebeligen Ferne eines (letztlich gedankenlosen) regressus in infinitum verschwindet. Wo soll sie denn einmal entscheidend einsetzen, wenn immer noch einmal von Gott allein gewirkt wurde?"

191 Wenn das Konzil von Trient im Dekret über die Rechtfertigung von einem "Verlust der Gnade" (DS 1542) spricht, dann ist damit der Wahn des Menschen gemeint, letztlich auf sich allein gestellt zu sein, während er doch in Wahrheit der "in Christus" geschaffene Mensch ist. Diesen seine Unmenschlichkeit bewirkenden Wahn kann der Mensch nicht aus eigener Kraft überwinden, sondern allein durch den ihm zugesprochenen Glauben.

192 **Karl Rahner**, Art. "Existential, übernatürliches", LThK² III, Sp. 1301, weist darauf hin, daß die übernatürliche Bestimmung des Menschen "nicht nur in den Gedanken u. Absichten Gottes" bestehen könne, sondern "eine realontologische Bestimmung des Menschen selbst" sein müsse, "die als Objektivierung des allgemeinen göttlichen Heilswillens zwar gnadenhaft zu seinem Wesen als 'Natur' hinzutritt, dieser aber in der realen Ordnung nie fehlt. So erst erklärt sich, warum ein Mensch auch in Ablehnung der Gnade u. in Verlorenheit nie ontologisch u. subjektiv gleichgültig sein kann gegenüber seiner übernatürlichen Bestimmung." In der Tat kann man das "In Christus"-Geschaffensein als "übernatürliches Existential" bezeichnen. Es handelt sich aber nicht um eine zusätzliche geschaffene Wirklichkeit oder um eine Veränderung im Seinsbestand des Geschöpfes für sich genommen, sondern um eine relationale Veränderung, nämlich um das Hineingenommensein in das Verhältnis des Sohnes zum Vater. Die wahre "Objektivierung" des göttlichen Heilswillens ist der Heilige Geist. Daß man gegenüber dem Angebot der Gnade nicht gleichgültig sein kann, sollte dagegen aus dem Wesen der Geistna-

Maß nur am göttlichen Gegenüber Gottes, nämlich am Sohn haben. Solange Gottes Liebe zur Welt nicht durch das "Wort Gottes" geschichtlich offenbar wird, bleibt sie an der Welt selbst verborgen. Diese Verborgenheit kann nicht von der Welt selbst her aufgelöst werden. Es gibt also keine Möglichkeit einer Selbsterlösung durch gnostische Spekulation. Die Verborgenheit der Gnade kann allein durch das Wort für den Glauben allein aufgehoben werden, während sie abgesehen vom Glauben bestehen bleibt. Allerdings ist bereits im voraus zum Glauben angesichts der christlichen Verkündigung als einer geschichtlich begegnenden Wirklichkeit soviel erkennbar, daß man ihr jedenfalls anders als im Glauben nicht gerecht werden kann.

Durch den ausdrücklichen Hinweis auf die "Verborgenheit" der Gnade entgehen wir einer falschen Alternative. Es wäre unrichtig, das Begnadetsein des Menschen als einen Bestandteil seiner natürlichen Ausstattung zu verstehen. Denn dann wäre es nicht verborgen, sondern man könnte es an der eigenen natürlichen Existenz ablesen. Aber auch umgekehrt wäre es unrichtig, das Begnadetsein als etwas zum Menschen völlig neu und erst nachträglich Hinzukommendes zu betrachten. Dann wäre nämlich überhaupt nicht zu verstehen, wie bereits die positive Fähigkeit zur Annahme dieses Neuen ebenfalls Gnade sein kann. Nur als verborgen von vornherein dem Menschen geschenkt kann diese erste Gnade als Existential des Menschen verstanden werden.

Es ist also zwischen "Geschaffensein" als solchem und dem "In Christus" dieses Geschaffenseins zu unterscheiden. In der Gnadenlehre ist der Begriff "Natur" mit "Geschaffensein" gleichbedeutend und entspricht dem Begriff "Gesetz". Der Begriff "Gnade" oder "übernatürlich" (193) meint dann das "In Christus" dieses Geschaf-

---

tur als solcher begründet werden, und nicht aus dem übernatürlichen Existential, das ja als wirklich nur dem Glauben zugänglich ist. Als unser "In Christus"-Geschaffensein bleibt es im voraus zur Glaubensverkündigung verborgen und läßt sich auch nicht "unthematisch" erfahren. Es kann deshalb auch nicht selbst bereits als "Offenbarung" bezeichnet werden, wie dies **Karl Rahner**, Grundkurs des Glaubens, Freiburg-Basel-Wien 1976, 155 vorauszusetzen scheint. In Karl Rahners Theologie scheint die Verborgenheit des zu Offenbarenden, die darin besteht, daß Gottes Liebe zu uns an nichts Geschaffenem ihr Maß hat und deshalb auch nicht daran abgelesen werden kann, nicht genügend gewahrt.

193 Vgl. die klare Definition des "Übernatürlichen" bei **Otto Hermann Pesch**, Art. "Übernatürlich", LThK^2 X, 437: "Als ü. im strengen Sinn bez. die kath. Dogmatik das, was Wesensverfaßtheit, Kraft u. Anspruch der geschaffenen Geist-Natur [...] als Natur übersteigt: Gottes Selbstmitteilung, d. h. Gott selbst in seiner nicht nur z. schöpfer. Immanenz, sondern z. heilvollen, personalen Gemeinschaft zugewandten Transzendenz sowie alle mit dieser Gemeinschaft als Vermittlung od. Folge verbundenen Gaben (Inkarnation, Gnade, Gaben des Hl. Geistes, eingegossene Tugenden, Akte, Anschauung Gottes, Kirche, Sakrament)." - Zu beachten ist, daß der "Natur"-Begriff in der Gnadenlehre anders als in der Gotteslehre und in der Christologie gebraucht wird. In der Gnadenlehre meint er das Geschaffene als

fenseins. Dieses "In Christus" wird erst durch das "Evangelium" offenbar. Das Geschaffensein als solches besteht in genau dem Maß, als etwas überhaupt wirklich ist; deshalb ist das Geschaffensein an allem Wirklichen ablesbar und grundsätzlich der Vernunfterkenntnis zugänglich. Man braucht dafür nicht mit Glaubenswahrheiten zu argumentieren. Die geschaffene Erkenntnisfähigkeit reicht als solche zur Erkenntnis des Geschaffenseins aus. Dagegen wird das "In Christus" dieses Geschaffenseins nur aufgrund des "Wortes Gottes" und deshalb auch nur in der Weise des Glaubens positiv erkannt. Dieser Glaube ist als das Vom-Heiligen-Geist-Erfülltsein des Glaubenden Gnade. Er ist also eine übernatürliche Erkenntnisweise, die ihre eigene Übernatürlichkeit positiv ebenfalls nur glauben kann (natürlicher Erkenntnis ist am Glauben nur zugänglich, daß man ihm mit ihr allein jedenfalls nicht gerecht werden kann). So sind Gnade und Glaube einander korrelativ: Die übernatürliche Erhöhung des Menschen wird nur im Glauben erkannt; nur derjenige Glaube ist wirklicher Glaube und kann die übernatürliche Erhöhung des Menschen erkennen, der selbst übernatürlich ist. Dabei ist Gnade nicht etwas, was der Mensch wie ein äußerlich Hinzukommendes "hat", sondern sie ist sein Aufgenommen-"Sein" in die Liebe des Vaters zum Sohn.

Durch das "Wort Gottes" wird für den Glauben letztlich nichts anderes **offenbar** als die Gnade Gottes, in die der Mensch von Anfang an hineingeschaffen ist (vgl. Joh 1,3; Eph 1,4.11; Kol 1,16). Bereits der noch "gottlose" Mensch ist verborgen der von Gott geliebte Mensch (vgl. Röm 5,6-10). Deshalb ist diese Gnade Gottes auch **allen** Menschen zu verkünden; sie ist nicht auf nur eine bestimmte Gruppe von Menschen beschränkt. Zu dieser Offenbarung der Gnade Gottes sind die anderen Glaubensaussagen nicht hinzuzuaddieren, sondern sie sind von vornherein darin enthalten. Gottes Liebe zur Welt wird auch durch ihr Offenbarwerden im Wort für den Glauben nicht größer, als sie von Anfang an ist. Also nicht:

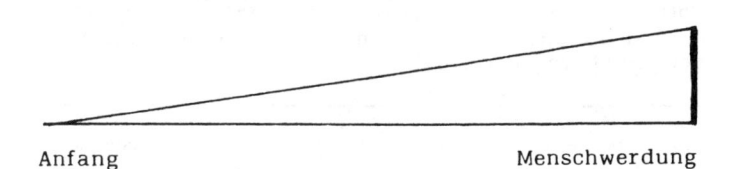

Anfang   Menschwerdung

Sie wird vielmehr nur in ihrer von Anfang an bestehenden Unüberbietbarkeit offenbar. Anderseits würde diese Liebe nicht wirklich von Anfang an als die Liebe bestanden haben, in die die Welt hineingeschaffen ist, wenn sie nicht die Notwendigkeit in sich trüge, einmal geschichtlich offenbar zu werden:

---

solches im Unterschied zu dessen übernatürlicher Erhöhung. In der Gotteslehre und in der Christologie steht er dagegen in Unterscheidung zum "Person"-Begriff; hier kann der "Natur"-Begriff nicht nur die geschaffene, sondern auch die göttliche Wirklichkeit Christi bezeichnen.

verborgen	offenbar
Anfang	Menschwerdung

Deshalb besteht zwischen dem allein durch das Wort und allein im Glauben zugänglichen "In Christus"-Geschaffensein der Welt und der Menschwerdung des Sohnes ein notwendiger Zusammenhang. Dabei ist aber weder das eine noch das andere noch der Zusammenhang selbst aus dem Geschaffenen als solchem ableitbar. Wenn also Gottes Liebe zur Welt als solche übergeschichtlich ist und keinen Schatten von Wechsel und Veränderung kennt, so ist doch ihr Offenbarwerden ein ganz und gar **geschichtlicher** Vorgang. Der Übergang von der Verborgenheit zum Offenbartsein ist an den geschichtlichen Jesus gebunden. Auch die Vorgeschichte Jesu in der Geschichte Israels und überhaupt in der Menschheitsgeschichte kommt erst von ihm her in ihr endgültiges Verständnis.

Geschaffensein als solches reicht nicht aus, um Gemeinschaft mit Gott zu begründen. Für sich allein genommen ist Geschaffensein, wie bereits dargelegt worden ist, nur als einseitige Relation auf Gott verstehbar, wenn man nicht das "aus dem Nichts" dieses Geschaffenseins leugnen will. Es ist schlechthin ausgeschlossen, daß ein Geschöpf zum konstitutiven Terminus einer realen Relation Gottes auf es werden kann. Dies dennoch zu behaupten, würde aus Gott einen Teil eines übergreifenden Systems machen und ihn dadurch mit einem Geschöpf verwechseln. Eine reale Relation Gottes auf die Welt kann nur in einem trinitarischen Gottesverständnis ausgesagt werden, und ihr Bestehen kann nur im Glauben als wirklich erfaßt werden. Dieser Glaube ist an ein in der geschichtlichen Wirklichkeit **begegnendes** und nicht von einem selbst ausgedachtes Wort gebunden. Gemeinschaft mit Gott im Sinn einer gegenseitigen realen Relation von göttlicher Realität ist für den Menschen nur durch Gottes Selbstmitteilung im Heiligen Geist möglich (194).

---

194 **Thomas v. Aquin** und mit ihm weithin die Hochscholastik überhaupt haben das Verhältnis von "Natur" und "Gnade" mit Hilfe des ursprünglich neuplatonischen Schemas "Ausgang [exitus] von Gott" als Schöpfung und "Rückkehr [reditus] zu Gott" als übernatürliche Erhöhung darzustellen versucht (vgl. **ders.**, In I Sent. d14 q2 a2 c; das Schema liegt auch dem Aufbau der gesamten Summa theologica zugrunde). Ein solches Schema läßt sich zwar zu unserer obigen Verhältnisbestimmung hin dolmetschen: Der "Ausgang von Gott" entspricht der einseitigen Relation des Geschaffenen auf Gott, die nicht zur Begründung einer Gemeinschaft mit Gott ausreicht; die "Rückkehr zu Gott" entspricht dem Hineingenommenwerden des Geschaffenen in eine Relation Gottes auf Gott, die dann eine reale Relation Gottes auf das Geschöpf ist. In unserer Verhältnisbestimmung wird jedoch deutlicher, daß die übernatürliche Erhöhung als göttliche Selbstmitteilung und nicht nur als Hinführung zu ihr aufzufassen ist. Vor allem aber vermag jenes nicht-relational konzipierte neuplatonische Schema für sich allein nicht verständlich zu machen,

Deshalb ist **außerhalb des Glaubens** betrachtet Geschaffensein von vornherein **dasselbe wie keine Gemeinschaft mit Gott haben**. Solange sich der Mensch von sich aus und damit irdisch zu verstehen sucht, kann er sich nicht in der Weise verstehen, die das Erfülltsein vom Heiligen Geist ist. Von sich aus, in seinem bloßen Geschaffensein als solchem, abgesehen von seiner übernatürlichen Erhöhung, ist der Mensch nur zum Unglauben fähig. Von sich aus kann er letztlich nur aus der Angst um sich selber leben. Denn er kann ja den Glauben nicht von sich aus, durch Reflexion oder Innenschau, erreichen. Der Glaube kann ihm nur nachträglich und von anderen mitgeteilt werden. Hier verhält es sich mit dem Glauben wie mit der Sprache, die niemandem angeboren ist.

Die Tatsache, daß der Glaube nicht angeboren ist, wird traditionell in der Lehre von der "Erbsünde" ausgesagt. Durch Vererbung wird nur die irdische, vergängliche Existenz des Menschen vermittelt, an der das "In Christus"-Geschaffensein verborgen ist. Von sich aus kann sich der Mensch nur als verwundbar und vergänglich erfahren und steht deshalb unter der Macht der Angst um sich selber. Die Angst des Menschen um sich ist die Wurzel allen Egoismus und aller Schuld. Sie wird Hebr 2,15 als "Todesfurcht" (195) bezeichnet, die das ganze Leben des Menschen bestimmt und allen einzelnen bösen Taten zugrunde liegt (196).

---

warum der Ausgang von Gott nicht bereits ausreicht, um die Rückkehr zu Gott positiv zu ermöglichen. Deshalb ist dieses Schema letztlich zur Darstellung des Verhältnisses von Natur und Gnade ungeeignet.

195 Vgl. **Peter Knauer**, Erbsünde als Todesverfallenheit - Eine Deutung von Röm 5,12 aus dem Vergleich mit Hebr 2,14f, in: ThGl 58 (1968) 153-158. - **Herbert Haag**, Biblische Schöpfungslehre und kirchliche Erbsündenlehre, Stuttgart 1966, 66, meint: "Aber so wenig ihnen [den Menschen] jetzt die Gnade einfach vererbt wird, so wenig waren ihnen vorher Sünde und Tod vererbt worden." Dabei bleibt unbeachtet, daß die Existenz ohne den Glauben, die die Wurzel aller bösen Taten ist, genau deshalb angeboren ist, weil der Glaube nicht angeboren ist. - Zur sonstigen neueren Diskussion (Literatur) vgl. **Karl-Heinz Weger**, Theologie der Erbsünde - Mit einem Exkurs Erbsünde und Monogenismus von **Karl Rahner**, Freiburg-Basel-Wien 1970, und **Urs Baumann**, Erbsünde? Ihr traditionelles Verständnis in der Krise heutiger Theologie, Freiburg-Basel-Wien 1970.

196 Vgl. **Dietrich Bonhoeffer**, Ethik, zusammengestellt und hrsg. v. Eberhard Bethge, München ⁷1966, 83f: "Wo der Tod das Letzte ist, dort verbindet sich die Furcht vor ihm mit dem Trotz. Wo der Tod das letzte ist, dort ist das irdische Leben alles oder nichts. Das Trotzen auf irdische Ewigkeiten gehört dann zusammen mit einem leichtfertigen Spiel mit dem Leben, krampfhafte Lebensbejahung mit gleichgültiger Lebensverachtung. Nichts verrät die Vergötzung des Todes deutlicher, als wenn eine Zeit für die Ewigkeit zu bauen beansprucht und doch in ihr das Leben nichts gilt, wenn man große Worte spricht über einen neuen Menschen, eine neue Welt, eine neue Gesellschaft, die heraufgeführt werden soll, und wenn dieses Neue alles nur in einer Vernichtung dieses vorhandenen Lebens besteht. Die Radikalität des Ja und Nein zum irdischen Leben offenbart, daß nur der Tod etwas gilt. Aber alles erraffen oder alles wegwerfen, das ist die Haltung dessen, der fanatisch an den Tod glaubt. Wo

Von hier aus wird eine sonst oft für schwer verständlich oder gar nicht mehr nachvollziehbar gehaltene Aussage des Konzils von Trient leicht einsichtig, nämlich daß die Erbschuld "durch Fortpflanzung, nicht durch Nachahmung [propagatione, non imitatione]" weitergegeben werde (197). Denn die glaubenslose Existenz ist dem Menschen in der Tat angeboren, während der Glaube erst dem bereits geborenen Menschen mitgeteilt werden kann.

Die Wurzel jeder einzelnen Tatsünde ist das Fehlen des Glaubens. Solange man sich noch nicht in einer letztlich verläßlichen Weise geliebt weiß, lebt man notwendig aus der Angst um sich selber. Aber bereits die erste böse Tat des ersten Menschen muß die gleiche Struktur haben (198): Sie entstammt jenem falschen Selbstverständnis, zu dem allein der Mensch fähig ist, solange er sich von sich aus versteht. Von sich aus kann er sich nur von sich aus verstehen und widerspricht gerade so seiner wahren Wirklichkeit. Denn seine wahre Wirklichkeit ist sein "In Christus"-Geschaffensein (199).

Erst die Mitteilung des Glaubens kann den Menschen aus der Situation des falschen Selbstverständnisses und damit aus der Versklavung unter der Angst um sich selbst befreien und "erlösen". Zuerst mag dieser Glaube anonym sein; er will christlich werden: "Das ist der Sieg, der die Welt überwindet, unser Glaube" (1 Joh 5,

---

aber erkannt wird, daß die Macht des Todes gebrochen ist, wo das Wunder der Auferstehung mitten in die Todeswelt hineinleuchtet, dort verlangt man vom Leben keine Ewigkeiten, dort nimmt man vom Leben, was es gibt, nicht Alles oder Nichts, sondern Gutes und Böses, Wichtiges und Unwichtiges, Freude und Schmerz, dort hält man das Leben nicht krampfhaft fest, aber man wirft es auch nicht leichtsinnig fort, dort begnügt man sich mit der bemessenen Zeit und spricht nicht irdischen Dingen Ewigkeit zu, dort läßt man dem Tod das begrenzte Recht, das er noch hat."

197 DS 1513.

198 Vgl. den scharfsinnigen Hinweis von **Friedrich Schleiermacher**, o. c. (Anm. 31), II, Berlin ²1830, § 72 (in der Ausgabe von Martin Redeker, II, Berlin 1960, 386f): "[...] was [...] als Folge davon dargestellt wird, das muß schon vor der ersten Sünde vorausgesetzt werden. Denn der Verstand muß schon verfinstert gewesen sein ganz nach heidnischer Weise, um die Lüge, daß Gott dem Menschen die Erkenntnis des Guten beneide, aufzunehmen; und der Wille muß schon keine Kraft mehr gehabt haben, auch dem schwächsten Reiz zu widerstehen, wenn der Anblick der verbotenen Frucht eine solche Gewalt ausüben konnte. Ja von Gott losgerissen muß Adam schon vor seiner ersten Sünde gewesen sein [...]; wie man sich auch die erste Sünde denken möge, immer wird man schon etwas Sündliches voraussetzen müssen." Dennoch und gerade so hält Schleiermacher den Menschen für ursprünglich gut geschaffen (vgl. I, § 60f), was auch ein Grundanliegen der katholischen Lehre ist.

199 Eine ähnliche Auffassung bereits bei **Stanislas Lyonnet**, Art. "Péché, IV. Dans le Nouveau Testament", DBS VII, 486-567, vor allem 558.

4). Im Glauben lebt man nicht mehr aus der Angst um sich selbst (vgl. Joh 16,33).

So wird im Glauben der "Urstand" eines jeden Menschen und damit des Menschen überhaupt offenbar, nämlich sein "In Christus"-Geschaffensein. Wenn außerhalb des Glaubens betrachtet Geschaffensein und Von-Gott-Getrenntsein ein und dasselbe ist, dann ist umgekehrt **innerhalb des Glaubens** gesehen **Geschaffensein und Mit-Gott-Gemeinschaft-Haben, Erlöstsein von vornherein ein und dasselbe** (200). Statt also den "Urstand" nur auf Adam und Eva zu beziehen, beziehen wir ihn auf jeden Menschen. Er ist auch nicht als "zeitlich", sondern als "ontologisch" dem Sündersein des Menschen vorausgehend zu verstehen. Auf die Frage, ob ein Geschöpf mit Gott Gemeinschaft haben könne, ist somit in beiden Hinsichten radikal zu antworten: aus sich selbst überhaupt nicht, aus Gnade aber durchaus (vgl. Mk 10,27) (201).

Dem "Gnadenprinzip" - wie ich es nennen möchte -, wonach man die Gnade Gottes nur kraft bereits empfangener Gnade annehmen kann, so daß man letztlich von Anfang an in der Gnade Gottes stehen muß, um seine Gnade überhaupt annehmen zu können, wäre also ein "Sündenprinzip" gegenüberzustellen. Es besagt, daß man nur deshalb überhaupt sündigen kann, weil man von Anfang an Sünder ist. Beide Prinzipien drücken jeweils einen hermeneutischen Zirkel aus. Sie gelten zugleich, wenn auch unter verschiedener Hinsicht. Auch nachdem man zum Glauben gekommen ist, gilt weiterhin, daß man für sich allein, in seiner bloßen Geschöpflichkeit betrachtet, nicht zur Gemeinschaft mit Gott fähig ist (202). Doch ist gegenüber

---

200 Vgl. **Eberhard Jüngel**, Extra Christum nulla salus - als Grundsatz natürlicher Theologie? Evangelische Erwägungen zur "Anonymität" des Christenmenschen, in: ZThK 72 (1975) 351: Allein der Glaube beschränkt sich darauf, "aus dem Menschen nichts anderes zu machen als das, was er kraft göttlicher Rechtfertigung schon ist".

201 In seiner Rezension in: Linzer Diözesanblatt (1.5.1979) gibt **Johannes Singer** zu bedenken: "Wenn es das Wesen des Geschaffenen ist, keine Gemeinschaft mit Gott zu haben, dann ist Gemeinschaft mit Gott - ob von Anfang an oder später - eine Verfremdung ins Gegenteil, ist Identitätsverlust"; auch liebe Gott die Welt, "nicht weil sie 'in Christus' ist, sondern damit sie in ihm sei". Darauf ist zu erwidern, daß es auch im Glauben **dabei bleibt**, daß kein Geschöpf bereits **von sich aus** aufgrund seiner bloßen Geschöpflichkeit Gemeinschaft mit Gott haben kann, so daß es zum konstitutiven Terminus einer Liebe Gottes zu ihm werden könnte. Deshalb kann von Identitätsverlust keine Rede sein. Im übrigen liebt Gott der Tat die Welt, **weil** sie in Christus ist, als seien dies zwei verschiedene Sachverhalte, sondern seine Liebe zur Welt besteht gerade darin, sie in das Verhältnis des Vaters zum Sohn hineingeschaffen zu haben. Letzteres kann man nach Kol 1,16 oder 2 Tim 1,9-10 u. a. nicht gut bestreiten. Allerdings handelt es sich dabei um einen außerhalb des Glaubens verborgen bleibenden Sachverhalt; und er kann überhaupt nur mit den Kategorien einer relationalen Ontologie, wie sie hier vorgelegt wird, sachgemäß ausgesagt werden.

202 In diesem Sinn bleibt nach **Martin Luther** die Erbsünde auch im Ge-

dieser eingeschränkten Betrachtungsweise die umfassendere, ursprünglichere Wahrheit, daß man "in Christus" geschaffen ist und darin Gemeinschaft mit Gott hat (203).

Das "In Christus"-Geschaffensein ist "Gnade". Wenn bereits das Geschaffensein als solches Geschenk ist, dann ist das "In Christus" demgegenüber noch einmal Geschenk. Während im Geschaffensein als solchem das von Gott Verschiedene geschenkt wird, bedeutet "Gnade" die Selbstmitteilung Gottes, die allein durch sein Wort allein für den Glauben offenbar wird.

Auch innerhalb des "In Christus Geschaffenseins" läßt sich der Begriff des "Geschaffenseins" als solchen, des "Natürlichen", legitim bilden. Er umfaßt alles, was auch abgesehen von der nur für den Glauben erkennbaren Selbstmitteilung Gottes von der Vernunft als wirklich erkannt werden kann (204). Der Begriff des "Natürlichen" als solchen ist notwendig, um die doppelte Ungeschuldetheit des "Übernatürlichen", des "In Christus" unseres Geschaffenseins, aussagen zu können: Wenn im Glauben bereits "Geschaffensein" als Geschenk erfaßt wird, so das "In Christus" dieses Geschaffenseins und der Glaube noch einmal.

---

tauften erhalten; vgl. z. B. WA 8; 91,35-39, "aber sie vermag innerhalb der Gnade nichts, während sie außerhalb der Gnade die Vormacht erlangt" (39-40). In scheinbarem Gegensatz dazu erklärt das Konzil von Trient im Dekret über die Erbsünde, DS 1515: "Wenn jemand leugnet, daß durch die Gnade Jesu Christi unseres Herrn, die in der Taufe verliehen wird, die Schuld der Erbsünde erlassen werde, oder auch wenn er behauptet, es werde nicht alles das weggenommen, was den wirklichen und eigentlichen Charakter der Sünde hat, sondern nur ausgestrichen oder nicht angerechnet, so sei er im Bann." Was das Konzil den "wirklichen und eigentlichen Charakter der Sünde" nennt, ist in Luthers Terminologie die "Vormacht" der Angst des Menschen um sich selbst. Diese "Vormacht" wird in der Tat durch die Gnade Christi völlig aufgehoben. In diesem Sinn kann auch Luther, a. a. O., 89,29-35, der Aussage zustimmen, daß die ganze Sünde weggenommen werde.

203 Vgl. **Paul Ricœur**, Finitude et Culpabilité, II, Symbolique du Mal, Paris, 1960, 150: "Aussi **radical** que soit le mal, il ne saurait être aussi **originaire** que la bonté [So tief wurzelnd das Böse auch sein mag, kann es doch nicht so ursprünglich sein wie das Gute]."

204 Anders, wie es scheint, **Karl Rahner**, Theologische Bemerkungen zum Zeitbegriff, in: ders., Schriften zur Theologie IX, Einsiedeln-Zürich-Köln 1970, 319, wo die bloße Natur als "ein - notwendiger - Grenzbegriff" angesehen wird, "der aber als solcher nie rein zur positiven Gegebenheit für sich allein gebracht werden kann, weil wir aus dem Bereich einer übernatürlich erhobenen Erfahrung nicht heraustreten können." - Die verbreitete Polemik gegen den Begriff der "bloßen Natur" beruht auf nicht-relationalem Denken und damit auf der dann unvermeidlichen Verwechslung von "Unterscheiden" und "Trennen". Die Unterscheidung des "Geschaffenseins" als solchen vom "In Christus" dieses Geschaffenseins besagt keineswegs, daß es faktisch ein Geschaffenes gäbe, das nicht "in Christus" geschaffen wäre. Aber man muß von diesem "In Christus" abstrahieren können, wenn es wirklich übernatürlich ist.

Wie das "Geschaffensein", so läßt sich erst recht das "In Christus"-Geschaffensein nur in relationalen Kategorien angemessen aussagen. Gottes Liebe zur Welt ist nicht eine bloß Gott selbst betreffende innergöttliche Eigenschaft (205). Sie bedeutet aber auch nicht zusätzlich eine Veränderung der Welt in ihrem Eigenbestand für sich betrachtet. Vielmehr handelt es sich um eine reale Beziehung Gottes auf die Welt und damit um eine Veränderung der Welt, die in der Gemeinschaft mit Gott besteht, aber nicht losgelöst davon ausgesagt werden kann. Diese reale Beziehung ist der Heilige Geist als die ewige Liebe zwischen dem Vater und dem Sohn, in die das Geschöpf hineingenommen wird.

Des näheren wird diese ursprünglich als Beziehung Gottes auf Gott konstituierte Beziehung Gottes auf die Welt "**ungeschaffene Gnade** [gratia increata]" (206) genannt, da sie als der Heilige Geist mit Gott identisch ist. Denn Gemeinschaft mit Gott ist für das Geschöpf nicht kraft einer geschaffenen Qualität, sondern allein kraft "ungeschaffener Gnade", nämlich im Heiligen Geist möglich. Wäre Gott nicht dreifaltig, dann wäre Gemeinschaft mit Gott für immer ausgeschlossen (207).

Daneben spricht die theologische Tradition von "**geschaffener Gnade** [gratia creata]". Dieser Begriff wurde gebildet, um auszusagen, daß in der Begnadung wirklich etwas am Geschöpf selbst geschieht. Die "geschaffene Gnade" wurde in rein spekulativer Weise als eine Art Vermittlung zwischen Gott und Geschöpf gefordert. Doch wenn dieser Begriff sinnvoll sein soll, dann kann eine solche Vermittlung nicht in einer zum Geschaffenen als solchen hinzukommenden weiteren geschaffenen Wirklichkeit bestehen. Denn schlechthin keine geschaffene Wirklichkeit kann als solche den Abstand zwischen Geschöpf und Schöpfer überbrücken. Sinnvoll kann der Begriff "geschaffene Gnade" nur das Geschöpf selbst meinen, insofern es das von Gott geliebte, das "in Christus" geschaffen ist. Als "geschaffene" ist die "geschaffene Gnade" der Vernunft und Erfahrung zugänglich, doch als "Gnade" kann man sie nur glauben. Zur "Na-

---

205 In diesem Sinn lehnt das Konzil von Trient die Auffassung ab, die Rechtfertigungsgnade bestehe lediglich in der göttlichen Gunst; vgl. DS 1561. Aber dies war auch nicht die wirkliche Auffassung der Reformatoren.

206 Vgl. **Karl Rahner**, Zur scholastischen Begrifflichkeit der ungeschaffenen Gnade, in: **ders.**, Schriften zur Theologie I, Einsiedeln-Zürich-Köln 1967, 347-375. - Einen guten Überblick über die gegenwärtige Diskussion in der Gnadenlehre gibt **Heribert Mühlen**, Gnadenlehre, in: Bilanz der Theologie im 20. Jahrhundert III, hrsg. v. Herbert Vorgrimler und Robert Vander Gucht, Freiburg-Basel-Wien 1970, 148-192.

207 **Ernest Theußl** meint in seiner Rezension in: Bücherbord Graz 2/79, damit würden Thesen aufgestellt, "die letztlich erst zu hinterfragen wären"; und auf ihnen werde ein auf weite Strecken "idealistisches Gedankengebäude" errichtet. Überhaupt sei die Sprache dieses Buches zu thesenhaft und apodiktisch; die am Schluß des Buches beigefügten Thesen würden erweisen, daß sich dieses Buch **nicht** zur persönlichen Auseinandersetzung eigne.

tur", also zum Geschaffenen, kommt nicht eine noch einmal geschaffene "Übernatur" (208) hinzu, sondern die "Natur" selbst wird "übernatürlich" erhöht. Sie ist in die Liebe zwischen dem Vater und dem Sohn hineingenommen, bzw. dieses ihr Hineingenommensein von Anfang an wird offenbar. Im Glauben versteht man das profane Dasein als begnadet.

In einem etwas engeren Sinn könnte man als "geschaffene Gnade" alle ausdrückliche Verkündigung des "Wortes Gottes" und seine Annahme im Glauben bezeichnen. Von diesem engeren Sinn her kommt der umfassendere Sinn an den Tag: Im Licht des "Wortes Gottes", das als Selbstmitteilung Gottes in mitmenschlichem Wort "ungeschaffene Gnade" in "geschaffener Gnade" ist, wird die ganze Schöpfung als die von Gott geliebte und damit als "geschaffene Gnade" offenbar: "Himmel und Erde sind erfüllt von deiner Herrlichkeit" (Sanctus der Messe). Vom "Wort Gottes" her kommt selbst den "Vögeln am Himmel" und den "Lilien auf dem Feld" (vgl. Mt 6,26.28) eine neue Bedeutung zu, sie werden zum Gleichnis unserer Gemeinschaft mit Gott. Daß für den Glauben die ganze Schöpfung zur "geschaffenen Gnade" wird, bedeutet, daß sie in sich selbst - nur für den Glauben aufgrund des "Wortes Gottes" erkennbar - sprechendes Gleichnis der ewigen Gemeinschaft mit Gott ist. Die "geschaffene Gnade" will als Gleichnis der "ungeschaffenen" verstanden werden.

Weiter wird die übernatürliche Erhöhung des Menschen in der theologischen Tradition in "aktuelle" oder "helfende" und in "habituelle" oder "heiligmachende Gnade" unterschieden (209). "Aktuell" oder "helfend" wird die innere Gnade genannt, insofern sie ihrer ausdrücklichen Annahme im Glauben vorausgeht. Sie ist hier noch nicht zum gläubigen Selbstverständnis des Menschen geworden. "Habituell" oder "heiligmachend" wird die gleiche Gnade genannt, wo sie im Selbstverständnis des Menschen angenommen ist und wo also der Glaube als Grundeinstellung die einzelnen Handlungen prägt. Es handelt sich beide Male von Gott her um dasselbe Geliebtwerden des Menschen.

Noch unter anderer Hinsicht unterscheidet die theologische Tradition in der Gnade den Aspekt der "persönlichen" Heiligung ["gratia gratum faciens"] des betreffenden Menschen selbst und den unverdienten "amtlichen" Auftrag, durch die Bezeugung des Glaubens der Heiligung anderer zu dienen ["gratia gratis data"] (210).

---

208 Diese etwas unglückliche Begriffsbildung findet sich insbesondere bei **Matthias Joseph Scheeben**, Natur und Gnade, 4. Aufl. hrsg. v. Martin Grabmann, in: Matthias Joseph Scheeben, Gesammelte Schriften, hrsg. v. Josef Höfer, Band 1, Freiburg 1949, 21-23; sie wurde oft übernommen.

209 Vgl. z. B. Kardinal **Petrus Gasparri**, Katholischer Katechismus, München ²1939, 154. Zuweilen bezeichnet man als "helfende" Gnade außer der "aktuellen" Gnade auch äußere Hilfen wie die Ermahnung durch einen anderen Menschen u. ä.; natürlich ist auch alle innere Gnade für ihr Offenbarwerden an das von außen geschichtlich begegnende Wort gebunden.

210 Vgl. **Thomas v. Aquin**, S. th. I II q111 a1; vgl. auch **Heribert Müh-**

Reformatorische Theologie spricht in der Gnadenlehre von "Imputationsgerechtigkeit": Die Gerechtigkeit vor Gott wird dem Menschen "angerechnet" (vgl. Röm 4,3 und Gal 3,6 im Anschluß an Gen 15,6). Katholische Theologie wendet dagegen gewöhnlich ein, daß zwar auch von "Anrechnung" die Rede sein müsse, daß aber dieser Begriff nicht genüge (211). Sie fordert darüber hinaus, daß die Gnade dem Menschen selbst innerlich zu eigen sein und ihm "inhärieren" müsse. Es handelt sich bei diesem Einwand um ein Mißverständnis gegenüber der reformatorischen Position, das darin begründet ist, daß man katholischerseits den relationalen Charakter der reformatorischen Begrifflichkeit nicht erfaßt (212). Der wirkliche Sinn der "Imputationslehre" ist, daß Gottes Liebe zum Menschen nicht an diesem selbst ihr Maß hat, sondern allein an Jesus Christus als dem Sohn Gottes. In diesem Sinn bleibt das Maß der Liebe Gottes zu uns von uns selbst verschieden und ist außerhalb unser zu suchen. Doch ist es anderseits wirklich der Mensch selbst, der in die Liebe des Vaters zum Sohn aufgenommen ist. Die Liebe Gottes zu uns ist also nicht nur eine rein innergöttlich bleibende, gleichsam psychologische Eigenschaft Gottes, die uns dann nur noch in ihren Folgen betreffen könnte, sondern sie ist gerade als innergöttliche Beziehung zwischen dem Vater und dem Sohn, in die das Geschöpf aufgenommen wird, eine reale Beziehung Gottes auf das Geschöpf selbst.

In einem solchen Beziehungs-Denken wird auch deutlich, daß und warum selbst der in die Liebe des Vaters zum Sohn aufgenommene Mensch noch immer nicht aus sich, das heißt kraft seiner bloßen Geschöpflichkeit als solcher abgesehen vom Aufgenommensein in die Beziehung Gottes auf Gott, Gemeinschaft mit Gott haben kann. Es bleibt auch im Glauben dabei, daß keine geschöpfliche Qualität als solche ausreicht, um Gemeinschaft mit Gott zu gewähren. Zwar ist der Mensch faktisch nicht der bloß geschöpfliche Mensch, sondern er ist von vornherein "in Christus" geschaffen. Dennoch ist es möglich, ihn abgesehen von diesem "In Christus" zu betrachten. Dann aber findet man nichts an ihm, was seine Gemeinschaft mit Gott begründen könnte. Diese beiden Aspekte der bleibenden Unfähigkeit zur Gemeinschaft mit Gott von sich aus und der Fähigkeit zur Gemeinschaft mit Gott von Gott aus lassen sich nur in einem relationalen Denken voneinander sachgemäß unterscheiden und miteinander in Beziehung setzen (213). In nicht-relationalem Denken werden sie heillos miteinander vermischt, und deshalb werden dann Glaubensgeheimnisse zu unauflösbaren logischen Problemen.

---

len, o. c. (Anm. 172), 329-358, wo im gleichen Sinn zwischen "sanktifikatorisch" und "konsekratorisch" unterschieden wird.

211 Vgl. **Hermann Volk**, Art. "Imputationsgerechtigkeit", LThK² V, Sp. 641f.

212 Zu näherer Information ist sehr zu empfehlen: **Wilfried Joest**, Ontologie der Person bei Luther, Göttingen 1967.

213 Zu einem solchen Verständnis der reformatorischen Formel "Gerecht und Sünder zugleich" vgl. den ebenso überschriebenen Aufsatz von **Karl Rahner**, Schriften zur Theologie VI, Einsiedeln-Zürich-Köln 1965, 262-276.

Die im Glauben dem Menschen als ihm schon immer geschenkte offenbarwerdende Gemeinschaft mit Gott ist der Beginn des ewigen Lebens (vgl. Joh 17,3). Gegen die von Christus her im Heiligen Geist geschenkte Gemeinschaft mit Gott hat auch der Tod keine Macht. Wenn Glaube bedeutet, sich von Gott mit der Liebe geliebt zu wissen, in der er seinem eigenen Sohn von Ewigkeit her zugewandt ist, dann ist Glaube durch nichts überbietbar. Auch die selige Gottesschau kann dann nicht als Überbietung des Glaubens verstanden werden (214). Aber in der Welt ist der Glaube noch vom Unglauben angefochten. Die Möglichkeit, anstatt zu glauben, sich von der Angst um sich selbst leiten zu lassen und sich an irgend etwas in der Welt anzuklammern, wird einmal aufhören, und Gott wird "alles in allem" (1 Kor 15,28) sein. Bereits der Glaube in dieser Welt erfüllt jedoch alle Bedingungen wahrer Mystik: Er ist keine dem Menschen von sich aus zukommende Möglichkeit, sondern läßt sich nur als Gnade verstehen (215).

Hingegen bedeutet die Rede von der "Hölle", daß Gott außerhalb des Gegenübers des Sohnes zum Vater in Ewigkeit unerreichbar ist. Dieser Sachverhalt ist eine Wesenseigenschaft Gottes. Denn Gemeinschaft mit Gott ist nur möglich im Hineingenommensein in das Gegenüber des Sohnes zum Vater; und es gibt kein anderes Heil als dieses von der Kirche verkündete (216). Wo immer also Menschen

---

214 **Norbert Baumert**, Täglich sterben und auferstehen - Der Literalsinn von 2 Kor 4,12 - 5,10, München 1973, 226-233, hat, wie mir scheint, überzeugend nachgewiesen, daß in 2 Kor 5,7 der Glaube als die höhere Erkenntnis dem irdischen "Schauen" entgegengesetzt wird und nicht etwa durch ein "Schauen" noch einmal überboten werden soll. Ähnlich ist auch in 1 Kor 13,12 nicht etwa der Glaube eine Erkenntnis in Rätseln, sondern das bloß irdische Erkennen als solches.

215 Vgl. die Beschreibung der "geistlichen Tröstung" bei **Ignatius v. Loyola**, Geistliche Übungen, Nr. 316; für Ignatius geschieht in dem Konfrontiertwerden des Exerzitanten mit den Geheimnissen des Lebens Jesu das "unmittelbare" Handeln Gottes an ihm (vgl. ebd., Nr. 15).

216 Das ist der genaue Sinn des traditionellen Satzes "Außerhalb der Kirche kein Heil" (vgl. DS 3866-3873 als Kommentar zu der Lehre des IV. Laterankonzils, DS 802). - Vgl. **Gerhard Ebeling**, Kirchenzucht, Stuttgart 1947, 22: "Unter der Verkündigung der Erwählungsgnade kann ich nur im Glauben von der Grenze der Kirche wissen, d.h. aber von der Grenze der Kirche nur als einer einschließenden und nicht als von einer ausschließenden Grenze. [...] Von einer ausschließenden Grenze der Kirche weiß ich dagegen immer nur als von einer kraft der Erwählungsgnade von mir ferngehaltenen Möglichkeit. Daß aber der dreieinige Gott es ist, der auch diese mögliche ausschließende Grenze setzt, das bewahrt die Gewißheit des Glaubens vor Verkehrung in eine vom Glauben gelöste Sicherheit." - Nach **Rudolf Bultmann**, Das Evangelium des Johannes, Göttingen 1957, 288, gilt: "Freilich ist es die **Offenbarung**, die intolerant ist, Menschen können gegeneinander nur tolerant sein; und sofern Menschen den intoleranten Anspruch der Offenbarung zu vertreten haben, richtet sich dieser in erster Linie gegen sie selbst. Die Intoleranz des 'homo religiosus' und des Dogmatikers ist nicht die Intoleranz der Offenbarung."

anders als aus der Angst um sich selbst leben und um keinen Preis zu unmenschlichem Handeln bereit sind, da leben sie bereits aus dem Geist, der sich nicht irdisch erklären läßt, sondern durch die Kirche als der Heilige Geist offenbar wird, der in Jesus seinen Ursprung hat.

Gott jedoch anders als im Glauben, nämlich kraft irgendeiner geschöpflichen Qualität erreichen zu wollen, hieße letztlich, dem "Teufel" zu begegnen (217). Man verwechselt dann geschaffene Wirklichkeit mit Gott. Der "Teufel" ist der Gott, dem man im Unglauben begegnet. Es liegt am Wesen Gottes selbst, daß man außerhalb des zumindest anonymen Glaubens nur in einem pervertierten Verhältnis zu ihm stehen kann. Man dient Gott nur entweder ungeteilt oder gar nicht. Die traditionelle Rede vom "Teufel" als einem gefallenen Engel meint, daß man in der Sünde der Faszination geschaffener Wirklichkeit erliegt und sie mit Gott verwechselt. Dem Satan zu widersagen bedeutet dasselbe, wie jeder Form von Weltvergötterung zu widersagen.

Obwohl die "Hölle" als die Unmöglichkeit einer Gemeinschaft mit Gott außerhalb des Heiligen Geistes als der Liebe zwischen dem Vater und dem Sohn schlechthin ewig ist, ist es eine andere Frage, ob man zu glauben habe, daß Menschen in der Hölle sind. In der Tat gilt: Wären wir Menschen vor Gott auf uns allein gestellt, dann wären wir alle ohne jede Ausnahme zur Hölle bestimmt (vgl. Mk 10, 23-27). Denn keine noch so große Leistung und Bemühung reicht aus, um Gemeinschaft mit Gott zu ermöglichen. Doch verkündet die christliche Botschaft: Gott "will, daß alle Menschen gerettet werden" (1 Tim 2,4). "Denn Gott hat alle in den Ungehorsam eingeschlossen, um sich aller zu erbarmen" (Röm 11,32). Er hat in Christus die gesamte Welt mit sich versöhnt und die Kirche zur Verkündigung dieser Versöhnung, zum "Dienst der Versöhnung" durch das "Wort der Versöhnung", eingesetzt (vgl. 2 Kor 5,18f).

Solange man in dieser Welt lebt, ist man in Gefahr, sein Herz an alle möglichen Dinge zu hängen und sie zu vergöttern. Wenn die Schrift dafür mit der Strafe Gottes droht, sind damit nicht nachträgliche Sanktionen gemeint. Es geht vielmehr darum, daß Vertrauen auf Nichtiges wesensnotwendig zunichte wird (vgl. Jer 2,5). Dies ist damit vergleichbar, wie eine aus ihrem Erdreich ausgerissene Pflanze von selber verdorrt.

Spätestens mit dem Tod wird dem Menschen alles das aus den Händen geschlagen, was er fälschlich vergöttert hat. Man kann sich nicht in Ewigkeit an falsche Götter klammern. Doch nimmt man im Glauben das Aufgeben der falschen Götter bereits in diesem Leben vorweg. Man lebt schon jetzt in dem Heil, das Gott allen Menschen geben will. Demgegenüber ist Unglaube wie der sinnlose Kampf von Truppen, die die Nachricht von der Beendigung des Krieges noch nicht vernommen haben.

---

217 Vgl. die sehr sachgemäße Formulierung **Martin Luthers**, In XV Psalmos graduum (1532/33), WA 40,3; 337,11: "Außerhalb Jesu Gott suchen ist der Teufel."

Handelt es sich dabei um eine Lehre von der "Wiederherstellung des Alls [ἀποκατάστασις πάντων]"? Die weltanschauliche Lehre von der Wiederherstellung des Alls ist in der kirchlichen Tradition zu Recht immer abgelehnt worden (218). Denn sie schiene zu bedeuten, daß am Schluß doch alles gut werde, so daß es nicht darauf ankommt, wie man lebt. Anstatt den Glauben gegenwärtig anzunehmen, könnte man sich mit der Vorstellung begnügen, man könne sich ja später immer noch bekehren. Daß eine solche Lehre den Menschen nur in seiner Sünde festhält und deshalb gar nicht wahr sein kann, liegt auf der Hand (219). Es erscheint aber möglich, diese Lehre noch in einem ganz anderen Sinn, nämlich nicht weltanschaulich, sondern im Sinn des Glaubens zu verstehen. Sie würde dann bedeuten, daß derjenige, der bereits jetzt das Wort Gottes und die Gnade annimmt und nicht mehr aus der Angst um sich selbst lebt, aus dieser Sicht des Glaubens in der Hoffnung für alle Menschen lebt. Er ist im Glauben dessen gewiß, daß im Himmel niemand fehlen wird.

In dieser Sicht bleiben die biblischen Drohungen mit der Hölle und ihrem "unauslöschlichen Feuer" (Mk 9,42-48) voll bestehen. Sie besagen: Für den, der außerhalb des Glaubens steht und sich selber lebt, besteht, von ihm her gesehen, in Ewigkeit keine Hoffnung; und dies muß ihm auch immer wieder gesagt werden. Doch schließt dies nicht aus, daß der Glaubende seinerseits sehr wohl Hoffnung auch für ihn hat, aber eben eine solche Hoffnung, deren Recht nur im Glauben zugänglich ist. Es handelt sich um eine keineswegs bloß hypothetische Hoffnung; denn der Glaube kennt keine Bereiche der Ungewißheit. Zu einer solchen verschiedenen Beurteilung derselben Menschen von einem je verschiedenen Standpunkt aus vgl. Röm 11,28.

Für das Verständnis der biblischen Texte von der Apokatastasis (vgl. z.B. Röm 5,18; 11; 1 Kor 15,20-28; Eph 1,10; Phil 2,10f; Kol 1,19f; 1 Joh 2,2) hängt allerdings alles an der Unterscheidung zwischen einem bloß weltanschaulichen Verständnis, das ein unheilvolles Mißverständnis wäre, und der Sicht des Glaubens.

---

218 Vgl. z. B. DS 411 gegen die Anhänger des Origenes. -- Vgl. **Gotthold Müller**, Ungeheuerliche Ontologie - Erwägungen zur christlichen Lehre über Hölle und Allversöhnung, in: EvTh 34 (1974) 256-275, sowie zur Literatur **ders.**, Apokatastasis panton - A Bibliography, Basel 1969. - Mir hat einmal jemand gesagt: "Wissen Sie, ich möchte in keinen Himmel kommen, in dem jemand fehlt, dem ich gut war"; vgl. dazu Röm 9,3.

219 Vgl. **Rudolf Bultmann**, Das Befremdliche des christlichen Glaubens, in: **ders.**, Glauben und Verstehen III, Tübingen 1960, 207: "Das Rechnen mit der Idee der Gnade Gottes ist Sünde." Heil ist nur in der tatsächlichen und nicht in der statt dessen für später geplanten und damit nur vorgestellten Annahme der Gnade Gottes; und Heil ist auch nur in der Annahme einer nicht nur vorgestellten, sondern in der geschichtlichen Wirklichkeit tatsächlich zugesprochenen Gnade Gottes.

FRAGEN

1. Was muß für die Möglichkeit der Annahme der Gnade im Menschen vorausgesetzt werden? Wodurch muß also der Mensch von vornherein bestimmt sein?
2. In welchem Sinn kann man vom "Verlust" der Gnade reden, und inwieweit setzt jede, auch eine erste Sünde solchen "Verlust" bereits voraus?
3. Warum bleibt "Gnade" außerhalb des "Wortes" verborgen? Welche falschen Vorstellungen sollen durch den Hinweis auf diese Verborgenheit ausgeschlossen werden?
4. Wie lassen sich die Begriffspaare "Natur - Gnade", "natürlich - übernatürlich", "Gesetz - Evangelium", "Geschaffensein - In Christus Geschaffensein" einander zuordnen?
5. Warum reicht das Geschaffensein des Menschen als solches nicht aus, um Gemeinschaft mit Gott zu begründen?
6. In welchem Sinn ist Geschaffensein von vornherein dasselbe wie Von-Gott-Getrenntsein? In welchem Sinn ist es umgekehrt von vornherein dasselbe wie Erlöstsein? Wie verhalten sich beide Gesichtspunkte zueinander?
7. Worin besteht der "Urstand" des Menschen, und wie kommt es zu seiner Erkenntnis?
8. Wie hängt die Lehre von der "Erbsünde" damit zusammen, daß einem der Glaube nur in mitmenschlichem Wort mitgeteilt werden kann?
9. Warum ist der Begriff des "Natürlichen" als solchen nicht nur legitim, sondern notwendig, obwohl die ganze Schöpfung in eine übernatürliche Ordnung erhöht ist?
10. Was ist unter "ungeschaffener" und unter "geschaffener Gnade" zu verstehen? In welchem Sinn ist "geschaffene Gnade" der Erfahrung zugänglich, und in welchem Sinn kann man sie nur glauben? Welcher Zusammenhang besteht zwischen "ungeschaffener" und "geschaffener Gnade"?
11. Was bedeutet die traditionelle Unterscheidung der Gnade in "aktuelle" und "habituelle", in "persönliche [gratum faciens]" und "amtliche [gratis data]"?
12. Was ist der genaue Sinn der reformatorischen Lehre von der "Imputationsgerechtigkeit"? Wie unterscheidet sich diese Anrechnung der Gerechtigkeit von einem bloßen "so Tun, als ob der Mensch gerecht sei"?
13. Wie verhalten sich Glaube und ewiges Leben zueinander?
14. Was ist mit der Rede von der Ewigkeit der "Hölle" gemeint? Was mit der Rede vom "Teufel"?
15. In welchem Sinn ist eine Apokatastasis-Lehre mit dem Glauben vereinbar, und in welchem Sinn nicht?

3.2.3 Der Glaube als des Menschen eigener Glaube

Der Glaube ist das Zur-Geltung-Kommen des "Wortes Gottes" als "Wort Gottes". Unter dieser Hinsicht ist er das Handeln Gottes am Menschen. Doch ist es der Mensch selbst, der glaubt. Als ein Sich-von-Gott-geliebt-Wissen ist der Glaube ein neues Selbstverständnis des Menschen, das man jedoch nicht von sich aus entwickelt, sondern das aus der Begegnung mit der Botschaft kommt, also im Angesprochenwerden des Menschen durch Gott im mitmenschlichen Wort der Glaubensverkündigung besteht. Unter dieser Hinsicht ist der Glaube die vom "Wort Gottes" selbst getragene und ermöglichte "Antwort" des Menschen auf das "Wort Gottes". Als ein solcher Akt des Menschen selbst ist der Glaube in seinem Gegenstandsbezug, seiner Gewißheit und seinem Entscheidungscharakter zu betrachten.

Der Gegenstandsbezug des Glaubens ist sein Bezug auf das "Wort Gottes". Im Glauben versteht man sich als von Gott in mitmenschlichem Wort angesprochen und in Gemeinschaft mit Gott aufgenommen. Eine solche reale Beziehung Gottes auf den Glaubenden ist als das Hineingenommensein des Glaubenden in die Liebe Gottes zu seinem eigenen göttlichen Gegenüber, des Vaters zum Sohn, auszusagen. An Jesus Christus als den Sohn Gottes glauben heißt deshalb, **sich** von Gott mit der Liebe angenommen zu wissen, in der Gott **ihm** von Ewigkeit her zugewandt ist. Es geht im Glauben um ein neues Selbstverständnis des Menschen im Unterschied zu einem bloß objektiven Wissen um Tatsachen, die nichts mit der eigenen Person und dem letzten Urteil über sie zu tun hätten. Selbst von der Dreifaltigkeit Gottes zu sprechen ist nur dann sinnvoll, wenn man dabei erfaßt, daß es um das eigene Verhältnis zu Gott geht, eben um das Hineingenommensein in die Liebe zwischen dem Vater und dem Sohn. Ebenso ist von der Gottessohnschaft Jesu überhaupt erst dann dem Glauben gemäß die Rede, wenn es dabei um das eigene Anteilhaben an seinem Verhältnis zu Gott geht. Will man von den Glaubensgeheimnissen "rein objektiv" reden, ohne zu bedenken, was es für ihr Verständnis ausmacht, daß sie geglaubt werden wollen, dann redet man nicht wirklich von dem, worum es in diesen Glaubensgeheimnissen geht, sondern man verfälscht ihren Sinn (220). Die Gottessohnschaft Jesu oder auch seine Auferstehung lassen sich außerhalb des Glaubensaktes nicht in dem Sinn verstehen, in dem sie von der Glaubensverkündigung gemeint sind.

In dem Bezug aller Glaubensaussagen auf den Glaubenden ist das Recht der sogenannten **"existentialen Interpretation"** (221) der Glaubensaussagen begründet: Alle Glaubensaussagen sind auf ihre Bedeutung für das Selbstverständnis des Menschen hin auszulegen. Nichts kann im Sinn der christlichen Botschaft geglaubt werden, was sich nicht als neues Selbstverständnis des Menschen erfassen läßt (222). Die Glaubensaussagen enthalten nicht über das "Um unseres

---

220 In der katholischen Tradition wurde dies besonders eindringlich von **Hugo v. St. Viktor** betont, z. B. De sacramentis christianae fidei, PL 176, 335B: "Denn wie können wir in bezug auf das im Glauben zu Glaubende die rechte Auffassung haben, wenn wir nicht über den Glaubensakt selbst die rechte Auffassung haben." - Vgl. Peter Knauer, Hermeneutische Fundamentaltheologie - Der Glaubenstraktat des Hugo von St. Viktor, in: Testimonium veritati, hrsg. v. Hans Wolter, Frankfurt am Main 1971, 67-80.

221 Vgl. **Rudolf Bultmann**, Neues Testament und Mythologie, in: KuM I, 1951, 26.

222 **Friedrich Schleiermacher** hat seine ganze Dogmatik von daher konzipiert, daß die Grundform theologischer Aussagen in Aussagen über das neue Selbstverständnis des Menschen besteht und daß Sätze über

Heiles willen" hinaus noch einen "Überschuß". Gerade alles das, was in den Glaubensaussagen das menschliche Maß übersteigt, wird "um unseres Heiles willen" verkündet und ist demgemäß zu verstehen.

Gegen die Forderung "existentialer Interpretation" wird häufig der Einwand erhoben, der Glaube werde damit auf das eigene Maß des Menschen reduziert. Eine solche "Reduktion auf Anthropologie" stelle den Menschen in den Mittelpunkt und lasse Gott um ihn kreisen. Es handele sich um einen "Subjektivismus", der die "objektiven Heilstatsachen" verdunkele. Im übrigen werde der Glaube durch die Zurückführung auf das je eigene Selbstverständnis "privatisiert" (223).

In solchen Einwänden sucht man jedoch die Forderung "existentialer Interpretation" von einer Position aus zu beurteilen, in der die ontologische Bedeutung des Relationsbegriffs nicht erfaßt worden ist (224). Dann kann "existentiale Interpretation" nur noch mißverstanden werden. Sie wirkt dann wie ein neuer Flicken auf einem alten Kleid, der den Riß nur noch größer macht (vgl. Mk 2,21). Man meint dann, der Glaube solle auf dasjenige Selbstverständnis zurückgeführt werden, das der Mensch von sich aus hat. In Wirklichkeit ist aber in der "existentialen Interpretation" der Glaubensverkündigung die Ermöglichung jenes neuen Selbstverständnisses gemeint, für das der Mensch darauf angewiesen ist, den christlichen Glauben verkündet zu bekommen, also der christlichen Botschaft geschichtlich zu begegnen (225). Durch diese Verkündigung wird das

---

göttliche Eigenschaften und Handlungsweisen sowie dann solche über Beschaffenheiten der Welt auf diese Grundform zurückführbar sein müssen, wenn es sich überhaupt um Glaubensaussagen handeln soll; vgl. o. c. (Anm. 31), § 30f (in der Ausgabe von Martin Redeker, I, Berlin 1960, 163-167).

223 Zur Auseinandersetzung mit solchen insbesondere gegenüber Bultmann unzutreffenden Einwänden vgl. die ausgezeichneten Darlegungen von **Maurice Boutin**, o. c. (Anm. 180). – Für **Rudolf Bultmann** ist der Begriff des "Selbstverständnisses" als der Weise, wie sich ein Mensch in Geschichte aus der Begegnung mit der Freiheit anderer versteht, vom privaten Selbstbewußtsein zu unterscheiden, vgl. ders., o. c. (Anm. 150), 18.

224 Ein solches Mißverständnis scheint der Lutherdeutung von **Josef Lortz**, Geschichte der Kirche in ideengeschichtlicher Betrachtung, Band II – Die Neuzeit, Münster ^{23}1964, 88-100 (§ 82), zugrunde zu liegen; vgl. auch ders., Luthers Römerbriefvorlesung – Grundanliegen, in: TThZ 71 (1962) 152: "Aus diesen verschiedenen Wurzeln bildete sich in Luther ein Denken in Relationen, das der Verdunklung des Objektiven in gewissem Umfang Vorschub leistet."

225 Für **Rudolf Bultmann** ist schlechthin entscheidend, daß das neue Selbstverständnis des Glaubens nicht durch menschliche "Eigenmächtigkeit", sondern nur in der Begegnung mit der Verkündigung zustande kommen kann: "Glaube an die Liebe Gottes ist aber solange Eigenmächtigkeit, solange Gottes Liebe ein Wunschbild, eine Idee ist, solange Gott seine Liebe nicht offenbart hat" (Neues Testament und Mythologie, in: KuM I, 1951, 39).

eigene, mitgebrachte Vorverständnis des Hörers in Frage gestellt und verändert. Und von seinem neuen Selbstverständnis im Glauben hängt sein ganzes Verhalten in der Gesellschaft und gegenüber der Welt ab; deshalb trifft der Vorwurf der "Privatisierung" in keiner Weise zu.

Sachgemäße "existentiale Interpretation" besagt: Das "Wort Gottes" wird als "Wort Gottes" nur in der Weise erkannt, daß man ihm glaubt. Es wird aber nicht erst durch den Glauben zum "Wort Gottes" gemacht. So setzt "existentiale Interpretation" das **objektive Faktum** der Verkündigung und ihres historischen Ursprungs voraus. "Existentiale Interpretation" bezeugt also ein ihr vorausgehendes Geschehen von Jesus her. Aber die **Bedeutung** dieses objektiven Faktums für das Heil, also die **Wahrheit** der Verkündigung, kommt nur in der Weise des Glaubens zur Geltung. Im Glauben ist es wirklich der Mensch selbst, der sich in verläßlicher Weise von Gott geliebt weiß. Aber diese Liebe Gottes hat gerade nicht am Menschen selbst ihr Maß, sondern am Sohn. Das "Für uns [pro nobis]" der Liebe Gottes ist also an das "Außerhalb unser [extra nos]" ihres Maßes am Sohn gebunden und zugleich an die Externität der Verkündigung, der man geschichtlich begegnen muß. Nur dann kann wirklich von "Wort Gottes" und "Offenbarung" sinnvoll die Rede sein, wenn es sich um das handelt, "was wir uns weder aus uns selbst sagen noch aus den Gegebenheiten von Welt und Gesellschaft ableiten können" (226).

Von diesem Gegenstandsbezug des Glaubens her ist nun weiter zu bestimmen, welcher Art seine Gewißheit ist. Dazu lehrt das Konzil von Trient: "Es ist zwar notwendig, zu glauben, daß die Sünden nicht anders als umsonst durch die göttliche Barmherzigkeit um Christi willen vergeben werden noch je vergeben worden sind. Man kann aber nicht sagen, irgend jemandem würden die Sünden vergeben oder seien sie je vergeben worden, der sich seines Vertrauensglaubens und der Gewißheit der Vergebung brüstet und sich dabei allein beruhigt. Denn diesen nichtigen und von aller Frömmigkeit entfernten Vertrauensglauben kann es bei den Häretikern und Schismatikern geben, ja er besteht bei ihnen in unserer Zeit tatsächlich und wird mit großem Einsatz gegen die katholische Kirche verkündet. Aber auch dies darf man nicht behaupten: Daß diejenigen, die wahrhaft gerechtfertigt sind, bei sich ohne jedes Zweifeln statuieren müßten, sie seien gerechtfertigt; und daß niemand sonst von den Sünden losgesprochen und gerechtfertigt werde, als wer mit Gewißheit glaubt, er sei losgesprochen und gerechtfertigt; und daß in diesem Glauben allein die Lossprechung und Rechtfertigung vollendet werde, als würde an den Verheißungen Gottes und an der Wirksamkeit des Todes und der Auferstehung Christi zweifeln, wer dies nicht glaubt. Denn wie kein Frommer an der Barmherzigkeit Gottes, am Verdienst Christi und an der Kraft und Wirksamkeit der Sakramente zweifeln darf, so kann doch ein jeder, wenn er auf sich selbst und seine eigene Schwäche und mangelnde Bereitschaft schaut, um seinen Gna-

---

226 **Wilfried Joest**, o. c. (Anm. 53), 56. In der Offenbarung "vergegenwärtigt Gott sich selbst als der von uns gedanklich nicht abzuleitende und tätig nicht zu beschaffende Lebens-, Wirk- und Hoffnungsgrund" (ebd.).

denstand Sorge und Furcht haben, da niemand mit der Gewißheit desjenigen Glaubens, dem nichts Falsches zugrunde liegen kann, zu wissen vermag, daß er die Gnade Gottes erlangt hat" (227).

Diese Lehre des Konzils von Trient ist "gegen den leeren Vertrauensglauben [fiducia] der Häretiker" gerichtet. Es scheint aber, daß zumindest die Auffassung Luthers nicht wirklich von den Verurteilungen durch das Konzil getroffen wird. Der erwähnte Vertrauensglaube würde bedeuten, daß man anstatt auf das "Wort Gottes" in Wirklichkeit nur auf die eigene Gläubigkeit vertraut. Nach Luther ist aber "unsere Theologie" nur deshalb "gewiß, weil sie uns außerhalb unserer selbst setzt" (228). Der Glaube hat seine Gewißheit und erlösende Kraft nicht aus sich selbst, sondern aus dem, worauf er sich bezieht, nämlich aus dem "Wort Gottes" (229). Der Glaube unterscheidet sich von Schwärmerei allein und gerade dadurch, daß er seine Gewißheit nicht auf sich selbst, sondern auf das in der Wirklichkeit selbst gehörte Wort gründet (230).

Dann aber übersteigt die Gewißheit des Glaubens jede andere Gewißheit (231). Denn der Glaube richtet sich auf eine solche Gemein-

---

227 Konzil von Trient, Dekret über die Rechtfertigung, DS 1533f.

228 **Martin Luther**, In epistolam S. Pauli ad Galatas Commentarius (1531), WA 40,1; 589,8.

229 Ausführlich erläutert **Martin Luther** dies bereits in einem Scholion zu seiner Galaterbriefvorlesung von 1516, WA 57 G; 77,2-11: "Absichtlich heißt es: 'aus dem Hören des Glaubens', nicht 'aus dem Glauben' und auch nicht 'aus den Werken des Glaubens', um jede Weise des Verdienstes auszuschalten. [...] Es bleibt also: allein 'aus dem Hören'. [...] Und auch dies ist zu beachten, daß 'Hören' hier nicht für die 'Hörfähigkeit' und auch nicht für den 'Akt des Hörens', sondern vielmehr für den Gegenstand steht, nämlich das Wort selbst bzw. das mündlich gepredigte Evangelium. Dadurch, daß er sagt 'durch das Hören des Glaubens', unterscheidet er es nicht nur von anderen Worten, sondern auch vom Evangelium als bloß geschriebenem oder gedachtem." Es würde also nicht genügen, sich nur vorzustellen, man sei von Gott geliebt, sondern es muß sich um das Zeugnis anderer Menschen handeln, das man durch keine eigene Erfindung herstellen oder ersetzen kann. Luther bezeichnet deshalb einen auf die eigene Gläubigkeit anstatt auf das Wort und damit auf Christus gerichteten Glauben als götzendienerische "Hurerei" (Rationis Latominianae confutatio [1521], WA 8; 112,10f). Vgl. dazu den wichtigen Artikel von **Otto Hof**, Luthers Unterscheidung zwischen dem Glauben und der Reflexion auf den Glauben, in: KuD 18 (1972) 294-324. Vgl. auch Dietrich Bonhoeffers Unterscheidung zwischen "actus directus" und "actus reflexus", auf die vor allem **Ernst Feil**, Die Theologie Dietrich Bonhoeffers, Mainz-München 1971, 39ff und 83ff hinweist; vgl. ferner **Albert Altenähr**, Dietrich Bonhoeffer - Lehrer des Gebets, Würzburg 1976, 150-159.

230 Solche Aussagen hindern **Christofer Frey** nicht, mir in seiner Rezension in: EK 12 (1979) 426-427 eine Auffassung von Glauben zuzuschreiben, die er als "zirkuläres Selbstverständnis" und "subjektive Selbstbezüglichkeit" bezeichnet (426).

231 Vgl. auch **Martin Luther**, De servo arbitrio (1525), WA 18; 605,32-

schaft mit Gott, gegen die keine Macht der Welt ankommen kann. Durch diesen Bezug auf seinen Gegenstand ist der Glaube eine Gewißheit, in der man sich von keiner Macht mehr imponieren und sich durch keine Lockungen oder Drohungen mehr zu unmenschlichem Verhalten erpressen läßt. Wird Glaube so verstanden, dann ist es allerdings nicht möglich, ihn nur bedingt und mit Vorbehalt anzunehmen; dann hätte man überhaupt noch nicht erfaßt, worum es in der Glaubensverkündigung geht.

Von einer selbstgemachten, künstlichen Gewißheit, die man vor Kritik und Zweifeln abschirmen müßte, unterscheidet sich Glaubensgewißheit dadurch, daß man in ihr bereit ist, sich jeder Anfrage und jeder Kritik zu stellen. Glaubensgewißheit bewährt sich gerade darin, daß sie jeder Prüfung standhält. Umgekehrt wäre es in Wirklichkeit gerade "Glaubenszweifel", wollte man ihn durch Abschirmung gegen Kritik "sichern" und ihm eben dadurch das nehmen, woran er sich bewähren will (vgl. Mt 25, 18.24-30). Denn dann traut man es ihm nicht zu, auf Einwände antworten zu können.

Als die eigene Gewißheit des Menschen ist der Glaube das Ja des Menschen zum "Wort Gottes". Gleichwohl hat der Mensch den Glauben nicht von sich aus zu eigen, sondern allein von Gott aus. In welchem Sinn entscheidet sich dann der Mensch selbst zum Glauben? Wie ist das Eingehen des Menschen auf die Gnade zu verstehen? Zu dieser Frage lehrt das Konzil von Trient: "Der Beginn der Rechtfertigung selber ist bei Erwachsenen bei der durch Jesus Christus zuvorkommenden Gnade Gottes anzusetzen, das heißt, bei der Berufung durch ihn, in der sie ohne irgendwelche bereits bestehenden eigenen Verdienste dazu berufen werden, sich als Menschen, die durch die Sünde von Gott abgewandt waren, dafür zu bereiten, sich zu ihrer Rechtfertigung durch seine erweckende und helfende Gnade zu bekehren, indem sie dieser Gnade frei zustimmen und mit ihr mitwirken. Wenn also Gott das Herz des Menschen durch die Erleuchtung des Heiligen Geistes berührt, tut der Mensch weder überhaupt nichts, wenn er jene Eingebung annimmt, denn er könnte sie ja auch zurückweisen; noch kann er sich gleichwohl ohne die Gnade Gottes zur Gerechtigkeit vor ihm durch seinen freien Willen hinbewegen. Wenn deshalb in der Heiligen Schrift gesagt wird: 'Wendet euch zu mir, und ich will mich zu euch wenden' [Sach 1,3], werden wir an unsere Freiheit gemahnt; wenn wir antworten: 'Herr, wende uns dir zu, und wir werden uns bekehren' [Klgl 5,21], dann bekennen wir, daß Gottes Gnade uns zuvorkommt" (232).

Im Folgenden soll gezeigt werden: Alle Schwierigkeiten, die Gnade Gottes und die menschliche Freiheit logisch miteinander zu vereinbaren, entfallen in einem relationalen Denken. Auch hier besteht wie bei Trinität und Inkarnation das Glaubensgeheimnis nicht in unlösbaren logischen Problemen, sondern allein darin, daß man seine Wahrheit auf keine andere Weise als im Glauben annehmen kann. Das "Mitwirken" mit der Gnade bzw. besser das "Eingehen" auf die

---

34: "Der Heilige Geist ist kein Skeptiker, noch hat er Zweifel und bloße Meinungen in unser Herz geschrieben, sondern Aussagen, die sicherer und fester sind als das Leben selbst und alle Erfahrung."

232 Konzil von Trient, Dekret über die Rechtfertigung, DS 1525.

Gnade kommt zur Gnade nicht additiv und wie von außen als der eigene Beitrag des Menschen hinzu, sondern es ist selbst von der Gnade Gottes getragen. Zu glauben vermag man nur aufgrund der einem zu glauben zugesagten Tatsache, daß man entgegen dem Anschein von vornherein nicht der vor Gott auf sich selbst gestellte Mensch ist, sondern der "in Christus" geschaffene Mensch, der Mensch also, bei dem Gott ist.

Es ist deshalb zwischen zweierlei Weisen menschlicher Freiheit zu unterscheiden; oder die eine Freiheit des Menschen kann unter zwei voneinander ganz verschiedenen Hinsichten betrachtet werden, die sie selbst zutiefst bestimmen. Die Freiheit des Menschen kann zunächst betrachtet werden, insofern sie ihm von sich aus kraft seiner bloßen Geschöpflichkeit als solcher zukommt. Diese Freiheit bezieht sich auf die einzelnen Gegenstände oder Handlungsmöglichkeiten in der Welt. Man kann ein einzelnes Gut positiv erstreben, weil es ein **Gut** ist. Man kann es aber auch ablehnen, weil es nur **ein** Gut ist. Die gleiche Erkenntnis, nämlich daß es sich um **ein** Gut handelt, begründet sowohl die Möglichkeit des Ja wie des Nein. Die jeweilige Entscheidung ist nicht blind, sondern man weiß in beiden Fällen, was man tut. Aber durch dieses in der Entscheidung vorausgesetzte Erkennen ist die Entscheidung nicht determiniert. Daß die Entscheidung frei ist, liegt gerade in der klaren Erkenntnis begründet, die man von dem Gegenstand hat (233). Diese Freiheit besteht im voraus zu der Frage, ob die jeweilige Entscheidung sittlich richtig ist oder nicht; ihr Gebrauch ist aber immer dieser Frage zu unterwerfen.

Doch diese Freiheit reicht nicht aus, um Gemeinschaft mit Gott zu erreichen. Auf das Angebot der Gemeinschaft mit Gott genügt kein Ja, zu dem der Mensch bereits von sich aus fähig wäre. Niemand kann anders handeln, als er ist; allein durch Gottes Gnade gibt es die Möglichkeit, auch anders zu sein. Zur Gemeinschaft mit Gott kann sich der Mensch nur aufgrund einer Freiheit entscheiden, die ihm nicht schon durch sein bloßes Geschaffensein als solches, sondern erst durch sein "In-Christus"-Geschaffensein zukommt. Denn das Geschaffensein als solches begründet, wie wir gesehen haben, nur die einseitige reale Relation des Geschaffenen auf Gott. Gemeinschaft mit Gott, die darüber hinaus auch eine reale Beziehung Gottes auf das Geschöpf besagt, ist nur als "übernatürliche" möglich, nämlich als unser Hineingenommensein in die Liebe Gottes zu Gott, des Vaters zum Sohn. Die Möglichkeit einer bloß natürlichen Gemeinschaft mit Gott besteht nicht.

Durch das "Wort Gottes" wird der Mensch in die Entscheidung gestellt, sich entweder im Widerspruch zu seiner wahren Wirklichkeit

---

233 Scholastisch gesprochen ist die Grundform der Freiheit eine "libertas specificationis quoad idem"; es handelt sich nicht nur um die Freiheit einen Willensakt zu setzen oder nicht, sondern zu einem bestimmten Gegenstand ja oder nein zu sagen. Die Möglichkeit, zwischen verschiedenen Gegenständen zu wählen, ist davon bereits abgeleitet. In dieser Sicht ist das sog. "iudicium ultimo-practicum", das die Scholastik als unmittelbar die Richtung der Entscheidung bestimmend fordert, überflüssig.

von sich aus zu verstehen und damit im Unglauben zu verharren, oder aber sich vom "Wort Gottes" her als "in Christus" geschaffen anzusehen. Im ersten Fall mißbraucht der Mensch die ihm aufgrund seiner Geschöpflichkeit als solcher zukommende Freiheit (234). Im zweiten Fall entscheidet er sich in der ihm aus der Selbstmitteilung Gottes zukommenden Freiheit im Heiligen Geist. Es gibt also keine neutrale Freiheit im voraus zum Begnadetsein. Man kann das Angebot der Gnade Gottes nur in von vornherein begnadeter Freiheit, die sich vom "Wort Gottes" her auch als begnadet versteht, überhaupt annehmen (235).

Zum Unglauben dagegen ist der Mensch von sich aus, aufgrund seiner bloßen Geschöpflichkeit, fähig; ja, er ist von sich aus überhaupt nur zum Unglauben fähig. Er kann sich von sich aus drehen und wenden, wie er will. Von sich aus kann er die christliche Botschaft ablehnen oder ihr gegenüber unentschieden bleiben oder auch sie weltanschaulich (rationalistisch oder fideistisch) bejahen: Es wird sich immer nur um entweder unverhohlenen oder aber christlich verbrämten Unglauben handeln und nie um denjenigen Glauben, der das Erfülltsein vom Heiligen Geist ist und der allein dem "Wort Gottes" gerecht werden kann (236).

---

234 Vgl. **Rudolf Bultmann**, o. c. (Anm. 225), 28: "Was aber heißt **'Fleisch'**? Es ist nicht die Körperlichkeit und Sinnlichkeit, sondern es ist die Sphäre des Sichtbaren, des Vorhandenen, Verfügbaren, Meßbaren und als die Sphäre des Sichtbaren auch die Sphäre des Vergänglichen. Zur Macht wird diese Sphäre für den Menschen, der sie zur Grundlage seines Lebens macht, der 'nach ihr' lebt, d. h. der sich verführen läßt, aus dem Sichtbaren, Verfügbaren zu leben statt aus dem Unsichtbaren, Unverfügbaren, — einerlei, ob er sich in Leichtsinn und Begierde den lockenden Möglichkeiten eines solchen Lebens hingibt, oder ob er sein Leben überlegt und berechnend auf Grund seiner Leistungen, der 'Werke des Gesetzes' führt." Ähnlich ebd., 37: "Ist echtes Leben ein Leben in der Hingabe, so verfehlt nicht nur **der** Mensch das echte Leben, der statt aus der Hingabe, aus dem Verfügen über das Verfügbare lebt, sondern auch **der**, der die Hingabe selbst als ein verfügbares Ziel versteht und nicht sieht, daß sein eigentliches Leben schlechterdings nur Geschenk für ihn sein kann."

235 Sehr gut dazu **Wilfried Joest**, Das "Personale" und der Glaube, in: ders., Gott will zum Menschen kommen — Zum Auftrag der Theologie im Horizont gegenwärtiger Fragen, Göttingen 1977, 33: "Auf jeden Fall bedeutet dies, daß unser Stand in der Heilsgemeinschaft mit Gott uns selbst und unserem Eingehen auf diese Gemeinschaft vorweg gegründet ist. Es ist nicht so, daß wir, daraufhin daß wir Gottes Angebot empfangen haben, durch unser Eingehen auf dieses Angebot unseren Stand im Heil bzw. im Glaubensverhältnis zu Gott ratifizierend verwirklichen. Sondern auch dieses unser Eingehen empfangen wir von der Seite Gottes als eine 'zuvor bereitete' Wirklichkeit (Eph. 2,10), in der wir uns an- und aufgenommen sein lassen. Konkret heißt diese Wirklichkeit: Jesus Christus, der für und in uns zum Glauben und zum Bleiben im Glauben Mächtige, der Anfänger und Vollender des Glaubens."

236 Vgl. II. Konzil von Orange, Kanon 22, DS 392: "Niemand hat von sich

Zum Glauben ist der Mensch nur von Gott aus, nämlich aufgrund seines "In Christus"-Geschaffenseins, fähig. Das "Wort Gottes" verkündet überhaupt jedem Menschen, daß er in Wahrheit der "in Christus" Geschaffene ist und allein unter dieser Voraussetzung zu dem Glauben fähig ist, den das "Wort Gottes" in ihm bewirken will. Und zwar wird diese Voraussetzung für den Glauben erst durch das "Wort Gottes" selbst offenbar. Natürlich könnte es ohne geschöpfliche Freiheit auch keine begnadete Freiheit geben: Das "In Christus"-Geschaffensein impliziert das "Geschaffensein" als solches (237).

---

aus etwas anderes als Lüge und Sünde." - Dem scheinen andere kirchliche Lehräußerungen zu widersprechen; vgl. z. B. den von Pius V. als Irrtum verurteilten Satz des Michel de Bay, DS 1927: "Der freie Wille ist ohne die Hilfe der Gnade Gottes nur zum Sündigen fähig." Ähnlich DS 1925 und gegen die Jansenisten DS 2307, 2311, 2439, 2440. Diese anderen Lehräußerungen arbeiten mit einem auf das moralische Handeln eingeschränkten Sündenbegriff; im Sinn des Konzils von Orange würde es sich eher um Sündenfolgen handeln. Tatsächlich müssen nicht alle Handlungen eines egoistischen Menschen moralisch vorwerfbar sein. Er ist durchaus in der Lage, sich bei genügender Polizeiaufsicht gesittet zu verhalten. - Im übrigen gilt: Solange sich der Mensch **letztlich** von sich aus verstehen will, kann er sich nur mißverstehen. Aber innerhalb der Gnade werden auch diejenigen Kräfte, die dem Menschen bereits kraft seiner Geschöpflichkeit zukommen, als solche zum Guten aktiviert; vgl. **Thomas v. Aquin**, S. th. I II q112 a3. Vgl. ferner **Gerhard Ebeling**, Das Problem des Natürlichen bei Luther, in: ders., Lutherstudien I, Tübingen 1971, 273-285, vor allem 283: "Aber der als Natur verstandene, auf sich selbst gestellte Mensch ist eben der in sich selbst verkrümmte Mensch. Er beurteilt sich als Täter seiner selbst und verrechnet darum nach dem Maßstab der Ratio auch Gott in das Schema des Gesetzes. Die Folge ist, daß der Mensch, wird er als Natur verstanden und dabei behaftet, Unnatur ist. Das facere quod in se est, kann nur Sünde hervorbringen [vgl. WA 1; 148,14f]. Freilich muß unterschieden werden: Obwohl die Natur des Menschen Gott gegenüber verdorben ist, sind doch, was die Dinge der Welt betrifft, die naturalia des Menschen integra [vgl. WA 40,1; 293,7]. Aber doch auch dies nur in gewisser Weise. Denn scharf erfaßt, mißbraucht nicht nur der Mensch von Natur aus das Natürliche, sondern er erkennt auch von Natur nicht einmal das Natürliche in Wahrheit."

237 Dies betont auch **Martin Luther**, De servo arbitrio (1525), WA 18; 636,16-22, ausdrücklich: "Gott hat den Himmel nicht für die Gänse geschaffen." Es ist deshalb eine Fehldeutung, wenn **Klaus Schwarzwäller**, Theologia Crucis - Luthers Lehre von der Prädestination nach De servo arbitrio, München 1970, 152, behauptet, Luther destruiere jeden Anknüpfungspunkt. - In unserer obigen Deutung besteht zwischen Luthers Leugnung eines freien Willens, durch den der Mensch von sich aus Gemeinschaft mit Gott haben könnte, und der Lehre des Konzils von Trient, daß der Mensch nur kraft begnadeter Freiheit Gemeinschaft mit Gott haben kann, kein sachlicher Gegensatz mehr. Daß unsere Deutung auch der Auffassung Luthers entspricht, erweist sich daran, daß in dieser Deutung seine verschiedenen Aussagen vollkommen zusammenstimmen.

Die freie Entscheidung zum Glauben aufgrund begnadeter Freiheit ist etwas völlig Verschiedenes von einer bloßen "Option" für eine x-beliebige Möglichkeit. Denn die Alternative der Entscheidung zum Glauben ist das Verharren in einem Unglauben, in dem man sich letztlich von sich aus versteht, ohne dies verantworten zu können. Weil nachweislich willkürlich - dies soll später noch ausführlicher gezeigt werden (III, 2.1) -, ist eigentlicher Unglaube gewissenswidrig.

FRAGEN

1. Worin besteht der Gegenstandsbezug des Glaubens? Warum läßt sich der Glaube nur von seinem Gegenstandsbezug her verstehen?
2. Was bedeutet "existentiale Interpretation"? Wodurch unterscheidet sie sich von einer "Reduktion des christlichen Glaubens auf Anthropologie"?
3. An welches doppelte "Außerhalb unser" ist das gläubige Selbstverständnis gebunden?
4. Wie unterscheidet sich Glaubensgewißheit von einem sogenannten "Fiduzialglauben", in dem man letztlich nur auf die eigene Gläubigkeit vertraut?
5. Wie verhält sich Glaubensgewißheit gegenüber Einwänden gegen den Glauben?
6. Worin besteht die Rationalität der natürlichen Freiheit des Menschen? Welche Erkenntnis wird in der Wahlfreiheit vorausgesetzt? Wie verhält sich die Wahlfreiheit zur Frage nach dem sittlich Richtigen?
7. In welchem Verhältnis steht der Entscheidungscharakter des Glaubens zur natürlichen Wahlfreiheit?
8. In welchem Sinn gilt, daß der Mensch von sich aus nur zum Unglauben fähig ist?
9. Wodurch unterscheidet sich die Entscheidung zum Glauben von einer unverbindlichen Option für eine beliebige Möglichkeit?

3.2.4 Das Gebet als Vollzug des Glaubens

Als das Sich-von-Gott-geliebt-Wissen ist der Glaube das personale Verhältnis zu Gott als ansprechbarem Du. Deshalb ist das ausdrückliche Gebet zu bestimmten Zeiten nur der Ausdruck desjenigen Glaubens, in dem man "ohne Unterlaß" (vgl. 1 Thess 5,17) betet. Das ausdrückliche Gebet ist notwendig zur Wahrung dieser Grundhaltung des Glaubens. Als **Antwort** auf das "Wort Gottes", in dem uns alles gesagt ist, was Gott uns zu sagen hat, ist das christliche Gebet letztlich die Bitte um die Gemeinschaft mit Gott, die bereits in dieser Bitte selbst geschenkt ist. Alles andere, worum ein Christ betet, kann nur Gleichnis für diese Gemeinschaft mit Gott sein, um die es eigentlich geht: "Wenn nun ihr, die ihr böse seid, euren Kindern gute Gaben zu geben wißt, wieviel mehr wird der Vater vom Himmel Heiligen Geist denen geben, die ihn bitten" (Lk 11,13).

So ist das christliche Beten bereits in sich selbst der Beginn seiner Erhörung. Man kann sich dies an den Vaterunser-Bitten verdeutlichen. Wir beten: "Dein Wille geschehe, wie im Himmel so auf Erden" (Mt 6,10). Gottes eigentlicher Wille, der alles andere umfaßt, was man "Willen Gottes" nennen kann, ist: Wir sollen uns in unserer eigenen Wirklichkeit, "auf Erden", von ihm mit der Liebe angenommen wissen, die "im Himmel", in der Wirklichkeit Gottes, die Liebe des Vaters zum Sohn ist. Gottes Liebe zu uns besteht gerade darin, daß er will, daß wir uns von ihm geliebt wissen. Deshalb ist das wirkliche Verlangen nach dem Geschehen dieses Willens bereits das Geschehen dieses Willens selbst. Ähnlich ist es mit allen anderen Vaterunser-Bitten, die als das Geschehen ihrer eigenen Erhörung gebetet werden wollen (238).

Von hier aus wird verständlich, warum das Neue Testament dem Gebet "Unfehlbarkeit" zuschreibt: "Deshalb sage ich euch: Alles, um was ihr betet und bittet, glaubt, daß ihr es empfangen habt, und es wird euch zuteil werden" (Mk 11,24). "Bis jetzt habt ihr nichts in meinem Namen erbeten; bittet, und ihr werdet empfangen, damit eure Freude erfüllt sei" (Joh 16,24). Bitten "im Namen Jesu" heißt, um seinen Heiligen Geist zu bitten, darum zu bitten, die Wirklichkeit im Glauben zu verstehen.

Es gibt dreierlei Sorgen: Zum einen solche, mit denen man nichts ausrichten kann und die deshalb völlig unnütz sind: "Wer von euch vermag mit seinen Sorgen seiner Körpergröße auch nur eine einzige Elle hinzuzufügen?" (Mt 6,27) Andere Sorgen sind nützlich für den jeweiligen Tag: "Sorgt nicht um morgen, denn der morgige Tag wird für sich selber sorgen; jeder Tag hat genug eigene Plage" (Mt 6,34). Aber eine Sorge ist so notwendig, daß man ihren Gegenstand nur in der Sorge selbst erlangen kann: "Sucht zuerst das Reich und seine Gerechtigkeit, und dies alles wird euch dazugegeben werden" (Mt 6,33). Das Reich, die Gottesherrschaft, be-

---

238 Vgl. zu dieser Deutung **Gerhard Ebeling**, Vom Gebet - Predigten über das Unser-Vater, Tübingen 1963, 42: "Jede Bitte ist zu beten als schon erfüllte Bitte, als ein Nichtzweifeln an dem, was schon begonnen hat. Wer 'Reich Gottes' sagt und dabei an etwas Ausstehendes denkt, an all die Symptome des Fehlens und der Abwesenheit, und dann seine Hoffnung setzt auf tumultuarische Machttaten Gottes im Stil von ins Unendliche vergrößerten menschlichen Machttaten, statt daß er der Gerechtigkeit, dem Frieden und der Freude Raum gibt, wie sie von Jesus her und in seinem Namen auf uns zukommen, uns geradezu flehentlich angeboten werden, als hätte nicht der Mensch nötig zu bitten, vielmehr so, daß Gott zum Bittsteller an den Menschen wird: 'Lasset euch versöhnen mit Gott!' - wer sich dieser Wende im Verständnis der zweiten Bitte entzieht, der betet nicht im Namen und in der Vollmacht Jesu." - Anscheinend in eine ganz andere Richtung geht die Auffassung von **Joachim Jeremias**, Neutestamentliche Theologie - Erster Teil: Die Verkündigung Jesu, Gütersloh 1971, 140: "[...] Gottes Wille ist nicht unabänderlich. Jesu Vater ist nicht der unbewegliche, unveränderliche, letztlich nur in Negationen beschreibbare Gott, zu dem zu beten sinnlos ist, sondern ein gnädiger Gott, der Gebete und Fürbitten (Lk 13,8f.; 22,31f.) erhört und der in seiner Barmherzigkeit zur Selbstaufhebung des heiligen Willens fähig ist." Hier schiene der Sinn des Gebetes zu sein, Gott "umzustimmen", anstatt sich wirklich auf seine allerdings allein im Glauben zugängliche Verläßlichkeit einzulassen.

steht in der Erfüllung des ersten Gebots. Man hält alles andere nur in der Gemeinschaft mit Gott für sinnvoll (239).

Das Gebet um einzelne irdische Güter ist dann zunächst so zu verstehen: Es geht nicht darum, Gott auf die eigenen Nöte aufmerksam zu machen. "Sorgt euch nicht, indem ihr sagt: Was sollen wir essen, oder: Was sollen wir trinken, oder: Was sollen wir anziehen? Nach all dem trachten die Heiden. Euer himmlischer Vater weiß, daß ihr all das braucht" (Mt 6,32). Vielmehr handelt es sich darum, um die Haltung zu bitten (vgl. 1 Kön 3,4-15), alle guten Gaben als Gaben Gottes anzuerkennen, als Gleichnis seiner Liebe. Es ist aber Gottes Liebe selbst, um die man eigentlich bittet. Und darin wird das Gebet immer erhört.

Wir verstehen das Gebet jedoch nicht als eine Weise, sich irdische Güter zu verschaffen, die man sonst nicht bekäme oder die man sich auch auf andere Weise besorgen könnte. Es besteht meines Erachtens kein solcher Zusammenhang zwischen dem Gebet um eine gute Ernte und einem reichlicheren Ernteertrag für die Betenden. Zwar ist, wie alles Gute, auch eine reiche Ernte für den Glauben eine Gabe Gottes. Aber das Gebet dient nicht dazu, den Ernteertrag zu steigern oder etwa auf dem Weg über Gott das Wetter zu beeinflussen.

Wohl kann eine irdische Wirksamkeit des Gebets in der folgenden Weise verstanden werden: In Fürbitten trägt man den ganzen Bereich der eigenen Verantwortung vor Gott. Die Bitte für Notleidende läßt fragen, was man selbst für sie tun kann (240); sie wäre sonst, wenn man sich um diese Frage nicht kümmert, leeres Geschwätz. In der Bitte um geistliche Berufe wird eine Gemeinde sich aus Glauben dessen bewußt, wie notwendig der Kirche Menschen für ihren Dienst sind. Wo sollen geistliche Berufe entstehen, wenn nicht dort, wo man sich allgemein ihrer Notwendigkeit bewußt wird? An

---

239 Vgl. **Gerhard Ebeling**, Dogmatik des christlichen Glaubens I, Tübingen 1979, 210: Im Gebet "fügt der Beter Gott und seine eigene Lebenswirklichkeit in einen und denselben Satz zusammen. [...] Alles, was den Menschen bewegt, die Weltwirklichkeit um ihn her und das, was in seinem Herzen vor sich geht, die eigenen Nöte und Wünsche und das, was die Nöte der anderen zu wünschen geben oder auch was andere zu wünschen oder zu klagen Anlaß geben und an Not bereiten, die Ängste und Freuden, das gesunde pralle Leben sowie das kranke und sterbende Leben, die Schönheit der Natur und des Menschseins im Beieinander und Füreinander-Dasein sowie die grauenhafte Zerstörung, die von Menschenhand durch Krieg und Wohlstandszivilisation in Gottes Schöpfung angerichtet wird, - all das gehört in unerschöpflicher Weise in das Gebet hinein. [...] Die Sprache der Welt, die flutartig in das Gebet einströmt, wird in der Konfrontation mit Gott zur Sprache des Glaubens verarbeitet." Diese gesamte dreibändige Dogmatik ist eine Auslegung des christlichen Glaubens vom Gebet her.

240 Vgl. das Gebet von **Thomas More**: "The things, good Lord, that I pray for, give me Thy grace to labour for [Guter Herr, gib mir deine Gnade, für das zu arbeiten, worum ich bete]" (zitiert nach R. W. **Chambers**, Thomas More, Michigan 1958, 344).

einem "Weltgebetstag für den Frieden" geht es darum, daß die Christenheit aus Glauben ihre Verantwortung für den Frieden erfaßt. Was aus solcher im Glauben erfaßten Verantwortung an konkreten Handlungen folgt, ist als Gebetserhörung anzusehen, weil es seine Wurzel im Gebet hat.

Dem, der für einen anderen Fürbitte leistet, wird in der Sicht des Neuen Testaments daran liegen, daß der andere darum weiß (vgl. Lk 22,32; Röm 1,9; Eph 1,16; 6,18f; Phil 1,3; Kol 1,3.9; 4,3; 1 Thess 1,2; 5,25 u. a.). Hier geschieht gegenseitige Bestärkung im Glauben. Eine ähnliche Bedeutung hat auch jede gemeinsame Liturgie, in der man einander zum Lobpreis Gottes auffordert; die Psalmen reden immer wieder nicht nur Gott, sondern auch die Mitbetenden an: "Halleluja [Preiset den Herrn]". Zugleich ist die gemeinsame Liturgie auch in dem Sinn Vollzug des Glaubens, der aus mitmenschlicher Kommunikation kommt, daß man darin das Durch-Gott-miteinander-Verbundensein feiert.

Es gibt auch das Gebet für andere Menschen, denen man unmittelbar nicht beistehen kann. Aber bereits das Denken an Verwandte und Freunde ist die Voraussetzung dafür, daß man ihnen dann auch in der Tat hilft, wenn man einmal dazu in der Lage ist. Das Denken an andere Menschen ist ein notwendiger Bestandteil der wahren Liebe, von der der Glaube lehrt, daß sie vom Heiligen Geist getragen ist. Im Gebet wird diese Voraussetzung tätiger Liebe in das Licht des Glaubens aufgenommen.

Das Gebet für Verstorbene besagt, daß man **um ihretwillen** selbst tiefer in Glaube, Hoffnung und Liebe hineinwächst. Dies ist der Vollzug der über den Tod hinaus bleibenden Gemeinschaft im Glauben, die zur ewigen Seligkeit der Verstorbenen gehört (241).

Zusammenfassend ist über das christliche Gebet zu sagen, daß wir so in das Verhältnis des Sohnes zum Vater aufgenommen sind, daß Gott in unserem Beten die Stimme seines Sohnes hört. Deshalb sind wir gewiß, mit unserem Gebet Gott zu erreichen (vgl. Eph 2,18; 3,12). Wäre das Gebet nur unser eigenes geschöpfliches Wort, dann bliebe ihm Gott unzugänglich.*

---

241 Vgl. II. Vatikanum, GS 18,2: Der Glaube zeigt "die Möglichkeit, mit den geliebten Brüdern, die schon gestorben sind, in Christus Gemeinschaft zu haben in der Hoffnung, daß sie das wahre Leben bei Gott erlangt haben". - In ähnlichem Sinn ist wohl 1 Kor 15,29 zu verstehen: daß sich Heiden nach dem Tod ihrer christlichen Verwandten ebenfalls taufen lassen, um in der Gemeinschaft mit ihnen zu bleiben. Das ewige Leben besteht in der "Gemeinschaft der Heiligen".

* Es sei dies mit einer persönlichen Erfahrung erläutert, die für die Entstehung des vorliegenden fundamentaltheologischen Ansatzes konstitutiv war. Die Auseinandersetzung mit hochscholastischer Philosophie und Gespräche mit Kritikern der klassischen Gottesbeweise hatten mich bereits vor dem eigentlichen Theologiestudium zu der Auffassung von der Einseitigkeit der Relation des Geschaffenen auf Gott geführt. Im Theologiestudium selbst ergab sich die Frage, wie dies mit der Verkündigung von der Menschwerdung Gottes und über-

FRAGEN

1. Wie verhält sich das ausdrückliche Gebet zur Grundhaltung des Glaubens?
2. Worum betet man in jedem christlichen Gebet?
3. Inwiefern ist christliches Gebet der Beginn seiner eigenen Erhörung?
4. Warum läßt sich das im christlichen Gebet Angezielte nur in der Weise des Gebets erreichen?
5. Welche Bedeutung hat das Gebet um irdische Güter?
6. Wie kann eine irdische Wirksamkeit des Gebets verstanden werden?
7. Welche Bedeutung haben die gemeinsame Liturgie und das Fürbittgebet? Wie ist das Gebet für Verstorbene zu verstehen?

---

haupt von einem Heilshandeln Gottes vereinbar sein soll. Mir wurde entgegengehalten, die Lehre von der einseitigen Relation stelle eine gefährliche "Überbetonung" der Absolutheit Gottes dar. Diese Absolutheit Gottes sei kein möglicher Gegenstand christlicher Predigt. Bald darauf hatte ich am Dreifaltigkeitssonntag zu predigen. Mir kam eine Begebenheit in Erinnerung, die ich viele Jahre früher einmal in dem Tagebuch einer jungen Frau hatte lesen können, das sie nach der Geburt ihres ersten Kindes geführt hatte. Als ihr Junge bereits etwa zweieinhalb Jahre alt war, nahm sie ihn zum erstenmal mit auf eine Reise, um ihre eigene Mutter zum Geburtstag zu besuchen. Unterwegs kaufte sie einen Blumenstrauß; und als sie schließlich zur Wohnung der Großmutter kamen, setzte die junge Frau ihr Kind mit dem Blumenstrauß vor der Wohnungstür hin, klingelte und versteckte sich hinter einem Mauervorsprung. Als die Großmutter öffnet, sitzt vor ihr nur der kleine Junge, der noch nicht einmal richtig sprechen kann. Mit einem "Da!" überreicht er ihr den Blumenstrauß. Für die Großmutter war dies eine einzigartige Freude (an die sie sich noch nach Jahrzehnten erinnerte). In dem, was der kleine Junge tat, geschah mehr, als er selbst wußte. Es war ein neuer Ausdruck der Liebe und inneren Übereinstimmung, die zwischen den beiden Großen schon immer bestanden hatte. Darin kann man ein Gleichnis für unser Verhältnis zu Gott sehen. Von uns aus könnten wir keine Gemeinschaft mit Gott haben. Aber wir sind in das Verhältnis des Sohnes zum Vater aufgenommen. Wir rufen "Abba, Vater!" im Geist des Sohnes (vgl. Röm 8,15; Gal 4,6). Wie das "Da!" des Kindes Deutewort zu dem ist, was es tut, so ist unser Gebet Deutewort zu unserem Leben in Christus. Gottes Liebe zu uns ist eine Liebe, die nicht an uns und unserer Leistung, sondern an seinem Sohn ihr Maß hat, aber gerade so uns gilt. Der Heilige Geist selbst wird unser Verhältnis zu Gott. Die Unmöglichkeit, daß wir konstitutiver Terminus einer Relation Gottes auf uns würden, und damit die Absolutheit Gottes ist die unabdingbare Verstehensvoraussetzung dafür, daß die christliche Botschaft trinitarisch sprechen muß, um Gottes übergroße Gnade für uns auszusagen.

3.2.5 Das Handeln des Menschen aus Glauben

Welche Bedeutung hat der Glaube weiter für das menschliche Handeln? Wie wirkt er sich im Leben aus? Indem der Glaube die Angst des Menschen um sich selbst entmachtet, befreit er ihn zu wahrer Menschlichkeit. Der Glaube bringt außer der Forderung, daß man ihn selber weitergeben solle, keine zusätzlichen Gebote zu den mit dem Menschsein ohnehin gegebenen mit sich (242). Für die Frage, welches Verhalten menschlich und welches unmenschlich ist, verweist der Glaube den Menschen an seine eigene Vernunft und Einsicht (243). Jesus hat dies im Gleichnis vom barmherzigen Samariter deutlich gemacht. Für jeden Menschen ist die Einsicht zumutbar, daß das "Sah ihn und ging vorüber" unmenschlich ist. Jedenfalls ist dies einsichtig, sobald man sich selbst in die Lage desjenigen versetzt, der der Hilfe bedarf. Das ist ja der entscheidende Gesichtspunkt der Nächstenliebe, von der Situation des anderen aus zu urteilen (vgl. Lk 10,36 mit 10,29). Mit der Forderung, den Nächsten zu lieben "wie sich selbst" (vgl. Lk 10,27), ist also nicht gemeint, daß das Maß der jeweiligen Selbstliebe zum Maß der Nächstenliebe werden solle, sondern daß man fähig werden solle, sich in die Situation des anderen hineinzuversetzen. Auch für die Frage, worin die Hilfe im einzelnen bestehen soll, ist man auf die eigene Vernunft angewiesen. Wie man ein gebrochenes Bein sachgemäß schient, erfährt man nicht aus dem Glauben. Sogar wenn Sittennormen in der Heiligen Schrift selbst eingeschärft werden, sind sie kein Glaubensgegenstand, sondern Sache der Vernunft.

Der Glaube steigert auch nicht die Verpflichtung des Menschen, sich menschlich und nicht unmenschlich zu verhalten. Denn jede sittliche Verpflichtung ist von vornherein unbedingt. Sie "steigern" zu wollen, liefe im Grunde auf die Leugnung ihres sittlichen und damit unbedingten Charakters hinaus. Man hätte also den Anspruch des Sittlichen überhaupt noch nicht erfaßt. Anstatt eine Verpflichtung zu steigern, setzt sich der Glaube vielmehr für die von vorn-

---

242 Dagegen ist auch die Existenz von "Kirchengeboten" kein Einwand. Denn diese verpflichten in Wirklichkeit nur "unter denjenigen Sünden", die geschehen, wenn man sich nicht an die ständige Verkündigung des "Wortes Gottes" hält und so auf den Glauben vergißt. Die Kirche ist jedenfalls nicht dazu da, neue Sünden einzuführen, sondern von den alten zu befreien. Vgl. **Gerhard Ebeling**, Die Notwendigkeit des christlichen Gottesdienstes, in: **ders.**, Wort und Glaube III, Tübingen 1975, 533-553.

243 Vgl. zur Auseinandersetzung mit der Literatur **Diethmar Mieth**, Autonome Moral im christlichen Kontext - Zu einem Grundlagenstreit der theologischen Ethik, in: Orient. 40 (1976) 31-34. Nach einer scharfsinnigen Beobachtung **Rudolf Bultmanns**, Gedanken über die gegenwärtige theologische Situation, in: **ders.**, Glauben und Verstehen III, Tübingen 1960, 195, beruht z. B. der Atheismus Jean-Paul Sartres weithin darauf, "daß Sartre gegen einen Gott kämpft, der dem Menschen seine Sicherheit gibt, indem er der Garant für die Richtigkeit seiner Entscheidungen ist, und der damit, daß er dem Menschen seine Verantwortung abnimmt, ihm zugleich seine Freiheit nimmt."

herein und unabhängig von ihm bestehende Unüberbietbarkeit des sittlichen Anspruchs ein.

Die Funktion des Glaubens besteht auch nicht darin, zur Nächstenliebe zu "motivieren". Denn das einzig sinnvolle Motiv zur Nächstenliebe ist, daß der andere Mensch in Not ist und deshalb der Hilfe bedarf. Eine Nächstenliebe, die mit dem Verlangen nach dem eigenen Himmel begründet würde, wäre keine wahre Nächstenliebe, sondern eine höhere Form von Egoismus; es sei denn, daß sie aus dem Verlangen nach dem gemeinsamen ewigen Leben geschieht, wenn man also nicht das "Ich", sondern das "Wir" sucht.

Die eigentliche Bedeutung des Glaubens für das Handeln besteht im Unterschied zu den eben genannten Interpretationen darin, daß er von dem befreit, was den Menschen an seiner Menschlichkeit **hindert**. Als das Sich-von-Gott-geliebt-Wissen überwindet der Glaube diejenige Angst des Menschen um sich selbst, die an der Wurzel allen Egoismus und aller Verantwortungslosigkeit liegt. Die bloße Einsicht in ein "Sollen" genügt nämlich, solange der Mensch in seiner Angst um sich selbst gefangen ist, noch nicht zum "Können". Dazu bedarf es vielmehr der "Erlösung", der Mitteilung wahrer Freiheit.

Zwischen "Glauben" und "Werken" ist deshalb streng zu unterscheiden. "Unterscheiden" heißt zugleich, die Bedeutung des einen für das andere zu erfassen; es handelt sich um ein "In-Beziehung-Setzen" im Unterschied zu "Trennen" oder "Vermischen". Während sich der Glaube auf Gott richtet und in der Gewißheit seiner Liebe zu uns besteht, sind die Werke auf die Welt und auf den Nächsten gerichtet. Auch die Liebe zu Gott hat nicht die Struktur des Machens oder Bewirkens, sondern sie besteht in der Anerkennung seiner Liebe zu uns, also im Glauben.

GOTT
↓   Glaube =
            Geliebtwerden
Mensch
↓   Werke =
            Lieben
Welt

Anstatt also Gottes Gnade erst mühsam erringen zu müssen, geht der Christ von ihr aus (244). Und aus diesem Glauben als dem Geliebtwerden durch Gott folgen dann die Werke, die dazu "gut" sind,

---

244 Vgl. **Martin Luther**, Operationes in Psalmos (1519-1521), WA 5; 400, 10f: "Der Gottlose [impius] strengt sich an, durch Werke auf Gott zuzulaufen; der Gerechte jedoch ist bestrebt, durch Glauben von Gott herzukommen und aus ihm geboren zu werden."

der Welt und dem Nächsten gerecht zu werden. Sie folgen mit Notwendigkeit. Der Glaubende **soll** nicht gute Werke tun, sondern er **tut** sie und kann gar nicht anders. Man kann nur so wirklich glauben; gute Werke müssen die Folge sein. Aber es sind doch nicht die Werke, die den Glauben gut machen, sondern der Glaube macht die Werke gut (245). Aus Glauben entsteht dann aber nicht nur sittlich richtiges, sondern sittlich gutes Handeln (246). Es ist jedoch von ganz schlichter Art: "Freut euch mit den Fröhlichen und weint mit den Weinenden" (Röm 12,15) ist wie eine Zusammenfassung wahren christlichen Lebens.

Mit der in der katholischen Lehre so betonten "Verdienstlichkeit" der guten Werke" (247) ist recht verstanden genau dieser Sachverhalt gemeint, daß sie aus Glauben getan sind und sich somit der Glaube in ihnen erweist und zu weiteren guten Werken treibt. Dieser Sachverhalt ist aber nicht mit dem außerhalb des Glaubens zugänglichen sichtbaren und meßbaren Aspekt der Werke, mit ihrem Leistungscharakter, zu verwechseln. Dieser Aspekt ist nur Frucht des Glaubens und nicht Grund für sein Wachstum (vgl. das Gleichnis von den Arbeitern im Weinberg, Mt 20,1-16). Die Verdienstlichkeit eines Lebens ist nicht eine Funktion seiner Dauer, als würden Heilige, die länger gelebt haben, auf einen "höheren" Platz im Himmel rücken. Die ewige Gemeinschaft mit Gott läßt keine verschiedenen "Grade" zu.

Die Werke des Glaubens bestehen darin, anderen Menschen zur Freiheit zu helfen. Dabei ist die Mitteilung des Glaubens selbst das größte Werk der Liebe. Wenn man einem Hungernden Brot gibt, kann man ihn aus einer aktuellen Situation der Knechtschaft und Unterdrückung befreien. Aber es könnte noch immer sein, daß er dadurch nur aus einer Abhängigkeit in eine andere gerät. Sein neuer Brotgeber könnte ihn wieder dazu erpressen, seinen vielleicht unmenschlichen Zwecken dienstbar zu sein. Wenn man jedoch dem Hungernden nicht nur Brot gibt, sondern ihm dann auch den Glauben mitteilt, gibt man ihm nicht nur faktische, sondern grundsätzliche Freiheit. Obwohl man den Glauben nur von anderen empfangen kann, wird man gerade in diesem Glauben von ihnen unabhängig. Wollte ein Glaubensverkünder im Widerspruch zu seiner Botschaft auch Macht über andere Menschen beanspruchen, dann könnten ihm die Glaubenden kraft ihres Glaubens widerstehen. Wer glaubt, läßt sich von niemandem mehr erpressen, zum Werkzeug der Unmenschlichkeit zu werden.

Obwohl also die Weitergabe des Glaubens das größte Werk der Liebe ist, kann man den Glauben nur dann verständlich weiterverkünden, wenn man dabei auch mit dem Hungernden das Brot teilt.

---

245 Sehr gut die Formulierung von **Wilfried Joest**, o. c. (Anm. 53), 54, wonach "nicht die Aktivität des Menschen seine Rechtfertigung, sondern die Rechtfertigung des Menschen seine Aktivierung begründet".

246 Gerade das lutherische "Der Glaube allein" erweist sich damit als eine Kampfparole für die wahren guten Werke; vgl. **Gerhard Ebeling**, o. c. (Anm. 236), 278.

247 Vgl. Konzil von Trient, Dekret über die Rechtfertigung, DS 1545-1549.

Dies kann gegenüber der Glaubensverkündigung sogar den Vorrang des unmittelbar Notwendigen haben.

Der Glaube ist nun aber nicht nur die Wurzel der Liebe und damit die Quelle guter Werke, sondern er ist zugleich gegenüber jeder irdischen Macht die Gewißheit, die auch in Leiden und Verfolgung standhalten läßt. Als das Geliebtwerden des Menschen durch Gott wirkt sich der **Glaube** im Handeln als **Liebe** zum Nächsten und im Leiden als **Hoffnung** [ὑπομονή, vgl. Röm 8,25] aus, und diese Auswirkung ist ihm wesensnotwendig. Es geht also im Glauben nicht nur um die Ermöglichung liebenden Handelns, sondern auch um die Bereitschaft, Böses zu erleiden, ohne es mit Bösem zu vergelten (vgl. 1 Petr 2,11 - 3,17). Der Christ wird zwar seinen Nächsten vor Unrecht notfalls auch mit Gewalt zu verteidigen suchen, solange dadurch nicht auch das zu Verteidigende noch zerstört wird; aber für seine nur persönlichen Rechte wird er nicht mit Gewalt eintreten, sondern lieber Unrecht leiden. So sehr im übrigen gegenüber Glaube und Hoffnung die Liebe "das Größte" ist (vgl. 1 Kor 13,13), ist doch der Glaube die Wurzel, ohne die sie nicht sein kann.

FRAGEN

1. Welche Gründe sprechen gegen die Auffassung, der Glaube bringe neue Verpflichtungen mit sich bzw. verstärke die sittliche Verpflichtung des Menschen?
2. Wodurch ist Nächstenliebe zu "motivieren"?
3. Worin besteht die eigentliche Funktion des Glaubens gegenüber dem menschlichen Handeln?
4. Warum folgen aus dem Glauben gute Werke mit Notwendigkeit?
5. Wie verhält sich der Dienst am Glauben in seiner Weitergabe zur Förderung der sozialen Gerechtigkeit?
6. Welche Beziehung besteht zwischen dem Glauben, der Hoffnung und der Liebe zum Nächsten?

4 ERGEBNIS: GOTT - WORT - GLAUBE

Die christliche Botschaft besagt das Zueinander von Gott, Wort Gottes und Glaube. Gott allein begegnet allein im Wort dem Glauben allein. In diesem Glauben wird alle Erfahrung neu verstanden. Alle Einzelaussagen der christlichen Botschaft entfalten immer nur das eine und einzige Grundgeheimnis unseres Von-Gott-Angesprochenseins und damit unserer Gemeinschaft mit Gott in dieser Welt und in alle Ewigkeit. Auf dieser inneren Einheit aller ihrer Aussagen beruht die Vollmacht der christlichen Botschaft. Zugleich ist damit die Verläßlichkeit des christlichen Glaubens gegeben, der sich nicht auf Beliebiges beziehen und deshalb auch nicht fehlgehen kann. Daraus läßt sich weiter die notwendige Übereinstimmung aller Glaubenden im Glauben begründen: Es gibt nur diesen einen und einzigen Glaubensgegenstand, der solcherart ist, daß er in seiner Wahrheit nur für den Glauben zugänglich ist.

4.1 Die Vollmacht der christlichen Botschaft

Die Grunddogmen der christlichen Botschaft sind die Dreifaltigkeit Gottes, die Menschwerdung des Sohnes, die Gemeinschaft der Glaubenden im Heiligen Geist. Diese Dogmen sind die Entfaltung eines einzigen Grundgeheimnisses, nämlich daß es wirklich Gott selbst ist, der in dem mitmenschlichen Wort der christlichen Glaubensverkündigung zu uns spricht und uns darin ewige Gemeinschaft mit sich schenkt. Der Inhalt des "Wortes Gottes" erläutert sein Geschehen als "Wort Gottes": Die Botschaft selbst ist das Geschehen dessen, wovon sie redet, nämlich der Liebe Gottes zu uns, die an nichts Geschaffenem, sondern allein am Sohn Gottes ihr Maß haben kann. Vom "Wort Gottes" selbst her ist seine Annahme als das Erfülltsein vom Heiligen Geist zu verstehen. Und im Licht dieses "Wortes Gottes" wird die ganze Weltwirklichkeit als Gleichnis der ewigen Gemeinschaft mit Gott verstanden. In diesem Sinn ein Wort als "Wort Gottes" verstehen heißt, es als letztes Wort über alle Wirklichkeit zu verstehen. So besteht die Verständlichkeit des "Wortes Gottes" gerade darin, daß alle seine einzelnen Aspekte in eins fallen (248). Unsere bisherigen Überlegungen hatten das Ziel, diese innere Einheit der vielen traditionellen Glaubensaussagen konkret aufzuweisen.

Die einzelnen Glaubensaussagen sind also in der Grundwirklichkeit unseres Angesprochenwerdens durch Gott in dem mitmenschlichen Wort der Weitergabe des Glaubens als ihre Entfaltung enthalten. Das bedeutet nicht, daß man sie aus dem bloßen Begriff "Wort Gottes" apriori deduzieren könnte (249). Denn durch die Einseitigkeit der

---

248 Vgl. **Karl Rahner**, Überlegungen zur Methode der Theologie, in: ders., Schriften zur Theologie IX, Einsiedeln-Zürich-Köln 1970, 79-126; vor allem Teil III mit dem über "reductio in unum mysterium" Gesagten (113-126). - Ähnlich bereits **Gerhard Ebeling**, Theologie und Verkündigung - Ein Gespräch mit Rudolf Bultmann, Tübingen ²1963, 93f: Es ist entscheidend, "den Inhalt der christlichen Verkündigung so sehr auf seine Einheit hin zu bedenken, daß nicht nur seine locihafte Vielheit (im traditionellen dogmatischen Schema: als Theologie, Christologie, Pneumatologie, Soteriologie, Eschatologie) als ein einziges Wort sich erweist, sondern auch das, was das Wort sagt, als mit dem eins erfaßt wird, **daß** es als Wort geschieht. Diese Koinzidenz aller theologischen Aspekte ist die Vollmacht, die als Gottes Gegenwart Vollmacht zu befreiendem Wort und darum als Freiheit zum Wort Bevollmächtigung durch das Wort ist."

249 **Heinrich Petri** befürchtet in seiner Rezension in: ThGl 69 (1979) 95-100, in meinem Interpretationsprinzip könne die konkrete Inhaltlichkeit der Heiligen Schrift und der kirchlichen Verkündigung nicht recht zur Geltung kommen. Gegenüber diesem Einwand ist daran zu erinnern, daß diese Fundamentaltheologie nur eine "Grammatik" der Verkündigung darstellt und, weit davon entfernt, die Heilige

realen Relation des Geschaffenen auf Gott ist der **Begriff** "Wort Gottes" in einer Weise problematisch, die sich nicht durch spekulierende Deduktion auflösen läßt. Man muß das "Wort Gottes" zunächst in geschichtlicher Realität, eben aus der christlichen Tradition hörend empfangen als ein "Wort", das etwas Bestimmtes "sagt". Aber dann lassen sich seine Aussagen auf die Grundwirklichkeit des **Geschehens** von "Wort Gottes" zurückführen (250). Sie dienen der Verstehbarkeit der Rede von einem geschehenden "Wort Gottes". Erst in den konkreten Aussagen dieses "Wortes" kann erfaßt werden, wie in ihm tatsächlich Inhalt und Geschehen in eins fallen (251).

Weil Gottes Liebe zur Welt als die im voraus zur Welt bestehende Liebe Gottes zu Gott, des Vaters zum Sohn, nicht an der Welt selber ihr Maß hat, kann sie nicht an der Welt abgelesen werden, sondern muß im Wort, also in mitmenschlicher Kommunikation, dazugesagt werden und ist auf keine andere Weise als im Glauben an dieses Wort erfahrbar. Es handelt sich aber nicht um ein von der Erfahrungswirklichkeit isoliertes Wort, sondern um ein Wort, das sich ganz und gar auf unsere Erfahrungswirklichkeit bezieht und sie nun nicht mehr nur als Gleichnis für Gott in seiner Abwesenheit, sondern als Gleichnis für unsere Gemeinschaft mit Gott verstehen läßt. Das Wort läßt einen an der sichtbaren Erfahrungswirklichkeit zuvor verborgenen Aspekt an den Tag treten; aber er kann auch nur durch das Wort und nicht ohne es offenbar werden.

Unverständlich dagegen ist jeder Offenbarungsanspruch, der diese Bedingung wahren "Wortes Gottes" nicht erfüllt, sondern bei dem die einzelnen Aspekte auseinanderfallen. Dann handelt es sich um bloßes Menschenwort, auf das man sich nicht verlassen kann. Solche falschen Offenbarungsansprüche erkennt man daran, daß in ihnen Offenbarungsakt und Offenbarungsinhalt in keiner inneren und not-

---

    Schrift und die Überlieferung ersetzen zu wollen, zu ihnen hinführen will.

250 Es ist also folgendermaßen zwischen Induktion, Deduktion und Reduktion zu unterscheiden: "Induktion" wäre der Versuch, aus einer Fülle konkreter Einzelgegebenheiten ein allgemeines Gesetz zu entwickeln, das dann zur Deduktion weiterer konkreter Einzelgegebenheiten verwandt werden könnte. "Deduktion" wäre dementsprechend der Versuch, aus einem allgemeinen Gesetz konkrete Einzelgegebenheiten vorherzusagen. "Reduktion" dagegen bedeutet, daß man konkrete Gegebenheiten auf ihren Wesensbegriff bringt, in dem sie ganz ausgesagt werden, aber so, daß der Wesensbegriff nur Sinn hat, wenn man ihn zusammen mit dem jeweiligen konkreten Begriff verwendet. Wenn man z. B. von einer weltlichen Wirklichkeit in einem Wesensbegriff sagt, sie sei "restlos bezogen auf ... / in restloser Verschiedenheit von ...", so hat dieses "restlos" nur Sinn, wenn es von der konkreten Gegebenheit der gemeinten Wirklichkeit her bestimmt wird. Der reduktiv gewonnene Wesensbegriff erlaubt also nicht die Deduktion des Konkreten, wohl aber macht er es verstehbar und dient zur Kritik unzureichender Einzelbegriffe.

251 Vgl. **Gerhard Ebeling**, Der Aussagezusammenhang des Glaubens an Jesus, in: **ders.**, Wort und Glaube III, Tübingen 1975, 246-269, vor allem 253.

wendigen Beziehung zueinander stehen. Es kann dann auch beliebig viele Offenbarungsakte und beliebig viele Offenbarungsinhalte geben, die als einzelne nichts miteinander zu tun zu haben brauchen und sich bestenfalls nur additiv zueinander verhalten und einander ergänzen. Solche angebliche Offenbarung redet über ihre Sache nur und vermag sie nicht selbst mitzuteilen. Zum Wort müssen dann noch weitere Taten hinzukommen, anstatt daß alles Handeln Gottes bereits in seinem Wort geschieht. Auch zwischen der Offenbarung und ihrer Annahme besteht dann keine innere Beziehung mehr, sondern man meint, die Offenbarung lasse sich auch außerhalb des Glaubens als Offenbarung erkennen, indem sie durch zusätzliche Fakten legitimiert wird.

Solange man versucht, auch die christliche Botschaft im Rahmen eines solchen Vorverständnisses von Offenbarung zu verstehen, kann man sie nur mißverstehen (252). Aber dieses falsche Vorverständnis wird von der christlichen Botschaft selbst kritisiert. Es scheitert an dem Einwand, daß es unvereinbar ist mit der Bedeutung des Wortes "Gott", wie sie aus der Anerkennung unseres Geschaffenseins aus dem Nichts erläutert worden ist. "Wort Gottes", "Offenbarung" lassen sich dann nur noch in einem trinitarischen Gottesverständnis sinnvoll aussagen. Umgekehrt verbaut man sich jedes Verständnis der christlichen Botschaft, wenn man den "Wort Gottes"-Begriff für von vornherein unproblematisch ansieht und deshalb meint, an sich könne Beliebiges der Gegenstand von "Wort Gottes" sein.

FRAGEN

1. Warum gilt "Gott allein begegnet allein im Wort dem Glauben allein"? Was ist auf den Einwand zu antworten, damit werde die Offenbarung von der sonstigen Erfahrung isoliert?
2. Worin besteht die innere Einheit von Inhalt und Geschehen von "Wort Gottes"?
3. Warum lassen sich die Glaubensinhalte, wenn sie sich auf die Erläuterung des Geschehens von "Wort Gottes" zurückführen lassen, dennoch nicht aus dem Begriff "Wort Gottes" herleiten?
4. Woran kann man erkennen, daß ein Offenbarungsanspruch zu Unrecht erhoben wird?
5. Warum ist die christliche Botschaft nur unter der Bedingung verstehbar, daß man die Vorstellung von einer trivialen Selbstverständlichkeit von "Wort Gottes" aufgibt?

4.2 Die Unfehlbarkeit des Glaubens

Im Glauben geht es um die Alternative zu jeder Form von Weltvergötterung bzw. von Verzweiflung an der Welt. Man vertraut im

---

252 Geradezu eine Anleitung dazu bietet **Joseph M. Bochenski**, The Logic of Religion, New York 1965.

Glauben auf eine solche Wirklichkeit, die man nicht erst haben muß, um dann auf sie vertrauen zu können, sondern die überhaupt nur in der Weise des Glaubens selbst zugänglich ist. Der Mensch kann gar nicht anders, als auf irgend etwas sein Vertrauen zu setzen und darin den Sinn seines Lebens zu sehen. Jedermann hat also schon immer seinen "Gott", und die Frage ist nur, ob es auch der rechte Gott ist (253). Solange man auf irgendeine geschaffene Wirklichkeit vertrauen will, muß man den Gegenstand des Vertrauens erst besitzen, um sich dann auf ihn verlassen zu können. Wird er einem genommen, dann bricht das Vertrauen zusammen und schlägt in Verzweiflung um. Daran erkennt man, daß es sich nicht um den rechten Gott handelt. Irgend etwas aus der Welt vergöttern heißt, einen falschen Gott haben. Auch jede Form einer bloßen menschlichen Selbstprojektion, die zur Religion erhoben wird, hat nachweislich diese Struktur.

Wenn aber der Gegenstand des Vertrauens solcherart ist, daß man ihn nur in diesem Vertrauen selbst überhaupt haben kann, dann hängt dieses Vertrauen nicht mehr von hinfälligen Bedingungen ab, die ihm entzogen werden können. Es kann deshalb nicht enttäuscht werden. Nur in diesem Glauben an den rechten Gott kommt man auch zu den Dingen der Welt in das rechte Verhältnis. Der rechte Gott ist dadurch zu definieren, daß die einzige Weise, ihn zu "haben", der Glaube selbst ist. Solcher Glaube ist nicht von einem von ihm verschiedenen "Haben" abhängig, sondern er ist "reiner Glaube" (254). Für ihn ist man auf ein "Wort Gottes" angewiesen, das nur im Glauben selbst als "Wort Gottes" erkannt werden kann (255), wiewohl es nicht erst durch den Glauben zum "Wort Gottes" gemacht wird. Negativ bedeutet dies, daß es sich um eine Botschaft handeln muß, bei der es nicht gelingt, ihr anders als in der Weise des Glaubens gerecht zu werden. Worin diese Botschaft positiv besteht, kann man nur aus der konkreten Begegnung mit ihr selbst erfahren; sie besteht in der Verkündigung des Glaubens an Jesus Christus als dem Anteilhaben an seinem Verhältnis zu Gott.

---

253 **Thomas v. Aquin** scheint sich der realen Mehrdeutigkeit seiner folgenden Formulierung (S. th. II II q85 a1 c) nur undeutlich bewußt geworden zu sein: "Die natürliche Vernunft gibt dem Menschen zu erkennen, daß er einem Höheren unterworfen sei: aufgrund der Mängel, die er in sich spürt. In ihnen hat er es nötig, von einem anderen Höheren Hilfe und Leitung zu erfahren; und **was auch immer dies sei**, ist es das, was bei allen 'Gott' genannt wird."

254 Vgl. **Gerhard Ebeling**, "Was heißt ein Gott haben oder was ist Gott?" - Bemerkungen zu Luthers Auslegung des ersten Gebots im Großen Katechismus, in: ders., Wort und Glaube II, Tübingen 1969, 287-304. - Vgl. dazu den Text WA 30,1; 132,31 - 136,31 (zum Problem einer bloßen Selbstprojektion: 135,9-11).

255 Vgl. **Martin Luther**, Von Ehesachen (1530), WA 30,3; 213,34-39: "Wer einen Gott hat ohne sein Wort, der hat keinen Gott. Denn der rechte Gott hat unser Leben, Wesen, Stand, Amt, Reden, Tun, Lassen, Leiden und alles in sein Wort gefaßt und uns vorgebildet, daß wir außer seinem Wort nichts suchen noch wissen dürfen noch sollen, auch von Gott selbst nicht. Denn er will von uns außer seinem Wort mit unserem Dichten und Nachdenken unbegriffen, ungesucht, ungefunden sein [...]" (in neuhochdeutscher Übertragung).

Dieser Sachverhalt der schlechthinnigen Verläßlichkeit der Gemeinschaft mit Gott, die in der Annahme seines Wortes besteht, ist mit der traditionellen Lehre von der "Unfehlbarkeit" des Glaubens gemeint: "Dem Glauben kann nichts Falsches zugrunde liegen [Fidei non potest subesse falsum]" (256). Solange man unter "Glauben" nur die allgemeine, formale Fähigkeit versteht, irgend etwas Beliebiges fest für wahr zu halten, kann man sich natürlich in den Gegenständen solchen Glaubens täuschen und etwas annehmen, was keineswegs wahr ist. Sobald aber als Gegenstand des Glaubens nur etwas in Frage kommt, dem man überhaupt nur in der Weise des Glaubens gerecht werden kann und das sich nachweislich aller anderen Beurteilung entzieht, dann kann dieser Gegenstand nur als in sich verläßlich geglaubt werden. Mit anderen Worten: Was sich allein als Selbstmitteilung Gottes verstehen läßt, kann auch nur verläßlich sein.

Aussagen, von denen behauptet wird, sie seien Glaubensaussagen, können nur entweder tatsächlich verläßlich sein oder sie werden zwar als Glaubensaussagen ausgegeben, aber es ist auf keine Weise möglich, sie als "Glaubensaussagen" im Sinn "reinen Glaubens", nämlich als Selbstmitteilung Gottes zu verstehen. **Es ist also gar nicht möglich, als Glaubensaussagen verstehbare Aussagen, die dennoch falsch wären, überhaupt herzustellen.** Es ist zwar durchaus möglich, das falsche Gegenteil einer Glaubensaussage herzustellen (z. B. zu sagen, Jesus sei nicht Gottes Sohn); aber dieses falsche Gegenteil läßt sich nicht ebenfalls als Glaubensaussage im Sinn einer Selbstmitteilung Gottes verstehen. Wollte man umgekehrt wirkliche Glaubensaussagen anders als im Glauben verstehen, dann würde es sich immer nachweisbar um ein Mißverständnis handeln. Es ließe sich dann zeigen, daß man von einem ungeprüften und letztlich willkürlichen Vorverständnis ausgeht, das sich vor der Vernunft nicht rechtfertigen läßt.

Alle wirklichen Glaubensaussagen entfalten immer nur den Glauben als das Anteilhaben am Gottesverhältnis Jesu. Mit der Wahrheit, Unfehlbarkeit und Verläßlichkeit von Glaubensaussagen ist deshalb letztlich nichts anderes gemeint, als daß man sich auf die Liebe Gottes gerade deshalb im Leben und im Sterben verlassen kann, weil sie an nichts Irdischem ihr Maß hat, sondern die ewige Liebe Gottes zu Gott, des Vaters zum Sohn ist. Im Unterschied zu bloßem Menschenwort läßt sich "Wort Gottes" als "Wort Gottes" nur so verstehen, daß es die Wirklichkeit, von der es redet, in sich selbst trägt. Dann aber stimmt es nicht nur faktisch, sondern notwendig mit dieser Wirklichkeit überein. Es geht also hier um eine Form von Wahrheit, die allein dem "Wort Gottes" zukommt.

Das bedeutet allerdings, daß als Glaubensgegenstand im Sinn der christlichen Botschaft auch nur ein solches Wort in Frage kommen kann, das sich als Selbstmitteilung Gottes verstehen läßt und deshalb in seiner Wahrheit keiner anderen Erkenntnis zugänglich ist als dem Glauben allein. Anders zugängliche Gegenstände können keine Glaubensgegenstände sein (257).

---

256 Vgl. Thomas v. Aquin, S. th. II II q1 a3, und öfter. Vgl. auch DS 1534.

257 **Thomas v. Aquin**, S. th. I II q1 a4 c, meint dagegen - wie mir

Zum Beispiel dürfte es nicht sinnvoll sein, die Existenz geschaffener reiner Geister als eine geoffenbarte und damit zu glaubende Wahrheit anzusehen. Denn eine solche Behauptung ließe sich nicht als göttliche Selbstmitteilung verstehen. Soll die traditionelle Engellehre im Sinn des Glaubens verstanden werden, dann ist sie dahingehend auszulegen, daß **Gott** sich seine Geschöpfe zu seinen Boten macht, ja die ganze Schöpfung zu unserem Schutz aufbietet (vgl. Röm 8,28). "Engel" in diesem Sinn können auch Menschen sein (vgl. Mk 1,2; Apg 6,15). Es steht der Annahme nichts im Weg, daß sich die Existenz mancher "Engel" auf ihr Vorkommen in einem Text als Anzeiger für dessen Offenbarungsbedeutung beschränkt; sie sind dann "geschriebene" Engel. Und in den Präfationen der Eucharistiefeier könnte man für "Cherubim und Seraphim, Engel und Erzengel, Throne und Mächte" u. ä. in grundsätzlich gleicher Bedeutung auch "alle Heiligen und die ganze Schöpfung" sagen.

Überhaupt können auch nur solche Aussagen Glaubensaussagen sein, bei denen der Anspruch auf Glauben nicht erst zusätzlich zu ihrem Inhalt hinzukommt. Er muß vielmehr mit diesem Inhalt selbst identisch sein. Es genügt also nicht, daß Sachverhalte ausgesagt werden, die man mit der Vernunft weder beweisen noch widerlegen kann. Ein unentscheidbarer Satz in der Mathematik kann nicht zu einer Glaubensaussage werden. Als Glaubensgegenstand im Sinn "reinen Glaubens" kommt nur das in Frage, was sich tatsächlich als das Geschehen personaler Zuwendung Gottes zum Menschen, eben als Selbstmitteilung Gottes verstehen läßt. So könnte etwa eine Seelenwanderungstheorie, selbst wenn sie philosophisch unentscheidbar wäre, nie zum Glaubensgegenstand im Sinn "reinen Glaubens" werden.

FRAGEN

1. Was bedeutet der Glaube an Gott für das Verhältnis des Menschen zur Welt?
2. Was besagt der Begriff "reiner Glaube" etwa im Unterschied zu einem "Glauben ohne bildliche Vorstellungen"?
3. Inwiefern ist die Möglichkeit "reinen Glaubens" Kriterium für die Verläßlichkeit des Glaubensgegenstandes?
4. Was ist eine "als Glaubensaussage verstehbare" Aussage?
5. Warum sind als Glaubensaussagen verstehbare Aussagen, die dennoch in genau diesem Sinn falsch wären, nicht herstellbar?

---

scheint, in einem eigentümlichen Bruch mit seiner sonstigen Glaubenslehre -, es könne geschehen, daß dasjenige, was ein bestimmter Mensch sehe oder wisse, von einem anderen "nur" geglaubt werde. Dies scheint mir nicht möglich zu sein, wenn man unter "Glauben" den auf das "Wort Gottes" gerichteten und damit übernatürlichen Glauben versteht.

4.3 Die Übereinstimmung aller Glaubenden im Glauben

Alle irdische Erkenntnis hängt von der Perspektive des erkennenden Subjekts ab. Deshalb können zwei Betrachter desselben Gegenstandes in ihrer Sicht von ihm niemals völlig übereinstimmen. Die Glaubenserkenntnis bezieht sich jedoch auf eine Liebe Gottes zu uns, die nicht an unserer je persönlichen Perspektive ihr Maß hat. Deshalb kann man in ihrer Anerkennung, wenn überhaupt, dann nur völlig übereinstimmen.

Als in seiner Wahrheit allein im Glauben zugänglich kommt nicht Beliebiges in Betracht. Es gibt nur einen einzigen Glauben, der nur geglaubt werden kann. Nur die christliche Botschaft läßt sich in diesem Sinn verstehen. Wer deshalb im Sinn "reinen Glaubens" glaubt, also etwas glaubt, was man nur glauben kann, der stimmt mit allen so Glaubenden notwendig überein. Wie man in "reinem Glauben" nur übereinstimmen kann, so kann man auch nur in "reinem Glauben" mit anderen Menschen letztlich übereinstimmen. Denn dies ist die einzige Erkennens- und Glaubensweise, die ihr Maß nicht am jeweiligen Subjekt hat. Gerade als das je eigene Anteilhaben am Gottesverhältnis Jesu ist der Glaube aller ein und derselbe.

Es gibt in diesem Glauben auch kein Mehr oder Minder (258). Da alle einzelnen Glaubensaussagen immer nur die Entfaltung der einen und einzigen, unteilbaren Wirklichkeit des Einbezogenseins in das Gottesverhältnis Jesu sind, ist es nicht möglich, nur einen "Teil" des Glaubens anzunehmen. Im Glauben an Jesus Christus als den Sohn Gottes ist bereits der ganze Glaube enthalten, dem niemand noch etwas hinzufügen kann. Wer also überhaupt an Jesus Christus im Sinn "reinen Glaubens" glaubt, der läßt sich in ihm eine Liebe Gottes zusagen, die an nichts Geschaffenem ihr Maß hat; und damit hat er den vollen, wahren Glauben.

Dementsprechend lehrt das II. Vatikanum: "Die Gesamtheit der Gläubigen, welche die Salbung von dem Heiligen haben (vgl. 1 Joh 2,20 und 27), kann im Glauben nicht irren [in credendo falli nequit]. Und diese ihre besondere Eigenschaft macht sie durch den übernatürlichen Glaubenssinn des ganzen Volkes dann kund, wenn sie 'von den Bischöfen bis zu den letzten gläubigen Laien' [vgl. Augustinus, De Praed. Sanct. 14.27: PL 44,980] ihre allgemeine Übereinstimmung in Sachen des Glaubens und der Sitten äußert. Durch jenen Glaubenssinn nämlich, der vom Geist der Wahrheit geweckt und genährt wird, hält das Gottesvolk unter der Leitung des heiligen Lehramtes, in dessen treuer Gefolgschaft es nicht mehr das Wort von Menschen, sondern wirklich das Wort Gottes empfängt (vgl. 1 Thess 2,13), den einmal den Heiligen übergebenen Glauben (vgl. Jud 3) unverlierbar fest" (259).

---

258 Vgl. **Eirenaios von Lyon**, Contra haereses I, 10, 2 (PG 7, 553A): "Da der Glaube ein und derselbe ist, hat keiner mehr, der viel über ihn sagen kann, und keiner hat weniger, der wenig über ihn sagen kann."

259 II. Vatikanum, LG 12,1.

Mit dem Begriff "Gesamtheit der Gläubigen" soll zunächst ausgedrückt werden, daß die Gläubigen notwendig eine "Gesamtheit" bilden. Denn niemand hat den Glauben als isolierter Einzelner aus sich selbst, sondern man kann ihn nur von anderen empfangen. Der Glaube der Kirche geht dem Glauben eines jeden einzelnen voraus. Die Gemeinschaft, in der der Glaube weitergegeben wird, ist als vom Heiligen Geist erfüllt selbst Gegenstand des Glaubens.

Sodann aber bezieht sich der Begriff "Gesamtheit der Gläubigen" auf alle Gläubigen überhaupt und läßt keine Ausnahme zu. Von jedem einzelnen Gläubigen gilt, insofern er zu der "Gesamtheit der Gläubigen" gehört, daß er im Glauben nicht irren kann. Diese Unfehlbarkeit jedes einzelnen Gläubigen ist von der Unfehlbarkeit des Glaubens selbst abgeleitet. Unter dem Kriterium "reinen Glaubens" – also daß nichts anderes geglaubt werden kann als die Selbstmitteilung Gottes – ist es für niemanden möglich, etwas Falsches zu glauben. Und dieses Kriterium ist unverwechselbar. Mit dem Begriff "Gesamtheit der Gläubigen" ist also nicht etwa nur die überwiegende Mehrheit der Gläubigen gemeint. Aber die "Gesamtheit der Gläubigen" ist mit dem Kriterium "reinen Glaubens" zu messen und ist nicht identisch mit der Anzahl der in den Kirchenbüchern eingeschriebenen Mitglieder.

Die Übereinstimmung der Gläubigen ist jedoch keineswegs nur ein innerlicher Sachverhalt, sondern sie wird "kundgetan". Die Kirche ist kenntlich durch ihre Verkündigung eines Glaubens, der in seiner Wahrheit nur geglaubt werden kann. Man ist für diesen Glauben auf das Hören und damit auf ein äußeres, sinnenhaft begegnendes Wort angewiesen. Diesem Aspekt, in dem auch die Notwendigkeit eines Lehramtes impliziert ist, werden wir im folgenden zweiten Hauptteil unserer Untersuchung ausführlich nachgehen.

Von der "Übereinstimmung" im Glauben, die sich auch in der Verkündigung äußert, ist jedoch die "Feststellung der Übereinstimmung" zu unterscheiden (260). Um zur "Gesamtheit der Gläubigen" und damit zur wahren Kirche zu gehören, ist allein die tatsächliche Übereinstimmung im Glauben schlechthin notwendig. Wo tatsächliche Übereinstimmung im Glauben besteht, muß es dann auch prinzipiell möglich sein, diese Übereinstimmung irgendwann einmal festzustellen. Aber die Übereinstimmung selbst besteht nicht erst dann, wenn man sie bereits ausdrücklich festgestellt hat (261). Es ist denkbar, daß einzelne Gruppen von Gläubigen ganz verschiedene Sprachen sprechen oder in derselben Sprache ganz verschiedene Begriffssysteme gebrauchen, so daß sie sich gegenseitig nicht unmittelbar verstehen. Doch könnte auch dann die nachträgliche Feststellung ihrer

---

260 Vgl. Gerhard Ebeling, Die kirchentrennende Bedeutung von Lehrdifferenzen, in: ders., Wort und Glaube I, Tübingen ³1967, 183.

261 Vgl. Karl Rahner, Einige Probleme des Ökumenismus heute, in: ders., Schriften zur Theologie X, Zürich-Einsiedeln-Köln 1972, 496: "Die letzte Voraussetzung der ökumenischen Theologie ist die in Hoffnung ergriffene Einheit eines schon auf beiden Seiten bestehenden selben, aber der Theologie samt dem begrifflichen Bekenntnis noch vorgängigen Glaubens in der rechtfertigenden Gnade."

Übereinstimmung nicht die von vornherein bestehende tatsächliche Übereinstimmung selbst überbieten, sondern immer nur einzuholen suchen. Natürlich ist **innerhalb** der einzelnen kirchlichen Gruppen die tatsächliche Übereinstimmung nur so möglich, daß deren Mitglieder auch um ihre Übereinstimmung mit anderen Mitgliedern wissen. Denn man muß ja den Glauben von anderen konkreten Menschen empfangen.

Die Bemühung um die "Feststellung der Übereinstimmung" ist die Aufgabe des ökumenischen Gesprächs unter allen, die wirklich an Jesus Christus glauben und deshalb von vornherein im Heiligen Geist miteinander verbunden sind. Für das ökumenische Gespräch ist dies eine wichtige Denkform: Wenn wirkliche "Übereinstimmung" im Glauben besteht, dann **muß** es auch eine "Feststellung der Übereinstimmung" geben **können**; aber es **darf** sie **nicht** geben **müssen**. Denn in einem Glauben, in dem man nur übereinstimmen könnte, wenn die Übereinstimmung auch festgestellt worden wäre, könnte man gar nicht wirklich übereinstimmen; es würde sich um ein schismatisches Mißverständnis handeln. Einerseits muß man also gerade um der wahren "Übereinstimmung im Glauben" willen gegen ihre Verwechslung mit der "Feststellung der Übereinstimmung im Glauben" protestieren. Die wahre Einheit der Kirche besteht nicht in einer allen gemeinsamen Sprachregelung oder einer administrativen Zentralisierung, sondern allein in der Gemeinsamkeit desselben Glaubens. Anderseits muß man sich gerade um der "Übereinstimmung im Glauben" willen auch um ihre ausdrückliche Feststellung bemühen, damit die verschiedenen Gruppen nicht einander die Gemeinschaft versagen. Ohne die Verpflichtung zu einer solchen Bemühung könnte die "Übereinstimmung im Glauben" gar nicht wirklich bestehen.

Das Ziel der Bemühung um ökumenische Verständigung kann deshalb nicht sein, die Verschiedenheit der einzelnen Kirchen aufzuheben und gewissermaßen eine einzige Verwaltungseinheit herzustellen. Aufzuheben ist nicht die jeweilige Eigenart und Unterschiedenheit der Kirchen, sondern nur ihre Trennung voneinander. Diese Trennung besteht darin, daß man einander aufgrund gegenseitiger Mißverständnisse und zu Unrecht die Rechtgläubigkeit bestreitet. Auch hier gelten also die Kategorien des christologischen Dogmas, daß es anstelle von "Vermischung" oder "Trennung" um "unterscheidende In-Beziehung-Setzung" geht.

Überall, wo der Glaube an Jesus Christus im Sinn des Anteilhabens an seiner Gottessohnschaft verkündet wird, besteht die dadurch kenntliche, als das Geschehen der Weitergabe des Glaubens notwendig "gesellschaftlich verfaßte" wahre Kirche. Diese Kirche Jesu Christi, "die wir im Glaubensbekenntnis die eine, heilige, katholische und apostolische nennen" und die bereits als solche "in dieser Welt als Gesellschaft verfaßt und geordnet ist" und somit konkret und sichtbar existiert, "subsistiert in der römisch katholischen Kirche, die vom Nachfolger Petri und den Bischöfen in seiner Gemeinschaft geleitet wird" (262). Dieser Satz des II. Vatikanums enthält eine

---

262 II. Vatikanum, LG 8,2. Die offizielle Übersetzung des "subsistit in" mit "ist verwirklicht in" legt leider das Mißverständnis nahe, als sei die Kirche im voraus zu dieser ihrer Verwirklichung noch

bisher noch kaum zur Auswirkung gelangte, für alle ökumenische Bemühung fundamentale Einsicht. Das Wort "katholisch" wird zunächst in einem "universalen" Sinn gebraucht, der zum christlichen Glauben als solchem gehört und schlechthin jedes wirkliche Geschehen der Weitergabe des christlichen Glaubens als die vom Heiligen Geist erfüllte Kirche Christi bezeichnet. Danach wird das gleiche Wort noch einmal in einem in gewisser Hinsicht partikulären Sinn auf die römisch-katholische Kirche angewandt. In ihr ist die wahre Kirche Christi in einem ähnlichen Sinn voll anwesend, wie sie überhaupt auch "in allen rechtmäßigen Ortsgemeinschaften der Gläubigen anwesend ist, die in der Verbundenheit mit ihren Hirten im Neuen Testament auch selbst Kirchen heißen" (263). Das Verhältnis zwischen der "katholischen" Kirche im universalen und dann im partikulären Sinn ist das Verhältnis von faktischer Übereinstimmung im Glauben zu ausdrücklich festgestellter Übereinstimmung. Wenn das Konzil an anderer Stelle sagt, man könne "einzig durch die katholische Kirche Christi, die das allgemeine Mittel des Heils ist, die gesamte Fülle aller Heilsmittel erlangen" (264), so gilt dieser Satz in seiner Ausschließlichkeit nur für die katholische Kirche im erstgenannten Sinn, nämlich für jedes Geschehen der Weitergabe des einen christlichen Glaubens als der Anteilgabe am Heiligen Geist. Zwar hat die römisch-katholische Kirche bisher nur anerkannt, daß es auch außerhalb ihres unmittelbaren Bereichs "vielfältige Elemente der Heiligung und der Wahrheit gebe" (265) und daß sich auch andere Christen "zu Recht [iure] mit dem Christennamen schmücken und von den Kindern der römisch-katholischen Kirche verdientermaßen [merito] als Brüder im Herrn anerkannt werden" (266); ja sie schließt nicht einmal aus, daß es sich bei ihnen um wirkliche "Kirchen" handeln kann, die "der Heilige Geist als Mittel des Heils zu gebrauchen sich gewürdigt hat" (267). Daraus scheint aber zu folgen, daß man diesen Kirchen nicht mit Recht die Legitimität bestreiten kann und ihnen auch nicht mit Recht die Kommuniongemeinschaft verweigern kann. Diese anderen Kirchen sind nicht Abspaltungen **von** der einen und einzigen Kirche Gottes, sondern es handelt sich um Spaltungen **in** der einen und einzigen Kirche (268).

---

nicht wirklich, sondern nur eine Idee; sie ist aber als von vornherein deshalb sichtbare und gesellschaftliche Wirklichkeit zu verstehen, weil sie das Geschehen der Weitergabe des Glaubens in mitmenschlichem Wort ist.

263 Ebd., LG 26,1; hier ist der Ausdruck "ist anwesend [adest]" nahezu gleichbedeutend mit dem "subsistit" im vorigen Zitat, das allenfalls noch die Nuance der Beständigkeit hinzufügt. Diese Gegenwart der Kirche in der Ortsgemeinde ist eucharistisch begründet. Die Ortskirche ist nicht, wie "ecclesia particularis" gewöhnlich falsch übersetzt wird, "Teilkirche", sondern "Einzelkirche".

264 II. Vatikanum, UR 3,5.

265 II. Vatikanum, LG 8,2.

266 II. Vatikanum, UR 3,1; das "zu Recht" verweist darauf, daß ihre Gemeinschaften "rechtmäßig" sind (vgl. LG 26,1).

267 II. Vatikanum, UR 3,4.

268 Vgl. ebd., UR 3,1. Die Aussage des Konzils bezieht sich zwar zunächst auf die Spaltungen in der Urkirche; sie kann aber auch auf

Solche Spaltungen beruhen nicht auf einem verschiedenen Glauben, sondern lediglich auf gegenseitigen Mißverständnissen. Denn wie Jesus Christus ein einziger ist, so gibt es auch nur einen einzigen Glauben an ihn. Selbst wo die eine Gemeinschaft Glaubenslehren der anderen ausdrücklich zu leugnen scheint, wird man nicht mehr einfach voraussetzen können, daß sich diese Leugnung auf deren wirklichen Sinn bezieht.

Wie ist diese Auffassung, alle überhaupt an Christus im Sinn seiner Gottessohnschaft Glaubenden stimmten in diesem Glauben notwendig überein, damit vereinbar, daß es "**Häresien**" gibt? Um auf diese Frage zu antworten, ist zunächst die Bedeutung des "Häresie"-Begriffs zu klären. Nach dem Kirchenrecht, CIC (1917), c. 1325 § 2, ist "Häretiker" derjenige, "der nach dem Empfang der Taufe" zwar nicht völlig vom Glauben abfällt, jedoch "unter Beibehaltung seiner Selbstbezeichnung als Christ eine der mit göttlichem und katholischem Glauben anzunehmenden Wahrheiten leugnet oder in Zweifel zieht."

"Häresie" schiene also darin zu bestehen, daß man nicht alle, sondern nur einige Glaubenswahrheiten annimmt. Sie wäre weniger schlimm als der vollständige Abfall vom Glauben. Allerdings schiene eine solche Auffassung von "Häresie" vorauszusetzen, daß sich der vollständige Glaube aus lauter Einzelwahrheiten zusammensetzt, die in keinem an ihnen selbst erkennbaren Zusammenhang miteinander stehen, sondern zueinander zu addieren sind. In Wirklichkeit aber implizieren alle Glaubenswahrheiten einander und sind immer nur die Entfaltung ein und desselben Grundgeheimnisses, nämlich dessen, was im Anteilhaben am Gottesverhältnis Jesu von vornherein in seiner ganzen Fülle gegeben ist. Besteht dann überhaupt die Möglichkeit, tatsächlich nur einen "Teil" der Glaubenswahrheiten anzunehmen? Oder handelt es sich höchstens um verschiedene Grade der Explikation? Die vielen einzelnen Glaubensaussagen werden in ihrer Bedeutung gar nicht erfaßt, solange man sie als zueinander zu addierende Größen versteht; daß dieses Mißverständnis in der römisch-katholischen Kirche zugelassen wird, macht ihre Mitschuld an der Spaltung der Christenheit aus.

Das II. Vatikanum hat das Wort "Häresie" nicht gebraucht. Gleichwohl spricht es ganz im Sinn dieses mißverstandenen "Häresie"-Begriffs von denen, "die durch die Taufe der Ehre des Christennamens teilhaft sind, den vollen Glauben aber nicht bekennen" (269). Gleichzeitig sagt es jedoch von der römisch-katholischen Kirche selbst, es werde für sie wegen der Spaltungen "schwieriger, die Fülle der Katholizität unter jedem Aspekt in der Wirklichkeit des Lebens auszuprägen" (270). Mit anderen Worten: die römisch-katholische Kirche kann anderen Kirchen, mit denen sie im Glauben an Jesus Christus und damit im Heiligen Geist verbunden ist, nur in dem Sinn den "vollen" Glauben bestreiten, in dem es auch ihr selbst an der "Fülle der Katholizität" mangelt. Es handelt sich damit aber

---

solche späteren Spaltungen angewandt werden, bei denen noch die Gemeinsamkeit des einen Glaubens an Jesus Christus erhalten bleibt.

269 II. Vatikanum, LG 15.
270 II. Vatikanum, UR 4,10.

in Wirklichkeit nicht um einen Mangel am Glauben selbst und an der Übereinstimmung in ihm, sondern lediglich in der Feststellung der Übereinstimmung.

Es gibt jedoch von der frühen Kirche her noch einen anderen, eigentlicheren "Häresie"-Begriff. Eirenaios von Lyon (+ um 202) schreibt gegen die gnostische Sekte der Valentinianer: Mit ihrem Schriftgebrauch verhalte es sich ähnlich, "wie wenn jemand bei einem schönen Bild eines Königs, das ein erfahrener Künstler aus wertvollen Steinen zusammengesetzt hat, die zugrunde liegende menschliche Gestalt auflöst, jene Steine versetzt und anders zusammenbringt und daraus die Figur eines Hundes oder eines Fuchses bildet, und auch das noch stümperhaft. Er behauptet dann, es handele sich dabei um jenes schöne Bild des Königs, und zum Beweis zeigt er auf die Steine, die der erste Künstler schön zum Bild des Königs zusammengestellt hatte" (271).

In dieser Sicht wäre wirkliche "Häresie" nicht die bloße Auswahl von Glaubenswahrheiten, die dann doch alle anderen implizieren, sondern die völlige Umdeutung des Ganzen. Es handelte sich nicht nur um einen weniger vollkommenen Glauben, sondern sogar um Schlimmeres als den offenen Abfall. Unter Verwendung christlicher Begriffe würde etwas vom Glauben völlig Verschiedenes propagiert. Ein Beispiel wäre der Arianismus, der die Gottessohnschaft Jesu leugnet und meint, eine bloß geschöpfliche Qualität würde ausreichen, um Gemeinschaft mit Gott zu verleihen; auch die Lehre der Zeugen Jehovahs kann nicht mit Recht beanspruchen, eine Form christlichen Glaubens zu sein. Ein anderes Beispiel wäre der Versuch der sogenannten "Deutschen Christen", die Naziideologie christlich zu verbrämen. Im Grunde besteht solche "Häresie" darin, außer an Jesus Christus noch an andere Mächte und Gewalten zu glauben und deshalb überhaupt nicht wirklich an ihn zu glauben (272). Mit solcher "Häresie" kann und darf es keine Gemeinschaft geben.

Aber dieser eigentliche "Häresie"-Begriff kann offenbar nicht gegenüber jemandem gebraucht werden, von dem man gleichzeitig sagen darf, man stehe mit ihm in einer "wahren Verbindung im Heiligen Geist [vera quaedam in Spiritu Sancto coniunctio]" (273) und er

---

271 Eirenaios von Lyon, Contra haereses, I, 8, 1 (PG 7, 521AB).

272 Vgl. **Eberhard Jüngel**, Thesen zur Grundlegung der Christologie, in: ders., o. c. (Anm. 159), 283. Dort wird Häresie paradoxerweise, aber völlig sachgemäß nicht als Einschränkung, sondern als "Vermehrung des Glaubens über den Glauben hinaus" bestimmt. Diese aus reformatorischem Verständnis konzipierte Formulierung trifft sich mit der Lehre des I. Vatikanums, DS 3020.

273 II. Vatikanum, LG 15. In der konziliaren Relatio zu dieser Stelle heißt es, das "vera" sei hinzugefügt worden, um eine pejorative Interpretation des "quaedam" auszuschließen; das "quaedam" werde jedoch beibehalten, um darauf hinzuweisen, daß die Verbindung etwa zwischen Katholiken und Protestanten nicht vollkommen sei (ASSCOV III,1, Vatikanstadt 1973, 205). Zu fragen wäre, ob eine im Heiligen Geist selbst bestehende Verbindung im eigentlichen Sinn "unvollkommen" sein kann. Vgl. **Heribert Mühlen**, Der eine Geist Christi und

bezeichne sich zu Recht mit dem Christennamen (274). Wer immer an Jesus Christus glaubt, indem er sich aufgrund seines Wortes von Gott mit einer Liebe angenommen weiß, die an nichts Irdischem ihr Maß hat, kann nicht legitim im eigentlichen Sinn als "Häretiker" bezeichnet werden.

Es kann jedoch, wenn auch nur zu Unrecht, geschehen, daß man wegen mangelnder Kontextinterpretation die Aussagen anderer Christen oder ganzer kirchlicher Gemeinschaften mißversteht. Nur in diesem mißverstandenen Sinn kann man sogar mit Recht im Unrecht jene Aussagen als "Häresie" verurteilen. Denn in ihrem falschen Verständnis sind sie mit dem Glauben tatsächlich unvereinbar. Aber solche Verurteilungen garantieren nicht, daß damit die Auffassungen der anderen wirklich getroffen werden (275). Noch einmal im Bild des Eirenaios: Es kann legitimerweise verschiedene Darstellungen desselben Königs geben. Das eine Mosaik stellt ihn im Thronsaal dar, das andere zu Pferd auf der Jagd. Es wäre Unverstand, Teile des einen Bildes mit Teilen des anderen Bildes zusammenzusetzen. Denn dann ist die Gestalt des Königs möglicherweise überhaupt nicht mehr zu erkennen. Daß es sich um denselben König handelt, kann man nur sehen, wenn man die Bilder jeweils im ganzen miteinander vergleicht. Es mag zwar scheinen, daß zwischen den Konfessionen auch sachliche Gegensätze bestehen, daß also die einen bestreiten, was die anderen bejahen. Aber es dürfte sich zeigen lassen, daß die Bestreitung der einen sich immer nur auf eine Karikatur dessen richtet, was die anderen bejahen. Es ist dann notwendig, das wirklich Gemeinte sachgemäßer zu formulieren.

Die **ökumenische Aufgabe** besteht darin, zu lernen, wie man christliche Theologien ineinander übersetzt (276). Sie sind überhaupt

---

die vielen Kirchen, in: **ders.**, o. c. (Anm. 172), 494-567, vor allem 496-502.

274 II. Vatikanum, UR 3,1.

275 Vgl. **Walter Brugger**, Die Union der Kirchen, in: StZ 96 (1971) 191: "Gründliches Studium hat allerdings die Einsichtigeren auf allen Fronten schon zu der Erkenntnis geführt, daß die Grenzen der Wahrheit und des Irrtums (zumindest soweit dabei die Beurteilung fremden Denkens im Spiel ist) nicht so eindeutig mit den Grenzen der Bekenntnisse, auch nicht der Bekenntnisse der Katholischen und der nicht-katholischen Kirchen zusammenfallen." - Gegenüber der Beurteilung durch andere mag mancher mit **Bert Brecht** sagen wollen: "Was ich nicht gern sehe: Wenn in einer Kritik (ins Deutsche übersetzt) steht: Die Farbe meines Hutes sei zu dunkelblau und wäre besser hellblau, **wenn die Farbe meines Hutes gelb ist**" (Gesammelte Werke 18, Werkausgabe edition Suhrkamp, Frankfurt am Main 1967, 94).

276 Vgl. die Ansprache von Papst **Paul VI.** bei seinem Treffen mit dem Ökumenischen Patriarchen Athenagoras I. im Fanar am 25.7.1967 (AAS 59 [1967] 840-842): Es gilt, "die Einheit des Glaubens jenseits der Verschiedenheit des Vokabulars zu entdecken" und gegebenenfalls auch auf für andere mißverständlich bleibende Formulierungen zu verzichten. - Für das Verhältnis zur Orthodoxie vgl. **Wilhelm de Vries**, Orthodoxie und Katholizismus - Gegensatz oder Ergänzung?, Freiburg 1965, sowie **Thomas Špidlík**, La Spiritualité de l'Orient Chrétien - Manuel systématique, Rom 1978.

nur in dem Sinn sachgemäß, in dem sie sich ineinander übersetzen und so als Ausdruck der Übereinstimmung im Glauben erkennen lassen. Erst in solcher Übersetzung erfaßt man auch den Reichtum ("die Fülle der Katholizität") des eigenen Glaubens. Es kann aber auch vorkommen, daß die Begrifflichkeit einer bestimmten Theologie tatsächlich geeigneter und deshalb auch verständlicher und leichter anwendbar als die einer anderen Theologie ist. Ein profaner Vergleich: Mit dem arabischen Ziffernsystem läßt sich weit leichter als mit dem römischen umgehen, obwohl man an sich in beiden Systemen richtig rechnen kann.

Für die ökumenische Auseinandersetzung und Praxis könnten einige neutestamentliche Texte, die bisher dafür noch kaum fruchtbar gemacht worden sind, als Leitlinien dienen: Mt 7,3-5 (der Splitter im eigenen Auge als der Balken, der zuerst zu entfernen ist); Mk 9,38-40 in Verbindung mit Mt 12,30 (Für-Christus-Sein als das einzig entscheidende Kriterium für die kirchliche Gemeinschaft); Apg 10,47 (zur Frage der Zulassung zu den Sakramenten); Apg 18,25f (das eigene Verständnis besser erläutern).

FRAGEN

1. Warum kann man in "reinem Glauben" nur übereinstimmen? Wie ist deshalb der Begriff der "Gesamtheit der Gläubigen" in ihrer "Unfehlbarkeit" zu interpretieren?
2. Worin besteht die der Kirche wesensnotwendige "Kenntlichkeit"?
3. Wie verhält sich die faktische "Übereinstimmung" aller Gläubigen im Glauben zur "Feststellung dieser Übereinstimmung"? Welche Art von Notwendigkeit kommt der letzteren zu?
4. In welchem Verhältnis steht nach katholischer Lehre die "gesellschaftlich verfaßte" wahre Kirche Jesu Christi zur römisch-katholischen Kirche als ganzer und zu den Ortsgemeinden? Ist sie erst durch ihre Subsistenz in einer Einzelkirche gesellschaftlich verfaßt, oder ist sie dies bereits im voraus dazu?
5. Wodurch unterscheidet sich eine Spaltung **in** der einen und einzigen Kirche von einer Spaltung **von** ihr?
6. Worin besteht die Fragwürdigkeit der Anwendung des "Häresie"-Begriffs auf ein angebliches "Auswählen" von Glaubenswahrheiten? Was bedeutet demgegenüber der "Häresie"-Begriff des Eirenaios von Lyon?
7. Wie ist die Einheit der Kirche sachgemäß zu verstehen, wenn sie nicht darin bestehen kann, die verschiedenen Sprachen des Glaubens durch eine Einheitssprache zu ersetzen?

ZWEITER HAUPTTEIL:
DIE STRUKTUREN DER WEITERGABE
DER CHRISTLICHEN BOTSCHAFT

Der Inhalt der christlichen Botschaft wird durch das Zueinander von Gott, Wort Gottes und Glauben bestimmt. Aus diesem Zueinander nehmen wir jetzt den Begriff "Wort Gottes" erneut auf (277). Wie geschieht die Weitergabe des "Wortes Gottes" diesem gemäß und wird selbst zum "Wort Gottes"? Wenn im "Wort Gottes" alle Aspekte immer nur Entfaltung einer einzigen Grundwirklichkeit sind, dann kann sich auch seine Weitergabe nicht indifferent zu seinem Inhalt verhalten. Vom Inhalt des "Wortes Gottes" her ist seine Weitergabe als die reale Mitteilung des Heiligen Geistes und nicht nur als Mitteilung über den Heiligen Geist zu verstehen. Nur ein solches Wort läßt sich überhaupt als "Wort Gottes" verstehen, das das Geschehen seiner eigenen Weitergabe als die Selbstmitteilung Gottes verstehen läßt. Und nur dann kann es sich um "Wort Gottes" handeln, wenn es in seiner Wahrheit nur geglaubt werden kann. Dem muß die Begegnungsweise dieses Wortes entsprechen.

Wir fragen im Folgenden zunächst allgemein nach der Begegnungsweise des "Wortes Gottes". Sodann soll dargestellt werden, inwiefern es im Wesen dieses Wortes selbst begründet ist, daß die Begegnung mit ihm und das ihm entsprechende Verständnis durch Schrift, Tradition und Lehramt normiert werden.

1 DIE BEGEGNUNGSWEISE DES "WORTES GOTTES"

Gemeinschaft des Menschen mit Gott kann nur so ausgesagt werden, daß Gottes Liebe zum Menschen nicht an diesem selber noch an sonst irgend etwas Irdischem ihr Maß hat. Man kann Gottes Liebe nicht "sehen", indem man sie am Geschaffenen als solchem abliest.

---

277 Nach **Karl Rahner**, Was ist ein Sakrament?, in: **ders.**, Schriften zur Theologie X, Zürich-Einsiedeln-Köln 1972, 378, hat es, von Ansätzen in den letzten Jahren abgesehen, "in der katholischen Theologie

Sie kann nicht unmittelbar "vorgezeigt" werden. Sie muß vielmehr im Wort zur sichtbaren Welt "dazugesagt", in zwischenmenschlicher Kommunikation mitgeteilt werden. Dieses Wort ist dann selbst das Geschehen der Liebe Gottes, die ja gerade darin besteht, daß sie offenbar werden will. Man kann dieses Wort nur im Glauben selbst, nämlich indem man es sich gesagt sein läßt, als wahr erkennen. Und dieser Glaube kann auch nur durch das Wort entstehen. Dann allerdings führt der Glaube auch zu einem neuen Sehen: Er läßt alle gute Erfahrung in der Welt als Gleichnis der Gemeinschaft mit Gott und das Leid als in seiner Macht bereits überwunden anschauen.

Deshalb heißt es: "Der Glaube kommt vom Hören, das Hören aber vom Wort Christi" (Röm 10,17). Der Begriff "Hören" (vgl. auch Gal 3,2.5) meint hier zugleich das zu Hörende, die Botschaft, und darauf bezogen den Akt des Hörens, das Vernehmen der Botschaft (278). Die von außen begegnende Botschaft kommt nur so positiv als "Wort Gottes" zur Geltung, daß man sie im Glauben annimmt, während sie anderenfalls Verstockung bewirkt (vgl. 1 Kor 1,18). Damit es sich um eine Botschaft handelt, für die man auf wirkliches Hören angewiesen ist, **muß es in ihr um eine Sache gehen, die man sich nicht selber ausdenkt, sondern zu der es wesentlich gehört, daß man sie in der Wirklichkeit durch das Zeugnis anderer Menschen empfängt.** Nur ein "verbum externum", ein von außen, von anderen Menschen kommendes Wort kann "Wort Gottes" sein. Natürlich kann zwischen dem äußeren Hören und dem eigentlichen Verstehen ein langer Zeitraum liegen. Das Wort bedarf zu seinem Verständnis der Meditation (279); sozusagen sein Vorwort ist das Gleichnis vom Sämann (vgl.

---

bisher kaum eine entfaltete Theologie des Wortes gegeben". Dies liegt nach Rahner vor allem daran, daß die gegenseitige Implikation von Inhalt und Geschehen des Wortes Gottes kaum bedacht worden ist. Darüber hinaus ist m. E. ausdrücklich zu bedenken, daß wesenhaft Verborgenes, nämlich die Selbstmitteilung Gottes, die an nichts Geschaffenem ihr Maß haben kann, allein durch das Wort und damit allein für den Glauben offenbar werden kann.

278 In der neuen katholischen Einheitsübersetzung der Heiligen Schrift, Das Neue Testament, Stuttgart 1980, heißt es: "So gründet der Glaube in der Botschaft, die Botschaft im Wort Christi." Im Zusammenhang des ganzen Abschnitts Röm 10,14-21 geht es in der Tat darum, daß die Initiative bei der Verkündigung liegt und für diese wiederum der Ausgangspunkt die Sendung durch Christus ist. Doch sollte der Aspekt des Vernehmens der Botschaft nicht entfallen. Gut übersetzt **Ernst Käsemann**, An die Römer, Tübingen 1973, 280: "Der Glaube kommt aus gehörter Botschaft, die Botschaft (erfolgt) aber in der Kraft des Wortes Christi."

279 Vgl. die Begründung der Notwendigkeit von Meditation bei **Dietrich Bonhoeffer**, o. c. (Anm. 65), 196: "Alles, was wir mit Recht von Gott erwarten, erbitten dürfen, ist in Jesus Christus zu finden. Was ein Gott, so wie wir ihn uns denken, alles tun müßte und könnte, damit hat der Gott Jesu Christi nichts zu tun. Wir müssen uns immer wieder sehr lange und sehr ruhig in das Leben, Sprechen, Handeln, Leiden und Sterben Jesu versenken, um zu erkennen, was Gott verheißt und was er erfüllt" (Eintragung vom 21.8.1944). Das Spezi-

Mk 4,3-20). Als "Wort Gottes" verstehbar sein und geglaubt werden kann die Botschaft aber auch nur dann, wenn sie sich **als eine Botschaft verstehen läßt, die die Wirklichkeit, von der sie redet, in sich selbst trägt.** Im Folgenden gehen wir zunächst diesen beiden Aspekten des Hörens nach.

FRAGEN

1. Inwiefern ist die Weitergabe des "Wortes Gottes" selber noch einmal sowohl Gegenstand des "Wortes Gottes" wie "Wort Gottes"?
2. Warum kann nur ein von anderen Menschen vermitteltes Wort "Wort Gottes" sein?
3. Wie verhalten sich "Hören" und "Verstehen" zueinander?
4. Welche beiden Grundbedingungen gehören in ihrer gegenseitigen Implikation zur Verstehbarkeit des "Wortes Gottes" als "Wort Gottes"?

1.1 Die christliche Botschaft als "Zeugnis"

Die eigentliche und ursprüngliche Begegnungsweise der christlichen Botschaft besteht darin, daß sie einem von anderen Menschen "bezeugt" wird. Und zwar besteht das eigentliche "Zeugnis" in dem Geschehen der Verkündigung selbst und nicht etwa nur in einem die Verkündigung begleitenden Handeln. Es könnte sich durchaus herausstellen, daß der Verkünder selber in seinem sonstigen Handeln hinter seiner Verkündigung weit zurückbleibt. Solange in der Verkündigung deutlich bleibt, daß Gottes Liebe zum Menschen an nichts Geschaffenem ihr Maß hat, handelt es sich um Bezeugung des christlichen Glaubens. "Verkündigung" meint hier einfach die persönliche Weitergabe der christlichen Botschaft; es ist also nicht nur die Predigt gemeint, sondern jede Weise, die Sache des Glaubens weiterzusagen.

"Zeugnis" bedeutet erstens, daß die Initiative dafür, daß man überhaupt der christlichen Botschaft begegnet, ursprünglich nicht bei einem selbst liegt. Die Initiative dafür geht vielmehr von anderen Menschen aus. Man "sucht" die christliche Botschaft nur, wenn man bereits von ihr angesprochen worden ist.

Zweitens besagt der "Zeugnis"-Begriff, daß sich die Verkünder der Botschaft nicht nur wie neutrale Vermittler einer Information verhalten. Das Bezeugen muß in einem Eingehen auf den angesprochenen Menschen bestehen und somit ein Akt personaler Zuwendung sein. Dabei identifiziert sich der Zeuge mit seiner Botschaft wenigstens soweit, daß der Angesprochene vor die Wahl gestellt wird,

---

fische christlicher Meditation ist diese Bindung an eine ihr vorgegebene Verkündigung; vgl. auch **Ignatius v. Loyola**, Geistliche Übungen, Nr. 2.

entweder den Zeugen selbst abzulehnen oder sich mit seiner Botschaft zu befassen. Diese Identifikation des Zeugen mit der Botschaft ist nicht in erster Linie emotionaler, sondern realer Art. Er setzt die eigene Person für die Botschaft ein und setzt sich selbst der Gefahr aus, abgelehnt zu werden. Durch diesen Einsatz seiner Person kann der Zeuge allerdings nur dazu nötigen, sich mit der Botschaft zu befassen; das ist durchaus noch nicht dasselbe, wie sie anzunehmen. Denn es kann sich immer noch herausstellen, daß die Botschaft nichtig ist, etwa weil sie Einwänden nicht standhalten kann. Kein noch so großes persönliches Engagement des Zeugen stellt als solches eine Wahrheitsgarantie dar. Aber das Bezeugtwerden einer Botschaft bewirkt, daß man sich der Auseinandersetzung mit ihr nur entziehen kann, indem man ihrem Zeugen prinzipiell das Gehör versagt und ihn so als Person ablehnt (280). Der "Zeugnis"-Begriff setzt also voraus, daß der Mensch als Person ein prinzipielles Recht auf Gehör hat und deshalb einen anderen zur Auseinandersetzung mit seiner Aussage sittlich verpflichten kann (281).

Gewiß weist die christliche Botschaft auch ihren Zeugen darauf hin, daß er sich bemühen müsse, nach ihr zu leben. Tut er dies, wird es dem Angesprochenen leichter, sich mit der Botschaft zu befassen. Aber gerade dann macht ihn die Botschaft darauf aufmerksam, daß die persönliche Heiligkeit ihres jeweiligen Zeugen nicht der eigentliche Grund für die Annahme der Botschaft sein darf (vgl. 1 Kor 1,10-17). Darüber hinaus stellt die Botschaft sogar in Frage, daß die persönliche Heiligkeit des Zeugen auch nur Bedingung dafür sei, daß man überhaupt zur Auseinandersetzung mir ihr verpflichtet ist. Die Botschaft kritisiert damit ein naheliegendes Vorverständnis von Glaubwürdigkeit, wie es der Mensch von sich aus mitbringt. Es wäre ein Beginn von Unmenschlichkeit, einem Menschen nur nach Vorleistungen Gehör schenken zu wollen. Auch umgekehrt wäre es eine verhängnisvolle Verkehrung, würde der Zeuge anderen Menschen nur zu dem Zweck Gutes erweisen, um seine Botschaft "glaubwürdig" zu machen. Die sachgemäße Motivation guter Werke ist allein die Not der anderen Menschen.

Der Anspruch eines Menschen auf Gehör ist in seiner Menschenwürde begründet. Sie kommt ihm unabhängig von seiner moralischen Integrität zu. Die Botschaft erweist dies gerade dadurch, daß sie den Zeugen bloßstellt, falls er nicht nach ihr lebt. Man kann sich einer Auseinandersetzung mit der Botschaft legitim auch nicht durch die Behauptung entziehen, man genüge ja bereits seinen Pflichten als Mensch und habe daher keine Glaubensbotschaft nötig. Denn man würde eben damit einem anderen Menschen apriori das Gehör versagen und sich unmenschlich verhalten. Dies ist geradezu der Anknüpfungspunkt der Botschaft. Ihr Adressat kann nicht von sich aus mit stichhaltigen Gründen ausschließen, daß ihm etwas für sein Selbst-

---

280 Vgl. II. Vatikanum, GS 21,6: Die Kirche kann Atheisten nur zur Auseinandersetzung mit ihrer Botschaft, also dazu einladen, "das Evangelium Christi unbefangen zu würdigen".

281 Wohl nur implizit begegnet dieser Aspekt in der umfassenden Analyse des Zeugnisbegriffs von **Johannes Beutler**, Martyria - Traditionsgeschichtliche Untersuchungen zum Zeugnisthema bei Johannes, Frankfurt am Main 1972.

verständnis Entscheidendes gesagt wird, das er sich nicht bereits selber sagen kann.

Allerdings sind gerade um dieses prinzipiellen Rechts auf Gehör willen die Situationen, in denen dieses Recht wahrgenommen werden kann, nicht beliebig. Zum Beispiel wird man normalerweise niemanden während seiner Arbeitszeit in Glaubensgespräche verwickeln dürfen. Aber umgekehrt erscheint es auch nicht zulässig, daß jemand sich in überhaupt keiner Situation ansprechen lassen will. Nähere Kriterien dafür zu entwickeln, in welchen Situationen es zulässig ist und in welchen nicht, von Glauben zu sprechen, wäre eine dringende Aufgabe für die Pastoraltheologie. Es gibt Weisen, vermeintlich den Glauben zu bezeugen, die eher Hindernisse für seine Annahme aufbauen. Sie erwecken den Eindruck der Aufdringlichkeit und Indiskretion (282). Umgekehrt unterbleibt das wirkliche Zeugnis oft, wo es notwendig wäre (283). Die ideale Situation der Glaubensverkündigung ist dann gegeben, wenn gutes Verhalten von Christen in anderen die Frage weckt, aufgrund welchen Mutes sie so leben (vgl. Mt 5,16 und 1 Petr 2,12; 3,1-6). Das heißt nicht, daß die guten Werke der Zeugen als Sachgrund für die Annahme des Glaubens ausgegeben werden dürfen. Im Gegenteil verweist christliches Zeugnis immer vom Zeugen weg auf die bezeugte Sache. Kriterium für deren Glaubwürdigkeit ist allerdings: "Wie handelt man, wenn man euch glaubt, was ihr sagt?" (284)

Das Bezeugtwerden ist der christlichen Botschaft nicht äußerlich (285). Sie versteht sich ja letztlich als eine Aussage darüber, wie weit die Offenheit von Menschen füreinander gehen kann, nämlich so weit, in mitmenschlichem Wort die Selbstzusage Gottes anzunehmen. Die christliche Botschaft begegnet in mitmenschlicher Kommunikation und ist auf die Bildung neuer Gemeinschaft aus, indem sie das wah-

---

282 Vgl. die Ausführungen zur Unterscheidung zwischen dem "Letzten" und dem "Vorletzten" bei **Dietrich Bonhoeffer**, o. c. (Anm. 196), 128-152.

283 Vgl. **Ignatius v. Loyola**, Brief an Teresa Rejadell (18.6.1536), in: **ders.**, Geistliche Übungen und erläuternde Texte, hrsg. v. Peter Knauer, Leipzig bzw. Graz-Wien-Köln 1978, Nr. 639: "Und hier ist mehr Aufmerksamkeit notwendig als in allen anderen Dingen. Oft müssen wir die große Lust, über Dinge Gottes unseres Herrn zu sprechen, zügeln; andere Male müssen wir mehr sprechen, als uns Lust oder Anregung begleitet. Denn darin ist es notwendig, mehr auf das Subjekt der anderen als auf mein eigenes Verlangen zu schauen."

284 Vgl. **Bertolt Brecht**, Der Zweifler, in: **ders.**, Gesammelte Werke in acht Bänden, IV, Frankfurt am Main 1967, 587f. In diesem Gedicht werden eine Reihe von Kriterien für den rechten Gebrauch des Wortes genannt.

285 Vgl. **Karl Rahner**, Theologische Bemerkungen zum Begriff "Zeugnis", in: **ders.**, Schriften zur Theologie X, Zürich-Einsiedeln-Köln 1972, 164-180; dort auch der Hinweis darauf, daß "eine richtig verstandene Fundamentaltheologie [...] nicht den Akt des Glaubens von außen aufbaut", obwohl sie ihn natürlich auf das von außen kommende Zeugnis zurückführt, "sondern seine innere Selbstgegründetheit im gegenseitigen Verweis seiner Momente thematisch macht" (178).

re Wesen menschlicher Gemeinschaft offenbar macht. So ist auch die Gemeinschaft mit Gott nur in der Begegnung mit ihrer Verkündigung im Glauben erfahrbar. Man muß sie sich gesagt sein lassen.

Daß einem die christliche Botschaft als von anderen Menschen bezeugt begegnet, unterscheidet sie von einem Traum oder einer Wunschvorstellung, auf die man von sich aus verfallen kann. Es wäre zur Not denkbar, daß man die inhaltlichen Aussagen der christlichen Verkündigung selber erfindet (286). Man könnte sich die Vorstellung bilden, von Gott in einer ewigen und unbedingten Liebe angenommen zu sein. Die Rede von der Dreifaltigkeit Gottes und sogar von der Menschwerdung des Sohnes und der Sendung des Heiligen Geistes ließe sich als eine mögliche Kombination von Vokabeln erdenken. Man kann jedoch durch keine eigene Erfindung bewirken, daß sich im voraus dazu andere Menschen mit einer solchen Botschaft identifizieren und sie bezeugen. An diesem Sachverhalt hängt die Unterscheidbarkeit der christlichen Botschaft von einer Illusion (287).

---

286 Mit einer solchen Möglichkeit setzt sich **Dietrich Bonhoeffer** in seiner Christologievorlesung (Gesammelte Schriften III, hrsg. v. Eberhard Bethge, München 1960, 169) auseinander: Der menschliche Logos sucht, sich alles andere einzuordnen. Wo nun seine Herrschaft durch einen von außen kommenden Anspruch bedroht wird, vollbringt er Grandioses: "Er kommt dem Anspruch zuvor, indem er sich selbst negiert und zugleich behauptet, daß diese Verneinung eine notwendige Entfaltung seines eigenen Wesens ist. Das ist die letzte List und die letzte Kraft dieses Logos. Dies ist, was Hegel in seiner Philosophie getan hat." So wird der Gegenlogos der Offenbarung noch immer nur als Idee verstanden. Eine solche Möglichkeit der Einordnung ist aber dann nicht mehr gegeben, wenn der Gegenlogos **im voraus** zu aller Spekulation in der geschichtlichen Wirklichkeit als "fleischgewordenes Wort" begegnet (ebd.). Dies läßt sich nicht durch Erfindung bewirken.

287 Vgl. dazu die Auseinandersetzung zwischen **Karl Jaspers** und **Rudolf Bultmann** in: **dies.**, Die Frage der Entmythologisierung, München 1954. Jaspers will (wie mir scheint, ist er darin ein Vertreter des Modernismus) die Begegnung mit anderen Menschen immer nur als Anstoß und Anlaß zu philosophischer Selbsterhellung gelten lassen (vgl. ebd., 84). Bultmann macht ihm den Vorwurf, daß die Begriffe der Begegnung und der Anrede bei ihm keine Rolle spielten und damit "die Geschichtlichkeit des menschlichen Seins von ihm nicht voll erfaßt" sei (67). In der Tat vermag Jaspers die für Bultmann zu Recht entscheidende "Bindung an ein objektiv im Wort vorliegendes Historisches" (84) nicht anzuerkennen. Bultmann sieht in dieser Bindung das den Glauben und seinen spezifischen Absolutheitsanspruch bestimmende Skandalon: "Und **insofern** ist die christliche Verkündigung an eine Tradition gebunden und blickt auf eine historische Gestalt und ihre Geschichte zurück, als sie in dieser Gestalt und ihrer Geschichte die Legitimation des Zuspechens sieht" (72). Vgl. auch **Dietrich Bonhoeffer**, Gemeinsames Leben, München 1973, 14: "Gott hat gewollt, daß wir sein lebendiges Wort suchen und finden sollen im Zeugnis des Bruders, in Menschenmund. Darum braucht der Christ den Christen, der ihm Gottes Wort sagt, er braucht ihn immer wieder, wenn er ungewiß und verzagt wird; denn aus sich selbst kann er sich nicht helfen, ohne sich um die Wahrheit zu be-

Erst aufgrund ihres Bezeugtwerdens durch andere Menschen kommt der christlichen Botschaft die Kraft zu, den jeweiligen Hörer in die Entscheidung zwischen Glauben und Unglauben zu stellen (288). Sie begegnet von vornherein in der Weise verbindlich, daß man der Auseinandersetzung mit ihr nur so ausweichen kann, daß man sich willkürlich in sich selbst verschließt.

Die gegenwärtige Bezeugung der christlichen Botschaft verweist auf ihren historischen Ursprung. Wo man die Botschaft als wahr annimmt und sich von Gott mit der Liebe angenommen weiß, in der er seinem Sohn zugewandt ist, impliziert dies das Bekenntnis zur Gottessohnschaft desjenigen, von dem diese Botschaft ursprünglich ausgeht. Umgekehrt ist der Glaube an die Gottessohnschaft Jesu nur in der Weise möglich, daß man sich selbst als in dessen Verhältnis zu Gott hineingenommen versteht. Anderenfalls würde man die Gottessohnschaft Jesu nicht in dem Sinn bekennen, in dem sie gemeint ist.

So geht unser Glaube auf Jesu eigenen Glauben zurück (289). Man übernimmt im Glauben Jesu eigene Gewißheit, von Gott in un-

---

trügen. Er braucht den Bruder als Träger und Verkündiger des göttlichen Heilswortes. Er braucht den Bruder allein um Jesu Christi willen. Der Christus im eigenen Herzen ist schwächer als der Christus im Worte des Bruders; jener ist ungewiß, dieser ist gewiß. Damit ist zugleich das Ziel aller Gemeinschaft der Christen deutlich: Sie begegnen einander als Bringer der Heilsbotschaft. Als solche läßt Gott sie zusammenkommen und schenkt ihnen Gemeinschaft. Allein durch Jesus Christus und die 'fremde Gerechtigkeit' ist ihre Gemeinschaft begründet." Mit der "fremden Gerechtigkeit" ist hier gemeint, daß das Maß der Liebe Gottes zu uns nicht wir selbst sind, sondern Jesus Christus in seiner Gottessohnschaft.

288 **Gotthold Ephraim Lessing**, Über den Beweis des Geistes und der Kraft, in: Lessings sämtliche Werke in zwanzig Bänden, hrsg. v. Hugo Göring, Band 18, Stuttgart o. J., 25-29, schrieb (27): "Zufällige Geschichtswahrheiten können der Beweis von notwendigen Vernunftwahrheiten nie werden." Ursprünglich gemeint ist, daß aus früherer Zeit erzählte Wunder nicht ausreichen, um einen schlechterdings gewissen Glauben zu begründen; es bedürfe vielmehr eines gegenwärtigen Beweises des Geistes und der Kraft. In seiner Wirkungsgeschichte scheint dieser immer wieder zitierte Satz jedoch als Einwand gegen einen auf das äußere, geschichtlich begegnende Wort angewiesenen Glauben verstanden zu werden. Dann ist zu antworten: Gerade die nicht ableitbare historische Zufälligkeit, daß wir tatsächlich durch andere Menschen mit der christlichen Botschaft konfrontiert werden, ist die Bedingung dafür, daß diese Botschaft als etwas verstanden werden kann, was man sich nicht nur selbst einredet. In der Sicht des christlichen Glaubens kann überhaupt nur ein partikuläres Ereignis geschichtlicher Begegnung schlechthin universale Bedeutung haben. Der Hinweis auf die Partikularität ist deshalb kein Einwand gegen den Glauben, sondern macht im Gegenteil seine entscheidende Möglichkeitsbedingung geltend.

289 Zu dieser in der katholischen Theologie ungewohnten Redeweise vgl. bereits **Hans Urs v. Balthasar**, Fides Christi, in: **ders.**, Sponsa Verbi - Skizzen zur Theologie II, Einsiedeln 1961, 45-79; ferner **Léopold Malevez**, Le Christ et la foi, in: NRTh 88 (1966) 1009-1043.

endlicher Weise geliebt zu sein. Aber wenn sich unser Glaube nur dadurch von Illusion unterscheiden läßt, daß man für ihn schlechterdings auf Hören angewiesen ist, dann stellt sich natürlich die Frage, wie es sich mit dem Glauben Jesu selbst verhält. Wie unterscheidet sich für ihn die Gewißheit seiner Gottessohnschaft von einem selbstgemachten Wunschtraum?

Erst auf diese Frage hin scheint die Bedeutung einer Reihe von neutestamentlichen Texten zur Geltung zu kommen, die durch den Hinweis auf das Verhalten anderer Menschen zu Jesus zu antworten scheinen. Jesu Botschaft war solcherart, daß andere Menschen durch sie zu einem Glauben kamen, der sie menschlich machte. Seine Botschaft fand in anderen Menschen gleichsam einen **vorgegebenen** Resonanzboden, der nur durch sie zum Klingen gebracht werden konnte. Dieser "Resonanzboden" hat die Struktur, daß die Menschen nur entweder glauben konnten oder aber in Willkür verfallen mußten. Der Glaube, zu dem man aufgrund seiner Botschaft kam, ließ sich als Alternative zu jeder Form von Weltvergötterung bzw. von Verzweiflung an der Welt verstehen und unterschied sich dadurch von beliebiger Weltanschauung. Umgekehrt konnte man sich der Botschaft Jesu nicht anders als willkürlich entziehen. Wo Menschen Jesus glauben, folgen sie nicht einer blinden Begeisterung, die alle rationalen Fragen überrollt. Sie sind vielmehr ganz und gar in ihrer eigenen Verantwortung angesprochen und können sich nicht hinter dem verstecken, was "man" denkt oder tut (vgl. Mk 3,1-6, vor allem v. 4-5a). Daß die Botschaft Jesu **in dieser Weise** Anhänger fand, war ein Geschehen in der Wirklichkeit selbst und spielte sich nicht nur im Bewußtsein Jesu ab. Daß seine Botschaft in anderen Men-

---

Wenn "Glaube" als ein Sich-von-Gott-geliebt-Wissen verstanden wird und sich auf ein personales Gegenüber richtet, ist er auch von Jesus selbst auszusagen, genauso wie man von ihm aussagen kann, daß er gebetet habe (vgl. Mt 11,25-27; Lk 11,1; 22,41f; Joh 17; Hebr 5,7f) und Gott "gehorsam" war (vgl. Phil 2,8). Die sonst in der katholischen Theologie verbreitete Bestreitung eines Glaubens Jesu (vgl. **Thomas v. Aquin**, S. th. III q7 a3) beruht auf der Meinung, der Glaube werde durch Schauen überboten, sei also eine an sich geringere Erkenntnisweise. - In evangelischer Theologie wird ein Glaube Jesu insbesondere von **Gerhard Ebeling** behauptet; vgl. z. B. Jesus und Glaube, in: **ders.**, Wort und Glaube I, Tübingen ³1967, 240: "[...] es dürfte unmöglich sein, angesichts der Art und Weise, wie Jesus vom Glauben redet, ihn selbst vom Glauben auszunehmen." Ferner **ders.**, Theologie und Verkündigung, Tübingen ²1963, 89: "Hier spricht eine Gewißheit an, die, weil **alles** Verhalten bestimmend und auf **jede** Situation bezogen, also als nicht-partielle Gewißheit nicht **analoge** Realisierung erlaubt, sondern das Sichhineinnehmen-Lassen in **diese** Gewißheit zumutet." - **Rudolf Bultmann**, o. c. (Anm. 150), 19, hatte dagegen den Rekurs auf Jesu eigenen Glauben als "Rückfall in die historisch-psychologische Interpretation" erklärt. Aber es geht bei Ebeling, im Sinne Bultmanns formuliert (vgl. a. a. O., 18), nicht um Jesu "Selbstbewußtsein", sondern um das durch ihn zur Sprache gekommene "Selbstverständnis" in geschichtlicher Begegnung. "Selbstverständnis" ist die Weise, wie man sich selbst in der Begegnung mit der Freiheit anderer Menschen neu versteht; es hat den Charakter einer Entscheidung.

schen auf eine solche vorgegebene Entsprechung traf, hätte Jesus nicht durch seine eigene Erfindung bewirken können. Die vorgegebene Entsprechung erweist sich selbst da, wo man Jesus ablehnt, weil man dies nur so kann, daß man in Willkür verfällt. Daß Jesus für sein Selbstverständnis auf die gottgewirkte Erfahrung anderer Menschen mit ihm angewiesen ist, findet seinen Ausdruck in seiner Frage: "Für wen haltet ihr mich?" (Mt 16,15)

Somit erfährt Jesus selber sein Verhältnis zum Vater als wirklich und nicht nur vorgestellt gerade aufgrund des Verhaltens anderer Menschen zu ihm. Der johanneische Jesus dankt dem Vater für die Menschen, die dieser ihm "gegeben" hat (Joh 17,6). Denn er weiß, daß niemand zu ihm kommen kann, "wenn ihn der Vater nicht zieht" (Joh 6,44). Der gleiche Gott, von dem sich Jesus gesandt weiß, muß im Gewissen derer wirken, die auf sein Wort hören. "Denn der, welcher heiligt, und die, welche geheiligt werden, sie kommen alle von einem einzigen her; deswegen schämt er sich auch nicht, sie 'Brüder' zu nennen" (Hebr 2,11). Die Menschen sind in der Lage, die Stimme des wahren Hirten von der der Mietlinge zu unterscheiden (Joh 10,4); und es ist gerade dieser Sachverhalt, auf den sich Jesus beruft. Man kann sich der Botschaft Jesu nur mit Gründen versagen, die sich als fadenscheinig und unzureichend erweisen lassen (vgl. Mt 11,16-19). Umgekehrt gilt, daß, wer seinem Gewissen folgt, zum Glauben kommt: "Meine Lehre ist nicht meine Lehre, sondern dessen, der mich gesandt hat. Wenn einer seinen Willen tun will, wird er in bezug auf die Lehre erkennen, ob sie von Gott ist oder ob ich von mir selbst her spreche" (Joh 7,16b-17).

Daß sich Jesus also auf das Gewissen anderer Menschen berufen kann, ist der Gegensatz dazu, "im eigenen Namen" zu kommen und Ehre von den Menschen anzunehmen (vgl. Joh 5,43f) wie diejenigen, die zu ihrer Selbstbestätigung blind-fanatischer Gefolgschaft bedürfen. Könnte sich Jesus nur auf sein eigenes Bewußtsein berufen, dann wäre in der Sicht des Johannesevangeliums sein Zeugnis "nicht wahr" (Joh 5,31); aber da er sich auf das Gewissen der ihm in der Realität Begegnenden berufen kann, bleibt sein Zeugnis auch dort wahr, wo er gewissenswidrig abgelehnt wird (vgl. Joh 8,13-19). Es scheint sogar, daß Jesus die volle Universalität seiner Sendung, daß nämlich das Israel Gottes weiter reicht als das jüdische Volk (vgl. Röm 9,6; Gal 6,16), überhaupt erst dadurch erfährt, daß auch "Außenstehende" zum gleichen Glauben an ihn kommen wie die Juden (vgl. Mt 8,10; Mk 7,24-30).

Im Sinn dieser Aussagen gilt, daß Jesus auch für seine eigene Gewißheit der Gemeinschaft mit Gott auf die Kommunikation mit anderen Menschen angewiesen ist, denen er in der Wirklichkeit und nicht nur in der eigenen Vorstellung begegnet. So kommt, gewissermaßen im Negativ, auch für ihn der Glaube noch immer vom Hören. Ohne diesen Bezug auf reale Menschen hätte auch er seinen eigenen Glauben nicht von Illusion unterscheiden können (290). Man kann

---

290 Vgl. Dietrich Bonhoeffers Christusprädikation: Jesus ist "der Mensch für andere" (z. B. ders., o. c. [Anm. 65], 192). Vgl. ferner die eindringende Analyse von Jacques Guillet, Jésus devant sa vie et sa mort, Paris 1971, 21 und 117-135: "Cäsarea [vgl. Mt 16,13-20]

deshalb die Bedeutung Jesu nicht erfassen, wenn man ihn losgelöst von seinen Jüngern und überhaupt den ihm begegnenden Menschen betrachtet. In einer gewissen Entsprechung dazu gilt dann auch von den an Jesus Glaubenden, daß sie ihrerseits die Gewißheit des Glaubens nur so haben können, daß sie den Glauben weitergeben und seine Wirkung in anderen erfahren. Der Glaube kommt erst in seiner bezeugenden Weitergabe zu seiner vollen Gewißheit (291).

Man könnte nun die weitere Frage stellen, wie denn die Entstehung der Botschaft bei Jesus selbst zu "erklären" sei. Der Hinweis auf die Gottessohnschaft Jesu wäre keine Antwort auf diese Frage, sondern wäre selbst nur eine andere Formulierung für die Tatsache, die zu dieser Frage Anlaß gibt, nämlich daß Jesus Christus der Ursprung der christlichen Botschaft ist.

Unseres Erachtens bedarf es nicht der Vorstellung, Jesus habe irgendwelche schlechterdings einzigartigen inneren Erfahrungen gehabt, die ihm seine Gottessohnschaft im voraus zu seiner Begegnung mit anderen Menschen garantiert hätten und die er dann nur noch nachträglich zur Sprache bringen mußte (292). Rein innere Erfahrungen wären ja von Zwangsideen nicht unterscheidbar und kommen deshalb wie für uns auch für Jesus selbst nicht als Glaubensbegründung in Betracht.

Psychologisch gesehen kann Jesus auf die Überzeugung von seiner "Gottessohnschaft zugunsten anderer Menschen" durchaus wie auf einen Gedanken gekommen sein. Von einem bloßen Gedanken unterscheidbar war seine Überzeugung auch für ihn selbst erst dadurch, daß er an ihm in der Wirklichkeit vorgegebenen anderen Menschen die Erfahrung machte, daß sie sich diesem seinem Wort nur entziehen konnten, indem sie in Willkür verfielen. Insofern ist Jesu Überzeugung von seiner Gottessohnschaft genauso "unerklärlich", wie es der Glaube derer ist, die zu ihm kommen. Beides läßt sich nur als das Handeln Gottes verstehen, der sowohl an ihm als dem Verkünder wie an denen am Werk ist, die an ihn glauben. Dafür gibt es keine irdische Erklärung, und gerade darin besteht der Wundercharakter dieses ganzen Geschehens.

---

zeigt, daß Jesus sich nur offenbaren kann, indem er Menschen sagen läßt, wer er für sie ist. Es gibt keine Offenbarung ohne Menschen, die sie empfangen und formulieren. Das bedeutet, daß es keinen Christus ohne Kirche gibt" (ebd., 134).

291 Vgl. den wichtigen Hinweis von **Eugen Biser**, Glaubensverständnis - Grundriß einer hermeneutischen Fundamentaltheologie, Freiburg-Basel-Wien 1975, 113.

292 Anders **Avery Dulles**, der in seiner Rezension in: TS 40 (1979) 180-181 postuliert, das Wort des Glaubens müsse in seinem Ursprung als die Kristallisation einer innerlich zumindest dunkel gespürten Gnadenerfahrung verstanden werden. Gerade im Postulat solcher angeblich dem Wort vorangehenden und für uns nicht mehr verifizierbaren Gnadenerfahrungen sehe ich meinerseits die "Achillesferse" aller derartigen Formen der Glaubensbegründung.

So ist für uns die ganze Einzigartigkeit Jesu bereits damit gegeben, daß in ihm "der Glaube zur Sprache gekommen ist" (293). Auf diesen ihren Ursprung muß sich die Glaubensverkündigung zu allen Zeiten berufen. Es ist dabei wichtig, zu erfassen, in welcher Weise sich die Verkündigung auf Jesus als auf ihren Grund beruft. Die Autorität Jesu kommt nur in dieser Verkündigung selbst als ihr Grund zur Geltung (294).

FRAGEN

1. Was bedeutet es, daß uns der Glaube von anderen Menschen "bezeugt" werden muß? Durch welche Elemente ist der "Zeugnis"-Begriff zu bestimmen?
2. Wozu kann "Zeugnis" den Hörer verpflichten? Warum kann das persönliche Engagement des Zeugen noch nicht dazu verpflichten, ihm die Wahrheit des Bezeugten abzunehmen?
3. In welchem inneren Verhältnis steht die Notwendigkeit, "bezeugt" zu werden, zur Sache der christlichen Botschaft?
4. Warum impliziert der Glaube an unser Angenommensein durch Gott das Bekenntnis zur Gottessohnschaft Jesu?
5. Wie unterscheidet sich für Jesus selbst sein Glaube von einer Illusion?
6. Wie unterscheidet sich die Weise, wie Jesus Anhänger findet, von der Weise, wie Fanatiker in aller Welt Anhänger finden?
7. In welchem Sinn entziehen sich grundsätzlich alle Glaubenssachverhalte der "Erklärung"?
8. Warum ist es nicht möglich, unter Übergehung gegenwärtiger

---

293 Vgl. **Gerhard Ebeling**, o. c. (Anm. 152), 318.

294 Sehr gut die Erläuterung von **Gerhard Ebeling**, o. c. (Anm. 248), 95: "Die Weise, wie sich die Kirche auf ihren Grund beruft, besteht [...] nicht in dem Nachweis, daß Jesus die Kirche gegründet und kraft seiner Autorität an sie Autorität delegiert habe. Das Schema der Delegierung von Vollmacht setzt eine schon anerkannte Autorität voraus, auf deren Autorität sich berufen zu können, Autoritätsausweis wäre. Doch die Kirche kann die Geltung der Autorität Jesu nicht schon voraussetzen, vielmehr ist es gerade ihre Sache, diese Autorität geltend zu machen. Die Vollmacht des Wortgeschehens, das das Wesen der Kirche selbst ausmacht, ist also einerseits die in diesem Wortgeschehen selbst sich ereignende und sich geltend machende Vollmacht, anderseits aber, gemäß der darin sich vollziehenden Berufung auf Jesus, die diesem Wortgeschehen nicht von sich aus, sondern von Jesus her eignende Vollmacht." - Dieses katholische Anliegen, daß man zum Glauben an Jesus Christus der Vermittlung durch die gegenwärtige Verkündigung bedarf, hat **Martin Luther** mit höchster Eindringlichkeit in seiner Auseinandersetzung mit Karlstadt und den Schwärmern formuliert; vgl. ders., Wider die himmlischen Propheten, von den Bildern und Sakrament (1525), WA 18; 202,32 - 203,26. In den "Geistlichen Übungen" von **Ignatius v. Loyola** wird der gleiche Gesichtspunkt in der grundlegenden 2. Annotatio (Nr. 2) erläutert: Die Unmittelbarkeit des Exerzitanten zu Gott (Nr. 15) hängt an der gegenwärtigen Mitteilung des geschichtlichen Fundaments der Betrachtungen.

Glaubensverkündigung allein durch historische Erforschung des Lebens Jesu und seiner damaligen Verkündigung zum Glauben zu kommen?

1.2 Die "Sakramentalität" der christlichen Botschaft

In der ökumenischen Auseinandersetzung werden weithin "Wort" und "Sakrament" einander entgegengestellt. Landläufig gilt die katholische Kirche eher als die "Kirche des Sakraments" und der Institution, während die evangelische Kirchenauffassung mit "Kirche des Wortes" wiedergegeben wird (295). Gewöhnlich wird der vermeintliche Vorrang des Institutionellen in der katholischen Kirche als das eigentlich Unterscheidende angesehen.

Unter den Sakramenten versteht man nach katholischer Lehre "wirksame Zeichen der Gnade". "Sie enthalten die Gnade und teilen sie den würdig Empfangenden mit" (296). Die Sakramente sind das "heilige Zeichen [sacramentum]" für eine "Wirklichkeit [res sacramenti]", die in ihnen selbst gegeben ist (297). Deshalb geschieht die Wirkung der Sakramente "ex opere operato", nämlich kraft ihres Vollzugs (298). Ihre Wirksamkeit beruht nicht auf der persönlichen Heiligkeit dessen, der jeweils das Sakrament spendet. Denn der eigentlich in den Sakramenten Handelnde ist Christus selbst.

Die katholische Betonung der Sakramente ist gegen eine vermeintliche Verabsolutierung des bloßen Wortes gerichtet. Man befürchtet, die Konzentration auf "das Wort allein" bedeute eine einseitige Spiritualisierung und werde der Leiblichkeit des Menschen nicht gerecht. Umgekehrt scheinen in den Kirchen der Reformation die Sa-

---

295 Vgl. **Karl Rahner**, Wort und Eucharistie, in: **ders.**, Schriften zur Theologie IV, Einsiedeln-Zürich-Köln 1960, 317. Zu der Gegenüberstellung vgl. auch den Titel der Schrift von **Karl Gerhard Steck**, Kirche des Wortes oder Kirche des Lehramts?, Zürich 1962.

296 Konzil von Florenz, Dekret für die Armenier (1439), DS 1310.

297 Ein anschauliches Beispiel für ein Zeichen, das selber enthält, was es bezeichnet, ohne daß das Bezeichnete auf das Zeichen beschränkt wäre, ist der Windsack als Windanzeiger auf den Autobahnen.

298 Konzil von Trient, Dekret über die Sakramente (1547), DS 1608. - **Martin Luthers** Ablehnung des Begriffs "opus operatum" läuft übrigens auf die um so betontere Anerkennung der gleichen Sache hinaus; vgl. **ders.**, Von der Winkelmesse und Pfaffenweihe (1533), WA 38; 239, 14-37, vor allem 22-27: "Denn es heißt nicht darum eine Taufe, daß ich taufe oder das Werk tue, wenn ich auch heiliger denn Sankt Johannes oder ein Engel wäre, sondern darum heißt man Taufen eine Taufe, daß Christi Wort, Befehl und Einsetzung also geordnet hat, das Wasser und sein Wort sollen eine Taufe sein. Solche seine Ordnung (sage ich) und nicht unser Tun, opus operatum macht die Taufe" (in neuhochdeutscher Übertragung).

kramente relativiert zu werden. Man will einem verdinglichenden Verständnis der Gnade wehren. Die Bedenken bestehen selbst gegenüber denjenigen katholischen Theologen, die bereit sind, die Sakramente in dem Sinn auf das Wort zurückzuführen, daß sie die höchste Form des Wortes seien (299).

Wir versuchen im Folgenden, die Sakramente auf die Unüberbietbarkeit des "Wortes Gottes" zurückzuführen, das gerade in seiner Unüberbietbarkeit die **Möglichkeit** von Sakramenten **notwendig** macht (300), ja die Kirche selbst zum "Sakrament" des Heils für alle Menschen (301) werden läßt. Zur Klärung gehen wir davon aus, daß bereits das Wort der christlichen Verkündigung "sakramental" ist: **Wie die Sakramente** bezeichnet es nicht nur, sondern **enthält** die Wirklichkeit selbst, von der es redet, und **teilt** sie mit (302). Es ist als Wort sinnenhaft und entspricht damit der Leib-Seele-Struktur des Menschen: Es braucht nicht erst verleiblicht zu werden, sondern es ist bereits verleiblicht begegnende Gnade. Es ist wie die Sakramente wirksames Zeichen der Gnade, die es mitteilt (303). Als das

---

299 Vgl. **Gerhard Ebeling**, Worthafte und Sakramentale Existenz, in: **ders.**, o. c. (Anm. 157), 197-216; dort vor allem (209-214) die Auseinandersetzung mit **Karl Rahner**, Wort und Eucharistie, in: **ders.**, Schriften zur Theologie IV, Einsiedeln-Zürich-Köln 1960, 313-355, und mit **Otto Semmelroth**, Wirkendes Wort - Zur Theologie der Verkündigung, Frankfurt am Main 1962. **Karl Rahner** will noch in Schriften zur Theologie X, Einsiedeln-Zürich-Köln 1972, 379, die Sakramente als die "höchste menschliche und kirchliche Stufe des Wortes" verstanden wissen (vgl. jedoch seine eigene Infragestellung dieser Auffassung ebd., 419). - Besonders zu empfehlen ist auf katholischer Seite der Aufsatz von **Otto Hermann Pesch**, Besinnung auf die Sakramente - Historische und systematische Überlegungen und ihre pastoralen Konsequenzen, in: FZPhTh 18 (1971) 266-321, wo die Sakramente auf Wort und Glaube hin ausgelegt werden.

300 Zur Auseinandersetzung mit anderen Ansätzen vgl. den Bericht von **Hermann J. Weber**, Wort und Sakrament - Diskussionsstand und Anregung zu einer Neuinterpretation, in: MThZ 23 (1972) 241-274. - Nach **Walter Kasper**, Wort und Sakrament, in: **ders.**, Glaube und Geschichte, Mainz 1970, 292, gehen die vielfältigen bestehenden Lösungsversuche "alle von einem als gegeben vorausgesetzten Sakramentsbegriff und einer fehlenden, aber als Desiderat empfundenen Worttheologie aus".

301 Vgl. II. Vatikanum, LG 1.

302 Vgl. die sehr sachgemäße Formulierung **Rudolf Bultmanns** in: Entmythologisierung - Eine Auseinandersetzung zwischen Julius Schniewind, Rudolf Bultmann und Karl Barth, Stuttgart 1949, 84: "Paradosisform aber muß das Kerygma haben (so gut wie die Sakramente, damit sie nicht zu Symbolen werden), weil es nicht im Vortrag allgemeiner Wahrheiten besteht, sondern selbst zum eschatologischen Geschehen gehört." Mit "allgemeinen Wahrheiten" meint Bultmann bloße Vernunfteinsicht, wie sie jederzeit zur Verfügung steht; "Symbole" wären bloße Zeichen für eine Sache, die selbst gerade nicht in den Symbolen gegenwärtig wird.

303 **Otto Semmelroth**, o. c. (Anm. 299), 177, sagt: "[...] auch das Sakrament, das ganz sicher ex opere operato wirkt, kommt nur nach

Geschehen der Selbstmitteilung Gottes ist es durch nichts überbietbar. Deshalb können auch die Sakramente nichts noch Höheres als das "Wort Gottes" sein.

Insbesondere gilt auch das "ex opere operato" der katholischen Sakramentenlehre bereits von der Glaubensverkündigung selbst. Weil Glaubensaussagen die Wirklichkeit, von der sie reden, in sich selbst tragen, sind sie "aus sich selbst [ex sese]" (304) wahr. Sie sind das Geschehen dessen, wovon sie reden, nämlich unserer Gemeinschaft mit Gott, die darin besteht, daß wir von Gott angesprochen werden. Unter der Bedingung, daß es sich überhaupt um sachgemäße. d. h. als Glaubensverkündigung im Sinne der Selbstmitteilung Gottes verständliche Verkündigung handelt, gilt: Ihre Glaubwürdigkeit ist von der persönlichen Heiligkeit des Verkünders ebenso unabhängig wie die Wirksamkeit der Sakramente vom Gnadenstand ihres Spenders (vgl. Phil 1,15-18) (305). Wenn der Verkünder in seinem Verhalten

---

Maßgabe der entgegenkommenden Eigentätigkeit des Empfangenden zur Wirksamkeit, 'entsprechend der eigenen Bereitung und Mitwirkung eines jeden' [vgl. DS 1529]." Dies darf wohl nach DS 1606 dahingehend ausgelegt werden, daß die dem Sakrament einzig gemäße "Eigentätigkeit" in demjenigen gnadenhaften Glauben besteht, der sich selbst nichts, sondern alles dem Sakrament zuschreibt und der also dem Sakrament "kein Hindernis" entgegensetzt. Allein diese "Eigentätigkeit", der eigene Glaube, ist es, worin das Wort und das Sakrament zu seiner Wirkung im Glaubenden kommt, während es sonst "nutzlos" bliebe (vgl. Hebr 4,2). Diese "Eigentätigkeit" hat also nicht die Struktur einer "Leistung"; sie ist nicht das, was man von sich aus vermag, sondern Gnade.

304 Karl Rahner, Wort und Eucharistie, in: ders., Schriften zur Theologie IV, Einsiedeln-Zürich-Köln 1960, 329, will das Sakrament, "und nur es", als die "höchste Wesensverwirklichung der Heilstat Gottes im radikalen Engagement der Kirche (d. h. als deren eigene volle Aktualisation) bei entscheidenden Heilssituationen des einzelnen" verstanden wissen. Dies kann jedoch kaum den entscheidenden Unterschied des Sakraments zum Wort ausmachen; denn nach Karl Rahner, Bietet die Kirche letzte Gewißheiten?, in: ders., Schriften zur Theologie X, Zürich-Einsiedeln-Köln 1972, 301, setzt sich die Kirche auch bei Glaubensdefinitionen "mit einem absoluten Glaubensengagement" ein. Gewiß ist wahr, daß die Zusage Gottes im Sakrament in besonderer Weise dem einzelnen gilt; dennoch wird dadurch nicht die Heilstat Gottes noch mehr als sonst verwirklicht, sondern es wird nur noch einmal unterstrichen, wie unüberbietbar sie überhaupt überall, auch außerhalb des Sakraments, ist, wo sie geschieht.

305 Christofer Frey stimmt in seiner Rezension in: EK 12 (1979) 426-427 zwar dem Grundsatz zu, daß der Glaube aus dem Zeugnis kommt; er schreibt aber dann: "bei den Sakramenten jedoch zögert Knauer, vom Bezeugenden so viel zu erwarten, plötzlich hängt das Zeugnis von Gott nicht mehr derart am Zeugnis der bezeugenden Person" (426). Darauf ist zu antworten, daß die obigen Ausführungen in strikt gleicher Weise sowohl bei der Verkündigung wie bei den Sakramenten die Bezeugung der Sache von der persönlichen Heiligkeit des jeweiligen Zeugen unterscheiden und in beiden Fällen nicht auf letztere bauen.

der Verkündigung nicht entspricht, dann stellt er sich selbst durch diese Verkündigung bloß; und gerade dadurch ist sie noch einmal glaubwürdig. So sehr man darauf angewiesen ist, den Glauben durch das Zeugnis anderer Menschen zu empfangen, kann man sich doch der Auseinandersetzung mit der Glaubensverkündigung nicht durch Urteile über die Person des jeweiligen Zeugen entziehen. Denn die Glaubwürdigkeit der Botschaft wird auch nicht durch die Person des jeweiligen Zeugen begründet (306). Gewiß fordert die Glaubensverkündigung selbst ein ihr gemäßes Handeln des Verkünders. Aber nicht erst dieses Handeln ist es, das die Glaubensverkündigung legitimiert (307).

Die besonderen Sakramente lassen sich dann als Verdeutlichung bestimmter Aspekte verstehen, die bereits in der Wortverkündigung gegeben sind. Von der allgemeinen Verkündigung unterscheiden sich die Sakramente jedoch dadurch, daß sie nur innerhalb der Gemeinschaft der bereits Glaubenden, bzw. zur Aufnahme in sie, gespendet werden. Die allgemeine Wortverkündigung richtet sich an **jedermann**, unabhängig davon, ob er bereits glaubt oder nicht. Die Sakramente dagegen verdeutlichen, was **in der glaubenden Annahme des Wortes** geschieht (308). Sie sind **Zeichen des angenommenen Wortes**. Die Sakramente unterstreichen damit eine Gnade, die nicht auf sie selbst beschränkt ist. Sie verdeutlichen noch einmal, daß bereits das Wort der Selbstmitteilung Gottes nicht ein bloß im eigenen Bewußtsein vorgestelltes, sondern ein von anderen Menschen herkommendes, in der Wirklichkeit selbst von außen begegnendes Wort ist; daß dieses Wort den ganzen Menschen mit Leib und Seele angeht; daß es den Menschen in seinem Gemeinschaftsbezug, aber gerade so als diesen

---

306 Vgl. **Tertullian**, De praescriptione haereticorum, III, 6 (CChr.SL 1; 188): "Bewähren wir den Glauben durch Personen, oder werden Personen durch den Glauben bewährt?"

307 Das dem Glauben gemäße Handeln besteht darin, "anderen statt Überlegenheit und Herrschaft vielmehr Gerechtigkeit widerfahren zu lassen und ihnen anspruchlos zu dienen, ohne das Maß von Gerechtigkeit selber bestimmen und sich durch den Dienst legitimieren zu wollen. Dabei vertraut man darauf, daß das Evangelium in einer aus ihm hervorgehenden Liebe und in einem Leben aus der Vergebung angesichts des Scheiterns in dieser Liebe das selber wirken wird, was es in seiner Einzigartigkeit für alle Menschen will" (**Hans Jochen Margull**, Der "Absolutheitsanspruch" des Christentums im Zeitalter des Dialogs, in: ThPr 15 [1980] 74).

308 Otto **Semmelroth**, o. c. (Anm. 299), scheint deshalb den Vollzug des Sakraments als die vom Wort Gottes erwirkte Antwort auf das Wort Gottes verstehen zu wollen: "Was man im Glauben tut, wenn man das vom Vater kommende menschgewordene Wort aufnimmt, und was man im Mitopfer tut, wenn man die sakramentale Speise ißt, steht also dialogisch zueinander, ist Hören auf das Wort und Mitvollzug der Antwort" (126). Aber bereits der vom Wort erwirkte Glaube hat Antwortcharakter; und anderseits liegt auch bei den Sakramenten vom Phänomen her die Betonung darauf, daß sie Handeln Gottes am Menschen sind, dem sie **gespendet** werden und der sie also **empfängt**. Das Sakrament steht zur Annahme des Wortes Gottes nicht noch einmal in einem dialogischen Verhältnis.

einzelnen meint; daß es seine eigene Entscheidung verlangt. So sind die Sakramente Ausdruck bereits erreichter Verständigung in bezug auf das "Wort Gottes".

Die einzelnen Sakramente entsprechen dabei noch einmal besonderen Aspekten des glaubenschaffenden Wortes. Dazu können im Folgenden nur kurze Hinweise gegeben werden; ihre nähere Entfaltung gehört in den dogmatischen Traktat über die Sakramente.

Die **Taufe** verdeutlicht - und in ihr selbst geschieht, was sie verdeutlicht -, daß das im Glauben empfangene Wort den Menschen ein für allemal prägt. Die Kindertaufe unterstreicht, daß Gottes Wort der eigenen Initiative des Menschen vorausgeht. In der Erwachsenentaufe dagegen wird deutlicher erkennbar, daß es dabei um den jeweils eigenen Glauben, um die persönliche Glaubensentscheidung geht. Grundsätzlich sind deshalb beide Formen der Taufe legitim: Entweder geht die Erziehung im Glauben voran und wird dann durch die Taufe besiegelt, oder der Taufe des Kindes folgt die christliche Erziehung. Selbst wenn man vorwiegend die Kindertaufe übt, sollte die prinzipielle Möglichkeit der anderen Reihenfolge nicht bestritten werden. Wenn eine christliche Erziehung gesichert ist, sollte auch umgekehrt die Legitimität der Kindertaufe nicht bestritten werden. Man wird dem Wesen der Taufe nur gerecht, wenn man keine ihrer beiden Möglichkeiten verabsolutiert. Entscheidend ist, daß die Taufe als das Sakrament des Glaubens verstanden wird und dieser Zusammenhang nicht aufgehoben wird. In diesem Glauben wird der "Urstand" des Menschen, sein "In Christus"-Geschaffensein, erkannt.

Die **Eucharistie** bringt zum Ausdruck, daß man, wie für das irdische Leben auf die tägliche Nahrung, so für den Glauben immer neu darauf angewiesen ist, sich an Jesus Christus zu halten. Der Glaube als das geistliche Leben des Menschen lebt so von Jesus selbst, wie das irdische Leben von Speise und Trank. Das geschieht in diesem Sakrament. Die **Wirklichkeit** dieses Geschehens wird traditionell in der Transsubstantiationslehre ausgesagt: Das, was zuvor irdische Nahrung war, ist jetzt noch immer Nahrung - diese Kontinuität wird durch das "Trans-" ausgedrückt -, jedoch für das geistliche Leben (309). Dementsprechend lehrt das Konzil von Florenz über die Eucharistie: "Alle Wirkung, die materielle Speise und materieller Trank für das leibliche Leben haben, nämlich Erhalten, Mehren, Wiederherstellen, Erfreuen, übt dieses Sakrament in bezug auf das geistliche Leben aus" (310). Mit "geistlichem Leben" ist theologisch immer die ganze leib-seelische Existenz des Menschen im Glauben gemeint. Der Ausdruck "Transsubstantiation" kann unter der Bedingung auch mit "Transsignifikation" wiedergegeben werden, daß dabei mit "Zeichen [signum]" nicht bloß ein Zeichen für eine davon getrennte Wirklichkeit gemeint ist, sondern die bezeichnete Sache selbst als im Zeichen real gegenwärtig verstanden wird (311).

---

309 Der Transsubstantiationsbegriff wird sehr gut erläutert von **Edouard Pousset**, L'eucharistie: Présence réelle et transsubstantiation, in: RSR 54 (1966) 177-212.

310 Konzil von Florenz, Dekret für die Armenier (1439), DS 1322.

311 Vgl. **Paul VI.**, Enzyklika "Mysterium Fidei", in: AAS 57 (1967) 766; er möchte in seinen Bedenken gegen den Begriff der "Transsignifika-

Dabei beziehen sich die Einsetzungsworte "Das ist mein Leib" und "Das ist mein Blut" nicht nur auf die isolierten Gestalten von Brot und Wein, sondern zugleich auf den gesamten Vorgang des "Nehmt und eßt", "Nehmt und trinkt alle daraus". Nur so läßt sich die Formulierung in 1 Kor 10,16f verstehen: "Ist der Kelch des Segens, über den wir den Segen sprechen, nicht Teilhabe am Blut Christi? Ist das Brot, das wir brechen, nicht Teilhabe am Leib Christi? Ein Brot ist es. Darum sind wir viele ein Leib; denn wir alle haben teil an dem einen Brot." Deshalb sind die eucharistischen Worte nicht nur Worte über Brot und Wein, sondern zugleich Anrede an die Gemeinde. Die Gemeinde, die an der Eucharistie teilnimmt, wird in diesem Mahl in den Leib Christi verwandelt (312).

Zur Frage nach der Weise der Gegenwart Christi in der Eucharistie wäre zu sagen: Eine Reduktion des "ist" in "Das ist mein Leib" auf ein bloßes "bedeutet" im Sinn eines leeren Zeichens würde verkennen, daß bereits das "Wort Gottes" nicht auf eine von ihm getrennte Wirklichkeit hinweist, sondern die Wirklichkeit, von der es redet, in sich selber enthält (313). Allerdings ist dieses "ist" im Sinn einer paradoxen, nur dem Glauben zugänglichen Identität zu verstehen.

Als "Opfer" (314) ist die Eucharistie insofern zu bezeichnen, als in ihr das ganze Leben Jesu einschließlich seiner ein für allemal geschehenen Todeshingabe vergegenwärtigt wird. Christus ist gerade darin dem Willen des Vaters gehorsam, daß er sich selbst den Men-

---

tion" nur die Auffassung ausgeschlossen wissen, daß das Zeichen lediglich auf eine von ihm getrennte Wirklichkeit verwiese (753).

312 Vgl. **Augustinus**, Sermo CCLXXII, PL 38, 1247: "Willst du den Leib Christi verstehen, dann höre auf den Apostel, der den Gläubigen sagt: 'Ihr aber seid der Leib Christi und seine Glieder' [1 Kor 12,27]. Wenn ihr aber der Leib Christi und seine Glieder seid, dann ist euer eigenes Geheimnis auf den Tisch des Herrn gelegt: Ihr empfangt euer eigenes Geheimnis. Auf das, was ihr seid, antwortet ihr 'Amen', und ihr unterschreibt es mit dieser Antwort. Du hörst 'Der Leib Christi' und antwortest 'Amen'. Sei ein Glied am Leib Christi, damit das 'Amen' wahr sei."

313 Vgl. Konzil von Trient, Dekret über die allerheiligste Eucharistie (1551), DS 1651, wonach Christus in der Eucharistie "wahrhaft, wirklich und wesenhaft [vere, realiter et substantialiter]" gegenwärtig ist und nicht nur wie in einem von ihm getrennten Zeichen oder einem Bild oder der Kraft nach.

314 Vgl. Konzil von Trient, Die Lehre über das allerheiligste Meßopfer (1562), DS 1738-1759. In DS 1751 wird die Auffassung zurückgewiesen, das Opfer bestehe lediglich darin, daß Christus sich uns zur Speise gebe; man darf nämlich nicht außer acht lassen, daß er gerade so **dem Willen des Vaters gehorcht**. Unter dieser Voraussetzung sind jedoch "Gegenwart", "Opfer" und "Mahl" tatsächlich identisch. Vgl. zum gesamten Eucharistietraktat das herausragende Werk von **Alexander Gerken**, Theologie der Eucharistie, München 1973. Zu empfehlen ist insbesondere auch das von der gemeinsamen römisch-katholischen und evangelisch-lutherischen Kommission herausgegebene Dokument: Das Herrenmahl, Paderborn-Frankfurt am Main 1978.

schen als Nahrung ihres Glaubens gibt. Gott selbst ist es, der ihn so für uns dahingibt.

Als das Anteilhaben am Gottesverhältnis Jesu ist der Glaube damit identisch, daß einem die Sünden vergeben sind. Gottes totenerweckende Liebe ist stärker als alle unsere eigene vergangene Schuld und wird auch selbst dasjenige durch diese Schuld bewirkte Leid einmal aufheben (vgl. Offb 7,17; 21,4), das man selbst nicht wiedergutmachen kann. Erst wo Glaube besteht und sich Sünden nicht mehr durchsetzen können, werden diese "läßlich". Im **Bußsakrament** wird bekannt, daß alle Sündenvergebung - auch die außerhalb des Sakraments - vom Wort Christi kommt und man sie sich nicht nur selber einredet. Zugleich wird explizit deutlich, daß sich das "Wort Gottes" als das Geschehen der Sündenvergebung konkret auf die jeweils eigenen Sünden bezieht (315). Gerade diese besondere Unterstreichung macht das Sakrament aus im Unterschied z.B. zu einer allgemeinen Bußandacht. Das bedeutet nicht, daß außerhalb des Bußsakraments die Sünden weniger vergeben würden. Das Bußsakrament begründet und bezeichnet vielmehr die Unüberbietbarkeit auch aller sonstigen Sündenvergebung.

Das **Weihesakrament** verdeutlicht, daß der Glaube nicht nur für den jeweils einzelnen, sondern auch für die ganze Gemeinde zusammen noch immer vom Hören kommt und nicht in ihrer eigenen Verfügung steht (316). Auch die Gemeinde als ganze ist noch immer darauf angewiesen, daß ihr der Glaube verkündet wird. Dieser Sachverhalt wird in der Institution eines der Gemeinde gegenüberstehenden Amtes besonders verdeutlicht. Dieses Amt wird in der Kirche dadurch übertragen, daß sich die bisherigen Amtsträger neue hinzuwählen (317). Auch wenn die Kandidaten vielleicht von der Gemeinde aufgestellt werden, haben sie doch ihr Amt weder aus sich, noch empfangen sie

---

315 Vgl. **Martin Luther**, Predigt am Palmsonntag (1524), WA 15; 485,23 - 487,27, vor allem 486,30 - 487,2: "Denn in der Beichte hast du auch diesen Vorteil wie im Sakrament [der Eucharistie], daß das Wort allein auf deine Person gestellt wird. Denn in der Predigt fliegt es in die Gemeinde dahin, und wiewohl es dich auch trifft, so bist du seiner doch nicht so gewiß. Aber hier kann es niemanden treffen denn dich allein. Solltest du aber nicht herzlich froh werden, wenn du einen Ort wüßtest, da Gott mit dir selbst reden wollte?"

316 Vgl. die treffende Formulierung in "Ökumenischer Konsens über Eucharistie und Amt - Zu den Studienergebnissen der Gruppe von Dombes", Herkorr 27 (1973) 35: "34. Der Amtsträger macht sichtbar, daß die Versammlung über die Handlung, die sie gerade vollzieht, nicht verfügungsberechtigt (propriétaire) ist, daß sie nicht Herr der Eucharistie ist: sie empfängt sie von einem anderen, von Christus, der in seiner Kirche lebt. Obwohl der Amtsträger Glied der Versammlung bleibt, ist er doch auch jener Gesandte, der die Initiative Gottes und die Verbindung der Ortsgemeinde mit allen anderen Gemeinden in der universalen Kirche zeichenhaft darstellt." - Vgl. auch **Paul Josef Cordes**, Sendung zum Dienst - Exegetisch-historische und systematische Studien zum Konzilsdekret "Vom Dienst und Leben der Priester", Frankfurt am Main 1972.

317 Vgl. CIC (1917), c. 109.

es von der jeweiligen Gemeinde, sondern es wird ihnen von bisherigen Amtsträgern übertragen. Diese Weise der Amtsübertragung unterstreicht, daß die Sache der Kirche auf einer zu überliefernden Stiftung beruht. Das "Wort Gottes" entsteht nicht je neu, sondern begegnet nur in der von Jesus herkommenden Tradition.

In der Weihe wird das sakramentale Amt übertragen. Aber in der heutigen rechtlichen Verfaßtheit der römisch-katholischen Kirche wird erst durch die Erteilung der "Jurisdiktion" dieses Amt zum Vollzug völlig freigegeben. Unter der Erteilung der "Jurisdiktion" ist die Zuweisung eines konkreten Aufgabenfeldes bzw. bestimmter Gemeinde(n) zu verstehen. Die "Jurisdiktion" wird wohl am sinnvollsten nicht als eine zum sakramentalen Amt hinzukommende Vollmacht aufgefaßt, sondern ist negativ als Wegnahme einer stillschweigend vorausgesetzten einschränkenden Bindung zu verstehen. Diese einschränkende Bindung und ihre Aufhebung für ein bestimmtes Feld soll der geordneten Zusammenarbeit der Amtsträger dienen (vgl. Gal 2,7-9) (318).

In der **Firmung** wird der Zusammenhang des Glaubens des einzelnen mit dem Glauben der so hierarchisch verfaßten Kirche in besonderer Weise ausgedrückt (vgl. Apg 8,14-17). So ist die Firmung "das sakramentale Zeichen für die apostolische Sukzession der **ganzen** Kirche" (319) und als solches eine Weihe zum Zeugnisgeben im Namen der Kirche.

Taufe, Firmung und Weihe sind nicht wiederholbare Sakramente, weil sie eine Berufung bezeichnen, die als göttliche ihrem Begriff nach unwiderruflich ist. Dies wird in der Lehre vom "unauslöschlichen Merkmal [character indelebilis]" (320), welches diese Sakramente verleihen, ausgesagt.

Die **Ehe** wird zum besonderen Zeichen für das durch den Glauben gestiftete neue personale Verhältnis von Menschen untereinander, in dem sie einander im Glauben bestärken und das über sie selbst hinausweist (321). Die innere Unauflöslichkeit der Ehe besteht darin, daß sich die Partner ein Jawort für immer gegeben haben. Sie sind aufgrund dieses Wortes nicht befugt, es selber zurückzunehmen oder einander im Einverständnis zurückzugeben. Eine andere Frage ist, ob etwa Gesellschaft oder Kirche befugt sind, eine Ehe als

---

318 Vgl. II. Vatikanum, Erläuternde Vorbemerkung zur Dogmatischen Konstitution über die Kirche (Nota praevia), 2.

319 Vgl. **Heribert Mühlen**, Die Firmung als sakramentales Zeichen der heilsgeschichtlichen Selbstüberlieferung des Geistes Christi - Notwendigkeit und Möglichkeit einer Erneuerung der Theologie der Firmung nach dem Vaticanum II, in: ThGl 57 (1967) 263-286; die Stelle: 285.

320 Vgl. Konzil von Florenz, Dekret für die Armenier (1439), DS 1313; Konzil von Trient, Dekret über die Sakramente (1547), DS 1609.

321 Vgl. II. Vatikanum, LG 11, wo die durch die christliche Ehe begründete Familie als eine Art "Hauskirche" bezeichnet wird.

nicht mehr bestehend festzustellen (322); denn dadurch würde die **innere** Unauflöslichkeit der Ehe im erläuterten Sinn nicht berührt.

Im Sakrament der **Krankensalbung** schließlich wird die Bedeutung des Glaubens angesichts der Ohnmacht und Vergänglichkeit des Menschen herausgehoben.

Aber in allen diesen Sakramenten wird die Gnade nicht erstmalig in einem Zeichen verdeutlicht, während sie sonst jenseits der Sinne verbliebe. Bereits die allgemeine Wortverkündigung ist eine Verleiblichung der Gnade, die in den Sakramenten nur noch einmal unterstrichen wird. Wort ist als solches leiblich und sinnenhaft. An keinem anderen Beispiel läßt sich so umfassend die Leib-Geist-Struktur des Menschen aufweisen wie eben an seiner an die leiblichen Sinne gebundenen Sprachlichkeit als dem grundlegenden Medium seiner Kommunikation mit anderen Menschen. Der eine Sinn einer Aussage kommt in den sinnenhaft zugänglichen vielen Lauten ähnlich zum Ausdruck wie die Seele im Leib. Es wäre deshalb völlig verfehlt, in der Konzentration auf das Wort die Gefahr einer "extremen Intellektualisierung" zu befürchten (323). Eine solche Gefahr besteht allenfalls bei einem von vornherein unzureichenden Wortverständnis, in welchem man Wort immer nur als ein Zeichen für eine von ihm getrennte Sache gelten lassen will, während es in Wirklichkeit auch selber das Geschehen von Gemeinschaft sein kann (324).

Deshalb kann man die Sakramente auch nicht als "Überbietung" des "Wortes Gottes" verstehen, als würde in ihnen "mehr" Gnade als

---

322 Vgl. zu einem damit verbundenen schwierigen Problem **Johannes B. Hirschmann**, Die Zulassung wiederverheirateter Geschiedener zu den Sakramenten, in: ThAk 12, hrsg. v. Johannes Beutler und Otto Semmelroth, Frankfurt am Main 1975, 104-115.

323 Vgl. **Karl Lehmann**, Das Verhältnis von Glaube und Sakrament in der katholischen Tauftheologie, in: **ders.**, Gegenwart des Glaubens, Mainz 1974, 201-228, vor allem 211.

324 Vgl. **Otto Hermann Pesch**, o. c. (Anm. 299), 299f: "Gemeinsamer Nenner in allem, was mit dem biblischen Wortverständnis zusammenhängt, ist dies: Vom Verständnis des Wortes als Geschichtsmacht in den historischen Schriften des Alten Testamentes und bei den Propheten angefangen über das Wort als kosmische Macht (Schöpfungsbericht) bis hin zur kirchlichen Verkündigung ist kein Gedanke dem biblischen Denken fremder als der Gedanke: 'Nur' ein Wort, aber keine Wirklichkeit. Für uns ist ein Gegensatz von Wort und Wirklichkeit keineswegs fremd, sondern naheliegend. Das Wort, denkt man, ist dazu da, Wirklichkeit zu bezeichnen, abzubilden. Im biblischen Verständnis aber ist das Wort in der überwiegenden Zahl der Fälle nicht da, Wirklichkeit abzubilden, sondern zu schaffen. [...] Nichts von dem, was uns herkömmlicherweise am Wort wichtig ist, kommt im biblischen Wortverständnis zu kurz, weder sein Charakter als Lehre, noch der festumrissene Inhalt, noch das Bekenntnis. Aber es kommt viel mehr in ihm zum Tragen. Das Wort ist sozusagen die Realitätssphäre, in der Gott, der in Christus an uns handelt, uns während der irdischen Abwesenheit Jesu begegnet und den Glauben schafft."

im "Wort allein" vermittelt. Sie verdeutlichen vielmehr die Unüberbietbarkeit der Gnade, die bereits im Wort sinnenhaft vermittelt wird (325).

Ungenügend ist deshalb nicht nur die Vorstellung, in der Glaubensverkündigung werde über die Gnade nur gesprochen, während die Gnade selbst erst in den Sakramenten geschenkt werde. Auch die Meinung, die Sakramente seien die "höchste Form" des Wortes und in ihnen werde "am meisten Gnade" vermittelt, wird der Bedeutung der Sakramente nicht wirklich gerecht, obwohl sie ihnen eine besondere Würde zuzuerkennen scheint:

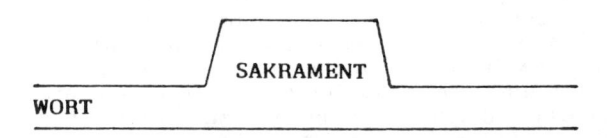

```
                    ┌─ SAKRAMENT ─┐
      WORT  ────────┘             └────────
```

In Wirklichkeit wird gerade in dieser Auffassung die Bedeutung der Sakramente verkürzt. Denn ihre eigentliche Würde besteht darin, die Sichtbarkeit einer Gnade noch einmal zu betonen, **die nicht auf die Sakramente selbst eingeschränkt ist**. Sie kennt als die Selbstmitteilung Gottes auch kein Mehr oder Minder, sondern ist überall da unüberbietbar gegeben, wo man das Wort Gottes im Glauben annimmt. Daß die Sakramente also über sich hinausweisen, sollte als ein Grundaxiom der Sakramentenlehre erfaßt werden (326):

325 **Karl Rahner**, Was ist ein Sakrament?, in: **ders.**, Schriften zur Theologie X, Zürich-Einsiedeln-Köln 1972, 381, bezeichnet es mit Recht als "überkonfessionelle, gemeinchristliche Überzeugung", daß bereits das Wort der Verkündigung "grundsätzlich einen exhibitiven Charakter hat", also "bewirkt, was es anzeigt". Die Gnade, in der allein das Wort Gottes als Wort Gottes gehört werden kann, ist bereits selbst die "Heilswirklichkeit" (ebd. 383). Auch **Otto Semmelroth**, o. c. (Anm. 299), 205, scheint es für ungenügend zu halten, wenn er zunächst sagt: "Was durch den verkündigten Inhalt gewirkt wird, ist noch nicht das göttliche Leben selbst, sondern die Aufnahmebereitschaft des Menschen für dieses Leben. Sie ist schlechterdings unabdingbare Voraussetzung dafür, daß Gott Leben schenkend in den Menschen eingehe, aber noch nicht der Gnadenzustand selbst." Denn für Semmelroth lautet die eigentliche Frage, "ob jene Gnadenwirksamkeit, die wir ohne großes Nachdenken einzig den Sakramenten zuzuschreiben gewohnt sind, nicht vielleicht in Wirklichkeit den Sakramenten in Wirkeinheit mit der Wortverkündigung als zweieinheitlicher Ursache gehöre" (ebd., 216). In meiner Sicht sollte es nicht um eine Art "Angleichung des Wortes an das Sakrament" (vgl. **Leo Scheffczyk**, Von der Heilsmacht des Wortes - Grundzüge einer Theologie des Wortes, München 1966, 24) gehen, sondern umgekehrt um die Zurückführung des Sakraments auf die Unüberbietbarkeit des Wortes. Denn bereits das "Wort Gottes" ist als unser Angesprochenwerden durch Gott das unüberbietbare Geschehen der Selbstmitteilung Gottes und damit der Gemeinschaft mit Gott, die das Heil ist (vgl. Hebr 2,3), und in ihm sind Inhalt und Geschehen eins.

326 Vgl. **Karl Rahner**, Überlegungen zum personalen Vollzug des sakramen-

```
          WORT      ⟨    SAKRAMENT    ⟩
```

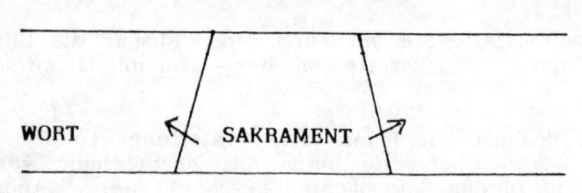

Denn als das Hineingenommensein in das Gottesverhältnis Jesu und damit als das Erfülltsein vom Heiligen Geist ist bereits der dem Wort Gottes entsprechende Glaube die Fülle der Gnade. Sie kann in den Sakramenten nicht gesteigert oder überboten werden. Vielmehr wird gerade ihre Unüberbietbarkeit in den Sakramenten noch einmal dargestellt. Zum Beispiel ist die Verbindung mit Christus im Empfang der Eucharistie gewiß selbst unüberbietbar; aber sie ist nicht noch inniger als die, die bereits im Glauben besteht. Die Würde der Eucharistie liegt gerade darin, noch einmal zu verdeutlichen, wie real und innig die Verbindung mit Christus nicht nur in der Eucharistie selbst, sondern überhaupt im Glauben ist (327). Diese innigste Verbindung mit Christus ist nicht auf die Eucharistie eingeschränkt, sondern bestimmt das ganze Leben eines Christen. Das Sakrament der Eucharistie soll also gerade vor dem Mißverständnis schützen, die im Glauben bestehende Verbindung mit Christus sei weniger real als die Verbindung mit ihm in der Eucharistie (vgl. dazu die beiden Teile der sogenannten "eucharistischen Rede" Jesu im Johannesevangelium 6,26-47 und 48-58 über den Glauben und die Eucharistie) (328). Unsere Lehre, daß das Sakrament nicht das Wort überbieten kann, würde allerdings völlig mißverstanden, wenn man auch das "Wort Gottes" mit dem Vorverständnis anginge, Worte seien leer und bedürften nachträglicher "Verwirklichung" durch Taten. Wir verstehen unter dem "Wort Gottes" vielmehr das volle Geschehen der Selbstmitteilung Gottes.

So kommt die eigentliche Würde der Sakramente erst in ihrer Relativierung auf die Korrelation von Wort und Glaube hin an den Tag. Für das Verhältnis von Wort und Sakrament ist dieselbe Denkform anzuwenden, der wir bereits in der Verhältnisbestimmung von "Übereinstimmung im Glauben" und "Feststellung der Übereinstimmung im Glauben" begegnet sind. Einerseits **muß** es Sakramente geben **können**, wenn bereits die ihnen zugrunde liegende Wortverkündigung wirklich "sakramental" ist und darauf hintendiert, in den Sakramenten verdeutlicht zu werden. Die Verbindung mit Christus, die im Glauben besteht, wäre gar nicht unüberbietbar real, wenn sie nicht in der Weise der Eucharistie dargestellt werden könnte. Der Glaube

---

    talen Geschehens, in: ders., Schriften zur Theologie X, Zürich-Einsiedeln-Köln 1972, 413: Die Sakramente sollen uns an die "Unbegrenztheit der Gegenwart göttlicher Gnade erinnern", anstatt für uns wieder nur zu einem abgegrenzten Bezirk zu werden.

327 Vgl. **Paul VI.**, Enzyklika "Mysterium Fidei", in: AAS 57 (1965) 764. Auch die anderen Gegenwartsweisen Christi sind durchaus als "real" zu bezeichnen.

328 Vgl. auch die Aussagen des II. Vatikanums über das eine Lebensbrot, das die Kirche "vom Tisch des Wortes wie des Leibes Christi" reicht (DV 21 und 26); vgl. auch Nachfolge Christi, Buch IV, Kap. 11, 4.

ist seinem Wesen nach "Verlangen nach dem Sakrament [votum sacramenti]". Anderseits dürfen die Sakramente **nicht** als **schlechthin notwendig** behauptet werden, als sei die Fülle der Gnade nur da, wo das Sakrament actu vollzogen wird. Gerade um der Würde der Sakramente willen, die darin besteht, über sich selbst hinauszuweisen, ist daran festzuhalten, daß es notfalls auch ohne die Aktualisierung in Sakramenten geht und gehen muß. Wenn jemand, der in Lebensgefahr schwebt, keinen Priester erreichen kann, der ihm die sakramentale Lossprechung von seinen Sünden erteilt, dann ist doch Gottes Liebe zu einem solchen Menschen nicht weniger verläßlich. Auch die Sakramente können keine noch verläßlichere Wirklichkeit bezeichnen als die, an die man sich bereits im Glauben hält. Anderseits wäre Gottes Liebe nicht als unüberbietbar verläßlich verstehbar, wenn es nicht die notwendige Möglichkeit von Sakramenten gäbe. Es ergibt sich also, daß die Sakramente nichts Zusätzliches (329) zum "Wort Gottes" sind, sondern sich in ihm selbst angelegt finden. Sie lassen sich auf die "Einsetzung" des Wortes (vgl. 2 Kor 5,19) zurückführen (330). Man könnte diese notwendige Möglichkeit von Sakramenten damit vergleichen, wie Eltern den Geburtstag eines kleinen Kindes mit besonderen Geschenken feiern. Die Geschenke bedeuten nicht, daß die Eltern das Kind an diesem Tag mehr lieben als sonst, sondern sie sollen ausdrücken, wie groß ihre Liebe zu ihm an allen Tagen des Jahres ist.

---

329 Vgl. den sehr sorgfältig in gegenseitigen Verweisungen konstruierten Satz des II. Vatikanums, DV 2: "Das Offenbarungsgeschehen ereignet sich in Tat und Wort [gestis verbisque], die innerlich miteinander verknüpft sind: die Werke nämlich, die Gott im Verlauf der Heilsgeschichte wirkt, offenbaren und bekräftigen die Lehre und die durch die Worte bezeichneten Wirklichkeiten; die Worte verkündigen die Werke und lassen das Geheimnis, das sie enthalten, ans Licht treten." Dieser Auffassung wird man am besten erst dann gerecht, wenn man das Wort Gottes als Einheit von Tat und Wort, nämlich als Wortgeschehen versteht: Das Wort bringt hier die Wirklichkeit selbst mit sich, die es offenbar macht, obwohl diese Wirklichkeit dann nicht auf das Wort beschränkt ist; und die Verkündigung ist selbst ein Handeln. Dann gilt auch: "Jesu Wort ist nicht trennbar von seiner Person - seine Person verstanden in eins mit dem Weg, den er ging. Sein Weg macht fragen, wie sein Wort gemeint ist. Und sein Wort erklärt, wie sein Weg gemeint ist" (**Gerhard Ebeling**, Das Wesen des christlichen Glaubens, München-Hamburg ²1965, 51). Wort ist also hier nicht von der Wirklichkeit zu trennen, die es zum Verstehen bringen will. Das Wort ist nicht nur ein Informationsgehalt, sondern es geschieht in der Weise der realen Zuwendung eines Menschen zu anderen, in der Gott sich diesem zuwendet. Und es ist nicht ein folgenloses, sondern ein zum rechten Handeln befreiendes Wort. Aber gerade so bleibt es dabei, daß die Werke als wirklich "in Gott getan" (Joh 3,21) nur durch das Wort offenbar werden können.

330 Vgl. **Karl Rahner**, o. c. (Anm. 325), 388, wonach es in der traditionellen Lehre von der Einsetzung der Sakramente durch Jesus nicht um die (historisierend verstandene) Geschichte, sondern um die Wirksamkeit der Sakramente geht, daß also Christus der in ihnen Handelnde ist, wie er es bereits in der Verkündigung ist.

Ein besonderes Problem der Sakramentenlehre stellt noch die Siebenzahl der Sakramente dar. Erstaunlicherweise wird sie erst sehr spät, etwa im zwölften Jahrhundert, genannt. Die Kirchen der Reformation wiederum beschränken den Sakramentsbegriff gewöhnlich auf Taufe und Abendmahl. Sie fordern nämlich für die Anwendung des Sakramentsbegriffs die ausdrückliche Bezeugung der besonderen Einsetzung durch Jesus Christus im Neuen Testament. Aber auch in der katholischen Kirche könnte man Taufe und Eucharistie als die beiden "Hauptsakramente" bezeichnen, auf die alle anderen Sakramente hingeordnet sind. Unter der Voraussetzung, daß die Sakramente über sich hinausweisen, also eine Gnade enthalten und bezeichnen, die nicht auf sie beschränkt ist, läßt sich im übrigen die genaue Abgrenzung, welche kirchlichen Handlungen als Sakramente bezeichnet werden sollen, als eine kirchliche Kanon-Entscheidung begreifen ähnlich derjenigen, die die Kirche bei der Abgrenzung der Bücher der Heiligen Schrift gefällt hat (vgl. dazu im Folgenden II, 2.1.3).

FRAGEN

1. Wie wird in der katholischen Lehre das Sakrament definiert?
2. In welchem Sinn ist bereits das "Wort Gottes" "sakramental"?
3. Wie verhält sich der Begriff "ex opere operato" in der Sakramentenlehre zu dem "ex sese"-Begriff in der Lehre von der definitiven Glaubensverkündigung?
4. Wie verhält sich die Glaubwürdigkeit der christlichen Verkündigung zur persönlichen Heiligkeit des Verkünders?
5. Warum werden die Sakramente nur innerhalb der Gemeinschaft der bereits Glaubenden gespendet, und inwiefern macht dies ihre Besonderheit gegenüber der Wortverkündigung aus?
6. Welche Aspekte der allgemeinen Glaubensverkündigung werden in den Sakramenten ausdrücklich unterstrichen?
7. Auf welchem unzureichenden Wortverständnis beruht der Vorwurf, die Konzentration auf das Wort führe zu einer Intellektualisierung des Glaubens?
8. Warum stellt die Meinung, durch das Sakrament werde die Gnade des Wortes überboten, in Wirklichkeit eine Verkürzung des Sakraments dar? Inwiefern wird die Würde des Sakraments nur in seiner Relativierung auf das Wort hin gewahrt?
9. Welche Auffassungen werden in der Denkfigur einer "notwendigen Möglichkeit" der Sakramente ausgeschlossen?
10. Welches Problem stellt die Siebenzahl der Sakramente?

2 DIE NORMEN FÜR DIE BEGEGNUNG MIT DEM "WORT GOTTES"

Wenn der Glaube vom Hören kommen soll, dann ist zu fragen, wo man dem Wort begegnet, das Glauben schafft, bzw. woran sich die Verkündigung selbst zu orientieren hat, um wirkliche Glaubensverkündigung zu sein. Die katholische Lehre verweist hierfür auf die

Heilige Schrift, die Tradition und das Lehramt **in ihrer gegenseitigen Bezogenheit**: "Die Heilige Überlieferung und die Heilige Schrift bilden den einen der Kirche überlassenen heiligen Schatz des Wortes Gottes. Voller Anhänglichkeit an ihn verharrt das ganze heilige Volk, mit seinen Hirten vereint, ständig in der Lehre der Apostel und in der Gemeinschaft, im Brechen des Brotes und in den Gebeten (vgl. Apg 2,42 griech.), so daß im Festhalten am überlieferten Glauben, in seiner Ausübung und in seinem Bekenntnis ein einzigartiger Einklang herrscht zwischen Vorstehern und Gläubigen. Die Aufgabe aber, das geschriebene oder überlieferte Wort Gottes verbindlich zu erklären, ist nur dem lebendigen Lehramt anvertraut, dessen Vollmacht im Namen Jesu Christi ausgeübt wird. Das Lehramt ist nicht über dem Wort Gottes, sondern dient ihm, indem es nichts lehrt, als was überliefert ist, weil es das Wort Gottes aus göttlichem Auftrag und mit dem Beistand des Heiligen Geistes voll Ehrfurcht hört, heilig bewahrt und treu auslegt und weil es alles, was es als von Gott geoffenbart zu glauben vorlegt, aus diesem einen Schatz des Glaubens schöpft. Es zeigt sich also, daß die Heilige Überlieferung, die Heilige Schrift und das Lehramt der Kirche gemäß dem weisen Ratschluß Gottes so miteinander verknüpft und einander zugesellt sind, daß keines ohne die anderen besteht und daß alle zusammen, jedes auf seine Art, durch das Tun des Heiligen Geistes wirksam dem Heil der Seelen dienen" (331).

Überlieferung, Schrift und Lehramt stehen zueinander zunächst in einer zeitlichen Beziehung. Bereits der Entstehung der Heiligen Schrift gehen Überlieferungsprozesse voraus. Sie sind uns allerdings im wesentlichen nur noch durch die Vermittlung der Schrift erreichbar. So ist die Heilige Schrift das früheste uns direkt zugängliche Zeugnis desjenigen Glaubens, der das Anteilhaben am Gottesverhältnis Jesu ist. Sie ist die Ur-Kunde unseres Glaubens, das **ursprüngliche** Zeugnis. Die weitere Überlieferung ist dann die **Weitergabe** der Urkunde des Glaubens und des Glaubens selbst in der Geschichte. Erst im Prozeß der Weitergabe und der immer neuen Auslegung für jede Zeit erweist sich der Reichtum des im ursprünglichen Zeugnis Grundgelegten. Mit dem "lebendigen Lehramt" schließlich ist die **gegenwärtige** verbindliche Verkündigung gemeint (332). Das Lehramt ist gewissermaßen der unmittelbare Partner der Gemeinde, der ihr das Hören des Glaubens ermöglicht. Nach dieser "zeitlichen" Begriffsbestimmung fielen Äußerungen des Lehramtes in der Vergangenheit für uns heute eher unter den Begriff der "Tradition" (333).

---

331 II. Vatikanum, DV 10. Die Übersetzung des Zitats Apg 2,42 gr. ist gegenüber der offiziellen deutschen Übersetzung des Konzilstextes korrigiert. Ebenfalls kann richtig nur von einer "Ausübung", nicht aber von einer "Verwirklichung" des Glaubens die Rede sein.

332 Vgl. auch den entsprechenden, sonst vor allem in reformatorischer Theologie begegnenden Begriff "lebendige Stimme des Evangeliums [viva vox Evangelii]", II. Vatikanum, DV 8,3.

333 Der Argumentation in den klassischen Dogmatik-Handbüchern (z. B. von **Josef Pohle - Josef Gummersbach** oder von **Johannes Brinktrine**) liegt eine andere, m. E. weniger sachgemäße Begriffsbestimmung zugrunde. Dort wird für die einzelnen Thesen zunächst aus dem Denzinger die "kirchliche Lehre" erhoben, die dann aus der Schrift, der Tradition und der theologischen Spekulation begründet wird. Als

Nach der Lehre des II. Vatikanums sind die drei Größen Schrift, Tradition und Lehramt einander so zugeordnet, daß jede nur zusammen mit den anderen in ihrem eigenen Sinn als Glaubensnorm zur Geltung kommen kann. "Keines besteht ohne die anderen." Sie verhalten sich zueinander nicht wie zu addierende Größen, die jede eine Teilfunktion zu erfüllen hätten. Vielmehr stehen sie in einer solchen inneren Beziehung zueinander, daß sie außerhalb dieser Beziehung überhaupt nicht in dem Sinn verstanden werden können, in dem sie Glaubensnormen sind.

So ist die Heilige Schrift nicht in beliebigem Sinn "Wort Gottes". Sie ist "Wort Gottes" nur in dem Sinn, in dem es in ihr um unser gegenwärtiges Anteilhaben am Gottesverhältnis Jesu in einer Überlieferungskontinuität geht. In diesem Sinn der Selbstmitteilung Gottes, in dem allein sie "Wort Gottes" ist, kann sie nur innerhalb des Überlieferungszusammenhanges der Kirche und damit in gegenwärtiger kirchlicher Gemeinschaft verstanden werden. Sie ist überhaupt nicht als Schrift, sondern nur als in diesem Sinn ausgelegte, **verkündigte** Schrift "Wort Gottes" (334). Die Schrift als "Wort Gottes" zu verstehen und nichts anderes neben ihr gelten zu lassen, als was sich der Prüfung an diesem Sinn unterwirft, impliziert die Berufung auf Tradition und Lehramt, die aber gerade nicht als selbständige Größen neben der Schrift verstanden werden können.

Kirchliche Überlieferung wiederum ist für den Glauben nur in dem Sinn verbindlich, in dem sie dem Sinn entspricht, in dem allein auch die Schrift als "Wort Gottes" verstanden werden kann. Es muß sich um die Überlieferung des Anteilhabens am Gottesverhältnis Jesu handeln. Die Schrift in dem Sinn auszulegen, in dem allein sie von sich selbst her ursprüngliches Zeugnis des Glaubens und gegenwärtiges Wort Gottes ist, bedeutet nicht, sich über sie zu stellen, sondern sich ihr zu unterwerfen. Unvereinbar mit diesem Verständnis von Überlieferung ist die Vorstellung, es gebe Glaubenswahrheiten, die allein durch die Überlieferung ohne die Schrift zur Kenntnis gelangen könnten. Eine von der Schrift isolierte Überlieferung ist nicht als Glaubensnorm verstehbar.

Das Lehramt schließlich vermag als Glaubensaussagen nur solche Aussagen verständlich zu machen, in denen das in einer ununterbrochenen Überlieferung weitergegebene ursprüngliche Zeugnis zur Geltung kommt.

Dieses gegenseitige Aufeinanderangewiesensein von Schrift, Tradition und Lehramt entspricht der Grundstruktur des Glaubens als

---

"kirchliche Lehre" werden also alle amtlichen Texte der Kirchengeschichte angesehen, soweit sie im Denzinger gesammelt sind, während die Tradition mit der Vätertheologie identifiziert wird. In diesem additiven Verfahren wird man weder der gegenseitigen Zuordnung von Schrift, Tradition und Lehramt noch der Tatsache gerecht, daß das Lehramt als "lebendiges" verstanden werden will; es handelt sich hier nicht um ein bloß schmückendes Beiwort.

334 Vgl. die entsprechende Formulierung **Gerhard Ebelings**, Die Geschichtlichkeit der Kirche und ihrer Verkündigung als theologisches Problem, Tübingen 1954, 14f.

dem gegenwärtigen Anteilhaben am Gottesverhältnis Jesu. Denn der gegenwärtige Glaube verweist auf seinen historischen Ursprung. Der historische Jesus, den die Schrift bezeugt, ist nicht nur der Initiator des Glaubens, sondern man ist für den Glauben bleibend auf ihn angewiesen. So ist also der Sinn der Schrift die gegenwärtige Bezeugung (Lehramt) des überlieferten und dabei in seinem Reichtum erkannten Glaubens (Tradition) als des Anteilhabens am Gottesverhältnis Jesu. Der Sinn der Schrift ist, daß Menschen einander in mitmenschlichem Wort Heiligen Geist vermitteln, den Geist Jesu.

Es soll im Folgenden gezeigt werden, daß das Zueinander von Schrift, Tradition und Lehramt die einzige Weise ist, in der sich als Glaubensaussagen verstehbare Aussagen ergeben können. Schrift, Tradition und Lehramt sind nicht einfach positivistisch hinzunehmende Normen für den Glauben, deren Autorität blind vorauszusetzen wäre. Sie lassen sich vielmehr daraufhin prüfen, daß sie nur in ihrer inneren Zusammengehörigkeit in einem Sinn verstanden werden können, demgegenüber jede vom Glauben verschiedene Stellungnahme als willkürlich nachweisbar ist.

FRAGEN

1. In welcher zeitlichen Beziehung stehen Schrift, Tradition und lebendiges Lehramt zueinander? Was bedeutet der Begriff "lebendiges" Lehramt?
2. Wie müssen Schrift, Tradition und Lehramt einander zugeordnet werden, wenn sie als Glaubensnorm verstanden werden sollen? Welches Verständnis der drei Größen ist also auszuschließen?
3. Warum ist gegenwärtiger Glaube bleibend auf den historischen Jesus und die Kontinuität zu ihm angewiesen?
4. Wie unterscheiden sich Schrift, Tradition und Lehramt in ihrer gegenseitigen Zuordnung von einer rein positivistisch hinzunehmenden Norm? Inwiefern appellieren sie an Verstehen?
5. Inwiefern ist der Sinn der Schrift die Kirche als das Geschehen der Weitergabe des Glaubens?

2.1 Die "Heilige Schrift"

Das kirchliche Verständnis der Heiligen Schrift findet seinen bezeichnendsten Ausdruck in ihrer Aufteilung in das "Alte" und das "Neue Testament", die jedoch selten in ihrer fundamentalen Bedeutung bedacht wird. Wir wissen nicht zuerst, in welchem Sinn die Bibel "Heilige Schrift" ist, und teilen sie dann in ein "Altes" und ein "Neues Testament" ein, sondern überhaupt erst von dieser Aufteilung her wird klar, in welchem Sinn es sich um "Heilige Schrift" und "Wort Gottes" handelt. Diese Aufteilung ist an Jesus Christus orientiert. Erst von ihr her wird der Sinn der "Heiligen Schrift" offenbar. Auch das Verständnis von "Inspiration" und "Irrtumslosigkeit", wie sie für die "Heilige Schrift" behauptet werden, hängt an dieser ihrer Aufteilung in das "Alte" und das "Neue Testament". Und erst von hier aus kann auch die wirkliche Bedeutung des Kanons erfaßt werden, bei dem es sich letztlich um eine Auslegungsregel handelt.

2.1.1 Die Unterscheidung von "Altem" und "Neuem Testament"

Als "Altes Testament" bezeichnet kirchliche Auslegung die Schrift Israels, die Bibel Jesu. Als "Neues Testament" werden dagegen die mehr oder minder frühesten uns erhalten gebliebenen schriftlichen Zeugnisse der Verkündigung des Glaubens an Jesus Christus bezeichnet. Welche Interpretationsanweisung verbirgt sich hinter diesen kirchlichen Bezeichnungen "Altes" und "Neues Testament" (335)?

Die Eigenart dieser Bezeichnungen läßt sich am leichtesten durch einen Vergleich mit anderen denkbaren Benennungen erfassen. Könnte man nicht, anstatt von einem "Alten" und einem "Neuen Testament" zu sprechen, einfach von einem "Teil I" und einem "Teil II" der Heiligen Schrift reden? Es würde sich dann um eine "offene" Zählung handeln. Nichts stünde dem entgegen, eines Tages noch einen "Teil III" und weitere Teile hinzuzuzählen, also z. B. im biblischen Sprachstil das "Buch Mormon" hinzuzudichten. Eine andere denkbare Benennung findet sich bei den Zeugen Jehovahs. Sie sprechen anstatt vom "Alten Testament" von den "Hebräischen Schriften", und statt "Neues Testament" sagen sie "Christliche Griechische Schriften" (336). Hier ändert sich an der Interpretation der "Hebräischen Schriften" nichts, wenn die "Christlichen Griechischen Schriften" hinzukommen.

Im Unterschied zu diesen beiden Möglichkeiten anderer Bezeichnungen besagt die Rede von einem "Alten" und einem "Neuen Testament", daß die Schrift Israels überhaupt erst dadurch zu einem "Alten Testament" wird, daß die ausdrückliche Botschaft von Jesus Christus zu ihr hinzukommt. Und umgekehrt kann die Botschaft von Jesus Christus nur im Gegenüber zu der als "alt" zu interpretierenden Schrift Israels "neu" genannt werden. Durch das Hinzukommen der

---

335 Vgl. **Peter Knauer**, Das Verhältnis des Neuen Testaments zum Alten als historisches Paradigma für das Verhältnis der christlichen Botschaft zu anderen Religionen und Weltanschauungen, in: Offenbarung, geistige Realität des Menschen - Arbeitsdokumentation eines Symposiums zum Offenbarungsbegriff in Indien, hrsg. v. Gerhard Oberhammer, Wien 1974, 153-170.

336 Vgl. "Die ganze Schrift ist von Gott inspiriert und nützlich", hrsg. v. der Wachtturm-Bibel- und Traktat-Gesellschaft, Deutscher Zweig e. V., Wiesbaden 1967, 9a. Nach der Auffassung der Zeugen Jehovas ist die kirchliche Einteilung in das "Alte" und das "Neue Testament" ein "auf Tradition beruhender Fehler" (ebd.). Ich sehe in der Nichtbeachtung dieser in der Tat im Sinn der Glaubenstradition "traditionellen" Unterscheidung den Grund dafür, daß die Zeugen Jehovas gewissermaßen alles "glauben", was in der Heiligen Schrift steht, mit Ausnahme des einen und einzigen, worauf es ankommt: unser Aufgenommensein in die Liebe Gottes zu Gott, des Vaters zum Sohn. Ihre Lehre stellt eine Neuauflage des Arianismus dar, der Jesus nur als das höchste Geschöpf ansehen will.

Christus-Botschaft wird die schon vorher existierende Schrift Israels selber betroffen: Indem sie als "alt" bezeichnet wird, wird sie in einem "neuen" Sinn verstanden, der allerdings verborgen schon längst in ihr angelegt sein muß (337). Dieses Angelegtsein des "neuen" Sinnes muß daran aufweisbar sein, daß es erst in ihm gelingt, die Schrift wirklich stimmig als "Wort Gottes" zu verstehen, während sie sich sonst einem definitiven Verständnis entzieht. Weiter bedeutet das Begriffspaar "alt - neu" einen in sich "abgeschlossenen" Gegensatz im Unterschied zu einer "offenen" Zählung. Ihm kann kein weiterer Begriff hinzugefügt werden.

Die in der Bezeichnung der Schrift Israels als "Altes Testament" vorliegende Neuinterpretation weist drei zusammengehörige Aspekte auf. Sie lassen sich als "Relativierung", "Universalisierung" und "Erfüllung" kennzeichnen. Erst vom dritten Aspekt her wird deutlich, warum die Schrift Israels auch im christlichen Verständnis und hier überhaupt erst wirklich "Heilige Schrift" ist (338).

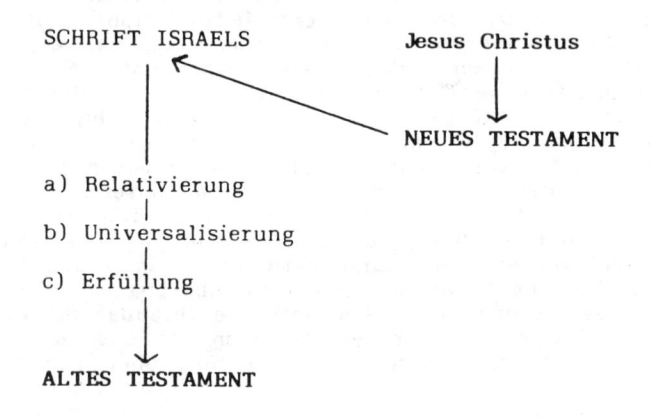

```
SCHRIFT ISRAELS            Jesus Christus
       |◄─────────┐              |
       |          │              ↓
       |          └──── NEUES TESTAMENT
       |
 a) Relativierung
       |
 b) Universalisierung
       |
 c) Erfüllung
       |
       ↓
 ALTES TESTAMENT
```

---

337 Traditionell wird dies in dem Satz formuliert: "Das Neue Testament ist im Alten verborgen; und das Alte ist im Neuen offenbar" (vgl. **Augustinus**, Quaestiones in Heptateuchum, lib. II, 73 [CChr.SL 33; 106, 1279f], sowie II. Vatikanum, DV 16. In diesem Satz scheint der Terminus "Altes Testament" bei seiner ersten Nennung nur als Bezeichnung eines Textes, eben der Schrift Israels, verwandt zu werden. Erst bei seiner zweiten Nennung wird er auf seine interpretierende Bedeutung hin bedacht.

338 In dem die Theologiegeschichte des Verständnisses der Beziehung zwischen AT und NT referierenden Werk von **Hans-Joachim Kraus**, Die Biblische Theologie - Ihre Geschichte und Problematik, Neukirchen-Vluyn 1970, wird keine dieser systematischen Aufgliederung vergleichbare Auffassung erwähnt. Es handelt sich um einen neuen Beitrag zur Deutung des traditionellen Sachverhalts.

In genauer Sprechweise wird dabei nicht etwa das "Alte Testament" "relativiert", "universalisiert" und "erfüllt", sondern dies alles geschieht mit der "Schrift Israels". Das "Alte Testament" ist vielmehr erst das Ergebnis dieses dreifachen Interpretationsvorganges. "Altes Testament" ist also die christliche Bezeichnung und Interpretation eines zunächst nicht oder genauer nur verborgen christlichen Buches, die aber an diesem selbst Anhalt hat (vgl Jer 31,31-34; Hebr 8,7-13). Das gleiche Buch existiert noch heute auch außerhalb seines christlichen Gebrauchs als die Heilige Schrift der Juden und dürfte eigentlich in diesem Gebrauch nicht "Altes Testament" genannt werden.

Zuerst drückt die christliche Bezeichnung der Schrift Israels als "Altes Testament" eine **"Relativierung"** oder Abwertung aus. Im Grunde wird bestritten, daß sie überhaupt in dem Sinn "Wort Gottes" ist, in dem man sie ursprünglich dafür hielt. Denn der "Wort Gottes"-Begriff hat aufgehört, von vornherein trivial selbstverständlich zu sein (339). Ein Angesprochenwerden des Menschen durch Gott ist, wie im ersten Hauptteil begründet wurde, nur als Selbstmitteilung Gottes und nur in einem trinitarischen Gottesverständnis aussagbar. Dagegen ist alles von Gott Verschiedene bloße Welt und kommt deshalb als Offenbarung im eigentlichen Sinn gar nicht in Betracht. Es ist vielmehr der Vernunft als solcher unterworfen und kann gar nicht geglaubt werden. Wollte man weltliche Sachverhalte, die als solche der Vernunft zugänglich sind, als von Gott geoffenbart behaupten, dann würde man Gott selbst mit einem Stück Welt verwechseln. Ein solches Offenbarungsverständnis ist mit dem Gottesbegriff unvereinbar, der sich aus der Anerkennung unseres Geschaffenseins aus dem Nichts ergibt. Gegenstand von Offenbarung im strengen Sinn kann nur die übernatürliche Erhöhung weltlicher Wirklichkeit sein; und dieser Gegenstand wird allein im Glauben als wirklich erfaßt. Und der Inhalt wirklicher Offenbarung muß die Erläuterung ihres Geschehens sein. Als göttliche Offenbarung kommt also nur ein solches Wort in Frage, das sich als in seiner Wahrheit allein im Glauben zugängliche letzte Wort über alle Wirklichkeit verstehen läßt. Keine der Vernunft als solcher zugängliche Wahrheit hat diesen Rang. Selbst das "Gesetz", der aus der weltlichen Wirklichkeit mit der Vernunft erkennbare unbedingte sittliche Anspruch, kann immer nur "Wort Gottes" in einem uneigentlichen Sinn sein.

---

339 Darin liegt vielleicht der Wahrheitskern der eigenartigen Auffassung von **Adolf v. Harnack**, Marcion: Das Evangelium vom fremden Gott - Eine Monographie zur Geschichte der Grundlegung der katholischen Kirche, 2. verbesserte und vermehrte Aufl., Leipzig 1924, 219, wonach dem AT keine kanonische Dignität mehr zuerkannt werden sollte. In Wirklichkeit gilt dies nur von einem falschen Verständnis der Schrift Israels, solange man sie nämlich in einem nicht-christlichen Sinn als "Wort Gottes" verstehen will. - Eindringlich auf die der Schrift Israels immanente Problematik hingewiesen haben auch **Rudolf Bultmann**, Weissagung und Erfüllung, in: Glauben und Verstehen II, Tübingen ²1958, 162-186, und **Friedrich Baumgärtel**, Das hermeneutische Problem des Alten Testaments, in: ThLZ 79 (1954) 199-212.

Es ist deshalb unmöglich, etwa die Maße für die Herstellung der Bundeslade wirklich als besondere göttliche Offenbarung anzusehen, wie es die Schrift Israels behauptet (vgl. Ex 25,10-22). Selbst die sittlich so hochstehende Botschaft der Propheten, wonach die wahre Gotteserkenntnis darin besteht, dem Bedrückten und dem Armen zu seinem Recht zu verhelfen (vgl. Jer 22,16), läßt sich doch mit Hilfe der Vernunft als Forderung aus dem Menschsein des Menschen begründen. Sie kann nicht auf ein besonderes göttliches Eingreifen zurückgeführt werden, weil sich ja ein solches nur als Selbstmitteilung Gottes verstehbar aussagen läßt. Daß Abraham aufgrund göttlicher Offenbarung seinen Sohn schlachten soll (Gen 22,2), ist überhaupt mit einem Gottesverständnis unvereinbar, das sich auf den unbedingten Anspruch an den Menschen beruft, sich menschlich und nicht unmenschlich zu verhalten. Aber gerade die Einsicht, daß einen Menschen zu schlachten nicht der Wille Gottes sein kann (im Text angedeutet Gen 22,12), bedarf letztlich keiner Offenbarung, sondern läßt sich durch Vernunft erreichen. Unter Vernunft verstehen wir hier jede sinnvolle Argumentationsweise, bei der nicht mit der Wahrheit des Glaubens argumentiert werden muß. In bezug auf den sittlichen Anspruch, unter dem der Mensch von vornherein steht, ist die Vernunft mit dem Gewissen identisch.

Angelegt ist die genannte Relativierung bereits in der Schrift Israels selbst. Zum Beispiel ist Am 3,2 von einer ausschließlichen Berufung Israels durch die Befreiung aus Ägypten die Rede; und Am 9,7 wird wiederum jedes Vorrecht Israels bestritten: "Seid ihr mir nicht gleich den Kuschiten, ihr Söhne Israels? spricht Jahwe. Habe ich nicht Israel aus dem Lande Ägypten herausgeführt und die Philister aus Kaftor und die Aramäer aus Kir?" Schließlich könnte man fragen, warum überhaupt ein "Wir sind noch einmal davongekommen" auf ein besonderes Eingreifen Gottes zurückgeführt werden soll, wenn doch ohnehin auch alles sonst unterschiedslos unüberbietbar von Gott abhängig ist.

Im "Neuen Testament" wird diese "Relativierung" der Schrift Israels etwa im Hebräerbrief durch den Hinweis ausgedrückt, daß es - ein Appell an die Vernunft! - doch wohl "unmöglich" sei, "daß Stier- und Bocksblut Sünden wegnimmt" (Hebr 10,4).

Insgesamt läuft die in der Bezeichnung der Schrift Israels als "Altes Testament" enthaltene Bestreitung, daß sie "Wort Gottes" **in dem Sinn** sei, in dem sie dafür gehalten wurde, auf die Behauptung hinaus, daß sie zunächst nur eine menschliche Selbstdeutung sei. Die Schrift Israels stellt dar, wie sich die Juden ihr Verhältnis zu Gott vorgestellt haben. Gewiß ist der sich so selbst deutende Mensch in Wahrheit bereits der in Christus geschaffene Mensch; aber dies bleibt ihm selber zunächst verborgen. Und selbst wo die Schrift Israels tatsächlich im Sinn wahrer Gemeinschaft mit Gott und "reinen Glaubens" verstanden wurde (ein Glaube in der Weise des Glaubens Abrahams), da hätte man doch noch keine endgültige und universal verstehbare Rechenschaft darüber geben können.

Die Bezeichnung der Schrift Israels als "Altes Testament" bedeutet jedoch neben und gerade aufgrund dieser Abwertung zugleich eine Aufwertung, die in einer **"Universalisierung"** besteht. Die Schrift Israels hört als "Altes Testament" auf, nur die Schrift eines kleinen, unbedeutenden Volkes zu sein. Die christliche Verkündigung bringt sie als "Altes Testament" zu allen Völkern mit. Denn die Probleme der Juden sind letztlich die Probleme der Menschen überhaupt. In den menschlichen Grundsituationen, die in der Schrift Israels dargestellt werden, können sich alle Menschen wie in einem Spiegel wiedererkennen. Und es sind diese Probleme, auf die die christliche Botschaft eingehen will und die sie gewissermaßen als ihren Hintergrund voraussetzt.

Man kann sich dies vor allem an der Frage nach dem Sinn des Leids verdeutlichen, die die ganze Schrift Israels durchzieht. Es handelt sich nicht nur um ein jüdisches, sondern um ein alle Menschen angehendes Problem. Alle nur denkbaren Antworten werden ausprobiert: das Leid sei Strafe für eigene Schuld; oder es sei eine Folge der Bosheit der Vorfahren; oder das Volk müsse die Sünden seiner Herrscher tragen; vielleicht sei das Leid auch nur eine rasch vorübergehende Prüfung. Keine der Antworten reicht aus, um das Leid zu bewältigen (340).

"Relativierung" und "Universalisierung" für sich allein würden nicht erklären, warum die Schrift Israels für die Kirche "Heilige Schrift" bleibt oder überhaupt erst im eigentlichen Sinn wird. Aber sie sind eine notwendige Voraussetzung dafür.

Der dritte und entscheidende Aspekt, der in der Bezeichnung der Schrift Israels als "Altes Testament" liegt, ist der der **"Erfüllung"**. Im Sinn des christlichen Glaubens bedeutet "Erfüllung" der Schrift Israels, daß man sie vom "Neuen Testament" her endgültig in ihrem wahren Sinn verstehen kann (341).

Die ganze Schrift Israels läßt sich in dem Wort zusammenfassen, das in ihr immer neu wiederholt wird: "Ihr seid mein Volk, und ich bin euer Gott" (342). Die christliche Verkündigung kann eine solche Aussage im Grunde nicht überbieten. Es gibt nichts noch Höheres als Gemeinschaft von Menschen mit Gott. Und Gemeinschaft mit Gott läßt auch keine verschiedenen Grade zu, sondern ist nur als unüberbietbare aussagbar. Aber die christliche Botschaft mit ihrem trinitarischen Gottesverständnis beansprucht, diejenige Auslegung der Bundesformel zu sein, in der sich überhaupt erst als endgültig sinnvoll verstehen läßt. "Gemeinschaft von Menschen mit Gott" ist nur dann nicht in sich widersprüchlich, wenn sie darin besteht, daß Menschen in die reale Relation Gottes zu Gott, des Vaters zum Sohn aufgenommen sind, wenn also der Heilige Geist ihr Verhältnis

---

340 Vgl. als eine Übersicht **Marie-Léon Ramlot** und **Jacques Guillet**, Art. "Souffrance", Vocabulaire de Théologie Biblique, hrsg. v. Xavier Léon-Dufour, Paris ²1971, 1248-1255.

341 Vgl. C. F. D. **Moule**, Fulfilment-words in the New Testament: Use and Abuse, in: NTS 14 (1967-1968) 293-320. Moule meint, die Häufung von Erfüllungsformeln im NT auf einen jesuanischen Sprachgebrauch zurückführen zu können; ein auch in den Texten vorkommendes Verständnis im Sinn von "Eintreffen" von "Vorhergesagtem" bleibe dahinter zurück.

342 Jer 11,4; vgl. Lev 26,12; Jer 7,23; 24,7; 30,22; 31,1; 32,28; Ez 11,20; 14,11; 36,28; 37,23.27; Sach 8,8 u. a.

zu Gott ist. Dieser "erfüllte" Sinn der Schrift Israels ist nicht mehr erneut relativierbar.

Auch die anderen Grundbegriffe der Schrift Israels, "Wort Gottes", "Bund mit Gott", "Volk Gottes", sind erst in dieser ihrer christlichen Interpretation endgültig sinnvoll. "Wort Gottes" im eigentlichen Sinn setzt die Menschwerdung des Sohnes voraus. Ein "Bund mit Gott" kann nur im Hineingenommensein in das Gottesverhältnis Jesu bestehen. Erst wenn der Heilige Geist Menschen miteinander verbindet, sind sie in Wahrheit "Volk Gottes". Der Sinn der Schrift ist also der Glaube an Jesus Christus.

In ihrer christlichen Interpretation als "Altes Testament" wird wohlgemerkt die Schrift Israels selbst zum unmittelbaren Ausdruck des Glaubens an Jesus Christus. So liest die Kirche die Psalmen nicht als bloße Vorbereitung auf das Kommen Christi, sondern geradezu als in seinem Mund gesprochen. Bereits der Glaube Abrahams muß als noch anonymer, aber doch schon wahrer Glaube an Jesus Christus verstanden werden: "Indem nun die Schrift voraussah, daß Gott die Heiden aus dem Glauben heraus rechtfertige, verkündigte sie dem Abraham das Evangelium im voraus: 'In dir sollen alle Heiden gesegnet sein'" (Gal 3,8). "Folglich, wenn ihr Christus angehört, so seid ihr Abrahams Nachkommenschaft, Erben nach der Verheißung" (Gal 3,29). Der christliche Glaube ist kein höherer Glaube als der Glaube Abrahams, aber die Größe des Glaubens Abrahams läßt sich erst im christlichen Verständnis explizit erfassen. Durch Jesus ist dieser Glaube universal verkündbar geworden (343).

Gerade dadurch, daß die Schrift Israels zum "Alten Testament" erklärt wird, wird sie in sich selbst neu, nämlich neutestamentlich verstanden. "Schrifterfüllung" bedeutet nicht das nachträgliche äußere Eintreffen vorausgesagter Ereignisse, sondern das endgültige "Sinnvoll"-Sein der Schriftaussagen selbst (344).

Die Voraussetzung für die Möglichkeit und die Notwendigkeit einer solchen Neuinterpretation der Schrift Israels ist, daß für die Vernunft einsichtig gemacht werden kann, warum die Schrift Israels für sich allein genommen nicht endgültig als "Heilige Schrift" verstehbar ist, sondern problematisch bleibt. Wäre sie für sich allein als "Heilige Schrift" verstehbar, dann wäre die Christus-Botschaft überflüssig (345). Ihr wahrer Charakter als "Heilige Schrift" kommt aber erst in ihrem christlichen Gebrauch an den Tag.

---

343 Vgl. **Gerhard Ebeling**s Auseinandersetzung mit Martin Buber: Zwei Glaubensweisen?, in: **Gerhard Ebeling**, Wort und Glaube III, Tübingen 1975, 243f.

344 Vgl. II. Vatikanum, DV 16. Leider wurde bei der Ausarbeitung der Konstitution nicht die entscheidende Frage gestellt, welche **Neu**interpretation sich in der Bezeichnung der Schrift Israels als "Altes Testament" ausdrückt.

345 Vgl. **Martin Luther**, Dictata super Psalterium (1513-1516), WA 3; 12, 29f: "Wenn das Alte Testament durch menschlichen Sinn ausgelegt werden kann ohne das Neue Testament, so werde ich sagen, das Neue Testament sei umsonst gegeben." Dazu **Gerhard Ebeling**, Die Anfänge

Die Schrift Israels für sich allein läßt sich nicht einmal als "vorläufiges" Wort Gottes verstehen. Denn der Begriff "Wort Gottes" kann sinnvoll nur auf ein solches Wort angewandt werden, das sich als endgültiges, als letztes, alles entscheidendes Wort erfassen läßt. Die Rede von einem bloß "vorläufigen Wort Gottes" ist strenggenommen in sich widersprüchlich (346).

So bleibt der wahre Sinn der Schrift Israels verborgen, solange man sie nicht im Licht der Christus-Botschaft auslegt. Nach 2 Kor

---

von Luthers Hermeneutik, in: ders., Lutherstudien I, Tübingen 1971, 1-68 (zum Verhältnis AT - NT: 42-51).

346 Am Anfang des Hebräerbriefs ist von einem "vielfachen" Sprechen Gottes durch die Propheten zu den Vätern die Rede, dem das eine Wort Gottes in Jesus Christus an uns gegenübergestellt wird (Hebr 1,1-2). Damit ist das vielfache Sprechen als Wort Gottes im uneigentlichen Sinn gekennzeichnet, es sei denn, daß man es von Christus her versteht; vgl. auch Gal 3,19, wonach das "Gesetz" nur von Engeln stammt. Vgl. zu dieser Deutung auch **Juan de la Cruz**, Subida del Monte Carmelo, 1. II, c. 22, n. 4-5. Als weiteren Kommentar dazu kann man **Hugo v. St. Viktor**, De triplici silentio, lesen (PL 177, 316D - 317C): "Das erste Schweigen war im voraus zum Gesetz. Das zweite zwischen Gesetz und Gnade. Das dritte wird nach diesem Leben sein. Das erste Schweigen war, als der Mensch seine Krankheit nicht erkannte; und deshalb schwieg er und verlangte nach keinem Heilmittel. Aber nachdem das Gesetz hinzugekommen war und den Kranken ihre Wunden gezeigt hatte, wurde sogleich das Schweigen gebrochen, und die Kranken begannen alsbald, nach dem Heil zu verlangen. Aber weil sie durch Werke des Gesetzes, worin das Heil nicht ist, geheilt werden wollten, konnten sie nicht finden, wonach sie verlangten. Indem schließlich der Mensch bedachte, daß niemand durch das Gesetz gerechtfertigt werden kann, hörte er, wie durch das lange Schreien ermüdet und bereits verzweifelnd, zu reden auf; und es folgte das zweite Schweigen. Dann also kam das allmächtige Wort Gottes des Vaters in das Fleisch und brach das Schweigen, sprach Frieden, gab Gnade, bot Barmherzigkeit an, verhieß Verzeihung. Und die Kranken begannen, zum Arzt zu eilen und wie mit lautem Schreien so in reinem Glauben des Herzens und wahrem Bekenntnis des Mundes das Heilmittel zu erflehen. Dies also geschieht im gegenwärtigen Leben, daß der Mensch durch die Gnade Gottes Heilung erlangt. Aber wenn er die volle Heilung erlangt haben wird und zu jener Glückseligkeit der kommenden Unsterblichkeit hingeführt sein wird, dann wird nichts mehr sein, was er erbittet. Und dann wird jenes dritte, selige Schweigen folgen, das niemals ein Ende haben wird. Zwischen dem ersten und dem zweiten Schweigen ertönten viele Worte, zwischen dem mittleren und dem letzten Schweigen ertönt ein einziges Wort. Die vielen Worte waren die vielerlei Gebote des Gesetzes, das durch Mose gegeben wurde. Das eine Wort ist die eine Gnade Gottes, die durch Jesus Christus geschehen ist, oder besser Jesus Christus selbst. Mose, der Knecht Gottes, hat viele Worte und viele Reden hervorgebracht. Gott der Vater hat ein einziges Wort und eine einzige Rede gesandt. Doch die Reden des Mose waren nicht allmächtig, weil sie nicht konnten geschehen machen, was sie sagten; und so mußten sie schließlich, in der Verheißung versagend, verstummen [...]."

3,13-16 liegt für die Juden auf der Verlesung des Alten Bundes eine Hülle, die erst dann weggenommen wird, wenn jemand sich zum Glauben an Jesus Christus bekehrt (347). Es kommt also nicht ein neuer Sinn wie von außen hinzu, sondern es wird nur der eigentliche Sinn der Schrift Israels offenbar, der ihr verborgen von Anfang an innewohnt (348). Dieser eigentliche Sinn der Schrift Israels ist das "In Christus"-Geschaffensein aller Wirklichkeit.

Das Verhältnis der christlichen Botschaft zur Schrift Israels ist dann weiter das **normative Vorbild** dafür, wie sich der christliche Glaube zu überhaupt allen Religionen und Weltanschauungen verhält. Er bringt auch die anderen Religionen und Weltanschauungen durch "Relativierung", "Universalisierung" und "Erfüllung" zu ihrer eigenen Wahrheit (349). "Heilige Schrift" im eigentlichen Sinn ist aber immer nur das "Alte" und das "Neue Testament" als die verbindliche Vorlage für diesen Interpretationsvorgang.

Diese Sicht bahnt sich bereits innerhalb des "Neuen Testaments" selbst an. Nach Apg 17,28 zitiert Paulus in Athen einen Satz aus der griechischen Dichtung: "Wir sind von seinem [Gottes] Geschlecht." Er argumentiert mit diesem Satz gegenüber den Griechen ähnlich wie

---

347   In der neuen Einheitsübersetzung der Heiligen Schrift, Das Neue Testament, Stuttgart 1980, heißt es m. E. fälschlich: "[...] liegt die gleiche Hülle auf dem Alten Bund, wenn daraus vorgelesen wird, und es bleibt verhüllt, daß er in Christus ein Ende nimmt." Es muß wohl heißen: "[...] liegt die gleiche Hülle auf dem Lesen des Alten Bundes, und sie wird nicht weggenommen, bis sie in Christus zunichte wird." Anderenfalls wäre es heute überflüssig, das Alte Testament zu lesen.

348   Vgl. auch **Ignatios von Antiocheia**, An die Philadelphier 8, 2 (PG 5, 704B): "Einige habe ich sagen hören: 'Wenn ich es nicht in den alten Schriften [ἐν τοῖς ἀρχαίοις] finde, glaube ich nicht an das Evangelium.' Und als ich ihnen sagte: 'Es steht geschrieben', antworteten sie mir: 'Das ist zu beweisen.' Doch für mich sind die alten Schriften Jesus Christus, das unaufhebbare Alte ist sein Kreuz und sein Tod und seine Auferstehung und der durch ihn bestehende Glaube." Ignatios anerkennt, daß man nur glauben könne, was in der Schrift (Israels) steht; aber sie kann erst von Christus her in ihrem schlechthin verläßlichen Sinn verstanden werden. - In der exegetischen Tradition hat man versucht, die christliche Bedeutung des Alten Testaments durch die Unterscheidung von Literalsinn und geistlichem Sinn zu gewinnen (vgl. 2 Kor 3,6). Dabei wurde der geistliche Sinn gewöhnlich allegorisch-typologisch verstanden und noch einmal dreifach aufgeteilt in das zu Glaubende, das handelnd zu Verwirklichende und das eschatologisch zu Erstrebende (vgl. den Merkvers bei **Nicolaus v. Lyra**, PL 113, 28D: Littera gesta docet, quid credas allegoria, / Moralis quid agas, quo tendas anagogia"). Vgl. **Henri de Lubac**, Exégèse Médiévale - Les quatre sens de l'Écriture, 4 Bände, Paris 1959, 1961, 1964. Zur Problematik der vier Schriftsinne vgl. auch **Gerhard Ebeling**, o. c. (Anm. 345), 1-68.

349   Vgl. II. Vatikanum, NA, vor allem 2,1; vgl. auch **Peter Knauer**, Einzigartigkeit des Christentums, in: ThAk 13, hrsg. v. Johannes Beutler und Otto Semmelroth, Frankfurt am Main 1976, 9-26.

bei den Juden mit der Schrift Israels und deutet ihn als im christlichen Glauben "erfüllt", d. h. endgültig sinnvoll. Aber diese Deutungsmöglichkeit entstammt dem Verhältnis der christlichen Botschaft zur Schrift Israels. Gegenüber den anderen Weltreligionen steht die entsprechende Interpretationsaufgabe dem Christentum noch bevor. Es wird erst so auch seinen eigenen Reichtum tiefer erfassen. Weil die Wahrheit der Religionen und Weltanschauungen dabei nur ganz zu sich selber gebracht würde, und zwar in einer Weise, die sich jeder Anfrage stellt, wird man diesen Vorgang dann wohl nicht als illegitime "Vereinnahmung" bezeichnen können.

Selbst der Wahrheitskern "nicht-religiöser" Weltanschauungen wie des Atheismus, der ja oft nur ein falsches Gottesbild ablehnt, kommt im Licht des Verhältnisses des "Alten Testaments" zum "Neuen" an den Tag: Natürliche Erkenntnis, nämlich die Erkenntnis aller geschaffenen Wirklichkeit, ist eine Gotteserkenntnis im Modus der Abwesenheit Gottes. Dabei bleibt aber das Christentum selbst gerade in seiner an die Wurzel aller Religionen gehenden religionskritischen Bedeutung durchaus Religion. Sie wahrt das begrenzte Recht eines von Gott absehenden Wirklichkeitsverständnisses, läßt sich aber nicht darin einordnen (350).

Die Schrift Israels läßt sich also nicht durch eine andere Religion oder Weltanschauung ersetzen. Ihre unersetzbare Bedeutung besteht darin, den unmittelbaren Hintergrund für das Verständnis Jesu zu bilden. Man könnte denken: Wäre Jesus in Indien geboren, dann wäre der Veda unser "Altes Testament" geworden. Weil aber Jesus als Jude geboren ist - ein unableitbares und gerade so entscheidendes Faktum -, kommt diese Würde allein der Schrift Israels zu.

Von hier aus läßt sich auch der Begriff der "Heilsgeschichte" verständlich fassen. "Heilsgeschichte" ist zunächst die Verkündigung des christlichen Glaubens in der Geschichte und damit die Geschichte dieser Verkündigung einschließlich ihrer Vorgeschichte im "Alten Testament". Im Licht der christlichen Botschaft betrachtet, ist sodann die geschichtliche Wirklichkeit überhaupt, weil in Christus geschaffen und deshalb auf seine Offenbarung hintendierend, "Heilsgeschichte" (351). So sehr das "In Christus"-Geschaffensein der Welt von Anfang an besteht, kann es doch nur in einer ganz und gar geschichtlichen Weise offenbar werden. Zum Wesen von Geschichte gehört, daß man sie nicht deduzieren kann, sondern sie in Begegnung mit der Freiheit anderer erfährt.

---

350 Vgl. **Gerhard Ebeling**, Die "nicht-religiöse Interpretation biblischer Begriffe", in: **ders.**, Wort und Glaube I, Tübingen ³1967, 90 -160, und Die Notwendigkeit des christlichen Gottesdienstes, in: **ders.**, Wort und Glaube III, Tübingen 1975, 533-553 (vor allem 540-549; ferner **ders.**, Evangelium und Religion, in: ZThK 73 (1976) 241-258; **ders.**, Dogmatik des christlichen Glaubens I, Tübingen 1979, 111-139.

351 Vgl. **ders.**, o. c. (Anm. 334), 81: "[...] Heilsgeschichte ist nicht etwas neben der Weltgeschichte, sondern die Ausrichtung der Heilsbotschaft an die Welt in der Geschichte."

FRAGEN

1. Wodurch unterscheidet sich die Einteilung der Heiligen Schrift in ein "Altes" und ein "Neues Testament" von einer bloßen Einteilung in einen "ersten" und einen "zweiten Teil" oder von der Einteilung in "Hebräische" und "Christliche Griechische Schriften"?
2. Was bedeutet der Begriff "Altes Testament" im Unterschied zu "Schrift Israels"? In welchen Aspekten besteht die an der Schrift Israels zu vollziehende Neuinterpretation, deren Ergebnis die Bezeichnung dieser Schrift als "Altes Testament" ist?
3. Wie hängen "Relativierung" und "Universalisierung" der Schrift Israels miteinander zusammen? Warum ist die Schrift Israels für das christliche Verständnis erst in ihrer "Erfüllung" wirklich "Heilige Schrift"?
4. In welchem Sinn ist dennoch bereits die Schrift Israels "Wort Gottes" und wird nicht erst durch ihre christliche Interpretation dazu gemacht?
5. Wie läßt sich der Begriff der "Schrifterfüllung" an den Grundkategorien der Schrift Israels: "Wort Gottes", "Bund mit Gott", "Volk Gottes" erläutern?
6. Wodurch unterscheidet sich der Begriff der "Schrifterfüllung" von einem bloßen "Eintreffen von Voraussagen"?
7. Was ist an der Formulierung falsch, daß "das Alte Testament vom Neuen relativiert wird"? (Vgl. Antwort auf Frage 2.)
8. Wie ist das Verhältnis des "Neuen Testaments" zum "Alten" Norm für die christliche Interpretation anderer Religionen und Weltanschauungen? Worin besteht dabei die unersetzbare Bedeutung der Schrift Israels als "Alten Testaments"?
9. Wodurch unterscheidet sich die christliche Interpretation anderer Religionen und Weltanschauungen von einer illegitimen Vereinnahmung?
10. Was ist unter "Heilsgeschichte" zu verstehen?

2.1.2 Die Autorität der Heiligen Schrift: ihre "Inspiration" und ihre "Irrtumslosigkeit"

Der einzige Sinn, in dem sich die Heilige Schrift als "Wort Gottes" verstehen läßt, ist unser gegenwärtiges Anteilhaben am Gottesverhältnis Jesu. Von hier aus ist zu bestimmen, worin ihre "Inspiration" und ihre "Irrtumslosigkeit" bestehen.

Nach katholischer Lehre sind "die Bücher des Alten und des Neuen Testaments vollständig mit allen ihren Teilen [...] als heilig und kanonisch anzuerkennen [...] nicht deshalb, weil sie durch bloße menschliche Bemühung verfertigt und nur nachträglich durch die Autorität der Kirche anerkannt worden wären; auch nicht bloß deshalb, weil sie die Offenbarung ohne Irrtum enthalten; sondern deshalb, weil sie, unter der Inspiration des Heiligen Geistes geschrieben, Gott zum Urheber haben und als solche der Kirche überliefert worden sind" (352). Dieser grundlegende Text soll im Folgenden erläutert werden.

---

352 I. Vatikanum, DF, DS 3006.

Das I. Vatikanum weist zunächst eine falsche und dann eine unzureichende Begründung für die Heiligkeit und den normativen Charakter der Heiligen Schrift zurück. Wenn man für den Glauben als das Erfülltsein vom Heiligen Geist auf die Heilige Schrift angewiesen sein soll, dann kann sie nicht ein bloß menschliches Erzeugnis sein, das lediglich nachträglich durch die Anerkennung der Kirche zu etwas Heiligem gemacht worden wäre. Die Geisterfülltheit kann nicht erst durch nachträgliche kirchliche Bestätigung in die Heilige Schrift hineingetragen worden sein; denn sonst stünde die Kirche nicht "unter", sondern "über" dem Wort Gottes. Das Wort Gottes ist dem Glauben jedoch immer vorgegeben und wird nicht erst durch irgend jemandes Zustimmung zum Wort Gottes gemacht. Nicht falsch, aber unzureichend ist eine zweite denkbare Begründung für die Heiligkeit und Normativität der Heiligen Schrift: nämlich, daß sie die Offenbarung ohne Irrtum enthalte. Wenn dies ausreichte, dann wären nicht nur die Bücher des Alten und Neuen Testaments Heilige Schrift, sondern mit dem gleichen Recht überhaupt alle Bücher, die den christlichen Glauben sachgemäß aussagen. Auch ein heutiger Katechismus könnte dann gegebenenfalls Heilige Schrift sein. Dies entspricht jedoch nicht dem kirchlichen Verständnis von "Heiliger Schrift".

Als richtige und ausreichende positive Begründung für die Heiligkeit der Heiligen Schrift nennt das I. Vatikanum, daß sie "unter Eingebung des Heiligen Geistes geschrieben" sei und somit "Gott zum Urheber" habe. Hinzu kommt ein mehr äußeres Merkmal: Die so inspirierten Texte müssen "der Kirche als solche überliefert" sein (353).

Was bedeutet zunächst der Ausdruck "unter Eingebung des Heiligen Geistes [Spiritu Sancto inspirante]"? Im Kontext des christlichen Glaubens ist mit **"Inspiration"** die wirkende Gegenwart des Heiligen Geistes (**"Spiritus** Sanctus") gemeint.

In den Dokumenten der kirchlichen Lehrverkündigung wird das Wort "Inspiration" in dieser Bedeutung auch ganz allgemein auf alle Betätigungen des Glaubens bezogen (354). Der aus dem geisterfüllten Wort kommende Glaube kann nur als vom Heiligen Geist gewirkt und damit als "inspiriert" verstanden werden. Er ist selbst das Erfülltsein vom Heiligen Geist, und das Wort der Verkündigung des Glaubens ist das Geschehen der Weitergabe des Heiligen Geistes.

Doch ist dieser allgemeine Sinn von "Inspiration" offenbar zu weit, um die Besonderheit der Inspiration der Heiligen Schrift zu bestimmen. Man könnte deshalb auf den Gedanken kommen, der Ton sei darauf zu legen, daß die Texte der Heiligen Schrift "unter Eingebung des Heiligen Geistes **geschrieben**" worden seien. Die Besonderheit würde also in einem Einwirken des Heiligen Geistes auf die schriftliche Abfassung als solche liegen. Nun kann ein schriftlicher Text natürlich nicht anders zustande kommen, als indem er schriftlich abgefaßt wird. Folglich kann eine schriftliche Bezeugung des vom Heiligen Geist erfüllten Glaubens auch nur so entstehen, daß

---

353 Zur Geschichte des Inspirationsverständnisses im Umfeld des I. Vatikanums vgl. **James Tunstead Burtchaell**, Catholic Theories of Biblical Inspiration since 1810, Cambridge 1969.

354 Vgl. z. B. II. Konzil von Orange (DS 375,377) und Konzil von Trient (DS 1525) sowie I. Vatikanum (DS 3010).

bereits das Geschriebenwerden des Textes vom Glauben als dem Erfülltsein vom Heiligen Geist geleitet ist.

Aber diese Einschränkung des Begriffs der "Inspiration" auf die Geisterfülltheit des Vorganges der schriftlichen Abfassung des Textes und auf den schriftlichen Text selbst führt noch nicht weiter. In diesem Sinn ist nämlich noch immer überhaupt jeder schriftliche Glaubenstext und nicht nur die Heilige Schrift "inspiriert". Dieser Inspirationsbegriff würde noch immer auf alle Texte zutreffen, die die christliche Offenbarung ohne Irrtum enthalten und als Glaubenszeugnisse verstehbar sind. Er würde also als Begründung für die Heiligkeit der Heiligen Schrift mit der vom I. Vatikanum als ungenügend abgelehnten gleichbedeutend sein.

Aus dem Wortlaut der Aussage des I. Vatikanums ist wegen der Entgegensetzung zu der abgelehnten Begründung zu entnehmen, daß der Inspirationsbegriff für die Heilige Schrift enger zu fassen ist. Aber leider wird nicht ausdrücklich gesagt, worin diese engere Fassung bestehen soll. Auch die ergänzende Formulierung, die Texte müßten "Gott zum Urheber" haben, gibt zunächst nichts Neues her. Sie ist der Sache nach gleichbedeutend mit dem Inspirationsbegriff. Zunächst könnte man durchaus von überhaupt jedem Glaubenszeugnis sagen, es habe Gott zum Urheber.

Wir müssen deshalb nunmehr auf unser eigenes Risiko fragen, worin denn die Besonderheit der Inspiration für die Heilige Schrift liegt. Und in welchem Sinn könnte man in einer auf die Heilige Schrift eingeschränkten Weise von einer besonderen "Urheberschaft Gottes" sprechen? Was zeichnet also die Heilige Schrift vor anderen Glaubenszeugnissen aus? Gemeinsam mit allen anderen Glaubenszeugnissen ist der Heiligen Schrift, daß sie denjenigen Glauben bezeugt, der das Erfülltsein vom Heiligen Geist ist; jedes solche Glaubenszeugnis ist selbst vom Heiligen Geist erfüllt. Die Besonderheit der Heiligen Schrift innerhalb dieses gemeinsamen Sachverhalts scheint allein darin zu liegen, daß sie **in die normative Ursprungszeit der Kirche gehört.**

Die Heilige Schrift, nämlich das "Neue Testament" und die von ihm her als "Altes Testament" interpretierte Schrift Israels ist das **faktisch** mehr oder minder früheste uns zugängliche Zeugnis desjenigen Glaubens, der als das Anteilhaben am Gottesverhältnis Jesu das **Erfülltsein vom Heiligen Geist** ist. Dadurch kommt ihr die Würde einer Norm für alle spätere Bezeugung des christlichen Glaubens zu, da ja der Glaube notwendig auf seinen historischen Ursprung verweist. Alle spätere Geisterfülltheit ist für ihr Offenbarwerden an die Geisterfülltheit der Heiligen Schrift gebunden. Die Inspiration der Heiligen Schrift unterscheidet sich von der Inspiration sonstiger Glaubenstexte nur dadurch, daß sie die ursprüngliche ist. Sie besteht aber auch am Ursprung in nichts anderem als im christlichen Glauben selbst, der die ersten Zeugen zur Abfassung ihres schriftlichen Zeugnisses bewegt hat (355). Dieser Glaube, und was von ihm her begründet wird, läßt sich nicht als bloßes Menschenwerk verstehen.

---

355 Die Absicht der Einwirkung auf die Nachwelt wird besonders deutlich in 2 Petr 1,12-15 ausgesagt.

Es handelt sich also bei der "Inspiration der Heiligen Schrift" nicht um ein "Mehr" an Inspiration gegenüber der aller anderen Zeugnisse des Glaubens oder darum, daß ihre Inspiration auf eine besondere Weise zustande gekommen wäre:

Das Eigentümliche der Schriftinspiration, ihre einzige ontologische Besonderheit, besteht vielmehr darin, daß sie als die ursprüngliche die Unüberbietbarkeit auch aller sonstigen christlichen "Inspiration" begründet. Es kann nur deshalb in allen christlichen Zeugnissen um das Erfülltsein vom Heiligen Geist gehen, weil bereits das ursprüngliche Zeugnis vom Heiligen Geist erfüllt ist:

Mit der Formulierung "das faktisch mehr oder minder früheste uns zugängliche Zeugnis" ist eine zeitliche Abgrenzung nach vorwärts und nach rückwärts gemeint. Die dem "Neuen Testament" folgenden späteren Zeugnisse setzen es bereits voraus und sind von ihm abgeleitet. Die dem "Neuen Testament" vorausliegenden christlichen Zeugnisse sind uns im wesentlichen nur noch durch das "Neue Testament" hindurch erreichbar. Zum Beispiel kann die sogenannte Quellenschrift "Q", die vielleicht der Abfassung der synoptischen Evangelien zugrunde gelegen hat, nur noch aus diesen selbst erschlossen werden (356); sie ist uns nicht unabhängig davon als eigener Text erhalten geblieben. Die Schrift Israels ihrerseits ist in dem Sinn inspiriert, in dem sie sich vom "Neuen Testament" her als "Altes Testament" verstehen läßt. Ihre wirkliche Inspiration von Anfang an kommt also überhaupt erst in ihrem christlichen Verständnis an den Tag.

Als "Heilige Schrift" kommen nur diejenigen Glaubenstexte der Ursprungszeit der Kirche in Frage, die "der Kirche als solche überliefert" sind. Dieses mehr äußere Merkmal der Schriftinspiration besagt, daß es sich um Texte handeln muß, die tatsächlich von Anfang an in der Kirche eine Wirkungsgeschichte gehabt haben, und daß es möglich war, diese Wirkungsgeschichte an den Texten selbst zu überprüfen. Die Inspiration liegt ihrer kirchlichen Anerkennung voraus. Die Bezeichnung als "Heilige Schrift" kommt erst durch die kirchliche Anerkennung zustande. Ein an sich inspirierter Text, der verlorengegangen wäre, könnte, wenn er erst nach Jahrhunderten wiedergefunden würde, nicht mehr zur "Heiligen Schrift" gerechnet werden.

---

356 Vgl. **Siegfried Schulz**, Q – Die Spruchquelle der Evangelisten, Zürich 1972, und die dazugehörige Griechisch-deutsche Synopse der Q-Überlieferungen, Zürich 1972; **Athanasius Polag**, Fragmenta Q – Textheft zur Logienquelle, Neukirchen-Vluyn 1979.

Daß gerade diese Schriften, die unser heutiges "Neues Testament" ausmachen, das früheste uns zugängliche Zeugnis des christlichen Glaubens sind, ist ein rein faktischer Sachverhalt, den man nirgendwoher ableiten kann. Dies läßt sich an einem Gedankenexperiment verdeutlichen. Es scheint, daß es außer den uns erhalten gebliebenen noch weitere Briefe des Apostels Paulus gegeben hat (357). Auch Apostelbriefe können natürlich verlorengehen. Es wäre nun denkbar, daß überhaupt alle Paulusbriefe und vielleicht auch alle übrigen Texte, die unser heutiges "Neues Testament" bilden, verlorengegangen wären. Die frühesten erhalten gebliebenen christlichen Zeugnisse wären etwa die Didache, der Brief des Clemens von Rom und die Briefe des Ignatios von Antiocheia, die alle um die Wende zum 2. Jahrhundert entstanden sind. Dann wären vermutlich diese Texte unser "Neues Testament", weil ihnen die Würde des frühesten uns erreichbaren christlichen Zeugnisses zukäme. Es ist nur notwendig, daß noch ein aufweisbarer historischer Zusammenhang mit dem irdischen Leben Jesu und seiner Jünger gegeben ist. Normativ für den christlichen Glauben ist allerdings nicht der für sich allein genommene Jesus, sondern seine Wirksamkeit an und mit seinen Jüngern zur Begründung des Christentums (358). "Heilige Schrift" könnte also nicht erst beliebig spät angesetzt werden.

Indem wir es als einen rein faktischen Sachverhalt bezeichnen, welche christlichen Zeugnisse aus der Ursprungszeit erhalten geblieben sind, soll ausgeschlossen werden, die Heiligkeit der Heiligen Schrift etwa anstatt mit ihrer Geisterfülltheit mit dem bloßen Hinweis auf die allgemeine göttliche Vorsehung zu begründen. Denn auf diese ist überhaupt alle faktische Wirklichkeit zurückzuführen. Mit unserer Deutung des Begriffs der "Inspiration der Heiligen Schrift" verzichten wir auch auf den u. E. abergläubischen Versuch, den "Wort Gottes"-Charakter der Heiligen Schrift auf eine andere Eingebung zurückzuführen als die, die schlicht mit dem Glauben an Jesus Christus gegeben ist (359). Es bedarf dazu keiner ekstatischen Er-

---

357 Darauf scheinen Stellen wie 1 Kor 5,9-13; 2 Kor 2,3-4.9 hinzuweisen.

358 Vgl. **Friedrich Schleiermacher**, Kurze Darstellung des theologischen Studiums zum Behuf einleitender Vorlesungen entworfen, Berlin ²1830, § 105. Traditionell wird dafür gesagt, die Offenbarung sei "mit dem Tod des letzten Apostels" abgeschlossen; nach **Karl Rahner**, Art. "Schrift, Heilige Schrift III. Zur Theologie der Heiligen Schrift", SM(D) IV, 431, ist diese "erste Generation" nicht als eine biologische, auf Jahr und Tag datierbare, sondern als "geistesgeschichtliche Größe" zu verstehen.

359 Daß Inspiration im eigentlichen Sinn nichts mit besonderen psychologischen Zuständen zu tun hat, sagt - wenn auch zaghaft - bereits **John Henry Newman**: "In welcher Weise Inspiration vereinbar ist mit jener personalen Tätigkeit von seiten ihrer Werkzeuge, für welche die Komposition der Bibel den Beweis darstellt, wissen wir nicht. Aber wenn irgend etwas sicher ist, dann dies: Obwohl die Bibel inspiriert ist und deshalb in einem Sinn von Gott geschrieben ist, so sind doch sehr große Teile von ihr, wenn nicht bei weitem der größere Teil, in einer so freien Weise und ohne Zwang geschrieben und - offenkundig - auf seiten von Gottes irdischen Werkzeugen mit so wenig Bewußtsein von einem übernatürlichen Diktat oder einer Einschränkung, als ob er gar keinen Teil an dem Werk hätte [as if He

lebnisse noch irgendeiner anderen besonderen Wirkursächlichkeit. Das Besondere der Inspiration für die Heilige Schrift liegt allein darin, daß es sich um Glaubenszeugnis aus der Ursprungszeit der Kirche handelt. Die Heilige Schrift hat deshalb in der gleichen besonderen Weise Gott zum Urheber, wie ihn die Kirche selbst in ihrer Ursprungszeit in besonderer Weise zum Urheber hat (360). Die Kirche kann als die Gegenwart des Heiligen Geistes nicht aus irdischen Gründen abgeleitet werden.

---

had no share in the work]. Wie Gott den Willen lenkt und doch der Wille frei ist; wie er den Lauf der Welt lenkt und doch Menschen ihn bestimmen, so hat er die Bibel inspiriert, und doch haben Menschen sie geschrieben. Was immer sonst von ihr gelten mag, so gilt, daß wir von ihrer Geschichte oder der Weise ihrer Abfassung so wahrhaft sprechen können wie bei anderen Büchern. Wir können von ihren Schriftstellern sprechen als von Menschen, die auf einen Gegenstand abzielen, durch Umstände beeinflußt sind, Ängste haben, sich anstrengen, absichtlich Dinge auslassen oder einführen, ergänzen, was andere weggelassen haben, oder Dinge unvollendet lassen. Mag auch die Bibel inspiriert sein, so hat sie doch alle die Eigenschaften, die ein nicht-inspiriertes Buch hätte: die Kennzeichen von Mundart und Stil, die verschiedenen Auswirkungen von Zeiten und Orten, Jugend und Alter, von moralischem und intellektuellem Charakter. Und ich betone dies auf die Gefahr hin, daß ich in dem, was ich sagen werde, zu vergessen scheine (was ich keineswegs vergesse), daß die Bibel trotz ihrer menschlichen Gestalt in sich den Geist und den Sinn Gottes trägt" (Tracts for the Times, No. 85: Lectures on the Scipture Proofs of the Doctrines of the Church, London 1838, 30, zitiert nach **James Tunstead Burtchaell**, o. c. [Anm. 353], 67). Newmans Formulierung "as if He had no share in the work" hat die gleiche Bedeutung wie Bonhoeffers Hugo Grotius-Zitat "etsi deus non daretur" (s. o. Anm. 65). Es ist jedoch nicht nur auf die meisten biblischen Texte, sondern auf alle anzuwenden. Sollten einzelne Texte unter besonderen psychologischen Bedingungen zustande gekommen sein, so hat dies keine besondere Bedeutung für ihr Inspiriertsein. In unserer obigen Erläuterung entsteht das Problem einer "Vereinbarkeit" der Inspiration mit diesem Sachverhalt überhaupt nicht mehr, nachdem auf das sonst nicht als Problem empfundene Grundproblem der Nichtselbstverständlichkeit von Offenbarung mit dem trinitarisch-christologisch-pneumatologischen Gottesverständnis geantwortet worden ist.

360 Vgl. **Karl Rahner**, Über die Schriftinspiration, Freiburg 1958, 58: "**Indem** Gott mit absolutem, formal prädefinierendem heilsgeschichtlichem und eschatologischem Willen die Urkirche [...] und damit eben ihre konstitutiven Elemente [...] will und schafft, will und schafft er die Schrift derart, daß er ihr sie inspirierender Urheber, ihr Verfasser wird." Ich stimme dieser Auffassung nur in der Parallelisierung von Urkirche und Heiliger Schrift zu, sehe aber dann die göttliche Urheberschaft unmittelbarer in der Glauben begründenden Sendung Jesu Christi und der ersten Zeugen. - Eine ähnliche Auffassung findet sich bereits bei **Friedrich Schleiermacher**, o. c. (Anm. 31), II, Berlin ²1831, § 129f (in der Ausgabe von Martin Redeker, II, Berlin 1960, 288-299), wo die Schriftinspiration auf den Einfluß des Heiligen Geistes auf die apostolische Amtstätigkeit zurückgeführt wird.

Aus der "Inspiration" der Heiligen Schrift folgt ihre "Irrtumslosigkeit". Das II. Vatikanum lehrt darüber: "Da also alles, was die inspirierten Verfasser oder Hagiographen aussagen, als vom Heiligen Geist ausgesagt zu gelten hat, ist von den Büchern der Schrift zu bekennen, daß sie sicher, getreu und ohne Irrtum die Wahrheit lehren, die Gott um unseres Heiles willen in den Heiligen Schriften aufgezeichnet haben wollte" (361).

Die "Irrtumslosigkeit" der Heiligen Schrift bezieht sich auf den gleichen Sinn, in dem sie "inspiriert" ist. Dieser Sinn ist unser Anteilhaben am Gottesverhältnis Jesu. Die Heilige Schrift ist also nicht in beliebigem Sinn irrtumslos und verläßlich, sondern nur in einem solchen Sinn, auf den man sich im Leben und Sterben verlassen können muß. Gegenüber diesem Sinn bleibt jede bloß irdische Wahrheit trügerisch. Zum Beispiel mögen die Berechnungen für eine Mondexpedition auf das genaueste stimmen, aber wenn man sich darauf im Leben und Sterben verlassen wollte, dann wäre man betrogen.

Die absolute Verläßlichkeit der Heiligen Schrift "garantiert" keineswegs auch Sachverhalte anderer Art als die Heilswahrheit und die in ihr vorausgesetzte Widerspiegelung der Unwahrheit, in der sich der Mensch von sich aus befindet und aus deren Macht er durch die Heilswahrheit erlöst werden soll. Und es handelt sich überhaupt nicht um eine äußerlich hinzukommende Garantie, sondern um die Bezeugung einer Wahrheit, die nur als in sich selbst schlechthin verläßliche verstehbar ist. Gemeinschaft mit Gott läßt sich gar nicht anders verstehbar aussagen denn als für immer verläßlich.

Mit der so verstandenen "Irrtumslosigkeit" der Heiligen Schrift sind also chronologische, geographische und sonstige Irrtümer durchaus vereinbar. In Mt 27,9 heißt es, im Schicksal des Judas habe sich eine Prophezeiung des Jeremia erfüllt. Doch die angeführte Stelle stammt nicht aus Jeremia, sondern aus Sacharja (11,12f). Mattäus hat sich also getäuscht.

Man wird überhaupt damit rechnen müssen, daß es für die neutestamentlichen Verfasser sehr mühsam war, ihren Glauben an Jesus Christus sachgemäß zu formulieren (362). Es fällt ihnen beispielsweise schwer, die Wunder Jesu anders als im Rahmen der doch von ihnen selbst abgelehnten jüdischen Zeichenforderung zu beschreiben. Dennoch tritt der Sinn der Schrift klar zutage, wenn man sie auf die Verstehbarkeit der in ihr behaupteten Gemeinschaft mit Gott hin befragt. Der Sinn der Schrift ist der Glaube an Jesus Christus als den Sohn Gottes, welcher besagt, daß man sich aufgrund seines Wortes mit ihm und um seinetwillen von Gott mit der Liebe geliebt weiß, die der Heilige Geist ist.

---

361 II. Vatikanum, DV 11,2.

362 **Friedrich Schleiermacher**, o. c. (Anm. 358), § 135, führt die Schwierigkeit der Auslegung der neutestamentlichen Schriften u. a. darauf zurück, daß "die Mittheilung eigenthümlicher sich erst entwikkelnder religiöser Vorstellungen in der abweichenden Sprachbehandlung nicht nationaler Schriftsteller zum großen Theil aus einer minder gebildeten Sphäre sehr leicht mißverstanden werden kann."

Es muß also nicht gefordert werden, daß die Texte des "Neuen Testaments" von vornherein in jeder Hinsicht die "reine Objektivation" (363) des christlichen Glaubens seien. Es darf Randunschärfen geben. Zum Beispiel kann man fragen, ob die Darstellung des Mattäusevangeliums, wonach Jesus auf Kosten unschuldiger Kinder den Nachstellungen des Herodes entkam (vgl. Mt 2,1-18), wirklich dem entspricht, worum es sonst im Leben Jesu geht. Es könnte sich auch um den eher mißlungenen Versuch handeln, die Bedeutung Jesu durch Angleichung an sonstige "Rettungsgeschichten von Helden in ihrer Kindheit" auszusagen.

FRAGEN

1. Wie unterscheidet sich der engere Begriff der "Inspiration der Heiligen Schrift" von dem allgemeinen Begriff des christlichen "Vom Heiligen Geist Erfülltseins"?
2. Was ist an der Aussage falsch, daß die Inspiration der Heiligen Schrift erst durch ihre kirchliche Anerkennung zustande komme? Warum genügt zum Charakter als Heilige Schrift nicht, daß ein Buch den christlichen Glauben unverfälscht darstellt?
3. Wogegen grenzt die Formulierung "das faktisch mehr oder minder früheste uns zugängliche Zeugnis des christlichen Glaubens" ab?
4. Sind die beiden Formulierungen, die Heilige Schrift sei "inspiriert" und sie sei "Wort Gottes", auf verschiedene Sachverhalte bezogen oder meinen sie dasselbe? Stellt das eine die ontologische Erklärung des anderen dar, oder handelt es sich nur um eine Aussage desselben mit anderen Worten?
5. In welchem Zusammenhang steht der Begriff der "Inspiration der Heiligen Schrift" mit dem der "göttlichen Urheberschaft für die Kirche"?
6. Auf welchen Sinn allein bezieht sich die "Irrtumslosigkeit" der Heiligen Schrift? Gibt es Irrtümer in der Heiligen Schrift?
7. In welcher Interpretation tritt der verläßliche Sinn der Schrift an den Tag?

2.1.3 Der "Kanon" der Heiligen Schrift

Woher weiß man, welche Texte zur Heiligen Schrift gehören? Die Antwort lautet zunächst: aus dem kirchlichen Kanon der Heiligen Schrift. Aber dann entsteht die weitere Frage, aufgrund welcher Kriterien dieser Kanon zustande gekommen ist. Welcher Art ist die Autorität, mit der die Kirche den Kanon, die Zusammenstellung der zur Heiligen Schrift gehörenden Bücher, verkündet?

Der Kanon ist das Ergebnis einer langen Entwicklung. Der heutige 27 Schriften umfassende Kanon des "Neuen Testaments" begegnet zum erstenmal vollständig im 39. Osterfestbrief des Athanasios von

---

363 Vgl. **Karl Rahner**, Art. "Kanon, biblischer. B. Dogmatisch", LThK^2 V, 1284.

Alexandreia im Jahr 367 (364). Zuvor waren 2 Petr, 2-3 Joh, Jak und Jud umstritten; der Hebräerbrief wurde nur im Osten, die Offenbarung des Johannes nur im Westen anerkannt. Athanasios, der wegen seines Auftretens gegen die Häresie des Arianismus vom Kaiser eine Zeitlang aus Alexandreia nach Trier verbannt worden war, konnte aufgrund dieses Zwangstourismus zum Vermittler zwischen dem Osten und dem Westen werden. Aber auch nach Athanasios dauerte es noch Jahrhunderte, bis sich dieser Kanon überall durchgesetzt hatte. Heute ist der Kanon des "Neuen Testaments" in allen christlichen Kirchen der gleiche; nur in ihrer Reihenfolge werden die neutestamentlichen Schriften nicht immer gleich aufgezählt.

Für das "Alte Testament" hatte sich die frühe Kirche meist auf die alte griechische Septuaginta-Übersetzung bezogen, die im Diasporajudentum in Gebrauch war. Die ältesten Teile dieser Übersetzung gehen auf die erste Hälfte des 3. Jahrhunderts v. Chr. zurück. Erst um 100 n. Chr. stellten rabbinische Gelehrte in Jabne polemisch gegen die Septuaginta in ihrem christlichen Gebrauch einen engeren Kanon der hebräischen Schriften auf. In ihn sind die folgenden Teile der Septuaginta nicht aufgenommen: Baruch, Jesus Sirach, Weisheit Salomos, Tobit, Judit, 1-2 Makkabäer, Zusätze zu Ester und Daniel.

Die letztgenannten Texte werden heute in den evangelischen Kirchen gewöhnlich als "Apokryphen" bezeichnet und häufig nur im Anhang der Bibelausgaben gebracht. Die katholische Kirche dagegen rechnet sie als vollgültige Bestandteile des "Alten Testaments". Unter den verschiedenen christlichen Kirchen gibt es in bezug auf den alttestamentlichen Kanon noch heute geringfügige Unterschiede. So anerkennt die griechische Kirche noch ein zweites Buch Esra und ein drittes Makkabäerbuch; ein viertes Makkabäerbuch bringt sie im Anhang ihrer Bibel. Die russisch-orthodoxe Kirche kennt sogar ein drittes Esrabuch, hat dagegen das vierte Makkabäerbuch nicht (365).

Die Aufstellung des Kanons war notwendig, um die eindeutige Bindung der Kirche an ihren Ursprung zu wahren. Bei der Entstehung dieses christlichen Kanons der Heiligen Schrift dürften keine anderen Kriterien wirksam gewesen sein als die bereits für die Erkennung der besonderen Schriftinspiration genannten: Als Heilige Schrift konnten nur solche Texte anerkannt werden, die zum mehr oder minder frühesten erreichbaren Glaubenszeugnis gehörten, das in der Kirche weitergegeben wurde.

Kriterium war also erstens die "Glaubensregel [regula fidei]": Es mußte möglich sein, den betreffenden Text im Sinn von Glauben als Erfülltsein vom Heiligen Geist zu verstehen. Der eigentliche Sinn des Textes mußte solcherart sein, daß man ihn nur im Glauben selbst als wahr erfassen konnte (366). In der "Glaubensregel" fallen also

---

364 PG 26, 1437AB.

365 Vgl. zu diesen Angaben **Kurt Aland**, Das Problem des neutestamentlichen Kanons, in: ders., Studien zur Überlieferung des Neuen Testaments und seines Textes, Berlin 1967, 1-23, vor allem 3f.

366 In diesem Sinn spricht **Tertullian**, De praescriptione haereticorum, IX, 1 (CChr.SL 1; 195) von der Glaubensregel als einem "Interpreta-

ein formales und ein materiales Element in eins. Es muß sich um einen Inhalt handeln, der nur vom Hören kommen und nur geglaubt werden kann. Solcherart ist aber nur der Inhalt der christlichen Botschaft: unser Anteilhaben am Gottesverhältnis Jesu und damit unser Erfülltsein vom Heiligen Geist.

Das zweite Kriterium war das möglichst hohe Alter des Textes, also seine **möglichste Nähe zum Ursprung** des christlichen Glaubens. Dieses zweite Kriterium brauchte nur sozusagen nach Augenmaß und nicht mit höchster wissenschaftlicher Genauigkeit angewandt zu werden. Denn mit der Interpretierbarkeit eines Textes im Sinn "reinen Glaubens" ist ohnehin seine prinzipielle Bindung an den historischen Ursprung des Glaubens bereits mitgegeben (367).

Diese beiden Kriterien entsprechen zusammen der Forderung nach der Inspiriertheit der zu kanonisierenden Schriften. Wir haben diese Inspiriertheit oben als mit der Tatsache identisch erläutert, daß es sich um die frühesten vom Geist erfüllten Texte handelt. Das I. Vatikanum fordert aber zur Begründung der Kanonizität von Texten noch ein über ihre Inspiriertheit hinausgehendes Element: Sie müssen nicht nur "unter der Inspiration des Heiligen Geistes geschrieben, Gott zum Urheber haben", sondern auch "als solche der Kirche überliefert worden sein" (368).

Das besagt: Nur ein solcher inspirierter Text konnte kanonisiert werden, der tatsächlich von Anfang an eine an ihm selbst überprüfbare Wirkungsgeschichte in der Kirche gehabt hat und damit für die Kirche konstitutiv geworden ist. Würde also heute ein verlorengegangener Paulusbrief wiedergefunden, so wäre es nicht erforderlich und deshalb wohl auch nicht mehr möglich, ihn nachträglich in den Kanon aufzunehmen. Selbst ein verlorengegangener Text, der nur in seiner Wirkung weiterbesteht (etwa eine aramäische Urfassung des Mattäusevangeliums), bräuchte heute nicht mehr kanonisiert zu werden, falls man ihn wiederfände. Denn seine bisherige Wirkungsgeschichte hat faktisch nicht der Prüfung an ihm unterlegen. Es fehlt

---

tionsprinzip [gubernaculum interpretationis]". Inhaltlich ist man natürlich für das, was man nur glauben kann, auf die Botschaft selbst angewiesen, weil als Glaubensgegenstand nur etwas in Frage kommt, was man nicht selbst erfindet, sondern in geschichtlicher Begegnung ("vom Hören") empfängt. - Ähnlich spricht auch **Eirenaios von Lyon** von der "unveränderlichen Regel der Wahrheit", mit deren Hilfe man einen unsachgemäßen Gebrauch von Schriftzitaten erkennen kann; vgl. Contra Haereses I, 9, 4 (PG 7, 545B). Dieser wichtige Begriff einer "Glaubensregel" scheint im heutigen kirchlichen Durchschnittsbewußtsein kaum eine Rolle zu spielen.

367 Wie das Kriterium des Alters angewandt wurde, zeigt sehr schön der sog. Kanon Muratori, das älteste uns überkommene und mit einer kurzen Begründung versehene Verzeichnis neutestamentlicher Schriften (vgl. EnchB 1-7). Es wird gewöhnlich auf die zweite Hälfte des 2. Jahrhunderts zurückgeführt; zur Datierung vgl. jedoch **Albert C. Sundberg, Jr.**, Canon Muratory: A Fourth-Century List, in: HThR 66 (1973) 1-41.

368 DS 3006.

ihm also rein faktisch das Merkmal, der Kirche als für ihre ganze Dauer konstitutiv überliefert zu sein, obwohl er im übrigen im erläuterten Sinn durchaus inspiriert sein mag.

Was das "Alte Testament" angeht, so konnte der Kanon jeweils in der Form, in der er von den Juden anerkannt wurde, einfach übernommen werden. Denn die christliche Botschaft beansprucht, diejenige Auslegung der ihr vorgegebenen Schrift Israels zu sein, in der diese als endgültig sinnvoll verstanden werden kann.

Der Kanon der gesamten Heiligen Schrift mit dem "Alten" und dem "Neuen Testament" ist dann zunächst - sozusagen in Grobeinstellung - die Liste derjenigen Schriften, auf die die genannten Kriterien einigermaßen zutreffen. Er ist dann und vor allem - und dies in Feineinstellung - eine Interpretationsanweisung: diese Schriften seien in dem Sinn auszulegen, in dem sie sich als "Wort Gottes" und damit als die Weitergabe und Mitteilung des Heiligen Geistes verstehen lassen.

Für die erstgenannte Funktion des Kanons, die materiale Umgrenzung, welche Schriften als normatives, weil ursprüngliches Zeugnis des Glaubens in Frage kommen, bestand für die Kirche ein Ermessensspielraum. Wenn garantiert ist, daß sich die Texte überhaupt im Sinn von Glauben verstehen lassen, ist es zweitrangig, wie weit man den Kreis um den Ursprung zieht (369). Hätte man den kleinen Judasbrief nicht zum "Neuen Testament" hinzugerechnet, so wäre doch in den übrigen Texten noch immer der gleiche Glaube ausreichend bezeugt. Hätte man umgekehrt auch die "Didache" zum "Neuen

---

369 Ein aufschlußreiches Beispiel für die frühchristliche Handhabung ist der Brief von Bischof **Serapion von Antiocheia** an die Gemeinde von Rhossos bezüglich des apokryphen Petrusevangeliums, bei **Eusebios von Kaisareia**, Historia ecclesiastica VI, 12 (PG 20, 545): "Wir nehmen nämlich, liebe Brüder, Petrus und die anderen Apostel an wie Christus. Was aber fälschlich unter ihrem Namen geht, weisen wir aufgrund unserer Erfahrung zurück, da wir wohl wissen, daß uns solches nicht überliefert ist. Als ich bei euch war, meinte ich, daß alle dem rechten Glauben zugewandt seien. Und ohne das von ihnen unter dem Namen des Petrus vorgelegte Evangelium durchgelesen zu haben, hatte ich gesagt: Wenn dies das einzige ist, was euch Skrupel bereitet, so möge man es lesen. Da ich aber jetzt aus dem, was mir gesagt wird, erfahre, daß ihr Sinn heimlich einer Häresie zuneigt, werde ich mich beeilen, wieder zu euch zu kommen. Erwartet mich also, liebe Brüder, in Bälde. Wir haben gemerkt, Brüder, von welcher Häresie Markianos war. Er widersprach sich ja selbst und wußte nicht, was er sagte, wie ihr aus dem werdet ersehen können, was für euch aufgeschrieben wurde. Wir haben uns also von anderen, die eben dieses Evangelium ständig gebrauchten, nämlich von den geistigen Erben seiner Urheber, die wir Doketen nennen (die meisten Gedanken sind aus deren Lehre), das Buch geliehen und konnten es durchlesen. Dabei fanden wir, daß zwar das meiste mit der wahren Lehre unseres Erlösers übereinstimmt, manches aber davon abweicht, was wir unten anfügen." Als Kriterien spielen hier Vernunft (Abweisung von Widersprüchen) und Glauben (aufgrund der Überlieferung) zusammen.

Testament" hinzugenommen, so hätte sich ebenfalls am Entscheidenden nichts geändert. Denn als wirkliche Glaubenszeugnisse sind auch diese etwas späteren Texte, die noch immer in den Umkreis der Ursprungszeit gehören, "geisterfüllt" (370). Es verhält sich ähnlich wie bei einer Unterschrift: Es macht im allgemeinen keinen prinzipiellen Unterschied, ob man nur mit dem Zunamen oder auch mit dem Vornamen oder sogar mit seinen weiteren Titeln unterschreibt, wenn nur erkennbar ist, von wem die Unterschrift stammt.

Denn das "Wort Gottes" ist kein aus vielen Einzelwahrheiten zusammengesetztes Ganzes, so daß es auf eine möglichst vollständige Aufzählung ankäme. Der Inhalt der christlichen Botschaft ist nicht ein Vielerlei, sondern das trinitarisch-christologisch-pneumatologische Gottesverständnis, auf das sich, wie im ersten Hauptteil dieser Arbeit gezeigt worden ist, alle Einzelaussagen zurückführen lassen. In allen Einzelaussagen geht es ja immer nur um die eine Wirklichkeit unserer Gemeinschaft mit Gott, die im Glauben an Jesus Christus als dem Anteilhaben an seinem Verhältnis zu Gott besteht. Wichtig ist nur, daß bereits im Kanon die Vielstimmigkeit des ursprünglichen Zeugnisses exemplarisch zur Geltung kommt. "Wort Gottes" ist von vornherein das Angesprochenwerden ganz verschiedener Menschen, das auf ihren je eigenen Glauben abzielt und von ihnen mit eigenen Worten weiterzubezeugen ist. Deshalb ist das "Wort Gottes" von Anfang an nicht an einen einzigen Wortlaut gebunden. Diese Tatsache hat selbst kanonischen Rang. Im Kanon sind verschiedene Überlieferungsstränge miteinander vereint, die jeweils das Ganze aussagen. Dem würde man nicht gerecht, wenn man diese Überlieferungsstränge nur additiv miteinander zu harmonisieren versuchte (371).

---

370 Vgl. dazu **Kurt Aland**, Falsche Verfasserangaben? Zur Pseudonymität im frühchristlichen Schrifttum, in: ThRv 75 (1979) 3-4: "Die Schriften des NT sind in der Zeit von ca. 50 - ca. 140 n. Chr. entstanden, die der Apostolischen Väter in der von ca. 95-150 n. Chr. Diese haben in der Frühzeit im gleichen Ansehen gestanden und haben selbst nach der Ausbildung des ntl Kanons - trotz ihres prinzipiellen Ausschlusses daraus - ein so hohes kirchliches Ansehen besessen, daß sie selbst in prominente Bibelhandschriften übernommen wurden (im Codex Sinaiticus sind z. B. der Barnabasbrief und der Hirte des Hermas enthalten, im Codex Alexandrinus die beiden Klemensbriefe, ursprünglich enthielt auch der Codex Vaticanus einzelne Schriften der Apostolischen Väter)."

371 Vgl. **Ludwig Wittgenstein**, Vermischte Bemerkungen, hrsg. v. G. H. von Wright, Frankfurt am Main 1977, 66 (zitiert nach **Albert Keller**, Art. "Wittgenstein", Religionskritik von der Aufklärung bis zur Gegenwart, hrsg. v. Karl-Heinz Weger, Freiburg-Basel-Wien 1979, 307f): "Aber wer sagt, daß die Schrift wirklich undeutlich ist: ist es nicht möglich, daß es hier wesentlich war, 'ein Rätsel aufzugeben'? Daß eine direktere Warnung dennoch die **falsche** Wirkung hätte

Faktisch dürften im Kanon alle diejenigen Schriften enthalten sein, die unbedingt hätten in ihn aufgenommen werden sollen. Ist dennoch eine Revision des Kanons denkbar? Sie wäre überflüssig, weil sie doch nichts daran ändern könnte, daß die in den Kanon aufgenommenen Schriften erst noch der Interpretation im Sinn der Selbstmitteilung Gottes und damit im Sinn "reinen Glaubens" bedürfen. Insofern eine Kanonrevision überflüssig ist, kann sie auch als sinnlos und damit unmöglich angesehen werden.

Die eigentliche Genauigkeit des Kanons liegt tatsächlich erst in seiner zweiten Funktion, wonach er eine Anweisung für die Auslegung darstellt (372). Der Kanon schreibt den in ihn aufgenommenen Schriften nicht Autorität in beliebigem Sinn zu, sondern allein in dem Sinn, in dem sie als "Wort Gottes" verstanden werden können. Als "Wort Gottes" ist ein Wort nur dann verstehbar, wenn es sich als Selbstmitteilung Gottes in mitmenschlichem Wort verstehen läßt. Eine Selbstmitteilung Gottes in mitmenschlichem Wort steht aber nur dann nicht in Widerspruch zu der Bedeutung des Wortes "Gott", wenn Gott als dreifaltiger ausgesagt werden und man sich für dieses Verständnis auf die Menschwerdung des Sohnes zur Mitteilung des Heiligen Geistes berufen kann. So bedeutet der Kanon die Anweisung, die in ihm aufgezählten Texte in dem Sinn zu verstehen, daß es in ihnen um unser eigenes Hineingenommensein in die Liebe des Vaters zum Sohn geht.

---

haben müssen? Gott läßt das Leben des Gottmenschen von **vier** Menschen berichten, von jedem anders, und widersprechend - aber kann man nicht sagen: Es ist wichtig, daß dieser Bericht nicht mehr als sehr gewöhnliche historische Wahrscheinlichkeit habe, **damit** diese nicht für das Wesentliche, Ausschlaggebende gehalten werde. Damit der **Buchstabe** nicht mehr Glauben fände, als ihm gebührt, und der **Geist** sein Recht behalte. D. h.: Was Du sehen sollst, läßt sich auch durch den besten, genauesten Geschichtsschreiber nicht vermitteln; **darum** genügt, ja ist vorzuziehen, eine mittelmäßige Darstellung. Denn was Dir mitgeteilt werden soll, kann die auch mitteilen. (Ähnlich etwa, wie eine mittelmäßige Theaterdekoration besser sein kann als eine raffinierte, gemalte Bäume besser als wirkliche - die die Aufmerksamkeit von dem ablenken, worauf es ankommt.) Das Wesentliche, für Dein Leben Wesentliche, aber legt der Geist in diese Worte. Du SOLLST gerade nur das deutlich sehen, was auch **diese** Darstellung deutlich zeigt."

372 Vgl. für diesen Sinn von "Kanon" bereits **Athanasios von Alexandreia**, Erste Rede gegen die Arianer, 52 (PG 26, 121AB). Athanasios wirft den Arianern vor, daß ihre Auffassung vom Heilshandeln Gottes mit dem Gottesverständnis der Schrift nicht vereinbar ist. Wenn sie sich dann trotzdem für ihre Auffassung auf die Worte der Heiligen Schrift berufen, dann gilt von ihnen: "Sie sind den Worten der Schrift gegenüber gewohnheitsmäßig unempfindlich und sehen deshalb nicht ihren Sinn. Gewissermaßen als Kanon nehmen sie ihre eigene Gottlosigkeit und verdrehen demgemäß alle göttlichen Worte. Und wenn sie auch nur Schriftworte anführen, so sind sie doch nicht wert, eine andere Antwort zu hören als: 'Ihr täuscht euch sehr, weil ihr weder die Schriften noch die Macht Gottes kennt' [vgl. Mt 22,29]."

Um den Sinn zu erfassen, in dem der Heiligen Schrift Autorität zukommt, bedarf es somit nicht, wie häufig gefordert wird, eines "Kanons im Kanon" (373). Das Wort "Kanon" bedeutet nicht nur, daß den im Kanon aufgeführten Schriften überhaupt irgendeine Autorität zukommt, die dann durch einen "Kanon im Kanon" näher zu präzisieren wäre. Vielmehr ist der Kanon von vornherein die Anweisung, diese Texte als "Heilige Schrift", nämlich als Bezeugung unserer ewigen Gemeinschaft mit Gott, auszulegen. Es gilt also, den "Kanon" als "Kanon" zu erfassen. Der Kanon sagt nicht nur, **daß** es diese Bücher sind, an die man sich halten soll, sondern auch **in welchem Sinn** ihnen Verbindlichkeit zukommt.

Somit bedeutet die Aufstellung des Kanons auch nicht ein Urteil, in dem sich die Kirche über die Heilige Schrift stellt, sondern sie ist die Unterwerfung unter ein als "Wort Gottes" verstehbares Wort (374). Der Kanon ist nicht ein zusätzlicher Glaubensgegenstand neben der Heiligen Schrift und damit selber gleichsam ein weiteres Heiliges Buch. Ein solches Mißverständnis würde zu einem "regressus in infinitum" führen: Man bräuchte dann einen weiteren, diesen ersten Kanon mitaufzählenden Kanon usw. In Wirklichkeit ist der Kanon also die Aufforderung, sich tatsächlich an die Heilige Schrift zu halten und sie in dem ihr gemäßen Sinn auszulegen. Dieser Sinn ist das Vom-Heiligen-Geist-Erfülltsein der Gemeinschaft der Glaubenden, nämlich das in der Kirche überlieferte Anteilhaben am Gottesverhältnis Jesu. Nur so wird der Kanon dem Glauben gemäß verstanden.

In dieser Sicht bedarf es also keiner gesonderten Offenbarung zur Aufstellung des Kanons (375). Vielmehr werden im Kanon nur

---

373 Vgl. etwa **Werner Georg Kümmel**, "Mitte des Neuen Testaments", in: L' évangile hier et aujourd'hui - Mélanges offerts au Professeur Franz-J. Leenhardt, Genf 1968, 71-85.

374 Vgl. II. Vatikanum, DV 10,2: "Das Lehramt ist nicht über dem Wort Gottes, sondern dient ihm [...]."

375 **Augustin Bea**, Art. "Inspiration", LThK^2 V, 708, hatte gemeint, die Erkenntnis des Kanons auf eine eigene Offenbarung zurückführen zu müssen: "Der einzige Weg, wie das Vorhandensein der I. [= Inspiration] für ein bestimmtes Buch mit voller Sicherheit bezeugt werden kann, ist [...] eine von Gott selbst ergangene **Offenbarung**, die von der Kirche kraft ihres Lehramtes unfehlbar weitergegeben u. von ihr schließlich als Glaubenssache vorgelegt wurde. **Wie** u. **wann** diese göttl. Offenbarung urspr. erfolgte, können wir heute nicht mit Sicherheit feststellen, wie wir es auch bei anderen geoffenbarten Wahrheiten in vielen Fällen nicht können." - Vgl. dagegen **Karl Rahner**, o. c. (Anm. 363), 1283f: "Wenn man im Wesen der Hl. Schrift von vornherein ansetzt, daß sie wesensmäßig als Moment der für alle Zeiten normativen Urkirche von Gott in der gottgewirkten Konstitution dieser Kirche als Norm der Zukunft gewollt ist u. so ihre Inspiration in der Offenbarung dieses umfassenderen Tatbestandes der normativen Urkirche ursprünglich geoffenbart ist, ist wohl das Explizitum gegeben, aus dem die Kirche die Grenzen des K. [= Kanons] der Schrift ohne neue Offenbarung allmählich erkennen kann: was (nicht: weil!) von ihr unter den Schriften jener Zeit als reine Ob-

der Offenbarungscharakter und die Normativität anerkannt, die den ursprünglichen Glaubenszeugnissen zukommt und die eigentlich an ihnen selbst zu erkennen ist: Es geht in ihnen um die ursprüngliche Bezeugung einer Sache, der man anders als im Glauben nicht gerecht werden kann.

FRAGEN

1. Wann begegnet zum erstenmal der vollständige Kanon des Neuen Testaments? Welche Schriften waren am längsten umstritten?
2. Auf welchen Kanon der Schrift Israels ist das Neue Testament zu beziehen?
3. Warum war eine Kanonbildung notwendig, und aufgrund welcher Kriterien konnte sie sich vollziehen?
4. Was ist unter der "Glaubensregel" zu verstehen? Inwiefern stellt sie zugleich ein formales und ein inhaltliches Kriterium dar, und zwar beides in gegenseitiger Implikation? In welchem Bezug steht sie zu dem Satz, daß "der Glaube vom Hören kommt"?
5. Welche doppelte Funktion hat der Kanon dementsprechend?
6. Was ist gegen die Forderung eines "Kanons im Kanon" einzuwenden? Was bedeutet es demgegenüber, den Kanon als Kanon zu verstehen?
7. Warum kommt der Kanon nicht als ein zusätzlicher Glaubensgegenstand neben der Heiligen Schrift in Frage? Warum bedarf es also zur Erkenntnis des Kanons keiner zusätzlichen Offenbarung?

2.2. Die "Überlieferung"

Nach katholischer Lehre begegnet das "Wort Gottes" nicht nur in der Heiligen Schrift, sondern auch in der Überlieferung. Deshalb sind die Heilige Schrift und die Überlieferung "mit der gleichen frommen Bereitschaft und Ehrfurcht" (376) anzunehmen. Doch in welchem Verhältnis stehen Schrift und Überlieferung zueinander? Handelt es sich um Größen, die einander ergänzen, oder ist die Überlieferung nichts anderes als die Auslegung der Heiligen Schrift? Wodurch wird aber dann die Sachgemäßheit dieser Auslegung gewährleistet? Wie verhält sich das katholische "Schrift und Überlieferung" zu dem evangelischen "die Schrift allein"?

---

jektivation der Urkirche (u. deren atl. Vergangenheit) in allmählicher Reflexion erkannt wird, ist damit auch als konstitutives Moment der Urkirche u. somit auch als inspiriert u. kanonisch erkannt." Dieser letzteren Auffassung schließe ich mich mit der Nuancierung an, daß die Schrift nur in dem Sinn "reine Objektivation" der Urkirche sein muß, daß sie sich im Sinn des Glaubens, also im Sinn unseres Anteilhabens am Gottesverhältnis Jesu interpretieren lassen muß, wobei eventuelle Randunschärfen dann von allein bedeutungslos bleiben.

376 Konzil von Trient, Dekret über die Annahme der Heiligen Bücher und der Traditionen (1546), DS 1501; II. Vatikanum, DV 9.

2.2.1 Das Verhältnis von Schrift und Überlieferung

Das Konzil von Trient lehrt über die Autorität der Heiligen Schrift und der Überlieferung: "Die heilige ökumenische und allgemeine tridentinische Synode, im Heiligen Geist rechtmäßig versammelt, stellt sich ständig dieses Ziel vor Augen, Irrtümer zu beseitigen und die Reinheit des Evangeliums in der Kirche zu bewahren. Dieses Evangelium wurde durch die Propheten in den Heiligen Schriften zuvor verheißen. Unser Herr Jesus Christus, Gottes Sohn, hat es mit eigenem Mund zuerst verkündet und dann durch seine Apostel als den Quell aller Heilswahrheit und aller Ordnung der Sitten jeglichem Geschöpf predigen lassen. Die Synode erkennt, daß diese Wahrheit und Ordnung in den geschriebenen Büchern und den ungeschriebenen Überlieferungen enthalten sind, die die Apostel aus Christi Mund empfangen haben oder die von den Aposteln selbst aufgrund der Eingebung des Heiligen Geistes gleichsam von Hand zu Hand weitergegeben wurden und bis auf uns gekommen sind. Dem Beispiel der rechtgläubigen Väter folgend nimmt die Synode deshalb alle Bücher des Alten wie des Neuen Bundes – da der eine Gott der Urheber beider ist – sowie die zum Glauben und zu den Sitten gehörenden Überlieferungen selbst mit der gleichen frommen Bereitschaft und Ehrfurcht an und achtet sie hoch; denn diese Überlieferungen stammen entweder aus dem Mund Christi oder wurden vom Heiligen Geist eingegeben und sind in ununterbrochener Folge in der katholischen Kirche bewahrt geblieben" (377).

Das "Evangelium" wird in diesem Text als die eine Quelle aller Heilswahrheit und aller Ordnung der Sitten bezeichnet. Es ist in der Heiligen Schrift "und" in den Überlieferungen zu finden. Dieses "und" läßt offen, wie das Verhältnis von Schrift und Überlieferung näher zu bestimmen ist (378). Die Unterscheidung zwischen den "ge-

---

377 DS 1501.

378 In einem Vorentwurf des Trienter Konzilstextes hatte es noch mißverständlich geheißen, die Offenbarung sei "teils" in den geschriebenen Büchern und "teils" in den nichtgeschriebenen Überlieferungen zu finden (CT V; 31, 25f). Diese Formulierung wurde aufgegeben. Dennoch hat die Schultheologie nach dem Konzil von Trient das Verhältnis von Schrift und Überlieferung vorwiegend als ein Verhältnis gegenseitiger Ergänzung aufgefaßt. Es ist das Verdienst von **Josef Rupert Geiselmann**, Das Konzil von Trient über das Verhältnis der Heiligen Schrift und der nicht geschriebenen Traditionen – Sein Mißverständnis in der nachtridentinischen Theologie und die Überwindung dieses Mißverständnisses, in: Die mündliche Überlieferung, hrsg. v. Michael Schmaus, München 1957, 122-206, auf dieses Mißverständnis gegenüber den Konzilstexten hingewiesen zu haben; vgl. auch ders., Die Heilige Schrift und die Tradition – Zu den neueren Kontroversen über das Verhältnis der Heiligen Schrift zu den nicht geschriebenen Traditionen, Freiburg 1962. Gegen Geiselmann wandte sich **Heribert Schauf**, Die Lehre der Kirche über Schrift und Tradition in den Katechismen, Essen 1963. Auch in einem Vorentwurf für das II. Vatikanum war ein Schema "Über die Quellen der Offenbarung" vorgesehen, in dem behauptet wurde, daß einige geoffenbarte Wahrheiten, insbesondere inbezug auf Inspiration, Kanonizität und Vollständigkeit der Heiligen Schrift, allein durch die Tradition zur

schriebenen Büchern" und den "ungeschriebenen Überlieferungen" legt es nahe, das Verhältnis von Schrift und Überlieferung als das von Auszulegendem und gelebter Auslegung zu fassen.

Tatsächlich lehrt das gleiche Konzil von Trient über die Auslegung der Heiligen Schrift: "Die Synode entscheidet ferner, um mutwillige Geister zu zügeln: Niemand darf es wagen, in Dingen des Glaubens und der Sitten, die zum Aufbau der christlichen Lehre gehören, die Heilige Schrift im Vertrauen auf seine eigene Klugheit nach seinem eigenen Sinn zu verdrehen gegen den Sinn, den die heilige Mutter Kirche gehalten hat und hält, oder auch die Heilige Schrift selbst gegen die einmütige Übereinstimmung der Väter auszulegen. Denn der Kirche kommt es zu, über den wahren Sinn und die Auslegung der Heiligen Schrift zu urteilen" (379).

Die Formulierung, daß die Schrift "im Sinn der Kirche" auszulegen sei, läßt die Frage entstehen, worin dieser Sinn inhaltlich besteht. Als Kriterien für diesen Sinn werden seine bleibende Identität und die einmütige Übereinstimmung der Glaubenden genannt. Diese Kriterien sind nur da erfüllt, wo die eine und einzige Sinn der Schrift und der Kirche das Anteilhaben am Gottesverhältnis Jesu erfaßt wird. Nur dann handelt es sich um einen Sinn, der sich als ewig und verläßlich verstehen läßt. Und nur in diesem Sinn ist schlechthinnige Übereinstimmung aller Glaubenden möglich, weil nur dieser Sinn nicht von der Perspektive des jeweiligen Subjekts beeinflußt wird und weil nur dieser Sinn sich als das gemeinsame Erfülltsein vom Heiligen Geist auffassen läßt (380). Deshalb geht es hier um eine nicht nur faktische, sondern prinzipielle Übereinstimmung, wie sie nur im Glauben überhaupt möglich ist.

Die besondere Weise, in der die Überlieferung Auslegung der Heiligen Schrift ist, stellt das II. Vatikanum folgendermaßen dar: "Was von den Aposteln überliefert wurde, umfaßt alles, was dem Volk Gottes hilft, ein heiliges Leben zu führen und den Glauben zu mehren. So führt die Kirche in Leben, Lehre und Kult durch die Zeiten weiter und übermittelt allen Geschlechtern alles, was sie selber ist, alles, was sie glaubt. Diese apostolische Überlieferung kennt in der Kirche unter dem Beistand des Heiligen Geistes einen Fortschritt: es wächst das Verständnis der überlieferten Dinge und Worte durch das Nachsinnen und Studium der Gläubigen, die sie in ihrem Herzen erwägen (vgl. Lk 2,19.51), durch innere Einsicht, die aus geistlicher

---

Kenntnis gelangen (ADCOV.P, Vol. III, Pars I, Vatikanstadt 1969, 16, Nr. 5). Das Konzil hat sich jedoch dieses Schema nicht zu eigen gemacht und sich auch absichtlich nicht zu der Frage geäußert, ob es Wahrheiten gibt, die allein durch die Tradition und nicht durch die Schrift erkannt werden können; tatsächlich handelt es sich um eine bereits falsch gestellte Frage, da sich die Glaubenswahrheiten grundsätzlich nicht additiv zueinander verhalten können.

379 Konzil von Trient, Dekret über die Vulgata-Ausgabe der Bibel und die Weise, die Heilige Schrift zu interpretieren (1546), DS 1507.

380 Vgl. die gegenwärtig wohl umfassendste Darstellung von **Y.M.-J. Congar**, La Tradition et les traditions, I, Essai historique, Paris 1960, und II, Essai théologique, Paris 1963, vor allem II, 101-108.

Erfahrung stammt, durch die Verkündigung derer, die mit der Nachfolge im Bischofsamt das sichere Charisma der Wahrheit empfangen haben; denn die Kirche strebt im Gang der Jahrhunderte ständig der Fülle der göttlichen Wahrheit entgegen, bis an ihr sich Gottes Worte enthüllen. Die Aussagen der heiligen Väter bezeugen die lebensspendende Gegenwart dieser Überlieferung, deren Reichtümer sich in Tun und Leben der glaubenden und betenden Kirche ergießen. Durch dieselbe Überlieferung wird der Kirche der vollständige Kanon der Heiligen Bücher bekannt, in ihr werden die Heiligen Schriften selbst tiefer verstanden und unaufhörlich wirksam gemacht" (381).

Die Bedeutung der Überlieferung besteht also darin, daß die Kirche als das Geschehen der Weitergabe des Glaubens selbst Glaubensgegenstand ist. Sie überliefert "alles, was sie selber ist, alles, was sie glaubt". Der Text identifiziert die Überlieferung mit dem Sein der Kirche selbst, insofern diese Kirche glaubt und damit vom Heiligen Geist erfüllt ist und in ihrer Verkündigung diesen Heiligen Geist überliefert. Und diese Kirche ist dann der Sinn der Schrift. In ihrer Existenz als Glaubensgemeinschaft wird die Schrift "wirksam". Die Heilige Schrift als das ursprüngliche Zeugnis dieses Glaubens wird deshalb nur in der kirchlichen Gemeinschaft selbst sachgemäß verstanden (382).

In welchem Sinn ist dieser Vorgang als "Auslegung" zu bezeichnen? Auf diese Frage läßt sich am besten dadurch antworten, daß wir den Unterschied zu der Weise herausstellen, wie bereits das "Neue Testament" Auslegung der Schrift Israels ist, wenn es diese zum "Alten Testament" erklärt. Die Schrift Israels bedarf der Auslegung durch das "Neue Testament", weil sie anderenfalls unklar bleibt. Nur im christlichen trinitarisch-inkarnatorisch-pneumatologischen Verständnis läßt sich die Schrift Israels überhaupt als "Wort Gottes" verstehen. Das "Alte" und das "Neue Testament" zusammen sind aber nicht wiederum in gleicher Weise unklar wie die Schrift Israels. Mit der Bezeichnung des ursprünglichen Christus-Zeugnisses als "Neues Testament" ist der Anspruch verbunden, daß es unüberbietbar neu ist und nicht durch ein noch "neueres" Testament überholt werden kann.

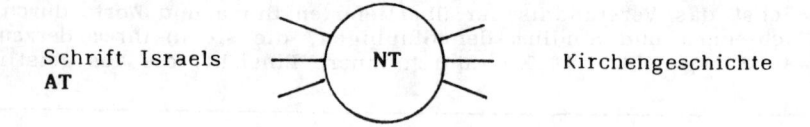

Schrift Israels — NT — Kirchengeschichte
AT

---

381 II. Vatikanum, DV 8,1-3.

382 Das ist bereits der Grundgedanke von **Tertullians** De praescriptione haereticorum (CChr.SL 1; 187-224), vor allem XV,3 (199). Diese Bindung der Schrift an die Kirche ist jedoch nicht positivistisch zu verstehen, als könne die Kirche Beliebiges behaupten: "Kein göttlicher Ausspruch ist so aufgelöst und verschwommen, daß nur Worte verteidigt würden und der Grund für die Worte nicht zu bestimmen wäre" (IX,2 [195]).

Das "Neue Testament" ist vielmehr sowohl gegenüber der ihm vorausgehenden wie dann gegenüber der ihm nachfolgenden Geschichte wie eine Lichtquelle. Eine Lichtquelle darf man nicht von dem Gegenstand isolieren, auf den sie Licht werfen soll. Das "Neue Testament" legt die Schrift Israels, indem es sie zum "Alten Testament" erklärt, neu und endgültig aus. Ganz entsprechend läßt es auch die ihm nachfolgende Zeit im Licht des Glaubens überhaupt erst wirklich verstehen. Strenggenommen handelt es sich dabei nicht so sehr um Auslegung der Heiligen Schrift als vielmehr um ein **Ausgelegtwerden** durch die Heilige Schrift. Erst dieses Ausgelegtwerden durch die Schrift bringt die Bemühung um das Textverstehen zu ihrem Ziel. Der Reichtum der Heiligen Schrift kommt erst dadurch an den Tag, daß sie die auf sie folgende Zeit in ihrem Licht verstehen läßt. Dies ist mit dem Begriff der "Überlieferung" gemeint, ohne die die Heilige Schrift selbst gar nicht in ihrem eigenen Sinn als "Wort Gottes" erfaßt werden kann.

In der Überlieferung handelt es sich also nicht um zusätzliche Inhalte zur Heiligen Schrift, sondern um die einzig mögliche Weise, die Heilige Schrift wirklich als Heilige Schrift zu verstehen. Dazu würde es nicht genügen, daß die Überlieferung nur die formale Autorität der Heiligen Schrift behauptete. Denn die Heilige Schrift wird erst dann wirklich als Heilige Schrift verstanden, wenn als ihr Sinn die vom Heiligen Geist erfüllte kirchliche Gemeinschaft erfaßt wird. Umgekehrt gilt dann natürlich auch, daß nur eine solche Überlieferung für den Glauben verbindlich sein kann, die allein die Funktion hat, die Heilige Schrift in diesem Sinn als Heilige Schrift verstehen zu lassen und sie nicht etwa zu ersetzen.

Demgegenüber ist die in der katholischen Diskussion während des II. Vatikanums vorherrschende Fragestellung, ob tatsächlich alle Offenbarungswahrheiten außer Inspiration, Kanonizität und Vollständigkeit der Heiligen Schrift tatsächlich in dieser selbst enthalten seien (sogenannte "materiale Suffizienz" der Heiligen Schrift) oder nicht, eher unsachgemäß. Sie geht von dem falschen Vorverständnis aus, die Offenbarung sei ein aus einander ergänzenden Teilen zusammengesetztes Ganzes (383). In Wirklichkeit fallen in ihr, wo sie als Offenbarung im Sinn der Selbstmitteilung Gottes verstanden wird, Inhalt und Geschehen von vornherein eins.

FRAGEN

1. Wie hat das Konzil von Trient das Verhältnis von Schrift und Tradition bestimmt?
2. Welche Kriterien gibt es für eine Schriftauslegung "im Sinn der Kirche"?
3. Welche Beziehung besteht nach der Lehre des II. Vatikanums zwischen Kirche und Überlieferung?

---

383 Vgl. etwa den repräsentativen Sammelband De Scriptura et Traditione, hrsg. v. Karlo Balić, Rom 1963 (dort auch Bibliographie, 85-112). Vgl. auch den Bericht von **Richard Boeckler**, Der moderne römisch-katholische Traditionsbegriff - Vorgeschichte - Diskussion um das Assumptio-Dogma - Zweites Vatikanisches Konzil, Göttingen 1968.

4. Wie unterscheidet sich die Überlieferung als "Auslegung" der Heiligen Schrift von der Weise, wie das "Neue Testament" Auslegung der Schrift Israels als "Altes Testament" ist?
5. Was bedeutet es, die Heilige Schrift als Heilige Schrift zu verstehen? Warum genügt es dazu nicht, aus einer anderen Quelle ihre formale Autorität zu erkennen?

2.2.2 "Schrift und Überlieferung" oder "die Schrift allein"?

Zwischen Katholiken und Protestanten ist umstritten, ob die Norm des Glaubens "Schrift und Überlieferung" oder "die Schrift allein" ist. Im Folgenden soll gezeigt werden, daß es sich bei diesem Streit um ein gegenseitiges Mißverständnis handelt. Rechtverstanden sind beide Formulierungen gleichbedeutend; und nur in dem Sinn, in dem sie sich als gleichbedeutend erfassen lassen, können sie überhaupt verstanden werden.

Das katholische "Schrift und Überlieferung" ist gegen ein biblizistisches Mißverständnis der Heiligen Schrift gerichtet. "Biblizismus" (384) besteht darin, die Heilige Schrift isoliert zu betrachten und ihren einzelnen Versen in beliebigem Sinn Autorität zuzuschreiben. Man meint dann zum Beispiel, "glauben" zu müssen, daß sich die Sonne um die Erde dreht, weil dies Jos 10,13 vorausgesetzt zu werden scheint. Solcher Biblizismus fragt nicht nach dem Sinn, in dem allein ein Wort als "Wort Gottes" verstanden werden kann.

Gegen den Biblizismus lautet die katholische Forderung zunächst, man müsse die Heilige Schrift in dem Sinn verstehen, in dem die Kirche sie versteht (385). Aber diese Forderung führt nur dann aus dem Biblizismus heraus, wenn mit dem "Verstehen" der Kirche nicht wiederum ein beliebiges Verstehen gemeint ist, sondern dasjenige wirkliche Verstehen, demgegenüber sich jedes andere Verständnis als Mißverständnis erweisen läßt. Anstatt von dem Sinn zu sprechen, in dem die Kirche die Heilige Schrift versteht, könnte man also auch einfachhin von dem Sinn sprechen, in dem die Heilige Schrift sich überhaupt wirklich als Heilige Schrift verstehen läßt. Es ist gerade dieser Sinn, der die Kirche als Kirche konstituiert, nämlich der in mitmenschlichem Wort weiterzusagende Glaube an Jesus Christus als das Hineingenommensein in sein Verhältnis zum Vater. Es ist das Wesen dieses Glaubens, daß er nur in kirchlicher Gemeinschaft bestehen kann. Das Geschehen der Weitergabe des Glaubens ist als Weitergabe des Heiligen Geistes selbst Glaubensgegenstand. Außerhalb dieser trinitarisch-christologisch-pneumatologischen Sicht ist der Begriff "Wort Gottes" nicht verstehbar, sondern in sich widersprüchlich. Er ist dann unvereinbar mit der Tatsache, daß es keine reale

---

384 Zur Begriffsgeschichte vgl. **Heinrich Karpp**, Das Aufkommen des Begriffs "Biblizismus", in: ZThK 73 (1976) 65-91. Ein ähnliches Phänomen ist der "Fundamentalismus", so genannt nach einer amerikanischen Schriftenreihe "The Fundamentals - A Testimony to the Truth", hrsg. v. A. C. Dixon und R. A. Torrey (1910-1912).

385 Vgl. DS 1507, 3007.

Relation Gottes auf ein Geschöpf geben kann, für die das Geschöpf der konstitutive Terminus wäre.

Gänzlich mißverstanden würde die Formel "Schrift und Überlieferung", wenn man sie in additivem Sinn auffassen wollte, als setze sich die Heilswahrheit aus einander ergänzenden Einzelteilen zusammen. Sie ist in Wirklichkeit immer nur die Entfaltung einer einzigen unüberbietbaren und in sich unteilbaren Realität, nämlich der von Jesus Christus her im Heiligen Geist geschenkten Gemeinschaft mit Gott. In jenem additiven Verständnis könnte nur eine Art von "höherem Biblizismus" entstehen, in welchem man mit den Texten der Überlieferung genauso unverständig umginge wie zuvor mit der Schrift. Man schriebe Konzilstexten in beliebigem Sinn Autorität zu, anstatt nach dem Sinn zu fragen, in dem allein sie sich wirklich als Glaubensaussagen verstehen lassen. Nur scheinbar wäre ein solcher Umgang mit Konzilstexten Ehrfurcht vor ihrer Autorität, während er ihre eigentliche Autorität in Wirklichkeit verkennt.

Das lutherische "die Schrift allein" ist polemisch gegen das letztgenannte Mißverständnis gerichtet. Natürlich ist mit der "Schrift allein" die Heilige Schrift nicht in beliebigem Sinn, sondern einzig und allein in dem Sinn gemeint, in dem sie sich wirklich als "Wort Gottes", als Selbstmitteilung Gottes in mitmenschlichem Wort, verstehen läßt. Dieser Sinn ist unser gegenwärtiger Glaube als das Anteilhaben am Gottesverhältnis Jesu. Da dieser Sinn unüberbietbar ist und keiner Ergänzung welcher Art auch immer bedarf, ist in diesem Verständnis die Formel "die Schrift allein" berechtigt (386).

Diese lutherische Formel würde jedoch völlig mißverstanden, wollte man in ihr den Verzicht auf Schriftauslegung gefordert sehen. Sie besagt keineswegs, daß es zum Verständnis der Heiligen Schrift genüge, Bibelzitate aneinanderzureihen. Gerade im Sinn der lutherischen Formel würde man in biblizistischer Verwendung der Heiligen Schrift überhaupt nicht wirklich die "Heilige Schrift" gebrauchen. Sie würde vielmehr in dem einzigen Sinn, in dem sie wirklich "Wort Gottes" ist, ausgeklammert (387). In solchem Biblizismus macht man nach Luthers Auffassung aus der Heiligen Schrift nur eine "wächserne Nase" (388) und beurteilt sie völlig nach dem eigenen willkürlichen Gutdünken.

---

386 Das II. Vatikanum lehnt die Formel nur in jenem ganz anderen Sinn ab, als sei das Glaubensgut einzig und allein in der Heiligen Schrift zu finden; vgl. DV 9: "So ergibt sich, daß die Kirche ihre Gewißheit über alles Geoffenbarte nicht aus der Heiligen Schrift allein schöpft." Ähnlich **Gerhard Ebeling**, Kirchengeschichte als Geschichte der Auslegung der Heiligen Schrift, in: ders., Wort Gottes und Tradition, Göttingen 1964, 27: Die kirchengeschichtliche Arbeit dient "einer Selbsterkenntis und Bezeugung der Kirche, wie wir sie so aus der Schrift allein nicht gewinnen können, wie wir sie aber allein durch die Schrift in der Geschichte erkennen."

387 Vgl. die bereits zitierte (Anm. 372) Argumentation von **Athanasios von Alexandreia** gegen den Biblizismus der Arianer.

388 Vgl. **Martin Luther**, Auslegung deutsch des Vaterunsers für die einfältigen Laien (1519), WA 2; 116,25.

Subjektiver Willkür entgeht man nach Luther nicht schon dadurch, daß man sich, anstatt an die Schrift selbst, an die Kirchenväter als ihre Interpreten hält. Denn dann hätten auch die Kirchenväter selbst sich nicht direkt an die Heilige Schrift halten dürfen. Und kann man nicht auch die Kirchenväter noch immer nach dem eigenen subjektiven Gutdünken mißverstehen (389)?

Die Gefahr subjektiver Schriftauslegung läßt sich nur dadurch bannen, daß man sich an denjenigen Sinn der Schrift hält, in dem allein sie sich wirklich als "Wort Gottes" verstehen läßt: Gottes Liebe zum Menschen hat an nichts Geschöpflichem ihr Maß, sondern ist zuvor die Liebe Gottes zu Gott, des Vaters zum Sohn, in die der Mensch hineingenommen wird. Das ist der Sinn der Schrift, in dem alle Glaubensaussagen enthalten sind und auf den sie zurückgeführt werden können. Man muß also nach dem Sinn der Schrift suchen, in dem sie "durch sich selbst überaus gewiß, leicht verständlich und offenkundig ist, ihre eigene Auslegerin, die bei allen alles beurteilt, richtet und erhellt" (390). Sie muß in dem Sinn verstanden werden, in dem sie sich als letztes Wort über alle Wirklichkeit verstehen läßt, das die Sache, von der es spricht, in sich selbst enthält (391). Dieses Verständnis ist nur im Glauben an Jesus Christus als Gottes Sohn und damit nur in der vom Heiligen Geist erfüllten Gemeinschaft der an ihn aufgrund der Verkündigung Glaubenden gegeben.

Luther meint, gerade dieses Verständnis der Heiligen Schrift den Kirchenvätern zu verdanken. Denn durch die Weise, wie sie die Heilige Schrift verwendet haben, lehren sie, "daß die göttlichen Worte offenkundiger und gewisser sind als die aller Menschen, ja auch als ihre eigenen Worte; vielmehr werden die Worte der Menschen durch sie im rechten Verständnis gelehrt, bewährt, eröffnet und befestigt" (392). Wo Luthers Gegner sein Schriftprinzip mißverstanden und disputationshalber biblizistisch gegen ihn argumentierten, ging er nicht darauf ein, sondern erklärte: "Die Schrift ist nicht gegen, sondern für Christus zu verstehen und deshalb entweder auf ihn zu beziehen oder nicht für wahre Schrift zu halten. [...] Wenn also die Gegner die Schrift gegen Christus durchsetzen wollen, setzen wir Christus gegen die Schrift durch" (393).

---

389 Vgl. ders., Assertio omnium articulorum M. Lutheri per Bullam Leonis X. novissimam damnatorum (1520), WA 7; 96,4 - 101,8, vor allem 96,19-34.

390 Ebd., WA 7; 97,23f.

391 **Gerhard Ebeling**, "Sola scriptura" und das Problem der Tradition, in: **ders.**, Wort Gottes und Tradition, Göttingen 1964, 91-143, weist 125f mit Recht darauf hin, daß Luther hier den allgemeinen Grundsatz der Selbstinterpretation eines Textes für die Heilige Schrift so radikalisiert, daß er "ein in strenger Ausschließlichkeit die Heilige Schrift betreffender und eben die Ausschließlichkeit ihrer Geltung [...] zum Ausdruck bringender hermeneutischer Kanon" wird.

392 **Martin Luther**, o. c. (Anm. 389), WA 7; 98,11-13.

393 **Ders.**, Thesen de fide (1535), WA 39,1; 47,3f und 19f. Man achte auf die je verschiedene Begriffsbestimmung des Wortes "Schrift".

Die katholische Formulierung, man müsse die Schrift in dem Sinn interpretieren, in dem die Kirche sie versteht, findet also bei Luther ihre sachlich durchaus richtige Konkretisierung, wenn er sagt, die Texte seien in dem Sinn zu verstehen, in dem sie "Christum predigen und treiben" (394). Ein Angesprochenwerden durch Gott und Gemeinschaft mit Gott ist nur möglich in dem vom Hören kommenden Anteilhaben am Gottesverhältnis Jesu, nicht aber aufgrund irgendeiner bloß geschöpflichen Qualität. Erfaßt man so den Glauben an Jesus Christus als den einen und einzigen Sinn der Schrift, dann legt man sie eo ipso im Sinn der Kirche aus, in der der Heilige Geist die Gläubigen mit Christus und untereinander verbindet. Was könnte anderes im Sinn der Kirche sein, als Christus zur Geltung zu bringen?

Es ist wohl eines der tragischsten Mißverständnisse in der Geschichte der Kirche gewesen, daß man Luthers Position als "Subjektivismus" aufgefaßt hat und weithin noch immer auffaßt (395), während doch sein ganzes Pathos gegen jede Form von Selbstrechtfertigung gerichtet war.

Die beiden Formeln "Schrift und Überlieferung" und "die Schrift allein" verhalten sich in rechtem Verständnis ähnlich zueinander wie die bereits oben erläuterten Formeln "Glaube und Liebe" und "der Glaube allein". Solange man nicht erfaßt, daß die gleichen Worte jeweils verschiedene Bedeutung haben, redet man aneinander vorbei (396).

In der Formel "Schrift und Überlieferung" bedeutet "Schrift" einfach den Text der Heiligen Schrift, der erst in der Glaubensüberlie-

---

394 **Ders.**, WA.DB 7; 385,26 (Vorrede auff die Epistel S. Jacobi vnd Jude [1546]). - Nach **Alois Grillmeier**, Die altkirchliche Christologie und die moderne Hermeneutik, in: Theologische Berichte I, hrsg. v. Josef Pfammatter und Franz Furger, Zürich-Einsiedeln-Köln 1972, 80, findet Luther damit "einen guten Anschluß an die patristisch-christologische Scopus-Lehre"; Grillmeier verweist als Beispiel auf den Johannes-Kommentar **Kyrills von Alexandreia** (PG 73 und 74,9-756). Vgl. im selben Sinn auch den klärenden Aufsatz von **Reinhold Weier**, Luthers "sola scriptura" in dogmatischer Sicht, in: TThZ 80 (1971) 43-55.

395 Vgl. **Josef Lortz**, Geschichte der Kirche in ideengeschichtlicher Betrachtung II, Münster ^{23}1964, 98, wo es über Luthers Schriftauslegung heißt, sie sei "orientiert an dem, 'was Christum treibt', wobei die innere Einheit der Bibel (die Bibel als ihr eigener Ausleger) die rechte Auslegung garantiert: ein offensichtlich sehr ungenauer Maßstab, dessen Anwendung in letzter Konsequenz der Glaubenseinsicht des einzelnen ausgeliefert ist". Die scheinbare Ungenauigkeit des Maßstabs besteht nur solange, als man voraussetzt, daß als "Wort Gottes" Beliebiges in Betracht kommt.

396 Daß es sich in solchen Formeln um "keine Alternative", sondern um eine "gegenseitige Implikation" handelt, zeigt auch **Jean-Louis Leuba**, Wahrheit und Konsensus - Zugleich ein Beitrag zur Klärung des theologischen Gebrauchs der kopulativen Konjunktion "Und", in: Freiheit in der Begegnung, hrsg. v. dems. und Heinrich Stirnimann, Frankfurt am Main - Stuttgart 1969, 165-180 (173).

ferung selbst in seiner wahren Bedeutung als "Heilige Schrift" verstanden wird. Der noch unverstandene Text der Heiligen Schrift für sich allein reicht nicht aus. Natürlich genügt es auch nicht, irgendeine x-beliebige Überlieferung zu diesem Text hinzuzunehmen, um ihn zu verstehen. Es muß sich um eine solche Überlieferung handeln, die dem Text selbst so gerecht wird, daß sie - und sie allein! - ihn als "Heilige Schrift" verstehen läßt.

Dagegen meint die Formel "die Schrift allein" nicht den bloßen Text, abgesehen von seinem sachgemäßen Verständnis, also den erst noch zu verstehenden Text, sondern sie meint den bereits in dem Sinn verstandenen Text, in dem allein er "Heilige Schrift", "Wort Gottes" ist. Dieses dem Glauben an Jesus Christus gemäße Verständnis der Heiligen Schrift ist bereits selbst die Glaubensüberlieferung und bedarf dann keiner Ergänzung durch hinzukommende Überlieferungen; ähnlich wie derjenige Glaube, der bereits selbst die Liebe zu Gott ist, von keiner weiteren Liebe durchformt zu werden braucht, um rechtfertigen zu können.

Gegen die These von der sachlichen Übereinstimmung des rechtverstandenen "Schrift und Überlieferung" mit dem rechtverstandenen "die Schrift allein" liegt ein gewichtiger Einwand nahe. Haben sich nicht aus dem jeweiligen Schriftverständnis in der katholischen und in den evangelischen Kirchen ganz entgegengesetzte Auffassungen vom kirchlichen Amt ergeben? In der Frage nach dem Amt in der Kirche scheint heute geradezu der "Kernpunkt ökumenischer Entscheidung" (397) zu liegen. Diesem Problem soll das folgende Kapitel gewidmet sein.

FRAGEN

1. Wogegen ist das katholische Prinzip "Schrift und Überlieferung" gerichtet?
2. Inwiefern mißversteht Biblizismus die Heilige Schrift?
3. Worin besteht der "Sinn der Kirche" in der Schriftauslegung?
4. Worin bestünde eine "quasi-biblizistische" Verwendung von Konzilstexten?
5. Gegen welches Mißverständnis richtet sich das lutherische "die Schrift allein"?
6. Welche Bedeutung hat das Wort "Schrift" in der katholischen Formel "Schrift und Überlieferung", und welche andere Bedeutung hat dasselbe Wort in dem lutherischen Prinzip "die Schrift allein"?
7. Wodurch unterscheidet sich Luthers Position von dem ihm häufig zugeschriebenen "Subjektivismus"?

---

397 Vgl. **Albert Brandenburg**, Geleitwort, in: Kirche und Amt - Neuere Literatur zur ökumenischen Diskussion um die Amtsfrage, zusammengestellt von Vinzenz Pfnür, Cath(M) Beiheft 1 (1975) 1. - Einen beachtlichen Fortschritt im ökumenischen Gespräch dokumentiert das von der gemeinsamen römisch-katholischen und evangelisch-lutherischen Kommission herausgegebene Papier: Das geistliche Amt in der Kirche, Paderborn - Frankfurt am Main 1981.

2.3 Das "lebendige Lehramt"

Das "lebendige Lehramt" ist nach katholischer Lehre die dritte der zum Verständnis von "Wort Gottes" zusammengehörenden Größen. Wie die beiden anderen, Schrift und Überlieferung, so kann auch das Lehramt nicht für sich allein bestehen. Eine jede der drei Größen ist sie selbst nur im Zusammenhang mit den beiden anderen (398). Die Heilige Schrift ist als das ursprüngliche Zeugnis des Glaubens normativ für dessen Weitergabe in der Kirche bis zu seiner gegenwärtigen Verkündigung. Nur in der Bindung an das ursprüngliche Glaubenszeugnis im Geschehen seiner Weitergabe in der Überlieferung kann gegenwärtige Verkündigung überhaupt Glaubensverkündigung sein.

Zum Verständnis des Begriffs "Lehramt" gehen wir vom Lehrauftrag der Gesamtkirche aus. Alle Gläubigen sind dazu berufen, den Glauben weiterzubezeugen (399).

Diesem Lehrauftrag der Gesamtkirche gegenüber der Welt entspricht innerhalb der Kirche selbst noch einmal ein "besonderes Lehramt". Dieses besondere Lehramt wird "in ordentlicher Weise" von den über die Welt verstreuten Bischöfen ausgeübt, wenn sie in der Verkündigung des Glaubens übereinstimmen. "In außerordentlicher Weise" wird es durch den Papst oder das Konzil wahrgenommen. Sowohl der Lehrauftrag der Gesamtkirche wie der des besonderen Lehramts beziehen sich auf die "Dinge des Glaubens und der Sitten". Von daher ist die spezifische Autorität des Lehramts zu bestimmen. Gesondert soll dann auf Luthers Infragestellung des kirchlichen Amtes eingegangen werden.

2.3.1 Das "gemeinsame" und das "besondere Lehramt"

Alle Glieder der Kirche haben am Verkündigungsauftrag Anteil: "Überall auf Erden sollen sie für Christus Zeugnis geben und allen, die es fordern, Rechenschaft ablegen von der Hoffnung auf das ewige Leben, die in ihnen ist (vgl. 1 Petr 3,15)" (400). Wie bereits dargestellt worden ist, wird der Glaube durch persönliche Bezeugung weitergegeben und kommt für einen jeden "vom Hören" (Röm 10,17), also aus mitmenschlicher Kommunikation.

---

398 Vgl. II. Vatikanum, DV 10,3.

399 **Mario Midali** sieht es in seiner Rezension in Sal. 42 (1980) 938 als verwunderlich an, daß unter den Subjekten der Weitergabe des Glaubens überhaupt nicht das "Volk Gottes" und die Laien genannt würden. Vgl. dazu jedoch außer diesem Kapitel auch die Ausführungen über die "Übereinstimmung aller Gläubigen im Glauben" (I, 4.3) sowie die grundlegende Erläuterung des "Volk Gottes"-Begriffs aus der Identität des Heiligen Geistes in Christus und in den Christen (I, 2.2.3).

400 II. Vatikanum, LG 10,1.

Daß der Glaube vom Hören kommt, gilt aber nicht nur für jeden Gläubigen als **einzelnen**. Es muß auch für die Gesamtheit der Gläubigen und damit für die **Gemeinde** als solche gelten. Auch sie kann den Glauben nicht aus sich selber haben, sondern er muß ihr ebenfalls ständig verkündet werden. Diese Tatsache findet ihren Ausdruck in der Institution eines "besonderen Lehramts" im Gegenüber zur Gemeinde (401). Es hat der Kirche den gleichen Glauben zu verkünden, den die Kirche der Welt verkünden soll. Das besondere Lehramt überbietet nicht den Glauben der Gemeinde, sondern ist notwendig, um die Unüberbietbarkeit des Glaubens der Gemeinde zu wahren. Denn der Glaube der Gemeinde ist nur dann unüberbietbarer, wahrer Glaube, wenn er auch für die Gemeinde als ganze noch immer vom Hören kommt und wenn dieser Sachverhalt auch ausdrücklich sichtbar gemacht werden kann. Gegenüber der Gemeinde repräsentieren die Amtsträger Christus; gegenüber Außenstehenden, also gegenüber denen, die noch nicht glauben, können sie daraufhin als Repräsentanten der Gemeinde fungieren.

Man kann sich diese Struktur Lehramt - Kirche / Kirche - Welt anhand des Textes 2 Kor 5,17-21 vor Augen führen (402): "[17] Also: Wenn einer in Christus ist, ist er ein neues Geschöpf. Das Alte ist vergangen, siehe, Neues ist geworden. [18] Das alles aber kommt von Gott her, der **uns** mit sich versöhnte durch Christus und **uns** den Dienst der Versöhnung übertrug. [19] Ja, Gott hat in Christus die **Welt** mit sich versöhnt; er rechnet **ihnen** ihre Fehltritte nicht mehr an und hat unter **uns** das Wort der Versöhnung gestiftet. [20] So sind **wir** also Botschafter an Christi Statt, da ja Gott durch **uns** Mahnungen ergehen läßt. An Christi Statt bitten **wir**: 'Laßt euch versöhnen mit Gott.' [21] Ihn, der von Sünde nichts wußte, hat er für **uns** zur Sünde gemacht, damit **wir** in ihm Gottesgerechtigkeit würden."

Mit dem "ihr" in v. 20 ist offenbar die Gemeinde von Korinth gemeint, an die der Brief als Versöhnungsbrief mit dem Ziel gerichtet ist, die dortigen Spaltungen zu überwinden. Diesem "ihr" steht das "wir" des Apostels und seiner Mitarbeiter (Silvanus und Timotheos, vgl. 2 Kor 1,19) gegenüber. Der Apostel und seine Mitarbeiter haben der Gemeinde dasselbe zu sagen, was alle zusammen - diesen umfassenden Sinn hat das Wort "wir" in vv. 18f und 21 - der "Welt" (v. 19) zu sagen haben (403). Ohne das an sie gerichtete Wort ist

---

401 Zu diesem Ansatz vgl. bereits **Jean-Louis Leuba**, L'événement de la parole et l'institution sacramentelle dans une théologie protestante du sacerdoce, in: RSR 56 (1968) 539-561. Nach ihm wird durch das Hören die Kirche als ganze als ein einziges korporatives Subjekt konstituiert, der ein ebenfalls korporatives Amt gegenübersteht, das in den vielen Worten die Einheit des Wortes zur Geltung bringt. Damit wird Leuba den katholischen Anliegen vollkommen gerecht. Die zur Verständigung und Versöhnung der Kirchen erforderlichen theologischen Klärungen sind längst geleistet; aber **man** hat es offenbar nicht nötig, sie zur Kenntnis zu nehmen.

402 Vgl. **Heribert Mühlen**, Entsakralisierung, Paderborn 1971, 323-336.

403 Vgl. **Heinrich Bacht**, Vom Lehramt der Kirche und in der Kirche, in:

auch die Gemeinde selber letztlich nur "Welt". So geht das Wort "wir" in diesem Text in seiner Bedeutung hin und her: Es meint den engen Kreis der Amtsträger im Gegenüber zum "ihr" der Gemeinde, dann den weiteren Kreis der Gemeinde einschließlich der Amtsträger, ja schließlich als allerweitesten Kreis die ganze Welt. Jedesmal geht es um die gleiche Fülle der Erlösung, die in der Versöhnung mit Gott besteht, durch die Menschen auch untereinander versöhnt werden und in einem einzigen "wir" zusammenkommen (404).

Dabei besteht sowohl der Auftrag der gesamten Kirche gegenüber der Welt wie der der Amtsträger gegenüber der Kirche in dem "Dienst der Versöhnung" (v. 18), der in nichts anderem als in der Weitergabe des "Wortes der Versöhnung" (v. 19) geschieht.

Auch die Weise, wie die Autorität des Dienstamtes wahrzunehmen ist, wird in diesem Text angedeutet (405). Versöhnung kann man nicht durch Gewaltanwendung fördern. Man muß für sie "bitten". Wer bitten muß, ordnet sich demjenigen unter, an den er sich wendet. Er hat keine andere Möglichkeit, sein Ziel zu erreichen, als an das Verständnis des anderen zu appellieren und ihm Zeit zu lassen. Darin besteht die "Schwäche", ja die "Armut" des Wortes Gottes. Bitten müssen ist das Gegenteil von "imponieren können". Der "Reichtum" des Wortes Gottes besteht dagegen in der Sache, für die gebeten wird. Diese Sache ist das "In Christus"-Sein (v. 17), das im Glauben an Jesus Christus besteht. Wo Glaube zustande kommt, da allein geschieht über das bloße Geschaffensein als solches hinaus wirklich "Neues". Das ist der christliche Begriff von "Wunder": Der Mensch wird durch den vom Hören kommenden Glauben in seinem ganzen Sein und Handeln erneuert.

Insgesamt ergibt sich, daß sowohl der Lehrauftrag der ganzen Kirche gegenüber der Welt wie das besondere Lehramt innerhalb der Kirche sich auf das Wesen des auch für die ganze Gemeinde noch immer vom Hören kommenden Glaubens zurückführen lassen.

In der katholischen Theologie wird das Bestehen eines "besonderen Lehramts" in der Kirche sonst gewöhnlich mit seiner ausdrücklichen Einsetzung durch Jesus begründet (406). Man beruft sich dafür auf einzelne Worte und Willensäußerungen Jesu. Diese Argumentationsweise hat jedoch zwei Nachteile, denen man dann schwer entgehen kann. Einmal entsteht der Eindruck, die Grundstruktur der Kirche sei nur faktisch von Jesus so gewollt, und er hätte sie genausogut auch ganz anders wollen können; man kann sie also nur rein positivistisch hinnehmen. Sodann entsteht die Frage, weshalb man

---

Cath(M) 25 (1971) 144-167. Die Titelformulierung drückt das Gemeinte sehr treffend aus.

404 Vgl. den für ein lehramtliches Dokument bisher einzigartigen Gebrauch des Wortes "wir" in: II. Vatikanum, GS 81,4 (zur Frage des Weltfriedens).

405 Vgl. **Eberhard Jüngel**, Die Autorität des bittenden Christus, in: ders., o. c. (Anm. 159), 179-188.

406 Vgl. z. B. **Michael Schmaus**, Der Glaube der Kirche - Handbuch katholischer Dogmatik II, München 1970, 24.

nur bestimmte Aussprüche Jesu für verbindlich hält und andere nicht (etwa die Aussendung zu zweit, Mk 6,7, oder das Verbot der Anrede der Amtsträger mit "Vater", Mt 23,9). Eine Einsetzung des Amtes durch Jesus ist jedoch viel grundlegender gegeben, wenn sie nicht nur mit einzelnen Willensäußerungen Jesu begründet wird, sondern mit dem Wesen des Glaubens selbst als der eigentlichen Stiftung Jesu.

Auch ein anderes Modell ist wohl eher unzureichend, nämlich die Amtsstruktur der Kirche daraus zu begründen, daß die Kirche eine verfaßte Gesellschaft sei und deshalb wie jede Gesellschaft ihre Ämter haben müsse (407). Vielmehr argumentieren wir mit der besonderen Verfaßtheit der Kirche, die darin besteht, daß der Glaube auch für alle Gemeindemitglieder zusammengenommen noch immer vom Hören kommt. Aber der Glaube kommt nicht erst deshalb für die Gemeinde vom Hören, weil es die Amtsstruktur der Kirche gibt, sondern das Begründungsverhältnis ist umgekehrt (408).

Dementsprechend leitet das II. Vatikanum sowohl den allgemeinen Auftrag der ganzen Gemeinde wie auch das besondere Amt in ihr aus dem einen Priestertum Christi ab: "Das gemeinsame Priestertum der Gläubigen aber und das Priestertum des Dienstes, das heißt das hierarchische Priestertum unterscheiden sich zwar dem Wesen und nicht bloß dem Grad nach. Dennoch sind sie einander zugeordnet: Das eine wie das andere nämlich nimmt auf je besondere Weise am Priestertum Christi teil" (409).

Mit seiner Ablehnung einer Unterscheidung "nur dem Grad nach" lehnt das Konzil die Vorstellung von einem bloß quantitativen Unterschied ab. Der etwas unklar formulierte erste Satz des zitierten Textes bedeutet nicht, es handele sich nicht nur um eine Unterscheidung dem Grad nach, sondern **auch** um eine solche dem Wesen nach. Vielmehr soll das Bestehen einer "Unterscheidung bloß dem Grad nach" hier völlig bestritten und **statt dessen** allein eine "Unterscheidung dem Wesen nach" behauptet werden. Es wäre auch völlig falsch, die Unterscheidung "dem Wesen nach" für eine "noch größere" Unterscheidung als eine solche "dem Grad nach" zu halten und damit durch die Hintertür doch wieder die quantitative Vorstellung einzuführen. In einer solchen Vorstellung müßte man das gemeinsame Priestertum aller Gläubigen sozusagen möglichst gering ansetzen, um das besondere Amt dann als eine Überbietung verstehen

---

407 Eine solche Ableitung scheint **Karl Rahner**, Das kirchliche Lehramt in der heutigen Autoritätskrise, in: **ders.**, Schriften zur Theologie IX, Einsiedeln-Zürich-Köln 1970, 345, in Erwägung zu ziehen.

408 Das ist gegen **Gotthold Hasenhüttls** (Der Glaubensvollzug - Eine Begegnung mit Rudolf Bultmann aus katholischem Glaubensverständnis, Essen 1963, 331-338) Kritik an Rudolf Bultmann einzuwenden. Die Kirche wird nicht erst dadurch sichtbar, daß es in ihr Amtsträger gibt. Vielmehr ist ihre rechtlich-amtliche Verfaßtheit eine Folge davon, daß sie bereits durch das in ihr weiterzuvermittelnde sinnenhaft begegnende Wort "sichtbar" ist.

409 II. Vatikanum, LG 10,2.

zu können (410). Wir sind dieser Denkfigur bereits bei der Verhältnisbestimmung von "Wort" und "Sakrament" begegnet und mußten sie als unzureichend erkennen:

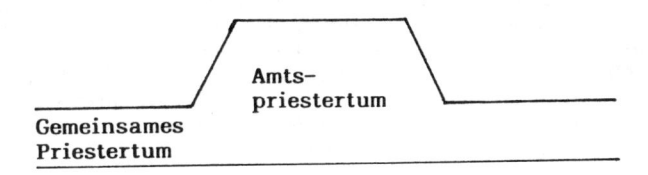

```
          /‾‾‾‾‾‾‾‾‾‾‾‾‾\
         /   Amts-       \
_____/   priestertum   _____
Gemeinsames
Priestertum
_____
```

In Wirklichkeit ist bereits das gemeinsame Priestertum aller Gläubigen, nämlich ihr Glaube und der damit gegebene Auftrag, ihn für alle Welt zu bezeugen, **unüberbietbar**. Es gibt keine noch größere Nähe zu Gott als den Glauben, der die ungeteilte Hingabe an Gott im Anteilhaben am Gottesverhältnis Jesu ist. Aber dieser unüberbietbare Glaube besteht nur da, wo in Geltung bleibt, daß er auch für alle Gläubigen zusammen und nicht nur für den je einzelnen vom Hören kommt. Der Glaube wäre nicht wirklich unüberbietbar, wenn dieses Angewiesensein auch der ganzen Kirche auf das Hören nicht seinen besonderen Ausdruck finden könnte. Darin besteht die eigene, unersetzbare Funktion des besonderen oder Amtspriestertums. Es muß als ein notwendig möglicher Dienst an der Unüberbietbarkeit des Glaubens aller aufgefaßt werden, stellt dagegen keineswegs eine Herrschaftsfunktion dar (vgl. auch Mk 9,37 mit Mt 10,40). Gerade in diesem Dienst an der Unüberbietbarkeit des Glaubens aller besteht die besondere Würde des Amtes in der Kirche. Ihm allein kommt es zu, den Glauben der Kirche "authentisch", nämlich mit "amtlicher" Verbindlichkeit, zu interpretieren (411). Es trägt durch diesen Dienst dazu bei, daß **alle** Gläubigen den Glauben sachgemäß interpretieren.

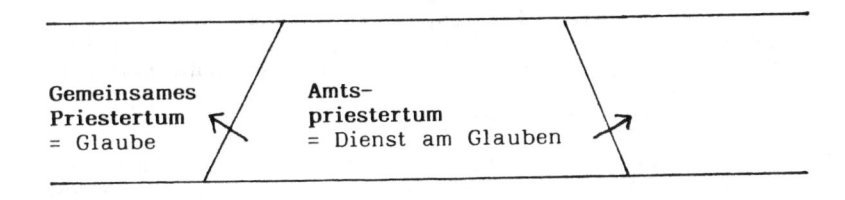

```
                  /          \
Gemeinsames      / Amts-      \
Priestertum  ⤺ / priestertum   \ ⤻
= Glaube       / = Dienst am Glauben \
```

---

410 In den Vorentwürfen für den Konzilstext hatte man das gemeinsame Priestertum der Gläubigen nur als "uneigentliches", "gewisses" Priestertum bezeichnen wollen. Vgl. den Bericht von **Alois Grillmeier** über die Vorgeschichte des Textes, in: LThK Vat (= Ergänzungsband, Das Zweite Vatikanische Konzil) I, 181.

411 Vgl. II. Vatikanum, DV 10,1; vgl. auch **Pius XII.**, Enzyklika "Humani generis", DS 3886. Zum Begriff der "Authentie" vgl. auch DS 3796.

Mit dieser Sicht entgehen wir einer naheliegenden Gefahr. Die Zurückführung aller Glaubensautorität auf die zu glaubende Sache könnte als Auflösung aller formalen Autorität mißverstanden werden. Wenn aber eine zu glaubende Sache überhaupt nur vom Hören kommen kann und geradezu in nichts anderem besteht als der Deutung dieses Hörens, wenn also die zu glaubende Sache die kirchliche Gemeinschaft selbst als das Geschehen der Weitergabe des Glaubens interpretiert, dann ist deutlich, daß man diesen Glauben nirgendwoandersher als von der Kirche gewinnen kann. Formale und sachliche Autorität bestehen hier so, daß sie beide nur soweit gelten, als sie in eins fallen; und gerade dadurch weisen sie sich als Autorität für den Glauben aus.

So setzt nach der Lehre des II. Vatikanums die Unterscheidung zwischen Laien und Amtsträgern die Unüberbietbarkeit des gemeinsamen Glaubens voraus und folgt aus ihr: "Wenn auch einige nach Gottes Willen als Lehrer, Ausspender der Geheimnisse und Hirten für die anderen bestellt sind, so waltet doch unter allen eine wahre Gleichheit in der allen Gläubigen gemeinsamen Würde und Tätigkeit zum Aufbau des Leibes Christi. Der Unterschied, den der Herr zwischen den geweihten Amtsträgern und dem übrigen Gottesvolk gesetzt hat, bringt eine Verbundenheit mit sich, da ja die Hirten und die anderen Gläubigen gemeinsam aufeinander angewiesen sind" (412). Für sich selbst sind dabei auch die Hirten noch immer Hörer des Wortes, das ihnen jeweils von anderen verkündet werden muß. Will sich z. B. der Papst der Sündenvergebung vergewissern, so muß auch er von einem anderen das Wort der Lossprechung empfangen.

Die Zurückführung des besonderen Amtes auf das Wesen des Glaubens selbst als des vom Hören kommenden Anteilhabens am Gottesverhältnis Jesu führt zu einer möglichen Folgerung für das Problem einer gegenseitigen Anerkennung der Ämter in den bisher voneinander getrennten Kirchen (413).

Angenommen, eine Gruppe von Christen wäre durch physische oder andere Umstände wie derzeit unüberwindliche Mißverständnisse von der übrigen Kirche für längere Zeit abgeschnitten, und sie hätten keine geweihten Amtsträger unter sich (414). Dann hätten sie dennoch im Glauben als dem Anteilhaben am Gottesverhältnis Jesu

---

412 II. Vatikanum, LG 32,3; der letzte Satz ist in der offiziellen deutschen Übersetzung vielleicht nicht genau genug wiedergegeben. Dort wird "inter se communi necessitudine devinciantur" wiedergegeben mit "in enger Beziehung miteinander verbunden".

413 Vgl. auch **Heribert Mühlen**, Das mögliche Zentrum der Amtsfrage - Überlegungen zu vier ökumenischen Dokumenten, in: Cath(M) 27 (1974) 329-358.

414 Ein geschichtliches Beispiel ist die Verfolgungssituation der Christen in Japan von der Mitte des 17. bis zur Mitte des 19. Jahrhunderts. Ohne eine derartige Ausnahmesituation erschiene die Aufstellung von Amtsträgern, die ihre Vollmacht nicht von bisherigen Amtsträgern haben, problematisch; vgl. auch die interessanten geschichtlichen Fakten bei **Joseph Chang-mun Kim** und **John Jae-sun Chung**, Catholic Korea - Yesterday and Today, Seoul 1964, 28-31.

wurzelhaft die ganze Wirklichkeit dessen, was Kirche zur Kirche macht. Sie hätten deshalb in einem solchen Notfall wohl das Recht, sich Amtsträger aufzustellen und mit ihnen auch das Herrenmahl zu feiern (415). In katholischer Sicht würde es sich dabei zwar nicht um das Sakrament selbst, aber doch um das "Verlangen nach dem Sakrament [votum sacramenti]" handeln, das an der vollen Gnade des Sakraments selbst teilhat (416). Das Amt solcher Amtsträger bestünde dann ebenfalls in der Weise des "Verlangens nach dem Sakrament". Subjekt des Verlangens nach dem Weihesakrament ist allerdings nicht der Amtsträger für sich selbst, sondern die Gemeinde, der er dient.

Könnte nun eine solche Gruppe "getrennter" Christen zu anderer Zeit wieder Verbindung mit der übrigen Kirche aufnehmen, dann müßten sie ihre Amtsträger deren Amtsträgern zur Kooptation vorstellen. Letztere wiederum wären verpflichtet, jene in ihren eigenen Stand zu kooptieren. Es wäre dies eine Verpflichtung aus Billigkeit um der Kircheneinheit willen. In einem solchen Kooptationsvorgang würde das "Verlangen nach dem Sakrament" in das "Sakrament" selbst übergehen. Es handelte sich dabei weder um die erstmalige Herstellung einer zuvor in keiner Weise bestehenden Sakramentalität noch umgekehrt nur um die nichts bewirkende nachträgliche Anerkennung einer bereits voll vorhandenen Sakramentalität (417). Aber das "Sakrament" überbietet nicht das "Verlangen nach dem Sakrament", sondern bringt die bereits im "Verlangen nach dem Sakrament" gegebene Gnade zu ihrer eigenen höchsten Sichtbarkeit. Weil auch das "Verlangen nach dem Sakrament" gegenüber dem "Sakrament" selbst keineswegs nichts ist, könnte eine Einigung zwischen den verschiedenen Kirchen gegebenenfalls durch **gegenseitige** Handauflegung geschehen. Es wäre überflüssig, sich zuvor darüber zu streiten, auf wessen Seite die "gültigeren" Sakramente bestehen.

---

415 Vgl. zu einer solchen Möglichkeit **Karl Rahner**, Zum Selbstverständnis des Amtspriesters, in: ders., Schriften zur Theologie X, Zürich-Einsiedeln-Köln 1972, 455f.

416 Deshalb anerkennt die katholische Kirche, daß im evangelischen Abendmahl, selbst wenn die Sukzession des Amtes nicht voll gewahrt sein sollte, nicht nichts geschieht; vgl. II. Vatikanum, UR 22,3: Die von uns getrennten Kirchlichen Gemeinschaften "bekennen [...] bei der Gedächtnisfeier des Todes und der Auferstehung des Herrn im Heiligen Abendmahl, daß hier die lebendige Gemeinschaft mit Christus bezeichnet werde, und sie erwarten seine glorreiche Wiederkunft." In ihrem Kontext hat diese Aussage anerkennende Bedeutung. Vgl. dazu auch die wichtigen geschichtlichen Hinweise von **Alexander Gerken**, o. c. (Anm. 314), 245-255.

417 Vgl. den Bericht über die gegenwärtige Auseinandersetzung von **Heinz Schütte**, Amt, Ordination und Sukzession im Verständnis evangelischer und katholischer Exegeten und Dogmatiker der Gegenwart sowie in Dokumenten ökumenischer Gespräche, Düsseldorf 1974. - Zum Problem einer eventuellen Unterscheidung zwischen bloß rechtlicher Ungültigkeit und tatsächlicher Unwirklichkeit vgl. den wichtigen Aufsatz von **Frans Jozef van Beeck**, Proeve van een ecumenische beschouwing over de sacramenten, in: Bijdr. 26 (1965) 129-179 (auch ins Englische übersetzt: Towards an Ecumenical Understanding of the Sacraments, in: JES 3 [1966] 57-112).

Aber auch schon vor einer solchen Einigung könnte die alte katholische Lehre vom "Verlangen nach dem Sakrament", das voll an der Wirklichkeit des Sakraments selbst teilhat und nur um seinetwillen möglich ist, der Ausgangspunkt für eine amtliche Neubeurteilung der Probleme der Interkommunion sein (vgl. auch Apg 10,47). Man bedenke, daß es nach der Lehre des II. Vatikanums der Heilige Geist selbst ist, der sich gewürdigt hat, auch die anderen Kirchen und Gemeinschaften als "Mittel des Heils" zu gebrauchen (418).

FRAGEN

1. Mit Hilfe welchen Zwischenbegriffs läßt sich die notwendige Möglichkeit eines besonderen Lehramts innerhalb der Kirche aus dem Wesen des vom Hören kommenden Glaubens begründen?
2. Wie verhält sich das besondere Lehramt innerhalb der Kirche zum Verkündigungsauftrag der Kirche gegenüber der Welt?
3. In welcher Weise ist die Autorität im Namen Jesu nach 2 Kor 5,20 auszuüben?
4. In welchem Sinn ist das "besondere Lehramt" von Jesus eingesetzt?
5. Warum genügt zur Begründung des besonderen Amtes in der Kirche nicht der Hinweis darauf, daß jede verfaßte Gesellschaft ihre Ämter haben müsse?
6. Was ist mit dem "wesentlichen" Unterschied des Amtspriestertums vom gemeinsamen Priestertum gemeint, und warum ist die Behauptung eines nur "graduellen" Unterschieds abzulehnen?
7. Wie verhalten sich in bezug auf den Glauben "formale" und "sachliche" Autorität zueinander? Wodurch weist sich Autorität in bezug auf den Glauben aus?
8. Warum kommt es allein dem besonderen Lehramt zu, den Glauben "authentisch" zu interpretieren? Was bedeutet "Authentie"?
9. Inwiefern bietet die katholische Lehre vom "Verlangen nach dem Sakrament" einen Schlüssel zum Problem der Anerkennung der Ämter in den vermeintlich voneinander "getrennten" und doch im Glauben miteinander "verbundenen" Kirchen?

2.3.2 Die "ordentliche" und die "außerordentliche" Wahrnehmung des "besonderen Lehramts"

Beim "besonderen Lehramt" unterscheidet man in katholischer Lehre zwischen seiner "ordentlichen" und seiner "außerordentlichen"

---

418 Vgl. II. Vatikanum, UR 3,4. Im Kontext dieser epochemachenden Aussage ist leider in etwas gedankenloser Weise von den Mängeln die Rede, die den anderen Kirchen (so die offizielle Übersetzung:) "nach unserem Glauben [credimus]" anhaften; die Formulierung klingt, als sei das Bestehen von Mängeln bei den anderen Kirchen für die katholische Kirche ein Glaubensgegenstand. Dabei handelt es sich nur um eine recht fragwürdige Vermutung, die als solche alles andere denn ein Glaubensgegenstand ist.

oder "feierlichen" Ausübung: "Mit göttlichem und katholischem Glauben ist alles das zu glauben, was im geschriebenen oder überlieferten Wort Gottes enthalten ist und von der Kirche entweder in feierlichem Urteil oder aber durch das ordentliche und allgemeine Lehramt als von Gott geoffenbart zu glauben vorgelegt wird" (419).

Mit "feierlichem Urteil" sind päpstliche Definitionen oder Konzilsentscheidungen gemeint. Dagegen ist der Begriff "ordentliches und allgemeines Lehramt" wohl am stimmigsten auf die übereinstimmende Glaubenslehre der "über die ganze Welt verstreuten Kirche [Ecclesia dispersa]" zu beziehen (420). Wenn der Papst als Papst oder das

---

419 I. Vatikanum, DF, DS 3011. - **Heinrich Ott**, Die Lehre des I. Vatikanischen Konzils - Ein evangelischer Kommentar, Basel 1963, 85, weist mit Recht darauf hin, daß mit der "Vorlage durch die Kirche" die Notwendigkeit gegenwärtiger kirchlicher Verkündigung gemeint ist, und er sieht darin nur einen anderen Ausdruck für das evangelische "viva vox Evangelii". Solche evangelischen Äußerungen sollten davor warnen, das verbreitete Klischee zu übernehmen, im evangelischen Verständnis werde die Bedeutung von Kirche grundsätzlich außer acht gelassen.

420 Diese Begriffsbestimmung gibt **Pius IX**. in dem Schreiben "Tuas libenter" (1863), DS 2879, wo er vom "ordentlichen Lehramt" der über die ganze Welt zerstreuten Kirche im Unterschied zu ausdrücklichen Dekreten der ökumenischen Konzilien oder der römischen Päpste oder des Heiligen Stuhls spricht, die er offenbar als "außerordentliche" Wahrnehmung des Lehramts versteht. - Man begegnet jedoch auch einem anderen Begriffsgebrauch. **Pius XII**. war der Auffassung, wo er nicht ausdrücklich definiere, lehre er immer noch kraft seines "ordentlichen Lehramts" (Vgl. Enzyklika "Humani generis" [1950], DS 3885). **Joaquín Salaverri**, De Ecclesia Christi, in: Patres Societatis Jesu Facultatum Theologicarum in Hispania Professores, Sacrae Theologiae Summa I, Madrid 1958, 701, argumentiert, daß der Papst in seiner Lehrvollmacht nirgends weniger vermag als die ganze Kirche; er müsse also wie diese auch ein bloß "ordentliches" Lehramt ausüben können. Möglicherweise ist diese andere Begriffsbildung dadurch mitbeeinflußt, daß das I. Vatikanum dem Papst eine "ordentliche und unmittelbare Vollmacht" gegenüber allen Kirchen und jedem einzelnen Gläubigen zugeschrieben hat (vgl. DS 3064); aber hier hat der Begriff "ordentlich" eine völlig andere Bedeutung als in der Rede vom "ordentlichen Lehramt": Er bedeutet den Gegensatz zu "durch Delegation übertragen", nicht aber zu "außerordentlich" wie beim Lehramt. Das II. Vatikanum scheint dem Lehramt des Papstes auch da, wo er nicht ausdrücklich definiert, grundsätzlich "außerordentliche" Bedeutung zuzuschreiben und damit eher unsere obige Begriffsbestimmung zu stützen (vgl. LG 25,1). - Vgl. **Angel Antón**, Episcopi per orbem dispersi: Estne collegiale eorum magisterium ordinarium et infallibile?, in: PRMCL 56 (1967) 213-246; ähnlich bereits **Herlinde Pissarek-Hudelist**, Das ordentliche Lehramt als kollegialer Akt des Bischofskollegiums, in: Gott in Welt, Band II, hrsg. v. Johann B. Metz u. a., Freiburg-Basel-Wien 1964, 166-185. Dagegen fordert **Elmar Klinger**, Die Unfehlbarkeit des ordentlichen Lehramtes, in: Zum Problem Unfehlbarkeit - Antworten auf die Anfrage von Hans Küng, hrsg. v. Karl Rahner, Freiburg-Basel-Wien 1971, 274-288, zur Unfehlbarkeit des ordentlichen Lehramts mehr als die bloß faktische

Konzil als Konzil spricht, handelt es sich dann immer um "außerordentliche" Wahrnehmung des Lehramts. Das Verhältnis von "ordentlicher" und "außerordentlicher" Ausübung des Lehramts zueinander läßt sich vielleicht am besten mit Hilfe der bereits erwähnten Kategorien "Übereinstimmung in der Glaubensverkündigung und damit im Glauben" und "Feststellung der Übereinstimmung im Glauben" bestimmen.

Die mit ihren Amtsträgern über die ganze Welt verstreute Kirche stimmt im Glauben überein. Denn in dem, was nur geglaubt werden kann, kann man auch nur, wie bereits gezeigt worden ist, übereinstimmen. Trotz ihrer tatsächlichen Übereinstimmung können aber die verschiedenen Ortskirchen theologisch so verschiedene Sprachen sprechen, daß sie sich nicht ohne weiteres miteinander verständigen können. Sie bedürfen der Hilfe durch die ausdrückliche Feststellung ihrer Übereinstimmung. Die sichtbaren Organe einer solchen Feststellung der allgemeinen Übereinstimmung im Glauben sind der Papst und das Konzil.

Die ausdrückliche Feststellung der Übereinstimmung im Glauben ist zwar nicht unabdingbar notwendig, aber sie ist doch notwendigerweise wenigstens möglich. Denn bestünde nicht die prinzipielle Möglichkeit, die Übereinstimmung im Glauben ausdrücklich festzustellen, dann bestünde diese Übereinstimmung selbst nicht. Aber die Übereinstimmung besteht doch nicht erst dann, wenn sie ausdrücklich festgestellt wird, sondern sie liegt der Feststellung bereits zugrunde. Die Kirche existiert auch weiter, wenn über Jahrhunderte hin kein Konzil stattfindet oder wenn gar ein ganzes Menschenalter lang niemand weiß, wer der rechtmäßige Papst ist (421).

Die Feststellung der Übereinstimmung im Glauben durch das "außerordentliche" Lehramt hat gegenüber der tatsächlichen Übereinstimmung im Glauben nur dienende Funktion. Das "außerordentliche" Lehramt kann nur lehren, was auch das "ordentliche" Lehramt lehrt. Deshalb sind im voraus zu allen feierlichen Definitionen die als Glaubensaussagen verständlichen Aussagen bereits ohnehin definitiv. In feierlichen Urteilen wird ihnen keine zusätzliche Definitivität verliehen, sondern es wird nur diejenige Definitivität, die ihnen sowieso zukommt, ausdrücklich herausgestellt. Dies geschieht in Formulierungen, die den Gläubigen eine leichtere Identifizierung ihrer tatsächlich bestehenden Übereinstimmung ermöglichen sollen. Die einzelnen Gläubigen und die Einzelkirchen werden dadurch verpflichtet, ihre eigenen Formulierungen für den gemeinsamen Glauben auf die gemeinsamen Formulierungen hin transparent zu machen. Sie haben aufzuweisen, daß ihre eigenen Formulierungen in die gemeinsamen übersetzbar sind.

Die "außerordentliche" Wahrnehmung des Lehramts gliedert sich ihrerseits in päpstliche Entscheidungen und in Konzilsentscheidungen

---

Übereinstimmung im Glauben, nämlich die von ihm als davon verschieden angesehene "Stellungnahme des Kollegiums" (280); m. E. würde es sich dann bereits um das "außerordentliche" Lehramt handeln.

421 Das Konzil von Trient endete 1563; das I. Vatikanum begann 1869. Das sog. "Abendländische Schisma" mit mehreren Päpsten währte von 1378 bis 1417, bzw. in Ausläufern bis 1449.

auf. Päpstliche Entscheidungen sind der Vollzug der einfachen "Feststellung der Übereinstimmung im Glauben". Das mit dem Papst verbundene Konzil dagegen hat die Funktion, die "Übereinstimmung in der Feststellung der Übereinstimmung" ausdrücklich zu machen. Die beiden Weisen der "außerordentlichen" Ausübung des Lehramts können sich nicht gegenseitig absorbieren. Die "Übereinstimmung in der Feststellung der Übereinstimmung im Glauben" impliziert, daß auch die einfache "Feststellung der Übereinstimmung im Glauben" möglich gewesen sein muß. Umgekehrt impliziert die einfache "Feststellung der Übereinstimmung im Glauben" die prinzipielle Möglichkeit, noch einmal in ausdrücklicher "Übereinstimmung in der Feststellung der Übereinstimmung im Glauben" aufgenommen zu werden. Diese reflexe "Übereinstimmung" bedarf dann keines von ihr verschiedenen Aktes der "Feststellung" mehr, weil ja im Konzil alle am gleichen Ort versammelt sind.

Die Verschiedenheit der beiden Weisen "außerordentlicher" Lehrverkündigung kann weiter dahingehend ausgelegt werden, daß durch den Papst als den einen Sprecher des Glaubens der Kirche stärker die **Einheit** der Kirche dargestellt wird, während die vielen auf dem Konzil versammelten Bischöfe in dieser Einheit die **Katholizität** der Kirche deutlicher herausstellen (422).

Nur beiläufig sei darauf hingewiesen, daß den verschiedenen Funktionen der "Feststellung der Übereinstimmung im Glauben" und der "Übereinstimmung in der Feststellung der Übereinstimmung im Glauben" in der Kirchenverfassung auf allen ihren Stufen von der Orts- bzw. Einzelkirche bis zur Gesamtkirche jeweils die hierarchische und die kollegiale Struktur des Amtes entsprechen. Beide Strukturen gehören zusammen. Die hierarchische Struktur ist eine Entscheidungsstruktur, wie man sie überall dort findet, wo die Notwendigkeit besteht, existenzbestimmende Entscheidungen auch unter Zeitdruck jederzeit bereitzustellen. Feuerwehrentscheidungen werden nicht in Beratungsgremien getroffen; aber die hierarchische Entscheidungsstruktur erlaubt es, die Entscheidungen einer untergeordneten Instanz, wenn nötig, durch die höhere Instanz zu kassieren. Von ihrer Aufgabenstellung her hat die hierarchische Struktur an sich nichts mit einer heute überholten feudalen Gesellschaftsordnung zu tun. Der hierarchischen Struktur steht die kollegiale oder synodale Struktur als Beratungsstruktur in Dingen, für die genügend Zeit zur Verfügung steht, gegenüber (423).

---

422 Vgl. II. Vatikanum, LG 22,2: "Insofern dieses Kollegium [der Bischöfe] aus vielen zusammengesetzt ist, stellt es die Vielfalt und Universalität des Gottesvolkes, insofern es unter einem Haupt versammelt ist, die Einheit der Herde Christi dar." - Vgl. auch **Hermann-Josef Sieben**, Die Konzilsidee der Alten Kirche, Paderborn 1978.

423 Vgl. im einzelnen das wichtige Buch von **Hans Dombois**, Hierarchie - Grund und Grenze einer umstrittenen Struktur, Freiburg-Basel-Wien 1971; vgl. ferner **Wilhelm de Vries**, L'Orient et l'Occident - Les structures ecclésiales vues dans l'histoire des sept premiers Conciles Œcuméniques, Paris 1973.

FRAGEN

1. Auf welche Ausübung des Lehramts ist der Begriff "ordentliches Lehramt" am stimmigsten zu beziehen? Was ist dann unter dem "außerordentlichen Lehramt" zu verstehen?
2. Wie läßt sich die gegenseitige Zuordnung des ordentlichen Lehramts der über die Welt verstreuten Bischöfe und der außerordentlichen Wahrnehmung des Lehramts durch den Papst oder das Konzil mit Hilfe der Begriffe "Übereinstimmung" und "Feststellung der Übereinstimmung im Glauben" darstellen?
3. Was fügt eine "Definition" zu der Definitivität hinzu, die einer als Glaubensaussage verstehbaren Aussage ohnehin zukommt?
4. Warum können sich die verschiedenen Weisen der Wahrnehmung des besonderen Lehramts nicht gegenseitig absorbieren?
5. Wie verhalten sich die hierarchische und die synodale Struktur des Amtes zueinander?

2.3.3 Die Autorität des "besonderen Lehramts" "in Dingen des Glaubens und der Sitten"

Daß das Lehramt nicht über oder neben dem "Wort Gottes", sondern unter ihm steht (424), findet seinen Ausdruck in der materialen Einschränkung seiner Autorität auf die "Dinge des Glaubens und der Sitten" (425). Dieser Rahmen ist dem Lehramt durch das "Wort Gottes" vorgegeben; und nur, wo es sich an diesen Rahmen hält, kommt ihm tatsächlich Autorität zu. Wo in bezug auf die "Dinge des Glaubens und der Sitten" etwas im strengen Sinn als "zu glauben" vorgelegt wird, beansprucht das Lehramt in seiner faktischen oder ausdrücklich festgestellten allgemeinen Übereinstimmung im Glauben nicht nur "Authentizität", also "amtliche" Verbindlichkeit, sondern "Unfehlbarkeit". "Unfehlbare" Glaubensverkündigung ist notwendig "aus sich" wahr und unwiderruflich. Es gibt allerdings im weiteren Zusammenhang mit "Dingen des Glaubens und der Sitten" auch "bloß authentische" Lehre, die nicht unfehlbar ist und dennoch eine gewisse Verbindlichkeit beansprucht.

Mit der Formulierung "in Dingen des Glaubens und der Sitten" wird die Unfehlbarkeit von Tradition und Lehramt auf einen bestimmten **Bereich** eingeschränkt. Demgegenüber ist die Geltung der Schrift nur auf den **Sinn** eingeschränkt, in dem allein sie sich als Wort Gottes verstehen läßt, und gerade daraus ergibt sich überhaupt erst die Bereichseinschränkung für Tradition und Lehramt.

Zur Erläuterung gehen wir von dem bereits im ersten Hauptteil dieser Untersuchung aufgewiesenen Sachverhalt aus, daß als Glaubensaussagen im Sinn einer Selbstmitteilung Gottes verständliche Aus-

---

424 Vgl. II. Vatikanum, DV 10,2.

425 In lehramtlichen Texten kommen diese oder geringfügig abgewandelte Formulierungen vor allem in den drei letzten Konzilien vor: Trient (DS 1501, 1507), I. Vatikanum (DS 3007 [= DS 1507], 3064, 3074), II. Vatikanum, LG 25 und DV 7,1.

sagen notwendig unfehlbar sind. Als Glaubensaussagen sind Aussagen nur dann verständlich, wenn sie wirklich vom Hören kommen und wenn sich jede vom Glauben verschiedene Stellungnahme zu ihnen als willkürlich nachweisen läßt. Als Glaubensaussagen verständliche Aussagen, die dennoch in eben diesem Sinn falsch wären, sind überhaupt nicht herstellbar. Man braucht also nicht auf die Vorstellung zu rekurrieren, sie seien an sich möglich, würden aber durch ein besonderes Einwirken der göttlichen Vorsehung verhindert.

Von diesem Ausgangspunkt her entsteht zunächst die Frage, in welchem Sinn Unfehlbarkeit über den "Glauben" hinaus auch für die "Dinge der Sitten" beansprucht werden kann. Eine weitere Frage ist, wie es außer unfehlbarer Glaubenslehre auch "bloß authentische" Lehre im Zusammenhang mit dem Glauben geben kann. Müßte nicht, wenn überhaupt, dann alle Glaubenslehre unfehlbar sein? Auf der anderen Seite kann man fragen, ob denn alles, was das Lehramt lehrt, in jedem Fall verbindlich ist. Schließt der "Beistand des Heiligen Geistes" es wenigstens bei "feierlich" verkündeter Lehre prinzipiell aus, daß sie falsch sein könnte?

Wir beginnen mit der Frage nach der Bedeutung des Ausdrucks "Glauben und Sitten". Das Konzil von Trient scheint in dem Ausdruck "in den Dingen des Glaubens und der den Aufbau der christlichen Lehre betreffenden Sitten [in rebus fidei et morum, ad aedificationem doctrinae christianae pertinentium]" unter den "Sitten" vorwiegend die kirchliche Praxis verstanden zu haben, insofern sie Ausdruck von Glaubensüberzeugungen ist (426). So verweist die Praxis der Kindertaufe auf die Glaubensüberzeugung von der Erbsünde (427). Beim I. Vatikanum hat sich jedoch die Bedeutung des Begriffs "Sitten" in Richtung auf das "Sittengesetz" verschoben; die kirchliche Praxis als solche wird davon unterschieden (428).

Zwischen dem "Glauben" und dem "Sittengesetz" besteht ein innerer Zusammenhang. Es geht ja im Glauben um die Befreiung zu wahrer Liebe. Der Glaube will die Angst des Menschen um sich selbst entmachten, die ihn sonst daran hindert, sich menschlich zu verhalten. Die Glaubensverkündigung (das "Evangelium") setzt zu ihrer Verstehbarkeit voraus, daß der Mensch von vornherein und im voraus zur Glaubensverkündigung und seiner Zustimmung zu ihr bereits unter einem sittlichen Anspruch steht, nämlich der Forderung, sich menschlich und nicht unmenschlich zu verhalten ("Gesetz").

Dieses vorausgesetzte Sittengesetz wird in der katholischen Theologie gewöhnlich als "natürliches Sittengesetz" bezeichnet (429). Es

---

426 Vgl. **Johannes Beumer**, Res fidei et morum - Die Entwicklung eines theologischen Begriffs in den Dekreten der drei letzten Ökumenischen Konzilien, in: AHC 2 (1970) 112-134.

427 Vgl. die in einer Kommission des Konzils von Trient erarbeiteten "Auctoritates de traditionibus", in: CT 5; 14,29 - 18,3 (Kindertaufe: 17,30-33).

428 Vgl. DS 3064.

429 Vgl. **Bruno Schüller**, Wieweit kann die Moraltheologie das Naturrecht entbehren?, in: LebZeug (1965) 41-65. Hinter die Einsicht, daß das

wird aus der "natürlichen", also der geschaffenen Wirklichkeit als solcher und mit Hilfe der "natürlichen" Vernunft ohne Zuhilfenahme von Glaubensaussagen erkannt. Eben deshalb kommt es nicht als Glaubensinhalt in Frage. Sittliche Normen sind nicht "Glaubensgeheimnis" (430). Denn der Glaube kann sich nur auf die Selbstmitteilung Gottes an sein Geschöpf, nicht aber auf geschöpfliche Sachverhalte als solche beziehen.

Allerdings können geschöpfliche Sachverhalte in dem folgenden Sinn an der Unfehlbarkeit des Glaubens selbst teilhaben. Sie können eine Voraussetzung des Glaubens sein. Solche Voraussetzungen des Glaubens sind: die mit der natürlichen Vernunft erkennbare Geschöpflichkeit des Menschen, die notwendig ist, um überhaupt den Sinn des Wortes "Gott" verständlich zu machen; sodann die tatsächliche Existenz der christlichen Botschaft als geschichtlich begegnender und damit die Historizität Jesu; schließlich die sittliche Ansprechbarkeit des Menschen, ohne welche die Botschaft ihn nicht treffen könnte. Alle diese Sachverhalte partizipieren nicht in dem Sinn an der Unfehlbarkeit des Glaubens, daß man auch sie glauben müßte, sondern sie bleiben Vernunftwahrheiten. Sie haben jedoch in dem Sinn an der Unfehlbarkeit des Glaubens teil, daß man es vom Glauben her getrost darauf ankommen lassen kann, daß es niemandem je gelingen wird, diese natürlichen Wahrheiten zu widerlegen; sie werden sich vielmehr in jeder Infragestellung bewähren.

Dies sei etwas mehr im einzelnen in bezug auf die Historizität Jesu erläutert. Der Glaube an Jesus Christus setzt als eine der Vernunft zugängliche "natürliche" Wahrheit voraus, daß Jesus ein wirklicher Mensch war. Der Glaube wäre nichtig, wenn sich nachweisen ließe, daß es den Menschen Jesus nie gegeben hat. Daß der Glaube die der Vernunft zugängliche Historizität Jesu impliziert, ändert jedoch nichts daran, daß das wahre Menschsein Jesu nicht geglaubt, sondern nur gewußt werden kann. Wir glauben in bezug auf den Menschen Jesus, daß er Gottes Sohn ist, oder vom Sohn Gottes, daß er wirklich als Mensch begegnet. Doch für sich allein, abgesehen von seiner Gottessohnschaft, kann das Menschsein Jesu nicht Glaubensgegenstand sein (431).

Betroffensein vom natürlichen Sittengesetz die Voraussetzung dafür ist, vom Anspruch Christi betroffen zu werden (48), kann man nicht mehr zurückgehen.

430 Vgl. **Franz Böckle**, Unfehlbare Normen?, in: Fehlbar - Eine Bilanz, hrsg. v. Hans Küng, Zürich- Einsiedeln-Köln 1973, 289: "[...] es gibt Mysterien des Glaubens, es kann aber keine mysterienhafte sittliche Handlungsnorm geben, deren Richtigkeit im zwischenmenschlichen Handeln nicht einsehbar [...] wäre."

431 Vgl. **Gerhard Ebeling**, Der Aussagezusammenhang des Glaubens an Jesus, in: **ders.**, Wort und Glaube III, Tübingen 1975, 246-269, vor allem 255; die historischen Tatsachenaussagen in bezug auf Jesus "können als solche ohne das Vorzeichen 'credo' - und streng genommen: **nur** ohne es - ausgesagt werden" und müßten "bei genuinem Verständnis von 'glauben' [...] auch unter dem Vorzeichen 'non credo in Jesum' genauso dastehen". Die Vorstellung, daß Glaube die historische Verifikation ersetzen könnte, wäre demgegenüber ein sinnlo-

Ähnlich bleibt auch die prinzipielle sittliche Ansprechbarkeit des Menschen eine Vernunftwahrheit, in bezug auf die der Glaube nur garantiert, daß sie nie widerlegt werden wird. Aber bereits einzelne Sittennormen sind nicht mehr in diesem Sinn garantiert.

Was bedeutet dann der Anspruch auf die Unfehlbarkeit des Glaubens "in Dingen der Sitten"? Die "Sitten" können überhaupt nur in dem Sinn Gegenstand unfehlbarer Glaubensverkündigung sein, daß die Bedeutung des Glaubens für sie ausgesagt wird. Dementsprechend wird vom II. Vatikanum die Formel "in den Dingen des Glaubens und der Sitten" dahingehend ausgelegt, daß es sich um den "zu glaubenden Glauben und seine Anwendung auf die Sitten" (432) handele. Unfehlbar wird also in bezug auf die "Sitten" gelehrt: **Erst solche Werke, die aus Glauben und damit aus der Gemeinschaft mit Gott, "in Christus", getan werden, sind auch "vor Gott gut".** Nicht die Werke machen den Glauben gut, sondern der Glaube die Werke. Nicht die guten Werke rechtfertigen den Menschen, sondern der gerechtfertigte Mensch tut die wahrhaft selbstlosen, vor Gott guten Werke. Wirklicher Glaube kann nicht anders, als solche guten Werke tun.

Dagegen scheint sich aus dem Wesen des Glaubens als auf die Selbstmitteilung Gottes gerichtet zu ergeben, daß die inhaltliche Bestimmung des Sittengesetzes in Einzelnormen nicht mit der Unfehlbarkeit des Glaubens gelehrt werden kann. De facto liegt auch keine feierliche Definition einer Sittennorm mit einem solchen Anspruch vor. Für die Frage, was zu tun ist, müssen wir letztlich an das halten, was Sachverstand und Klugheit sagen können, ohne daß man mit dem christlichen Glauben argumentieren müßte. Im Glauben geht es um die Freiheit, das als gesollt Eingesehene tatsächlich zu tun und sich nicht von der Angst um sich selbst daran hindern zu lassen.

So bleibt es dabei, daß der Gegenstand unfehlbarer Lehre letztlich nur der Glaube selbst ist, das "Evangelium" der Selbstmittei-

---

ser Gedanke (256). - Vgl. auch **Wilfried Joest**, o. c. (Anm. 53), 57f, wonach die Gewißheit des Glaubens in der Tat an ein Ereignis gebunden wird, "das historisch gesehen der Vergangenheit angehört und über das mit historischen Methoden keine absolute Vergewisserung erreicht werden kann (bis dahin, daß es historisch gesehen nicht **absolut** sichergestellt werden kann, daß Jesus überhaupt gelebt hat, obwohl die gegenteilige Meinung auch in historischer Beurteilung als überaus unwahrscheinlich bezeichnet werden darf). Der Glaube kann der damit gegebenen Möglichkeit seiner Verunsicherung durch historische Infragestellung der Wirklichkeit Jesu nicht durch Argumente ausweichen (weder so, daß er sich von der Person und Geschichte Jesu Christi löst, noch so, daß er sich eine absolute historische Vergewisserung zu schaffen versucht). Er kann die Möglichkeit dieser Verunsicherung nur als einen Aspekt der Anfechtung übernehmen, der er jederzeit und auch unter anderen Aspekten ausgesetzt bleibt. Was ihn darin zu tragen vermag, ist allein die Erfahrung, daß durch das Jesus Christus verkündigende Wort er selbst als lebendiger Herr gegenwärtig wird."

432 II. Vatikanum, LG 25,1 (eigene Übersetzung für "fidem credendam et moribus applicandam").

lung Gottes in mitmenschlichem Wort. Nur subsidiär, aushilfsweise, nimmt sich die Kirche dennoch auch der Verkündigung des "Gesetzes" an. Denn wenn man den Glauben verkünden will, muß man gegebenenfalls auch eigens für die Vernunft und die Normen der Menschlichkeit eintreten und auf sie aufmerksam machen, wo sie übersehen werden. Das "Gesetz" kann aber in seinen inhaltlichen Forderungen sachgemäß nur mit Vernunftgründen zur Geltung gebracht werden (433). Wer sich auf "natürliches Sittengesetz" beruft, macht sich anheischig, mit Vernunftgründen zu überzeugen. Diese unterliegen immer dem Vorbehalt besserer Einsicht. Das "Gesetz" ist also nur in einem uneigentlichen Sinn "Wort Gottes".

Damit ist bereits ein erstes Beispiel für die Möglichkeit und Sinnhaftigkeit einer nicht unfehlbaren, sondern "bloß authentischen" kirchlichen Lehre genannt. "Authentisch" bedeutet dasselbe wie "amtlich" und deshalb "verbindlich". Solche Lehre ist für die Glieder der Kirche gewissermaßen mit der "Rechtsvermutung [praesumptio iuris]" ihrer Richtigkeit ausgestattet (434). Wer "bloß authentische" Lehre in Frage stellen will, **trägt die ihn im Gewissen bindende Beweislast**. Sich nicht darum zu kümmern, wäre ein schismatisches Verhalten. "Bloß authentische" Lehre ist also durchaus revidierbar und verpflichtet den, der Argumente gegen sie hat, auch nicht zum Schweigen in der Öffentlichkeit.

Des weiteren kann sich nicht unfehlbare, sondern "bloß authentische" Lehre auf solche Vernunfteinsichten beziehen, die geltend gemacht werden, um angebliche Vernunfteinwände gegen den Glauben zu entkräften. Jede "unfehlbare" Lehraussage ist mit einem "Hof" solcher nicht unfehlbarer, sondern "bloß authentischer" Lehre umgeben.

Eigentliche Glaubenslehre dagegen, die aus ihrem Wesen heraus unfehlbar ist, kann auch nur mit dem Anspruch auf Unfehlbarkeit

---

433 Paul VI. sagt in der Enzyklika "Humanae vitae" (1968), Nr. 28, die Priester und Moraltheologen seien zur Verteidigung seiner Lehre in bezug auf Geburtenregelung aus dem folgenden Grund verpflichtet: "Wie Ihr wohl wißt, verpflichtet Euch dieser Gehorsam nicht so sehr wegen der beigebrachten Beweisgründe, als wegen des Lichtes des Heiligen Geistes, mit dem besonders die Hirten der Kirche bei der Darlegung der Wahrheit ausgestattet sind" (AAS 60 [1968] 501). Im sogenannten "Minderheitsgutachten" der Päpstlichen Studienkommission für Fragen der Geburtenregelung war behauptet worden, daß eine Änderung der herkömmlichen Lehre "einen schweren Schlag gegen die Lehre vom Beistand des Heiligen Geistes mit sich brächte, der der Kirche für die Führung der Gläubigen auf dem rechten Weg zu deren Heil versprochen worden ist. [...] Es müßte nun nichtsdestoweniger zugegeben werden, daß die Kirche in diesem Tun [d. h. durch der anglikanischen Lambeth-Konferenz von 1930 direkt entgegengesetzte Lehre von "Casti Connubii", DS 3716] geirrt hat und daß der Heilige Geist lieber der Anglikanischen Kirche beisteht" (HerKorr 21 [1967] 438B). Solche Argumentation ist problematisch.

434 Vgl. zur Geschichte und Dogmatik dieses als Denkfigur der Beweislastregelung auch für die Fundamentaltheologie wichtigen Begriffs **Rudolf Motzenbäcker**, Die Rechtsvermutung im Kanonischen Recht, München 1958.

gelehrt werden. Denn wollte man für sie nur eine vorläufige Gewißheit beanspruchen, dann hätte man sie gar nicht in dem Sinn verkündet, in dem sie wahr ist. Der Anspruch auf Unfehlbarkeit kann einer Glaubensaussage nicht äußerlich sein, weil Glaube im Sinn der christlichen Botschaft sich nur auf schlechthin Verläßliches beziehen kann. Die Vorstellung einer nur wahrscheinlichen Glaubensaussage ist in sich widersprüchlich. Es ist deshalb nicht möglich, daß eine Aussage in einem Sinn, für den zunächst keine Glaubensgewißheit beansprucht wird, eines Tages doch zur unfehlbaren Glaubensaussage würde. Eine in ihrem Anspruch "bloß authentische" Lehre kann niemals im gleichen Sinn unfehlbar werden.

Nach der Beantwortung der Frage, wie es in der Kirche neben der unfehlbaren auch nicht unfehlbare, sondern "bloß authentische" Lehre geben könne, bleibt uns noch das entgegengesetzte Problem des Unfehlbarkeitsanspruchs für die ausdrücklichen Definitionen des Lehramts. Genügt die Behauptung des Papstes oder eines mit dem Papst verbundenen Konzils, sie verkündigten eine Lehre unfehlbar, damit diese Lehre tatsächlich unfehlbar sei? Oder ist, um etwas "zu glauben vorzulegen" bzw. "zu definieren", mehr erfordert als die einfache Behauptung, man lege etwas zu glauben vor oder man definiere es? Welcher Art ist die Garantie, daß nicht Irrtümer als Glaubensaussagen definiert werden?

Um diese Fragen zu beantworten, gehen wir von der kirchlichen Lehre über die päpstliche Unfehlbarkeit aus. Das I. Vatikanum lehrt darüber in feierlichem Urteil: "Wenn der Römische Papst vom Lehrstuhl aus [ex cathedra] spricht, das heißt, in Ausübung seines Amtes als Hirt und Lehrer aller Christen kraft seiner höchsten apostolischen Vollmacht eine Lehre über Glauben oder Sitten als von der ganzen Kirche zu halten definiert, dann besitzt er durch den ihm im heiligen Petrus verheißenen göttlichen Beistand diejenige Unfehlbarkeit, mit der der göttliche Erlöser seine Kirche bei der Definition einer Lehre über Glauben oder Sitten ausgestattet sein lassen wollte. Daher sind solche Definitionen des Römischen Papstes aus sich, nicht aber aufgrund der Zustimmung der Kirche unwiderruflich [ideoque eiusmodi Romani Pontificis definitiones ex sese, non autem ex consensu Ecclesiae, irreformabiles esse]" (435).

Entscheidend für das Verständnis dieser Lehre ist zunächst, daß sie die Unfehlbarkeit des Papstes als die gleiche erklärt, die bereits der Kirche zukommt. Wollte man bei der Behauptung der Unfehlbarkeit des Papstes davon absehen, würde man den Sinn der Definition des I. Vatikanums völlig verfälschen (436). Es wird nur

---

435 I. Vatikanum, PA, IV. Kap., DS 3074.

436 Vgl. die offizielle Berichterstattung durch **Vinzenz Gasser** in der 84. Generalkongregation des I. Vatikanums am 11.7.1870 (Mansi 52, Sp. 1226D - 1227A): "Diese gegenwärtige Definition über den Gegenstand der [päpstlichen] Unfehlbarkeit enthält zwei Teile, die untereinander aufs engste zusammenhängen. Der erste Teil sagt den Gegenstand der Unfehlbarkeit nur allgemein aus: es sei eine Lehre über Glauben und Sitten. Der zweite Teil erläutert diesen Gegenstand zwar nicht im einzelnen, aber er umschreibt und bestimmt ihn durch den Vergleich mit der Unfehlbarkeit in den Definitionen der

ausgesagt, die Unfehlbarkeit des Papstes habe die gleiche Reichweite wie die der Kirche. Diese Reichweite selbst wird jedoch nicht genau bestimmt. Ausdrücklich bleibt die Frage offen, ob die Unfehlbarkeit der Kirche nur in bezug auf das eigentliche "Glaubensgut [depositum fidei]" eine geoffenbarte Wahrheit sei oder auch darüber hinaus in bezug auf mit dem Glaubensgut zusammenhängende und zu seinem Schutz erforderliche Sachverhalte ["custodia depositi fidei"]. Falls die Unfehlbarkeit der Kirche für die letzteren keine eigentliche Offenbarungswahrheit sein sollte, wäre sie es nach der Auffassung des Konzils auch nicht beim Papst (437).

Jedenfalls kann von einer Unfehlbarkeit des Papstes nur deshalb überhaupt sinnvoll die Rede sein, weil bereits die ganze Kirche unfehlbar ist, wo sie als Glaubensaussagen verstehbare Aussagen macht. Dies ist schon aus logischen Gründen notwendig. Wie Raymond Pannikar gezeigt hat (438), kann auch der Papst für seine

---

Kirche, so daß also ganz das gleiche zu bekennen ist vom Gegenstand der Unfehlbarkeit in den vom Papst aufgestellten Definitionen, was vom Gegenstand der Unfehlbarkeit in den Definitionen der Kirche zu bekennen ist. Diese beiden Teile müssen immer miteinander verbunden werden, wenn man den wahren Sinn unserer Definition haben will. Man darf also nicht bloß sagen, der Papst sei unfehlbar in Dingen des Glaubens und der Sitten, wenn er Lehren über Glauben und Sitten definiere, sondern diese Unfehlbarkeit sei die, deren sich die Kirche erfreut. Entsprechend würde man den Sinn der Definition auch dann überhaupt nicht erreichen, wenn man einfach sagte, der Papst sei unfehlbar, wenn er etwas als von der Kirche einfachhin zu halten definiert; sondern diese beiden Dinge müssen immer miteinander verbunden werden, damit man den gesunden und wahren Sinn unserer Formel erfaßt." - Unverständlich ist die Behauptung bei **Joh. Friedrich von Schulte**, Der Altcatholicismus - Geschichte seiner Entwicklung, inneren Gestaltung und rechtlichen Stellung in Deutschland, Gießen 1887, 30, daß das I. Vatikanum "die Infallibilität der Kirche ab-, dem Papste allein zugesprochen" habe.

437 Vgl. **Vinzenz Gasser**, ebd. (Mansi 52, 1226C): "Den Vätern der Deputation schien in einmütiger Übereinstimmung gut, diese Frage wenigstens jetzt nicht zu definieren, sondern in dem Stand zu belassen, in dem sie sich befindet." Ferner (Mansi 52, 1227C): "In den Dingen jedoch, in denen es zwar theologisch sicher, aber bis jetzt nicht mit Glaubenssicherheit sicher ist, daß die Kirche unfehlbar sei, wird auch die Unfehlbarkeit des Papstes in diesem Dekret des heiligen Konzils nicht als mit Glaubensgewißheit zu glauben definiert. Aber mit der theologischen Gewißheit, mit der feststeht, daß diese anderen Gegenstände außerhalb der Dogmen des Glaubens unter den Bereich der Unfehlbarkeit fallen, die die Kirche in ihren Definitionen besitzt, mit eben dieser Gewißheit ist zu halten und wird zu halten sein, daß sich auch auf diese Gegenstände die Unfehlbarkeit in den vom Römischen Papst aufgestellten Definitionen erstreckt."

438 Vgl. **Raymond Pannikar**, Le sujet de l'infaillibilité - Solipsisme et vérification, in: L'infaillibilité - Son aspect philosophique et théologique - Actes du colloque organisé par le Centre International d'Études Humanistes et par l'Institut d'Études Philosophiques de Rome, hrsg. v. Enrico Castelli, Rom bzw. Paris 1970, 423-443. Pannikar geht von der Einsicht aus: "Zu sagen: 'p ist unfehlbar',

Glaubensverkündigung nur so Unfehlbarkeit beanspruchen, daß er jedem, der diese Verkündigung im Glauben annimmt, die gleiche Unfehlbarkeit in eben dieser Annahme des Glaubens zuerkennt. Der Unfehlbarkeitsanspruch eines Verkünders ist nur dann gegenüber dem Hörer sinnvoll, wenn er vom Hörer ebenfalls mit Unfehlbarkeit als zu Recht bestehend erkannt werden kann. Eine etwa nur dem Papst selbst und niemandem sonst zukommende Unfehlbarkeit ließe sich anderen gegenüber gar nicht zur Geltung bringen. Eine Besonderheit der Unfehlbarkeit des Papstes kann somit höchstens noch in ihrem "amtlichen" Charakter bestehen.

Letztlich läßt sich die Unfehlbarkeit nicht einmal auf die Kirche einschränken. Vielmehr versteht sich die Kirche im Glauben als "das Sakrament, das heißt Zeichen und Werkzeug für die innigste Vereinigung mit Gott wie für die Einheit der ganzen Menschheit" (439). Sie verkündet überhaupt allen Menschen die Möglichkeit eigener Unfehlbarkeit im Glauben, weil alle in Wirklichkeit "in Christus" geschaffen sind. Aber diese verborgene Möglichkeit bedarf der Verkündigung durch die Kirche, und sie wird nur dadurch aktualisiert, daß man sich ihr anschließt. Dann aber gilt tatsächlich, daß die Gesamtheit der Gläubigen und damit ausnahmslos jeder, insofern er zu dieser Gesamtheit gehört, unfehlbar ist. Die Kirche verkündet eine Gemeinschaft mit Gott, die solcherart ist, daß man in ihrer Anerkennung nur mit allen, die überhaupt verstehen, was gemeint ist, voll übereinstimmen kann.

Mit der Tatsache, daß dem Papst in seiner feierlichen Glaubensverkündigung die gleiche Unfehlbarkeit wie der Kirche zukommt, begründet das I. Vatikanum, daß die päpstlichen Definitionen in den Dingen des Glaubens oder der Sitten "aus sich" wahr seien. Auch wenn der Papst allein handelt, ist er in der Lage, die Übereinstimmung der Kirche in ihrem unfehlbaren Glauben unfehlbar festzustellen. Seine Glaubensverkündigung wird nicht erst dadurch unfehlbar, daß ihr die Kirche ausdrücklich zustimmt. Doch bedarf dieses "aus sich, nicht aber aufgrund der Zustimmung der Kirche" einer näheren Erläuterung.

Man begegnet immer wieder der Auffassung, das "aus sich" beziehe sich auf die Person des Papstes, als könne er alles "aus sich" (440). Aber nach den Regeln der lateinischen Grammatik ist

---

ohne hinzuzufügen: 'und ich bin, wann ich dies behaupte, ebenfalls unfehlbar', läuft darauf hinaus, die Unfehlbarkeit nicht anzuerkennen" (432).

439 II. Vatikanum, LG 1.

440 Vgl. etwa **Nicolas Afanassieff**, L'Infaillibilité de l'Église du point de vue d'un théologien orthodoxe, in: L'Infaillibilité de l' Église - Journées œcuméniques de Chevetogne - 25-29 Septembre 1961, hrsg. v. Olivier Rousseau u. a., Chevetogne 1962, 192: "Nach dem Dogma des Vatikans handelt der Papst '**ex sese**'." Ähnlich bereits **Serge Boulgakoff**, L'Orthodoxie, Paris 1932, 82: "In dieser Trennung und dieser Entgegensetzung zur Kirche (**ex sese**) wäre die Hierarchie außerhalb der Kirche." Auch **Hans Küng**, Unfehlbar? - Eine Anfrage, Zürich-Einsiedeln-Köln 1970, 81, scheint das "ex sese"

ein solches Reflexivpronomen normalerweise auf das Satzsubjekt zu beziehen. Auch nach den Konzilsakten sind es in Wirklichkeit eindeutig allein die Definitionen, die "aus sich" wahr sind (441).

Der Ausdruck "Definitionen" bedeutet dabei sowohl den definierenden Akt wie den definierten Inhalt, und zwar in ihrer gegenseitigen Implikation. Denn die christliche Botschaft versteht sich selbst in einem Sinn als "Wort Gottes", daß ihr Inhalt erläutert, inwiefern ihr Geschehen die Selbstmitteilung Gottes ist. Nur von der Unfehlbarkeit des Inhalts und Akts der Definition abgeleitet kann man auch von einer Unfehlbarkeit des Definierenden sprechen, ohne den es natürlich keine Definition geben kann (442). In aller als Glaubensverkündigung verstehbaren Verkündigung geht es notwendig um einen Inhalt, der überhaupt nur im Akt der Verkündigung selbst zur Geltung kommen kann. Die im Angesprochenwerden durch Gott in dem mitmenschlichen Wort der Weitergabe des Glaubens bestehende Gemeinschaft mit Gott ist nirgendwo anders zu finden als in diesem Angesprochenwerden selbst (443).

Von irdischen Aussagen gilt, daß man ihre Wahrheit nicht an ihnen selbst ablesen kann. Man muß vielmehr die Wirklichkeit, von der sie reden, zum Vergleich heranziehen. Daß der Satz "Der Schrank ist zwei Meter hoch" wahr ist, kann ich endgültig nur so feststel-

---

     falsch zu beziehen, wenn er meint, nach dem Dogma des I. Vatikanums könne der Papst "jederzeit von sich aus [...] die kirchliche Unfehlbarkeit in Anspruch nehmen".

441 Vgl. die offizielle Berichterstattung durch **Vinzenz Gasser** in der 86. Generalkongregation des I. Vatikanums am 16.7.1870 (Mansi 52, 1317AB): "Denn wenn wir sagen, die Definitionen des vom Lehrstuhl aus sprechenden Papstes seien aus sich unwiderruflich, sagen wir eben damit aus, daß der Grund der Unwiderruflichkeit in den Dekreten des Römischen Papstes selber [in ipsis decretis Romani Pontificis] liegt, nicht aber anderswoher, aus einer äußeren Bedingung wie der Zustimmung der Bischöfe, der Zustimmung der Kirche, zu bestimmen ist."

442 Vgl. **Vinzenz Gasser**, a. a. O. (Mansi 52, 1213A): "Aufgrund seiner päpstlichen Autorität ist der Papst immer höchster Lehrer in Dingen des Glaubens und der Sitten. Aber des göttlichen Beistandes, durch den bewirkt wird, daß er nicht irren kann, erfreut er sich nur dann, wenn er sein Amt als höchster Richter in Streitfragen über den Glauben und als Lehrer der Gesamtkirche tatsächlich und gegenwärtig [actu] ausübt."

443 In einem ganz anderen Sinn sagt **Hermann Häring**, Zur Verifikation von Glaubenssätzen, in: Fehlbar? - Eine Bilanz, hrsg. v. Hans Küng, 243: "Ein christlicher Glaubenssatz bezieht seine Überzeugungskraft im letzten nicht aus sich selbst." Solange ein Satz aus sich einsichtig sei und nicht der Berufung auf Jesus bedürfe, könne er kein Glaubenssatz sein (244). Im Konzilstext ist mit dem "aus sich" natürlich nicht eine von Jesus ablösbare irdische Selbstverständlichkeit gemeint, sondern eine Eigenschaft, die dem Satz allein in seiner Berufung auf Jesus zukommen kann. Die Behauptung einer Selbstmitteilung Gottes läßt sich nur als das Anteilgeben am Gottesverhältnis **Jesu** verstehen.

len, daß ich den Schrank selber abmesse. Selbst die Wahrheit tautologischer Aussagen besteht erst dann, wenn das mit dem Subjekt eines solchen Satzes Gemeinte als in der Wirklichkeit existierend oder wenigstens möglich gegeben ist. Allenfalls kann man die Falschheit einer Aussage manchmal bereits an ihr selber erkennen, nämlich dann, wenn die Aussage in sich widersprüchlich ist.

Anders verhält es sich mit als Glaubensaussagen verstehbaren Aussagen. Man kann ihre Wahrheit nicht dadurch feststellen, daß man getrennt von ihnen die gemeinte Wirklichkeit selber vorführt. Denn die Wirklichkeit, von der Glaubensaussagen sprechen, wird nur in ihnen selbst offenbar. Deshalb kann man angebliche Glaubensaussagen nur an ihnen selbst prüfen: Lassen sie sich als das verstehen, was sie zu sein behaupten, nämlich als das letzte Wort über alle Wirklichkeit, in dem die Selbstmitteilung Gottes geschieht? Handelt es sich um Aussagen, für die es konstitutiv ist, daß man sie aus der Überlieferung empfangen muß? Sind sie solcherart, daß es nicht gelingt, ihnen anders als in der Weise des Glaubens gerecht zu werden? Widerstehen sie dem Versuch, sie aus irdischen Gründen abzuleiten oder mit irdischen Gründen zu widerlegen?

Wenn man den Bereich wirklicher Glaubensaussagen verläßt und für sonstige Behauptungen Glauben beanspruchen wollte, dann entstünden nur Aussagen, die sich auch beim besten Willen nicht als Glaubensaussagen verstehen ließen. Sie wären als Glaubensaussagen ähnlich unverständlich und nichtssagend wie im Bereich irdischer Aussagen etwa die Behauptung, das Gewicht eines Schrankes sei blau. **Es ist unmöglich, falsche Glaubensaussagen, die dennoch als Glaubensaussagen im Sinn einer Selbstmitteilung Gottes verstehbar wären, überhaupt herzustellen.** Bei Aussagen, von denen behauptet wird, sie seien Glaubensaussagen im Sinn der Selbstmitteilung Gottes, gibt es nicht die Alternative "wahr" oder "falsch", sondern nur "wahr" oder "nicht als Glaubensaussage verständlich" (444). Dies ist ein in Sprachphilosophie und Wissenschaftstheorie zunächst nicht vorgesehener Sachverhalt, der sich aber, einmal genannt, nicht als unmöglich nachweisen läßt (445). Natürlich ist es durchaus möglich,

---

444 Leo Scheffczyk, Satz-Wahrheit und Bleiben in der Wahrheit, in: Zum Problem Unfehlbarkeit - Antworten auf die Anfrage von Hans Küng, hrsg. v. Karl Rahner, Freiburg-Basel-Wien 1971, 162, meint dagegen: "Ein Satz kann formell nicht mit der logischen Qualität der Unfehlbarkeit ausgestattet werden. Ein Satz kann nur wahr oder falsch sein, **nicht** aber **unfehlbar-wahr**. Unfehlbarkeit ist formell eine Eigenschaft urteilender Subjekte.[...] Eine [...] formelle Steigerung der Wahrheit ist [...] logisch nicht möglich." Hier wird offenbar nicht erfaßt, daß Glaubensaussagen nicht über einen von ihnen getrennten Sachverhalt reden, sondern erläutern, inwiefern in ihnen selber die Selbstmitteilung Gottes geschieht; es handelt sich also um eine als solche göttliche Wahrheit, die als Wahrheit im Leben und Sterben Bestand hat. Das Verhältnis göttlicher zu irdischer Wahrheit ist zwar nicht das einer graduellen Steigerung, aber ein Satz göttlicher Wahrheit kann eben nicht falsch sein, sondern tatsächlich nur **unfehlbar-wahr**.

445 Damit ist auch die Grundvoraussetzung in Frage gestellt, die **Wolfhart Pannenberg**, Wie wahr ist das Reden von Gott? - Die wissen-

eine der Glaubensaussage entgegengesetzte falsche Aussage herzustellen; aber eine solche falsche Aussage wäre niemals als **Glaubensaussage** im Sinn einer göttlichen Selbstmitteilung verstehbar.

Diese Struktur von Glaubensaussagen ist der Sache nach mit dem "Beistand des Heiligen Geistes" identisch, auf den sich die Kirche zur Garantie ihrer Glauenswahrheiten beruft. Der "Beistand des Heiligen Geistes" ist keine nur von außen hinzukommende Einwirkung. Als Glaubensaussagen verstehbare Aussagen sind vielmehr selber die Weitergabe des Heiligen Geistes und lassen sich auch nur so verstehen, daß der Heilige Geist in ihnen selber präsent ist. Denn es muß sich ja um ein solches Wort handeln, aus dem man das Anteilhaben am Gottesverhältnis Jesu gewinnt. Der Inhalt von "Gottes Wort" erläutert, wie allein ein Angesprochenwerden durch Gott mit der göttlichen Transzendenz vereinbar ist. So sagt der Inhalt von "Wort Gottes", worin das Geschehen von "Wort Gottes" besteht. In dieser Identität von formaler und materialer Autorität trägt das Evangelium "sein entscheidendes Kriterium in sich selbst" (446).

Wenn also alle als Glaubensverkündigung verstehbare Verkündigung notwendig "aus sich" wahr ist, dann muß dies auch von päpstlicher Glaubensverkündigung gelten, sofern sie sich überhaupt als Glaubensverkündigung verstehen läßt.

Grundsätzlich gilt nun weiter, daß die Verkündigung des "Wortes Gottes" zwar nur in der Glaubenszustimmung als "Wort Gottes" erkannt werden kann, aber nicht erst durch die Glaubenszustimmung zum "Wort Gottes" gemacht wird. Obwohl wirklichen Glaubensaussagen die Zustimmung der Kirche niemals fehlen kann (447), weil sie ja von vornherein im Glauben der Kirche impliziert sind, wäre es doch unsinnig, zu sagen, sie würden erst **durch** die Zustimmung der Kirche nachträglich zu Glaubensaussagen gemacht. Daß somit auch die päpstliche Glaubensverkündigung ihre Wahrheit nicht erst durch irgend jemandes Zustimmung empfängt, ist also geradezu eine Selbstverständlichkeit (448).

---

schaftstheoretische Problematik theologischer Aussagen, in: EK 4 (1971) 629-633, macht: Aussagen seien notwendig Behauptungen, die entweder wahr oder falsch sein können (629). Ähnliches ist bereits zu seinem Gewährsmann **Heinrich Scholz**, Was ist unter einer theologischen Aussage zu verstehen?, in: Theologische Aufsätze, Karl Barth zum 50. Geburtstag, München 1936, 25-37, zu sagen. Dort wird auch verkannt, was bei Karl Barth mit der "Nicht-Rationalität" einer theologischen Aussage letztlich gemeint ist; denn dieser ihr Charakter ist der Nachprüfung zugänglich.

446 **Johannes Beutler**, Biblische Glaubensbegründung heute, in: Cath(M) 28 (1974) 295, unter Berufung auf Gal 1,8: "Wer euch aber ein anderes Evangelium verkündigt, als wir euch verkündigt haben, der sei verflucht, auch wenn wir selbst oder ein Engel vom Himmel es wären." Die fundamentaltheologische Bedeutung dieser Stelle kann nach Beutler kaum überschätzt werden.

447 Vgl. II. Vatikanum, LG 25,3.

448 Richtig interpretiert von evangelischer Seite **Jean-Louis Leuba**, o. c. (Anm. 396), 171: Die römische Lehre von der Unfehlbarkeit be-

Bereits bei den Überlegungen zur Sakramentalität des Wortes haben wir darauf hingewiesen, daß das "aus sich, nicht aber aufgrund der Zustimmung der Kirche" in der Lehre von der Glaubensverkündigung dem Begriff "kraft ihres Vollzugs [ex opere operato]" in der Sakramentenlehre entspricht (449). Wie die Wirklichkeit eines Sakramentes nicht von den privaten Dispositionen des Spenders oder Empfängers abhängt, so auch nicht die Wahrheit der Glaubensverkündigung (450).

---

sagt, "daß ein Konsensus nicht alleine deswegen als wahr angesehen werden kann, weil er durch die Übereinstimmung der Gesamtheit oder einer - auch noch so großen - Mehrheit der Gläubigen und selbst der Bischöfe zustandegekommen ist. Der wahre Konsensus kann nur erstellt werden durch Zurückgreifen auf die Wahrheit. [...] Gewiß wird man zwischen den Formeln **sine consensu ecclesiae** [ohne die Zustimmung der Kirche] und **non ex consensu ecclesiae** [nicht durch die Zustimmung der Kirche] zu unterscheiden haben. Der Papst wird niemals eine Erklärung **sine consensu ecclesiae** abgeben. Das heißt, seine Erklärung wird nie ohne vorherige Kenntnisnahme des etwa bereits bestehenden Konsensus geschehen. Das heißt weiter, daß der Papst niemals eine Erklärung abgeben wird, ohne daß es nachher zum Konsensus gemäß dem Entscheid des Papstes kommt. Aber - und das ist etwas ganz anderes - die päpstlichen Entscheide, die unter den Voraussetzungen, wie diese definiert sind, getroffen werden, sind gültig **ex sese, non autem ex consensu ecclesiae**."

449 Anders, jedoch ohne Begründung, **Walter Kasper**, Zur Diskussion um das Problem der Unfehlbarkeit, in: Fehlbar? - Eine Bilanz, hrsg. v. Hans Küng, Zürich-Einsiedeln-Köln 1973, 80. Nach ihm besteht das "ungelöste und in dieser Form auch unlösbare Problem der gesamten Unfehlbarkeitsdebatte" darin, daß man nicht wisse, wann der Papst definiere. Das I. Vatikanum habe die Frage nach den Bedingungen einer ex-cathedra-Entscheidung "geflissentlich ausgeklammert". Die Theologie sei deshalb "nicht gehalten anzunehmen, daß es ganz genau bestimmbare päpstliche Akte gibt, die gleichsam 'ex opere operato' unfehlbar sind".

450 In die gleiche Richtung weist ein Passus aus der offiziellen Berichterstattung durch **Vinzenz Gasser** in der 84. Generalkongregation des I. Vatikanums am 11.7.1870 (Mansi 52, 1214CD): "Doch einige von den hochwürdigsten Vätern sind damit [den verschiedenen Einschränkungen in der Definition] nicht zufrieden und gehen noch weiter. Sie wollen auch in diese dogmatische Konstitution die Bedingungen einführen, wie sie sich je verschieden in den verschiedenen theologischen Lehrbüchern finden und den guten Glauben und die Sorgfalt des Papstes bei der Erforschung und Aussage der Wahrheit betreffen. Diese Bedingungen sind dann aber eher der moralischen als der dogmatischen Ordnung zuzurechnen, da sie nicht das Amtsverhältnis, sondern das persönliche Gewissen des Papstes binden. Denn in seiner großen Güte wollte unser Herr Jesus Christus das Charisma der Wahrheit nicht vom Gewissen des Papstes, das eines jeden eigene, ja eigenste Sache ist und Gott allein bekannt ist, abhängig machen, sondern von der öffentlichen Beziehung des Papstes zur Gesamtkirche. Denn anders wäre diese Gabe der Unfehlbarkeit kein wirksames Mittel zur Wahrung und Wiederherstellung der Einheit der Kirche. Aber man braucht deshalb doch keine Furcht zu haben, als würde die Gesamtkirche durch den bösen Willen und die Nachlässigkeit des Pap-

In der Definition der päpstlichen Unfehlbarkeit durch das I. Vatikanum wird von vielen die Angabe von Bedingungen vermißt, die der Papst erfüllt haben müsse, damit seine Verkündigung als Glaubensverkündigung gelten könne. Er müsse genügende Sorgfalt walten lassen, die Tradition erforscht haben und sich vielleicht durch eine Umfrage bei seinen Mitbischöfen erkundigt haben. Aber alles das gehört tatsächlich nicht in die Definition. Wenn der Papst etwas verkündet, was sich tatsächlich als Glaubensaussage verstehen läßt, dann ist nämlich eo ipso die Bindung an die kirchliche Tradition bereits gegeben. Verkündet er dagegen andere Dinge, dann ist seine Verkündigung ebenfalls eo ipso nicht als Glaubensverkündigung im Sinn der Selbstmitteilung Gottes verstehbar, selbst wenn er im übrigen noch so viel Sorgfalt angewandt hat.

Daß Glaubensdefinitionen eines Papstes oder eines mit dem Papst verbundenen Konzils, wenn überhaupt, dann nur "aus sich" wahr sein können, läßt sich nach dem Gesagten auf eine Eigenschaft aller als Glaubensverkündigung verständlichen Verkündigung zurückführen. Worin besteht dann die besondere Bedeutung, die diesen Definitionen aufgrund ihrer **Amtlichkeit** zukommt? Es kann sich nicht um eine Überbietung der Unfehlbarkeit der allgemeinen Glaubensverkündigung, sondern nur um einen Dienst an ihr handeln. Er besteht darin, daß nicht nur die als solche grundsätzlich unwiderrufliche Glaubenswahrheit ausgesagt wird, sondern darüber hinaus eine gesamtkirchlich verbindliche Formulierung aufgestellt und gegebenenfalls zusätzlich mit einer rechtlichen Sanktion ("Wer ... leugnet, sei im Bann!") verbunden wird. Die Aufstellung einer solchen Sanktion hat dabei allerdings nur den Charakter einer durchaus widerruflichen Ermessensentscheidung zugunsten der Glaubensgemeinschaft und ist kein Wesenbestandteil der Glaubensdefinition selbst (451). Als gesamtkirchlich verbindlich sind solche Definitionen mit der "gehobenen" oder "unwiderleglichen Rechtsvermutung [praesumptio iuris et de iure]" ihrer Sachgemäßheit ausgestattet. Es gibt also gegen sie keine Appellationsinstanz. Die eigentliche Garantie dagegen, daß einmal ein Glaubensirrtum definiert würde, besteht jedoch, wie gesagt, darin, daß es gar nicht möglich ist, als Glaubensaussagen im Sinn einer Selbstmitteilung Gottes verstehbare Aussagen, die dennoch falsch wären, überhaupt herzustellen.

Es sei dies an einem Gedankenexperiment erläutert. Am Anfang dieses Jahrhunderts hat es eine Reihe von Entscheidungen der Päpstlichen Bibelkommission zur Frage der Verfasserschaft bestimmter biblischer Bücher gegeben. U. a. wurde erklärt, Mose sei der Verfasser des Pentateuch (452) und Paulus der des Hebräerbriefs (453).

---

stes in einen Irrtum im Glauben geführt werden können. Denn Christi Schutz und der göttliche Beistand, der den Nachfolgern Petri verheißen ist, ist eine in der Weise wirksame Ursache, daß ein Urteil des Papstes, sollte es irrig oder für die Kirche zerstörerisch sein, verhindert würde, oder aber, daß eine Definition, sollte sie der Papst tatsächlich vornehmen, unfehlbar wäre."

451 Vgl. **Heinrich Fries**, Ein Glaube - eine Taufe - getrennt beim Abendmahl, Graz-Wien-Köln 1971, 49-51.

452 Vgl. DS 3394-3397.

453 Vgl. DS 3591-3593.

In seinem Motuproprio "Praestantia Scripturae" erklärte Pius X. ausdrücklich jedermann für verpflichtet, sich den Urteilen der Bibelkommission genauso zu unterwerfen wie den Dekreten anderer päpstlicher Kongregationen, die die Lehre betreffen und vom Papst gebilligt sind (454). Heute besteht fast allgemeine Übereinstimmung darüber, daß jene Entscheidungen der Bibelkommission sachlich falsch gewesen sind.

Angenommen nun, Pius X. hätte damals, um den Streit endgültig abzuschließen, die Verfasserschaft des Mose für den Pentateuch und die des Paulus für den Hebräerbrief als Glaubenswahrheit definieren wollen. Er hätte also diese Erklärungen mit dem Zusatz versehen, daß er sie "definiere". Die herrschende theologische Auffassung ist, daß ein solcher Fall nicht hätte eintreten können, sondern durch das Dogma von der Unfehlbarkeit des Papstes in Glaubensdefinitionen ausgeschlossen werde. Man stellt sich dann vor, daß durch irgendwelche providentiellen Ereignisse wie etwa den plötzlichen Tod des Papstes oder die gewaltsame Beendigung eines Konzils durch äußere Ereignisse das Zustandekommen einer solchen Definition verhindert würde. Oder man müßte behaupten, der Papst besitze nicht die psychologische Freiheit, im Mißbrauch seines Amtes bei einer beliebigen Aussage dazuzuerklären, daß er sie "definiere" (455). Beide Auffassungen erscheinen mir als abergläubisch. Sie sind unvereinbar mit der sonstigen kirchlichen Lehre von der an keiner Stelle durchbrochenen Autonomie der geschaffenen Wirklichkeiten (456) und mit dem in der Anerkennung unserer Geschöpflichkeit als einer nicht mehr überbietbaren, weil restlosen Abhängigkeit begründeten Gottesverständnis.

In Wirklichkeit scheint die prinzipielle Möglichkeit eines solchen Falles auch durch das vatikanische Dogma von der Unfehlbarkeit des Papstes nicht ausgeschlossen zu werden. Denn diesem Dogma geschieht bereits Genüge, wenn es auch unter den feierlichsten Beteuerungen nicht gelingen kann, jene Aussage über die Verfasserschaft als **Glaubenaussage verstehbar zu machen. Sie wäre als angebliche Glaubensaussage nicht etwa falsch, so daß man durch sie in einen Glaubensirrtum geführt werden könnte, sondern schlechthin unverständlich.** Wer der Verfasser eines Textes ist, ist ein prinzipiell historisch zugänglicher Sachverhalt. Der als irdische Aussage durchaus verstehbare Satz, daß Mose den Pentateuch und Paulus den Hebräerbrief verfaßt habe, würde als angeblicher Glaubenssatz un-

---

454 Vgl. DS 3503.

455 Zum Beispiel wollte Bischof **Konrad Martin** von Paderborn in seiner Konzilsrede vom 30.6.1870 in die Konzilskonstitution den Satz aufgenommen wissen, daß der Herr "es niemals zugelassen hat (wie aus der gleichbleibenden Handlungsweise der römischen Päpste erhellt) und nicht zulassen wird, daß dieselben, wenn sie ihres höchsten Lehramts walten, die erforderlichen Mittel, um die im Glaubensgut enthaltenen Wahrheiten in der rechten Weise zu erkennen, übergingen und gleichsam Gott versuchten" (Mansi 52, 943C). Zugleich meinte er aber im Widerspruch dazu, es handle sich nicht um die Behauptung einer "Unsündlichkeit" (ebd., B).

456 Vgl. bereits I. Vatikanum, DF, DS 3019.

verständlich. Eine natürliche Wahrheit kann als solche nicht geglaubt werden. Es gibt gar keine Möglichkeit, sie als Selbstmitteilung Gottes zu verstehen. **Es käme also im Grunde überhaupt keine Aussage zustande.**

Man kann diesen Sachverhalt in verschiedener Begrifflichkeit deuten. Entweder kann man sagen, daß zum "Definieren" mehr als die bloße Behauptung gehört, man definiere. Um etwas "zu glauben vorzulegen", muß man verständlich machen, wie es im Sinn einer göttlichen Selbstmitteilung geglaubt werden kann. Es muß die innere Einheit von Akt des Definierens und definiertem Inhalt zutage treten. Oder man kann sagen, daß in einem solchen Fall der Bereich der "Dinge des Glaubens und der Sitten" verlassen sei, für den allein Unfehlbarkeit beansprucht werden kann (457). Jedenfalls aber würde es sich bei einer an sich denkbaren und möglichen feierlichen Behauptung der mosaischen oder paulinischen Verfasserschaft für bestimmte Texte nie um eine "Definition" im Sinn des vatikanischen Dogmas handeln können.

Auch bei päpstlicher oder konziliarer Lehre hat man es nur dann mit wirklicher Glaubensverkündigung zu tun, wenn man ihr nachweislich anders als im Glauben nicht gerecht werden kann. Dann aber ist diese Glaubensverkündigung notwendig "aus sich" unfehlbar. Ihre Unfehlbarkeit ist dann nicht nur eine faktische, sondern eine prinzipielle Irrtumslosigkeit.

---

457 **Heinrich Bacht**, o. c. (Anm. 403), 166, schreibt: "Wenn das Vaticanum I in seiner Beschreibung einer ex-cathedra-Entscheidung die 'res fidei et morum' erwähnt, dann ist damit nicht nur der Gegenstandsbereich angezeigt, innerhalb dessen sich die lehramtliche Unfehlbarkeit bewegt; vielmehr ist damit auch ein Sachkriterium angegeben, an dem sich ausweisen muß, ob die Lehrweisung Annahme verdient." - **Karl Rahner**, Art. "Lehramt", SM(D) III, 184, meint jedoch, das Lehramt entscheide auch darüber, wie weit der Bereich der "Dinge des Glaubens und der Sitten" geht: "Bei der Feststellung dieses Inhaltes [der Offenbarung] und seiner Abgrenzung gegenüber Aussagen, hinsichtlich deren das L. [= Lehramt] nicht zuständig ist, hat das L. selbst die 'Kompetenz der Kompetenz'. Daß das L. bei der Forderung einer absoluten Glaubenszustimmung (dann und nur dann!) diese Kompetenz nicht überschreitet, dafür ist nach katholischem Glaubensverständnis der Beistand des Geistes für die Kirche die alleinige letzte, aber auch ausreichende Garantie." - Man wird hier unterscheiden müssen. Was positiv zu den "Dingen des Glaubens und der Sitten" gehört, kann in der Tat nur von der kirchlichen Verkündigung her geltend gemacht werden. Es ist nicht möglich, den christlichen Glauben von außerhalb des Glaubens her mit der Vernunft zu entwerfen, sondern man kann ihn nur aus dem Hören empfangen. Deshalb kann auch allein das kirchliche Amt den Glauben so verkündigen, daß für die Gläubigen die "einfache" oder "gehobene Rechtsvermutung" entsteht, es handele sich um eine Aussage innerhalb des Bereichs der "Dinge des Glaubens und der Sitten" und es sei sinnvoll, sich um das entsprechende Verstehen zu bemühen. Dennoch hat das Lehramt hier nicht einfachhin die "Kompetenz der Kompetenz". Denn bereits die Vernunft ist gegenüber angeblicher Glaubensverkündigung in der Lage zu sagen, was **nicht** zu den "Dingen des Glaubens und der Sitten" gehört.

Die vatikanische Definition der päpstlichen Unfehlbarkeit gibt also nicht das Recht zu der Behauptung: Wann immer der Papst erklärt, er definiere in Dingen des Glaubens oder der Sitten, dann handelt es sich um Dinge des Glaubens oder der Sitten, für die legitimerweise Unfehlbarkeit zu beanspruchen ist. Vielmehr kann nur dann Unfehlbarkeit mit Recht beansprucht werden, wenn es tatsächlich möglich ist, die betreffende Aussage als auf "Dinge des Glaubens oder der Sitten" bezüglich zu verstehen. Das ist eine **vorgängige** Bedingung.

In der Lehre von der Unfehlbarkeit des Lehramts und der Kirche überhaupt geht es in der Tat allein darum, daß die Reinerhaltung der verläßlichen Glaubenswahrheit garantiert sein muß. Sie ist aber erst dann unüberbietbar garantiert, wenn es in sich und damit schlechthin unmöglich ist, als Glaubensaussagen verstehbare Aussagen, die dennoch falsch wären, überhaupt herzustellen. Eine Aussage ist nur dann als Glaubensaussage verstehbar, wenn sie sich als Selbstmitteilung Gottes angesichts der Tatsache auslegen läßt, daß keine geschöpfliche Qualität jemals zur positiven Ermöglichung einer Gemeinschaft mit Gott ausreichen kann. Es muß sich um eine Aussage handeln, für die man schlechterdings darauf angewiesen ist, sie gesagt zu bekommen, und der man anders als im Glauben nicht gerecht werden kann (458).

---

458 Damit soll auf **Hans Küng**, Unfehlbar? - Eine Anfrage, Zürich-Einsiedeln-Köln 1970, geantwortet sein. Küng schreibt (142): "Es ist bisher von niemandem, weder vom Vatikanum I noch vom Vatikanum II noch von der Schultheologie begründet worden, was zu begründen wäre: daß die Kirche, ihre Leitung oder ihre Theologie, solche Sätze machen kann, die von vornherein gar nicht falsch sein können." Ebenso **ders.**, Eine Bilanz der Unfehlbarkeitsdebatte, in: Fehlbar? - Eine Bilanz, hrsg. v. dems., Zürich-Einsiedeln-Köln 1973, 396: "Wir sahen: Kein einziger Theologe hat in der bisherigen Debatte einen Beweis für die Möglichkeit garantiert unfehlbarer Sätze zu führen vermocht." Vgl. bereits meine Rezensionen zu diesen beiden Büchern in: ThPh 46 (1971) 282-285 und 49 (1974) 585-587. Mit "unfehlbaren Sätzen" sind allerdings in der katholischen Theologie nicht "ungeprüft zu übernehmende Sätze" gemeint, sondern Sätze, die sich gerade daraufhin prüfen lassen, daß sie nur als Glaubenssätze verstehbar sind. Zu solchen Sätzen gehört auch das Dogma von der leiblichen Aufnahme Mariens in den Himmel (vgl. DS 3903), das wohl den umstrittensten Fall darstellt. Grundsätzlich bedeutet Erlösung immer, daß der ganze Mensch mit Leib und Seele bleibende Gemeinschaft mit Gott hat. Das kann man dann auch für Maria nicht bestreiten (vgl. für diese "Verallgemeinerung" von "Privilegien" Lk 1,48-50 und Mk 3,31-35). - In ihrem gemeinsamen Kanzelwort "Zum Entzug der kirchlichen Lehrbefugnis Professor Hans Küngs" vom 7.1.1980 haben die deutschen Bischöfe formuliert, die Unfehlbarkeit der Kirche besage: "Wenn der Papst als oberster Lehrer der Kirche oder ein allgemeines Konzil oder die Bischöfe in Einmütigkeit mit dem Papst etwas als von Gott geoffenbart feststellen und zu glauben vorlegen, dann bewahrt sie der Beistand des Heiligen Geistes vor einem Irrtum (vgl. GL [gemeint ist: LG] 25)." Leider ist diese Formulierung keine korrekte Wiedergabe des katholischen Dogmas. **Es fehlt vor "etwas" die Einschränkung "in Dingen des Glaubens und der Sitten".** Ohne die Einschränkung würde der Satz ein aus den Quellen nicht le-

Diese Sicht entspricht der Lehre des I. Vatikanums über das Verhältnis von Glaube und Vernunft: "Wiewohl der Glaube über der Vernunft steht, kann es doch zwischen Glauben und Vernunft keinen echten Widerstreit geben. Denn es ist derselbe Gott, der den Glauben eingießt und dem menschlichen Geist das Licht der Vernunft eingegeben hat; Gott kann aber nicht sich selber verneinen, noch kann das Wahre jemals dem Wahren widersprechen. Der leere Schein eines solchen Widerspruchs entsteht vor allem dadurch, daß entweder die Dogmen des Glaubens nicht im Sinn der Kirche verstanden und ausgelegt worden sind oder Hirngespinste für Vernunftaussagen gehalten werden. Wir definieren also, daß jede der Wahrheit des erleuchteten Glaubens entgegengesetzte Behauptung gänzlich falsch sei" (459).

In diesem Text, den man als die "Magna Charta", die amtliche Freiheitsgarantie, für die Fundamentaltheologie bezeichnen könnte, werden die zwei möglichen Gründe (460) für einen scheinbaren Wi-

---

gitimiertes extrinsezistisches Verständnis von "Beistand des Heiligen Geistes" insinuieren, als bestünde er darin, daß Papst und Konzil grundsätzlich an mutwilligen Akten gehindert würden. Aber so wenig mit solchen Fällen zu rechnen ist, sind sie doch nicht grundsätzlich ausgeschlossen. Der Vorsitzende der Deutschen Bischofskonferenz Joseph Kardinal Höffner hat mir mit Schreiben vom 10.3.1980 (V 1127/80) bestätigt, es wäre "besser und richtiger gewesen, die wesentliche Einschränkung 'in Sachen des Glaubens und der Sitten' in den Text aufzunehmen".

459 I. Vatikanum, DF, Kap. IV, DS 3017.

460 In den Konzilsakten findet sich kein positiver Hinweis, auf welche weiteren Möglichkeiten etwa mit dem "vor allem [potissimum]" hätte angespielt werden sollen. Vom Minimengeneral **Ricca** war als Ergänzung zwischen den beiden genannten Gründen die Einfügung gefordert worden: "oder daß man mit der natürlichen Vernunft begreifen wollte, was die Fassungskraft der natürlichen Vernunft übersteigt" (Mansi 51, 340D - 341A). Aber dieser Grund ist mit dem zweiten sachlich identisch: Die Vernunft kann ihre Grenzen nur dadurch überschreiten, daß sie in einen unvernünftigen Selbstwiderspruch gerät. Das gleiche gilt von dem Änderungswunsch des Bischofs **Magnasco**: "oder daß die Vernunftschlüsse nicht richtig durchgeführt werden" (ebd., 341A). Denn auch logische Fehler beruhen auf einem mit der Vernunft selbst als unvernünftig erkennbaren Gebrauch der Vernunft. Deshalb erklärte auch zu diesen Anträgen Bischof **Pie** als Relator, daß der Text (noch ohne das "vor allem") die gemeinten Sachverhalte bereits einschlußweise und genügend enthalte. Man wolle über die allgemeine Aufzählung hinaus keine besonderen Unterpunkte bringen, da man damit an kein Ende käme. Gleichwohl habe man, um den Anträgen irgendwie Rechnung zu tragen, das "vor allem" eingefügt (ebd., 368A). Soll diese Begründung sich nicht selbst widersprechen, dann bedeutet sie doch wohl, daß die Einfügung des "vor allem" als sachlich überflüssig angesehen wurde. - **Hermann-Josef Pottmeyer**, Der Glaube vor dem Anspruch der Wissenschaft - Die Konstitution über den Katholischen Glauben "Dei Filius" des Ersten Vatikanischen Konzils und die unveröffentlichten Voten der vorbereitenden Kommission, Freiburg-Basel-Wien 1968, 426, scheint mit dem

derspruch zwischen Glauben und Vernunft genannt: Entweder ist die angebliche Glaubenswahrheit nicht "im Sinn der Kirche" verstanden und ausgelegt worden, oder der sich auf die Vernunft berufende Mensch beruft sich deshalb zu Unrecht auf sie, weil er gegen ihre eigenen Gesetze verstößt. Im letzteren Fall ist aber der Mißbrauch der Vernunft grundsätzlich mit den eigenen Mitteln der Vernunft nachweisbar. Kann ein solcher Nachweis nicht geführt werden, dann trifft der andere Grund zu: Die angebliche Glaubensaussage ist nicht "im Sinn der Kirche" verstanden und ausgelegt worden. Schlechthin niemand, auch kein Papst und kein Konzil, kann "im Sinn der Kirche" zu reden beanspruchen, solange seine Aussagen nicht diesem Kriterium der Vernunftgemäßheit des Glaubens entsprechen, daß sich Vernunfteinwände gegen diese Aussagen auf ihrem eigenen Feld müssen widerlegen lassen. Denn erst dann kann von der "Wahrheit erleuchteten Glaubens" die Rede sein.

FRAGEN

1. Warum wird die Autorität des Lehramts auf die "Dinge des Glaubens und der Sitten" eingeschränkt, während für die Heilige Schrift in dem Sinn, in dem sie "Wort Gottes" ist, keine solche Einschränkung ausgesagt wird?
2. In welchem Sinn allein können die "Sitten" Gegenstand "unfehlbarer" Glaubensverkündigung sein? In welchem anderen Sinn können sie nur Gegenstand "bloß authentischer" Lehre sein?
3. Welcher Art ist die Verbindlichkeit "bloß authentischer" Lehre? Wie läßt sich diese Verbindlichkeit mit dem Begriff der "Rechtsvermutung" beschreiben?
4. Worauf kann sich "bloß authentische" Lehre beziehen? In welchem Sinn können einige Vernunftwahrheiten - welche? - an der Unfehlbarkeit des Glaubens teilhaben, ohne doch selbst zu Glaubenswahrheiten zu werden?
5. An wessen Unfehlbarkeit partizipiert die Unfehlbarkeit des Papstes? Wie wird die Reichweite der päpstlichen Unfehlbarkeit in der Definition des 1. Vatikanums bestimmt?
6. Warum muß die Zustimmung zu einem Unfehlbarkeitsanspruch, sollen beide sinnvoll sein, selbst unfehlbar sein und auch in dem Unfehlbarkeitsanspruch als unfehlbar mitbeansprucht werden?
7. Inwiefern verkündet die Kirche eine nur im Glauben selbst zu aktuierende Unfehlbarkeit für **alle** Menschen?
8. Worauf bezieht sich das "aus sich" in der Definition der päpstlichen Unfehlbarkeit? Warum kann es nicht auf die Person des Papstes bezogen werden?
9. Warum kann eine als Glaubensaussage verstehbare Aussage überhaupt nur "aus sich" wahr sein?
10. Wodurch ist die Möglichkeit einer "falschen" Glaubensaussage ausgeschlossen?
11. Warum wird eine Glaubensaussage nicht erst durch die Zustimmung der Kirche zu einer Glaubensaussage? Aus welchem anderen

---

zusätzlichen Grund einer Fehldeutung von seiten der Kirche selbst zu rechnen; aber dann reden die betreffenden Instanzen eben nicht "im Sinn der Kirche".

Grund und in welchem anderen Sinn bedarf jede Glaubensaussage gleichwohl der Zustimmung der Kirche?
12. Welche besondere Bedeutung kommt päpstlichen oder konziliaren Definitionen aufgrund ihrer Amtlichkeit zu? Wie läßt sich diese besondere Bedeutung ihrer Verbindlichkeit mit dem Begriff der "gehobenen Rechtsvermutung" umschreiben?
13. Was ist über die bloße Behauptung, etwas sei eine Glaubensaussage, hinaus erforderlich, um tatsächlich etwas "als zu glauben vorzulegen"?
14. Welche Gründe kann es für einen scheinbaren Widerspruch zwischen Glaube und Vernunft geben? Wie läßt sich nachweisen, daß eine angebliche Glaubensaussage nicht "im Sinn der Kirche" ausgelegt wird? Inwiefern handelt es sich bei DS 3017 um die "Magna Charta" der Fundamentaltheologie?

2.3.4 Luthers Infragestellung des "besonderen Lehramts"

Luther hat nach der Leipziger Disputation im Jahre 1519 seinen von da an bleibenden Standpunkt in bezug auf die Autorität von Papst und Konzilien formuliert: "Ich will also frei sein und mich durch die Autorität keines Konzils, keiner Macht, keiner Universität und keines Papstes gefangennehmen lassen. Vielmehr will ich mit Zuversicht bekennen, was immer ich als wahr einsehe, ob es nun von einem Katholiken oder einem Häretiker behauptet wird, ob es von einem Konzil gebilligt oder verworfen wurde" (461). Seine Ablehnung der Autorität des Papstes kann so weit gehen, daß er ihn mit dem Antichrist gleichsetzt. Luthers Kampf gegen das Papsttum erreicht im Jahr 1545 seinen Höhepunkt in der unerhört groben Schrift "Wider das Bapstum zu Rom vom Teuffel gestifft" (462).

Luthers Äußerungen klingen für katholische Ohren schockierend. Dennoch ist zu fragen, in welchem genauen Sinn Luther eine Autorität des Papstes und der Konzilien abgelehnt hat und in welchem nicht. Im Neuen Testament selbst nennt Jesus unmittelbar **nach** der Primatsverheißung Petrus einen "Satan", weil er sich zum Sprecher von Menschengedanken macht (vgl. Mt 16,23). Beziehen sich Luthers Angriffe vielleicht auf den gleichen Sachverhalt, so daß es sich nur um eine Auslegung dieses Textes handelt (463)?

Tatsächlich hat Luther weder das Papstamt überhaupt abgelehnt noch seine Einsetzung durch Christus in Zweifel gezogen. Seine Polemik richtet sich nur dagegen, daß der Mißbrauch des Amtes mit dessen Wesen gleichgesetzt wird. Gerade in der Schrift "Wider das Bapstum zu Rom vom Teuffel gestifft" erläutert er auch das sachge-

---

461 **Martin Luther**, Resolutiones Lutherianae super propositionibus suis Lipsiae disputatis (1519), WA 2; 404,14-17.

462 Ders., WA 54; 206-299. Texte aus dieser Schrift im Folgenden in behutsamer Übertragung in heutiges Deutsch.

463 Vgl. ders., Resolutio Lutheriana super propositione sua decima tertia de potestate papae (1519), WA 2; 191,26 - 192,3.

mäße Verständnis des Petrusamtes. Das Amt des Petrus habe darin bestanden, den anderen Aposteln als ihr von Gott berufener Sprecher in dem Glauben zu dienen, den sie nicht aus sich selbst, sondern von Gott empfangen haben: "Da sprach Simon Petrus: Du bist Christus, des lebendigen Gottes Sohn. Solche Antwort tut Petrus von aller Apostel wegen. Denn wo ein Haufe wird gefragt, können sie nicht zugleich alle antworten, sondern einer muß das Wort von aller wegen führen, wie man spricht: Zwei mögen miteinander singen, aber miteinander können sie nicht reden. Daher sagen die Väter recht, Augustinus, Cyprianus und Chrysostomus, daß Sankt Peter sei gewesen der Apostel Mund und habe in ihrer aller Namen geantwortet. Denn sie alle gefragt und zu antworten schuldig gewesen sind. Deshalb gibt sich der Papst hier eine Blöße und baut auf einen faulen Grund: Dieweil Sankt Peter allein antwortet, sei er ein Herr über die anderen Apostel und der Papst über alle Welt. Denn da steht es klar im Text, daß Christus nicht Sankt Peter fragt: Wer sagst du, daß ich sei?, sondern alle Jünger, und spricht: Wer sagt ihr, daß ich sei? Und hat Sankt Peter müssen für sie alle antworten, und seine Antwort zugleich aller Antwort sein, gleich wie auch im weltlichen und häuslichen Regiment geschieht, da ein Knecht, Stadtschreiber oder Syndikus das Wort des Rates und der Gemeinde oder des Gesindes führt, dadurch aber nicht der Stadt Herr ist, und ein Jurist oder Kanzler des Kaisers, Königs, Fürsten Wort redet, darum aber noch lange nicht selbst Kaiser, König, Fürst ist, wie der Papst aus dieser Antwort Sankt Petri will Herr sein über die Apostel und aller Apostel Kirche" (464).

Petrus wird in dieser Sicht zum Sprecher der anderen Apostel nicht dadurch, daß er sich zuerst im einzelnen nach ihrer Meinung erkundigen müßte oder von ihnen formell beauftragt würde, sondern daß er eine Aussage macht, die als Glaubensaussage und damit als göttliche Selbstmitteilung verstehbar ist. Seine Funktion als Sprecher ist nach Luthers Auffassung notwendig, um die Einheit des Glaubens der Vielen ausdrücklich sichtbar zu machen und ihr zu dienen (465). Luther kann im übrigen die Kirche durchaus in ihrer Bezogenheit auf das Amt definieren: "Christliche Kirche aber heißt die Zahl oder Haufe der Getauften und Gläubigen, so zu einem Pfarrer oder Bischof gehören, es sei in einer Stadt oder in einem ganzen Land oder in der ganzen Welt" (466).

---

464 WA 54; 246,16-35.

465 In diesem Sinn ist auch das vom I. Vatikanum (DS 3061) zur Erläuterung seiner Lehre vom Primat des Papstes zitierte Wort **Gregors des Großen** zu verstehen: "Meine Ehre besteht in der Ehre der gesamten Kirche. Meine Ehre besteht in der festen Kraft der Brüder. Dann werde ich wahrhaft geehrt, wenn einem jeden einzelnen die ihm geschuldete Ehre nicht versagt wird" (Brief an Eulogios von Alexandreia, PL 77, 933C). Gregor I. wendet sich in diesem für das Primatsverständnis außerordentlich wichtigen Text dagegen, daß ihm "höhere" Ehre als seinen Brüdern im Amt erwiesen werde: gerade damit werde sein Amt gründlich mißverstanden.

466 **Martin Luther**, Artikel wider die ganze Satansschule und alle Pforten der Hölle (1530), WA 30,2; 425,22-24; im lateinischen Text

In welchem Sinn Luther dabei eine "Herrschaft" des Papstes ablehnt, ergibt sich aus seinen Ausführungen über die "Schlüsselgewalt": "Zum anderen merke, daß die Schlüssel und solche Macht, Sünden zu binden und zu lösen, nicht ist gegeben den Aposteln und Heiligen zur Herrschaft über die Kirche, sondern allein den Sündern zu Gut und Nutz. Denn wo nicht Sünden sind, da bedarf man der Schlüssel und ihres Amtes nicht. Denn man soll Sankt Paul und seinesgleichen Heilige nicht lösen noch absolvieren von Sünden, denn sie haben keine außer den täglichen und übrigen im Fleisch, die bis ins Grab bleiben, [...] sondern soll sie dem Fels lassen befohlen sein, auf den sie gebaut sind. Aber den Sündern sind sie not, die entweder nicht auf den Fels gebaut oder vom Fels gefallen sind, daß man sie wiederum hinaufbaue. Darum ist es nicht eine weltliche Gewalt, wodurch die Bischöfe über die Kirche sich brüsten und herrschen (Beneficium, non dominium) möchten, sondern eine geistliche Gewalt, den Sündern zu Gut und Heil gegeben, daß sie dieselbigen bei den Bischöfen und der Kirche suchen und finden mögen, sooft es ihnen nottut, wodurch die Sünder selig und nicht die Bischöfe Herren und Junker werden sollen. Gleich als wenn ein Fürst tausend Gulden seinem Diener gäbe, daß er die sollte unter etliche arme Leute teilen. Durch diese tausend Gulden soll der Diener nicht reich noch Herr über die armen Leute werden, sondern, wie der Herr befohlen hat, sie frei und umsonst von den armen Leuten lassen suchen und finden, er aber allein einen willigen Diener sich hierin erzeigen, den armen Leuten zu Trost und Nutz. Das merke wohl, es gilt dem Papst" (467).

Luther wendet sich in seiner Polemik nur dagegen, daß man den Auftrag, der Verkündigung des Evangeliums zu dienen, als Berechtigung zu weltlicher Herrschaft mißversteht. Gemeint sind nicht nur äußere Mißbräuche wie das üppige Hofleben mancher Päpste. Auch hinter der größten persönlichen Demut kann sich noch immer ein Mißverständnis des Petrusamtes verbergen, als sei der Papst Herr über die Gewissen und als bestünde die Bindung an Christus in der unbesehenen und unbedingten Bindung an ihn. Nach 1 Kor 1,11-13 ist das Petrusamt so zu relativieren, daß man ja nicht aus dem Sich-an-Kefas-Halten das unterscheidende Merkmal des Glaubens macht (468). Es **muß** zwar einen Papst geben **können**, aber es wäre zuviel behauptet, daß es ihn tatsächlich immer geben **müsse**. Wie hätte sonst die Kirche weiterexistieren können, als man während eines ganzen Menschenalters (1378-1417) nicht wußte, wer der rechtmäßige Papst ist?

---

heißt es für "zu einem Pfarrer oder Bischof gehören" "sub uno pastore" (421,19-21). - **Wilhelm Maurer**, Historischer Kommentar zur Confessio Augustana, I, Gütersloh 1976, 248, weist darauf hin, daß damit Raum bleibe "für eine episkopale Gliederung, ja sogar für ein reformiertes Papsttum".

467 **Martin Luther**, WA 54; 250,3-25.

468 Vgl. auch **Rudolf Pesch**, Die Stellung und Bedeutung Petri in der Kirche des Neuen Testaments - Zur Situation der Forschung, in: Conc(D) 7 (1971) 240-245; **ders.**, Simon-Petrus - Geschichte und geschichtliche Bedeutung des ersten Jüngers Jesu Christi, Stuttgart 1980.

Die um der Kircheneinheit willen notwendige Einheit mit dem Römischen Papst besteht bereits überall da, wo man faktisch im Glauben mit ihm übereinstimmt, das heißt, wo man wirklich an Jesus Christus glaubt. Denn darin ist der Glaube an die Gegenwart des Heiligen Geistes in der Kirche und damit auch an die Reinerhaltung der Glaubenswahrheit in ihr und auch ihre amtliche Unfehlbarkeit bereits impliziert. Es besteht nur darüber hinaus die Pflicht, darauf hinzuarbeiten, daß gegenseitige Mißverständnisse abgebaut werden, aufgrund deren man einer an sich als Glaubensverkündigung verständlichen Verkündigung diesen Charakter bestreitet.

Was Luther mit seiner Relativierung des Lehramts meint, ergibt sich mit großer Deutlichkeit aus einem Passus in seiner Schrift über die babylonische Gefangenschaft der Kirche: "Die Kirche wird aus dem Wort der Verheißung durch den Glauben geboren und durch dasselbe ernährt und erhalten; das heißt, sie wird durch die Verheißung Gottes konstituiert, nicht die Verheißung Gottes durch sie. Das Wort Gottes steht unvergleichlich über der Kirche. Sie hat in ihm nichts zu bestimmen, anzuordnen, zu machen, sondern nur bestimmt zu werden, Anordnungen zu empfangen, an sich geschehen zu lassen als Geschöpf. Denn wer gebiert seinen Erzeuger? Wer hat seinen Urheber zuerst konstituiert? **Dies allerdings hat die Kirche, daß sie das Wort Gottes von den Worten der Menschen zu unterscheiden vermag**, wie Augustinus bekennt, er habe dem Evangelium geglaubt, weil er durch die Autorität der Kirche dazu bewogen wurde, die verkündete, dies sei das Evangelium; nicht als stünde sie deshalb über dem Evangelium, denn sonst stünde sie auch über Gott, dem man glaubt, weil die Kirche verkündet, dieser sei Gott" (469).

Auch wenn Luther der Vernunft des einzelnen gegenüber dem kirchlichen Lehramt in bestimmter Hinsicht den Vorrang gibt, widerspricht er damit nicht wirklich der katholischen Lehre. Es genügt zu wahren, daß die Vernunft den Glauben nicht von sich aus entwirft, sondern ihn nur aus dem Hören empfangen kann und daß das Lehramt diesem Wort des Glaubens zu dienen hat. Im übrigen aber kommt der Vernunft gegenüber der Glaubensverkündigung eine von niemandem aufzuhebende oder ersetzbare kritische Funktion zu. Bei wirklicher Glaubensverkündigung müssen angebliche Vernunfteinwände gegen sie auf dem Feld der Vernunft selbst mit Vernunftgründen widerlegbar sein (470). Denn anderenfalls kann man die Glaubensverkündigung gar nicht "im Sinn der Kirche" und damit in ihrem wirklichen Sinn verstehen. Wollte man also die eigene Vernunft gegenüber kirchlicher Verkündigung ausschalten, dann würde man auch wirkliche Glaubensverkündigung nicht mehr in ihrem wahren Sinn erfassen (471).

---

469 **Martin Luther**, De captivitate Babylonica ecclesiae praeludium (1520), WA 6; 560,33 - 561,7 (Unterstreichung von mir).

470 Vgl. I. Vatikanum, DS 3017.

471 Vgl. **Karl Rahner**, Disput um das kirchliche Lehramt, in: **ders.**, Schriften zur Theologie X, Zürich-Einsiedeln-Köln 1972, 333: "Es gibt nun einmal nach katholischer Lehre keine Instanz in dieser Welt, die ohne eine eigene Gewissensentscheidung für den Einzelnen absolute Norm wäre."

So scheint sich auch hier wieder zu ergeben, daß der Gegensatz zwischen der lutherischen und der katholischen Auffassung kein sachlicher, sondern nur ein sprachlicher ist. Je für sich bleiben beide Auffassungen mißverständlich und werden sachgemäß nur da erfaßt, wo sie als ineinander übersetzbar verstanden werden. Deshalb brauchen die verschiedenen Kirchen das Gespräch miteinander, um ihre jeweils eigene Position nicht mißzuverstehen.

FRAGEN

1. Welche Funktion kommt dem Papstamt nach Luther zu, und worin besteht nach seiner Auffassung der Mißbrauch dieses Amtes?
2. Warum wird man der Bedeutung des päpstlichen Amtes nur gerecht, wenn man es auf Christus hin relativiert? Worin besteht solche Relativierung?
3. In welchem Sinn schreibt Luther der Kirche eine unersetzbare Funktion in bezug auf das "Wort Gottes" zu?
4. Welche unersetzbare Funktion hat die Vernunft des einzelnen auch nach katholischer Lehre gegenüber der kirchlichen Verkündigung?

3 ERGEBNIS: GEGEN EIN POSITIVISTISCHES MISSVERSTÄNDNIS DER NORMEN DES CHRISTLICHEN GLAUBENS

Man erfindet den Glauben nicht selbst, sondern muß ihn hörend empfangen. Die Normen des Glaubens sind Schrift, Überlieferung und Lehramt in ihrer inneren Zusammengehörigkeit, in der allein ihre Autorität zur Geltung kommen kann. Durch diese Normen ist die Offenbarung kenntlich. Es liegt nahe, gegenüber dem Anspruch auf Offenbarungsautorität nach einer Legitimation zu fragen und jedenfalls die bloße Behauptung von Autorität nicht als Autorität anzunehmen. Aber wenn das "Wort Gottes" das letzte Wort über alle Wirklichkeit sein muß, kann man es sicher nicht dadurch legitimieren, daß es sich in eine noch umfassendere Wirklichkeit einordnen läßt. Gewiß hat man dies auch in der Geschichte der christlichen Theologie immer wieder versucht, ist also mit einem gänzlich unangemessenen Vorverständnis an die christliche Botschaft herangegangen. Aber ein angebliches "Wort Gottes", das sich in irgendein noch umfassenderes System einordnen läßt, wäre gerade dadurch in seinem Anspruch widerlegt.

"Wort Gottes" läßt sich als "Wort Gottes" nur aus sich selbst legitimieren. Aber bedeutet dies nicht, doch wieder die bloße Behauptung, etwas sei "Wort Gottes", als dessen Legitimation anzuerkennen? Reicht die bloße Tatsache, daß etwas in der Heiligen Schrift steht, dazu aus, um es als "Wort Gottes" anerkennen zu können? Genügt die rein faktische Übereinstimmung der Christenheit in irgendeiner Lehre als Beweis dafür, daß es sich um eine Glaubensüberlieferung handelt? Entsteht die Verpflichtung zum Glauben bereits dadurch, daß das kirchliche Lehramt behauptet, man "müsse" etwas glauben? Wenn dem so wäre, dann fielen Schrift, Überlieferung und Lehramt als jeweils selbständige Größen auseinander. Beliebiges könnte Glaubensgegenstand werden, wenn es nur in irgendeiner Weise entweder in der Schrift oder in der Überlieferung oder im Lehramt vorkommt. Ein solcher "Glaube" könnte den Menschen nur entmündigen. Im übrigen lassen sich Biblizismus, Traditionalismus und Lehramtspositivismus auch niemals wirklich konsequent durchführen, weil sie dann zu logischen Widersprüchen führen.

Die wirkliche christliche Botschaft wird jedoch von dem Einwand, daß man in ihr Beliebiges annehmen müsse, nicht getroffen. Nach ihr sind Schrift, Überlieferung und Lehramt nur in ihrer inneren Einheit, nämlich in dem Sinn verbindlich, in dem sie sich anderer Beurteilung als der des Glaubens nachweislich und diskutierbar entziehen. Als christliche Glaubensaussagen kommen nur solche Aussagen in Frage, die sich als Selbstmitteilung Gottes verstehen lassen und deshalb in ihrer Wahrheit nur geglaubt werden können und keiner anderen Erkenntnis als der des Glaubens allein zugänglich sind.

Die christliche Botschaft begründet die Tatsache, daß sie nicht von der Vernunft entworfen werden kann, sondern vom Hören kommen muß, damit, daß Gottes Liebe zur Welt nicht an dieser selbst ihr Maß haben kann und deshalb auch nicht an der Welt ablesbar ist. Die Gemeinschaft mit Gott ist nur in der Weise erfahrbar, daß sie einem im Wort mitgeteilt wird. Als ein solches "Wort Gottes" ist nur dasjenige Wort verstehbar, das durch seinen Inhalt auf den Einwand von der Einseitigkeit der realen Relation des Geschaffenen auf Gott antworten kann. Und nur wenn man für dieses Wort schlechterdings darauf angewiesen ist, es von anderen gesagt zu bekommen, ist es von einer bloßen Vorstellung der Gemeinschaft mit Gott, die man sich selber einreden, aber so niemals glauben könnte, unterscheidbar.

Dann aber ist die Weitergabe dieses "Wortes Gottes" selbst das Geschehen dessen, wovon es redet. Der Überlieferungszusammenhang zwischen der ursprünglichen und der gegenwärtigen Bezeugung dieses Wortes ist der Ort der Gegenwart des Heiligen Geistes. Als Quellen des Glaubens kommen Schrift, Überlieferung und Lehramt nur in dem Sinn in Betracht, in dem sie sich tatsächlich als das eine Geschehen der Selbstmitteilung Gottes in menschlichem Wort verstehen lassen. Was sich nicht so verstehen läßt, läßt sich auch nicht glauben. **Geglaubt werden können nur solche Aussagen, die nur geglaubt werden können** (472). An diesem Kriterium entscheidet sich

---

472 **Friedemann Greiner** bezeichnet in seiner Rezension in: DtPfrBl, Nov. 1978, einen solchen Satz als eine "tautologische und deshalb letztlich unsinnige" Behauptung. Darauf ist zu antworten, daß sich das "nur" im Vordersatz auf die "Aussagen" und im Nachsatz auf das "Glauben" bezieht. Negativ formuliert besagt der Satz, daß Aussagen, denen man auch anders als im Glauben gerecht werden kann, keine wirklichen Glaubensaussagen sein können, selbst wenn sie als solche ausgegeben werden. Darin liegt keine Tautologie.

die Verantwortbarkeit des christlichen Glaubens (473). Es muß sich also um Aussagen handeln, die überhaupt nur als "aus sich" wahr verstehbar sind. Ihnen gegenüber muß sich jede vom Glauben verschiedene Stellungnahme als willkürlich nachweisen lassen. Wird der Bereich solcher Aussagen verlassen oder werden Glaubensaussagen anders als im Sinn des Glaubens ausgelegt, dann hören sie auf, als Glaubensaussagen verstehbar zu sein. Es ist dann überhaupt nicht mehr möglich, sie in dem Glauben anzunehmen, der als das Anteilhaben am Gottesverhältnis Jesu das Erfülltsein von seinem Heiligen Geist ist.

Obwohl in dieser Sicht die objektiven Quellen des Glaubens auf das je eigene Verstehen eines jeden Glaubenden abzielen, bedeutet dies doch nicht, sie einem subjektivistischen Maßstab zu unterwerfen. Denn das Glaubensverständnis, von dem hier die Rede ist, meint gerade den Glauben, der sich nur als vom Hören kommend und nicht vom Subjekt her zu entwerfen versteht. Es geht ja in diesem Glauben darum, sich selbst mit einer Liebe geliebt zu wissen, die gerade nicht an einem selber ihr Maß hat, sondern die Liebe Gottes zu Gott, des Vaters zum Sohn ist. Deshalb gilt: "Die Kirche geht nicht aus den einzelnen Christen hervor, vielmehr gehen diese aus der Kirche hervor" (474). Aber man kann sich nur so auf die Kirche berufen, daß man auch selber weiß und zu verstehen sucht, was sie lehrt (475). Die Gefahr des Subjektivismus besteht nur, solange man die Frage nach der Verstehbarkeit von Glaubensaussagen als Glaubensaussagen im Sinn der Selbstmitteilung Gottes nicht stellt. Aber solchem Subjektivismus verfällt man in gleicher Weise durch "unkrischen Respekt" wie durch "respektlose Kritik" gegenüber den Normen des Glaubens (476). Das rechte Verständnis der Funktion des Lehr-

---

473 In der thomistischen Schule ist dies allgemein anerkannt. Neuscholastische Autoren wie Kardinal **Camillo Mazzella**, De virtutibus infusis praelectiones scholastico-dogmaticae, ed. 6^a (Neapolitana 2^a), Neapel 1909, 190-201, waren dagegen oft der Auffassung, daß auch natürlicherweise erkennbare und erkannte Wahrheiten zugleich geoffenbart sein und geglaubt werden könnten. Diese Auffassung ist durch die mangelnde Reflexion auf das Problem der Einseitigkeit der realen Relation des Geschaffenen auf Gott zu erklären. Deshalb wurde auch das Wesen von Offenbarung nicht als göttliche Selbstmitteilung erfaßt.

474 **Gerhard Ebeling**, Wort und Glaube III, Tübingen 1975, 325. Ganz ähnlich auch **Eberhard Jüngel**, o. c. (Anm. 159), 21f: "[...] als das, was die christliche Existenz bestimmt, gehört die πίστις nicht primär zum christlichen Individuum, weil das christliche Individuum den Glauben nicht hervorbringt, sondern der Glaube das christliche Individuum hervorbringt."

475 Auch in dieser Hinsicht ist **Martin Luthers** Anliegen wichtig für eine katholische Theologie; vgl. **ders.**, Sendschreiben an die zu Frankfurt a. M. (1532/33), WA 30,3; 562,6 - 563,4.

476 Vgl. zu diesen Formulierungen **Eberhard Jüngel**, Zur Kritik des sakramentalen Verständnisses der Taufe, in: Zu Karl Barths Lehre von der Taufe, hrsg. v. Fritz Viering, Gütersloh ^{2}1972, 26. - Vgl. auch **Otto Hermann Pesch**, Kirchliche Lehrformulierung und persönlicher Glaubensvollzug, in: Fehlbar? - Eine Bilanz, hrsg. v. Hans Küng,

amtes kann auch davor bewahren, einem eventuellen Subjektivismus seiner Träger anheimzufallen (477).

Im ersten Hauptteil der vorliegenden Untersuchung hatten wir die gegenseitige Zuordnung von Gott, Wort und Glaube als die Sache der christlichen Botschaft erläutert. Im zweiten Hauptteil, der jetzt abgeschlossen ist, wurde das zweite Glied dieser Zuordnung erneut aufgenommen. Wir haben nach der Begegnungsweise und der Weitergabe des "Wortes Gottes" gefragt. Im folgenden dritten Hauptteil wenden wir uns noch einmal dem "Glauben" als der Annahme des "Wortes Gottes" zu: Wie kann die glaubende Annahme der christlichen Botschaft vor der Vernunft verantwortet werden?

FRAGEN

1. Worin besteht die Kenntlichkeit der Offenbarung?
2. Warum kann Offenbarung nicht durch einen Beweis ihrer Wahrheit legitimiert werden?
3. Warum kommen der Vernunft als solcher zugängliche Sachverhalte nicht als Offenbarungsgegenstand in Betracht?
4. In welchem Sinn allein sind Schrift, Überlieferung und Lehramt verbindlich?

Zürich-Einsiedeln-Köln 1973, 251: Für den Christen, "der die Kirche als die Heimat seines Glaubens versteht", ist die Frage, "wie er zu einer solchen Art der Zustimmung findet, die einerseits weiß, daß er sich seinen Glauben nicht selber sagt, sondern ihn aus der kirchlichen Lehrüberlieferung empfängt, und die anderseits durch sachgemäße Kritik dazu beiträgt, daß die kirchliche Lehrformulierung Dienst am Glauben **bleibt** und nicht zum doktrinären Kommando wird."

477 In bezug auf die Frage der Geburtenregelung erklärte **Paul VI.** in seiner Ansprache an das Kardinalskollegium am 26.6.1964, die bisherigen Normen blieben gültig, "wenigstens solange Wir uns nicht im Gewissen verpflichtet fühlen, sie zu ändern [almeno finché non Ci sentiamo in coscienza obbligati a modificarle]" (AAS 56 [1964] 588f).

Dritter Hauptteil:
Die Verantwortbarkeit der Glaubenszustimmung zur christlichen Botschaft

Die Frage nach der Verantwortbarkeit der Glaubenszustimmung läßt sich in drei hauptsächliche Fragenkreise aufgliedern. Was setzt erstens der Glaube voraus, um verantwortet werden zu können? Worin besteht zweitens die Glaubwürdigkeit der Glaubensverkündigung selbst, bzw. wie kommt man vom Noch-nicht-Glauben zum Glauben? Wie verhält sich drittens das Glaubensverständnis zu allem sonstigen Erkennen, Handeln und Leiden des Menschen? In welchem Verhältnis steht also der Glaube zur Vernunft und zur ausgeübten oder erlittenen Macht? In jedem der genannten Fragenkreise geht es um das gleiche Grundproblem im ganzen. Abschließend soll auf einige Einwände eingegangen werden, die sich aus anderen Auffassungsweisen in bezug auf die kirchliche Lehre ergeben.

Es ist ein Grundanliegen katholischer Lehre, sowohl die Bedeutung des Glaubens wie die der Vernunft jeweils unüberbietbar zu wahren. Der christliche Glaube soll nicht nur partiell, sondern in jeder Hinsicht vor der Vernunft verantwortbar sein, ohne jedoch in irgendeiner Hinsicht auf Vernunft zurückgeführt werden zu können.

In der katholischen Theologie war es bisher weithin üblich, über den Glauben in zwei verschiedenen Traktaten zu handeln. Im eigentlich "fundamentaltheologischen" Traktat wurde der Glaube unter denjenigen Aspekten betrachtet, unter denen er kritischer Prüfung durch die Vernunft unterliegt. Man meinte, eine Art rein rationaler "Hinführung" zum Glauben leisten und die Pflicht zu glauben im voraus zur Glaubenszustimmung nachweisen zu können. Im Traktat über die "eingegossenen Tugenden [virtutes infusae]" dagegen wurde die Frage nach der sogenannten "analysis fidei" gestellt: Auf welchen seinerseits geglaubten letzten Grund läßt sich die Zustimmung zu den einzelnen Glaubenswahrheiten zurückführen?

Nun muß aber gerade diese Tatsache selbst, daß man den Glauben irdisch nicht begründen kann, vor der Vernunft verantwortet werden. Deshalb gehört unseres Erachtens die "analysis fidei" selber in die Fundamentaltheologie; und die Fundamentaltheologie hat es von vornherein damit zu tun, die Glaubensgeheimnisse vor der Vernunft zu verantworten. Deshalb entscheiden wir uns für eine "hermeneutische Fundamentaltheologie", die Vernunft und Glauben zwar voneinander unterscheidet, aber nicht voneinander trennt, sondern in ihrer Beziehung aufeinander bedenkt. Aus diesem Grund haben wir zunächst den Gegenstand des Glaubens und die Strukturen seiner Weitergabe behandelt und stellen die Frage nach der Verantwortbarkeit des Glaubens gegenüber der Vernunft erst jetzt explizit.

1 DIE VORAUSSETZUNGEN DES GlAUBENS

Dem Glauben ist nach seinem eigenen Verständnis auf der einen Seite das "Wort Gottes" vorgegeben, auf das er sich richtet und durch das er begründet wird. Auf der anderen Seite ist ihm der Mensch vorgegeben; ihm wird das "Wort Gottes" zur Annahme im Glauben verkündet. Auf beiden Seiten ist zwischen dem zu unterscheiden, was allgemein der Vernunft eines jeden zugänglich ist, und dem, was nur im Glauben selbst als wirklich erkannt werden kann (478). Was der Vernunft eines jeden zugänglich ist, stellt die "gemeinsame" Basis für Glaubende und Nichtglaubende dar (479); sie ist allerdings nur "in etwa" gemeinsam, weil sie im Glauben in einem neuen Licht verstanden wird.

Diese gegenseitige Zuordnung von irdisch erfahrbarer Wirklichkeit einerseits und in bezug darauf nur im Glauben zugänglicher Wirklichkeit anderseits entspricht letztlich der gegenseitigen Zuordnung von wahrem Menschsein und wahrem Gottsein in Jesus Christus. Sein wahres Menschsein ist der Vernunft und historischer Erforschung im voraus zum Glauben zugänglich; aber das Gottsein eben dieses Menschen wird nur im Glauben aufgrund seines Wortes erfaßt.

In der klassischen Fundamentaltheologie werden diejenigen Voraussetzungen, die im voraus zur Glaubenszustimmung der Vernunfterkenntnis zugänglich sind, "praeambula fidei" genannt. Als solche werden gewöhnlich aufgezählt: Die Erkenntnis der Existenz Gottes,

---

478 Dementsprechend unterscheidet das I. Vatikanum in DF zwischen den "Fundamenten" des Glaubens, die die Vernunft beweisen kann (DS 3019), und dem einen "überaus festen Fundament", das nur den Gläubigen selbst im Glauben zugänglich ist (DS 3014). - Jürgen Moltmann, Gottesoffenbarung und Wahrheitsfrage, in: ders., Perspektiven der Theologie, München-Mainz 1968, 30, meint: "Was als 'natürliche Theologie' in den allgemeinen Voraussetzungen und Verstehensbedingungen für die christliche Offenbarungsrede verhandelt wurde, ist in Wahrheit Pneumatologie." Moltmann scheint dabei die traditionelle "natürliche Theologie", in der es um das philosophisch erkennbare Geschaffensein der Welt geht, mit einer eigentlichen "Theologie der Welt" zu verwechseln, in der es um das nur im Glauben zugängliche In-Christus-Geschaffensein der Welt geht; nur letztere und damit nur diejenigen Verstehensvoraussetzungen des Glaubens, die allein im Glauben zugänglich sind, lassen sich mit Pneumatologie identifizieren.

479 Vgl. II. Vatikanum, GS 40,4, wo von denjenigen Dingen die Rede ist, die "der Kirche und der Welt gewissermaßen gemeinsam [quodammodo communia]" sind.

die Erkenntnis der Möglichkeit einer Offenbarung und die Erkenntnis des tatsächlichen Ergangenseins der Offenbarung. Wir nehmen im Folgenden die Anliegen einer solchen "praeambula fidei"-Lehre in neuer Weise auf. Als der Vernunft zugängliche Voraussetzungen für die Glaubenszustimmung sind die Geschöpflichkeit des Menschen und die damit gegebene sittliche Ansprechbarkeit einerseits und sein historisches Konfrontiertsein mit der christlichen Botschaft anderseits zu nennen (480). Jede dieser beiden Voraussetzungen interessiert nur im Zusammenhang mit der anderen.

Anstatt aber die positive Möglichkeit einer Offenbarung beweisen zu wollen, gehen wir eher von der entgegengesetzten Einsicht aus: Angesichts der Einseitigkeit der realen Relation des Geschaffenen auf Gott läßt sich die positive Möglichkeit einer Offenbarung aus keiner irdischen Wirklichkeit ableiten. Jeder auf einem solchen Verständnis beruhende Offenbarungsanspruch läßt sich vielmehr als unsinnig erweisen. Erst gegen den Begriff einer Offenbarung, deren positive Möglichkeit allein dem Glauben zugänglich ist, lassen sich keine stichhaltigen Einwände mehr erheben. Aber für einen solchen Offenbarungsbegriff ist man auf die christliche Botschaft angewiesen. Wichtig ist dann auch, daß die Voraussetzungen des Glaubens nicht so sehr in Lehren als vielmehr in erfahrener Wirklichkeit bestehen.

FRAGEN

1. Warum sind wir für die Verantwortung des Glaubens vom Glaubensgegenstand ausgegangen?
2. Wie verhält sich unser Vorangehen in der Verantwortung des Glaubens zur herkömmlichen Aufteilung der Lehre vom Glauben in einen "fundamentaltheologischen" und einen "dogmatischen" Traktat?
3. Welche Voraussetzungen hat der Glaube? Inwiefern sind sie nach ihrer Erkennbarkeit zu unterscheiden?
4. Was versteht man herkömmlich unter den "praeambula fidei"? Auf welche Wirklichkeit muß sich eine sachgemäße "praeambula fidei"-Lehre beziehen?
5. Was ist gegen die Auffassung einzuwenden, man könne philosophisch die grundsätzliche Möglichkeit einer göttlichen Offenbarung aufweisen?

---

480 Im Unterschied zu **Thomas v. Aquin**, S. th. I q2 a2 ad1, würde ich nicht sagen, daß die "praeambula fidei" von denen, die sie mangels genügender Intelligenz nicht einsehen, ersatzweise "geglaubt" werden könnten; es genügt, daß man sie nicht widerlegen kann.

1.1 Das "Wort Gottes" als Voraussetzung des Glaubens

Auf der Seite des "Wortes Gottes" ist im voraus zur Glaubenszustimmung des einzelnen allgemein zugänglich, daß es eine Verkündigung gibt, die von sich **behauptet**, "Wort Gottes" zu sein. Als geschichtliche Tatsache ist die Existenz der christlichen Verkündigung Glaubenden und Nichtglaubenden in gleicher Weise zugänglich. Das Geschehen der Verkündigung besteht nicht nur im je eigenen Bewußtsein der Hörer wie etwas, was man sich erträumt, sondern es ist ein intersubjektiver Vorgang in der Wirklichkeit selbst. Zum Glauben wird man durch die äußere Glaubensverkündigung und nicht etwa nur durch die je eigene innere Erfahrung oder Privatinspiration bewegt (481).

Doch ist die Feststellung, daß es die christliche Verkündigung gibt, noch nicht dasselbe wie die Anerkennung ihrer Wahrheit. Es gibt viele Botschaften, die sich auf eine angebliche Offenbarung berufen. Wie kann man wirkliche Offenbarung von bloß vermeintlicher unterscheiden? Daß die anderen Botschaften nicht als Offenbarung im strengen Sinn in Frage kommen, erweist sich daran, daß in ihnen Inhalt und Geschehen der Offenbarung nicht in eins fallen. Dann aber läßt sich weder der vorausgesetzte Gottesbegriff verantworten noch das Faktum einer Offenbarung mit einer wirklichen Transzendenz Gottes vereinbaren. Wie bereits die Schrift Israels, so kommen auch die anderen Religionen erst in ihrer christlichen Interpretation zu ihrer eigenen Wahrheit; sie bleiben anderenfalls widerlegbar.

Daß die christliche Verkündigung tatsächlich die Selbstmitteilung Gottes ist, läßt sich nicht gleicherweise wie bei von ihr verschiedenen Offenbarungsansprüchen widerlegen. Es kann jedoch positiv als wahr nur im Glauben selbst anerkannt werden. Man kann es nicht erst durch Beweis als wahr erkennen und dann in einem zweiten Akt glauben (482). Nicht nur die einzelnen Inhalte der christlichen Verkündigung, sondern auch ihre Grundbehauptung, "Wort Gottes" zu sein, können nur geglaubt werden. **Daß in dem mitmenschlichen Wort der christlichen Verkündigung wirklich Gott selbst zu uns spricht und sich selber schenkt, ist das umfassendste Glaubensgeheimnis.** Die einzelnen Aussagen der christlichen Verkündigung: Dreifaltigkeit Gottes, Menschwerdung des Sohnes, Gegenwart des Heiligen Geistes in der Glaubensgemeinschaft, entfalten immer nur dieses Grundgeheimnis unseres wirklichen Angesprochenwerdens durch Gott in mitmenschlichem Wort und damit unserer Gemeinschaft mit Gott. Denn eine reale Beziehung Gottes auf die Welt, wie sie im Offenbarungsbegriff gefordert ist, läßt sich nur in einem trinitarischen Gottesverständnis aussagen, das nur in einer Menschwerdung des Sohnes offenbar werden kann; und es kann in seinem wirklichen Sinn nur in einem Glauben angenommen werden, der das Erfülltsein vom Heiligen Geist ist.

---

481 Vgl. DS 3033.

482 Vgl. als Beispiel für die Fülle der Väteraussagen dazu **Basileios der Große**, Homilia in Psalmum CXV, 1 (PG 30, 104B - 105B).

Es ist deshalb eine Grundaussage der christlichen Verkündigung selbst, daß ihr wirklicher "Wort Gottes"-Charakter und damit ihre Wahrheit nur im Glauben erkannt werden kann. Jedermann kann sagen: "Die Kirche behauptet, Jesus sei Herr"; aber niemand kann im Ernst selber sagen: "Jesus ist Herr", außer im Heiligen Geist (vgl. 1 Kor 12,3). Im Glauben allein empfängt man das gehörte "Wort Gottes" nicht als bloßes Menschenwort, sondern als das, was es in Wahrheit ist, als "Wort Gottes" (vgl. 1 Thess 2,13). Außerhalb des Glaubens erweist sich der "Wort Gottes"-Charakter der Botschaft nur noch negativ, indem es "Verstockung" bewirkt (vgl. 2 Kor 2,15f, Joh 9,39-41; 15,22-25). Man kann sich ihm nur so entziehen, daß man sich ihm willkürlich und sich selbst immunisierend verschließt.

Doch ist zwischen dem, was an der christlichen Verkündigung im voraus zum Glauben und damit irdisch zugänglich ist, und dem, was an ihr nur geglaubt werden kann, nicht nur zu unterscheiden; auch die Beziehung zwischen beidem ist zu bedenken. Es handelt sich um die Beziehung zwischen einer feststellbaren Behauptung und deren Wahrheit.

Es ist gerade die irdisch jedermann zugängliche Verkündigung selbst, in der etwas gesagt wird, was in seiner Wahrheit nur dem Glauben selbst zugänglich ist. Dann muß aber bereits im voraus zur Glaubenszustimmung erkennbar sein, daß man dem Verkündeten und der Verkündigung selbst **jedenfalls anders** als im Glauben **nicht** gerecht wird. Aussagen, denen man auch anders als im Glauben gerecht werden kann, können keine wirklichen Glaubensaussagen sein. Man würde Aussagen anders als im Glauben gerecht, wenn man sie mit irdischen Gründen beweisen oder widerlegen kann oder wenn sich nachweisen läßt, daß man ihnen gegenüber mit Recht unentschieden bleiben kann.

Die Behauptung der Glaubensverkündigung, in ihrer Wahrheit nur dem Glauben zugänglich zu sein, hat also zwei Seiten. Daß ihre Wahrheit tatsächlich positiv im Glauben zugänglich sei, ist selber eine Glaubensaussage, deren Wahrheit sich nur im Glauben selbst erfassen läßt. Auch daß es solchen Glauben, der das Erfülltsein vom Heiligen Geist ist, wirklich geben kann, kann man nur glauben. Daß sich die Glaubensverkündigung jedoch jeder anderen Beurteilung entzieht, so daß jede vom Glauben letztlich verschiedene Stellungnahme zu ihr willkürlich bleibt, ist als ein der allgemeinen Prüfung zugängliches Kriterium zu fordern (483). Wenn es gelingt,

---

483 Im Rückverweis auf eine frühere Diskussion mit mir (vgl. Zur Frage der Glaubwürdigkeit der christlichen Offenbarung, in: ZKTh 93 [1971] 418-442) meint **Walter Kern** in seinem Literaturbericht "Glaubwürdigkeitserkenntnis durch Fundamentaltheologie?", in: TGA 19 (1976) 29, es stecke in dieser Auffassung ein schlechter Zirkel, "die Voraussetzung nämlich, daß es sich beim behaupteten 'Glauben' des 'Glaubenden' - wirklich um **Glauben** an den sich offenbarenden Gott handelt". Der Einwand übersieht, daß es nach meiner Darstellung nicht um die Stellungnahme zum inneren Glauben irgend jemandes geht, sondern um die Stellungnahme zu der unzweifelhaft in der Wirklichkeit **begegnenden** Verkündigung, zum "verbum externum" der christlichen Botschaft.

angeblicher Glaubensverkündigung anders als im Glauben gerecht zu werden, dann ist sie als Glaubensverkündigung erledigt.

Es ist die Aufgabe der Glaubensverkündigung selbst, auf Einwände gegen sie zu antworten. Insbesondere hat sie die Bedeutung des Wortes "Gott" vor der Vernunft zu verantworten und darzustellen, inwiefern ihr Anspruch, "Wort Gottes" zu sein, nicht von vornherein an der Problematik des "Wort Gottes"-Begriffs scheitert. Diesen Aufgaben ist im ersten Hauptteil unserer Untersuchung bereits entsprochen worden.

FRAGEN

1. Was am "Wort Gottes" ist Glaubenden und Nichtglaubenden gleichermaßen zugänglich und ihnen dadurch "in etwa gemeinsam"?
2. Warum ist auch gegenüber angeblichem "Wort Gottes" die kritische Frage, ob es sich um wirkliches "Wort Gottes" handelt, legitim und bedeutet nicht, man wolle über das "Wort Gottes" zu Gericht sitzen?
3. Worin besteht das umfassendste Glaubensgeheimnis, das in allen einzelnen Glaubensaussagen nur entfaltet wird?
4. Welches negative, allgemeiner Prüfung zugängliche Kriterium gibt es für Glaubenswahrheit?
5. Wie unterscheiden sich die beiden folgenden Aussagen in ihrer Erkennbarkeit:
   a) "Man wird der christlichen Botschaft jedenfalls anders als im Glauben nicht gerecht."
   b) "Man wird der christlichen Botschaft nur im Glauben tatsächlich gerecht." ?
   Warum folgt b) nicht logisch aus a)?

1.2 Der Mensch als Voraussetzung des Glaubens

Auch die Voraussetzungen auf seiten des Menschen, dem der Glaube zur Annahme verkündet wird, sind in solche zu unterscheiden, die der Vernunft unabhängig von der Glaubenszustimmung zugänglich sind, und solche, die nur im Glauben selbst als wirklich erfaßt werden können.

Die Eigengesetzlichkeit der Vernunft, wonach nichts als wahr angenommen werden kann, was einen logischen Widerspruch enthält, ist unabhängig von der Wahrheit des Glaubens erkennbar. Denn die Zulassung eines logischen Widerspruchs würde bedeuten, der Tendenz nach das Denken überhaupt der Beliebigkeit anheimfallen zu lassen. Nur bei Wahrung der Eigengesetzlichkeit der Vernunft ist es möglich, Glauben von Aberglauben zu unterscheiden. Diese Eigengesetzlichkeit der Vernunft besagt natürlich keineswegs, daß sie sich ihre eigenen Gesetze nach eigenem Belieben gebe, sondern daß sie sie als mit ihrem eigenen Wesen mitgegeben und damit aller Entscheidung vorgegeben erkennt, so sehr selbst diese Erkenntnis geschichtlich ist.

Umfassender ist die ethische Ansprechbarkeit des Menschen eine Voraussetzung für den Glauben, die im voraus zur Glaubenszustimmung selbst für die Vernunft zugänglich ist. Konkret geschichtlich ist der immer schon versagende Mensch die Voraussetzung für denjenigen Glauben, der die Wurzel des Versagens entmachten will. Sein Versagen führt den Menschen allerdings auch immer wieder zu einer Verdrängung seiner sittlichen Ansprechbarkeit; aber diese Verdrängung kann immer nur partiell gelingen.

Hingegen ist das Begnadetsein des Menschen und seiner Vernunft, also sein "In Christus"-Geschaffensein, eine Voraussetzung des Glaubens, die nur im Glauben selbst als wirklich bestehend erkannt werden kann. Der Mensch ist nur deshalb zum Glauben fähig, weil er von vornherein "in Christus" geschaffen ist. Denn jede Annahme der Gnade setzt bereits empfangene Gnade voraus. Wäre also der Mensch jemals in einem Zustand außerhalb jeder Gnade, dann könnte er auch keine Gnade mehr empfangen. Um überhaupt Gnade annehmen zu können, muß er von vornherein in der Gnade Gottes stehen, selbst wenn er sich selber in einer ganz anderen Situation wähnt. Er muß in Wahrheit von vornherein der von Gott um Jesu Christi willen geliebte Mensch sein. Jede positive Hinordnung auf Gnade ist selbst Gnade.

Man kann dieses verborgene Begnadetsein des Menschen als "übernatürliches Existential" bezeichnen (484). Es handelt sich aber nicht um eine zusätzliche geschaffene Wirklichkeit, sondern um das Hineingenommensein des Menschen in eine Relation Gottes auf Gott, die von Ewigkeit her besteht. Allerdings bleibt dieses "In Christus"-Geschaffensein des Menschen solange verborgen, als es nicht zu glauben verkündet wird, und es wird nur im Glauben selbst als wirklich erkannt. Außerhalb des Glaubens lebt der Mensch im Widerspruch zu dieser seiner wahren Wirklichkeit. Auch ein anonymer Glaube wird erst durch die christliche Verkündigung als wirklicher Glaube offenbar.

In der Unterscheidung zwischen der Eigengesetzlichkeit der Vernunft des Menschen und seinem Begnadetsein ist auch die Beziehung zwischen beiden zu bedenken. Es ist der vernunftbegabte Mensch selbst, der der "in Christus" Geschaffene ist und dem dieses sein "In Christus"-Geschaffensein durch die Verkündigung im Glauben offenbar werden soll. Dabei stellt sich die Frage nach einer Stellungnahme zur christlichen Verkündigung überhaupt erst, wenn man mit dieser Verkündigung konfrontiert wird. **Dann aber muß, soll Glaube verantwortbar sein, aufgewiesen werden können, daß der Mensch in sich faktisch keine legitimen Gründe zu einer letztlich vom Glauben verschiedenen Stellungnahme zur Botschaft findet.** Dieser Aufweis kann natürlich nur so geführt werden, daß man konkret auf die Gründe eingeht, die jemand gegen den Glauben vorbringt. Und der Aufweis muß unabhängig von der Glaubenszustimmung geführt werden können, das heißt, man darf in ihm nicht mit der Wahrheit des Glaubens argumentieren.

Mit der Aufstellung der Forderung nach einem solchen Aufweis ist er noch nicht tatsächlich geführt. Aber es ist bereits wichtig,

---

484 Vgl. oben Anm. 192.

die Bedingungen anzugeben, die eine Verantwortung des Glaubens erfüllen muß. Auch ein Nichtglaubender könnte wohl mit uns in dieser Forderung übereinstimmen: Der Glaube kann nur dann als vor der Vernunft verantwortbar angesehen werden, wenn einerseits vom Glauben verschiedene Stellungnahmen zur christlichen Botschaft als willkürlich nachweisbar sind und wenn es anderseits nicht gelingt, auch den Glauben selbst als willkürlich zu erweisen. Dabei genügt es jedoch, wenn nur tatsächlich vorkommende Einwände gegen den Glauben widerlegt werden. Die bloße Vermutung, es könnte noch andere, bisher unbekannte Einwände gegen den Glauben geben, stellt keinen legitimen Einwand dar, sondern hat die Struktur einer willkürlichen Immunisierungsstrategie.

Sollte der geforderte Aufweis geführt werden können, dann wäre damit die Ansprechbarkeit des Menschen für die Glaubensverkündigung aufgewiesen. Sie wird traditionell als seine "Gehorsamsfähigkeit [potentia oboedientialis]" bezeichnet. Dieser Begriff meint nicht nur eine Art negativer "Nicht-Unvereinbarkeit" des Menschen mit dem Glauben (485). Denn dann bliebe es noch beliebig, wie sich der Mensch gegenüber der Glaubensverkündigung tatsächlich entscheidet. Vielmehr wäre eine solche "Gehorsamsfähigkeit" nur dann gegeben, wenn der Mensch in einer vom Glauben verschiedenen Stellungnahme zu sachgemäßer Glaubensverkündigung **gegen die Gesetze seiner eigenen Vernunft** verstoßen müßte. Man könnte also nicht damit argumentieren, daß der Mensch sich im Unglauben dem "Wort Gottes" verschließt; denn daß es sich tatsächlich um das "Wort Gottes" handelt, kann man außerhalb des Glaubens nur als behauptet, als wahr aber nur im Glauben selbst und nicht auch außerhalb des Glaubens erkennen.

Obwohl eine solche "Gehorsamsfähigkeit" im voraus zur Glaubenszustimmung erkennbar sein muß, wenn sie tatsächlich besteht, ließe sie sich doch nicht im voraus zum Konfrontiertsein mit der Glau-

---

485 Mit Recht hält **Karl Rahner**, Art. "Potentia oboedientialis", SM(D) III, 1247, die Auffassung für unzureichend, daß die Natur des Menschen "bloß 'Potenz' für Gnade ist im Sinn einer bloßen negativen 'non-repugnantia', wie es in der neueren Theologie oft dargestellt wird". Dennoch ist es m. E. nicht erforderlich, eine Lehre von einem "natürlichen Verlangen [desiderium naturale] nach der Gottesschau" zu entwickeln, es sei denn, man meine jenes unbestimmte Verlangen, das sich von sich aus nur Ersatzobjekte suchen kann. - Vgl. dazu auch **Max Seckler**, Instinkt und Glaubenswille nach Thomas v. Aquin, Mainz 1961, vor allem 227-231. - Mir scheint der scholastische Begriff eines "natürlichen Verlangens nach der Gottesschau", wie er z. B. von **Thomas v. Aquin**, S. th. I q12 a1, entwickelt wird, der Unbegreiflichkeit Gottes zu widersprechen und auch in sich selbst widersprüchlich zu sein; denn das "Natürliche" ist dadurch zu definieren, daß man von ihm her nicht positiv auf das "Übernatürliche" schließen kann. Zuzustimmen ist dagegen der Formulierung von **Martin Luther**, Commentariolus in epistolam divi Pauli ad Hebreos (1517), WA 57 H; 139,6-9: "Nur im Hören kann erfaßt werden, was Christus vom Himmel und vom zukünftigen Leben gesagt hat, da dies nicht nur jede Höhe des Verstandes, sondern auch die allerweiteste Fassungskraft des Verlangens übersteigt."

bensverkündigung positiv als solche entdecken. Denn die Frage nach einer Stellungnahme zur christlichen Verkündigung kann sich nur an dieser Verkündigung selbst entzünden. Aber wenn man einmal dieser Verkündigung begegnet ist, dann muß die "Gehorsamsfähigkeit", die darin besteht, daß man in sich keine letztlich stichhaltigen Gegengründe gegen den Glauben finden kann, als von vornherein zur Natur des Menschen gehörend erkennbar sein. Sie muß zum Geschaffensein des Menschen auch abgesehen davon gehören, daß es ein "In Christus"-Geschaffensein ist. Sie muß also der Sache nach damit identisch sein, daß der Mensch vernunftbegabt und damit sittlich ansprechbar ist. Im voraus zur Konfrontation mit der Glaubensverkündigung bleibt sie aber **als** Gehorsamsfähigkeit in ähnlicher Weise verborgen wie die Sprachfähigkeit des Menschen außerhalb einer tatsächlichen Sprachgemeinschaft.

So wie das mitmenschliche Wort, in dem Gott sich mitteilt, als mitmenschliches Wort nur geschichtlich zugänglich ist, wird auch die Ansprechbarkeit des Menschen durch dieses Wort nur geschichtlich erkannt. Es sind also im Selbstverständnis des Menschen drei Zeiten zu unterscheiden: die Zeit vor dem Konfrontiertsein mit der Glaubensverkündigung; das Konfrontiertsein mit der Glaubensverkündigung vor der Glaubenszustimmung; die Zeit nach der Glaubenszustimmung.

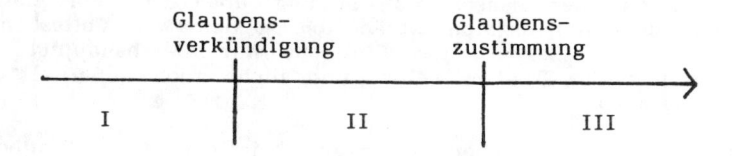

```
              Glaubens-          Glaubens-
              verkündigung       zustimmung
        ──────┼──────────────────┼──────────────→
         I              II               III
```

In der ersten Zeit ist es noch verborgen, daß der Mensch gegen die Glaubensverkündigung in sich keine stichhaltigen und legitimen Einwände finden wird; erst recht verborgen ist, daß er von vornherein bereits der "in Christus" geschaffene Mensch ist. In der zweiten Zeit wird die erstere Verborgenheit aufgehoben. In der Begegnung mit der lebendigen Bezeugung des Glaubens kommt für die Vernunft an den Tag, daß sich Einwände gegen den Glauben nicht stichhaltig vertreten lassen. Es handelt sich dann um eine geschichtlich bestimmte Vernunft (486). Aber erst in der dritten Zeit

---

486 Vgl. noch unter anderem Blickwinkel den Hinweis von **Wilfried Joest**, o. c. (Anm. 53), 101, wonach die Fraglichkeit des Menschen den Hintergrund für das Verständnis der christlichen Botschaft bildet: "Das **kann** bedeuten, daß sie Menschen, die über solchen Themen schon vorgängig in die Erfahrung der Fraglichkeit geraten sind, die Christusbotschaft unmittelbar als Grund des Durchstehens verdeutlichen kann. Es kann aber auch sein, daß sie solche, die in der Weise der Verdrängung ins Alltägliche mit solchen Themen umgehen, auf Fragen erst aufmerksam machen muß; oder solchen, die auf jene Fragen andere Antworten haben, die Christusbotschaft im Widerspruch gegen solche Antworten ausrichten muß; oder sie solchen, die in ungelöster Fraglichkeit verharren wollen, als Widerspruch gegen diese hero-

wird, und zwar nur für den Glauben selbst, das "In Christus"-Geschaffensein des Menschen offenbar. Erst im Glauben als dem Vom-Heiligen-Geist-Erfülltsein wird die Botschaft Jesu als das erfaßt, wodurch man positiv die Freiheit erlangt, dem sittlichen Anspruch zu entsprechen, unter dem man ohnehin steht und der der Anspruch Gottes ist. Somit gibt es eine zweifache Verborgenheit: Die eine wird bereits durch das bloße Konfrontiertsein mit wirklicher Glaubensverkündigung aufgehoben; die andere dagegen wird erst im Glauben selbst überwunden.

FRAGEN

1. Welche Voraussetzungen für den Glauben auf seiten des Menschen sind der Vernunft als solcher zugänglich, und welche sind nur im Glauben selber zu erkennen?
2. Was ist unter dem "übernatürlichen Existential" zu verstehen?
3. Was muß in der Konfrontation des Menschen mit der christlichen Botschaft im voraus zur Glaubenszustimmung erkennbar sein, wenn der Glaube vor der Vernunft verantwortbar sein soll?
4. Worin bestünde also die "Gehorsamsfähigkeit" des Menschen, und wie wird sie erkannt?
5. Wie unterscheidet sich das Selbstverständnis des Menschen in den drei Zeiten: im voraus zur Begegnung mit der Glaubensverkündigung; in der Begegnung mit der Glaubensverkündigung vor der Glaubenszustimmung; nach der Glaubenszustimmung?

2 DIE GLAUBWÜRDIGKEIT DER GLAUBENSVERKÜNDIGUNG

Nach der Darstellung der Voraussetzungen für die Verantwortbarkeit des Glaubens fragen wir jetzt, wie man verantwortbar zum Glauben selbst kommt. Worin besteht die Glaubwürdigkeit des christlichen Glaubens? Nicht jede angebliche Glaubensverkündigung ist glaubwürdig, sondern nur eine solche, die sich **nachweisbar** anderer Beurteilung als der des Glaubens entzieht. Die Glaubensverkündigung muß den Hörer so in die Entscheidung zwischen Glauben und Unglauben stellen, daß es keine dritte Möglichkeit gibt. Was kann man von der Glaubensverkündigung bereits im voraus zur Glaubenszustimmung und was nur innerhalb der Glaubenszustimmung selbst verstehen? Wie geschieht der Übergang vom einen zum anderen? Wel-

---

isch-aporetische Haltung ausrichten muß." - Vgl. auch **Paul Tillich**, Systematische Theologie I, Stuttgart ³1956, 14; in seiner "Korrelationsmethode" will er die Fragen, die sich aus der existentiellen Situation des Menschen ergeben, mit den Antworten der Botschaft in Beziehung setzen, wobei deutlich bleiben soll, daß die Antworten sich nicht aus den Fragen ableiten lassen, jedoch immer auf die Fragen eingehen.

che Rolle spielt die Berufung auf "Wunder" und "Geheimnis" für die Glaubwürdigkeit der Glaubensverkündigung? Wie entgeht man in der Verantwortung des Glaubens sowohl dem Rationalismus, der den Glauben auf bloße Vernunftgründe zurückzuführen sucht, wie dem Fideismus, in dem der Glaube zu einem blinden Entschluß würde?

2.1 Die Alternative von Glaube und Unglaube

Der christliche Glaube versteht sich nicht als eine Art zusätzlicher Erkenntnis, die zu dem bereits vorhandenen Wissen des Menschen hinzukommt, dieses aber im Grunde unberührt läßt. Der Glaube ist vielmehr ein neues Selbstverständnis des Menschen und von daher auch ein neues Verständnis der Gesamtwirklichkeit. Alle begreifbare Wirklichkeit unserer Erfahrung wird im Glauben zum Gleichnis der unbegreiflichen Gemeinschaft mit Gott.

Bei irdischen Sachverhalten (x) besteht ihre Begründung darin, daß man sie in einen weiteren Zusammenhang einordnen kann:

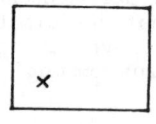

Es ist jedoch nicht möglich, auch den Glauben in dieser Weise zu begründen. Er beansprucht vielmehr, selbst die umfassende Wahrheit zu sein, in die alles andere einzuordnen ist (vgl. 1 Kor 2,15). Alles andere ist im Licht des Glaubens zu betrachten:

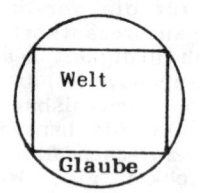

Deshalb handelt es sich überhaupt nur dann um wirkliche Glaubensverkündigung, wenn sie sich nicht in einen noch umfassenderen Rahmen einordnen läßt, sondern nur als das letzte Wort über alle Wirklichkeit verstanden werden kann. Das unterscheidet wirkliche Glaubensverkündigung von irdischer Wahrheit. Solche Verkündigung stellt den Menschen in die **Entscheidung**, sich entweder letztlich von der Welt her oder aber von dem in der Glaubensverkündigung Gesagten zu verstehen. Die Frage, die die Glaubensverkündigung jedem Menschen stellt, lautet: Ist die Welt das den Menschen Letztbestimmende, oder steht auch die Welt noch immer unter dem Vorzeichen des "Wortes Gottes"? Der Glaube leugnet nicht, daß der Mensch von der Welt bestimmt wird. Aber er leugnet, daß sie das letzte Wort über ihn hat. Das letzte Wort über den Menschen und seine Welt ist sein Angesprochenwerden durch Gott, seine Gemeinschaft mit Gott, die als solche nur geglaubt werden kann. Während außerhalb des Glaubens Vergänglichkeit und Tod das letzte Wort hätten und keine gute Erfahrung in dieser Welt dagegen ankäme und die Welt deshalb letztlich ein Gleichnis der Hölle wäre, gilt im Glauben, daß wir für immer Gemeinschaft mit Gott haben und deshalb die Welt zum Gleichnis des Himmels wird; Vergänglichkeit und Tod haben nicht mehr die Macht, von Gott zu trennen.

Sachgemäße Glaubensverkündigung stellt den Menschen so in die Alternative von Glaube und Unglaube, daß es keinen neutralen Raum gibt. Deshalb liegt sachgemäße Glaubensverkündigung auch nur und erst dort vor, wo sich jede letzten Endes vom Glauben selbst verschiedene Stellungnahme zu ihr vor der Vernunft als **willkürlich** nachweisen läßt und **deshalb** verdient, als Unglaube bezeichnet zu werden. Unter "Willkür" verstehen wir nicht nur neutrale Beliebigkeit, wie man sich nach Belieben für eine Hutfarbe entscheiden kann. Vielmehr ist dasjenige Verhalten gemeint, in dem man letztlich sich selbst zum Maß für andere macht und mit ihnen nach Gutdünken verfährt (vgl. Mt 17,12). Es ist das Verhalten, in dem man für herrschaftsfreie Kommunikation nicht mehr zugänglich ist, sondern nur die Argumente gelten läßt, die einen selbst bestätigen. "Willkür" in diesem Sinn bedeutet, sich um der eigenen kurzsichtigen Interessen willen selbst zu betrügen und das zu übergehen, was sich vernünftigem Wahrnehmen als wirklich aufdrängt (487). Unglaube liegt nur da vor, wo es sich in diesem Sinn als "willkürlich" nachweisen läßt. Es muß sich um Unrecht handeln.

Es gibt gegenüber der Glaubensverkündigung unter Umständen zunächst eine Reihe von Einwänden, auf die einzugehen ist. Solche Einwände vorzubringen, hat mit Unglauben nichts zu tun, sondern dient dem genaueren Verständnis der Verkündigung. Es ist auch denkbar, daß die Antwort auf solche Einwände erst mühsam gesucht werden muß. An das Verständnis zu appellieren, bedeutet für Gesprächspartner, einander Zeit zu gewähren. Jedenfalls ist ein sachgemäßes Glaubensverständnis völlig unvereinbar damit, daß man Einwände gegen den Glauben verdrängt, anstatt sich im Rahmen der eigenen Möglichkeiten mit ihnen auseinanderzusetzen. Wer auf Einwände gegen den Glauben nicht sofort antworten kann, muß angeben können, wodurch sich sein Verhalten von einer Verdrängung der Einwände unterscheidet. Sonst wird sein angeblicher Glaube zu Willkür und wäre in Wirklichkeit nur noch eine Form christlich verbrämten Unglaubens.

Man kann sich diesen Sachverhalt an dem Beispiel der Berufung des Natanael im Johannesevangelium (Joh 1,45-51) klarmachen. Natanaels erste Reaktion auf die Verkündigung, Jesus von Nazaret sei

---

487 Vgl. dazu auch **Helmut Kuhn**, Ideologie als hermeneutischer Begriff, in: Hermeneutik und Dialektik I, hrsg. v. Rüdiger Bubner u. a., Tübingen 1970, 343-356. Ideologie ist nach Kuhn die "Monumentalgestalt der kleinen alltäglichen Unredlichkeit" (349).

der Messias, lautet: "Kann aus Nazaret etwas Gutes kommen?" (v. 46) Eine solche skeptische Frage ist keineswegs ein Ausdruck von Unglaube. Denn der Frager ist bereit, sich die Antwort anzuhören. Seine Frage ist der Weg zu sachgemäßem Verstehen. Es handelt sich also nicht um eine "letzten Endes vom Glauben verschiedene Stellungnahme" zur Verkündigung. Jesus selbst sagt über Natanael: "Siehe, wahrhaft ein Israelit, an dem kein Falsch ist!" (v. 47). Mangelnde Bereitschaft zu hören und damit Unglaube liegen in Wirklichkeit erst dann vor, wenn sich ein Mensch in sich selber verschließt und sich und seine Auffassung nicht mehr in Frage stellen lassen will. Ob dies der Fall ist, muß jeder bei sich selber prüfen; das Urteil darüber steht wohl kaum dem Verkünder des Glaubens zu. Von seiten der Glaubensverkündigung darf niemand aus dem Gespräch ausgeschlossen werden.

Der nur summarisch mit der christlichen Verkündigung konfrontierte, noch nicht glaubende Mensch wird zunächst sogar mit Recht sagen, daß er von sich aus gar kein Bedürfnis nach dem Glauben habe. Es wäre auch für den Glauben nur fatal, wenn er sich als Antwort auf ein positives Bedürfnis erweisen ließe, das der Mensch von sich aus hat. Denn damit wäre der behauptete Gnadencharakter des Glaubens widerlegt. Vielmehr wird ein Mangel überhaupt erst durch die Begegnung mit einem Zeugen des Glaubens erfahren. Um sich auch mit ihm verständigen zu können und der Offenheit gegenüber anderen keine willkürlichen Grenzen zu setzen, "bedarf" man des Glaubens und würde anderenfalls gegen die Gesetze der eigenen Vernunft verstoßen.

So ist es die Aufgabe sachgemäßer Glaubensverkündigung, genau deutlich zu machen, was Glaube im Unterschied zu Unglaube ist. Es gilt, die Trennlinie zwischen beiden genau anzusetzen, damit nicht etwas als Glaube ausgegeben wird, was nur ein Mißverständnis von Glaube ist, und damit nicht der Protest gegen eine unsachgemäße Verkündigung sich selber für Unglauben halten muß. Die Trennlinie ist genau dadurch bestimmt, daß nur das Glaubenswahrheit sein kann, was nur geglaubt werden kann und sich nachweislich und diskutierbar anderer Beurteilung entzieht. Es muß möglich sein, die jeweilige Begründung vom Glauben verschiedener Stellungnahmen zur Verkündigung als nicht stichhaltig aufzuweisen. Natürlich kann dies nur in einem Gesprächsprozeß geschehen, in dem man auf die einzelnen Punkte auch im einzelnen eingeht. Gewiß ist es möglich, sich der Verkündigung zu entziehen und ihren Anruf als Illusion zu betrachten. Aber es ist nachprüfbar, daß man dazu "nicht durch unabdingbare Vernunfteinsicht genötigt" ist, "sondern vielleicht durch die Faszination, mit der andere Wahlmöglichkeiten das Annehmen des Anrufs blockieren" (488). Verwirrung entsteht, wo die Trennlinie zwischen Glauben und Unglauben falsch angesetzt wird. Dann wird die begründete Ablehnung unsachgemäßer Glaubensverkündigung als Unglaube ausgegeben oder umgekehrt die abergläubische Annahme beliebiger mythologischer Behauptungen für Glaube gehalten (489).

---

488 **Wilfried Joest**, o. c. (Anm. 53), 131.

489 Vgl. **Eberhard Jüngel**, o. c. (Anm. 159), 283: "Der Glaube an Jesus Christus verträgt sich nicht mit Aberglaube, obwohl sich der Aberglaube mit dem Glauben an Jesus Christus nur gar zu gern vertragen würde."

Auch gegenüber sachgemäßer Glaubensverkündigung kann es geschehen, daß man sie in einer Weise "annimmt", die ihr in Wirklichkeit widerspricht und noch immer Unglaube ist. Denn gegenüber sachgemäßer Glaubensverkündigung bleibt überhaupt jede Weise, ihr gegenüber "von sich aus" Stellung zu nehmen, willkürlich. Eine solche ungläubige Stellungnahme kann in einem Nein oder in vermeintlicher Unentschiedenheit bestehen, die ja gegenüber dem Angebot zu glauben, ebenfalls auf ein Nein hinausläuft. Der Unglaube kann aber auch in einer bloß weltanschaulichen Bejahung bestehen, die dann entweder rationalistisch oder fideistisch sein und sich anderen gegenüber dogmatistisch und sich selbst immunisierend verhalten wird. Es handelt sich dann um christlich verbrämten Unglauben, der die unheilvollste Form von Unglauben darstellt. Wirklicher Glaube dagegen läßt sich von vornherein nicht so verstehen, als nehme man von sich aus Stellung. Er ist der Gegensatz zu jedem Selbstruhm und hat die Struktur des "Ich glaube, hilf meinem Unglauben" (Mk 9,24).

Es ist aber auch möglich, daß jemand in Wahrheit glaubt, daß jedoch seine ausdrückliche Rechenschaft darüber unsachgemäß bleibt. Sich damit zufriedenzugeben hieße, den Glauben selbst zu gefährden. Gegen eine solche unsachgemäße Theologie ist deshalb genauso wie gegen den Unglauben selbst zu argumentieren. Wer wirklich glaubt, wird sich Argumenten gegen seine unsachgemäße Theologie auf die Dauer nicht verschließen.

Die Aufgabe, die Trennlinie zwischen Glauben und Unglauben richtig zu bestimmen, erfordert ständige Aufmerksamkeit gegenüber neuen Fragestellungen und Einwänden. Sie läßt sich nie ein für allemal erledigen. Ein für allemal läßt sich nur die Regel für diese Bestimmung nennen, daß **nur das** geglaubt werden kann, was **nur geglaubt** werden kann. Sachgemäße Glaubensverkündigung stellt so in die Entscheidung zwischen Glaube und Unglaube, daß mit Vernunftgründen nachweisbar wird, warum der Unglaube **nicht** zu verantworten ist. Daß jedoch der Glaube positiv verantwortbar ist, läßt sich nur im Glaubensvollzug selbst erkennen. Diesem Sachverhalt gehen wir im folgenden Abschnitt nach.

FRAGEN

1. Wie wird irdische Wahrheit begründet, und warum kann Glaubenswahrheit nicht nach dem gleichen Verfahren begründet werden?
2. In welche Entscheidung stellt die Glaubensverkündigung den Menschen?
3. Was ist mit dem Ausdruck "letzten Endes vom Glauben verschiedene Stellungnahme zur christlichen Botschaft" gemeint?
4. Warum ist das Vorbringen von Einwänden gegen den Glauben nicht mit Unglauben gleichzusetzen?
5. Wann ist die Trennlinie zwischen Glauben und Unglauben richtig angesetzt?
6. Was ist unter "christlich verbrämtem Unglauben" zu verstehen?
7. Läßt sich die Aufgabe, auf Einwände gegen den Glauben zu antworten, definitiv erledigen?

2.2 Die verschiedene Verstehbarkeit der Glaubensverkündigung im voraus zur Glaubenszustimmung und in der Glaubenszustimmung selbst

Auf den ersten Blick mag es paradox erscheinen, daß zwar die Unglaubwürdigkeit des Unglaubens nachweisbar sein solle, aber die Glaubwürdigkeit des Glaubens nur geglaubt werden könne. Es ist deshalb notwendig, sich über den Begriff "Glaubwürdigkeit" genau zu verständigen.

Im strengen Sinn ist unter der "Glaubwürdigkeit" der christlichen Botschaft zu verstehen, daß sie denjenigen "Glauben" verdient, den sie selbst als das Erfülltsein vom Heiligen Geist verstanden wissen will. Eine solche "Glaub"-Würdigkeit ist aber allein in der Weise eben dieses "Glaubens" erkennbar. Sie wird nur in der Glaubenszustimmung selber erfaßt. Glaubwürdigkeitserkenntnis in diesem Sinn und Glaubenszustimmung sind ein und derselbe Akt (490).

Allerdings kann eine solche nur im Glauben selbst zugängliche "Glaubwürdigkeit" nur unter dieser Bedingung bestehen: Im voraus zur Glaubenszustimmung muß nachweisbar sein, daß sich vom Glauben letzten Endes verschiedene Stellungnahmen zur christlichen Botschaft nicht verantworten lassen, während der gleiche Nachweis einer Nicht-Verantwortbarkeit des Glaubens selbst nicht geführt werden kann (491). Ohne diesen Sachverhalt ist die eigentliche "Glaubwürdigkeit", die in der Botschaft selber liegt, nicht möglich.

Und nun wird in einem weiteren Sinn auch dieser Sachverhalt, der im voraus zur Glaubenszustimmung und zur eigentlichen Glaubwürdigkeitserkenntnis zugänglich ist, herkömmlich als "Glaubwürdigkeit" bezeichnet. Diese "Glaubwürdigkeitserkenntnis" im weiteren Sinn erschöpft sich aber in der negativen Einsicht, daß letztlich

---

490 So **Pierre Rousselot**, Die Augen des Glaubens, Einsiedeln 1963 (ursprünglich in: RSR 1 [1910] 241-259, 444-475), 31. Vgl. auch **Erhard Kunz**, Glaube - Gnade - Geschichte. Die Glaubenstheologie des Pierre Rousselot S.J., Frankfurt am Main 1969, 118-120. Im gleichen Sinn spricht **Eugen Biser**, o. c. (Anm. 291), 52, von der Notwendigkeit, "den Ausgangspunkt der Glaubensbegründung im Glauben selbst zu suchen". Möglich ist der Aufweis einer solchen Selbstgegründetheit des Glaubens allerdings nur, wenn das der Glaubenszustimmung logisch und meist auch zeitlich vorausgehende reale Konfrontiertsein mit der christlichen Botschaft ausdrücklich bedacht wird. Im voraus zur Glaubenszustimmung muß man erfassen können, daß man **dieser** Verkündigung jedenfalls anders als im Glauben nicht gerecht wird.

491 Weil **Pierre Rousselot**, o. c. (Anm. 490), diesen Sachverhalt in diesem Artikel kaum ausdrücklich bedacht und benannt hat, wurde er oft des Fideismus und damit der Verweigerung einer Verantwortung des Glaubens vor dem Nichtglaubenden verdächtigt. Der Sache nach kommt aber die Nichtverantwortbarkeit vom Glauben verschiedener Stellungnahmen zur christlichen Botschaft z. B. auf S. 82 vor, wo er solche Stellungnahmen als "Ausflüchte" u. ä. charakterisiert.

vom Glauben verschiedene Stellungnahmen zur Glaubensverkündigung nicht verantwortbar sind.

Es wäre jedoch ein Trugschluß, wollte man aus dem Nachweis, daß die jeweiligen letzten Endes vom Glauben verschiedenen Stellungnahmen zu sachgemäßer Glaubensverkündigung willkürlich sind, logisch folgern, daß die Glaubenszustimmung selbst nicht willkürlich, sondern vielleicht sogar positiv sittlich geboten sei. Daraus, daß man nicht **beweisen** kann, die Glaubenszustimmung sei willkürlich, folgt logisch durchaus noch nicht, daß sie tatsächlich nicht willkürlich ist (492). Denn aus der Nichtbeweisbarkeit eines Sachverhaltes ergibt sich noch nichts über das Bestehen oder Nichtbestehen des Sachverhaltes selbst (vgl. im Prozeßrecht den "Freispruch mangels Beweisen", aus dem sich logisch weder Unschuld noch Schuld des Angeklagten ergibt). Die tatsächliche Nicht-Willkürlichkeit des Glaubens für eine Vernunftwahrheit zu halten, führt im Nachhinein zu unauflöslichen Widersprüchen, weil sich dann die strenge Übernatürlichkeit des Glaubens nicht mehr wahren läßt. Der Trugschluß wäre der gleiche, wie wenn man daraus, daß man nicht nachweisen kann, daß die Zahl der Sterne gerade ist, folgern wollte, sie sei ungerade. Natürlich folgt auch das Gegenteil nicht. Auch wenn man also die Unglaubwürdigkeit des Unglaubens nachweisen kann, bleibt es dabei, daß die eigentliche Glaubwürdigkeit des Glaubens erst im Glauben selbst positiv erkannt wird. Im voraus zur Glaubenszustimmung entzieht sich die Glaubensverkündigung legitimer Beurteilung.

Das bedeutet jedoch nicht, daß die Glaubensverkündigung im voraus zur Glaubenszustimmung schlechterdings unverständlich bleibt. Denn dann könnte sie ja auch nicht in die Entscheidung zwischen Glauben und Unglauben stellen (493).

---

492 So ist es bereits zuviel, wenn **Jürgen Werbick**, Gott gehören - Theologisches zur Identitätsproblematik, in: ZKTh 97 (1975) 461, meint, die Theologie könne "nachzuweisen versuchen, daß es jedenfalls nicht unvernüftig ist, seine Identität dem Glauben verdanken zu wollen". Die noch abgesehen von der Wahrheit des Glaubens mögliche Widerlegung angeblicher Beweise für eine Unvernünftigkeit des Glaubens ist logisch durchaus nicht dasselbe wie der positive Beweis der Nicht-Unvernünftigkeit des Glaubens. Die tatsächliche Nicht-Unvernünftigkeit des Glaubens wird nur in ihm selbst erfaßt. Zum positiven Beweis einer Nicht-Unvernünftigkeit und damit der Vernünftigkeit des Glaubens gehört nicht nur die Widerlegung angeblicher Beweise für seine Unvernünftigkeit, sondern die Behauptung seiner Unvernünftigkeit müßte als in sich widersprüchlich erwiesen werden.

493 In diesem Sinn sagt **Rudolf Bultmann**, Neues Testament und Mythologie, in: KuM I, 46: "Glaube und Unglaube sind deshalb nicht blinder, willkürlicher Entschluß, sondern verstehendes Ja oder Nein." Im spezifischen moralischen Sinn ist Unglaube auch für Bultmann durchaus "blind" (ebd., 38). Vgl. auch den Kommentar von **Ernst Fuchs**, Das entmythologisierte Glaubensärgernis, in: **ders.**, Gesammelte Aufsätze I, Tübingen 1959, 231: "[...] der Unglaube ist nur in dem Sinn verstehendes Nein, daß er sich für ein anderes Verstehen seiner selbst entscheidet. Der Unglaube ist also nicht eigentlich verstehendes Nein, sondern Unverstehen, Finsternis, aber ein

Die Glaubensverkündigung gebraucht Worte und Begriffe, die der sonstigen Sprache entnommen sind. Es geht ja im Glauben letztlich darum, die ganze geschaffene Wirklichkeit, die sonst Gegenstand der Sprache ist, als Gleichnis für die ungeschaffene, unendliche Liebe Gottes zur Schöpfung neu zu verstehen. Bereits aufgrund der von ihr gebrauchten Worte und Begriffe muß der Glaubensverkündigung eine gewisse Verstehbarkeit auch im voraus zur Glaubenszustimmung zukommen. Allerdings bekommen alle Worte, die der Glaube in seine Sprache übernimmt, einen gegenüber ihrer ursprünglichen Bedeutung angebbar veränderten Sinn (494). Selbst so alltägliche Worte wie "ich" haben im Glauben eine andere Bedeutung als zuvor: Das Wort "ich" meint jetzt den sich von Gott geliebt wissenden Menschen und nicht mehr nur den Menschen, wie er sich von sich aus versteht (vgl. Gal 2,20).

Deshalb kann man im voraus zur eigentlichen Glaubenszustimmung von der Verkündigung immer nur soviel verstehen, daß man erkennt, bei diesem Verständnis stehenzubleiben hieße, es in ein Mißverständnis zu verkehren. Das im voraus zur Glaubenszustimmung mögliche Verstehen kann nur als Unterwegssein zu vollerem Verstehen überhaupt Verstehen genannt werden. Ist man einmal zur ausdrücklichen Glaubenszustimmung gelangt, dann kann man auch rückschauend erkennen, daß das Unterwegssein zum Glauben bereits die von der Gnade getragene Haltung des Glaubens gewesen ist. Entweder bewegt man sich in Richtung auf den Glauben zu oder von ihm weg; ein bloßes Stehenbleiben ist nicht möglich. "Wer nämlich hat, dem wird gegeben werden, und er wird im Überfluß haben; wer aber nicht hat, von dem wird auch das genommen werden, was er hat" (Mt 13,12). Entscheidend ist dabei die Richtung, in der man sich bewegt, und nicht die große oder geringe Entfernung, in der man sich von der Glaubenszustimmung befindet.

Es bleibt also dabei, daß das volle Verständnis der Glaubensverkündigung nur innerhalb der Glaubenszustimmung selbst erreicht wird. Hierin unterscheidet sich das Glaubensverständnis von dem Verständnis sonstiger Aussagen. Bei irdischen oder empirischen Aussagen gilt: "Einen Satz verstehen, heißt, wissen, was der Fall ist, wenn er wahr ist. (Man kann ihn also verstehen, ohne zu wissen, ob er wahr ist.)" (495) Eine Glaubensaussage dagegen nur hypothetisch verstehen zu wollen, hieße bereits, sie mißzuverstehen (496).

---

    solches Unverstehen, das sich für weise, eine Finsternis, die sich für Licht hält."

494 Vgl. von der Christologie her **Martin Luther**, Die Disputation de divinitate et humanitate Christi (1540), WA 39,2; 94,17f (These 20): "Es ist jedoch gewiß, daß alle Vokabeln bei Christus eine neue Bedeutung für dieselbe bezeichnete Wirklichkeit empfangen."

495 **Ludwig Wittgenstein**, o. c. (Anm. 12), 66 (n. 4.024).

496 Vgl. **Wilfried Joest**, o. c. (Anm. 53), 253: Die selbst zu glaubende Grundvoraussetzung des Glaubens "als bloße Annahme auf Bewährung hin anzusetzen aber würde sie mit sich selbst in Widerspruch bringen". Wo man dennoch versucht, die Theologie in diesem Sinne in ein modernes Verständnis von Wissenschaft einzufügen, führt dies nach seiner Auffassung eher zur Verschleierung als zur Klärung des Ver-

Gegenüber der Auffassung, daß Glaubenswahrheiten nur innerhalb des Glaubens selbst eigentlich verstanden werden und sich jeder vom Glauben verschiedenen Beurteilung entziehen, liegt der Einwand nahe, es sei dies eine Immunisierungsstrategie. Man weiche damit jeder von außen kommenden Kritik aus und verzichte im Grunde auf eine Verantwortung des Glaubens gegenüber dem Nichtglaubenden (497).

Eine Immunisierungsstrategie liegt dann vor, wenn prinzipiell nicht angebbar ist, was ein Gegner leisten müßte, um eine Auffassung aus den Angeln zu heben. Damit eine Aussage sinnvoll sei, muß es tatsächlich möglich sein, Bedingungen anzugeben, bei deren Erfüllung die Aussage als haltlos erwiesen und deshalb aufgegeben würde (498). Die Forderung, solche Bedingungen anzugeben, besagt natürlich nicht, daß sie real erfüllbar sein müssen; ob sie erfüllt werden können oder nicht, muß sich erst herausstellen.

Gegen Immunisierungsstrategien gibt es kein anderes Mittel als eben den Aufweis, daß es sich um Immunisierungstrategien handelt. So wäre es etwa eine Immunisierungsstrategie, wenn jemand alle sogenannte Außenwelterfahrung für geträumt erklärte. Welche Erfahrung auch immer man dagegen vorbringen wollte, er würde sie ebenfalls als geträumt bezeichnen. Es ist also gar nicht angebbar, wodurch seine Behauptung gegebenenfalls widerlegt werden könnte. Aber genau deshalb ist die Behauptung als sinnlos abzulehnen.

Gegenüber unserer Auffassung von der Struktur der Verantwortung des Glaubens träfe der Vorwurf zu, es handele sich um eine Immu-

---

hältnisses von Theologie zu Wissenschaft. Im Unterschied zu einer bloßen Religionsphilosophie geht es in der Theologie um die Verantwortung der Vertrauensgewißheit des Glaubens, die keinen hypothetischen Charakter hat. Dies ist ein Haupteinwand gegen den Ansatz von **Wolfhart Pannenberg**, Wissenschaftstheorie und Theologie, Frankfurt am Main 1973.

497 Diesen Einwand scheint sich auch **Wolfhart Pannenberg**, o. c. (Anm. 496), 46 zu eigen zu machen. Vgl. meine Rezension in ThPh 49 (1974) 602.

498 Dieses Postulat stellt eine verallgemeinernde Anwendung eines von **Karl R. Popper**, Logik der Forschung, Tübingen ^{3}1969, 15 formulierten Grundsatzes dar: "Ein empirisch-wissenschaftliches System muß an der Erfahrung scheitern können." Die Verallgemeinerung besagt: Auch nicht-empirische Sätze sind nur dann sinnvoll, wenn ihnen eine angebbare Bedeutung für empirische Sätze zukommt. Das gilt auch für Glaubensaussagen: Ließen sie sich in keinen Bezug zur erfahrbaren Wirklichkeit bringen, dann wären sie als haltlos anzusehen. Vgl. auch in den Briefen von **Ignatius von Loyola** das in seinem Auftrag erstellte Gutachten von **Juan de Polanco** über verschiedene angebliche Offenbarungen (1549) (MHSJ, Mon. Ign., Epp. 12, 640): "Denn natürlicherweise wird, je mehr sich das vernunftbegabte Geschöpf von den stofflichen Dingen [cosas materiales] entfernt, sein Verstand um so starrer in dem, was er als wahr oder falsch erfaßt. Und solchen Personen geschieht es häufig, vor allem, wenn sie der Rauch irgendeiner Leidenschaft blind macht [...], daß sie fragliche oder sogar falsche Dinge für überaus wahr nehmen."

nisierungsstrategie, wenn auch die negative Tatsache, daß sich die Wahrheit des Glaubens jeder vom Glaubensakt selbst verschiedenen Beurteilung entzieht, als nur im Glauben zugänglich behauptet würde. Das ist aber nicht der Fall. Nach unserer Auffassung ist der Glaube nur dann vor der Vernunft verantwortbar, wenn die Tatsache, daß er sich jeder vom Glauben selbst verschiedenen Beurteilung entzieht, ein allgemein zugänglicher und nachweisbarer Sachverhalt ist (499). Solange es gelingt, eine Aussage mit irdischen Gründen zu beweisen oder zu widerlegen oder ihr gegenüber mit stichhaltigen Gründen unentschieden zu bleiben, kann es sich in diesem Sinn nicht um eine Glaubensaussage handeln. Als Glaubensaussagen kommen nur solche Aussagen in Frage, gegenüber denen der Versuch, ihnen anders als im Glauben gerecht zu werden, zu Unstimmigkeiten führt, die als solche auch außerhalb des Glaubens für die Vernunft erkennbar sind.

Zum Beispiel läßt sich der Versuch, die christliche Botschaft als menschliche Selbstprojektion zu erklären (500), tatsächlich nicht damit vereinbaren, daß diese Botschaft einen Gottesbegriff voraussetzt, der jede Ähnlichkeit Gottes mit der Welt ausschließt und eine völlig einseitige Analogie der Welt Gott gegenüber behauptet.

Auch der Versuch, die christliche Botschaft auf eine mythologische Vermischung von Gott und Welt und dann auf einen entleerten Glauben an die eigene Gläubigkeit zurückzuführen (501), scheitert an der universalen Geltung des "unvermischt" und "ungetrennt" der chalzedonensischen Christologie.

Die tiefenpsychologische Deutung der christlichen Botschaft als Zwangsmechanismus der nachträglichen Rechtfertigung eines Gescheiterten und als entmündigender Beschwichtigung mit dem "Eiapopeia vom Himmel" (502) verkennt, daß man im Glauben die Augen nicht

---

499   Vgl. **Rudolf Bultmann**, Neues Testament und Mythologie, in: KuM I, 32: Der Glaube "kann seine Selbstgewißheit nur gewinnen, wenn er die Möglichkeit seiner Unmöglichkeit oder Unnötigkeit konsequent durchdenkt". Es handelt sich bei Bultmann keineswegs um eine Art "Flucht ins Engagement", wie **Hans Albert**, o. c. (Anm. 12), 109, zu meinen scheint.

500   Vgl. z. B. **Ludwig Feuerbach**, Das Wesen des Christentums, in: **ders.**, Sämtliche Werke, neu hrsg. v. Wilhelm Bolin und Friedrich Jodl, Band VI, Stuttgart - Bad Cannstatt ²1960, 21.

501   Vgl. **Günter Waldmann**, Christliches Glauben und christliche Glaubenslosigkeit, Tübingen 1968; vgl. meine Rezension in ThRv 66 (1970) 303-306.

502   Vgl. **Sigmund Freud**, Das Unbehagen in der Kultur, in: **ders.**, Studienausgabe IX, hrsg. v. Alexander Mitscherlich u. a., Frankfurt am Main 1974, 249. - Eine überzeugende Auseinandersetzung mit einer solchen Sicht bietet der Beitrag von **Herbert A. Zwergel** in: **Rudolf Pesch** und **Herbert A. Zwergel**, Kontinuität in Jesus - Orientierung und Meditation über Leben, Kreuz und Auferstehung, Freiburg-Basel-Wien 1974, 95-124. Zur Auseinandersetzung mit dem ebenfalls atheistisch-humanistischen Konzept von **Erich Fromms** psychoanalytischer Theorie, z. B. in: **ders.**, Die Herausforderung Gottes und des Men-

vor der Wirklichkeit verschließt, sondern ihr standhält; denn es geht im Glauben darum, sich von keiner Macht der Welt mehr zu Unmenschlichkeit erpressen zu lassen.

Nicht bestritten werden soll, daß von derartigen Einwänden Verfälschungen der christlichen Botschaft durchaus getroffen werden und dadurch als Verfälschungen entlarvt werden können. Dies dient jedoch gerade dem rechten Verständnis der christlichen Botschaft. Deshalb kommt der kritischen Funktion der Vernunft eine für das Verständnis der christlichen Botschaft unersetzliche Bedeutung zu (503). Dies gilt umso mehr, als alle Verfälschungen des Glaubens unweigerlich überaus unheilvolle Folgen haben. "Corruptio optimi pessima [Aus der Verkehrung des Besten entsteht das Schlimmste]." Es sei hier nur an die Greuel der Inquisition und der Hexenprozesse erinnert.

Jedenfalls ergibt sich, daß gerade das Prinzip von der Verstehbarkeit des Glaubens innerhalb des Glaubens allein kein Abschirmungsprinzip ist. Es handelt sich um ein Abgrenzungsprinzip, das die Funktion hat, "die Art möglicher Kritik besser herauszuarbeiten, und nicht die, irgendwelche mögliche Kritik auszuschalten, um den Bereich rationaler Diskussion einzuschränken" (504). Deshalb bedeutet auch "Glaubensgewißheit" nicht die Tabuisierung des Glaubensinhalts gegen kritische Anfragen. Glaubensgewißheit ist die Zuversicht, daß man es auf alle Anfragen ankommen lassen kann. Die Verläßlichkeit des Glaubens kann sich ja nur so erweisen, daß man sich tatsächlich jeder Art von Anfragen und Einwänden stellt. Und die kritischen Anfragen können hilfreich dazu nötigen, die Sache des Glaubens klarer zu sagen (505). Dagegen würden "Glaubenszwei-

---

schen, Konstanz-Zürich 1970, sei empfehlend hingewiesen auf den Aufsatz von **Gunda Schneider-Flume**, Leben dürfen oder leben müssen - Die Bedeutung der humanistischen Psychoanalyse Erich Fromms für die theologische Anthropologie, in: Der Wirklichkeitsanspruch von Theologie und Religion - Die sozialethische Herausforderung, hrsg. v. Dieter Henke u. a., Tübingen 1976, 207-229.

503 Eine sehr gute zusammenfassende Darstellung der wichtigsten Einwände, die heute gegen den christlichen Glauben vorgebracht werden, bietet **Wilfried Joest**, o. c. (Anm. 53), 103-110.

504 Vgl. **Hans Albert**, o. c. (Anm. 12), 106. Seiner Forderung "kritischer Brückenprinzipien" (ebd., 105) ist durchaus zuzustimmen. Insofern der Kritische Rationalismus es der menschlichen Vernunft bestreitet, sich auf einen "absoluten Standpunkt" stellen zu dürfen, ist er m. E. die dem christlichen Glauben gemäßeste Form der Philosophie, so sehr er sich selbst zunächst als religionskritisch versteht.

505 **William W. Bartley**, Flucht ins Engagement - Versuch einer Theorie des offenen Geistes, München 1962, 91, wendet ein: "Wenn man laufend umdefiniert, kann man am Ende jedes System retten. Wenn bei einer Schachpartie der eine Spieler die Regeln immer dann abändern darf, wenn er kurz vor dem Schachmatt steht, wird der andere kaum je gewinnen." Der Einwand träfe zu, wenn die Aussagen des christlichen Glaubens so uminterpretiert werden dürften, daß sie sich vom ursprünglichen Zeugnis lösen könnten, oder wenn das Kriterium auf-

fel" darin bestehen, um einer vermeintlich auf diese Weise zu schützenden Glaubenssicherheit willen den Glauben gegen Anfragen abzuschirmen, weil man es ihm nicht zutraut, auf sie antworten zu können. Doch kann es für das Glaubensverständis nur hinderlich sein, Anfragen an es zu verdrängen (506). Im übrigen müßte wirklicher Unglaube gerade daran zu erkennen sein, daß er die Struktur einer Immunisierungsstrategie, eines Sich-in-sich-selbst-Verschließens hat.

Es könnte nun scheinen, als sei die Annahme des Glaubens der Übergang zwischen zwei voneinander getrennten Bereichen, nämlich aus dem Bereich bloß natürlicher Erkenntnis in den des übernatürlichen Glaubens:

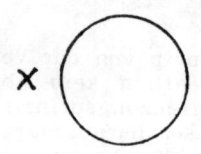

Aber wie kann ein solcher Übergang bewerkstelligt werden? Alles, was von natürlicher Erkenntnis logisch vorausgesetzt wird oder aus ihr folgt, ist immer noch selber nur natürliche Erkenntnis. Deshalb gibt es von bloß natürlicher Erkenntnis keinen Weg zur übernatürlichen, weder durch Schlußfolgerung noch durch einen willensmäßigen Aufschwung aus eigener Kraft. Nur in der umgekehrten Richtung gilt, daß übernatürliche Erkenntnis natürliche einschließt. Die christliche Botschaft beansprucht aber auch gar nicht, einen derartigen Weg vom Natürlichen zum Übernatürlichen, von der Vernunft zum Glauben, angeben zu können. Vielmehr stellt sie das Vorverständnis von einem Übergang zwischen getrennten Bereichen in Frage. Sie verkündet dem Menschen, daß er bereits im voraus zu seiner eigenen Glaubenszustimmung der in Wahrheit von Gott geliebte und damit im Bereich der Gnade stehende Mensch ist. Er soll also gar nicht meinen, erst neu in den Bereich der Gnade hineinkommen zu müssen.

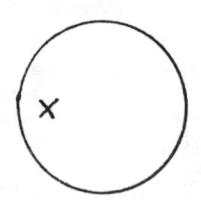

---

gegeben würde, daß die Wahrheit von Glaubensaussagen sich anderer Beurteilung als der des Glaubens allein entziehen muß. Was aber nur der schärferen Erfassung der gegenseitigen Zuordnung von Hören und Glauben dient und dem chalkedonensischen "unvermischt" und "ungetrennt" entspricht, ist keine beliebige Uminterpretation im Sinn des Einwands.

506 Vgl. **Albert Görres**, Pathologie des katholischen Christentums, in:

Nach der Glaubensverkündigung ist jeder Mensch von vornherein "in Christus" geschaffen. Allerdings ist dieses "in Christus" nicht an seinem Geschaffensein als solchem ablesbar und bleibt so lange verborgen, bis es durch die Verkündigung für den Glauben offenbar wird.

Der Übergang vom Nichtglauben zum Glauben geschieht als die Aufhebung einer menschlichen Illusion. Es gilt, zu erfassen, daß Gott schon immer beim Menschen ist und ihn niemals verläßt. Gewiß hat die Illusion des Menschen, letztlich auf sich allein gestellt zu sein, keineswegs illusorische, sondern reale Folgen. Sie ist als die Angst des Menschen um sich selbst der eigentliche Grund für alles egoistische und verantwortungslose Verhalten. Aber diese Angst selbst widerspricht der wahren Wirklichkeit des Menschen. Die Glaubensverkündigung entmachtet, wo sie geglaubt wird, diese Angst. Sie vermittelt die Freiheit, in der Wirklichkeit der Welt dem Mitmenschen gerecht zu werden. Diese Freiheit besteht jedoch nur unter Anfechtung (vgl. Mk 10,30).

FRAGEN

1. Was ist unter der eigentlichen "Glaubwürdigkeit" der christlichen Botschaft zu verstehen? Wie verhält sie sich zur Glaubenszustimmung selbst?
2. Welche Erkenntnis im voraus zur Glaubenszustimmung ist Bedingung für die "Glaubwürdigkeit" im eigentlichen Sinn?
3. In welchem weiteren Sinn wird herkömmlich der Begriff "Glaubwürdigkeit" gebraucht? Wie verhält sich "Glaubwürdigkeit" in diesem weiteren Sinn zur "Glaubwürdigkeit" im eigentlichen Sinn?
4. Warum folgt aus dem Aufweis der Willkür der jeweiligen vom Glauben verschiedenen Stellungnahmen zur christlichen Botschaft nicht logisch, daß der Glaube nicht willkürlich sei?
5. Was läßt sich im voraus zur eigentlichen Glaubenszustimmung von der Glaubensverkündigung verstehen?
6. Wie unterscheidet sich die Behauptung, daß die Glaubensverkündigung nur innerhalb des Glaubens selbst voll verstehbar sei, von einer Immunisierungsstrategie?
7. Was ist zum Beispiel auf den Einwand zu antworten, das Gottesverständnis der christlichen Botschaft sei eine menschliche Selbstprojektion?
8. Welche positive Funktion haben Einwände gegenüber der Glaubensverkündigung? Warum bedarf es zum Glaubensverständnis der kritischen Funktion der Vernunft?
9. Was ist unter einem "Abgrenzungsprinzip" im Unterschied zu einem "Abschirmungsprinzip" zu verstehen?
10. Welche Antwort gibt die christliche Botschaft auf die Frage, wie man aus einem Bereich außerhalb der Gnade in den Bereich der Gnade hineinkommt?

Handbuch der Pastoraltheologie, hrsg. v. Franz Xaver Arnold u. a., II,1, Freiburg-Basel-Wien 1966, 277-343.

2.3 Glaubensbegründung durch "Weissagungen" und "Wunder"

Nach katholischer Lehre kommt "Weissagungen" und "Wundern" glaubensbegründende Bedeutung zu: "Damit gleichwohl 'der Gehorsam unseres Glaubens mit der Vernunft zusammenstimme' [vgl. Röm 12,1], wollte Gott, daß sich mit den inneren Hilfen vom Heiligen Geist äußere Beweisgründe für seine Offenbarung verbinden, nämlich göttliche Ereignisse, und zwar vor allem Wunder und Weissagungen, die Gottes Allmacht und unendliches Wissen deutlich erweisen und deshalb höchst sichere und der Fassungskraft aller angepaßte Zeichen für die göttliche Offenbarung sind. Deshalb haben Mose und die Propheten, vor allem aber Christus der Herr selbst zahlreiche und überaus klare Wunder und Weissagungen hervorgebracht; und von den Aposteln lesen wir: 'Sie aber gingen hin und predigten überall, und der Herr wirkte mit ihnen und bestätigte ihre Predigt durch beglaubigende Zeichen' [Mk 16,20]. Und wiederum steht geschrieben: 'Ganz zuverlässig ist uns die Weissagungsrede, und ihr tut gut, auf sie zu achten wie auf ein Licht, das an finsterem Ort leuchtet' [2 Petr 1,19]" (507).

Die Frage ist, was man unter "Weissagungen" und "Wundern" genau zu verstehen hat. Handelt es sich um äußerlich zur Glaubensverkündigung hinzukommende Sachverhalte? Eine solche Deutung liegt bei oberflächlicher Lektüre nahe. Die Offenbarungsträger würden durch ihre Gabe, zukünftige Ereignisse richtig vorauszusagen und mit ihren Handlungen die Naturgesetze zu durchbrechen, göttlich legitimiert. Man könnte im voraus dazu, daß man sich mit dem Inhalt ihrer Verkündigung befaßt, beweisen, daß sie im Auftrag Gottes sprechen. Die Tatsache, daß eine Offenbarung von Gott stammt, wäre dann nicht Glaubensgeheimnis, sondern mit Gründen beweisbar, die der bloßen Vernunft zugänglich sind.

Es ist durchaus möglich, daß einzelne oder sogar viele Konzilsväter auf dem I. Vatikanum ihren Text so gemeint haben. Aber der für den Glauben verbindliche Sinn eines Konzilstextes ergibt sich nur in dem Verständnis, in dem seine Wahrheit nur dem Glauben zugänglich ist. Bereits der genaue Wortlaut des Textes selbst widerlegt jene oberflächliche Deutung. Nach dem Text kommt die äußere Beglaubigung nicht zur äußeren Botschaft hinzu, sondern zu den "inneren Hilfen vom Heiligen Geist". Eine Verschiedenheit der äußeren Beglaubigung von der äußeren Botschaft wird im Text nicht behauptet. **Tatsächlich ist es die Botschaft selbst, die in ihrem Inhalt als "Weissagung" und in ihrem Geschehen als "Wunder" zu verstehen ist.** Und die innere Gnade, die zum Glauben notwendig ist, wird gerade durch diese äußere Verkündigung offenbar. Nach der Lehre des I. Vatikanums sind die äußeren Zeichen dasjenige, was den Glauben von einer Privatinspiration oder einem bloßen inneren Erlebnis unterscheidet (508). Sie sind deshalb als mit der Externität des Wortes, die ja dieselbe Funktion hat, identisch anzusehen.

---

507 I. Vatikanum, DF, Kap. III, DS 3009.
508 Vgl. DS 3033.

Gegen jene oberflächliche Deutung sprechen noch weitere Argumente. Der Text selbst sagt, die Wunder und Weissagungen seien "der Fassungskraft aller angepaßte Zeichen für die göttliche Offenbarung". Wären damit äußerlich zur Glaubensverkündigung hinzukommende Ereignisse gemeint, dann bedürfte es der kompliziertesten historischen und naturwissenschaftlichen Untersuchungen, um ihre Tatsächlichkeit auch nur einigermaßen plausibel zu machen. Die einfachen Gläubigen müßten sich für die Glaubwürdigkeit ihres Glaubens auf die Detailkenntnisse der Theologieprofessoren berufen (509). Es würde sich dann keineswegs um "der Fassungskraft aller angepaßte Zeichen" handeln, sosehr oberflächliche Geister sich gerne damit begnügen würden.

Auch der weitere Kontext läßt jene Deutung nicht zu. Das Konzil unterscheidet streng zwischen der Erkenntnisordnung der Vernunft und der des Glaubens: "Auch daran hielt und hält die immerwährende Übereinstimmung der katholischen Kirche fest: Es gibt eine doppelte Erkenntnisordnung, verschieden nicht nur dem Erkenntnisprinzip, sondern auch dem Gegenstand nach. Dem Erkenntnisprinzip nach besteht die Verschiedenheit, da wir in der einen Ordnung mit der natürlichen Vernunft, in der anderen durch den göttlichen Glauben erkennen. Die Verschiedenheit dem Gegenstand nach besteht, da uns über das hinaus, was die natürliche Vernunft zu erreichen vermag, in Gott verborgene Geheimnisse zu glauben vorgelegt werden, die ohne göttliche Offenbarung nicht zu unserer Kenntnis gelangen können. Der Apostel, der bezeugt, daß Gott von den Heidenvölkern aus dem Geschaffenen erkannt wird [Röm 1,20], verkündet diesbezüglich, wo er von der Gnade und Wahrheit spricht, die 'durch Jesus Christus geschehen ist' [Joh 1,17]: 'Wir sprechen von Gottes Weisheit im Geheimnis, die verborgen ist und die Gott vor den Zeiten zu unserer Verherrlichung vorherbestimmt hat, die jedoch keiner der Fürsten dieser Welt erkannt hat ... Uns aber hat es Gott durch seinen Geist geoffenbart: Denn der Geist erforscht alles, auch die Tiefen Gottes' [1 Kor 2,7.8.10]. Und der Eingeborene selbst bekennt gegenüber dem Vater, daß er dies vor den Weisen und Klugen verborgen, den Kleinen aber geoffenbart habe [Mt 11,25]" (510).

Wäre der göttliche Ursprung der christlichen Botschaft durch den Hinweis auf zu ihr äußerlich hinzukommende "Wunder" und "eingetroffene Voraussagen" beweisbar, dann wäre die Einsicht in die Wahrheit dieser Botschaft durchaus eine Sache der "Weisen und Klugen". Sie könnten den Syllogismus bilden: "Was immer Gott offenbart, ist notwendig wahr. Nun aber hat Gott diese Botschaft geoffenbart. Also ist diese Botschaft notwendig wahr." Eine solche aufgrund von Prämissen, die für die Vernunft beweisbar wären, durch logisches Schlußverfahren erreichbare Einsicht würde nicht auf Autorität, sondern auf innerlich durchschauten Sachgründen beruhen. Aus dem Glaubensinhalt würde dann ein in seiner Wahrheit

---

509 In diese Richtung ging die Auffassung verschiedener neuscholastischer Handbücher. Vgl. z. B. **Santo Schiffini**, Tractatus de virtutibus infusis, Freiburg 1904, 268; Kardinal **Camillo Mazzella**, o. c. (Anm. 473), 377 (n. 745). Eine überzeugende Kritik an solchen Vorstellungen findet sich bei **Pierre Rousselot**, o. c. (Anm. 490), 21f.

510 I. Vatikanum, DF, Kap. IV, DS 3015.

auch mit natürlicher Vernunft erkennbarer, eben in sich einsichtiger Gegenstand. Doch gerade eine solche Auffassung lehnt das Konzil als mit dem Wesen des Glaubens unvereinbar ab.

Im übrigen würde die Vorstellung von "Wundern", die als gleichsam "flankierende Maßnahmen" einem an sich kraftlosen und möglicherweise leeren Wort von außen zu Hilfe kommen müßten, letztlich auch den "Wort Gottes"-Begriff untergraben (511). Denn "Wort Gottes" kann nur als in sich selbst vollmächtiges Wort verstanden werden.

Was ist aber dann positiv unter "Weissagungen" und "Wundern" zu verstehen?

Der christliche Begriff der "Weissagung" oder "Prophetie" ist mit der Verkündigung der "in Gott verborgenen Geheimnisse, die ohne göttliche Offenbarung nicht zu unserer Kenntnis gelangen können", gleichzusetzen. Der Glaubensinhalt selbst ist als die endgültige Deutung aller Geschichte die allen Zeiten überlegene "Weissagung". Dementsprechend bezeichnet dann das II. Vatikanum gemäß dem Sprachgebrauch der großen theologischen Tradition die Bezeugung des Glaubens durch die Gläubigen als ihre Teilnahme am "prophetischen Amt Christi" (512). In christlichem Verständnis geschieht "Prophetie" als die Weitergabe der "Glaubensgeheimnisse" und letztlich des einen Glaubensgeheimnisses unserer verläßlichen Gemeinschaft mit Gott.

Das I. Vatikanum lehrt über die "Glaubensgeheimnisse", daß sie "den geschaffenen Verstand so übersteigen, daß sie auch nach ihrer Mitteilung durch die Offenbarung und ihrer Annahme im Glauben vom Schleier des Glaubens bedeckt und von einer gewissen Dunkelheit umhüllt bleiben [...]" (513). Es ist zwar möglich, daß "die vom Glauben erleuchtete Vernunft, wenn sie eifrig, fromm und nüchtern sucht, durch Gottes Gabe sowohl aus der Analogie mit dem, was sie natürlicherweise erkennt, wie aus dem Zusammenhang der Geheimnisse untereinander und mit dem letzten Ziel des Menschen ein gewisses und sogar überaus fruchtbares Verständnis der Geheimnisse erlangt. Sie wird jedoch niemals in die Lage versetzt, sie gleich den Wahrheiten zu durchschauen, die den ihr selbst eigentümlichen Gegenstand ausmachen" (514).

Man darf diesen Begriff von "Glaubensgeheimnis" nicht, wie dies leider weithin üblich ist, mit "logischen Schwierigkeiten" verwechseln, als handele es sich dann um "Glaubensgeheimnisse", wenn man Glaubensaussagen nicht versteht oder wenn man die einen Glaubensaussagen mit den anderen nicht vereinbaren kann. Logische Schwierigkeiten in der Darstellung des Glaubensinhalts lassen sich grundsätzlich überwinden. Sie entstehen nur aus der Verwendung unsachgemäßer Begriffe, etwa wenn man relationale Sachverhalte nicht-relational wiederzugeben versucht. Wirkliche Glaubensgeheimnisse sind

---

511 Vgl. **Eugen Biser**, o. c. (Anm. 291), 96.
512 Vgl. II. Vatikanum, LG 12,1
513 I. Vatikanum, DF, Kap. IV, DS 3016.
514 Ebd.

nicht kompliziert, sondern grundeinfach. Es geht in ihnen allen immer nur um unser Anteilhaben am Gottesverhältnis Jesu, also darum, daß wir uns mit ihm und um seinetwillen von Gott mit einer Liebe angenommen wissen, die an nichts Geschaffenem ihr Maß hat, sondern die ewige Liebe des Vaters zu ihm als seinem eigenen Sohn ist.

Zum Begriff des "Glaubensgeheimnisses" gehört lediglich, daß man zu seiner Erkenntnis auf die christliche Verkündigung angewiesen ist und daß man es in seiner Wahrheit nur aufgrund eben dieser Verkündigung glauben kann. Es muß sich also sowohl in seiner Tatsächlichkeit wie sogar in seiner bloßen Möglichkeit jeder vom Glauben selbst verschiedenen Beurteilung nachweislich entziehen. Das ist der als nicht überbietbar zu interpretierende Sinn der Aussage, daß die Glaubensaussagen "den geschaffenen Verstand übersteigen". Nur dann kann es sich um ein "Glaubensgeheimnis" handeln, wenn man es bereits in seiner bloßen Möglichkeit mit irdischen Gründen weder beweisen noch widerlegen kann und wenn sich auch eine Unentschiedenheit nicht endgültig begründen läßt.

Der Beweis einer Aussage würde darin bestehen, daß man ihr kontradiktorisches Gegenteil als widersprüchlich aufweist. Eine Aussage würde umgekehrt widerlegt, wenn man beweist, daß sie in sich oder in bezug auf Fakten, die sich vernünftigerweise nicht bezweifeln lassen, widersprüchlich ist. Unentschiedenheit gegenüber einer Aussage ist dann endgültig begründbar, wenn in ihr ein Sachverhalt behauptet wird, den man einerseits von sich aus soll beurteilen können und für dessen Beurteilung einem anderseits die Maßstäbe fehlen.

Mit dem Begriff des "Glaubensgeheimnisses" ist vereinbar, ja von ihm her gefordert, daß sich die einzelnen Glaubensgeheimnisse auf ein einziges Grundgeheimnis des Glaubens zurückführen lassen, das dann natürlich in seiner Wahrheit immer noch nur geglaubt werden kann. Durch die Zurückführung der vielen Glaubensgeheimnisse auf ein einziges hören weder die vielen Glaubensgeheimnisse noch dieses eine auf, Glaubensgeheimnisse zu sein. Aber im Glauben ist der Zusammenhang der vielen einzelnen Glaubensgeheimnisse untereinander als notwendig einsichtig. Man glaubt nicht etwa nur jeweils die einzelnen Glaubensgeheimnisse und dann erst in einem weiteren Glaubensakt ihren Zusammenhang. Ihr Zusammenhang besteht auch nicht nur darin, daß sie alle in der einen göttlichen Offenbarung enthalten sind, wobei ihnen aber ihr Offenbartwerden äußerlich bliebe. Vielmehr enthält bereits jedes einzelne Glaubensgeheimnis, das man im Glauben annimmt, den Verweis auf alle anderen in sich, wobei man allerdings darauf angewiesen bleibt, alles aus dem Hören zu empfangen. Man kann die vielen Glaubensgeheimnisse nicht aus dem einen Grundgeheimnis ableiten, es sei denn, man habe sie zuvor darauf zurückgeführt und betrachte also das Grundgeheimnis in ihrem Licht. Es ist jedoch tatsächlich möglich, alle einzelnen Glaubensgeheimnisse auf das Grundgeheimnis unseres Angesprochenwerdens durch Gott in dem mitmenschlichen Wort der Weitergabe des Glaubens zurückzuführen und sie nur als Erläuterung dieses Grundgeheimnisses zu verstehen. Dabei ist das geschichtlich-faktische Moment der Glaubensgeheimnisse, insbesondere daß Jesus von Nazaret der Ursprung ihrer Überlieferung ist, im Konfrontiertsein mit der Glaubensverkündigung immer schon mitgegeben.

Wenn der "Geheimnis"-Begriff so verstanden wird, dann gehört "Weissagung" im Sinn dieses Geheimnischarakters der christlichen Botschaft notwendig zu ihrer Glaubwürdigkeit. Dabei läßt sich die Wahrheit solcher "Weissagung" nur glauben. Erst im Glauben kann sie als göttliche Selbstmitteilung verstanden werden. Von außen ist aber soviel erkennbar, daß man ihr anders als im Glauben nicht gerecht werden kann.

Dieser Begriff von "Weissagung" - identisch mit dem Inhalt der Glaubensverkündigung - liegt auch der sachgemäßen christlichen Rede von "Schrifterfüllung" zugrunde: Erst im neutestamentlichen Verständnis des Glaubens als des Anteilhabens am Gottesverhältnis Jesu lassen sich die Grundaussagen der Schrift Israels in endgültig sinnvoller Weise verstehen. Daß dieser Begriff von "Weissagung" jedoch nichts mit dem parapsychologischen Phänomen der "Präkognition" (Vorahnung chronologisch zukünftiger Ereignisse) zu tun hat, liegt auf der Hand.

Wenn nach 1 Kor 12,28f "Weissagung" nicht nur als der allen Gläubigen zukommende Auftrag der Glaubensverkündigung verstanden wird, sondern auch als eigenes Charisma bestimmter einzelner, so ist damit die besondere Gabe gemeint, treffend auf die jeweils konkrete Situation einzugehen.

Wie die christliche Verkündigung von ihrem Inhalt her als "Weissagung" zu bezeichnen ist, so kann sie weiter in ihrem Geschehen "Wunder" genannt werden.

"Wunder" wird in der christlichen Tradition durch drei Bestimmungsstücke charakterisiert, wobei es nur darauf ankommt, sie in ihrer strengen Bedeutung zu verstehen:

Erstens muß es sich um ein sinnenhaft zugängliches äußeres Geschehen ["**factum sensibile**"] im Unterschied zu einem rein bewußtseinsimmanenten Sachverhalt handeln. Als dieses äußere, geschichtlich begegnende Faktum muß es im voraus zur Glaubenszustimmung erkennbar sein.

Zweitens muß dieses Geschehen solcherart sein, daß es sich irdisch nicht erklären läßt ["**extra cursum naturae**"]. Es muß sich also um ein Geschehen handeln, dessen Bedeutung man außerhalb des Glaubens nachweislich nicht gerecht wird. Auch dieser Sachverhalt muß im voraus zur Glaubenszustimmung erkennbar sein. Allerdings darf man ihn nicht mit einer sogenannten "Durchbrechung naturwissenschaftlicher Gesetzmäßigkeiten" verwechseln. Mit "Natur" ist hier der Gegenbegriff zur als solcher "übernatürlichen" Gnade der Gemeinschaft mit Gott gemeint, also die geschöpfliche Wirklichkeit als solche. Unter "Wunder" ist ein Sachverhalt zu verstehen, der sich weder mit "regulären" noch mit "irregulären" (!) Weltereignissen wahrscheinlich machen und begründen oder umgekehrt seines Sinnes entleeren läßt.

Drittens schließlich gehört zum "Wunder"-Begriff der christlichen Tradition, daß es in einzigartiger Weise von Gott gewirkt ist ["**a Deo patratum**"]. Über die ohnehin zu jeder Zeit restlose Abhängigkeit des Geschaffenen von Gott hinaus läßt sich aber als einzigartig allein die Selbstmitteilung Gottes aussagen, die man als in jenem sinnenhaft zugänglichen Ereignis geschehend nur im Glauben selbst erfassen kann. Unter der "Selbstmitteilung Gottes" ist eine reale Relation Gottes auf ein Geschöpf zu verstehen, welche jedoch ihren konstitutiven Terminus nicht an diesem Geschöpf hat, sondern zuvor eine Beziehung Gottes auf Gott ist. Dieser dritte Aspekt des "Wunders" ist vorgängig zur Glaubenszustimmung nur als behauptet, noch nicht als wirklich erkennbar. Zum "Wunder" im Sinn der christlichen Botschaft gehört also die als in ihm geschehend auszusagende Selbstmitteilung Gottes. Deshalb wird man einem "Wunder" positiv nur im Glauben gerecht.

Als "Wunder" in diesem Sinn kommt aber letztlich nur die christliche Verkündigung selbst mit ihren realen Folgen in Betracht (515). "Wunder" ist erstens das real begegnende **Wort** der Verkündigung einer Wirklichkeit, die nur geglaubt werden kann. "Wunder" ist sodann der bekennende **Glaube**, den sich dieses Wort in der Gemeinschaft der Glaubenden erwirkt. "Wunder" ist schließlich die selbstlose **Liebe**, zu der der Glaube befreit und die sich nur im Glauben wirklich verstehen läßt (516). All dies entzieht sich einer irdischen Erklärung. Es läßt sich auf reguläre oder irreguläre Weltereignisse nicht zurückführen und auch nicht durch sie entkräften.

Dann aber unterliegt der christliche "Wunder"-Begriff nicht mehr der so verhängnisvollen Verwechslung mit "Mirakeln", irregulären Weltereignissen. Er hat vielmehr die gleiche Ausdehnung wie die Kirche selbst, die ja als das **Geschehen** der Weitergabe des übernatürlichen Glaubens und damit als "Wunder" konstituiert ist. Deshalb bezeichnet das I. Vatikanum die Kirche selbst als das eigentliche "Glaubwürdigkeitszeichen", also als das Wunder schlechthin. Sie "enthält alles in sich, was zur evidenten Glaubwürdigkeit des christlichen Glaubens in solcher Vielzahl und in solcher Wunderbarkeit von Gott gefügt worden ist. Ja die Kirche ist durch sich selbst, nämlich wegen ihrer wunderbaren Ausbreitung, ihrer einzigartigen Heiligkeit und ihrer unerschöpflichen Fruchtbarkeit an allen Gütern, wegen ihrer katholischen Einheit und unüberwindbaren Festigkeit ein großes und immerwährendes Motiv der Glaubwürdigkeit und ein unwiderlegbares Zeugnis für ihre göttliche Sendung" (517).

Zum Verständnis dieser Sätze ist nur zu beachten, daß von der Glaubwürdigkeit der christlichen Verkündigung im voraus zur Glaubenszustimmung immer nur dies evident gemacht werden kann, daß man dieser Verkündigung jedenfalls anders als im Glauben nicht ge-

---

515 Zu einem ähnlichen Ergebnis kommt **Bernhard Bron**, Das Wunder - Das theologische Wunderverständnis im Horizont des neuzeitlichen Natur- und Geschichtsbegriffs, Göttingen 1975. Nach seiner Auffassung ist "das Wunder in seiner leiblichen Dimension als konstitutives Element der Offenbarung" zu verstehen und deshalb aus dem Offenbarungshandeln selbst herzuleiten, nicht aber in geschichts- oder naturwissenschaftliche Überlegungen einzuordnen (224f).

516 Für "Wort, Glaube, Liebe" können auch die biblischen Grundbegriffe "Martyria, Koinonia, Diakonia" stehen.

517 I. Vatikanum, DF, Kap. III, DS 3013.

recht wird. Die Ausbreitung der Kirche ist nicht etwa dadurch wunderbar, daß sie sich schneller oder weiter ausgebreitet hätte als irgendeine Weltanschauung. Das "Wunder" besteht vielmehr darin, daß sich eine Sache ausbreitet, die in ihrer Wahrheit nur geglaubt werden kann. Es handelt sich um ein "Wunder", das nichts mit spektakulären Weltereignissen zu tun hat, sondern in den Augen der Welt ganz und gar unscheinbar ist. Selbst Christen sind sich gewöhnlich gar nicht deutlich dessen bewußt, daß das Konfrontiertsein mit der Verkündigung des christlichen Glaubens das "Wunder über alle Wunder" ist. Der "göttliche Ursprung" der christlichen Verkündigung ist jedoch nur in dem Sinn "beweisbar", daß sich beweisen läßt, daß vom Glauben verschiedene Stellungnahmen zu ihr willkürlich bleiben; positiv kann der wirkliche "göttliche Ursprung" der christlichen Verkündigung nur geglaubt werden.

So ist also "Wunder" im christlichen Sinn die Selbstmitteilung Gottes in dem mitmenschlichen Wort der Weitergabe des Glaubens. Dieses Wort kann als "Wort Gottes" nur geglaubt werden. Argumentierbar ist aber, daß es sich anderer Beurteilung als der des Glaubens nachweislich entzieht. Es gelingt nicht, ihm anders als im Glauben gerecht zu werden.

Nur mit diesem "Wunder"-Begriff wird man der Lehre des I. Vatikanums gerecht, wonach der Glaube die Möglichkeit und Erkennbarkeit von "Wundern" voraussetzt: "Wenn jemand sagt, daß keine Wunder geschehen können und deshalb alle Erzählungen davon, auch die in der Heiligen Schrift enthaltenen, zu den Märchen oder Mythen zu verweisen sind. oder daß die Wunder niemals sicher erkannt werden können und der göttliche Ursprung der christlichen Offenbarung durch sie nicht rechtmäßig erwiesen werde, so sei er im Bann" (518). Denn diese Lehre stimmt nur unter Voraussetzung des erläuterten eigentlichen "Wunder"-Begriffs mit den übrigen Aussagen des Konzils zusammen und läßt sich auch nur dann im Sinn des Glaubens verstehen. Eine solche innere Logik der Texte besteht unabhängig von der Frage, wieweit sie den einzelnen Konzilsvätern ausdrücklich bewußt war, ja sogar unabhängig davon, wie manche von ihnen selber die Texte verstanden haben mögen. So aufschlußreich diesbezügliche Untersuchungen in mancher Hinsicht sein mögen, braucht deshalb ein theologischer Grundkurs nicht damit belastet zu werden.

Der eigentliche, theologische "Wunder"-Begriff unterscheidet sich radikal von dem der jüdischen Zeichenforderung, die ja auch in den Evangelien immer wieder abgelehnt wird (vgl. Mt 12,38-39; 16,1-4; Mk 8,11-13; Lk 11,16-17; 23,8-9; Joh 2,18-19; 4,48 u. a.). Die Zeichenforderung meint Ereignisse, die auch außerhalb des Glaubens als göttliches Handeln ausweisbar wären. Sie verwechselt irreguläre Weltereignisse mit "Wundern". Einer solchen Auffassung liegt ein falsches Gottesverständnis zugrunde (vgl. bereits Dtn 13,2-6). Sie verkennt, daß sich die jeweils restlose Abhängigkeit aller irdischen Wirklichkeit von Gott gar nicht mehr durch eine besondere Abhängigkeit überbieten läßt. Restlose Abhängigkeit ist ja nicht nur ein Rahmen, innerhalb dessen dann noch weitergehende Abhängigkeiten von Gott gedacht werden könnten. Was auch immer konkret geschieht,

---

518 DS 3034.

hängt genau so im ganzen und in allen Einzelheiten restlos von Gott ab. Auch jede Veränderung des Geschehens ist restlos von Gott abhängig. Zu behaupten, daß aber bestimmte Ereignisse auf ein "besonderes Eingreifen" Gottes zurückzuführen seien - wenn man damit etwas anderes als seine Selbstmitteilung meint, die als solche nur durch das Wort für den Glauben zugänglich ist -, liefe entgegen dem frommen Schein darauf hinaus, zu leugnen, daß auch alles übrige unüberbietbar von Gott abhängig ist (519). Auch wenn also noch so irreguläre und spektakuläre Weltereignisse geschähen - ob es solche Ereignisse mirakelhafter Art tatsächlich gibt oder nicht, kann uns hier gleichgültig sein -, könnte dies jedenfalls nie einen theologischen Unterschied begründen (520). "Durchbrechungen von Naturgesetzen" im Sinn der Physik oder der Biologie kommen nicht als "Wunder" im theologischen Sinn in Frage. Dies dennoch zu behaupten, liefe auf eine Vermischung von Gott und Welt hinaus und damit auf monophysitische Mythologie. Man stellt sich dann die Allmacht Gottes im Sinn einer ins Unendliche gesteigerten weltlichen Ursächlichkeit vor.

Deshalb dürfen auch die biblischen Wunderberichte nicht im Sinn der jüdischen Zeichenforderung interpretiert werden. Das geschieht aber immer dann, wenn der Wundercharakter der berichteten Ereignisse in etwas anderem als in Wort, Glaube, Liebe gesehen wird. Diese allein sind "Zeichen" im biblischen Sinn. So ist der Glaube nicht dadurch "bergeversetzend" (vgl. Mk 11,23), daß man mit ihm physische Erdbewegungen veranstalten kann, für die man sonst Bagger benötigt. Vielmehr ist gemeint, daß der vom Hören kommende, also in der geschichtlichen Wirklichkeit begegnende Glaube die Existenz des Menschen von Grund auf verändert.

---

519 Dieser notwendigen Folgerung kann man m. E. auch nicht durch die von **Raymund Schwager** in seiner Rezension in: ZKTh 100 (1978) 646-650 postulierte "Unterscheidung zwischen der unüberbietbaren **seinsmäßigen** Abhängigkeit aller Dinge von Gott und der **Erkenntnis** dieser Abhängigkeit" (650) entgehen, als seien Durchbrechungen von Naturgesetzen bevorzugte Orte einer Erkenntnis der Abhängigkeit von Gott. Denn diese Erkenntnis könnte sich legitim nur auf die unterschiedslos restlose Abhängigkeit **alles** Wirklichen von Gott beziehen. Und diese restlose Abhängigkeit besteht und wird erkannt genau in dem Maß, in dem die betreffende Wirklichkeit besteht und erkannt wird.

520 Vgl. **Hugo von St. Viktor**, De sacramentis christianae fidei (PL 176, 333D): Wer im eigentlichen Sinn glaubt, läßt sich nicht mehr davon abbringen, "auch wenn die ganze Welt zu Mirakeln [irregulären Naturereignissen] verkehrt wird". - **Leo Scheffczyk**, Wunder und Heiligsprechung, in: MThZ 32 (1981) 292-303, verkennt in seiner Polemik gegen die historisch-kritische Methode, daß auch der Glaube selbst gemäß dem christologischen Dogma von Chalkedon (DS 301f) jede Vermischung von Gott und Welt ausschließt. Wunderberichte, die auf eine solche Vermischung hinauslaufen, sind apriori unglaubwürdig, selbst wenn sie noch so "überzeugend" vertreten werden. Nach Scheffczyk allerdings ist an der Existenz solcher Wunder wie "plötzlicher Zuwachs neuer Körpermaterie", der "Verlängerung eines Beines um 12 cm" "nicht zu zweifeln" (301).

Wie es einzelne Bildworte gibt, so werden auch ganze Bildgeschichten erzählt. Das ausführlich berichtete Wunder der "brotvermehrenden" Liebe (vgl. Joh 6,3-13) besteht nicht in einer physischen Vermehrung des Brotes, sondern in dem aus Glauben begründeten selbstlosen Teilen (521). Dadurch werden viele satt, die sonst hungern müßten. Die scheinbare Rede von einer physischen Brotvermehrung bietet dafür ein sachgemäßes Bild. Nur diejenigen, die sehen und doch nicht sehen, fragen angesichts selbstlosen Teilens noch immer: "Was tust du für ein Zeichen?" (Joh 6,30).

---

521 Daß diese Sicht der großen katholischen Tradition entspricht, geht aus dem folgenden Passus der 10. Predigt zur Fastenzeit (Sermo 48) von **Leo dem Großen** hervor: "Keine Hingabe der Gläubigen erfreut den Herrn mehr als jene, die seinen Armen zugewandt wird. Wo er Fürsorge und Erbarmen sieht, da erkennt er das Bild seiner eigenen Güte. Bei solchen Ausgaben braucht man nicht das Versiegen der Mittel zu befürchten, denn das Wohlwollen selbst ist großer Reichtum. Auch kann der Freigebigkeit der Stoff nicht ausgehen, wo es Christus ist, der Nahrung gibt und empfängt. Bei jedem derartigen Werk ist jene Hand beteiligt, die das Brot beim Brechen mehrt und beim Austeilen vervielfacht" (PL 54, 300C - 301A). Leo I. kann sich kein christliches Liebeswerk vorstellen, das nicht mit allem Recht wie die Brotvermehrung zu beschreiben wäre. - Vgl. auch **Henri Perrin**, Tagebuch eines Arbeiterpriesters, (Stundenbücher, Band 53), Hamburg 1964, 129, wo er eine Erfahrung aus seiner deutschen Gefangenschaft berichtet: "Gegen vier Uhr werden vier russische Kriegsgefangene in die Zelle geschoben, kräftige Burschen mit teilnahmslosen Gesichtern. Alle setzen sich auf die Erde. Ab und zu fallen ein paar Worte, zwischendurch langes Schweigen. Zum erstenmal komme ich mit sowjetischen Kriegsgefangenen in Berührung und betrachte sie wie Wundertiere. Sie wurden in ihrer Fabrik wegen Sabotage verhaftet. Einer von ihnen zieht ein Päckchen aus der Tasche und wickelt ein großes Butterbrot aus. Halb aus quälendem Hunger [...], halb aus dem lebhaften Wunsch, zu sehen, wie weit ihr Gemeinschaftsgefühl reicht, verfolge ich jede seiner Bewegungen mit den Augen: Teilt er? Teilt er nicht? Das wird - gegen meinen Willen - für mich ein Zeichen sein, ein Zeugnis, das mein Urteil über das Ideal, dem er sich verschrieben hat, entscheidend beeinflußt; das ist zwar lächerlich, aber man sage das einmal einem hungrigen Gefangenen; und es ist schon so, daß man den Menschen am Brotbrechen erkennt ... Das Butterbrot verschwindet langsam. Bin ich enttäuscht? Minuten vergehen. Da zieht sein Gegenüber, ein Mann von 30 Jahren, Büroangestellter in Moskau und Parteimitglied, einen großen Kanten Brot heraus. Noch einer, der zu essen anfängt! Aber er schneidet das Brot in vier Stücke und reicht jedem von uns seinen Teil. 'Alle Kameraden'. Als der andere das sieht, kriegt er doch ein schlechtes Gewissen. Er holt ein zweites Butterbrot aus der Tasche und teilt es. Im Gefängnis hat ein solcher Vorgang etwas Heiliges; ich glaube, wenn Christus selbst mir das Brot gebrochen hätte, würde es mich nicht stärker ergriffen haben, und es war auch Christus, dem sie in mir ihr Brot gaben." - Zum alttestamentlichen Hintergrund und der eucharistischen Bedeutung der Berichte von der Brotvermehrung vgl. auch **Alkuin Heising**, Die Botschaft von der Brotvermehrung - Zur Geschichte und Bedeutung eines Christusbekenntnisses im Neuen Testament, Stuttgart 1966.

Überhaupt wird man die neutestamentlichen Wunder erst dann recht verstehen, wenn man sie in der eigenen Glaubenserfahrung wiederfindet. Nach dem Wort des johanneischen Christus gilt: "Wer an mich glaubt, wird die Werke, die ich tue, auch tun, und er wird noch größere als diese tun" (Joh 14,12). Die biblischen Wunderberichte müssen als Beschreibungen von solchen Werken verstanden werden, wie sie noch heute jeder Glaubende tut. Die ihnen zugrunde liegende historische Wirklichkeit ist das Geschehen der Verkündigung des Wortes Gottes, durch das eine Glaubensgemeinschaft begründet wird, in der es selbstlose Liebe gibt. All dem wird man nur im Glauben gerecht. Selbstverständlich hat die Erfahrung solcher Gemeinschaft auch bis ins Physische hinein heilende Auswirkungen. In wirklich christlicher Gemeinschaft werden immer wieder Menschen von Krankheiten geheilt, denen man sonst nicht hat helfen können. Aber es handelt sich dabei nicht um "Durchbrechungen von Naturgesetzen" im naturwissenschaftlichen Sinn.

Es ist also notwendig, alle diejenigen "Wunder"Berichte der Schrift, die sich nicht direkt auf die Beschreibung von Wort, Glaube, Liebe zurückführen lassen, als Bildrede zu verstehen. Entscheidend ist allerdings, sie nicht als Bilder für bloße Gedanken oder allgemeine Wahrheiten anzusehen. Sie beschreiben vielmehr in Bildern **geschichtliche Erfahrung**, die tatsächlich "Wunder"-Charakter im theologischen Sinn hat. Zum Beispiel setzt der Bericht vom Wandeln Jesu auf dem Wasser eine durch äußeres Geschehen vermittelte Glaubenserfahrung in ein anschauliches Bild. Diese Erfahrung besteht darin, daß einen die Botschaft, in der Jesus selbst begegnet, überall erreicht und daß sie eine Gewißheit ist, in der man sich von keiner Macht der Welt mehr imponieren läßt, sondern die Welt überwindet. Wem dies nicht genug ist, der möge darüber nachdenken, ob er dann nicht die im Glauben geschenkte Gemeinschaft mit Gott für wertlos ansieht und auf "Größeres" aus ist (522). Den christlichen Wunderberichten entspricht also eine Begegnungserfahrung, die die oben erläuterte Definition des "Wunders" mit ihren drei entscheidenden Merkmalen erfüllt (523).

---

522 Deshalb sind die Wunderberichte der Evangelien grundsätzlich von der paulinischen Kreuzestheologie her zu interpretieren; vgl. **Jost Eckert**, Zeichen und Wunder in der Sicht des Paulus und der Apostelgeschichte, in: TThZ 88 (1979) 19-33. Paulus kennt keinen anderen Aufweis des Geistes und der Kraft als sein Missionswerk, die Überzeugungsmacht der Predigt Christi als des Gekreuzigten.

523 Dementsprechend geht es auch in Bultmanns Entmythologisierungsprogramm nicht um die Leugnung von Wundern, sondern um deren Anerkennung in ihrem glaubensgemäßen Sinn. Echter "Glaube an Wunder" im Unterschied zum "Wunderaberglauben" bekennt "ein in seinem natürlichen und geschichtlichen Zusammenhang feststellbares Ereignis gleichwohl als Gottes Tat", aber eben so, daß diese Tat als Gottes Tat nur im Glauben erfaßt werden kann (vgl. **Rudolf Bultmann**, Zum Problem der Entmythologisierung, in: KuM II, 1952, 198). Bultmann ist mit dieser Auffassung weit davon entfernt, das Wunder als bloß inneres Erlebnis zu verstehen. Es handelt sich in seiner Sicht um ein Begegnungsgeschehen.

Im gewöhnlichen Sprachgebrauch unterscheidet man zwischen "eigentlicher" und "bildlicher", "übertragener" Rede. Die "eigentliche" Rede gilt zumeist als auf die Wirklichkeit selbst bezogen, während der Bildrede nur abgeschwächte Bedeutung zukommt (vgl. etwa die Aussage, jemand sei tot, mit der Bildrede, er sei wie tot oder er habe sich "totgelacht"). Weil aber bei den Wunderberichten der christlichen Botschaft das mit den Bildern Gemeinte als die eigentliche Wirklichkeit verstanden werden will, nämlich als die Selbstmitteilung Gottes, hinter der jede Veranschaulichung im Grunde wie ein bloßer Schatten weit zurückbleibt, wird die Veranschaulichung um so massiver "realistisch" durchgeführt.

Zu einem ähnlichen Ergebnis dürfte auch die historisch-kritische Untersuchung der Wunderüberlieferung führen (524). Es handelt sich in solcher historisch-kritischen Untersuchung nicht etwa um eine Überfremdung des Glaubens durch die Vernunft (525). Denn auch in

---

524 Die Ergebnisse historisch-kritischer Untersuchung zusammenfassend schreibt **Walter Kasper**, Jesus der Christus, Mainz 1974, 106, in bezug auf das Wunder der Brotvermehrung: "Manche Wundergeschichten erweisen sich formgeschichtlich als Rückprojektionen von Ostererfahrungen in das irdische Leben Jesu bzw. als vorausgenommene Darstellungen des erhöhten Christus. Solche Epiphaniegeschichten sind etwa das Wunder der Rettung aus dem Sturm, die Verklärungsszene, das Wandeln auf dem See, die Speisung der 4000 bzw. 5000 und der Fischzug des Petrus. Erst recht wollen die Geschichten von der Totenerweckung der Jairustochter, des Jünglings von Naim und des Lazarus Jesus als den Herrn über Leben und Tod herausstellen. So erweisen sich gerade die Naturwunder als sekundärer Zuwachs zur ursprünglichen Tradition." - Im übrigen sagt Kasper mit Recht, daß die Frage nach dem Wunder "auf eine angemessene Verhältnisbestimmung von Gott und Welt" hinausläuft (ebd., 111). Eine solche angemessene Verhältnisbestimmung dürfte aber solange nicht gelingen (s. o. Anm. 145), als das Problem der Einseitigkeit der realen Relation des Geschaffenen auf Gott außer acht bleibt. Wenn man auf dieses Problem achtet, läßt sich ein besonderes geschichtliches Handeln Gottes mit der Welt nur noch in einem ausdrücklich trinitarisch-inkarnatorisch-pneumatologischen Gottesverständnis aussagen. Es genügt keineswegs, auf das Axiom hinzuweisen: "Die Intensität der geschöpflichen Eigenständigkeit wächst im gleichen und nicht im umgekehrten Verhältnis mit der Intensität des Handelns Gottes" (ebd., 112). Daß die Eigenständigkeit der Welt mit ihrer Abhängigkeit von Gott vollkommen identisch ist, charakterisiert bereits das Geschöpfliche als solches und sagt noch nichts über das "In Christus" dieses Geschaffenseins aus. Mit dem christlichen Wunderbegriff ist aber das Offenbarwerden der übernatürlichen Erhöhung des Geschaffenen gemeint.

525 Als Kennzeichen der historisch-kritischen Methode gelten seit **Ernst Troeltsch**, Über historische und dogmatische Methode in der Theologie, in: ders., Gesammelte Schriften II, Tübingen 1913, 729-753, daß historischen Aussagen prinzipiell nur Wahrscheinlichkeit zuerkannt werden könne; daß das Kriterium für diese Wahrscheinlichkeit in der "Analogie", nämlich in der Übereinstimmung mit sonstigen normalen Vorgängen bestehe; und schließlich, daß historisches Ge-

der Sicht des Glaubens kann als "Wunder" nur das anerkannt werden, was sich damit vereinbaren läßt, daß Jesus in seinem Menschsein "in allem außer der Sünde uns gleich war" (526). Denn dieses "außer der Sünde" ist die einzige Weise, wie sich sein Gottsein auf sein Menschsein und damit auf seine historisch-kritischer Erkenntnis zugängliche Wirklichkeit auswirkt und überhaupt auswirken kann. Jede andere Vorstellung von "übermenschlichen" Fähigkeiten Jesu widerspricht dem christologischen Dogma und überhaupt aller Glaubensüberlieferung.

Auch nach sonstiger kirchlicher Lehre gilt, daß die übernatürliche Bestimmung gleichwohl "der zeitlichen Ordnung in keiner [!] Weise ihre Autonomie, ihre eigenen Ziele, Gesetze, Methoden und ihre eigene Bedeutung für das Wohl der Menschen nimmt" (527). Es mag sein, daß die Konzilsväter, die über diesen Text abgestimmt haben, die Wunderfrage nicht ausdrücklich im Sinn hatten. Aber die Aussage des Textes ist so grundsätzlich, daß sie auch darauf anzuwenden ist. Es ist eine Aufgabe der Theologie, die verschiedenen Aussagen des Lehramts in ihrer Zusammengehörigkeit und gegenseitigen Entsprechung zu interpretieren. Auch für die "Wunder" gilt, daß sie nach diesem Text jedenfalls nicht als "Durchbrechung von Naturgesetzen" im physikalischen oder biologischen Sinn verstanden werden dürfen (528). Eine vermeintliche "Durchbrechung von Naturgesetzen" findet nur in Pseudowundern (vgl. 2 Thess 2,9) statt.

---

schehen stets als mit anderem historischen Geschehen in Wechselwirkung stehend angesehen werden müsse (ebd., 731-733). Man braucht aber nicht zu befürchten, daß bei konsequenter Anwendung dieser Methode etwa die Grundaussage der Christologie, daß Jesus der Christus ist, zu Schaden komme. Denn diese Aussage ist zwar als behauptet dem Historiker zugänglich, ihre Wahrheit aber ist nicht historischer, sondern göttlicher Art und wird deshalb nicht mit den Mitteln historischer Erkenntnis, nämlich durch Vernunft, sondern allein im Glauben erkannt. Auf der Ebene des Historischen verhält sich dabei alles gemäß den Bedingungen des Historischen. - Zur Unumgänglichkeit der historisch-kritischen Methode vgl. auch **Christian Hartlich**, Historisch-kritische Methode in ihrer Anwendung auf **Geschehnis**aussagen der Hl. Schrift, in: ZThK 75 (1978) 467-484; es müßte allerdings noch mehr beachtet werden, daß der Glaubensinhalt immer **in einem Bezug zu historischer Wirklichkeit** steht und nicht gewissermaßen frei schwebt. Zum Beispiel glauben wir von der in ganz gewöhnlicher Weise historisch beggnenden christlichen Botschaft, wirklich **in ihr selbst** sei Gott gegenwärtig, aber dies ändert überhaupt nichts an ihrer ganz gewöhnlichen Begegnungsweise.

526 Konzil von Chalkedon (451), DS 301.

527 II. Vatikanum, AA 7,2; vgl. auch GS 36. Die Anerkennung der Eigengesetzlichkeit des Natürlichen, die in der übernatürlichen Ordnung nicht durchbrochen wird, ist auch vom I. Vatikanum ausgesprochen worden: DF, Kap. IV, DS 3019.

528 **Béla Weissmahr**, Gottes Wirken in der Welt - Ein Diskussionsbeitrag zur Frage der Evolution und des Wunders, Frankfurt am Main 1973, scheint die kritische Bedeutung dieses Postulats unterlaufen zu wollen. Er entwickelt einen "dynamischen" Naturbegriff, wonach das

Von einem "besonderen Eingreifen" Gottes in die Welt und damit von einem "Wunder" kann christlich nur in einem trinitarischen Gottesverständnis und im Sinn einer göttlichen Selbstmitteilung die Rede sein. Denn eine reale Relation Gottes auf die Welt kann sinnvoll nur als eine vor Grundlegung der Welt bestehende Relation Gottes auf Gott ausgesagt werden. "Wunder" im christlichen Sinn ist allein die Selbstmitteilung Gottes in dem mitmenschlichen Wort der Weitergabe des Glaubens zur Ermöglichung selbstloser Liebe. In diesem Sinn läßt sich allein die christliche Botschaft und alles andere nur in ihrem Licht verstehen. So gibt es letztlich kein anderes "Wunder" oder "Zeichen" für die Selbstmitteilung Gottes als die in der Wirklichkeit begegnende christliche Botschaft selbst und ihre realen Folgen. Alles, was christlich als "Wunder" bezeichnet werden soll, muß auf die Begegnung mit dieser irdisch unerklärbaren Botschaft selbst zurückgeführt werden können (529).

Geschöpf selbst "neues Sein hervorbringen kann" (189). Dann läuft, was auch immer geschieht, stets innerhalb der Gesetze dieser "Natur". So glaubt Weissmahr, auch "die grundsätzliche Möglichkeit eines persönlichen und somit unmittelbaren göttlichen Wirkens durch die geschöpflichen Kräfte" beweisen zu können (ebd.). Was die Tatsächlichkeit der Wunder angeht, meint er, "daß den zuverlässigen Berichten über außergewöhnliche Vorkommnisse (d. h. den wissenschaftlichen Ergebnissen der Parapsychologie und den kritisch geprüften Wunderberichten) in diesem Zusammenhang große Bedeutung zukommt" (ebd.). "Es steht ja fest, daß es für Gott möglich ist, durch die Welt und in der Welt handelnd sich selbst dem Menschen zu offenbaren und ihm sein unerschöpfliches, unbegrenztes Leben als Gabe mitzuteilen. Da Gott durch Geschöpfe wirkend sich selbst, die absolute Seinsfülle, dem Menschen mitteilen kann, erscheint es töricht, die unbegrenzte Freiheit Gottes dem Menschen gegenüber anzuzweifeln" (ebd.). - Anzuerkennen ist der Versuch, von den Wundern so zu sprechen, daß Gott nicht an die Stelle irdischer Ursachen zu treten braucht. Doch scheint in diesen Überlegungen das Problem der Einseitigkeit der realen Relation des Geschaffenen auf Gott, also die Tatsache, daß keine geschaffene Wirklichkeit konstitutiver Terminus einer realen Relation Gottes auf sie sein kann, nicht im entferntesten bedacht zu werden. Der theologische "Natur"-Begriff ("Natur" = "geschaffene Wirklichkeit als solche") schließt es aus, die "übernatürliche" Erhöhung in ähnlicher Weise wie die Evolution als eine Selbstüberbietung des Geschaffenen zu verstehen. Die Möglichkeit einer Selbstmitteilung Gottes ist ein Glaubensgeheimnis im strengen Sinn, das sich philosophisch weder begründen noch widerlegen läßt. Für Weissmahr ist weiter die Selbstmitteilung Gottes für den Menschen eine "Transzendenzerfahrung", deren "Vermittlung in sprachlicher Formulierung stets eine schwierige Sache" sei (ebd.). Der christliche "Wort Gottes"-Begriff besagt aber, daß die Selbstmitteilung Gottes von vornherein in mitmenschlichem Wort geschieht, in dem genau das gesagt wird, was uns Gott zu sagen hat.

529 Damit soll auch auf die Probleme geantwortet sein, auf die **Max Seckler**, Plädoyer für Ehrlichkeit im Umgang mit Wundern, in: ThQ 151 (1971) 337-345, hingewiesen hat. - Was die bei Heiligsprechungen geforderten "Wunder" angeht, sei verwiesen auf den erhellenden Artikel von **Paolo Molinari**, I miracoli nelle cause di beatificazione e canonizzazione, in: CivCatt 129 IV (1978) 21-33: Das eigent-

FRAGEN

1. Wozu kommen nach DS 3009 die Wunder und Weissagungen hinzu, und womit sind sie deshalb identisch?
2. Welches Verständnis einer Beglaubigung durch Wunder und Weissagungen wird durch die Aussage ausgeschlossen, daß die Glaubenswahrheit den Weisen und Klugen dieser Welt verborgen bleibt?
3. Wie verhält sich der christliche Begriff der "Prophetie" und des "prophetischen Amtes" zum Begriff der Glaubensverkündigung und des Glaubensgeheimnisses?
4. Inwiefern ist ein Glaubensgeheimnis weder beweisbar noch widerlegbar? Worin besteht ein Beweis bzw. eine Widerlegung im strengen Sinn? Wann ist Unentschiedenheit als berechtigt beweisbar?
5. Warum bedeutet die Zurückführung der vielen Glaubensgeheimnisse auf ein einziges nicht die Aufhebung ihres Geheimnischarakters?
6. Welcher Zusammenhang besteht zwischen dem Geheimnischarakter der christlichen Botschaft und ihrer Glaubwürdigkeit?
7. In welchem Zusammenhang stehen die Begriffe "Weissagung" und "Schrifterfüllung"?
8. Welche drei Bestimmungsstücke gehören in der Tradition zum christlichen Wunderbegriff, und wozu stehen sie jeweils im Gegensatz?
9. Welche Aspekte des Wunders sind im voraus zur Glaubenszustimmung zugänglich? Welcher wird erst im Glauben selbst erkannt?
10. Welche konkreten Sachverhalte allein kommen als Wunder im Sinn der christlichen Verkündigung in Frage?
11. Wie verhält sich der christliche Begriff des "Wunders" zum Begriff "Kirche"?
12. Wodurch unterscheidet sich der christliche Wunderbegriff von der in den Evangelien abgelehnten "Zeichenforderung"?

---

lich notwendige Zeichen ist der unter den Gläubigen bestehende und einer Prüfung standhaltende Ruf der Heiligkeit im Sinn des christlichen Glaubens. - Den aus früheren Heiligsprechungsakten zutage geförderten Wunderberichten von **Wilhelm Schamoni**, Wunder sind Tatsachen, Würzburg 1976, im Stil von "Heilung eines von den Lenden ab knochenlosen Kindes, das sofort auch gehen konnte" (S. 178) kommt m. E. keine Bedeutung für die Fundamentaltheologie zu. Die Texte sind zum Teil eher ein Beleg für die Hemmungslosigkeit eines frommen Wunschdenkens und Wunderaberglaubens, die auch durch die Vereidigung ihrer Urheber oder Opfer nicht glaubwürdiger werden. - **Dieter Froitzheim** wendet in seiner Rezension der ersten Auflage dieser Fundamentaltheologie in: Deutsche Tagespost, 10.5.1978, S. 6, gegen mich ein, ein Fundamentaltheologe dürfe die in Schamonis Buch zusammengestellten Fakten nicht einfach übergehen, "wenn er nicht schon das Wort Gottes auch dort für maßgeblich hält, wo es unseren Erfahrungshorizont sprengt". Darauf ist zu antworten, daß in meiner Sicht das Wort der Selbstmitteilung Gottes nicht nur hie und da, sondern grundsätzlich immer unseren Erfahrungshorizont sprengt und daß dies sogar das Kriterium seiner Glaubwürdigkeit ist. Nur hat dies nichts mit solchen monophysitisch-mythologisch konzipierten "Durchbrechungen von Naturgesetzen" zu tun.

13. Wie sind biblische Wunderberichte zu interpretieren, die keine direkte Darstellung der Sachverhalte "Wort", "Glaube", "Liebe" sind? Worin besteht ihr Geschichtsbezug im Unterschied zu bloßen Symbolen für allgemeine Ideen?
14. In welchem Zusammenhang steht der christliche Wunderbegriff damit, daß Jesus "uns in allem gleich ist, außer der Sünde"?
15. Wie verhält sich der christliche Wunderbegriff zur Anerkennung der Autonomie der zeitlichen Ordnung?
16. Wie allein kann ein "besonderes Eingreifen" Gottes in die Welt über die je gegenwärtige restlose Abhängigkeit alles Geschaffenen von Gott hinaus ausgesagt werden?
17. Was ist im Sinn der Schrift unter "Pseudowundern" zu verstehen?

2.4 Der Ausschluß von Rationalismus und Fideismus

Sachgemäße Verantwortung des Glaubens ist sowohl vom rationalistischen wie vom fideistischen Modell einer Glaubensbegründung abzuheben. Denn beide stellen nicht nur einen falschen Zugang zum Glauben dar, sondern der rationalistisch oder fideistisch erreichte "Glaube" kann in Wirklichkeit nur christlich verbrämter Unglaube sein.

Unter **"Rationalismus"** ist die Auffassung zu verstehen, die Glaubenszustimmung beruhe auf Vernunfteinsicht und die Wahrheit des Glaubens lasse sich direkt oder zumindest indirekt mit Vernunftgründen beweisen.

Das I. Vatikanum hat solchen Rationalismus mehrfach verurteilt: "Wer sagt, der Mensch könne nicht von Gott zu einer Erkenntnis und Vollkommenheit erhoben werden, die die natürliche übersteigt, sondern er könne und müsse letztlich aus sich selbst in ständigem Fortschritt zum Besitz alles Wahren und Guten gelangen, der sei im Bann" (530). "Wer sagt, der göttliche Glaube unterscheide sich nicht vom natürlichen Wissen um Gott und die sittlichen Forderungen und es sei deshalb zum göttlichen Glauben nicht notwendig, die geoffenbarte Wahrheit aufgrund der Autorität des offenbarenden Gottes zu glauben, der sei im Bann" (531). "Wer sagt, in der göttlichen Offenbarung seien keine wahren und im eigentlichen Sinn so zu nennenden Geheimnisse enthalten, sondern alle Dogmen des Glaubens könnten durch eine genügend ausgebildete Vernunft aus natürlichen Prinzipien erkannt und bewiesen werden, der sei im Bann" (532).

Unter solchen Rationalismus fällt unseres Erachtens auch die Auffassung, die Tatsache, daß Gott wirklich gesprochen habe, sei kein Glaubensgeheimnis, sondern lasse sich mit Vernunftgründen beweisen. Denn damit wäre sofort auch die Wahrheit des von Gott Ge-

---

530 I. Vatikanum, DF, Kanones, DS 3028.

531 Ebd., DS 3032.

532 Ebd., DS 3041.

sagten beweisbar (533). In Wirklichkeit ist beweisbar nur die Existenz einer Botschaft, die behauptet, Wort Gottes zu sein und deren Anspruch sich mit Vernunftgründen nicht widerlegen läßt; aber daß sie wirklich "Wort Gottes" ist, wird erst im Glauben selbst erkannt.

Man entgeht dem Rationalismus auch nicht, wenn man meint, die Wahrheit des Geoffenbarten werde zuerst mit Vernunftgründen als positiv glaubwürdig bewiesen und könne daraufhin bereits in einer Art natürlichen, "wissenschaftlichen Glaubens [fides scientifica]" geglaubt werden. Der übernatürliche Glaube bestehe dann darin, dieselben Inhalte in einem weiteren Akt nun nicht mehr aufgrund von Vernunftargumenten, sondern wegen der Autorität des offenbarenden Gottes zu glauben (534). Ganz abgesehen davon, daß ein solcher doppelter Zugang zur Wahrheit des Glaubens psychologisch nicht aufweisbar ist, widerspricht man damit dem Wesen des Glaubens. Seine Wahrheit ist solcherart, daß sie überhaupt nur in der Weise des Glaubens zugänglich sein darf. Anderenfalls bliebe nicht gewahrt, daß Gottes Liebe zur Welt nicht an der Welt ihr Maß haben kann und folglich auch nicht an ihr ablesbar ist. Aber vielleicht meinen manche Vertreter jener Auffassung doch nur, daß in der Tat bereits im voraus zur Glaubenszustimmung natürlich erkennbar sein muß, daß sich Einwände gegen den Glauben nicht definitiv begründen lassen.

Rationalistisch ist weiter die Meinung, man könne den Glauben mit Vernunftgründen zwar nicht beweisen, aber doch wenigstens "plausibel" oder wahrscheinlich machen und in diesem Sinn zu ihm hinführen. Man verkennt dann, daß die Wahrheit des Glaubens die geschaffene Vernunft schlechthin übersteigt. Sogenannte "Konvergenzargumente" für den Glauben konvergieren nur gegenüber einer bereits anonym gegebenen Glaubenshaltung, die nicht das Ergebnis von Vernunftargumenten sein kann.

Man erweist dem Glaubensverständnis keinen Dienst, wenn man den Glauben unter Absehung von seiner Übernatürlichkeit in allgemeine Plausibilitätsstrukturen einzuordnen versucht (535). Dadurch

---

533 Wenn das I. Vatikanum selbst von einer "Beweisbarkeit" des göttlichen Ursprungs der Offenbarung spricht (DS 3034), dann kann damit - soll das Konzil sich nicht selbst widersprechen - nur negativ gemeint sein: Man kann beweisen, daß man der christlichen Botschaft jedenfalls **anders** als im Glauben **nicht** gerecht wird.

534 Vgl. z. B. **Ambroise Gardeil**, La crédibilité et l'apologétique, Paris 1908, 23: "So geben alle [!] Theologen zu, daß das natürliche Für-wahr-Halten, der 'wissenschaftliche Glaube' an die geoffenbarte Wahrheit das normale, in sich mögliche Ergebnis der Untersuchung der Glaubwürdigkeit ist." Die natürliche Glaubwürdigkeitserkenntnis unterscheidet sich nach Gardeil von der übernatürlichen durch ihren noch hypothetischen Charakter; vgl. das zitierte Werk in der Ausgabe Paris ²1910, 40.

535 Vgl. **Thomas v. Aquin**, S. th, I q32 a1 c: Mit unzureichenden Gründen gibt man den Glauben nur der Lächerlichkeit preis. - **Francisco de Suárez**, In 2am 2ae, Trac. 1, De fide theologica, disp. 3, sect. 6, n. 6, weist darauf hin, daß eine übernatürliche Gewißheit nie aus einer Gewißheit geringeren Grades begründet werden kann.

wird der Anschein erweckt, man solle sich den Glauben ähnlich aneignen, wie man sich auch auf anderen Gebieten auf die Einsicht von Fachleuten verläßt. Man sagt: "Die Gnade wird schon irgendwie dabei sein", aber in der Fundamentaltheologie könne man von ihr abstrahieren. Doch besteht die eigentliche Vernunftgemäßheit des Glaubens nicht in einer Eigenschaft, die er mit anderen Anschauungen teilt und vielleicht nur in höherem Maß besitzt. Es geht vielmehr in der Verantwortung des Glaubens um die Vernunftgemäßheit desjenigen Glaubens, der als übernatürlicher alle Vernunft übersteigt; und es handelt sich bei dieser Vernunftgemäßheit um eine ihm allein zukommende Eigenschaft.

Für rationalistisch ist wohl auch die verbreitete Auffassung zu halten, man könne im voraus zur Glaubenszustimmung wenigstens die positive Pflicht zu glauben nachweisen. Dann würde die übernatürliche Ordnung als Postulat aus einer natürlichen Einsicht folgen und eben damit aufhören, übernatürlich zu sein. Man kann zwar nachweisen, daß eigentlicher Unglaube willkürlich und damit sittlich verwerflich ist. Das ist der Wahrheitskern dieser Auffassung. Aber daraus folgt nicht logisch, daß der Glaube nicht willkürlich oder gar verpflichtend sei. Es ist nur nicht positiv beweisbar, daß er ebenfalls willkürlich sei. Aber daß er tatsächlich nicht willkürlich ist, läßt sich nur im Glauben erkennen.

So wird der **Rationalismus** erst dann vermieden, wenn konsequent durchgehalten wird: **Nicht nur die Wahrheit des Glaubens, sondern auch seine positive Glaubwürdigkeit können nur geglaubt werden und dürfen keiner anderen Erkenntnis zugänglich sein.** Solange eine Verkündigung dennoch anders als im Glauben beurteilt werden kann, indem man sie beweist oder widerlegt, handelt es sich nicht um Glaubensverkündigung.

Doch ist diese antirationalistische Auffassung auch von ihrem anderen Gegensatz, dem Fideismus, abzugrenzen. "**Fideismus**" besteht darin, daß man den Glauben nur innerhalb des Kreises der bereits Glaubenden, nicht aber auch gegenüber Nicht-Glaubenden zu verantworten bereit ist. Anstatt wie im Rationalismus den Glauben durch Vernunftargumente erreichen zu wollen, versucht man es nun mit einem "Willensaufschwung". Der Glaube wird hier zu einem blinden Entschluß. Die angebliche Glaubensentscheidung wird jeder vorgängigen Prüfung entzogen.

Historisch begegnet der Fideismus vor allem in der Form des "Traditionalismus" im 19. Jahrhundert. Dieser leugnete die Möglichkeit natürlicher Gotteserkenntnis und schien zu behaupten, daß man letztlich für überhaupt alle Grundwahrheiten auf Offenbarung und Überlieferung und Glauben angewiesen sei; und es sei nicht möglich, den Glauben gegenüber der Vernunft als solcher zu verantworten (536).

---

536 Vgl. die dem Traditionalismus allerdings nur mehr oder minder genau entgegengesetzten Thesen, die Louis Eugène Bautin und Augustin Bonnetty auf Geheiß ihrer kirchlichen Vorgesetzten unterschrieben: DS 2751-2756 und 2811-2814. Es ist in diesen Thesen kaum gelungen, auch dem ebenso falschen Rationalismus zu entgehen.

Die Kirche lehnt den Fideismus genauso ab wie den Rationalismus: "Die Glaubenszustimmung ist keineswegs eine blinde Bewegung der Herzens" (537). "Man wird zum Glauben nicht durch bloße innere Erfahrung oder Privatinspiration bewegt" (538). Der Fideismus widerspricht dem christlichen Glauben insbesondere dadurch, daß er dessen universale Verkündbarkeit aufhebt. Der christliche Glaube will vor jedermann verantwortet werden (vgl. Mt 28,19; Mk 16,15).

Für fideistisch halten wir auch die Meinung, man könne mit Vernunftargumenten bis nahe an den Glauben heranführen und nur das letzte Stück des Weges könne vor der Vernunft nicht mehr verantwortet werden, sondern man müsse am Schluß einen Sprung wagen. Eine solche Auffassung wäre gewissermaßen eine Mischung aus Rationalismus und Fideismus. Man schriebe in dieser Auffassung der Gnade Lückenbüßerfunktion für mangelnde Vernunftargumente zu.

Dem Fideismus entgeht man nur, wenn die Unglaubwürdigkeit des Unglaubens, nämlich die Willkür jeder letztlich vom Glauben verschiedenen Stellungnahme zu sachgemäßer Glaubensverkündigung, gegenüber jedermann mit Vernunftgründen aufweisbar ist. Gerade dadurch unterscheidet sich die Glaubenszustimmung von einem blinden Entschluß, ohne gleichwohl auf Vernunftargumente zurückgeführt werden zu können (539). Wenn der Glaube vor der Vernunft verantwortbar sein soll, dann muß in der Alternative von Glaube und Unglaube im voraus zur Glaubenszustimmung nachweisbar sein, daß

---

537 I. Vatikanum, DF, Kap. III, DS 3010.

538 Ebd., Kanones, DS 3033.

539 Vgl. Thomas v. Aquin, S. th. II II q2 a10 ad2: Mit Vernunftargumenten werden nur Hindernisse für den Glauben beseitigt. - Es ist allerdings nicht ganz richtig, daß dadurch die Nicht-Unmöglichkeit des Glaubens bereits bewiesen werde; es werden nur die Versuche, umgekehrt eine Unmöglichkeit des Glaubens zu beweisen, widerlegt. Weit klarer ist der Text I q1 a8 c: "Die Glaubenslehre hat keine ihr übergeordnete Wissenschaft. Sie disputiert selber gegen diejenigen, die ihre Grundaussagen leugnen. Und zwar argumentiert sie, wenn der Gegner irgend etwas von dem anerkennt, was durch die göttliche Offenbarung vorliegt. So disputieren wir mit Beweisstellen aus der Heiligen Schrift gegen die Häretiker oder mit Hilfe eines Glaubensartikels gegen diejenigen, die einen anderen leugnen. Wenn aber der Gegner nichts von dem glaubt, was von Gott her offenbart wird, bleibt keine Möglichkeit mehr, die Glaubensartikel mit Gründen zu beweisen, sondern nur noch, Gründe aufzulösen, falls er solche gegen den Glauben anführt." - Harald Wagner, Einführung in die Fundamentaltheologie, Darmstadt 1981, 46, meint, angesichts verschiedener Rezensionen lasse sich gegenüber unserem Ansatz "wenigstens anfragen", ob darin nicht doch "das Gleichgewicht zwischen Fideismus und Rationalismus gestört ist (zugunsten des Fideismus)". Abgesehen davon, daß es sich wohl nicht gut darum handeln kann, Rationalismus und Fideismus gleichsam in einem Balanceakt gleichmäßig zu verteilen, empfinde ich es als ermüdend, wenn ein Einwand, auf den im Text ausdrücklich geantwortet wurde, schlicht wiederholt wird, ohne daß man auch nur im mindesten auf die bereits gegebene Antwort eingeht.

der Unglaube willkürlich bleibt und nicht zu verantworten ist. Daraus, daß sich Unglaube als willkürlich nachweisen läßt, folgt aber nicht logisch, daß der Glaube seinerseits nicht willkürlich sei. Daß der Glaube tatsächlich nicht willkürlich ist, läßt sich positiv nur glauben. Es bleibt also durchaus möglich, von außen auch gegen den Glauben den Vorwurf zu erheben, er sei ebenfalls willkürlich. Aber im Unterschied zum Willkürvorwurf gegen den Unglauben läßt sich der Willkürvorwurf gegen den Glauben nicht begründen, sondern im Gegenteil selbst als willkürlich erweisen. Deshalb sind Glaube und Unglaube nicht gleichberechtigt, und die Wahl zwischen beiden hat nicht die Struktur einer beliebigen Option.

Für die Möglichkeit einer Verantwortung des Glaubens hängt also alles davon ab, daß man nicht **glauben** muß, der Unglaube sei **willkürlich**, sondern dies **beweisen** kann. Der Beweis, daß Unglaube **willkürlich** ist, ist noch kein Beweis dafür, daß die Auffassung des Unglaubens **falsch** ist. Der Unterschied zwischen beidem läßt sich mit dem folgenden Vergleich erläutern: Wenn eine Krankenschwester die Werte für die Fieberkurve eines Patienten nicht gemessen, sondern sie nur nach willkürlicher Schätzung eingetragen hat, dann kann es gelegentlich vorkommen, daß sie doch zufällig die richtigen Werte getroffen hat. Dennoch ist ihr Verfahren, weil willkürlich, illegitim.

Im einzelnen geschieht der Aufweis der Willkür des Unglaubens, indem man zeigt, daß seine Argumente gegen den Glauben nicht stichhaltig sind und er vielmehr selbst die Struktur einer Immunisierungsstrategie hat, also nicht anzugeben vermag, wodurch er widerlegt würde. Eine Immunisierungsstrategie wäre es z. B. auch, den Glauben mit der Begründung abzulehnen, es gebe vielleicht noch unbekannte Einwände gegen ihn. Man kann sich der Entscheidung zwischen Glauben und Unglauben auch nicht mit der Begründung entziehen, daß man von sich aus die Wahrheit des Glaubens nicht beurteilen könne. Denn nach der Glaubensverkündigung soll man sie ja gar nicht von sich aus beurteilen. Es geht im Glauben um ein Sich-geliebt-Wissen gerade nicht nach dem eigenen Maß. Deshalb hört man im Glauben auf, alles nach dem eigenen Maß zu beurteilen. Man steht nicht mehr selbst im Mittelpunkt. Denn Gottes Liebe zum Menschen hat nicht an diesem ihr Maß, sondern am Sohn.

Es ist natürlich möglich, daß neue Einwände gegenüber der christlichen Botschaft auftauchen und man zunächst viel Zeit und Mühe braucht, um darauf antworten zu können. Wir behaupten also nicht, daß der Glaube erst dann verantwortlich sei, wenn die Antworten auf neue Einwände bereits vorliegen. Allerdings handelte ein Glaubender dann unverantwortlich, wenn er die Ausseinandersetzung mit einer Frage, auf die er noch nicht antworten kann, abbräche, anstatt weiter nach der Antwort zu suchen. Eine wichtige Hilfe für die Auseinandersetzung mit neuen Einwänden wird das Gespräch mit anderen Glaubenden und die gemeinsame Suche sein.

In der dargestellten Sicht von der Verantwortung des Glaubens wird verständlich, wie die paradox einander entgegengesetzt scheinenden Eigenschaften des Glaubens miteinander vereinbar sind. Einerseits soll der Glaube **vernunftgemäß** sein und anderseits als übernatürlich **alle Vernunft übersteigen**. Und einerseits soll der Glaube eine **freie Entscheidung**, anderseits jedoch eine **eindeutige**

Gewißheit sein. Die Entscheidung zwischen Glauben und Unglauben ist nicht eine Entscheidung zwischen zwei beliebigen Möglichkeiten, sondern das eine von beiden, nämlich der Unglaube, kann als willkürlich nachgewiesen werden. Deshalb widerspricht die Tatsache, daß zwischen Glauben und Unglauben zu entscheiden ist, nicht der Tatsache, daß man sich zu einer eindeutigen Gewißheit entscheidet. Die Freiheit der Glaubensentscheidung ist nicht eine Folge mangelnder Erkenntnis, sondern setzt die klare Einsicht in die Nichtverantwortbarkeit der dem Glauben entgegengesetzten Entscheidung voraus. Aber weil die Vernunftgemäßheit des Glaubens nur darin besteht, daß sich Vernunfteinwände gegen ihn auf ihrem eigenen Feld widerlegen lassen, widerspricht sie nicht der Tatsache, daß sich der Glaube nicht aus Vernunft ableiten läßt, sondern sie unendlich übersteigt (540). Die Vernunftgemäßheit des Glaubens beschränkt sich auch nicht auf ein Vorfeld oder eine Hinführung bis dicht an den Glauben heran, als müßte man vom Inhalt der Glaubensgeheimnisse zunächst abstrahieren (541). Vielmehr ist es die Annahme dieser konkreten Glaubensgeheimnisse selbst, die in dem Sinn vernunftgemäß ist, daß sich angebliche Vernunfteinwände gegen sie widerlegen lassen (542).

---

540 **Martin Luthers** diesbezügliche Auffassung wird sehr gut von **Eberhard Jüngel** erläutert in: **Eberhard Jüngel** und **Karl Rahner**, Was ist ein Sakrament? Vorstöße zur Verständigung, Freiburg-Basel-Wien 1971, 57: "Daß ich - wie Luther sagt [vgl. Kleiner Katechismus (1529), WA 30,1; 250,1-5] - nicht aus eigener Vernunft noch Kraft an Jesus Christus glauben oder zu ihm kommen kann, bedeutet freilich nicht, daß ich **ohne** Vernunft und eigene Kraft zu ihm kommen soll oder gar muß. Es soll vielmehr, **wenn** ein Mensch zu Jesus Christus kommt, dieser als ganzer Mensch mit aller Kraft seiner Vernunft und mit allen Kräften kommen. Aber eben, damit es dazu kommt, bedarf es einer den Menschen in seiner weltlichen Situation treffenden, aber nicht aus seiner weltlichen Situation entspringenden Vermittlung. Es bedarf desjenigen **Wortes**, durch das sich Jesus Christus seinerseits vermittelt."

541 Eine solche Auffassung vertritt **Albert Lang**, o. c. (Anm. 83), 53.

542 Die Fragestellung, wie man sowohl dem Rationalismus wie dem Fideismus entgeht, ist auch fruchtbar für ein Verständnis von Grundbegriffen in den "Geistlichen Übungen" von **Ignatius von Loyola**. Nach diesem Text besteht der Glaube in der Liebe zu Gott und bedeutet, daß man aufgrund des Wortes Gottes "kein geschaffenes Ding auf dem Angesicht der Erde in sich lieben kann, sondern allein im Schöpfer ihrer aller" (Nr. 316). Dieser Glaube wird als "Tröstung ohne vorhergehende Ursache" (Nr. 330) bestimmt, denn er läßt sich nicht rationalistisch oder fideistisch auf die "eigenen Akte von Verstand und Willen" (ebd.) zurückführen, sondern kommt zustande durch das an das Wort gebundene (Nr. 2) "unmittelbare" Handeln Gottes (Nr. 15). Von eben diesem Glauben gilt die traditionelle Aussage, daß es in ihm "keine Täuschung" geben kann (Nr. 336). Er ist deshalb in dem Sinn unbezweifelbar (Nr. 175), daß man einen Zweifel nicht verantworten kann (vgl. dazu **Ignatius von Loyola**, Der Bericht des Pilgers, übersetzt und erläutert v. Burkhart Schneider, Freiburg-Basel-Wien ³1977, 62f [Nr. 27] oder in der in Anm. 153 genannten Ausgabe der Geistlichen Übungen mit erläuternden Texten, 214f [Nr.

Wichtig ist dabei die Reihenfolge in der Argumentation. Wir folgern nicht aus einer anderswoher erkannten Vernunftgemäßheit des Glaubens, daß vom Glauben verschiedene Stellungnahmen zur christlichen Botschaft willkürlich seien, sondern wir erkennen die spezifische Vernunftgemäßheit des Glaubens überhaupt erst aus dem letztgenannten Sachverhalt. Und dessen Erkenntnis ist nicht apriorisch, als könnten wir von vornherein jede vom Glauben verschiedene Stellungnahme ausschließen, ohne überhaupt ihre Gründe prüfen zu müssen. Vielmehr können wir nur nach der Prüfung bisher vorgebrachter Einwände gegen den Glauben sagen, daß sie sich nicht als stichhaltig erwiesen haben. Und wir sind bereit, es darauf ankommen zu lassen, daß es auch in Zukunft niemandem gelingen wird, Gründe gegen den christlichen Glauben geltend zu machen, auf die sich nicht mit Vernunft antworten läßt. Der Glaube ist nicht wie eine Festung, die ihre Tore schließen muß, um sich zu verteidigen. Er braucht keine Auseinandersetzung zu fürchten. Auf Einwände wirklich einzugehen, führt immer zu einer Vertiefung und Bestärkung des Glaubens. Wenn man Einwände wirklich kommen läßt, anstatt sie zu verdrängen, wechseln sie gleichsam die Uniform und kämpfen auf der eigenen Seite weiter.

Diese Struktur einer Verantwortung des Glaubens findet sich bereits in der Argumentation Jesu in den Evangelien. Sein Anknüpfungspunkt ist das Hauptgebot der Gottes- und Nächstenliebe (vgl. Mk 12,28-34), für dessen Verständnis er an die je eigene Einsicht des einzelnen appelliert (vgl. z. B. Mk 3,1-6; Lk 10,25-37). Vorschnelle Begeisterung wird von ihm selber zurückgewiesen (vgl. Mt 8,19-20; Mk 10,17-18). Er wirft seinen Gegnern vor, nach oberflächlichem Augenschein und nicht aufgrund sorgfältiger Prüfung zu richten (Joh 7,24). Sie ziehen Menschensatzungen der wahren Menschlichkeit vor (Mk 7,1-13). Man kann es ihnen nicht recht machen: "Denn es kam Johannes. Er aß nicht und trank nicht. Da sagen sie: 'Er hat einen Dämon.' Es kam der Menschensohn. Er aß und trank. Da sagen sie: 'Seht den Schlemmer und Trinker, den Freund von Zöllnern und Sündern.' Und es rechtfertigte sich die Weisheit in ihren Werken" (Mt 11,18f). Die Einwände der Gegner widersprechen sich selbst. Sie behaupten, Jesus treibe die Teufel durch den Obersten der Teufel aus (Lk 11,15). Nach dem biblischen Verständnis hat Unglaube die Struktur der Sünde (vgl. Joh 9,39-41; 12,40; 15,22): "Sie haben mich grundlos gehaßt" (Joh 15,25). Eigentlicher Unglaube ist überall dort gegeben, wo man mit Menschen nach Belieben umspringt: "Sie haben an ihnen getan, was sie wollten; so wird auch der Menschensohn von ihnen leiden" (Mt 17,12; Verweis auf Elia und Johannes den Täufer).

Als eine Zusammenfassung dieser Weise der Verantwortung des Glaubens kann man Joh 6,67-69 lesen. Auf die Frage Jesu "Wollt auch ihr weggehen?" antwortet Petrus: "Herr, zu wem sollen wir weggehen? Du hast Worte ewigen Lebens." Das letztere ist eine Glaubensaussage, deren Wahrheit nur im Glauben selbst erfaßt werden

---

527]). Dadurch unterscheidet sich diese Unbezweifelbarkeit von einer Zwangsidee. Solche Glaubenseinsicht ist für Ignatius mit der "ersten Wahlzeit" (Nr. 175) identisch, die man jedoch gut von ihrem Hof von geschöpflicher Eigentätigkeit unterscheiden muß (Nr. 336).

kann. Der erste Satz aber argumentiert damit, daß sich eine vom Glauben verschiedene Stellungnahme nicht verantworten läßt (543). Dies ist die eigentlich traditionelle Weise der Glaubensverantwortung (544).

FRAGEN

1. Was ist unter "Rationalismus" zu verstehen? Aus welchen Sachgründen ist er abzulehnen?
2. Warum ist die Meinung, man könne eine Pflicht zu glauben mit Vernunftgründen beweisen, rationalistisch?
3. Durch welche Grundaussage wird der Rationalismus in der Glaubensbegründung vermieden?
4. Worin besteht "Fideismus"? Inwiefern widerspricht er dem Wesen des Glaubens?
5. In welchem Sinn ist "Traditionalismus" abzulehnen? In welchem anderen Sinn ist die Berufung auf eine durch nichts ersetzbare Tradition dem Glauben gemäß?
6. Durch welche Grundaussage wird der Fideismus in der Glaubensbegründung vermieden?
7. Wodurch unterscheidet sich der Aufweis einer Willkür des Unglaubens von einem Beweis seiner Falschheit?
8. Wie lassen sich die Freiheit des Glaubensaktes und seine Gewißheit miteinander vereinbaren?
9. Wie läßt sich miteinander vereinbaren, daß der Glaube "alle Vernunft übersteigt" und doch "vernunftgemäß" ist?
10. Inwiefern ist die Vernunftgemäßheit des Glaubens eine ihm allein zukommende und ihn von in ihrer Weise "vernünftigen" Weltanschauungen grundsätzlich unterscheidende Eigenschaft?
11. Was wird zuerst bewiesen: die Vernunftgemäßheit des Glaubens oder die Willkür jeder letztlich vom Glauben verschiedenen Stellungnahme zur christlichen Verkündigung?
12. Wie argumentiert Jesus in den Evangelien gegen seine Widersacher?
13. In welchem Sinn ist Unglaube Sünde? Erst unter welcher Bedingung ist eine von der Glaubenszustimmung anscheinend verschiedene Stellungnahme zur Glaubensverkündigung als letztlich davon verschieden und damit als Unglaube zu bezeichnen?

---

543 Vgl. Jer 15,2; vgl. auch die Wiederaufnahme dieser biblischen Argumentation bei **Rudolf Bultmann**, o. c. (Anm. 287), 72f. Nach ihm ist deshalb der Absolutheitsanspruch der christlichen Botschaft solcherart, daß es nicht genügen würde, ihr nur den höchsten Rang unter anderen Möglichkeiten zuzuerkennen.

544 Vgl. dazu auch die detaillierte biblische Analyse von **Jean-Marie Faux**, La Foi du Nouveau Testament, Bruxelles 1977. Eine Verantwortung des Glaubens ist nur möglich von seinem Inhalt her, nämlich von der Selbstmitteilung Gottes her, die nur im Glauben zugänglich ist.

3 DAS VERHÄLTNIS DER GLAUBENSZUSTIMMUNG ZU ANDEREN LEBENSVOLLZÜGEN

Unter "anderen Lebensvollzügen" soll im Folgenden alles Erkennen, Handeln und Leiden des Menschen verstanden werden, das sich vom Glaubensakt selbst und vom Bekenntnis des Glaubens unterscheiden läßt. Wie verhalten sich Glaube und Vernunft zueinander, wie Glaube und das Ausüben oder Erleiden von Macht?

3.1 Glaube und Denken

Zunächst soll das allgemeine Verhältnis von Glaube und Vernunft, sodann das besondere von Glaube und Wissenschaft behandelt werden; in der letzteren Frage geht es auch um die Grundlegung von Theologie als Wissenschaft.

Über das Verhältnis von Glaube und Vernunft im allgemeinen und über das von Glaube und Wissenschaft im besonderen wäre am sachgemäßesten geschichtlich zu handeln. Es wäre dann die geschichtliche Entfaltung und Veränderung des Verständnisses von Glauben und Denken in ihrer gegenseitigen Verhältnisbestimmung darzustellen und zu bedenken. Im Rahmen des vorliegenden fundamentaltheologischen Grundkurses begnügen wir uns jedoch mit dem Hinweis auf Kriterien zur Beurteilung einer solchen Geschichte. Anstatt von der Geschichte selbst sprechen wir von allgemeinen Bedingungen der Geschichtlichkeit, aus denen jedoch keine konkrete Geschichte ableitbar ist. Sie können aber ihrerseits als aus der Geschichte gewonnen zu deren Beurteilung dienen. Sie besagen, daß Glaube nicht gegen Vernunft steht, sondern allenfalls gegen bestimmte geschichtliche Auffassungen von Vernunft, die sich jedoch auch mit den Mitteln der Vernunft selbst als unvernünftig nachweisen lassen.

3.1.1 Das allgemeine Verhältnis von Glaube und Vernunft

Unter "Vernunfterkenntnis" verstehen wir alle Wirklichkeitserkenntnis, die unabhängig von der Anerkennung der Wahrheit des Glaubens gewonnen werden kann und ihren Maßstab an der geschaffenen Wirklichkeit als solcher hat. Zur Vernunfterkenntnis gehören empirische Erkenntnis, das Selbstbewußtsein, die Anwendung der logischen Denkgesetze und als das Entscheidende an alledem die sittliche Einsicht. Der Vernunfterkenntnis bedarf es zur Nächstenliebe, um nicht trotz vermeintlicher guter Absicht Schaden anzurichten. Sie wird in herrschaftsfreier Diskussion von Gründen und Gegengründen bewährt. Zur Vernunfterkenntnis ist der Mensch grundsätzlich kraft seiner geschaffenen Geistnatur fähig, und man braucht sich für ihr

Zustandekommen nicht argumentativ auf eine göttliche Selbstmitteilung zu berufen. Allerdings kann es sein, daß man aus Angst um sich selbst wenigstens partiell am freien Gebrauch der Vernunft gehindert ist; es gibt hier nicht nur eine "selbstverschuldete Unmündigkeit", sondern eine ebenso letztlich unvernünftige "selbstverschuldete Vormundschaft" über andere (545).

Unter "**Glaubenserkenntnis**" verstehen wir alle diejenige Erkenntnis, für deren Wahrheit man sich auf eine Selbstmitteilung Gottes in mitmenschlichem Wort berufen muß. Ihre Wahrheit kann nur im Glauben selbst erkannt werden. Die Rechenschaft über den Glauben vor der Vernunft geschieht eigentlich dadurch, daß man sagt, worum es im Glauben geht. Denn erst so kann man die Frage sinnvoll stellen, wie sich Vernunft- und Glaubenserkenntnis zueinander verhalten.

Vernunfterkenntnis steht zunächst in einem **negativen** Verhältnis zum Glauben. Man kann den Glauben weder aus Vernunftgründen ableiten noch mit Vernunftgründen beweisen oder auch nur plausibel machen. Der Vernunft kommt jedoch gegenüber der Glaubensverkündigung eine "**Filterfunktion**" zu, die ihr von niemand streitig gemacht werden darf. Die Vernunft ist in der Lage, Mißverständnisse und Verfälschungen in bezug auf die Glaubensverkündigung als der Vernunft widersprechend auszuscheiden. **Nichts kann geglaubt werden, was einer ihre Autonomie wahrenden Vernunft widerspricht** (546). In

---

545 Vgl. **Oswald Bayer**, Selbstverschuldete Vormundschaft - Hamanns Kontroverse mit Kant um **wahre** Aufklärung, in: Der Wirklichkeitsanspruch von Theologie und Religion - Die sozialethische Herausforderung, hrsg. v. Dieter Henke u. a., Tübingen 1976, 3-34. Johann Georg Hamanns scharfsinnige Kritik an Kant läuft darauf hinaus, daß wahre Aufklärung in einem Ausgange des unmündigen Menschen aus einer allerhöchst selbst verschuldeten Vormundschaft bestehe (9). Dem Philosophen, der "krumm nach oben und aufrecht nach unten" (33) existiere und sich zum Vormund über andere aufwerfe, stellt Hamann als die eigentlich christliche Haltung entgegen, aufrecht nach oben und krumm nach unten "für unsere unmündigen Mitbrüder" (30) einzutreten.

546 Vgl. II. Vatikanum, GS 36, und I. Vatikanum, DS 3019. Unsere These von der **negativen** Funktion der Vernunft gegenüber dem Glauben, daß sie nämlich Mißverständnisse auszufiltern vermag, widerspricht nicht, sondern entspricht der Aussage in DS 3019, daß sie damit eine dem Glauben **dienliche** Funktion hat. - Zum genauen Verständnis des Autonomiebegriffs ist es hilfreich, mit **Gerhard Ebeling**, Die "nicht-religiöse Interpretation biblischer Begriffe", in: **ders.**, Wort und Glaube I, Tübingen ³1967, 53, den "Gebrauch der autonomen Vernunft" abzuheben von seinem Zerrbild, dem "autonomen Gebrauch der Vernunft". Letzterer wäre ein nicht durch das Objekt eingeschränkter, sondern nur durch das Interesse des Subjekts bestimmter Gebrauch der Vernunft. Dagegen wäre der "Gebrauch der autonomen Vernunft" der nicht durch die Interessen des Subjekts eingeschränkte und damit willkürliche, sondern der am Objekt orientierte geordnete Gebrauch der Vernunft. - Die Filterfunktion der Vernunft gegenüber Verfälschungen in der Verkündigung schiene mir nicht gewahrt, wenn man der Auffassung von **Joseph de Vries**, Logica, Freiburg 1950, 44, zustimmte, wonach der Glaube "negative Norm für die

diesem Sinn kommt der Vernunft geradezu ein Vorrang vor dem Glauben zu. Auch und gerade um des Glaubens willen ist darauf zu achten, daß die Eigenständigkeit und kritische Funktion der Vernunft gewahrt bleiben (547).

Es muß möglich sein, angebliche Vernunfteinwände gegen sachgemäße Glaubensverkündigung auf dem Feld der Vernunft selbst mit Vernunftgründen zu entkräften. Nur so kann sich die Glaubensverkündigung als sachgemäß ausweisen. Gerade in der Wahrung ihrer Autonomie leistet die Vernunft dem Glauben einen unentbehrlichen Dienst. Sie verhindert Selbsttäuschungen bei der Vergewisserung in bezug auf die Überlieferung. Dies ist zum Beispiel das Ziel der historisch-kritischen Methode gegenüber der Heiligen Schrift. Es geht darum, sich vor jeder Art von Selbsttäuschung angesichts dessen zu hüten, was das ursprüngliche Zeugnis wirklich besagt (548).

Der Einwand, das "Wort Gottes" lasse sich von der Vernunft nicht richten, trifft gegenüber dieser Sicht nicht zu. Denn diese Sicht wahrt, daß das "Wort Gottes" als "Wort Gottes" nur im Glauben selbst erkannt werden kann. Die richtende Vernunft wird nur gegenüber solchen Aussagen wirksam, die gar nicht wirkliche Offenbarung

---

Philosophie" sei; es sei denn, es handelte sich um einen Glauben, der bereits durch das Filter der Vernunft gegangen ist. Aber dann ist in Wirklichkeit die ihre Autonomie wahrende Philosophie negative Norm für den Glauben. Philosophie verstößt gegen ihre Autonomie, wo sie sich anderen als Vernunftargumenten beugt und Sachverhalte "glaubt", die in Wirklichkeit dem Urteil der Vernunft unterliegen. Es handelt sich dann nicht um Glauben, sondern um Aberglauben.

547 Vgl. die Formulierung bei **Emmanuel Levinas**, Difficile Liberté - Essais sur le Judaisme, Paris 1963, 171: "Die Thora mehr als Gott lieben." Ähnlich **Erhard Kunz**, Überlegungen zur Gotteserkenntnis, in: GuL 42 (1969) 95: "Die Liebe zur Wahrheit muß in einem gewissen Sinn unsere Bejahung Gottes noch übersteigen und umgreifen." - Eine Erläuterung der Einschränkung dieses Satzes durch das "in einem gewissen Sinn" bietet **Gerhard Ebeling**, Studium der Theologie, Eine enzyklopädische Orientierung, Tübingen 1975, 174: Für das Verständnis der Eigenart der Glaubensgewißheit "sind vor allem drei Aspekte zu berücksichtigen: zum einen, daß die Gewißheit christlichen Glaubens weder den Charakter objektiv beweisbaren Wissen hat noch den der subjektiven Willkür, sondern ein Gegründetsein des Menschen außerhalb seiner selbst ist; ferner, daß diese Gewißheit sich als ein Sein in der Wahrheit versteht, für das ein beständiges Fragen nach der Wahrheit keinen Widerspruch darstellt, vielmehr dem Lebensbezug der Wahrheit entspricht; und schließlich, daß die Gewißheit nicht anders existiert als in der Anfechtung, also in einem ständigen Prozeß der Vergewisserung und Bewahrheitung, der aber nach dem Selbstverständnis des Glaubens nicht über die Wahrheit des Geglaubten, sondern allein über das Bleiben des Glaubenden in der Wahrheit entscheidet." Vgl. im Sinn des zuletzt genannten Aspektes auch die Lehre des I. Vatikanums, DS 3036.

548 Vgl. **Gerhard Ebeling**, Diskussionsthesen zur Einführung in das Studium der Theologie, in: ders., Wort und Glaube I, Tübingen ³1967, 451.

sind. Bei wirklicher Offenbarung dagegen ist es nicht nötig, ein Verbot gegen die richtende Vernunft auszusprechen. Für wirkliche Offenbarung ist das Filter der kritischen, ihre Autonomie wahrenden Vernunft durchlässig und ist kein Hindernis.

Für sich allein genommen würde die kritische Vernunft niemals ausreichen, um auch nur zu einem einzigen positiven Glaubenssatz zu kommen. Dafür bleibt man vielmehr ganz und gar auf die zu hörende Botschaft angewiesen. Aber in dem Zusammenwirken von Botschaft und Vernunft entgeht man einem Subjektivismus, der sich den Glauben selbst zurechtmacht, und ebenso einem Offenbarungspositivismus, in welchem man genötigt wäre, Beliebiges als den Anspruch Gottes anzunehmen.

Der Glaube seinerseits steht zur Vernunft in einem **positiven** Verhältnis. **Er fordert und fördert den Gebrauch der autonomen Vernunft.** Der Glaube ist um seiner selbst und um der Vernunft willen daran interessiert, daß die Vernunft ihre Eigenständigkeit wahrt. Für Sachverhalte, die anderer Erkenntnis als der des Glaubens zugänglich sind, darf nicht mit dem Glauben, sondern muß mit Vernunft argumentiert werden. Würde die Eigenständigkeit der Vernunft nicht gewahrt, dann wäre es nicht mehr möglich, Glaube und Aberglaube voneinander zu unterscheiden. Auch wäre ein Glaube, der die Eigenständigkeit der Vernunft aufhebt, nicht mehr als das Geliebtwerden des Menschen durch Gott verstehbar.

Der Glaube fordert nicht nur die Eigenständigkeit der Vernunft, sondern er fördert sie auch positiv dadurch, daß er einer unvernünftig gewordenen Vernunft, die gegen ihre eigenen Gesetze verstößt, mit Vernunftargumenten widerspricht. Der Glaube fördert die Vernunft aber insbesondere dadurch, daß er die Angst des Menschen um sich selbst entmachtet, die ihn anderenfalls auch Vernunfteinsicht verdrängen läßt. Diese Förderung geschieht nicht auf der Ebene der Vernunftargumente, sondern als Befreiung des Subjekts zu vernünftiger Argumentation.

Hierher gehört die Lehre des I. Vatikanums, daß die Offenbarung auch natürliche Gotteserkenntnis fördert. Es ist der Offenbarung zuzuschreiben, "daß das, was von den göttlichen Wirklichkeiten der menschlichen Vernunft an sich nicht unzugänglich ist, auch in der gegenwärtigen [erbsündlichen] Situation der Menschheit leicht, in fester Gewißheit und ohne Beimischung von Irrtum erkannt werden kann" (549). In der Tat läßt sich natürliche Gotteserkenntnis mit ihrer Problematik von Welterfahrung als Gotteserfahrung in der Weise der "Abwesenheit" erst im Kontext von "Wort Gottes" aushalten. Die an sich natürlicher Erkenntnis zugängliche Unfähigkeit des Menschen, aufgrund irgendeiner geschöpflichen Qualität Gemeinschaft mit Gott zu erlangen, kann erst vom Glaubenden so angenommen werden, daß er keinen Anlaß mehr hat, diese Einsicht zu verdrängen. Denn der Glaubende erkennt sich aufgrund der Gnade Gottes, die ihm offenbart worden ist, als in Gemeinschaft mit Gott und braucht nicht mehr, um dieses Ziel zu erreichen, nach anderen Mit-

---

549 I. Vatikanum, DF, Kap. II, DS 3005; vgl. auch II. Vatikanum, DV 6,2.

teln zu suchen, die dafür nicht geeignet sein können. Er braucht sich nicht mehr selbst zu rechtfertigen. So fördert der Glaube auch die ethische Einsicht.

Die Förderung der Vernunft durch den Glauben ist allerdings, wie immer wieder betont werden muß, kein Beweis für seine Wahrheit. Würde der Glaube einer ihre Autonomie wahrenden Vernunft widersprechen, dann würde er eben dadurch widerlegt. Dagegen wird er durch sein positives Verhältnis zur Vernunft noch nicht bewiesen. Dieses positive Verhältnis ist zwar notwendige Bedingung für seine Wahrheit, aber es reicht nicht aus, um daraus seine Wahrheit logisch abzuleiten (550). Der "neue Wein" des Glaubens erfordert "neue Schläuche" (vgl. Mk 2,22). "Alte Schläuche", die rissig geworden sind, eine fehlerhaft funktionierende Vernunft, ein falsches Vorverständnis können das Verstehen der Glaubensbotschaft nur behindern. Aber umgekehrt bewirkt das Vorhandensein "neuer Schläuche" für sich allein noch keineswegs, daß sie auch mit dem "neuen Wein" gefüllt sind.

Die hier geforderte strenge Unterscheidung von Glaube und Vernunft bedeutet nach dem Gesagten keine Trennung und vor allem keine gegenseitige Abschirmung. Die Unterscheidung besagt vielmehr

---

550 Sehr gut dazu **Jürgen Werbick**, o. c. (Anm. 492) 441-462, vor allem 461: "Die wissenschaftliche Argumentation der Theologie hat diese anthropologische Leistung der Glaubenswahrheit darzulegen; sie kann nicht von sich aus entscheiden, ob Glaubenssätze - gleich 'Placebo-Präparaten' - wirken, nur weil man dem Anspruch glaubt, der bei ihrer Übergabe erhoben wurde, oder ob sie tatsächlich Wahrheitsgeltung besitzen." Deshalb besteht für das Verhältnis von Wahrheitsgeltung und Funktionstüchtigkeit "eine bemerkenswerte Asymmetrie: Argumente für die Dysfunktionalität von Glaubensaussagen kommen als Instanz gegen die Wahrheitsgeltung in Frage; Argumente für die Funktionstüchtigkeit von Glaubensaussagen können aber nicht ohne weiteres deren Wahrheitsgeltung begründen." - **Johannes Heinrichs**, o. c. (Anm. 117), 43, schreibt: Die Rechenschaft über den christlichen Glauben "kann sich nicht in dem negativen Geschäft erschöpfen, Einwände gegen den Glauben als unbegründet zu widerlegen, sondern muß positiv das Sinnangebot christlichen Glaubens für die Vernunft aufweisen können, was mit dem Versuch einer rationalistischen 'Glaubensbegründung' nichts zu tun hat". Darauf antworte ich: Selbstverständlich muß die Verkündigung zunächst inhaltlich vorgelegt werden, und es ist auch der Einwand zu widerlegen, die Verkündigung sei etwa nachweislich sinnlos für die Vernunft. Auch muß gegeben sein, daß die Glaubensverkündigung positiv an der Autonomie der Vernunft interessiert ist. Aber ein darüber hinausgehendes "Sinnangebot" kann im voraus zur Glaubenszustimmung immer nur als behauptet, aber noch nicht als wirklich erfaßt werden. Das Sinnangebot wird nur in dem Sinn als "möglich" erkannt, daß man in Wirklichkeit nur seine Unmöglichkeit nicht nachweisen kann; aber in genauer Sprechweise ist das noch keine positive Erkenntnis seiner Möglichkeit. Sowohl daß der angebotene Sinn wirklich wie daß er auch nur positiv möglich ist, kann nicht bewiesen, sondern nur geglaubt werden.

zugleich eine In-Beziehung-Setzung. Im Glauben geht es immer um die Beziehung dessen, was nur geglaubt werden kann, auf das, was der Vernunft als solcher zugänglich ist. Wenn als Glaubenswahrheit nur das in Frage kommt, was nur geglaubt werden kann und sich nachweislich anderer Beurteilung entzieht, dann kann die Glaubensverkündigung gerade daran von der Vernunft geprüft werden, ob es tatsächlich nicht gelingt, ihr anders als im Glauben gerecht zu werden. Umgekehrt muß sich eine eventuelle Kompetenzüberschreitung der Vernunft mit Hilfe der Vernunft selbst nachweisen lassen, sei es als Selbstwiderspruch, sei es als Immunisierungsstrategie. Sowohl zur Klärung des wirklichen Sinns von Glaubensaussagen wie zur Wahrung der Autonomie der Vernunft bedarf es der Bereitschaft zum Gespräch (551).

Es gibt in der Theologie noch einen anderen "Vernunft"-Begriff. Mit der "**vom Glauben erleuchteten Vernunft**" (552) ist gewöhnlich ein Vernunftgebrauch innerhalb des Glaubens gemeint, bei dem man bereits mit der geglaubten Wahrheit des Glaubens argumentiert. **Innerhalb der Glaubenszustimmung ist die Vernunft in der Lage, die Aussagen des Glaubens glaubensgemäß zu verstehen.** Sie erfaßt die innere Einheit aller Glaubensaussagen, wie dies vor allem im ersten Hauptteil unserer Untersuchung dargestellt worden ist. Aber auch wenn man die vielen Glaubensgeheimnisse auf ein einziges zurückführt, bleibt es dabei, daß dieses in seiner Wahrheit nur geglaubt werden kann und daß genau dies vor der Vernunft zu verantworten ist (553).

FRAGEN

1. Wie unterscheiden sich Aussagen über "Geschichtlichkeit" von einer unmittelbaren Darstellung von "Geschichte"?
2. Was ist unter "Vernunfterkenntnis" zu verstehen?
3. Wie ist im Unterschied dazu "Glaubenserkenntnis" zu definieren?
4. Warum setzt die Frage nach dem Verhältnis von Glaube und Vernunft zu ihrer Beantwortung eine wenigstens summarische Darstellung des Glaubensinhaltes voraus?

---

551 Vgl. **Karl-Heinz Crumbach**, Theologie in kritischer Öffentlichkeit - Die Frage Kants an das kirchliche Christentum, München-Mainz 1977. Kant war der Auffassung, daß der Glaube zwar nicht von der Vernunft entworfen und auch nicht auf sie zurückgeführt werden könne, aber ihre kritische Prüfung müsse aushalten können, wobei Öffentlichkeit für die Vernunft lebenswichtig sei. Vgl. meine Rezension zu diesem Buch in ThPh 53 (1978) 592f.

552 Vgl. z. B. DS 3016.

553 **Erich Schrofner** in seiner Rezension in: Domschule Würzburg 4/78, und **Bruno Hidber** in: TGA 24 (1981) 61 schreiben mir entgegen allem Voranstehenden "Trennung" oder "Tendenz zur Trennung" von Glaube und Vernunft zu. Schrofner spricht sogar von einer radikalen Geltungmachung des Glaubens "unter Ausschluß der menschlichen Vernunft." Ein unterscheidendes In-Beziehung-Setzen ist jedoch der schlechthinnige Gegensatz zu jeder Form von Trennung oder Vermischung.

5. Welche negative Funktion hat die Vernunft gegenüber der Glaubensverkündigung? Welche durch die Vernunft unersetzbare Aufgabe bleibt dabei der Verkündigung?
6. Wodurch fördert der Glaube den Gebrauch der autonomen Vernunft? Was ist unter der "Autonomie der Vernunft" zu verstehen?
7. Worin bestünde ein Gebrauch der Vernunft, der ihre Autonomie nicht wahrt?
8. Warum bedeutet das Prinzip, nichts dürfe geglaubt werden, was einer ihre Autonomie wahrenden Vernunft widerspricht, keine Einschränkung der Autorität Gottes?
9. Inwiefern ist der Glaube zu seiner Reinerhaltung auf die autonome Vernunft angewiesen?
10. Was ist unter der "vom Glauben erleuchteten Vernunft" zu verstehen? Welchen Dienst leistet die Vernunft beim Vergleich der Glaubenswahrheiten untereinander?
11. Warum ist die Förderung der Vernunft durch den Glauben noch kein Beweis für die Wahrheit des Glaubens?
12. Welche Bedeutung kommt der offenbarten übernatürlichen Gotteserkenntnis für die natürliche Gotteserkenntnis zu?

3.1.2 Das Verhältnis von Glaube und Wissenschaft: Theologie

Unter "**Wissenschaft**" läßt sich allgemein das Bemühen um ein Wissen verstehen, das sich über die Quellen des Gewußten und die Weise ihrer angemessenen Erschließung Rechenschaft gibt und sich kritischer Prüfung stellt (554). Grundforderungen an jede Wissenschaft sind: Ihre Sätze müssen in sich logisch widerspruchsfrei sein ("Satzpostulat"), miteinander in Zusammenhang stehen ("Kohärenzpostulat"), der Prüfung zugänglich sein ("Kontrollierbarkeitspostulat"); sie dürfen nicht sonstiger Wahrheit widersprechen ("Konkordanzpostulat"); sie müssen von Vorurteilen unabhängig sein ("Unabhängigkeitspostulat") und sollten sich in Basissätze oder Axiome und in davon abgeleitete Sätze aufteilen lassen (555).

Im Glauben geht es um Gottes Selbstmitteilung in menschlichem Wort, das als menschliches Wort auch wissenschaftlicher Erforschung

---

554 Vgl. **Gerhard Ebeling**, Leitsätze zur Wissenschaftlichkeit der Theologie, in: **ders.**, Wort und Glaube III, Tübingen 1975, 137.

555 Ausdrücklich auf die Theologie angewandt wurden diese Forderungen in dem berühmten Artikel von **Heinrich Scholz**, Wie ist eine evangelische Theologie als Wissenschaft möglich?, in: ZZ 9 (1931) 8-53. Er bezeichnete die ersten beiden Forderungen als Mindestforderungen. **Karl Barths** Nein dazu (**ders.**, Die Kirchliche Dogmatik, I, 1, Zollikon-Zürich 1947, 7) und seine Forderung der "Gegenstandsgemäßheit" als Kriterium wahrer Wissenschaft sind als Einwand nur insofern verständlich, als Glaubenswahrheit natürlich nicht das Ergebnis wissenschaftlicher Einsicht sein kann, sondern vom Hören kommen muß und nur im Glauben selbst erfaßt wird. Insoweit sich Wissenschaft auf Vernunft beruft, kann sie nur Einwände gegen den Glauben widerlegen.

zugänglich sein muß. Wo die wissenschaftliche Erforschung dieses Wortes im Interesse des Glaubens und damit in **kirchlichem Interesse** geschieht, handelt es sich um **Theologie** (556). Das Interesse am Glauben ist dann der Grund, weshalb man das Wort der christlichen Botschaft wissenschaftlich erforscht. Diese wissenschaftliche Erforschung geschieht aber nur dann wirklich im Interesse des christlichen Glaubens, wenn sie nicht gerade durch dieses Interesse verfälscht wird. Denn dann würde man dem Glauben nur einen Bärendienst leisten. Es handelt sich auch nur dann um wirklich wissenschaftliche Erforschung, wenn das Interesse keinen logischen Einfluß auf die Ergebnisse nimmt. Es wäre grundsätzlich denkbar, daß solche wissenschaftliche Erforschung den Glauben selber in Frage stellt und zu stichhaltigen Einwänden gegen ihn führt. Aber darauf kann man es vom Glauben her gesehen ruhig ankommen lassen. Wenn der Glaube wirklich auf dem Wort Gottes beruht, wird es keiner wissenschaftlichen Erforschung seiner historischen Grundlagen gelingen, ihn zu widerlegen.

Beispielsweise arbeitet die wissenschaftliche Bemühung um die Herstellung des möglichst ursprünglichen Textes des Neuen Testaments mit den gleichen Methoden wie die Philologie sonst. Sie wird jedoch dadurch ein Bestandteil der Theologie, daß man sich für den ursprünglichen Text des Neuen Testaments um des Glaubens und seiner Verbreitung willen interessiert.

Als Wissenschaft argumentiert Theologie letztlich nicht mit der in dem Interesse, in dem sie vollzogen wird, vorausgesetzten Wahrheit des Glaubens. Sie setzt sich vielmehr mit den Einwänden der anderen Wissenschaften gegen den Glauben auf deren eigenem Feld auseinander. Um der Möglichkeit solcher Auseinandersetzung willen gehört theologische Wissenschaft sachgemäß an die Universität. Wir sagen: Theologie argumentiert "letztlich" nicht mit der Wahrheit des Glaubens. Das schließt nicht aus, daß sie den inneren Zusammenhang der Glaubenswahrheiten untereinander bedenkt; aber auch dieser Vorgang ist erst dann wissenschaftlich, wenn er sich nicht gegen die Anfragen anderer Wissenschaften abkapselt. Ihren Charakter als Wissenschaft hat die Theologie durch ihre Auseinandersetzung mit anderen Wissenschaften.

Zwar ist der von der theologischen Wissenschaft wissenschaftlich zu verantwortende Glaube in der kirchlichen Verkündigung vorgegeben und wird nicht erst von der Theologie entworfen. Aber die Theologie hat auch gegenüber jeglicher Verkündigung das Recht zu kritischer Prüfung, ob sie tatsächlich solcherart ist, daß sie sich anderer Beurteilung als der des Glaubens argumentierbar entzieht. In ihrer Auseinandersetzung mit den anderen Wissenschaften kommt der Theologie auch innerhalb der Kirche Eigenständigkeit zu (557). Kei-

---

556 Vgl. **Friedrich Schleiermacher**, o. c. (Anm. 358), §§ 1-13. Bei dieser Definition von Theologie ist der Anschluß des Theologen an kirchliche Gemeinschaft vorausgesetzt. Anderenfalls handelte es sich nicht um Theologie, sondern z. B. um Religionswissenschaft.

557 Zu der "Belastung durch jene berühmten Konflikte, die aus dem Eingriff kirchlicher Instanzen in den Prozeß wissenschaftlichen Er-

ne Autorität hat das Recht, zu verhindern, daß sich theologische Wissenschaft den Anfragen anderer Wissenschaften auf deren eigenem Feld stellt. Zum Beispiel könnte niemand einem Theologen verbieten, sich mit tiefenpsychologischen Anfragen an die kirchliche Tradition auseinanderzusetzen.

Es ist die Funktion der Theologie in der Kirche, den Gläubigen zwar nicht die je eigene Verantwortung des Glaubens abzunehmen, aber ihnen Umwege in der Verantwortung des Glaubens zu ersparen. Sie hat deshalb einen wichtigen Dienst in der Gemeinde. Der Glaube ist aber nicht erst deshalb verantwortbar, weil es Theologen gibt. Vielmehr gibt es neben der allgemeinen Verantwortung des Glaubens auch eine wissenschaftliche, weil der Glaube in jeder Hinsicht verantwortbar ist.

Die theologische Wissenschaft teilt sich in verschiedene Disziplinen auf. Das Einteilungsprinzip bietet letztlich der Grundsatz, daß der Glaube vom Hören kommt. Dem "Hören" entsprechen die **historischen** Disziplinen. In ihnen wird nach der geschichtlichen Begegnungsweise der christlichen Botschaft gefragt, also danach, was denn zu hören ist. Dem "Glauben" entsprechen die **systematischen** Disziplinen, die danach fragen, ob es tatsächlich nicht möglich ist, dem Gehörten anders als im Glauben gerecht zu werden; hier geht es also um das sachgemäße Verständnis des Gehörten.

Die historische und die systematische Aufgabe können nur **miteinander** sachgemäß erfüllt werden, weil Glauben und Hören immer aufeinanderzu interpretiert werden müssen. Im Vollzug der historischen Aufgabe muß deshalb das Problembewußtsein der systematischen gegenwärtig sein; entsprechend kann die systematische Aufgabe nur erfüllt werden, wenn dabei das Problembewußtsein der historischen wirksam bleibt. Das Problembewußtsein der historischen Arbeitsweise läßt darauf achten, daß Sachverhalte, die als solche historisch zugänglich sind, als solche nicht geglaubt werden können. Das Problembewußtsein der systematischen Arbeitsweise verhindert, daß man meint, die Wahrheit von Glaubensaussagen könne positiv historisch verifiziert werden. Indem also die historischen und die systematischen Fächer einander mit ihrem jeweiligen Problembewußtsein belasten, entlasten sie einander zur Erfüllung ihrer je eigenen Aufgabe (558). Die systematischen Fächer können die Ergebnisse der

---

kenntnisfortschritts entstanden sind", sagte Papst **Johannes Paul II.** in seiner Ansprache an Wissenschaftler und Studenten im Kölner Dom am 15.11.1980: "Die Kirche erinnert sich daran mit Bedauern, denn wir wissen heute um die Irrtümer und Mängel dieser Verfahren" (in: Papst Johannes Paul II. in Deutschland, Verlautbarungen des Apostolischen Stuhles, Nr. 25, hrsg. v. Sekretariat der Deutschen Bischofskonferenz, Bonn o. J. [1981], 28).

558 So nach einer Formulierung von **Eberhard Jüngel**, Das Verhältnis der theologischen Disziplinen untereinander, in: **ders.**, o. c. (Anm. 159), 57: "Die durch eine theologische Disziplin jeweils zu leistende **Entlastung** der übrigen theologischen Disziplinen setzt deren **Belastung** mit dem Problembewußtsein der jeweils entlastenden Disziplin voraus."

historischen Arbeit voraussetzen; umgekehrt müssen die historischen Untersuchungen so durchgeführt werden, daß die systematische Fragestellung möglich bleibt. Für die Exegese bedeutet dies insbesondere, sich vor einer letztlich mythologischen und damit monophysitischen Interpretation ihrer Texte gewarnt sein zu lassen. Die Dogmatik wiederum muß sich dessen bewußt bleiben, daß die historischen Sachverhalte, auf die sich die Glaubensaussagen beziehen, nicht selbst geglaubt werden und deshalb auch nicht dogmatisch postuliert werden können, sondern historisch aufzuweisen sind. "Hören" und "Glauben" müssen in Analogie zum christologischen Dogma "unvermischt" und "ungetrennt" bleiben, also voneinander unterschieden und gerade so aufeinander bezogen werden.

Im einzelnen läßt sich die historische Aufgabe in Exegese der Heiligen Schrift und in Kirchengeschichte aufteilen. Die **Exegese** befaßt sich mit dem Ursprung der christlichen Verkündigung im Neuen Testament und mit dem Alten Testament als ihrem Hintergrund. **Kirchengeschichte**, zu der auch die Dogmengeschichte gehört, untersucht die Wirkungsgeschichte dieser ursprünglichen Botschaft bis in die Gegenwart (559).

Einteilungsprinzip der systematischen Aufgabe sind Annahme und Weitergabe der christlichen Botschaft. Der Frage, wie man die christliche Botschaft verstehen und annehmen kann, ist die **Dogmatik** zugeordnet; ihr kann auch die christliche Ethik oder Moraltheologie zugerechnet werden, in der es um die Bedeutung des Glaubens für das Handeln und um die gegenseitige Beziehung von Glauben und Handeln geht. Der Frage dagegen, wie der von einem selbst verstandene und angenommene Glaube weitergegeben werden kann, geht die **Praktische Theologie** nach; hierher gehört z. B. auch die kirchenrechtliche Disziplin.

Der **Fundamentaltheologie** innerhalb der systematischen Theologie schließlich kommt es zu, den Zusammenhang aller theologischen Disziplinen ausdrücklich zu bedenken. Sie ist insofern selbst eine systematische Disziplin, die von dem historischen Befund einer Vielheit von theologischen Fächern ausgeht. Fundamentaltheologie entsteht als zusammenfassende Rechenschaft über die Theologie im ganzen und kann dann für andere als Einführung in das Theologiestudium dienen.

Den einzelnen theologischen Fächern stehen als ihre hauptsächlichen Gesprächspartner jeweils bestimmte Profanwissenschaften gegenüber (560). Für die Exegese sind dies besonders Sprach- und Literaturwissenschaft und Religionswissenschaft. Der Kirchen- und Dogmengeschichte entsprechen Profangeschichte und besonders Philosophiegeschichte. Dogmatik hat ihren wichtigsten Partner in der Philosophie und für manche Fragen in den Naturwissenschaften. Für die Praktische Theologie kommen als Gegenüber vor allem die Humanwissenschaften (Psychologie, Pädagogik, Soziologie) in Betracht. Fun-

---

559 Vgl. **Gerhard Ebeling**, Kirchengeschichte als Geschichte der Auslegung der Heiligen Schrift, in: ders., o. c. (Anm. 386), 9-27.

560 Vgl. **Gerhard Ebeling**, Studium der Theologie - Eine enzyklopädische Orientierung, Tübingen 1975.

damentaltheologie wird sich am meisten mit Wissenschaftstheorie und mit Philosophie auseinandersetzen. Dabei wird Fundamentaltheologie ein besonderes Interesse an der Eigenständigkeit der Philosophie haben und ihr sowohl um des Glaubens als auch um der Vernunft willen mit Argumenten die Möglichkeit bestreiten, Glaubenserkenntnis in philosophische Einsicht einzuordnen oder sie als Konvergenzpunkt philosophischer Bemühung zu erweisen. Fundamentaltheologie wird der Tendenz zur Vermischung oder zur Trennung von Vernunft und Glaube entgegenwirken und ihre unterscheidende In-Beziehung-Setzung vertreten.

Von ihrem fundamentaltheologischen Problembewußtsein her steht Theologie überhaupt wesensnotwendig in Auseinandersetzung mit Philosophie. Theologie ohne Philosophie hört auf, Theologie zu sein, und ist dann selber nur eine schlechte Philosophie, bloße Ideologie. Das Verhältnis von Philosophie und Theologie steht in Entsprechung zu dem von "Natur" und "Gnade". Von Philosophie her läßt sich die positive Möglichkeit von Theologie nicht entwerfen; doch umgekehrt impliziert Theologie Philosophie. Wo Philosophie der christlichen Botschaft begegnet, kann sie keine legitimen Gründe gegen sie geltend machen. Sie wird vielmehr bei sachgemäßer Auseinandersetzung mit Theologie in ihrer Eigenständigkeit gefördert. Theologie wiederum verdankt der Auseinandersetzung mit Philosophie ihr höchstmögliches Maß an Wissenschaftlichkeit (561). Gegenüber einer sogenannten "christlichen Philosophie", die mit Prämissen zumindest anonymen Glaubens arbeitet, müßte explizitem christlichen Glauben daran gelegen sein, Wissen und Glauben, Philosophie und Theologie deutlich zu unterscheiden, anstatt sie vermischend ineinander übergehen zu lassen; denn damit würde dem Glauben kein guter Dienst erwiesen.

Für Wissenschaftstheorie bedeutet dies: Von ihren philosophischen Voraussetzungen her kann sie im Kanon der Wissenschaften zwar einen Platz für Religionsphilosophie vorsehen, nicht aber für Theologie:

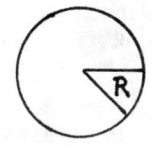

---

561 Auf katholischer Seite bietet die mich am meisten überzeugende Verhältnisbestimmung **Klaus Hemmerle**, Das problematische Verhältnis von Philosophie und Theologie - Theologische Perspektiven, in: PhJ 84 (1977) 228-241; dasselbe in etwas gekürzter Fassung: Das Verhältnis von Philosophie und Theologie aus theologischer Perspektive, in: HerKorr 31 (1977) 31-36. Auf evangelischer Seite ist bisher noch immer unübertroffen: **Gerhard Ebeling**, Art. "Theologie und Philosophie. I. Problemstrukturen, II. Historisch, III. Dogmatisch", RGG³ VI, 782-830. In philosophischer Sicht ist die beste mir bekannte Darstellung: **Martin Heidegger**, Phänomenologie und Theologie, Frankfurt am Main 1970.

Theologie ihrerseits kann der Wissenschaftstheorie nur bestätigen, daß diese nicht von sich aus einen legitimen Platz für sie entwerfen kann. Denn Theologie bestimmt sich selbst ihren Ort, allerdings so, daß Wissenschaftstheorie dann seine Legitimität nicht mit stichhaltigen Gründen zu bestreiten vermag:

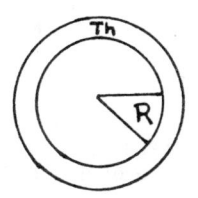

FRAGEN

1. Was ist unter "Wissenschaft" im allgemeinen Verständnis zu verstehen, und unter welchen Grundforderungen steht sie?
2. Wodurch wird "Theologie" im Unterschied zu Religionswissenschaft definiert?
3. In welchem Sinn ist Theologie an das kirchliche Lehramt gebunden, und wodurch unterscheidet sich diese Bindung von einer Bevormundung durch das Lehramt?
4. Warum genügt die methodisch geordnete Beantwortung der Frage nach dem Zusammenhang der Glaubenswahrheiten untereinander nicht, um der Theologie den Charakter einer Wissenschaft im strengen Sinn zu verleihen? Welche weitere Forderung ist dafür zu erfüllen?
5. Warum hat Theologie sinnvollerweise ihren Platz an der Universität?
6. Welche Funktion kommt der Theologie für die Verantwortung des Glaubens durch den einzelnen Gläubigen zu?
7. Inwiefern ist durch den Satz "Der Glaube kommt vom Hören" ein Grundeinteilungsprinzip der Theologie gegeben?
8. Welche Bedeutung haben die historischen und die systematischen Fächer füreinander? Inwiefern belasten sie einander mit ihrem jeweiligen Problembewußtsein und entlasten einander in ihren Einzelvollzügen?
9. Wie sind die historischen und die systematischen Fächer noch weiter zu unterteilen?
10. Welche Aufgabe hat die Fundamentaltheologie? Inwiefern ist sie abschließende Zusammenfassung der Theologie und inwiefern Einführung in die Theologie?
11. Welche Profanwissenschaften sind den einzelnen theologischen Fächern jeweils zugeordnet?
12. Wie ist das Verhältnis von Philosophie und Theologie zu bestimmen?
13. Warum kann eine philosophische Wissenschaftstheorie in ihrem Fächerkanon nicht legitimerweise einen Platz für Theologie vorsehen? Wie verhält sich Wissenschaftstheorie zu dem Platz, den sich Theologie selbst zuweist?

3.2 Glaube und Machtausübung

Der christliche Glaube begegnet in kirchlicher Gemeinschaft, die eine sichtbare Wirklichkeit ist. Wie verhält sich die kirchliche Gemeinschaft zur bürgerlichen Gesellschaft und zu deren Institutionen? Welchen Einfluß dürfen kirchliche Gemeinschaft und bürgerliche Gesellschaft aufeinander nehmen? Im Zusammenhang der vorliegenden Untersuchung können hier nur Grundstrukturen angedeutet werden.

Geschichtlich hat es die verschiedensten Formen der Verhältnisbestimmung von Kirche und bürgerlicher Gesellschaft gegeben. Sie reichen vom Versuch der Verschmelzung beider Größen über Interesselosigkeit aneinander bis zu gegenseitiger Todfeindschaft. Das Verhältnis zueinander konnte auch von beiden Seiten je verschieden bestimmt werden. Es hat Fälle vermeintlicher gegenseitiger Förderung gegeben, die zum Schaden für beide Seiten gereichten. Umgekehrt konnte es sich bei gegenseitiger Feindschaft zuweilen nur um die Bekämpfung von Kompetenzüberschreitungen der jeweils anderen Seite handeln, so daß eine solche Gegnerschaft in Wirklichkeit der anderen Seite zur Selbstfindung half.

In grundsätzlicher Einschätzung gilt, daß Kirche und bürgerliche Gesellschaft voneinander zu unterscheiden sind und nur unter Wahrung ihrer je eigenen Autonomie in rechte Beziehung zueinander treten können, dies aber auch müssen. Es ist deshalb wünschenswert, daß man sich für eine sachgemäße Verhältnisbestimmung auch hier der christologisch vorgegebenen Begrifflichkeit von "Unterscheidung" und "In-Beziehung-Setzung" im Gegensatz zu "Vermischung" oder "Trennung" bedient, anstatt - wie es allenthalben üblich ist - "unterscheiden" und "trennen" ständig zu verwechseln. Das rechte Verhältnis läßt sich nicht als eine Art Kompromiß aus Vermischung und Trennung, etwa als "hinkende Trennung", beschreiben. Vielmehr kann gerade um ihrer notwendigen In-Beziehung-Setzung willen die Unterscheidung von bürgerlicher Gesellschaft und Kirche gar nicht streng genug durchgeführt werden. Dies hat aber überhaupt nichts mit einer eigentlichen "Trennung" zu tun. Dabei ist die Autonomie der bürgerlichen Gesellschaft positiv mit Vernunftargumenten begründbar. Die Autonomie der Kirche unterliegt gegenüber der Gesellschaft nur dem negativen Kriterium, daß sie nicht im Widerspruch zur wahren Autonomie der bürgerlichen Gesellschaft bestehen kann.

Das Ziel der bürgerlichen Gesellschaft besteht in der Förderung des Gemeinwohls. Unter dem "Gemeinwohl" seien diejenigen Bedingungen des Wohls der einzelnen oder der Gruppen verstanden, zu deren Erreichung es des gesellschaftlichen Zusammenschlusses bedarf. Zu diesen Bedingungen gehört es, zu verhindern, daß einzelne oder Gruppen ihr eigenes Wohl so auf Kosten des Wohls anderer anstreben, daß dadurch auf die Dauer und im ganzen das Wohl überhaupt vermindert wird. Das Wohl der einzelnen und der Gruppen läßt sich als ihre im Zusammenhang des Ganzen möglichst große Handlungsfreiheit definieren. Einschränkungen der Handlungsfreiheit durch den Einsatz von Macht sind nur zulässig, sofern sie der Erreichung größerer Handlungsfreiheit im ganzen dienen. Zum Beispiel müssen Einschränkungen der Freizügigkeit im Straßenverkehr durch Verkehrsregelungen direkt oder indirekt gerade der Flüssigkeit des Verkehrs und seiner Sicherheit und letztlich größerer Freizügigkeit im ganzen dienen.

Das Ziel der Kirche ist es, das ewige **Heil** des Menschen zu fördern, das im Glauben als seiner Gemeinschaft mit Gott besteht. Dies kommt auch dem **Wohl** der Menschen, ihrem menschlichen Miteinander zugute. Zwischen dem ewigen Heil des Menschen und dem Dienst am Wohl der Menschen besteht ein ähnliches Verhältnis wie zwischen Glaube und Vernunft. Zwischen beiden kann kein echter Widerspruch bestehen. Während durch das irdische Wohl nicht das Heil begründet werden kann, weil es ja an nichts Geschaffenem sein Maß hat und deshalb auch an nichts Geschaffenem ablesbar ist, fordert und fördert das Heil, der Glaube, den Dienst am irdischen Wohl (562). Wollte man die Unterscheidung zwischen dem Heil und dem Wohl und damit den Primat des Glaubens aufgeben, dann würde man damit nicht nur das Christliche, sondern auch das Politische selbst gefährden (563). Denn das Politische wird gerade dadurch verdorben, daß man von ihm das Heil erwartet.

Kirche kann deshalb mit der bürgerlichen Gesellschaft nur dann legitim in Streit geraten, wenn sie der bürgerlichen Gesellschaft oder deren Institutionen auf deren eigenem Feld nachweisen kann, daß sie nicht dem allgemeinen Wohl dienen, sondern ihm zuwiderhandeln. Sie hat dann allerdings dagegen mit Vernunftargumenten aufzutreten. Auf der anderen Seite ist es nicht die Aufgabe der Kirche als solcher, der bürgerlichen Gesellschaft positive Einzelvorschriften für ihre Organisation zu machen. So hat sie auch nicht zu bestimmen, an welchen Werten sich die bürgerliche Gesellschaft orientieren soll. Aber sie kann mit Vernunftargumenten Protest erheben, wo Werte in einer Weise angestrebt werden, die sie auf die Dauer und im ganzen zerstört (564). Aber auch diese Aufgabe fällt

---

562 Leo XIII. formulierte am Anfang der Enzyklika "Immortale Dei" vom 1.11.1885 (Acta Sanctae Sedis 18 [1885/1886] 162): "Das unsterbliche Werk des erbarmenden Gottes, das die Kirche ist, zielt zwar an sich und seiner Natur nach auf das Heil der Personen und die Erreichung der Glückseligkeit im Himmel. Doch bringt es auch im Bereich der dem Tod verfallenen Wirklichkeit von selbst so viele und so große Vorteile mit sich, daß es nicht noch mehr und noch größere hervorbringen könnte, wenn es zuerst und vor allem zur Wahrung der Wohlfahrt dieses Lebens eingesetzt wäre, das man auf Erden verbringt."

563 Vgl. **Gerhard Ebeling,** Memorandum zur Verständigung in Kirche und Theologie, in: **ders.,** Wort und Glaube III, Tübingen 1975, 514.

564 Als ein Beispiel von besonderer Wichtigkeit sei das Wettrüsten genannt. Das II. Vatikanum, GS 81,3, erklärt: "Der Rüstungswettlauf ist eine der schrecklichsten Wunden der Menschheit, er schädigt unerträglich die Armen. Wenn hier nicht Hilfe geschaffen wird, ist zu befürchten, daß er eines Tages all das tödliche Unheil bringt, wozu er schon jetzt die Mittel bereitstellt." Das Konzil verurteilt deshalb auch unabhängig davon, ob es sich um Angriff oder Gegenschlag handelt, "jede Kriegshandlung, die auf die Vernichtung ganzer

der Kirche, wie die Predigt des "Gesetzes" überhaupt, nur subsidiär zu. Denn ihre eigentliche Aufgabe ist es, in bezug auf das "Gesetz" das "Evangelium" zu verkünden (565).

Die bürgerliche Gesellschaft kann umgekehrt die Kirche nur dann zu Recht anfeinden, wenn diese in einem Mißverständnis ihrer eigenen Sendung das Gemeinwohl behindert. Es muß sich dabei um dasjenige Gemeinwohl handeln, das sich unabhängig von Glaubensargumenten beurteilen läßt. Die bürgerliche Gesellschaft darf die Freiheit einer sich nicht aus ihrem Mandat herleitenden Gemeinschaft nur dann und in dem Maß einschränken, als diese ihre Macht gegen die Freiheit einzelner oder die Freiheit von Gruppen mißbraucht. Die bürgerliche Gesellschaft hat die Aufgabe, einzelne oder Gruppen gegen Übergriffe von welcher Seite auch immer zu schützen. Wo zum Beispiel die katholische Kirche das - nunmehr von ihr selbst voll anerkannte - Prinzip der Religionsfreiheit einst nicht zulassen wollte, hätte man sie mit Recht verfolgen können.

Wollte die bürgerliche Gesellschaft meinen, die Kirche besonders fördern zu sollen, weil sie den wahren Glauben verkünde, dann könnte sie ihr damit nur einen schlechten und unheilvollen Dienst erweisen. Es würden dadurch nur fiktive Bekehrungen gefördert. In Wirklichkeit ist vor dem Forum des Staates und mit seinen Mitteln die Wahrheit des Glaubens nicht erkennbar (566). Der Staat ist deshalb auch kein legitimes Subjekt für den Glauben und auch kein legitimer Veranstalter von Gottesdiensten. Dies dennoch zu meinen, liefe auf Rationalismus oder faschistischen Fideismus hinaus. Man würde damit leugnen, daß der Glaube seinem Wesen nach die zeitliche Ordnung übersteigt, die allein in die Kompetenz des Staates gehört. Die einzig legitime Weise für den Staat, die wahre Religion zu fördern, besteht in der Garantie der vollen Freiheit für alle Religionen und Weltanschauungen (567).

Städte oder weiter Gebiete und ihrer Bevölkerung unterschiedslos abstellt" (ebd. 80,3). Dem gesamten Text über die Förderung des Friedens (GS 77-82) kommt größte Bedeutung zu.

565 Vgl. die wegweisenden Artikel von **Gerhard Ebeling**, Wort und Glaube III, Tübingen 1975: Leitsätze zur Zweireichelehre (574-592); Kirche und Politik (592-610); Kriterien kirchlicher Stellungnahme zu politischen Problemen (611-634). - **Johann B. Metz** hatte eine "politische Theologie" als Überwindung einer angeblich privatisierenden und intimisierenden Theologie konzipiert. Aufschlußreich für eine Beurteilung ist ein Vergleich zwischen seiner Interpretation der Pilatus-Jesus-Szene (Joh 18,28 - 19,16a) in: **ders.**, Zur Theologie der Welt, Mainz-München 1968, 104-105, mit den diesbezüglichen Ausführungen **Rudolf Bultmanns**, Das Evangelium des Johannes, Göttingen 1964, 489-490; diesen Vergleich führt **Maurice Boutin**, o. c. (Anm. 180), 422-429, durch.

566 Eine Analogie zu diesem Sachverhalt bietet die traditionelle kirchenrechtliche Unterscheidung zwischen dem "forum internum" des Gewissens und dem "forum externum" der kirchlichen Öffentlichkeit. Im Kirchenrecht hat man immer gewußt, daß nicht jede Wahrheit jedem Forum zugänglich ist.

567 Vom polnischen König Stefan Bathory (1576-1586) wird der Ausspruch

Diese volle Freiheit wird aber nur dann gewahrt, wenn niemand sie für sich zu dem Ziel in Anspruch nimmt, sie für andere aufzuheben. Ihre Grenze liegt also in eben dieser "gerechten öffentlichen Ordnung" (568). Die gerechte öffentliche Ordnung wird verletzt, wenn man Betätigungen entfaltet, in denen "Zwang oder unehrenhafte oder ungehörige Überredung, besonders gegenüber weniger Gebildeten oder Armen" (569) ausgeübt wird. "Eine solche Handlungsweise muß als Mißbrauch des eigenen Rechts und Verletzung des Rechts anderer betrachtet werden" (570). Im übrigen werden Menschen, wo sie zu geheucheltem Christentum gezwungen werden, nur gegen die christliche Verkündigung immunisiert (571).

Im einzelnen mag die Anwendung dieser Prinzipien noch immer zu schwierigen Problemen führen. Ist die öffentliche Ausübung religiöser Akte dann einzuschränken, wenn dadurch auch nur einzelnen zugemutet wird, unfreiwillig an solchen Handlungen teilzunehmen (Gebet vor dem Unterricht in öffentlichen Schulen)? Letzte Regel wird auch hier sein, daß man den Glauben nicht mit Mitteln vertreten darf, die seiner eigenen Bedeutung widersprechen.

FRAGEN

1. Wie verhalten sich die Autonomie der bürgerlichen Gesellschaft und die der Kirche zueinander?

überliefert: "Ich bin König der Völker und nicht der Gewissen. [...] Gott hat sich drei Dinge vorbehalten: etwas aus dem Nichts zu schaffen, die Zukunft zu kennen und Herr über die Gewissen zu sein." In der gleichen Sicht sagte sein Kanzler Zamoijski zu den Protestanten in Polen: "Ich würde die Hälfte meines Lebens für eure Rückkehr zur katholischen Kirche geben und die andere Hälfte behalten, um mich über eure Bekehrung zu freuen. Aber falls jemand euch zwingen wollte, würde ich zu eurer Unterstützung lieber mein ganzes Leben geben als Zeuge einer solchen Knechtschaft in einem freien Staate sein." Vgl. **Andreas Wegierski**, Slavonia reformata, Amsterdam 1679, 215 und 135, zitiert nach **Joseph Lecler**, Histoire de la Tolérance au siècle de la Réforme, I, Paris 1955, 380.

568 II. Vatikanum, DH 2,2.
569 Ebd., 4,4.
570 Ebd.
571 Vgl. **Immanuel Kant**, Das Ende aller Dinge, in: Kant's gesammelte Schriften, hrsg. v. d. Königlich Preußischen Akademie der Wissenschaften, Band VIII, Berlin-Leipzig 1923, 339: "Sollte es mit dem Christenthum einmal dahin kommen, daß es aufhörte liebenswürdig zu sein (welches sich wohl zutragen könnte, wenn es statt seines sanften Geistes mit gebieterischer Auktorität bewaffnet würde): so müßte [...] eine Abneigung und Widersetzlichkeit gegen dasselbe die herrschende Denkart der Menschen werden; und der **Antichrist** [...] würde sein (vermuthlich auf Furcht und Eigennutz gegründetes), obzwar kurzes Regiment anfangen: alsdann aber, weil das Christenthum allgemeine Weltreligion zu sein zwar **bestimmt**, aber es zu werden von dem Schicksal nicht **begünstigt** sein würde, **das** (verkehrte) **Ende aller Dinge** in moralischer Rücksicht eintreten."

2. Was ist im Unterschied zu "Trennung" bzw. "Vermischung" im Verhältnis von bürgerlicher Gesellschaft und Kirche anzustreben?
3. Welches Ziel hat die bürgerliche Gesellschaft? Unter welchen Bedingungen darf die Gesellschaft bzw. der Staat die Handlungsfreiheit von einzelnen oder Gruppen einschränken?
4. Welches Ziel hat die Kirche? Wie verhält sich dieses Ziel zu dem der Gesellschaft?
5. Wann sind Konflikte zwischen Kirche und bürgerlicher Gesellschaft legitim?
6. Welche innere Grenze hat das Recht auf Religionsfreiheit? Welche ist die einzig legitime Weise für den Staat, die wahre Religion zu fördern?
7. Warum kommen bürgerliche Gesellschaft oder Staat als solche nicht als Subjekt des christlichen Glaubens in Frage?

4 ERGEBNIS:
DIE KIRCHLICHKEIT DIESES GLAUBENSVERSTÄNDNISSES

Die Grundaussage unseres dritten Hauptteils, der nun zusammengefaßt werden soll, lautet: **Die Wahrheit sachgemäßer Glaubensverkündigung wird nur im Glaubensakt selber erfaßt und entzieht sich jeder anderen Beurteilung. Es muß jedoch möglich sein, mit bloßer Vernunft zu erkennen, daß es tatsächlich nicht gelingt, der Glaubensverkündigung anders als im Glauben gerecht zu werden.** Jede vom Glauben letztlich verschiedene Stellungnahme zu sachgemäßer Glaubensverkündigung muß sich mit allgemein zugänglichen Argumenten als willkürlich nachweisen lassen.

Gegen diese Auffassung sind Einwände denkbar, deren Beantwortung unseren Ansatz noch einmal verdeutlichen kann.

Nach katholischer Lehre hat man sich für den Glauben in allem am Verständnis der Kirche zu orientieren. Das I. Vatikanum erklärt: "Auch ist die Glaubenslehre, die Gott geoffenbart hat, nicht wie eine philosophische Erfindung den Menschengeistern zur Vervollkommnung vorgelegt worden, sondern sie ist als das göttliche Glaubensgut der Braut Christi zu treuer Bewahrung und unfehlbarer Erklärung überliefert. Deshalb ist auch bei den heiligen Dogmen immer der Sinn festzuhalten, den die heilige Mutter Kirche ein für allemal erklärt hat, und man darf niemals von diesem Sinn unter dem Schein und Vorwand höherer Einsicht abgehen. 'Es wachse also und nehme viel und kräftig zu das Verständnis, das Wissen, die Weisheit der einzelnen und aller, eines Menschen und der ganzen Kirche nach den Stufen von Alter und Zeitperioden: aber immer nur innerhalb ihrer eigenen Sache, in der gleichen dogmatischen Bedeutung, im selben Sinn und in derselben Auffassung'" (572). Der zu diesem Text gehö-

---

572 I. Vatikanum, DF, Kap. IV, DS 3020; das Zitat innerhalb des Textes

rige Kanon lautet: "Wenn jemand sagt, es könne geschehen, daß den von der Kirche vorgelegten Dogmen einmal entsprechend dem Fortschritt der Wissenschaft ein anderer Sinn zugeschrieben werden müsse als der, den die Kirche verstanden hat und versteht, so sei er im Bann" (573).

Nun scheint es, daß das in der vorliegenden Untersuchung dargestellte Glaubensverständnis in nahezu allen Stücken nicht nur von der klassischen Fundamentaltheologie, sondern überhaupt von einem in der katholischen Theologie herrschenden Verständnis abweicht (574). Die Folgerung liegt nahe, es weiche auch vom Verständnis der Kirche ab oder es handle sich um eine unredliche "Uminterpretation".

Auf diesen Einwand sei zunächst mit einer Klarstellung des Begriffs "Verständnis der Kirche" geantwortet.

Man kann den Begriff "Verstehen" in einem vagen, allgemeinen Sinn verwenden. Er bedeutet dann, von einem Bewußtseinsgegenstand irgendeine Auffassung haben, unabhängig davon, ob diese Auffassung richtig oder falsch ist. Der Gegensatz zu "Verstehen" in diesem Sinn wäre, daß jemand von einer Sache überhaupt keine Auffassung hat. Dieses "Verstehen" ist unmittelbarer Gegenstand empirischer Untersuchung im Stil etwa der Emnid-Umfrage "Was glauben die Deutschen?" (575).

Der Begriff "Verstehen" kann aber auch in einem engeren, prägnanten Sinn verwandt werden. Er besagt dann, daß man den wahren Sinn einer Sache oder einer Aussage und ihren ganzen Zusammenhang erfaßt hat. Der Gegensatz zu diesem "Verstehen" wäre Unverständnis oder Mißverständnis. Aber auch hier kann es noch immer so sein, daß man zwar den Sinn einer Aussage genau erfaßt, daß aber diese Aussage selbst nicht mit der Wirklichkeit übereinstimmt.

In einem noch prägnanteren Sinn muß das Wort "Verstehen" in bezug auf Glaubensaussagen gebraucht werden. Hier bedeutet "Verstehen", **daß man die Wirklichkeit selbst als in der Aussage gegenwärtig erfaßt**. Dieses "Verstehen" zeichnet sich durch schlechthinnige Konsistenz aus. Es ist nur da gegeben, wo Glaubensaussagen glaubensgemäß verstanden werden, nämlich im Sinn der Selbstmitteilung Gottes, die nur dem Glauben selbst zugänglich ist und sich

---

stammt von **Vinzenz von Lerin**, Commonitorium primum, c. 23 (PL 50, 668A).

573   I. Vatikanum, DF, Kanones, DS 3043.

574   In seiner Rezension in: TGA 24 (1981) 61 gibt **Bruno Hidber** den obigen Satz so wieder: "Im Schlußkapitel bekennt Knauer freimütig, daß seine Fundamentaltheologie ein sehr subjektiver Entwurf sei [...]." Kann man nicht vielmehr die Frage stellen, ob das herrschende Verständnis wirklich immer den objektiven Gegebenheiten des Dogmas entspricht?

575   Vgl. Was glauben die Deutschen? Die Emnid-Umfrage - Ergebnisse - Kommentare, hrsg. v. W. Harenberg, München-Mainz ²1969.

anderer Beurteilung nachweislich entziehen muß. Die Aussagen der Kirche werden nur dann in ihrem kirchlichen Sinn erfaßt, wenn der jeweils Glaubende selbst nicht in der Lage ist, ihnen anders als im Glauben gerecht zu werden.

Man kann deshalb gegen das in dieser Untersuchung dargestellte Glaubensverständnis nicht einwenden, daß es in der Kirche alle möglichen Auffassungen gebe und daß man sich der Mehrheit anpassen solle. Es ist auch kein Einwand, daß manche Konzilsväter ihre eigenen Texte anders gemeint haben. Denn verbindlich sind kirchliche Texte für den Glauben nur in dem Sinn, in dem sie sich als Glaubenswahrheiten verstehen lassen (576) und somit nur geglaubt werden können. Das ist nicht in beliebigem Sinn der Fall.

Wenn wir für eine Glaubenswahrheit fordern, daß sich mit der Vernunft nachweisen lassen muß, daß man ihr jedenfalls anders als im Glauben nicht gerecht werden kann, dann handelt es sich keineswegs um eine Überfremdung des Glaubensgutes durch die Vernunft. Denn es bleibt dabei, daß die Vernunft den Glauben nicht von sich aus entwerfen kann, sondern ihn hörend empfangen muß. Die Glaubensverkündigung ist schlechthin unersetzbar. Die Vernunft hat ihr gegenüber nur die negative Funktion, Mißverständnisse oder Verfälschungen in bezug auf die Verkündigung als unannehmbar zu erkennen. Sie ist ihrerseits in dieser Funktion unersetzbar.

In dieser Sicht bleiben die Bedeutung der kirchlichen Verkündigung einerseits und der kritischen Vernunft anderseits jeweils unüberbietbar gewahrt. Keines von beiden kann an die Stelle des anderen treten, so daß sie sich vermischen ließen. Keines kann aber auch ohne das andere auskommen, als ließen sie sich trennen. Sie sind vielmehr unterscheidend miteinander in Beziehung zu setzen. Wollte man einen Sachverhalt glauben, den man mit Vernunft beweisen oder widerlegen kann, dann könnte nur Aberglauben entstehen. Wollte man dagegen etwas, was man nur glauben kann, dennoch mit Vernunft "beweisen", dann könnte es sich bei diesem Versuch nur um nachweisbare Unvernunft handeln. Wer sich mit dem Glauben allein begnügen wollte, ohne seine Vernunft zu gebrauchen, könnte nur einem fideistischen Mißverständnis verfallen, das kein christlicher Glaube ist. Wer umgekehrt ohne den Glauben mit der Vernunft allein auskommen will, wird in einer die Vernunft selbst letztlich zerstörenden Weise rationalistisch (577).

---

576 **Sixtus IV.** lehrt in einer Enzyklika (1477), daß jede kirchliche Aussage, die verschiedener Interpretation zugänglich ist, immer in dem Sinn zu verstehen sei, "in dem die Redeweise wahr wird" (DS 1407).

577 Vgl. **Eberhard Jüngel**, Was ist "das unterscheidend Christliche"?, in: ders., o. c. (Anm. 159), 296-297: "Man wird gegen beide Fronten im gegenwärtigen theologischen und kirchlichen Streit gleichermaßen scharf Stellung nehmen müssen: auf der einen Seite gegen den Versuch, die kritische Anstrengung des Denkens im Namen dessen, der höher ist als alle Vernunft, zu diskreditieren; auf der anderen Seite gegen den Versuch, im Namen einer scheinbar kritischen Vernunft den christlichen Glauben in moralische Engagements umzufunktionieren und damit den Glauben selber für überflüssig zu erklären

Noch eine andere Antwort kann auf den Einwand gegeben werden. Die Rechtgläubigkeit und damit Kirchlichkeit unserer Auffassung erhellt auch daraus, daß in ihr die Grunddogmen der christlichen Verkündigung, nämlich Dreifaltigkeit Gottes, Menschwerdung des Sohnes, Geisterfülltheit der Kirche, im Mittelpunkt stehen und alles andere immer nur Entfaltung dieser Grunddogmen ist. Diese zentrale Bedeutung ist den Grunddogmen gerade deshalb zuzuschreiben, weil eine Analyse des mit dem Begriff unserer "Geschöpflichkeit" Gemeinten ergeben hat, daß keine bloß geschöpfliche Qualität jemals ausreichen kann, um Gemeinschaft mit Gott zubegründen. Eine Gemeinschaft mit Gott ist nur im trinitarisch-christologisch-pneumatologischen Gottesverständnis definitiv sinnvoll aussagbar (578). Wir bleiben also innerhalb des durch die Grunddogmen ein für allemal gesteckten Rahmens und vermehren nicht den Glauben über den Glauben hinaus. Innerhalb dieses Rahmens ist aber ein besseres Verständnis als das der herrschenden theologischen Meinungen auch nach der Lehre der Kirche möglich. Die Verdeutlichung der Bindung an die Grunddogmen unterscheidet ein solches Verstehen von einer unredlichen Uminterpretation.

Doch sei der Einwand noch einmal verstärkt. Nach der Lehre des I. Vatikanums kommt der Kirche das Recht zu, Widersprüche gegen den Glauben als falsche Wissenschaft zu ächten: "Weiter hat die Kirche, die zugleich mit dem apostolischen Amt zu lehren den Auftrag empfangen hat, das Glaubensgut zu schützen, von Gott auch das Recht und die Pflicht, eine fälschlich so genannte Wissenschaft zu ächten, damit niemand durch Philosophie und leeren Trug getäuscht werde. Daher ist es allen Christgläubigen nicht nur verboten, solche Auffassungen, von denen man erkennt, daß sie der Glaubenslehre entgegenstehen, vor allem, wenn sie von der Kirche verworfen worden sind, als legitime wissenschaftliche Folgerungen zu verteidi-

---

und nur die gute Tat für relevant zu halten. Das sind zwei einander sehr ähnliche Kurzschlüsse, weil sie jeweils das Gegenteil dessen bewirken, was sie wollen. Gegen den Kurzschluß des Verzichts auf intellektuelle Anstrengung ist nämlich folgendes zu bedenken: Was dem Glauben an kritischer Vernunft vorenthalten wird, das wird zwangsläufig durch Aberglauben ersetzt. Gerade der Glaube muß deshalb auf kritisches Denken bedacht sein. Anderersits ist gegen den Kurzschluß der Umfunktionierung des Glaubens folgendes einzuwenden: Was die kritische Vernunft an Glauben verfehlt, das ersetzt sie zwangsläufig durch Unverstand. Aberglaube und Unverstand vom Glauben abzuwenden ist heute nötiger als je. Deshalb gibt es - Gott sei Dank - einen öffentlichen Streit um die Frage, was christlicher Glaube ist."

578 Vgl. Papst **Johannes Paul II.**, Apostolisches Schreiben "Catechesi Tradendae", Nr. 29-32, in: AAS 71 (1979) 1300-1305 (auch in: Verlautbarungen des Apostolischen Stuhles, Nr. 12, hrsg. v. Sekretariat der Deutschen Bischofskonferenz, Bonn 1979, 26-31). In seiner Ansprache bei der Begegnung mit Theologieprofessoren in Altötting am 18.11.1980 nannte Johannes Paul II. als Hauptaufgabe gegenwärtiger Theologie "die Erneuerung des Gottesverständnisses" in Hinblick insbesondere auf die Dreifaltigkeit Gottes und den Schöpfungsgedanken (a. a. O., Anm. 557, 169).

gen, sondern sie sind durchaus gehalten, sie vielmehr als Irrtümer anzusehen, die nur den falschen Schein der Wahrheit vor sich her tragen" (579). Im entsprechenden Kanon wiederholt das Konzil: "Wenn jemand sagt, die menschlichen Lehrfächer seien mit einer solchen Freiheit anzuwenden, daß ihre Behauptungen, auch wenn sie der geoffenbarten Lehre widerstreiten, als wahr behalten und nicht von der Kirche geächtet werden dürfen, der sei im Bann" (580).

Für das rechte Verständnis solcher Formulierungen muß man auf die hermeneutische Reihenfolge achten (581). In diesen Texten wird derjenige Glaube vorausgesetzt, der auch für den je einzelnen in einer gegenüber der Vernunft verantwortbaren Weise zustande gekommen ist (582). Man kann nicht die Bedingungen, unter denen allein Glaube verantwortbar ist, nachträglich wieder aufheben. Deshalb kann auch die Kirche wissenschaftliche Auffassungen nur insoweit "ächten", als sie in der Lage ist, sie mit Vernunftgründen zu widerlegen. Denn nur solche Auffassungen können dem wirklichen Glauben widersprechen.

Man kann also nicht zuerst unabhängig von aller Prüfung durch die Vernunft behaupten, man habe den rechten Glauben und sei befugt, alle ihm entgegenstehenden Auffassungen zu "ächten". Ein solcher Glaube wäre nur durch einen blinden Entschluß erreichbar gewesen und hätte somit nichts mit wirklichem christlichen Glauben zu tun. Christlicher Glaube ist nur dann angenommen worden, wenn er durch das Filter der Vernunft, des gewissenhaften Denkens, gegangen ist. Das Gewissen ist der "Türhüter" (vgl. Joh 10,3), der niemand anders einläßt. Dieser Glaube mag dann motivieren, daß man sich mit Vernunfteinwänden gegen ihn noch gründlicher und ausdrücklicher auseinandersetzt. Aber deren "Ächtung" muß mit Hilfe von Vernunftargumenten geschehen und kann anders nicht endgültig zugelassen werden. Wenn man behauptet, das eigene Glaubensverständnis werde von einem bestimmten Vernunfteinwand nicht getroffen, so ist immer zu empfehlen, auch die "Gegenprobe" anzustellen und konkret anzugeben, wodurch sich das eigene Glaubensverständnis von demjenigen Mißverständnis unterscheidet, auf das der Einwand zuträfe.

Nur unter der Bedingung ist ein Glaubensverständis überhaupt als kirchlich zu bezeichnen, daß die im christologischen Dogma grundgelegte Unterscheidung und In-Beziehung-Setzung von Vernunft

---

579 I. Vatikanum, DF, Kap. IV, DS 3018.

580 I. Vatikanum, DF, Kanones, DS 3042.

581 Das ist auch mit der Lehre des II. Vatikanums von der zu beachtenden "Hierarchie der Wahrheiten" (UR 11,3) gemeint: nicht, es gebe wichtige und weniger wichtige Wahrheiten, sondern, daß bestimmte Einzelaussagen nur unter Voraussetzung anderer Aussagen wirklich verstanden werden; auch umgekehrt werden die vorausgesetzten Grundwahrheiten erst in ihrer Entfaltung deutlich erfaßt. Vgl. **Gustave Thils**, "Hierarchia veritatum" (Décret sur l' œcuménisme, n° 11), in: RTL 10 (1979) 209-215 (dort Hinweis auf weitere Literatur).

582 DS 3018 ist im Licht von DS 3017 zu interpretieren.

und Glaube, Gesetz und Evangelium, Natur und Gnade, geschaffener Wirklichkeit und göttlicher Selbstmitteilung gegen deren Vermischung oder Trennung gewahrt bleibt.

FRAGEN

1. Was bedeutet "Verständnis der Kirche"? In welchem dreifachen Sinn kann das Wort "Verstehen" gebraucht werden? Welcher dieser Sinne entspricht den Glaubensaussagen?
2. Welche Bedeutung haben kirchliche Verkündigung und kritische Vernunft füreinander?
3. Wodurch muß sich die Interpretation der christlichen Botschaft für die jeweilige Zeit von einer unredlichen Uminterpretation unterscheiden?
4. Unter welcher Bedingung kann die Kirche angeblich wissenschaftliche Auffassungen "ächten"?
5. Welche an der Christologie orientierte Verhältnisbestimmung von Glaube und Vernunft setzt das kirchliche Glaubensverständnis voraus?

ZUSAMMENFASSENDE THESEN

Methodische Vorbemerkung:

Die zusammenfassenden Thesen lassen sich jeweils unter den folgenden Gesichtspunkten bedenken und danach geordnet erläutern. Diese Weise voranzugehen ist z. B. für ein theologisches Examen zu empfehlen:

1. Zusammenhang der These (ihr Ort im Gesamtaufbau des Traktats und in ihrem näheren Kontext);
2. Fragestellung, auf die die These antworten will;
3. Abgrenzung der Hauptbegriffe der These durch Unterscheidung von ihrem jeweiligen Gegensatz;
4. Aussage der These (ihre Antwort auf die Fragestellung; welche entgegengesetzte Auffassung soll ausgeschlossen werden?);
5. Erkenntnisweise der These (Vernunft oder Glaube);
6. historische (Schrift, Tradition, Lehramt) und systematische (Zusammenhang mit den Grundaussagen des Glaubens) Begründung der These;
7. denkbare Einwände und ihre Beantwortung;
8. gegebenenfalls weiterführende Fragen oder Konsequenzen für andere Themen.

DER INHALT DER CHRISTLICHEN BOTSCHAFT

Die Bedeutung des Wortes "Gott"

1. Ausgangspunkt der Fundamentaltheologie ist das Konfrontiertsein mit der christlichen Botschaft und ihrem Anspruch, "Wort Gottes" zu sein. Nur von diesem Ausgangspunkt her ist auch danach zurückzufragen, wie der Mensch im voraus zu seiner Begegnung mit der Botschaft war.

2. Im Zusammenhang der überlieferten christlichen Rede von "Wort Gottes" muß zunächst die Bedeutung des Wortes "Gott" angegeben werden können. Ein Gottesbegriff hat jedoch die in der Tradition stets gelehrte Unbegreiflichkeit Gottes zu wahren und über seine Vereinbarkeit mit ihr Rechenschaft zu geben.

3. Nach der biblischen Tradition ist die Bedeutung des Wortes "Gott" für die Vernunft am umfassendsten aus der Geschöpflichkeit der Welt zu bestimmen. Gott wird nur aus dem von ihm Verschiedenen erkannt, das auf ihn verweist.

4. "Aus dem Nichts geschaffen sein" heißt "restlos bezogen sein auf ... / in restloser Verschiedenheit von ...". Den Terminus dieses Bezogenseins, der nur durch die Restlosigkeit des Bezogenseins überhaupt bestimmt werden kann, nennen wir "Gott". Mit "restlos" ist die jeweilige konkrete Wirklichkeit gemeint, von der auszugehen ist.

5. Die in der Anerkennung unserer Geschöpflichkeit begründete Rede von Gott ist "hinweisend", "analog": Aufgrund ihres restlosen Bezogenseins auf ihn ist die Welt Gott ähnlich; aufgrund ihres restlosen Verschiedenseins von ihm ist sie ihm gerade in ihrer Ähnlichkeit zugleich unähnlich; aufgrund der Einseitigkeit ihres Bezogenseins auf Gott ist umgekehrt überhaupt jede Ähnlichkeit Gottes mit der Welt zu verneinen. Diese drei Aspekte der Gotteserkenntnis werden traditionell "via affirmativa", "via negativa" und "via eminentiae" genannt.

6. Dadurch, daß es somit nur eine Analogie der Welt Gott gegenüber, nicht aber Gottes gegenüber der Welt gibt, unterscheidet sich das biblische Gottesverständnis von einer menschlichen Selbstprojektion.

7. Die Geschöpflichkeit aller weltlichen Wirklichkeit läßt sich aus deren Widerspruchsproblematik aufweisen. Jede weltliche Wirklichkeit stellt ein Zugleich von einander ausschließenden Gegensätzen wie Identität und Nichtidentität, Notwendigkeit und Nichtnotwendigkeit, Sein und Nichtsein dar. Eine solche Gegensatzeinheit läßt sich nur durch die Angabe zweier Hinsichten, die sich nicht wiederum ausschließen, anders als logisch widersprüchlich und damit anders als unsinnig und falsch beschreiben. Solche Hinsichten finden sich nur in der Anerkennung dessen, daß die Gegensatzeinheit ein "restloses Bezogensein auf ... / in restloser Verschiedenheit von ..." ist.

8. Die Welt wird also nicht durch Gott, sondern durch ihr restloses Bezogensein auf ihn in restloser Verschiedenheit von ihm erklärt. Gott selbst wird nicht zum Teil eines übergreifenden Denksystems.

9. Die Geschöpflichkeit eines Seienden besteht in genau dem Maß, in dem das betreffende Seiende ist, und kann deshalb an ihm abgelesen werden und ist mit der Vernunft zu erkennen. Es gibt also eine "natürliche Gotteserkenntnis", die jedoch noch keine Gemeinschaft mit Gott begründet.

10. Die Restlosigkeit des Bezogenseins der Welt auf Gott in Verschiedenheit von ihm schließt eine reale Beziehung Gottes auf die Welt aus, für die die Welt der sie als Beziehung konstitutierende Terminus wäre. Von daher wird zunächst jede Rede von einem "Wort Gottes" problematisch.

Die Bedeutung von "Wort Gottes"

11. "Wort Gottes im uneigentlichen Sinn" ist das "Gesetz", nämlich der aus der Welt selbst mit Vernunftargumenten erkennbare sittliche Anspruch, den sie an den Menschen stellt. Er ist Gottes Anspruch, weil die Welt Gottes Welt ist.

12. Unverantwortliches Handeln ist daran zu erkennen, daß es "kontraproduktiv" ist, also die Struktur des "Raubbaus" hat. Auf die Dauer und im ganzen zerstört es gerade den (für die moralische Analyse universal zu formulierenden) Wert, den es in partikulärer Hinsicht zu erreichen sucht. Es handelt sich um das Grundkriterium der gesamten Moral.

13. Der sittliche Anspruch, unter dem der Mensch von vornherein und ohnehin steht, ist der Anknüpfungspunkt für das "Wort Gottes im eigentlichen Sinn".

14. "Wort Gottes im eigentlichen Sinn" ist das "Evangelium" der Selbstmitteilung Gottes in dem mitmenschlichen Wort der Weitergabe des Glaubens. Es zielt darauf ab, diejenige Angst des Menschen um sich selbst zu entmachten, die sonst der Grund aller Unmenschlichkeit ist. Denn es besagt die Gemeinschaft des Menschen mit Gott als dem, der in allem mächtig ist. Gegen die Gemeinschaft mit Gott kommt keine Macht der Welt an.

15. Die Rede von "Wort Gottes im eigentlichen Sinn" impliziert die Behauptung einer realen Relation Gottes auf die Welt. Dadurch entsteht die Frage, wie dies mit der Einseitigkeit der realen Relation des Geschaffenen auf Gott und damit mit der schlechthinnigen Transzendenz Gottes vereinbar sein soll.

16. Die christliche Botschaft allein vermag auf diese Frage zu antworten, und zwar durch ihre Verkündigung der Dreifaltigkeit Gottes: Gott ist der Welt mit der Liebe zugewandt, in der Gott von Ewigkeit her Gott, der Vater den Sohn, liebt. Diese Liebe ist der Heilige Geist.

17. Die Rede von der Dreifaltigkeit Gottes bezieht sich auf drei untereinander verschieden vermittelte Weisen des Selbstbesitzes der einen göttlichen Wirklichkeit. Diese Rede ist jedoch nur innerhalb desjenigen Glaubens sinnvoll, in dem es um unser eigenes Aufgenommensein in die Liebe Gottes zu Gott geht.

18. Weil eine solche Liebe Gottes zur Welt nicht an der Welt selber ihr Maß hat, kann sie im Unterschied zur Geschöpflichkeit der Welt nicht an der Welt "abgelesen" werden, sondern bleibt an ihr verborgen. Sie wird nur dadurch offenbar, daß sie im "Wort Gottes" mitgeteilt wird; und dieses Wort wird als "Wort Gottes" nur im Glauben erkannt.

19. "Wort Gottes im eigentlichen Sinn" als die Selbstzusage und Selbstmitteilung Gottes in dem mitmenschlichen Wort der Weitergabe des Glaubens setzt zu seiner vollen Verstehbarkeit als

"Wort Gottes" die Menschwerdung des Sohnes Gottes und die Sendung des Heiligen Geistes in die Herzen der Glaubenden voraus.

20. "Menschwerdung Gottes" besagt, daß ein Mensch in dem, was seinen menschlichen Selbstbesitz begründet, aufgenommen ist in den göttlichen Selbstbesitz der zweiten göttlichen Person. Die Relation der göttlichen Wirklichkeit auf diesen Menschen wird also nicht durch die geschaffene Wirklichkeit dieses Menschen begründet, sondern ist im voraus dazu ein ewiger göttlicher Selbstbesitz.

21. Die Menschwerdung des Sohnes umfaßt das ganze menschliche Leben Jesu von der Empfängnis und Geburt bis zum Tod und kommt erst in seinem Tod zur Vollendung. Die Gottessohnschaft Jesu angesichts seines Todes aussagen heißt, seine Auferstehung zu bekennen. Der Auferstandene kommt im Wort der Weitergabe des Glaubens und in den Sakramenten noch heute in Raum und Zeit zur Erscheinung.

22. Der Kreuzestod Jesu ist deshalb als Sühnetod zu verstehen, weil Jesus darin seinem Angebot der Liebe Gottes für alles Menschen treu bleibt, obwohl er von den Menschen abgelehnt wird.

23. In der Gewißheit dieser Liebe Gottes können wir anderen Menschen gegenüber das Risiko des ersten Schrittes eingehen und ihnen Gutes tun, ohne Böses mit Bösem vergelten zu müssen.

24. Zum Glauben an die Auferstehung Jesu Christi kann man nur durch die Erfahrung der nach seinem Tod um seinetwillen weiterbestehenden Gemeinschaft der Seinen kommen, die sich jeder irdischen Erklärung entzieht.

25. Der Inhalt von "Wort Gottes" erläutert das Geschehen von "Wort Gottes", nämlich unser tatsächliches Angesprochenwerden durch Gott in mitmenschlichem Wort und damit unsere Gemeinschaft mit Gott, als das grundlegende Glaubensgeheimnis.

26. Der Begriff "Glaubensgeheimnis" hat nichts mit logischen Schwierigkeiten zu tun, sondern besagt, daß sowohl die Wirklichkeit wie die positive Möglichkeit des betreffenden Sachverhaltes nur im Glauben selbst erkannt werden kann und sich anderer Beurteilung nachweislich entzieht. Man ist für die Erkenntnis dieses Sachverhaltes darauf angewiesen, ihn gesagt zu bekommen.

27. Daß die christliche Botschaft behauptet, "Wort Gottes" zu sein, kann man im voraus zur Glaubenszustimmung mit der bloßen Vernunft erkennen. Daß sie aber wirklich "Wort Gottes" ist, wird nur im Glauben erkannt. Sie wird jedoch nicht erst durch den Glauben zum "Wort Gottes" gemacht.

28. Im Licht des "Wortes Gottes" wird die Welt, die zuvor nur als Gleichnis Gottes erkannt werden konnte, als Gleichnis der Gemeinschaft mit Gott verstanden. Das ist der Gegensatz zu jeder Form von Weltvergötterung bzw. von Verzweiflung an der Welt. Das Leid hat keine Macht mehr dagegen, daß man in der Liebe Gottes für immer geborgen ist.

Der auf das "Wort Gottes" gerichtete "Glaube"

29. An Jesus als den Sohn Gottes glauben heißt, aufgrund seines in der Kirche gegenwärtigen Wortes gewiß zu sein, von Gott zusammen mit ihm und um seinetwillen geliebt zu werden. Denn Gott hat keine andere Liebe als die zu seinem eigenen Sohn, in die alle Menschen aufgenommen werden.

30. So ist der Glaube als das Anteilhaben am Gottesverhältnis Jesu das Erfülltsein vom Heiligen Geist, der als ein und derselbe in Christus und in den Christen geglaubt wird.

31. Nur mit diesem Inhalt ist der Glaubensakt verstehbar, und alle einzelnen Glaubensaussagen müssen auf diese Grundaussage zurückführbar sein.

32. Die Antwort des Menschen auf das Wort Gottes besteht also in demjenigen Glauben, in dem er sich diese Liebe Gottes so gesagt sein läßt, daß er sich ganz auf sie verläßt und nicht mehr aus der Angst um sich selbst lebt. Die Liebe zu Gott besteht in diesem Glauben, der als "credere in Deum" und damit als "fides caritate formata" der "Glaube der Kirche" ist.

33. Aus dem so verstandenen Glauben als dem Sich-von-Gott-geliebt-Wissen folgen gute Werke, die der Welt gerecht zu werden suchen, mit Notwendigkeit. Aber der Glaube wird nicht durch die Werke gut, sondern die Werke werden gut durch den Glauben.

34. Zu glauben vermag man nur aufgrund der einem zu glauben zugesagten Tatsache, daß man von vornherein "in Christus" geschaffen ist. Das ist der "Urstand" des Menschen, der erst durch die christliche Botschaft offenbar wird.

35. Die Lehre von der "Erbsünde" ist nur eine andere Formulierung dafür, daß der Glaube nicht angeboren ist, sondern erst "vom Hören" kommt. Von sich aus würde der Mensch letztlich nur von der Angst um sich geleitet sein, weil ihm sein "In Christus"-Geschaffensein verborgen bliebe.

36. In Maria offenbart sich der Heilige Geist als die Liebe, mit der der Vater den Sohn sendet. In der Kirche offenbart sich derselbe Heilige Geist als die antwortende Liebe des Sohnes zum Vater, an der wir teilhaben.

37. Die entscheidende Einheit der Kirche beruht auf der Übereinstimmung in einem Glauben, in dem man überhaupt nur übereinstimmen kann, weil er an nichts Geschaffenem sein Maß hat. Eine Feststellung dieser Übereinstimmung ist "notwendig möglich", ist aber nicht für diese Übereinstimmung selbst konstitutiv.

38. Wo immer Glaube an Jesus Christus im Sinn seiner Gottessohnschaft und unseres um seinetwillen von Gott Geliebtwerdens besteht, ist der volle Glaube gegeben, dem man nichts hinzufügen und von dem man nichts abziehen kann.

DIE STRUKTUREN DER WEITERGABE DER CHRISTLICHEN BOTSCHAFT

Die Begegnungsweise des "Wortes Gottes"

39. In dem Satz, daß "der Glaube vom Hören kömmt" (Röm 10,17), sind die beiden Begriffe "Glauben" und "Hören" aufeinanderzu zu interpretieren: Nichts kann geglaubt werden, worauf man von sich aus verfällt, anstatt dafür schlechthin auf Hören angewiesen zu sein. Aber für den Glauben kann auch nur eine solche Botschaft verbindlich sein, deren Wahrheit sich anderer Beurteilung als der des Glaubens nachweislich entzieht.

40. Die Kirche ist das Geschehen der Weitergabe des Glaubens. Sie ist die Gemeinschaft derer, die aufgrund des "Wortes Gottes" ausdrücklich glauben und bekennen, daß jede wahre Gemeinschaft von der Gnade Gottes getragen ist. Dadurch weist die Kirche über sich selber hinaus.

41. Daß einem die christliche Botschaft von anderen Menschen bezeugt wird und dies in einem notwendigen Bezug zu ihrem Inhalt steht, ist ein Sachverhalt, den niemand durch seine eigene Erfindung herstellen oder bewirken kann. Dadurch unterscheidet sich die christliche Botschaft von einer bloßen Idee.

42. "Zeugnis" besagt, daß der Angesprochene vor die Wahl gestellt wird, entweder den Zeugen als Person abzulehnen, oder sich mit seiner Sache zu befassen. Die Glaubwürdigkeit des Zeugnisses hängt jedoch nicht an der moralischen Integrität des Zeugen, sondern kann auch in der Weise gegeben sein, daß es ihn in seinem moralischen Verhalten bloßstellt.

43. Jesus selbst wird seines Verhältnisses zum Vater dadurch vergewissert, daß sich andere Menschen seinem Wort nicht ohne Willkür versagen können. So kommt auch für ihn der Glaube in dem Sinn "vom Hören", daß er für seine eigene Gewißheit auf die Kommunikation mit den Menschen angewiesen ist, die der Vater ihm gibt. "Denn der, der heiligt, und die geheiligt werden, sind alle von einem einzigen her" (Hebr 2,11).

44. Sachgemäße christliche Verkündigung ist selbst das Geschehen dessen, wovon sie redet, nämlich der Selbstmitteilung Gottes in mitmenschlichem Wort. Sie ist als sinnenhaft begegnendes Wort bereits von sich aus "verleiblicht" und damit "sakramental". Sie impliziert die notwendige Möglichkeit von Sakramenten. Die einzelnen Sakramente verdeutlichen noch einmal, was in der glaubenden Annahme des "Wortes Gottes" geschieht.

45. Die Würde der Sakramente wird nur dann erfaßt und gewahrt, wenn man die Sakramente daraufhin relativiert, daß die in

ihnen bezeichnete und mitgeteilte Gnade nicht auf sie beschränkt ist.

Die Normen für die Begegnung mit dem "Wort Gottes"

46. Die Normen für die Weitergabe des Glaubens, nämlich Schrift, Tradition und Lehramt, sind in ihrer gegenseitigen Verwiesenheit im Glaubensgegenstand selbst grundgelegt. Ihre gegenseitige Verwiesenheit besagt, daß sie nicht in einem additiven Verhältnis zueinander stehen.

47. Die Verstehbarkeit der "Heiligen Schrift" hängt an ihrer Unterscheidung in das "Alte" und das "Neue Testament". Das "Neue Testament" ist diejenige Auslegung der Schrift Israels, in der diese als "Altes Testament" endgültig als "Wort Gottes" verstehbar wird.

48. Das neue, christliche Verständnis der Schrift Israels als "Altes Testament" vollzieht sich als deren "Relativierung", "Universalisierung" und "Erfüllung".

49. Die "Heilige Schrift" ist in dem Sinn, in dem sie das ursprüngliche Zeugnis des Glaubens als unseres Anteilhabens am Gottesverhältnis Jesu und damit unseres Erfülltseins vom Heiligen Geist ist, inspiriert und irrtumslos. Grundsätzlich sind überhaupt alle Bezeugungen des christlichen Glaubens geisterfüllt; das Besondere der Schriftinspiration besteht darin, daß die Heilige Schrift das ursprüngliche Zeugnis des Glaubens ist.

50. Kriterium für die christliche Kanonbildung ist einerseits die Zugehörigkeit der in ihn aufzunehmenden Schriften zur Ursprungszeit der christlichen Botschaft und anderseits die "Glaubensregel", wonach es sich um Zeugnisse handeln muß, die sich als die Selbstmitteilung Gottes verstehen lassen und denen man deshalb anders als in der Weise des Glaubens nicht gerecht werden kann. Der Kanon selbst ist dann die Anweisung, diese Schriften in dem Sinn auszulegen, in dem allein sie als "Wort Gottes" verstanden werden können.

51. Unter der "Überlieferung" als Glaubensnorm ist der glaubensgemäße Sinn der Heiligen Schrift zu verstehen, der in der tatsächlichen Weitergabe des Anteilhabens am Gottesverhältnis Jesu besteht. Die "Überlieferung" ist das Geschehen kirchlicher Gemeinschaft in Kontinuität zu ihrem Ursprung. Als die vom Heiligen Geist, der durch das "Wort Gottes" weitergegeben wird, erfüllte Gemeinschaft ist die Kirche selbst der Sinn der Heiligen Schrift.

52. Die Tatsache, daß der Glaube vom Hören kommt, gilt nicht nur für jeden einzelnen, sondern zuvor für die Kirche als ganze. Dies findet seinen Ausdruck in der Institution eines "besonderen Lehramts", das der Kirche den gleichen Glauben zu verkünden hat, den die Kirche der Welt verkünden soll. Das besondere

Lehramt dient der Wahrung der Unüberbietbarkeit des Glaubens aller. Daß der auch der Gemeinde als ganzer noch immer zu verkündende Glaube auf einer Stiftung beruht und als Überlieferung weiterzugeben ist, wird dann am meisten verdeutlicht, wenn das besondere Amt durch Kooptation durch die bisherigen Amtsträger (Weihesakrament) weitergegeben wird.

53. Als Glaubensaussagen verständliche Aussagen können nur "aus sich" wahr sein und sind deshalb unfehlbar. Sie werden als "Wort Gottes" zwar nur im Glauben erkannt, aber nicht erst durch den Glauben zum "Wort Gottes" gemacht. Als Glaubensaussagen im Sinn einer Selbstmitteilung Gottes verstehbare Aussagen, die dennoch falsch wären, sind nicht herstellbar.

54. Zur Verstehbarkeit einer Glaubensaussage als Glaubensaussage gehört, daß man für sie schlechthin darauf angewiesen ist, sie aus dem Hören, also aus mitmenschlicher Kommunikation, zu empfangen und daß sich ihre Wahrheit nachweislich jeder vom Glauben verschiedenen Beurteilung entzieht. Sie muß also als Selbstmitteilung Gottes in mitmenschlichem Wort so verstanden werden können, daß dabei die Transzendenz Gottes gewahrt bleibt.

55. Niemand kann beanspruchen, "im Sinn der Kirche" zu reden, solange seine Aussagen nicht solcherart sind, daß sich Vernunfteinwände gegen sie auf ihrem eigenen Feld mit Vernunftargumenten widerlegen lassen.

56. In bezug auf die "Sitten" lehrt die Kirche unfehlbar, daß erst solche Werke gut sind, die aus Gott getan sind. Die inhaltliche Bestimmung des Sittengesetzes kann jedoch nicht mit der Unfehlbarkeit des Glaubens gelehrt werden, da sie ihrem Wesen nach auf Vernunfteinsicht beruht.

57. "Bloß authentische" Lehre der Kirche ist nicht unfehlbar und kann dies auch nie werden. Sie bezieht sich auf die Widerlegung von Vernunfteinwänden gegen den Glauben oder auf Sittennormen. Ihre Verbindlichkeit für die Gläubigen besteht darin, daß man bei ihrer Bestreitung die im Gewissen bindende Beweislast trägt.

58. Die Wahrnehmung des Lehramts durch den Papst oder durch das mit dem Papst verbundene Konzil als Konzil sollte als "außerordentliche" bezeichnet werden; sie dient der für die Gesamtkirche verbindlichen Feststellung der Übereinstimmung im Glauben. Die "ordentliche" Wahrnehmung des Lehramts besteht in der übereinstimmenden Glaubensverkündigung der über die Welt verstreuten Bischöfe.

DIE VERANTWORTBARKEIT DER GLAUBENSZUSTIMMUNG ZUR CHRISTLICHEN BOTSCHAFT

Die Voraussetzungen des Glaubens

59. Es gibt Voraussetzungen des Glaubens, die im voraus zur Glaubenszustimmung erkennbar sind; nämlich daß man mit einer Botschaft konfrontiert ist, der gegenüber man in sich keine legitimen Gründe für eine letztlich vom Glauben verschiedene Stellungnahme finden kann.

60. Andere Voraussetzungen des Glaubens sind nur innerhalb der Glaubenszustimmung erkennbar; nämlich daß in dem geschichtlich begegnenden Wort der Verkündigung wirklich Gott selbst zu uns spricht und sich uns schenkt und daß man aufgrund des eigenen "In Christus"-Geschaffenseins die positive Möglichkeit hat, dieses Wort im Glauben anzunehmen.

Die Glaubwürdigkeit der Glaubensverkündigung

61. Soll der Glaube vor der Vernunft verantwortbar sein, muß sich die Glaubensverkündigung dadurch als sachgemäß ausweisen können, daß letztlich vom Glauben verschiedene Stellungnahmen zu ihr als willkürlich nachweisbar sind, während man dem Glauben Willkür nicht nachweisen kann.

62. Im voraus zur eigentlichen Glaubenszustimmung kann man von der christlichen Verkündigung immer nur soviel verstehen, daß man erkennt, dabei stehenzubleiben hieße, das Verständnis in Mißverständnis zu verkehren.

63. Die Berufung auf "Weissagungen" und "Wunder" meint Inhalt und Geschehen der christlichen Verkündigung selbst, ferner den bekennenden Glauben, den sie findet, sowie die selbstlose Liebe, die aus ihr folgt.

64. Allein die Trias von Wort, Glaube, Liebe erfüllt den traditionellen Wunderbegriff, zu dem die folgenden drei Bestimmungsstücke gehören: Es muß sich um ein Geschehen in der äußeren, sinnenhaft zugänglichen Wirklichkeit handeln [factum sensibile]; dieses Geschehen darf sich in seiner Bedeutung durch reguläre oder irreguläre Weltereignisse weder erklären noch widerlegen lassen [extra cursum naturae]; es muß im Glauben als das besondere Handeln Gottes, nämlich als das Zeichen der darin geschehenden Selbstmitteilung Gottes erkennbar sein [a Deo patratum]. Die beiden ersten Bestimmungsstücke sind bereits im voraus zur

Glaubenszustimmung zugänglich, während das dritte nur im Glauben selbst als wirklich erkannt werden kann.

65. Wunderberichte, die eine Durchbrechung naturwissenschaftlicher Gesetzmäßigkeiten zu beschreiben scheinen, sind als symbolische Darstellung und Veranschaulichung jener eigentlichen Wunder (Wort, Glaube, Liebe) zu verstehen. Sie als direkte Beschreibung der Wunder anzusehen, liefe auf ein monophysitisch-mythologisches Mißverständnis hinaus, worin man Gott und Welt unter einen übergreifenden Wirklichkeitsbegriff subsumierte. Ein solches Verständnis ist weder mit dem chalzedonensischen Dogma vereinbar noch mit der sonstigen kirchlichen Lehre von der an keiner Stelle durchbrochenen Eigengesetzlichkeit des Natürlichen.

66. Die positive Glaubwürdigkeit der christlichen Botschaft, daß sie nämlich denjenigen Glauben verdient, der das Erfülltsein vom Heiligen Geist ist und deshalb nur als Gnade verstanden werden kann, wird nur im Glauben selber erfaßt. Damit ist jede Form von Rationalismus in der Glaubensbegründung ausgeschlossen.

67. Dadurch, daß die Unglaubwürdigkeit des Unglaubens, die darin besteht, daß jede letztlich vom Glauben verschiedene Stellungnahme zu sachgemäßer Verkündigung willkürlich bleibt, nachgewiesen werden kann, unterscheidet sich die Verantwortung des Glaubens von jeder Form von Fideismus.

68. Die Vollmacht der christlichen Verkündigung erweist sich darin, daß sich alle ihre einzelnen Aussagen als Entfaltung eines einen und einzigen Grundgeheimnisses verstehen lassen, nämlich unseres Angesprochenwerdens durch Gott in dem mitmenschlichen Wort der Weitergabe des Glaubens. Es geht in ihnen um nichts anderes als eine solche Gemeinschaft mit Gott, die die Angst des Menschen um sich selbst entmachtet.

Das Verhältnis der Glaubenszustimmung zu anderen Lebensvollzügen

69. Die Vernunftgemäßheit des Glaubens besteht darin, daß sich Vernunfteinwände gegen ihn mit einsichtigen Vernunftgründen widerlegen lassen. Positiv fordert und fördert der Glaube die Autonomie der Vernunft. Die vom Glauben erleuchtete Vernunft versteht, was sie glaubt, dem Glauben gemäß.

70. Der Vernunft als solcher kommt also gegenüber dem Glauben nicht Stütz-, sondern Filterfunktion zu. Sie ist in der Lage, abergläubische Verfälschungen auszuscheiden.

71. Philosophische Wissenschaftstheorie vermag von sich aus keinen legitimen Ort für Theologie zu entwerfen; Theologie bestimmt vielmehr ihren Ort selbst in einer Weise, daß seine Legitimität von Wissenschaftstheorie wissenschaftstheoretisch nicht widerlegt werden kann.

72. Grundlegend für die Wissenschaftlichkeit von Theologie ist, daß

sie sich den Anfragen und Einwänden anderer Wissenschaften auf deren eigenem Feld stellt.

73. Gemäß dem Satz "Der Glaube kommt vom Hören" ist die Grundeinteilung der Theologie die in systematische und historische Fächer. In den historischen Fächern geht es um die Feststellung der Botschaft in ihrem Ursprung (Exegese) und ihrer Überlieferung (Kirchengeschichte); in den systematischen Fächern geht es um das Verstehen der Botschaft im Sinn des Glaubens (Dogmatik) und um ihre sachgemäße Weitergabe (Praktische Theologie).

74. Der Glaube der Kirche ist der Theologie vorgegeben. Theologie kann auch nur im Interesse der Glaubensverkündigung vollzogen werden. Dennoch ist Theologie in dem Sinn weisungsunabhängig, als es keiner kirchlichen Instanz zusteht, ihr zu verbieten, sich mit einer bestimmten Anfrage von einer anderen Wissenschaft zu befassen.

75. Die einzig legitime Weise für den Staat, die wahre Religion zu fördern, besteht in der Garantie der vollen Freiheit für alle Religionen und Weltanschauungen, soweit sie nicht eben diese Freiheit für andere aufzuheben suchen.

VERZEICHNIS VON REZENSIONEN

1977

Hans Waldenfels, Fundamentaltheologie - Ein bemerkenswerter Versuch, in: Bücher der Gegenwart, Herbst 1977 (Beilage zu: Christ in der Gegenwart 41, 9.10.1977).

1978

Wolfgang Beinert, in: Pastoralblatt für die Diözesen Aachen, Berlin, Essen, Osnabrück, Sept. 1978, 286-287.
Helmut Bürklin, in: LebZeug 11 / 1978.
Norbert Copray, in: Publik-Forum 23 (17.11.1978), 21.
H. Dumont, in: Die Anregung - Seelsorglicher Dienst in der Welt von heute, 1.6.1978 (30. Jahrgang, Heft 6).
Paul Erbrich, in: Stella Matutina Feldkirch, 12. 1978, Nr. 124, S. 380.
Alfons Fischer, Denkwege zu Gott, in: Lebendige Seelsorge 29 (1978) 287.
Dieter Froitzheim, Unsichere Fundamente, in: Deutsche Tagespost 56 (10. 5.1978) S. 6.
Friedemann Greiner, in: DtPfrBl 11/1978.
Werner Heyden, Unser Büchertip, in: Canisius, Weihnachten 1978, 30.
Gundikar Hock, in: Ökumene am Ort - Blätter für ökumenische Gemeindearbeit, Nr. 10, Oktober 1978, 4.
Cordula Kostmann, in: Augsburg aktuell, 7/78.
Hermann Kurzke, Glauben ohne sacrificium intellectus, in: Neue Zürcher Zeitung 197 (26./27.8.1978), S. 62.
Friedhelm Mennekes, in: Entschluß 33 (1978) 39.
Ulrich Ruh, in: Welt der Bücher. Aus Literatur und Wissenschaft, Fünfte Folge Heft 10 (Weihnachten 1978), S. 441-442.
Klaus Schmidt, in: Ökumenische Rundschau 28 (1978) 364-365.
Franz Scholz, Grundfragen der Moraltheologie in neuer Sicht, in: TGA 21 (1978) 152-160.
Erich Schrofner, in: Domschule e. V., Würzburg 4/78.
H. Schützeichel, in: TThZ 87 (1978) 326-327.
Raymund Schwager, in: ZKTh 100 (1978) 646-650.
Pietro Selvatico, in: FZPhTh 25 (1978) 497-500.
Der Überblick, Aachen 7.1978.
J.P.M., in: HerKorr 32 (1978) 483.
Kärntner Kirchenzeitung, Klagenfurt 28.5.1978.
M.G., in: Irenikon 51 (1978) 593-594.
Marianhill, Köln 6.6.1978.
Österreichisches Klerusblatt, Salzburg 22.7.1978.
Treffpunkt, Winterthur 6.7.1978

1979

Johannes B. Bauer, in: Bibel und Liturgie 52 (1979) 159-160.
Klaus P. Dietz, in: Signum - katolsk orientering om kyrka - kultur - samhälle 5 (1979) 196-197.
Avery Dulles, in: TS 40 (1979) 180-181.
Christofer Frey, in: EK 12 (1979) 426-427.
Luis Ladaria, in: Estudios Eclesiásticos 54 (1979) 114-115.

Hans Mayr, Ökumenische Fundamente, in: Quatember 4-6/79, 123-124.
Waldemar Molinski, in: ThPh 54 (1979) 108-111.
Heinrich Petri, Fundamentaltheologie im Umbau?, in: ThGl 69 (1979) 95-100.
N. Schreurs, in: TTh 19 (1979) 201-202.
Raymund Schwager, in: Orient. 43 (1979) 40.
Johannes Singer, in: Linzer Diözesanblatt, 1.5.1979.
Ernest Theußl, in: Bücherbord Graz 2/79.
Gustave Thils, in: RTL 10 (1979) 100.
Trutwin, in: EKZ Reutlingen 1979.
Jos Vercruysse, in: Bijdr. 40 (1979) 332-333.
J. M. Veseley, in: Angelicum 56 (1979) 595.
L., in: Anzeiger für die katholische Geistlichkeit, Heft 8 (August 1979) 294.
V. A., Ein Buch, das "ökumenisch" gelesen werden will und kann, in: Frau und Mutter 2/1979, 61.
Informationen (Freiburg) 5/79.
Orientamenti Pedagogici (1979), Nr. 6.

1980

W. Behnk, in: ZEE 24 (1980) 157-159.
G. Siegwalt, in: Revue d'histoire et de philosophie religieuses 60 (1980) 95.
Mario Midali, in: Sal. 42 (1980) 948.
h.b., in: Kathpress Wien, 18.1.1980.

1981

Bruno Hidber, in: TGA 24 (1981) 61.
Otto Knoch, Die Bibelwissenschaft des NT und die Ökumene I, in: KNA - Ökumenische Informationen, Nr.11 (11.3.1981), S. 6.
Harald Wagner, Einführung in die Fundamentaltheologie, Darmstadt 1981, 45-46.
Imprimatur (Trier), 2.5.1981, 110-111.

1984

R. Frieling, in: MD 35 (1984) 17-18.

VERZEICHNIS DER BIBELSTELLEN

Gen 1,1 - 2,4a 26, 37
   2,4b-25 26, 37
   3 90
   15,6 145
   22,2 211
   22,12 211

Ex 2,11 - 3,6 50f
   20,7 24
   25,10-22 211
   33,20 115

Lev 26,12 212

Dtn 13,2-6 306

Jos 10,13 236

1 Kön 3,4-15 160
   21 90

2 Makk 7,28 27
   7,28f 21

Ps 22,25 118
   102,27f 67
   139 26

Weish 1,7 134
   13,1-9 26

Sir 43 26

Jes 6,9f 26
   45,7 26

Jer 2,5 147
   7,23 212
   11,4 212
   22,16 211
   24,7 211
   30,22 212
   31,1 212
   31,31-34 210
   32,38 212
   45 69

Klgl 5,21 154

Ez 11,20 212
   14,11 212
   36,28 212
   37,23.27 212

Am 3,2 211
   9,7 211

Sach 1,3 154
   8,8 212
   11,12f 223

Mt 2,1-18 224
   4,17 117
   5,16 185
   5,45 70
   5,48 90
   6,2.5 89
   6,10 159
   6,16 89
   6,24 98
   6,26 144
   6,27 159
   6,28 144
   6,32 160
   6,33 159
   6,34 159
   7,2 98
   7,3-5 180
   7,11 89
   7,18 89
   8,10 189
   8,19f 320
   10,29f 245
   10,40 245
   11,16-19 189
   11,18f 320
   11,25 301
   11,25-27 188
   12,30 180
   12,38-39 306
   13,12 294
   16,1-4 306
   16,13-20 189
   16,15 189, 271
   16,16 271
   16,23 270
   17,12 289, 320
   18,20 119
   18,21-35 98
   20,1-16 165
   22,29 229
   23,9 244
   23,13-36 89
   25,18.24-30 154
   27,9 223

Mt 27,42 120
   28,19 15, 317
   28,20 118

Mk 1,2 172
   2,16f 115
   2,21 151
   2,22 326
   3,1-6 188, 320
   3,4-5a 188
   3,31-35 267
   4,3-20 183
   6,7 244
   7,1-13 320
   7,24-30 189
   8,11-13 306
   9,24 291
   9,37 245
   9,38-40 180
   9,42-48 148
   10,17f 320
   10,23-27 147
   10,27 141
   10,30 299
   11,16-19 189
   11,23 307
   11,24 159
   12,18-27 116
   12,28-34 98, 320
   15,34 60
   16,15 317
   16,20 300

Lk 1,48-50 267
   2,19.51 233
   7,18-23
   9,27 117
   10,9 117
   10,25-37 320
   10,27 163
   10,29 163
   10,36 163
   11,1 188
   11,13 158
   11,15 320
   11,16-17 306
   12,19f 49
   13,8f 159
   15,11-32 90
   16,15 89
   18,9-14 89
   21,31 117

Lk 21,31f 119,159	Joh 20,26 118	1 Kor 12,11 97
22,32 161	20,29 117	12,12-30 124
22,41f 188		12,27 197
22,61f 119	Apg 1,11 118	12,28f 304
22,69 117	1,21f 118	13,12 146
23,8f 306	2,42 205	15,10 134
24,5 120	4,20 15	15,17 121
24,13-35 119	6,15 172	15,20-28 148
24,26 116	7,55 117	15,28 146
24,39 117	8,14-17 199	15,29 161
	10,41 117	
Joh 1,3 137	10,47 180, 248	2 Kor 1,19 242
1,13 114	17,28 215	2,3f.6 221
1,17 300	18,25f 180	2,15f 282
1,45-51 289f		3,6 215
2,18f 306	Röm 1,4 111	3,13-16 214f
3,21 126, 203	1,9 161	4,12 - 5,10 146
4,48 306	1,18 70	5,7 146
5,31 189	1,20 25, 301	5,17-21 242f
5,43f 189	3,25 115	5,18f 147
6,3-13 308	4,3 145	5,19 203
6,26-47 202	5,6-10 137	5,20 159
6,30 308	5,8 135	11,2 125
6,44 189	5,12 139	13,13 75
6,48-58 202	5,18 148	
6,67-69 320	8,15 20, 162	Gal 1,8 262
7,16b-17 189	8,16 94	1,10 98
7,24 320	8,25 166	2,7-9 199
7,39 117	8,28 172	2,20 294
8,13-19 189	8,31-39 103	3,2 153
8,16.29 116	8,32 116	3,2.5 182
8,44 20	9,6 189	3,6 145
9,39-41 20, 282,	9,18 26	3,8 213
320	10,6-8 22	3,19 74, 214
10,3 342	10,10 15	3,29 213
10,4 189	10,14-21 182	4,4-7 123
10,31-39 106	10,17 17, 182,	4,6 162
12,40 320	241, 350	6,16 189
14,12 309	11 148	
15,13 115	11,28 148	Eph 1,4 93
15,15 99	11,32 147	1,4.11 137
15,22 320	12,1 300	1,10 148
15,22-25 282	12,15 165	1,16 161
15,25 320		1,22 125
16,24 159	1 Kor 1,10-17 184	2,10 156
16,32 116	1,11-13 272	2,18 161
16,33 141	1,18 182	3,12 161
17 188	1,23 115	5,2 116
17,3 146	2,7f.10 301	6,18f 161
17,6 189	2,15 288	
17,24 93	3,9 97	Phil 1,3 161
18,8 115	4,7 134	1,15-18 194
18,28 - 19,16a 336	5,9-13 221	2,8 188
19,25-30 119	7,29 98	2,10f 148
19,34 118	7,33f 98	
20,17 118	10,16f 197	Kol 1,3.9 161
20,19.26 117	12,3 129, 282	1,16 137, 141

Kol 1,19f 148	Hebr 2,15 20, 139	1 Petr 2,20-23
4,3 161	2,17 115	116
	3,14 15	3,1-6 185
1 Thess 1,2 161	4,2 194	3,15 15, 241
2,13 173, 282	4,15 112	
5,17 158	5,7f 188	2 Petr 1,19 300
5,25 161	6,4 15	1,12-15 219
	8,7-13 210	
2 Thess 2,9 311	10,4 211	1 Joh 1,3 75
	11,1 132	2,2 115, 148
1 Tim 2,4 147	11,3 132	2,20.27 173
6,13 115	11,6 132	4,10 115
6,16 26		5,4 140f
	Jak 1,17 67	
2 Tim 1,9-10 141	2,17 131f	Jud 3 173
Hebr 1,1f 214	1 Petr 1,8 118	Offb 1,5 115
2,3 75, 201	1,20 93	2,17 98
2,11 189, 350	2,9f 124f	3,14 115
2,12 118	2,11 - 3,17 166	7,17 198
2,14f 139	2,12 185	21,4 198

VERZEICHNIS DER DENZINGERSTELLEN (DS)

150	115	1310	192	1608	194
154	103	1313	199	1609	199
250-263	111	1322	196	1651	197
284	103	1330	100	1738-1759	197
298	111	1331	100	1751	197
301	112, 115	1332	103	1925	157
301f	107, 307, 311	1333	27	1927	157
302	108	1407	340	2307	157
375	218	1501	231f, 252	2311	157
376	134	1507	233, 236, 253	2439	157
377	218	1513	140	2440	157
392	156	1515	142	2751-2756	316
410	64	1525	154	2803	123
411	218	1529	97, 194	2811-2814	316
451	103	1531	131	2879	249
485	102	1533f	153	3001	24
490	102	1534	91	3004	39
519	103	1542	135	3005	325
531	109	1545-1549	165	3006	217, 226
800	27	1561	143	3007	236, 252
802	146	1578	132	3009	300
806	58	1606	194	3010	218, 317

3011	249	3026	39	3074	252, 257	
3013	305	3028	314	3394–3397	264	
3014	279	3032	314	3053	265	
3015	301	3033	281, 300, 317	3591–3593	264	
3016	302, 327	3034	306, 315	3716	256	
3017	268, 273, 342	3036	324	3796	245	
3018	342	3041	314	3845	117	
3019	265, 279, 311, 323	3042	342	3866–3873	146	
		3043	339	3885	249	
3020	178, 338	3061	249, 252f	3886	245	
3025	27	3064	252	3903	267	

VERZEICHNIS DER TEXTE DES II. VATIKANUMS

LG 1	193, 295	UR 3,1	176, 179	DV 10,3	241
7,1	124	3,4	176, 248	11,2	223
7,7	124	3,5	176	16	213
8,1	124	4,9	16	21	202
8,2	175f	4,10	177	26	202
10,1	241	11,3	342		
10,2	244	22,3	247	AA 7,2	311
11	199				
12,1	173, 302	NA 2,1	215	GS 18,2	161
15	16, 177f			19,2	62
16	126	DV 2	92, 103, 203	21,6	184
22,2	251	6,2	325	36	311, 323
25	252	7,1	252	40,4	279
25,1	249, 255	8,1–3	234	77–82	336
25,3	262	8,3	205	80,3	336
26,1	176	9	231, 237	81,3	335
32,3	246	10,1	245	81,4	243
62,1	123	10,1–3	205		
Nota praevia 2	199	10,2	230, 252	DH 2,2	337
				4,4	337

NAMENREGISTER

Adorno, Th. W. 43
Afanasieff, N. 259
Aland, K. 225, 228
Albert, H. 24, 38, 63, 83, 296f
Altenähr, A. 153
Antoine, P. 85
Antón, A. 249
Aristoteles 29, 41f, 67, 79
Arnold, F. X. 299
Athanasios v. Alexandr. 104, 224f, 229, 237
Athenagoras I. 276
Attard, M. 80
Augustinus, A. 58, 66, 102, 117, 130, 197, 209, 271

Bacht, H. 105, 242, 266
Balić, K. 32, 235
Balthasar, H. U. v. 187
Bañez, D. 68
Barth, H.-M. 93
Barth, K. 58, 93, 193, 262, 276, 328
Bartley, W. W. 297
Bartsch, H. W. 13
Basileios d. Große 24, 281
Bathory, St. 336
Baumann, Th. 94
Baumann, U. 139
Baumert, N. 146
Baumgärtl, Fr. 210
Bautin, L. E. 316
Bay, M. de 157
Bayer, O. 323
Bea, A. 230
Beck, H. 25
Beeck, F. J. van 247
Behnk, W. 76
Beinert, W. 51
Beltrán de Heredia, V. 76
Benoit, P. 118
Bense, M. 60
Bethge, E. 60, 73, 139, 186
Beumer, J. 253
Beutler, J. 91, 184, 200, 215, 262
Biser, E. 190, 292, 302

Blandino, G. 80
Blondel, M. 22
Bochenski, J. M. 169
Böckle, Fr. 80, 254
Boeckler, R. 235
Bolin, W. 296
Bonhoeffer, D. 60, 69, 73, 139, 153, 182, 185f, 222
Bonnetty, A. 316
Boulgakoff, S. 259
Boutin, M. 129, 151, 336
Brändle, M. 120
Brandao, A. 97
Brandenburg, A. 240
Brecht, B. 179, 185
Brinktrine, J. 205
Bron, B. 305
Brugger, W. 67f, 179
Buber, M. 130, 213
Bubner, R. 31, 127, 289
Bucher, Th. G. 17
Buhr, M. 46
Bultmann, R. 20, 53, 91, 111-113, 116, 120, 129, 146, 148, 150f, 156, 163, 167, 186, 188, 193, 210, 244, 293, 296, 309, 321, 336
Buren, P. M. van 53
Burtchaell, J. T. 218, 222

Cahill, L. S. 81
Camus, A. 83
Castelli, E. 258
Chambers, R. W. 91, 160
Chang-mun Kim, J. 246
Chrysostomos, J. 271
Church, A. 42
Clemens v. Rom 221
Congar, Y. M.-J. 233
Connery, J. R. 80f
Copray, N. 23
Cordes, P. J. 316
Coreth, E. 54
Cornerotte, L. 80
Crumbach, K.-H. 327
Curran, Ch. 80
Cyprianus 271

Dahm, K. W. 95
Denzinger, H. 13
Dingjan, Fr. 80
Dionysios Areopagita 54
Dixon, A. C. 236
Dörner, C. D. 79
Dombois, H. 251
Drewermann, E. 20
Dulles, A. 190
Dumoulin, H. 78
Duns Scotus, J. 32

Ebeling, G. 35, 50, 75f, 89, 95, 112, 114, 116, 146, 157, 159f, 163, 165, 167f, 170, 174, 188, 191, 193, 203, 206, 213-216, 237f, 254, 276, 323f, 328, 331f, 335f
Eckert, J. 309
Eicher, P. 74
Eirenaios v. Lyon 173, 178, 226
Ernst, W. 80
Eulogios v. Alexandreia 271
Eunomios 24
Eusebios v. Kaisareia 227

Faustus v. Reji 130
Faux, J.-M. 321
Feil, E. 153
Feiner, J. 13
Feuerbach, L. 296
Fichte, J. G. 49
Fischer-Appelt, P. 54
Freire, P. 77
Freud, S. 296
Frey, Chr. 32, 56, 92, 97, 153, 194
Fries, H. 74, 264
Froitzheim, D. 313
Fromm, E. 77, 296f

Fuchs, E. 293
Fuchs, J. 80
Furger, Fr. 80, 293

Galilea, S. 77
Galtung, J. 21
Gardeil, A. 315
Gasparri, P. 209
Gasser, V. 257, 260 263
Geiselmann, R. 232
Gerken, A. 197, 247
Ghellinck, J. de 131
Girard, R. 21
Glockner, H. 30
Gödel, K. 42
Görres, A. 298
Grabmann, M. 144
Gregor d. Große 271
Gregor v. Nazianz 24
Gregor v. Nyssa 24
Greiner, Fr. 275
Grillmeier, A. 108, 239, 245
Grisez, G. 80
Grotius, H. 222
Gucht, R. Vander 143
Guillet, J. 189, 212
Gummersbach, J. 205
Gutiérrez, G. 77

Haag, H. 139
Haas, A. 94
Haas, J. 64
Habermas, J. 127
Häring, H. 260
Hamann, J. G. 323
Harenberg, W. 339
Harnack, A. v. 210
Hartlich, Chr. 311
Hasenhüttl, G. 244
Hegel, G. W. F. 25, 30, 67, 186
Heidegger, M. 332
Heinrich VIII. 91
Heinrichs, J. 42, 94, 134, 326
Heising, A. 308
Hemmerle, Kl. 332
Hengel, M. 118
Henke, D. 297, 323
Henrich, D. 31
Herrmann, W. 51, 116
Hidber, Br. 56, 93 327, 339
Hirschmann, J. B. 200
Höfer, J. 144

Höffner, J. 268
Hölderlin, Fr. 95
Hörmann, K. 80
Hof, O. 153
Hugo v. St. Viktor 150, 214, 307

Ignatios v. Antiocheia 215, 221
Ignatius v. Loyola 77, 94, 97, 99, 113, 117, 127, 146, 183, 185, 191, 295, 319f

Jae-sun Chung, J. 246
Janssens, L. 80
Jaspers, K. 186
Jeremias, J. 159
Jodl, Fr. 296
Joest, W. 50, 69, 81, 96, 145, 152, 156, 165, 255, 286, 290, 294, 297
Johannes Paul II. 330, 341
Jonas, H. 84
Juan de la Cruz 94, 214
Jüngel, E. 47, 61, 93, 95, 117, 127, 141, 178, 243, 276, 290, 319, 330, 340

Käsemann, E. 182
Kant, I. 33, 45, 49, 81, 90, 323, 327, 337
Karlstadt, A. v. 191
Karpp, H. 236
Kasper, W. 61, 109f, 118, 193, 263, 310
Kehl, M. 118
Keilbach, W. 73
Keller, A. 228
Kern, W. 34, 64, 282
Klaus, G. 41f, 46
Kleene, St. C. 42
Klinger, E. 94, 249
Knauer, P. 61, 79f, 94, 114, 139, 150, 185, 208, 215, 282, 295f, 327
Koch, Tr. 84
Kolping, A. 73
Kraus, H.-J. 209
Kremer, J. 118
Krempel, A. 29

Kümmel, W. G. 230
Küng, H. 58, 67, 104, 118, 249, 259f, 267, 276
Kuhn, H. 289
Kunz, E. 292, 324
Kyrill v. Alexandreia 239

Lang, A. 72, 120, 319
Latomus, B. 153
Latourelle, R. 74
Lay, R. 42
Lecler, J. 337
Leenhardt, Fr.-J. 230
Lehmann, K. 200
Leo d. Große 111, 308
Leo X. 238
Leo XIII. 335
Léon-Dufour, X. 118
Lessing, G. E. 187
Leuba, J.-L. 239, 242, 262
Levinas, E. 324
Link, Chr. 95
Lisowski, G. 25
Löhrer, M. 13
Lorenzen, P. 16
Lortz, J. 151, 239
Lotz, J. B. 111
Lubac, H. de 215
Lubsczyk, H. 37
Luhmann, N. 95
Luther, M. 14, 47, 69f, 77, 97-99, 141, 145, 147, 151, 153, 157, 164f, 170, 191f, 198, 213f, 237-239, 270-273, 276, 285, 294, 319
Lyonnet, St. 140

Magnasco, S. 268
Malevez, L. 187
Mansi, J. D. 13
Manzanera, M. 91
Marcion 210
Margull, H. J. 195

Markianos 227
Martin, J. B. 13
Martin, K. 265
Maurer, W. 272
Mazzella, C. 276, 301
McCormick, R. A. 80f
Meadows, D. L. 85f
Meister, G. G. 83
Metz, J. B. 22, 110, 249, 336
Midali, M. 241
Midas 82
Mieth, D. 163
Migne, J. P. 14
Mitscherlich, A. 296
Mohrmann, Chr. 130
Molina, L. de 68
Molinari, P. 312
Molinski, W. 35
Moltmann, J. 77, 279
Monod, J. 64
More, M. 91
More, Th. 91, 160
Motzenbäcker, R. 256
Moule, C. F. D. 212
Mühlen, H. 77, 102, 107, 124, 143-145, 178, 199, 242, 246
Müller, G. 148
Muratori, L. A. 226

Nakamura, H. 78
Newman, J. H. 221f
Nicolaus v. Lyra 215

Oberhammer, G. 208
Oberhem, H. 81
Ogiermann, H. 32, 34
Origenes 218
Ott, H. 249

Panikkar, R. 258
Pannenberg, W. 50, 261, 295
Paul VI. 179, 196, 202, 256, 277
Perrin, H. 308
Pesch, O. H. 136, 193, 200, 276
Pesch, R. 118, 272, 296
Petit, L. 13
Petri, H. 109, 167
Pfammatter, J. 80, 239
Pfeil, H. 73
Pfnür, V. 133, 240
Philips, G. 106
Pissarek-Hudelist, H. 249

Pie, L.-Fr. 268
Pius V. 157
Pius IX. 249
Pius X. 265
Pius XII. 117, 245, 249
Platon 126
Pohle, J. 205
Polag, A. 356
Polanco, J. de 97, 295
Popper, K. R. 295
Pottmeyer, H.-J. 268
Pousset, E. 196
Przywara, E. 54
Puntel, L. B. 54, 62

Rabeneck, J. 68
Rahner, K. 22, 33, 46, 53, 56, 63, 69f, 103, 106, 108, 126, 128f, 135f, 139, 142f, 145, 167, 174, 181f, 185, 192-194, 201-203, 221f, 224, 230, 244, 247, 249, 266, 273, 285, 319
Ramlot, M.-L. 212
Redeker, M. 35f, 140, 222
Rejadell, T. 185
Ricca, R. 268
Richter, H. E. 86
Richter, Vl. 110
Ricœur, P. 142
Robert, Ch. 80
Rosser, B. 42
Rousseau, O. 259
Rousselot, P. 292, 301

Sabellios 103
Salaverri, J. 249
Sartre, J.-P. 163
Schamoni, W. 313
Scharrer, S. 128
Schauf, H. 232
Scheeben, M. J. 144
Scheffczyk, L. 24, 201, 261, 307
Scheler, Maria 83
Scheler, Max 84
Schelkle, K. H. 118
Schiffini, S. 301
Schillebeeckx, H. 75
Schleiermacher, Fr. 35f, 56, 140, 150, 221-223, 329
Schmaus, M. 232, 243
Schneider, B. 319

Schneider-Flume, G. 297
Schniewind, J. 193
Schönmetzer, A. 13
Scholz, Fr. 80
Scholz, H. 262, 328
Schreurs, N. 74
Schrofner, E. 57, 61, 119, 327
Schüller, Br. 80, 90, 253
Schütte, H. 247
Schulte, J. Fr. v. 258
Schulz, S. 220
Schwager, R. 21, 33, 50, 307
Schwarzwäller, Kl. 157
Seckler, M. 285, 312
Seils, M. 98
Selvatico, P. 71
Semmelroth, O. 91, 193, 195, 200f, 215
Serapion v. Antiocheia 227
Serapion v. Thmuis 104
Sertillanges, A. D. 28f
Sieben, H.-J. 251
Singer, J. 141
Sixtus IV. 340
Sløk, J. 127
Söhngen, G. 76
Sokrates 126
Špidlík, Th. 179
Splett, J. 62
Steck, K. G. 192
Steenberghen, F. Van 47
Stegmüller, W. 42
Stirnimann, H. 239
Stuhlmacher, P. 118
Styczén, T. 80
Suárez, Fr. 315
Sudbrack, J. 94
Sundberg, A. C., Jr. 226
Szczesny, G. 60, 62, 128

Tertullian, Q. S. Fl.
  195, 225, 234
Theußl, E. 143
Thils, G. 342
Thomas v. Aquin
  25-29, 31, 34, 36,
  41, 55, 58, 64, 66,
  71, 74, 78, 98,
  106, 130-132, 138,
  144, 157, 170f,
  188, 280, 285, 315,
  317
Thomas v. Kempen 202
Tiedemann, R. 43
Tillich, P. 287
Torrey, R. A. 236
Troeltsch, E. 310
Truhlar, K. Vl. 94

Verweyen, H. 118
Viering, Fr. 476
Vinzenz v. Lerin 339
Vögtle, A. 118
Volk, H. 34, 145
Vorgrimler, H. 143
Vries, J. de 323
Vries, W. de 179,
  251

Wagner, H. 317
Waldenfels, H. 24, 74
Waldmann, G. 296
Weber, H. 80
Weber, H. J. 300
Weber, M. 83, 88
Weger, K.-H. 63f,
  139, 228

Wegierski, A. 337
Weier, R. 239
Weischedel, W. 39,
  46, 83
Weissmahr, B. 311f
Weizsäcker, C. F. v.
  20
Werbick, J. 293,
  326
Wittgenstein, L. 24,
  39, 46, 228, 294
Winckelmann, J. 83
Wolter, H. 80, 150

Zamoijski, J. 337
Ziegler, J. G. 81
Zwergel, H. A. 296

SACHREGISTER

Abendmahl 247
Aberglaube 221, 265, 283, 290, 309, 313, 324, 340f
Abfall vom Glauben 177f
Abhängigkeit 41
- innerweltliche 35
- schlechthinnige 26f, 35-37, 63f, 304, 306f
Abhängigkeitsgefühl 35f
Abgrenzungsprinzip 297
Abschirmung 154, 326
Abschirmungsprinzip 297
Absicht 86, 322
absolut 56, 255, 297
Absolutes 63
Absolutheit 71, 104, 162
Absolutheitsanspruch 186, 195, 321
Abstraktheit 26
Abwesenheit Gottes 61f, 70, 159, 168, 216, 325
actus directus, reflexus 153
Adam 140f
additiv 155, 206, 228, 230, 233, 235, 237
ad extra, intra 106
Ähnlichkeit mit Gott 57f, 296
Aggression 21
Akt 31
Aktivität 165
Aktivierung 157, 165
Aktualisierung 203, 259
Akzidens 29
allegorisch 215
Alleinwirksamkeit Gottes 68
Allmacht 51, 65-67, 69, 72, 214, 307
Allversöhnung 148
Altes Testament 207-216, 218, 220, 225, 227, 231, 234f, 308, 331
Ämteranerkennung 246
Amen 197
Amt 240f, 271
- Christi 302
Amtsmißbrauch 270
Amtspriestertum 198, 245
Amtsträger 198f, 242-244, 246f
analog 26, 48, 54-60, 68, 95, 106
Analogie 54, 58-60, 124, 302, 310, 331
- des Glaubens 124
- einseitige 113, 296

analysis fidei 278
analytisch 59
Anfang der Welt 64, 121 137f, 216
Anfechtung 255, 299
Angebot der Gnade 135
Anglikaner 256
Angst 18, 20f, 76f, 89-91, 95, 114, 125, 131, 135, 139f, 147, 253, 299, 325
Angstbereitschaft 91
Anknüpfung 76, 88f, 157, 184
Annahme der Gnade 134f, 144, 148
anonym 94, 99, 126-128, 140, 147, 213, 284, 315
Anrechnung 145
Anrede 186, 197
Anschauung Gottes 136
Ansprechbarkeit 280, 284
Anspruch, sittlicher 50f, 77, 82, 84, 88, 163, 210f, 253, 287
Anthropologie 20, 51
- theologische 74
anthropologisch 110
Antichrist 270, 337
Antinomien 46
Antwort 158, 195
Apokatastasis 148
Apokryphen 225
Apostel 221f, 227, 232f, 271
apostolisch 175
Apostolische Väter 228
Appropriation 107
a priori 64, 82, 167, 307
Arbeitshypothese 61
Arianismus 24, 104, 178, 208, 229, 237
Arme 308, 335, 337
Armut des Wortes 243
Aszetik 115
Asymmetrie 326
Atheismus 60-62, 163, 184, 216
Auferstehung 111, 118, 150, 152, 247
- leibliche 116f
Auferstehungsglaube 118f
Aufklärung 323
Aufnahme Mariens in den Himmel 267
Ausflüchte 292
Ausgelegtwerden 235
Auslegung 206, 223, 227, 233-235, 237
Ausnahmesituation 246
Aussageweise 105f
außernatürlich 120

außerordentlich 241, 248-251
aus sich 194, 257, 259f, 262f, 266, 276
Ausstrahlungen 120
authentisch 245, 252f, 256f
Autonomie 265, 283f, 311, 323-327, 334
Autorität 81, 191, 237, 241, 243, 260, 262, 270, 273f, 314f, 330, 337
- formale 246, 262
- sachliche 246, 262

bara' 27
Basissätze 328
Bedingtes 62f
Bedeutung 152
Begegnung 186f, 216, 282, 290, 309, 311
Beglaubigung 300
Begründung 35
Begründungsdenken 38
Beichte 198
Beistand des Heiligen Geistes 256, 262, 266-268
Bejahung 54, 56, 96
Bekenntnis 174
Beliebigkeit 38, 77, 131, 158, 169, 173, 229, 234, 236, 239, 283, 289, 319f
Benennung Gottes 67
Beratungsstruktur 251
Bereichseinschränkung 252, 266
Bereitschaft 152
Berufung 160
bestmöglich 82
Beweger, unbewegter 67
Beweis 38, 45, 110, 293, 318
Beweislastregelung 256
Bewußtseinsakt 40
Bewußtseinsgegenstand 40
Bezogensein 29-33, 44f, 48, 100
Bibel 221f
- Jesu 208
Bibelkommission 264f
biblisch 66f
Biblizismus 236-238, 275
Bildwort 309f
Biologie 64
Bischof 173, 260, 263, 267, 271f
Bitten 243
Blindheit 293, 316, 342
Böses 20, 50, 69, 83, 140, 142, 166
Bonität 27
bonum 78

Botschaft, christliche 17, 22, 74, 93, 126, 129-132, 135, 147, 151, 156, 169, 173, 182-184, 187, 212, 216, 227, 254, 274, 280, 286, 297, 300, 311f, 320, 332
Braut Christi 125, 338
Brotvermehrung 308, 310
Brückenprinzip 297
Buchstabe 215, 229
Buddhismus 78
Bund 72, 213
Bundesformel 212
Bußsakrament 198

character indelebilis 199
Charisma 234, 263, 304
Christ 124f, 132, 241
Christenname 179
Christentum, anonymes 126
Christologie 106, 112, 136f, 167, 239, 296, 311
christologisch 175, 222, 228, 236, 331, 342
Christus 116, 121, 238f, 242, 272, 294
- erhöhter 117
- geschichtlicher 117
Christusprädikation 189
CIC (1917) 177, 198
circumincessio 101
circumstantiae 86
Codex Alexandrinus 228
concursus divinus 68
Confessio Augustana 133
consensus Ecclesiae 263
cooperatio cum Deo 97
credere
- Deo 130-133
- Deum 130f
- in Deum 130-133
custodia depositi fidei 258

Dämonen 132
Daß 129
- bloßes 112
Daß-Glaube 130
DDT 83
Deduktion 54, 64, 68f, 168, 216, 303
Definition 249f, 255, 257f, 260, 264-266
Definitivität 250
Deismus 60, 63f
Delegierung 249
Denken 48, 77
- gegenständliches 42
Denkmöglichkeit 34

Denknotwendigkeit 47
Denkprinzipien 48, 51
Denkschwierigkeit 103, 145
Denkverbot 70
denominatio ab extrinseco 66f
Denzinger 205
deontologisch 79
depositum fidei 258
desiderium naturale 285
Determination 155
Determinismus 68
Deutsche Christen 178
Diakonia 305
dialektisch 42f
dialogisch 127f, 195
Diasporajudentum 225
Didache 221, 227
Dienstamt 243, 245
Differenz 63
Diktatur 21
direkt 54, 74, 86-88, 113
Disposition 263
Disziplinen 330
Dogma 104, 112, 124, 258, 265, 314, 331, 338f, 342
Dogmatik 108, 150, 31
Dogmengeschichte 109, 331
Doketen 227
Dombes 198
Doppelwirkung 80
Dornbusch, brennender 50
Dreifaltigkeit 99f, 104, 186, 281, 341
Du 56, 102f, 115, 158
Durchbrechung von Naturgesetzen 304, 307, 309, 311, 313
dynamisch 43f, 51
Dysfunktionalität 326

Ecclesia dispersa 249
Egoismus 89, 139, 157
Ehe 98, 199
Eigeneinsicht 73
Eigengesetzlichkeit
- der Vernunft 283f, 323
- des Natürlichen 311
Eigenmächtigkeit 151
Eigenständigkeit
- der Philosophie 332
- der Theologie 329f
- der Vernunft 324f
- des Geschöpfs 36, 45, 310f
Eigentätigkeit 194
Eigenverantwortlichkeit 125
Eigenwirklichkeit 156
Eingreifen Gottes 61, 63, 65, 211, 221, 312

Einheit 29f, 62, 103, 107-109, 166, 203
- der Glaubensaussagen 166, 239, 327
- der Kirche 174, 251, 263
- des Wortes 242
- einer Handlung 78
- gottmenschliche 107
Einseitigkeit
- der Analogie 54, 60
- der Beziehung der Welt auf Gott 33f, 54, 56, 64f, 67f, 72-75, 86, 100, 130, 134, 138, 155, 162, 167, 275f, 280, 310, 312
Einsetzung durch Christus 197, 203, 243
Einwände 184, 284-286, 289, 291, 297, 315, 318, 320, 328f
Einzelkirche 176, 250f
Einzelner 239, 242, 273, 276
Elemente 176
emanatio 27
Empfängnis, unbefleckte 123
empirisch 295, 322, 339
Endbegriffe 59, 69
Endlichkeit 40, 55, 96
Engagement 194, 297
Engel 120, 172, 214, 262
Entmythologisierung 113, 309
Entscheidung 155, 188, 288, 291, 316, 319
Entscheidungsstruktur 251
Entschluß, blinder 188
Epiphaniegeschichten 310
Erbsünde 58, 139, 142, 253, 325
Erfahrung 37, 50, 61, 83, 98f, 116-118, 143, 154, 166, 168, 313, 317
- innere 190, 281
Erfindung 153, 186, 189
Erfolgsethik 83
Erfüllung 125f, 134
- der Schrift 209f, 212f, 215
- des Gesetzes 77, 89, 125
Ergänzung 235, 237, 240
Erhaltung 28
Erhöhung 106f, 116, 137-139, 210, 310
Erhöhungschristologie 111
Erhörung 158f
Erkenntnis, endliche 40, 155
Erkenntnisgrund 51
Erkenntnisordnung, doppelte 301, 314, 323
Erklären 119
Erlösung 114, 116, 164, 223, 243, 267
Ermessensspielraum 227

Erpressung 21
Erscheinungen des Auferstandenen 118
Erwählung 146
Eschatologie 97, 167
eschatologisch 117, 193, 214f 222
esse ad 32
Ethik 331
Eucharistie 117f, 120, 195-198, 202, 204, 308
evangelisch 72, 97, 192, 231, 240, 247, 262, 332
Evangelium 62, 76, 89-91, 125f, 129, 137, 153, 184, 195, 213, 227, 232, 253, 255, 262, 273, 336, 343
Evolution 37, 65, 311f
ewig 161, 165
Ewigkeit 64, 100, 106, 139f, 146-148, 150
ex cathedra 257, 263
Exegese 215, 331
exhibitiv 201
existential 150-152
Existential, übernatürliches 22, 135, 284
existentiell 70, 94
Existenz, christliche 106
exitus - reditus 138
ex opere operato 192-194, 203, 263
ex sese 194, 257, 259f, 262f, 266, 276
Externität 152, 300
extra nos 117, 152
Extreme 79

facere quod in se est 157
factum sensibile 304
Falschheit 153, 171, 174, 253, 261, 267, 318
Familie 199
faschistisch 336
Faszination 77, 147, 156, 290
Fehlbarkeit 83
Feststellung der Übereinstimmung 174-176, 178, 202, 250f
feudal 251
fidei non potest subesse falsum 153, 171
Fideismus 156, 288, 291, 314, 316f, 319, 336, 340
fides
- caritate formata 131f, 240
- informis 131f

(fides)
- qua, quae 129
- scientifica 315
fiducia 153
Filterfunktion der Vernunft 323
finis operantis, operis 86
Firmung 199
Fleisch 156
fontes moralitatis 86f
Fortschritt 85, 314
- im Glauben 233
Forum 336
Fraglichkeit 39, 83, 286
Frankfurter Schule 43
Freiheit 33, 35, 67f, 84, 91, 135, 151, 154-158, 163-165, 168, 188, 216, 265, 287, 318f, 336, 342
- Gottes 67, 312
Fremdeinsicht 73
Freude 95, 97, 159
Frieden 95, 132, 159, 161, 336
Für-wahr-Halten 131
Fürbitte 159-161
Fundament 71, 278
Fundamentalethik 75f, 79
Fundamentalismus 236
Fundamentaltheologie 15, 150, 163, 185, 268, 278, 313, 331f, 339
- hermeneutische 278
- klassische 72, 130
fundamentum in re 29
funktional 32

Gaben des Heiligen Geistes 136
Gebet 94, 123, 158-161
Gebetserfahrung 116
Gebetserhörung 158, 161
Gebot, erstes 77, 160, 170
Gebote 51, 88, 114, 163, 214
Geburtenregelung 256, 277
Gegenlogos 186
Gegenprobe 342
Gegensatz 33
Gegensatzeinheit 39, 41-43, 62
Gegenstand 42
Gegenstandsbezug 130, 152
Gegenstandsgemäßheit 328
Gegenwart Christi 202
Geheimnis 63, 69, 75, 95, 108, 110, 123, 197, 301f, 314
Gehör 22, 184f
Gehorsamsfähigkeit 22, 285f
Geist 117, 172, 229
Geisterfülltheit 218f, 221, 228
geistesgeschichtlich 221
Geistnatur 135f, 322
Gemeinde 197f, 205, 242-244

Gemeinschaft 115, 124, 178, 200
- der Gläubigen 186, 230, 238, 334
- der Heiligen 161
- mit Gott passim
Gemeinschaftsbezug 195
Gemeinwohl 334, 336
Genidentität 47
Gerechtigkeit 145, 159
- fremde 187
Gesamtheit der Gläubigen 173f, 259
Gesamtkirche 241, 251, 260, 263f
Gesamtsystem 35, 93
Geschaffensein aus dem Nichts 27-29, 65, 138f, 210
Geschichte 22, 104, 203, 222
- Israels 138
geschichtlich 137f, 144, 148, 151f, 186, 191, 216, 286, 303, 307, 309
Geschichtlichkeit 54, 64, 72, 186, 206, 322
Geschichtsverständnis, neuzeitliches 112
Geschichtswahrheiten 187
Geschöpflichkeit 25, 36, 38, 45, 47, 49f, 52f, 56, 59f, 63-65, 71, 77, 133f, 141, 156f, 254, 265, 280
Geschöpflichkeitsbeweis 38, 45, 63
Gesellschaft 84, 96, 123f, 152, 175, 244
- bürgerliche 199, 334-336
Gesetz 75f, 88f, 91, 123, 125f, 157, 210, 214, 253, 256, 336, 343
Gesinnungsethik 83
Gespräch 127f, 290, 327
Gewalt 21, 166, 243
Gewissen 74f, 78, 126, 158, 189, 211, 263, 273, 277, 342
Gewißheit 21, 73, 153
- des Glaubens 96, 187, 315, 319
- natürliche 315
- theologische 258
Gläubigkeit 91, 153
Glaube passim
- Abrahams 211, 213
- allein 77, 133, 165, 239
- anonymer 94, 99, 126-128, 140, 147, 213, 284, 315
- christlicher 126, 128, 140

(Glaube)
- der Kirche 132
- Jesu 187f
- lebendiger 132
- reiner 170, 172-174, 211, 225f, 229
- toter 131
- und Sitten 173, 232f, 241, 252-255, 257-260, 266-268
Glaubensakt 99, 129f, 132, 150, 185, 296, 338
Glaubensartikel 317
Glaubensaussage passim
Glaubensbegriff 132f
Glaubensbegründung 190, 262, 292, 326
Glaubensbekenntnis 107, 123, 175
Glaubensdefinition 194
Glaubensengagement 194
Glaubensentscheidung 316
Glaubenserfahrung 309
Glaubenserkenntnis 323
Glaubensgegenstand 17, 130, 163, 171f, 230, 236, 248
Glaubensgeheimnis 74, 95, 99, 110, 145, 150, 154, 254, 281, 300-303, 312, 314, 319
Glaubensgemeinschaft 16, 119f, 234, 281, 309
Glaubensgewißheit 98, 146, 153f, 190, 258, 297, 324
Glaubensgrundlage 104
Glaubensgut 237, 258, 265, 340
Glaubensinhalt 129, 132, 302
Glaubensirrtum 264f
Glaubensnorm 206, 276
Glaubenspflicht 316
Glaubensregel 225
Glaubenssicherheit 73, 146
Glaubenssinn 173
Glaubensspaltung 16
Glaubensverkündigung passim
Glaubensverständnis 278, 294, 298, 339
Glaubensvollzug 291
Glaubensvorgang 129
Glaubenswahrheit 137, 206, 233, 262, 264, 267, 278, 290
Glaubenszeugnis 228
Glaubenszustimmung 73, 262, 277f, 282, 284, 286f, 292-294, 298, 305, 317, 327
Glaubenszuversicht 117
Glaubenszweifel 154, 297f, 319
Glaubwürdigkeit 73, 184f, 194f, 278, 287, 292f, 305, 313, 315f
Glaubwürdigkeitserkenntnis 292

Gleichnis 50, 95f, 98f, 158, 160, 168, 289, 294
Glück 70, 98f
Gnade 70, 74, 126f, 132-139, 142-144, 146, 148, 152, 154, 157, 160, 162, 164, 192, 194, 201f, 284, 294, 298, 325
- erste 134, 294, 298, 325
- helfende 144, 154
- heiligmachende 144
Gnadenbund 102
Gnadenerfahrung 190
Gnadenlehre 136
Gnadenprinzip 141
Gnadenstand 133, 194
Gnadensystem 68
Gnadentheologie 106, 133
Gnadenverlust 132, 135
gnostisch 136, 178
Götze 59, 62, 147, 153
Gott passim
Gottesbegriff 24, 36, 59, 62, 281
Gottesbeweis 38, 45, 48-52, 57, 63, 161
Gotteserfahrung 94
Gotteserkenntnis, natürliche 25f, 36, 53, 71, 74f, 95f, 131, 325
Gottesgeheimnis 75
Gottesherrschaft 159
Gotteslehre 136f
Gottesleugnung 131
Gottesschau 146, 285
Gottessohnschaft 93, 106, 116, 150, 178, 187f, 190, 238, 254
Gottesverhältnis Jesu passim
Gottesverständnis 112, 125, 222, 228f, 281, 306, 341f
Gottlosigkeit 89, 137, 164
Gottsein 107, 110, 113f, 279
Gottvertrauen 127
Grab, leeres 120
gratia
- creata, increata 143f
- gratis data 144
- gratum faciens 144
Grenzbegriff 142
Grenzen des Wachstums 85
Griechen 215
Grund 35, 49, 191
- einer Handlung 78
- entsprechender 79, 81, 87f
- zureichender 48f
Grunddogmen 124f, 167, 342
Grundgeheimnis 166, 303
Grundselbstbesitz 111

Grundvertrauen 127f
Gruppenegoismus 81f
Gültigkeit, sakramentale 247
Gütervergleich 82
Gut 155
Gutes 142
Gutheit, sittliche 78, 89f, 126, 165f, 255

Haben 31, 77, 170
Häresie 104, 177-179
Hagiographen 223
Halluzination 121
Handeln Gottes 119, 190, 195, 310
Handlungsfolgen 83, 88
Handlungsfreiheit 334
Handlungsziel 86f
Hauchung 101f
Hauptgebot 320
Hauptsakramente 204
Hauskirche 199
Hebräerbrief 225, 264f
Heil 75, 132, 146, 151, 201, 335
Heiliger Geist passim
Heilige Schrift 97, 133, 163, 167f, 204-207, 215, 217-224, 230-232, 235-237, 239f, 274f, 317, 324, 331
Heiligkeit 194, 218f, 313
Heiligsprechung 307, 312f
Heiligung 144, 176
Heilsgeschichte 216
heilsgeschichtlich 64, 106, 203, 216, 222
Heilshandeln 75, 97f, 162, 194, 229
Heilsmittel 176
Heilstatsachen 151
Heilswahrheit 223, 232, 237
Heilswille 135, 147
Heilung 309
hellenistisch 104
hermeneutisch 94, 150, 238
Herrschaft 115, 245, 271
Herrschaftsdenken 43
Hexenprozesse 297
Hierarchie der Wahrheiten 342
hierarchisch 123, 244, 251
Himmel 96, 157, 159, 164f, 214, 285, 289, 335
Himmelfahrt 118
Hingabe 156
Hinsichten 39, 42-45, 48, 155
hinweisend 25f, 48, 50, 53, 55-59, 65, 67-69, 95, 98f
historisch 17, 112f, 119, 126, 152, 186f, 207, 226, 254f, 265, 309, 329-331
historisch-kritisch 307, 310f, 324

Historizität Jesu 112, 254
Hölle 99, 146-148, 289
Hören 17, 153, 174, 182, 189,
  198, 204f, 225, 241-246, 253,
  266, 273, 276, 281, 285, 298,
  307, 328f
Hörfähigkeit 153
Hoffnung 148, 152, 159, 161,
  166, 174
Horizont 50, 55f, 63
Hülle auf dem AT 215
humanistisch 296f
Humanwissenschaften 331
Hybris 90
Hypomone 166
Hypostase 108
hypostatisch 108f
hypothetisch 148, 294f, 315

Ich 102f, 115, 294
idealistisch 143
Idee 148, 151, 186
Identität 29f, 33, 38, 40f,
  44f, 47, 54, 62, 108, 124,
  127, 233
- paradoxe 113, 197
Identität-Differenz 62
Identitätsverlust 141
Ideologie 94, 289
Illusion 93, 186, 188f, 299
immanent 103
Immanenz 54, 136
Immunisierung 38, 282, 285,
  295f, 318, 327, 337
Imperativ, kategorischer 81
Implikation 239
Imputationsgerechtigkeit 145
In-Beziehung-Setzen 109, 164,
  175, 278, 327, 332, 334, 342
In-Christus-Geschaffensein 22,
  134-143, 145, 155-157, 196,
  211, 215f, 259, 279, 284,
  286f, 299, 310
Indifferenz 77
indirekt 74, 86, 88, 90
Individualismus 72
Individuum 276
Induktion 168
Inhärieren 145
Inititative 22, 183, 198
Inkarnation 136, 154
inkarnatorisch 125, 130, 234,
  310
Innenschau 139
Inquisition 297
Inspiration 134, 207, 217-223,
  226, 230-232, 235

Institution 192, 198, 242
Integral, eschatologisches 117
Intellektualisierung 132, 200
Interesse 323, 329
Interkommunion 248
Interpretation 306
- existentiale 150-152
Interpretationsanweisung 227, 229f
Intoleranz 146
intrinsecus 80f
Irrtum 179, 223, 257, 264, 325
Irrtumslosigkeit 207, 217-219, 223,
  266
Islam 104
Israel 189
iudicium ultimo-practicum 155

Jabne 225
Jansenismus 157
Japan 246
Jenseitiges 113
Jesus 111f, 138, 147, 182, 208,
  213f, 222, 303
- historischer 112, 119f, 255
  irdischer 118
Juden 215, 227
jüdisch 104
Jünger 222
Jungfrauengeburt 114
Jurisdiktion 199
Kanon 207f, 210, 217, 224-232, 235,
  238
- im Kanon 230
Kanonentscheidung 204
Kanonrevision 229
katholisch passim
Katholizität 16, 177, 180, 251
Kausalität 35, 62, 65
Kausalnexus 62
Kenntlichkeit der Kirche 174
Kerygma 112, 120, 193
Kindertaufe 196, 253
Kirche 114, 120, 123f, 136, 146f,
  160, 174-176, 190f, 199, 206, 217,
  232-234, 237, 239, 241, 249, 258f,
  271f, 276, 305, 334f
- griechische 225
- russische 225
- universale 198
Kirchen 176, 248
Kircheneinheit 175, 273
Kirchengebote 163
Kirchengeschichte 234, 237, 331
Kirchengründung 124
Kirchenrecht 331
Kirchenspaltung 176f, 242, 247
Kirchenverfassung 244, 251

Kirchewerdung des Heiligen Geistes 124
Kirchlichkeit 338, 341
Knappheit der Mittel 83
Kohärenzpostulat 328
Koinonia 305
Koinzidenz der Glaubenswahrheiten 167
Kollegium 249-251
Kommunikation 122, 161, 168, 185, 189, 200, 241
- herrschaftsfreie 127, 289, 322
Kommuniongemeinschaft 176
Kompetenz 266, 334, 336
Kompetenzüberschreitung 327
Komplexität 95
Kompromiß 80, 84
Konfrontiertsein 22, 126f, 131, 146, 160, 170, 186,, 280, 285-287, 290, 292, 303, 306
Konkordanzpostulat 328
konkret 168
Konkurrenz 62, 68, 112
konsekratorisch 145
konsekutiv 34
Konsensus 239, 263
Konsistenz 339
konstitutiv 34
Kontingenz 41
kontradiktorisch 41, 43, 45
kontrafaktisch 127
Kontrapositionsregel 16
kontraproduktiv 79, 81-85, 335
Kontrollierbarkeitspostulat 328
Konvention 20
Konvergenzargumente 315
Konzil 241, 249f, 270
Konzilstextinterpretation 237, 300, 340
Kooptation 247
Korea 246
korporativ 242
Korrelationsmethode 287
Krankensalbung 200
Kreuz 111, 116, 215
Kreuzestheologie 309
Kriterium 17, 74, 81, 174, 180, 185, 225, 227, 233, 262, 297, 310, 313, 328
Kritik 276, 297
Kultur 16

Laien 173, 241, 246
Leben 139f, 160
- ewiges 146
- geistliches 196

Legalität 90
Legitimation 186, 195, 274
Legitimität 176, 333
Lehramt 173f, 205f, 230, 248, 252, 266, 273-275
- außerordentliches 248-251
- besonderes 173f, 243, 252, 266
- gemeinsames 241-246
- lebendiges 205f, 241
- ordentliches 248-251
Lehramtspositivismus 275
Lehre, kirchliche 205
Leib Christi 120, 124f, 197, 202, 246
leiblich 120, 192, 305
Leib-Seele-Struktur 193, 195, 200, 267
Leid 26, 50, 67, 69, 97, 212
Leiden 166
Leipziger Disputation 270
Leistung 74, 97, 127f, 147, 156, 165, 194
libertas specificationis 155
Liebe 115, 126f, 161, 166, 305, 308, 312
- Gottes zur Welt 135f, 141, 159f, 168, 181, 187, 203, 315, 318
Literalsinn 215
Liturgie 132
loci 167
Logik 41f, 51, 69, 99, 110, 145, 268, 306, 322
Logos 108, 186
Lüge 20, 89, 140, 157

Macht 103, 154, 165, 178, 289
Mahl 197
Maria 123
Martyria 305
Martyrium 91, 115
marxistisch 42, 46
materialidentisch 40
Materialismus, dialektischer 46
Meditation 182f, 191
Mehrheit 174, 263
Mensch 53, 89, 111f, 114, 157, 160, 163, 184, 188f, 199, 212, 214, 238, 286, 298f, 319, 322, 335
Menschennatur 111
Menschenwort 168, 273, 282
Menschenwürde 184
Menschheit 259
Menschheitsgeschichte 138
Menschlichkeit 126
Menschsein Jesu 106-108, 110f, 113, 254, 279
Menschwerdung des Sohnes 72, 74,

(Menschwerdung des Sohnes)
  92, 105-106, 109-111, 114,
  121, 123, 134, 137f, 161, 186,
  229, 281
Metaphysik 46, 48, 54, 60, 67,
  9o
Mirakel 307
mitmenschlich 40, 97, 105
Mittel, schlechte 88
Mittelbarkeit 34
Mittler 92
Mitwirkung
- Gottes 97f, 154
- mit der Gnade 97f, 154
Modalismus 103
Modernismus 186
Möglichkeit 27, 73, 99, 110,
  146, 156, 158, 280, 296, 321,
  326
- notwendige 175, 193, 202, 250
  272
Möglichkeitsbedingung 35, 49, 82
monologisch 128
Monophysitismus 109, 112f,
  307, 313, 331
Monotheismus 104
moralisch 81
Moralität 90
Moralprinzip 80, 84-87
Moraltheologie 80, 253, 331
Mord 20, 90
Mormonen 208
Motivation 164, 184
Münchhausen-Trilemma 38
Mündigkeit 60, 127
Mysterium 254
Mystik 94, 146
Mythologie 104, 113, 121, 290,
  296, 307, 313, 331

Nächstenliebe 131, 163f, 320,
  322
Naherwartung 117
natürlich 106, 142, 155, 170,
  253f, 268, 276, 285, 298,
  301f, 311, 314, 325
Natur 102, 107f, 124, 135,
  137-139, 142, 157, 286, 304,
  312
Naturgesetz
- in der Moral 85
- in der Physik 304
Naturkräfte 20
Naturrecht 253
Naturwissenschaften 37, 64f,
  304f, 331
Naziideologie 178

Nebenfolgen 85
Negativität 57
Nestorianismus 111
Neues Testament 207-209, 212-215,
  218, 220f, 224f, 227, 234f, 309,
  301
Neuinterpretation 213
neuplatonisch 138
neuscholastisch 87, 276, 301
Nichtausweisbarkeit 42, 113
Nichtidentität 41, 44f, 62
Nichtnotwendigkeit 41f, 62f
Nichtobjektivierbarkeit 24f
Nichtrationalität 262
Nichts 27, 48, 65, 138
Nichtsein 40f, 62
Nichtselbstverständlichkeit 72-74,
  130, 222
Nichtunmöglichkeit 317
Nichtunvernünftigkeit 293
Nichtwiderspruchsprinzip 17, 38,
  41f, 48, 51
Nihilismus 39
Normen 85
Normenfindung 86
Notwendigkeit 41, 45, 54, 62f, 121,
  137f, 166,

obex 194
obiectum 86
objektiv 85, 88, 118, 150-152, 186,
  324, 339
Objektivation, reine 224, 230f
Objektivierung 135
Öffentlichkeit 327
Offenheit 128
Ohnmacht Jesu 114, 117
ökonomisch 103
ökumenisch 16, 133, 174-176, 179,
  192, 232, 240, 242, 246f
Offenbarung 64, 71-75, 86, 92, 130,
  137, 146, 151f, 190, 210, 217,
  221f, 230, 232, 235, 280f, 300f,
  305, 315-317
Offenbarungsakt 73, 168f
Offenbarungsanspruch 74, 168
Offenbarungsinhalt 168f
Offenbarungsmittler 92
Offenbarungspositivismus 325
Offenbarungsquellen 232
Offenbarungstat 129
Offenbarungsträger 300
ontisch 55, 78
Ontologie, relationale 32, 53, 109,
  141, 151, 154
ontologisch 41, 51, 67, 135, 141,
  151

Opfer 116, 197
optimal 79, 85
Option, beliebige 158
opus operatum 192-194, 203, 263
ordentlich 241, 248-251
Ordnung, öffentliche 337
Orthodoxie 179
Ortskirche 11, 176, 198
Osterglaube 118

Pantheismus 60, 62
Papst 241, 246, 249f, 258-260, 262-267, 270-272
Paradosisform 193
paradox 36, 113, 178, 197, 318
Parakletos 123
Parapsychologie 312
partikulär 176, 187
Pastoraltheologie 185
Pelagianismus 135
Pentateuch 264f
Perichorese 101
Person 56, 100, 102f, 107, 110f, 124, 137, 195, 203
Personalität 111
Perspektive 173, 233
Pervertierung 89
Petrusamt 175, 271f
Philologie 329
Philosophie 324, 331f
- außerchristliche 33
- christliche 322
- marxistische 42, 46
philosophisch 22, 64, 67f, 172, 312
Pilgerstand 105
Placebo 326
Plausibilität 315
Pluralismus 228
pneumatologisch 124f, 167, 222, 228, 234, 236, 279, 310
politisch 84, 335
positivistisch 207, 234, 243
potentia oboedientialis 285
praeambula fidei 279f
Prädefinition 222
Prädestination 68
Präexistenz Christi 121
Präkognition 304
praemotio physica 68
praesumptio iuris 264, 266
Praesupponendum 127
Praktische Theologie 331
Praxis, kirchliche 253
Priestertum, gemeinsames 244
Primat 271
Primatsverheißung 270

Privatinspiration 281, 300, 317
Privatisierung 151f, 336
Privileg 267
Probabilismus 86
Problembewußtsein 330
Problemlosigkeit 72f, 104, 131, 169
productio 27
profan 144
Profanwissenschaften 331
Projektion 38, 58f
pro nobis 152
propagatione non imitatione 140
Propheten 232
Prophetie 302
Proportion 33, 36, 310
protestantisch 178, 236, 242, 337
Psalmen 213
Pseudonymität 228
Pseudowunder 311
Psychoanalyse 296f
psychologisch 86-88, 106, 119, 145, 188. 221f, 265, 315

Qualifikation, sittliche 79, 81, 85-88
Qualität, geschöpfliche 104, 135, 143, 145, 147, 178, 239, 325
quantitativ 244
Quellenschrift 220

Randunschärfen 224, 231
Ratio 157
ratio Deitatis 75
rational 73
Rationalismus 156, 288, 291, 314-317, 319, 326
- Kritischer 297
Raubbau 79, 87
Raum 55, 109
Raum-Zeit 117
real 34, 107, 117, 120, 189, 202
Rechtfertigung 70, 133, 152, 154
Rechtfertigungsgnade 98, 143, 174
Rechtfertigungslehre 134
rechtmäßig 176, 179
Rechtsvermutung 256, 264, 266
reductio in unum mysterium 167
Reduktion 151, 168
Reflexion 30, 139, 153
reformatorisch 75f, 133, 143, 145, 178, 192, 205
Regreß, infiniter 38, 135
regula fidei 225
Reich Gottes 117, 159
Reichtum 77
- des Wortes 243
relatio subsistens 31

Relation 29, 34, 53f, 111, 151
- begriffliche 29, 34, 66
- göttliche 93, 100, 107, 130, 145, 212, 284
- Gottes zur Welt 93, 130, 138, 155, 162
- reale 66f, 71, 75, 93, 103, 106f, 109, 130
- subsistente 101
- transzendentale 29
- uneigentliche 101
relational 135, 145, 151, 154, 302
relationis oppositio 100, 107
Relationsbegriff 62, 108
Relativierung 209-212, 215, 273
Relativismus 85
Religion 96, 146
- jüdische 104
Religionsfreiheit 336
Religionsgeschichte 116
Religionskritik 297
Religionsphilosophie 295
Religionswissenschaft 329, 331
Religionen 215f, 281
Resonanzboden 188
res sacramenti 192
restlos 27, 31, 35, 49, 53, 64f, 72, 168, 265, 304, 306
Rettungsgeschichten 224
Richtigkeit, sittliche 89f, 126, 155, 165f
Rivalität 20
römisch-katholisch 175-177, 240
Rüstungswettlauf 335

Sachverstand 255
Sakrament 116-118, 120f, 136, 152, 180, 192-196, 200-203, 245, 247, 259
Sakramentalität des Wortes 263
Salbung 104
sanktifikatorisch 145
Sanktion 147, 264
Satan 270
Satzpostulat 328
Satzwahrheit 261
Schaden 78, 86f
Schauen 146
Schein 113
Scheitern 84
Schisma, Abendländisches 250
schismatisch 152, 176, 256
Schlüsselgewalt 272
Schöpfer 24, 66, 73
Schöpfung 100, 172, 341
Schöpfungsbegriff 24, 33, 103

Schöpfungsberichte 26, 37
scholastisch 29, 68, 71, 78, 86, 106, 131f, 138, 143, 155, 161, 285
Schrift
- allein 231, 237, 239f
- Israels 208-216, 220, 234f, 281
Schriftauslegung 238
Schriftprinzip 238
Schriftsinne 215
Schuld 70, 115, 121, 126, 139, 142
Schutzengel 172
Schwärmerei 153, 191
Schweigen 214
Schwierigkeit, logische 99, 102f, 130, 145, 154, 302
scientia media 68
Scopus-Lehre 239
Seelenkräfte 102
Seelenwanderung 172
Seewandel 113, 309f
Sehen 117
Sein 40f, 54f, 62, 77, 84
Seinsakt 55
Seinsbegriff 48, 55, 108
Seinsprinzipien 31
Selbstand 33
Selbstbesitz 100f, 104, 109-111, 124
Selbstbeurteilung 91
Selbstbewegung 46
Selbstbewußtsein 30f, 43, 111, 151, 188, 322
Selbstbeziehung 30
Selbstbezüglichkeit 153
Selbstdeutung 211
Selbsterfahrung 40, 47
Selbsterlösung 136
Selbstgegründetheit 185, 292
Selbsthingabe 130
Selbstimmunisierung 38
Selbstinterpretation 238
Selbstliebe 93, 163
Selbstlosigkeit 89, 127
Selbstmitteilung Gottes passim
Selbstprojektion 170, 296
Selbstrechtfertigung 89, 239, 326
Selbstruhm 291
Selbsttäuschung 324
Selbsttötung 85
Selbstüberbietung 312
Selbstüberlieferung 199
Selbstverständlichkeit, triviale 23, 130
Selbstverständnis 95, 119, 127-129, 131, 140, 144, 149-153, 184f, 188, 286, 288, 324
Selbstverwirklichung 81

Selbstwiderspruch 43, 268, 327
Selbstzusage 185
Seligkeit 161
Semideismus 65
Semipelagianismus 74
semper et pro semper 80
Sendung 74, 119, 123, 186, 305
Septuaginta 225
Setzung 85
Sichtbarkeit der Kirche 244
Siebenzahl der Sakramente 204
Signifikationshermeneutik 76
Sinn 22, 49f, 170, 213, 294, 326
- der Kirche 233, 236, 239, 269, 273, 338, 340
- der Schrift 213, 215, 223, 229, 233, 238, 252
- eigener 233, 237f
Sinnangebot 326
sinnenhaft 174, 200f, 304
Sinnlosigkeit 26, 50
Sinnlosigkeitsverdacht 60
Sitten 232f, 252-255, 257-260, 266-268
Sittengesetz 253f, 256
Sittennormen 163, 255
Sittlichkeit 51, 79, 184, 322
Skandalon 186
Sohn Gottes 93f, 99-104, 106, 121-125, 131, 134, 137, 141, 145f, 150, 155, 161f, 168, 171, 208, 212, 223, 229, 254, 318
Sohnschaft 114
sola fide 92
sola scriptura 238f
Sollen 82, 84, 164f
Sorgen 159f
Soteriologie 167
Souveränität Gottes 65
sozial 21
Spaltung 176f, 242, 247
Spannung 108f
spekulativ 69, 136, 143, 168, 186, 205
spiritistisch 121
Spiritus Sanctus 218
sprachanalytisch 55
Sprache 139, 160, 174
Sprachlichkeit 200, 286
Sprachphilosophie 261
Staat 336
statisch 43
Stiftung 199, 244
Strafe 147
Strategie kleiner Schritte 83

Studium 97, 233
Subjekt 173, 233, 261
- einer Relation 29, 31f
- korporatives 242
subjektiv 90, 119, 135, 151, 153,
Subjektivismus 239, 276f, 325
subsidiär 256
subsistent 101
Subsistenz 107
subsistit 175f
Substanz 27
Substanzmetaphysik 32, 53, 58
Sühnetod 115
Sünde 26, 90, 112, 114, 121, 132, 135, 139f, 148, 152, 157, 198, 211, 242, 284, 311, 320
Sündenbockmechanismus 21
Sündenfall 90, 140
Sündenfolgen 157
Sündenprinzip 141
Sündenvergebung 152, 198, 246, 272
Sünder 70, 135
Suffizienz der Schrift 235
Sukzession 247
Symbol 118, 193
Symbolaussagen 113
symbolisch 53
synodal 251
Synthesis a priori 49
System 46, 58f, 62, 65f, 68f, 138
systematisch 59, 330

Tabuisierung 297
Tatsünde 140
Taufe 142, 177, 192, 196, 199, 204
tautologisch 275
Technik 65, 84
Teilkirche 176
teleologisch 79
teleonom 65
terminus a quo, ad quem 29
Terminus, konstitutiver 65, 67, 93, 103, 106f, 109, 111, 138, 141, 162, 237, 312
Teufel 147, 270, 320
Theismus 60, 65
Theodizeeproblem 68-70, 99
Theologie 15, 94, 96, 106, 110, 167, 274, 291, 294f, 311f, 322, 328f, 332, 341
- der Befreiung 77, 91
- des Wortes 182, 193
- natürliche 47, 71, 127, 279
- negative 78
- philosophische 279
Theologien 179
Thomismus 276

Thora 324
Tiefenpsychologie 296
TNT 21
Tod 97, 99, 103, 124, 139f, 147, 161, 289
- Jesu 111f, 115, 118, 182, 197, 215
Todesfurcht 139
Todesverfallenheit 20
Toleranz 17, 146, 337
Torheit 115
Totenerweckungen 112, 310
Tradition 199, 205-208, 231-233, 252, 264, 274, 302
Traditionalismus 275, 316
Transsignifikation 196f
Transsubstantiation 196
Transzendentalität 22
Transzendenz 60, 104, 136
Transzendenzerfahrung 312
Transzendieren 55
Traum 186
Trennen 91, 164, 175, 278, 326f, 332, 334, 343
Trennung der Kirchen 175
Trinität 106, 154
Trinitätslehre 29, 31f, 101, 104, 109
trinitarisch 93f, 103f, 122, 125, 129, 138, 162, 169, 210, 212, 222, 228, 234, 236, 281, 310
Tritheismus 103
Tröstung 146, 319
Tugend 79
- göttliche 131, 136
typologisch 215

Übel 81
Übereinstimmung 127, 166, 173-176, 178, 180, 202, 233, 241, 249-251, 259, 274
- der Väter 107
übergeschichtlich 138
Überlieferung 168, 227, 231-235, 239f, 275, 316, 324
übermenschlich 113f, 311
übernatürlich 35, 75, 135, 137-139, 142, 144, 155, 172, 210, 221, 285, 298, 301, 304, 310, 312, 314f
Übernatur 144
Überpersonalität 56
Überstieg 54, 57, 96
Überwirklichkeit 54
Überzeugung, sittliche 51
Uminterpretation 339

Umstände 86f, 89
Umstimmen 159
Unabhängigkeit 41
Unabhängigkeitspostulat 328
Unähnlichkeit 57
unauflöslich 107
Unauflöslichkeit der Ehe 199f
Unbedingtes 62f
Unbedingtheit, sittliche 50
Unbegreiflichkeit Gottes 24f, 28, 34, 36f, 45, 48, 52f, 58, 69, 285
- doppelte 94f
Unbezweifelbarkeit 319f
und 239
Unendlichkeit 57, 62
Unentscheidbarkeit 42, 172
Unentschiedenheit 110, 282
Unfehlbarkeit 171, 252-255, 257-267, 273
Ungerechtigkeit, strukturelle 21
ungeschichtlich 66
Ungeschuldetheit 142
ungeteilt 98, 147
ungetrennt 107-109, 113, 124, 296, 298
ungezeugt 101
Unglaube 97, 139, 147, 157f, 187, 285, 288, 293, 316-320
Unglaubwürdigkeit 292f, 307, 317
Unglück 70, 98
Ungültigkeit 247
Union, hypostatische 108f,
universal 176, 211, 213, 317
Universalisierung 209-212, 215
Universalität 15, 128, 189, 251
Universität 270, 329
Unmenschlichkeit 18, 20, 50, 76, 112, 115, 135, 147, 154, 163, 165, 184, 253
Unmittelbarkeit der Beziehung auf Gott 33, 146, 191, 319
Unmöglichkeit 70, 110, 130
Unmündigkeit 323
Unrecht 289
Unrechtleiden 84, 115, 126, 166
Unredlichkeit 289
Unsittlichkeit 51
Unsündlichkeit 114, 265
Unterdrückung 77, 165
Unterscheiden 107, 164, 175, 278, 326f, 332, 334
Unterscheidung dem Grad nach 244, 261
Unterschiedenheit 103, 108f
unterschiedslos 70
unthematisch 136
Unüberbietbarkeit 17, 64f, 69, 98,

(Unüberbietbarkeit)
117, 137, 146, 163f, 194,
198, 201f, 212f, 234, 242,
244-246, 264
unverändert 107
Unveränderlichkeit Gottes 66f,
71, 159
Unverfügbarkeit 58, 156
unvermischt 107-109, 113, 124,
296, 298
Unvernunft 340f
Unwahrheit 123
Unwert 78
Urgemeinde 118
Urheber 217, 222
Urkirche 176, 222, 230f
Urknall 28
Ur-Kunde 205
Ursache 28, 49
Ursächlichkeit 27, 68
Ursprung 100, 106, 118, 125,
152, 187, 191, 207, 301, 306,
315
ursprunglos 101f
Ursprungszeit der Kirche
219-222, 225f
Urstand 141, 196
Urvertrauen 128
Utilitarismus 80f

Valentinianer 178
Väter 107, 206
Vater 93f, 99-104, 116, 118f,
122f, 125, 134, 137, 141,
145f, 150, 155, 158-162, 168,
171, 189, 208, 212, 214, 229
Vaterunser 158f
Veda 216
Veränderlichkeit 72
Veränderung 39f, 45, 47, 135
Verantwortlichkeit 73
Verantwortung 160f, 163, 188
- des Glaubens 18
Verantwortungsethik 83f
Verbindlichkeit 230, 244,
256, 264
Verborgenheit 128, 135, 137f,
168, 182, 209f, 215, 286
- zweifache 287
verbum externum 182, 282
Verdienstlichkeit 165
Verdrängung 50, 284, 289, 320
vere homo, vere Deus 112
Verfahrensabbruch 38
Verfügbares 20, 156
Vergänglichkeit 20, 50, 96,
99, 289

Vergebung 98, 152
Vergewisserung 254f, 324
Vergötterung 59
Verhältnisse 84, 96
Verifikation, historische 254
Verkehrsordnung 82
Verkündigung **passim**
Verläßlichkeit 127, 159, 171, 203,
215, 223, 257, 297
Verlangen nach dem Sakrament 203,
247
Vermessenheit 90
Vermischen 93, 112f, 121, 164, 175,
327, 332, 334, 343
Vermittlung 100f, 109f, 191, 319
Verneinung 54, 57, 96
Vernunft 17, 46, 58, 73, 86,115,
128, 130, 134, 143, 163, 170f,
210f, 227, 253, 266, 268f, 273,
278f, 283, 286, 291, 296, 300-302,
310, 314, 317-320, 322, 324, 338,
340
- vom Glauben erleuchtete 327
Vernunfteinsicht 193
Vernunfteinwände 269, 273, 324, 342
Vernunfterkenntnis 25, 137
Vernunftgemäßheit 18, 269, 316,
318-320
Vernunftwahrheiten 187, 254f
Verpflichtung 51, 163, 184
Verschiedenheit 30-32, 45, 57
Versöhnung 147, 159, 243
Verstehbarkeit 171, 180, 223, 230,
236, 250, 253, 260f, 265f, 275f,
292
Verstehen 168, 182, 203, 233-236,
240, 266, 289, 293f, 302, 339
Verstehensdifferenz 16, 72
Verstehensproblem 75
Verstehensvoraussetzungen 23
Verstockung 182, 282
Verstorbene 161
Vertrauen 127, 170
Vertrauensglaube 129f, 152f, 295
Verursachung von Schaden 79, 81,
86f
Verzweiflung 50, 77, 96, 99, 130,
169, 188
via affirmativa, negativa, eminen-
tiae 54, 57f, 96
via secunda 34
Vielstimmigkeit des Zeugnisses 228
Viererschema 79
virtus infusa 131, 278
viva vox Evangelii 205, 249
Vokabular 179
Volk Gottes 125, 173, 213, 241,

(Volk Gottes)
   246, 251
Vollkommenheit 57f
Vollmacht 159, 166f, 191
Vollständigkeit der Heiligen
   Schrift 230-232, 235
Vorgeschichte 138
Vorgriff 63
Vorhersage 212
Vorläufigkeit 214
Vorleistung 116, 184
Vorletztes 185
Vormacht der Sünde 142
vormoralisch 81
Vormundschaft 323
Vorverständnis 38, 128, 131,
   152, 169, 171, 202, 274
votum sacramenti 203, 247

Wahlfreiheit 155
Wahn 135
Wahrheit 62, 127, 152, 173,
   176, 179, 186, 234, 239,
   260-263, 275, 281f, 288,
   314-316, 324f, 329, 340
- allgemeine 193
- göttliche 105, 171, 261
- irdische 261, 288
Wahrheitsgarantie 266
Wahrscheinlichkeit 65, 310, 315
Ware 90
Wechselwirkung 35, 54, 104
Wehrlosigkeit 116
Weihesakrament 198f
Weissagung 300-302, 304
Welt 33, 35, 38, 48, 50, 54f,
   59f, 62-64, 69, 75f, 93,
   95-98, 104, 121, 133f, 151f,
   157, 160, 164f, 168, 216,
   242f, 279, 288, 299, 310
Weltanschauung 119, 148, 215f,
   291, 306, 336
Weltbild 34
Weltformel 95
Weltlosigkeit 76
Weltvergötterung 75, 77, 96,
   131, 147, 169f, 188
Weltverständnis 95
Werke 126, 132f, 164, 203
- des Gesetzes 157
- gute 126, 164f, 184f, 255,
   341
Wert 78f, 82, 88
Wertrationalität 88
Wesen, höchstes 38, 62, 65
Wesensbegriff 168
Wettrüsten 21

Widerlegung 47
Widerspruch 16, 40, 46, 49, 77,
   110, 227, 261, 265, 268f, 275,
   283f, 286, 293, 303, 323
- dialektischer 42
Widerspruchsfreiheit 17, 41, 47,
   212, 328
Widerspruchsproblem 39-41, 43-45,
   47-49, 54
Wiederkunft Christi 117f
Wie-Gott-Sein 90
Wille
- freier 154, 159
- Gottes 51, 69, 116, 126, 159,
   189, 197
Willkür 16, 38, 77, 158, 187f, 190,
   207, 237f, 253, 276, 285, 289f,
   293, 306, 316-318, 320
Wir 102f, 115, 124, 242f
Wirklichkeit 54, 200, 203, 339
Wirklichkeitsbewußtsein 15
Wirklichkeitsverständnis 216, 288
Wirkungsgeschichte 220, 226
Wirkursächlichkeit 27
Wissenschaft 294, 322, 328f
- falsche 341f
Wissenschaftstheorie 261f, 332f
Wissenschaftlichkeit 15, 83, 332
Wohl 334f
Wohlstandszivilisation 160
Woraufhin einer Relation 29, 31f,
   34, 100
Wort 11, 111, 138, 186, 300, 319,
   328
- allein 192, 201
- Gottes passim
Wortgeschehen 75, 191
Worttheologie 182, 193
Wortverständnis 61, 200
Wunder 62, 73, 187, 190, 223, 243,
   300-302, 304-313
Wunderaberglaube 309, 313
Wunderberichte 114, 307, 309f, 312f
Wunschvorstellung 186, 188, 313
Würde 106

Zeichen 192, 196f, 301, 307, 312f
Zeichenforderung 120, 223, 306f
Zeit 40, 64, 86, 140
Zeitgeist 70
Zentralisierung 175
Zeuge 117, 183f
Zeugen Jehovas 178, 208
Zeugnis 115, 182f, 185, 189, 194,
   199, 205f, 241
Zeugung 101f
Ziel des Handelnden 86f

Ziffernsystem 180
Zirkel
– hermeneutischer 141
– logischer 38, 153, 282
Zorn Gottes 70
Zufälliges 49, 187
Zufall 64
Zugleich von Gegensätzen
   42-44, 47, 50, 63, 68
Zukunft 67

Zulassung Gottes 59, 69
Zulassung von Schaden 79, 81, 86f
Zustimmung der Kirche 262
Zwang 337
Zwangsidee 190, 320
Zwangsmechanismus 296
Zweckrationalität 88
Zweifel 319
Zweinaturenlehre 108
Zwischenursachen 34